国家出版基金项目
NATIONAL PUBLICATION FOUNDATION

法治政府要论丛书

法治政府要论
——基本原理

On the Rule of Law Government
—Principles of the Rule of Law Government

江国华 著

WUHAN UNIVERSITY PRESS
武汉大学出版社

图书在版编目(CIP)数据

法治政府要论:基本原理/江国华著.—武汉:武汉大学出版社,
2020.12(2024.12重印)
法治政府要论丛书
ISBN 978-7-307-21588-7

Ⅰ.法…　Ⅱ.江…　Ⅲ.社会主义法治—建设—研究—中国
Ⅳ.D920.0

中国版本图书馆 CIP 数据核字(2020)第 105651 号

责任编辑:林　莉　沈继侠　　　责任校对:汪欣怡　　　版式设计:马　佳

出版发行: **武汉大学出版社** 　 (430072　武昌　珞珈山)
　　　　(电子邮箱: cbs22@ whu.edu.cn　网址: www.wdp.com.cn)
印刷:武汉邮科印务有限公司
开本:720×1000　1/16　印张:35.75　字数:543 千字　　插页:2
版次:2020 年 12 月第 1 版　　2024 年 12 月第 3 次印刷
ISBN 978-7-307-21588-7　　定价:108.00 元

总　序

根据党的十八大精神要求，2020年，是中国法治政府建设的收官之年，经过不懈努力，我国已经基本建成了职能科学、权责法定、执法严明、公开公正、廉洁高效、守法诚信的法治政府。

法治政府的内涵丰富，以马克思列宁主义、毛泽东思想、邓小平理论、"三个代表"重要思想、科学发展观、习近平新时代中国特色社会主义思想为指导，根据全面建成小康社会、全面深化改革、全面依法治国、全面从严治党的战略布局，围绕建设中国特色社会主义法治体系、建设社会主义法治国家的全面推进依法治国总目标，坚持依法治国、依法执政、依法行政共同推进，坚持法治国家、法治政府、法治社会一体建设，深入推进依法行政，建成法治政府，培育和践行社会主义核心价值观，弘扬社会主义法治精神，推进国家治理体系和治理能力现代化，为实现"两个一百年"奋斗目标、实现中华民族伟大复兴的中国梦提供有力法治保障。坚持中国共产党的领导，坚持人民主体地位，坚持法律面前人人平等，坚持依法治国和以德治国相结合，坚持从中国实际出发，坚持依宪施政、依法行政、简政放权，把政府工作全面纳入法治轨道，实行法治政府建设与创新政府、廉洁政府、服务型政府建设相结合。

随着法治政府的基本建成，政府职能依法全面履行，依法行政制度体系完备，行政决策科学民主合法，宪法法律严格公正实施，行政权力规范透明运行，人民权益切实有效保障，依法行政能力普遍提高，其意义重大、影响深远。本套《法治政府要论丛书》是对法治政府之原理、渊源、制度、现状的全面总结，共分为六本，分别是《法治政府要论——基本原理》《法治政府要

1

论——组织法治》《法治政府要论——行为法治》《法治政府要论——程序法治》《法治政府要论——救济法治》和《法治政府要论——责任法治》，从行政法学的理论出发，结合中国实际国情，展开系统论述。

一、法治政府建设的十大成就

经过改革开放以来的数次行政体制改革，特别是十八大以来的行政体制改革，中国法治政府建设取得了令人瞩目的成就，圆满完成了《法治政府建设实施纲要（2015—2020年）》（以下简称《纲要》）所设定的各项基本任务，取得了伟大的成就。

其一，完善了行政机关坚持党的领导制度体系。法治政府建设是一项全面系统的工程，党的领导是建成法治政府最根本的保证。党的十九大确立了习近平新时代中国特色社会主义思想，明确了中国特色社会主义最本质的特征是中国共产党的领导。在实践中，由党总揽全局、协调各方，发挥各级党委领导核心作用，党的领导贯彻到了法治政府建设各方面。各级政府在党委统一领导下，谋划和落实法治政府建设的各项任务，结合本地区本部门实际，发挥牵引和突破作用，使得建设法治政府的工作全面深入开展。坚持党的领导下建成的法治政府，落实了第一责任人责任，领导干部作为"关键少数"做好表率，把好方向，带动了法治政府建设各项工作的全面深入开展，并且在党的领导下强化了考核评价和督促检查，各级党委将建设法治政府纳入了政绩考核指标体系，督促了法治政府的建设。除此之外，在党的领导下加强理论研究、典型示范和宣传引导，凝聚社会共识，营造全社会关心、支持和参与法治政府建设的良好社会氛围。这些都为法治政府的建成提供了坚实的保障。

其二，构建了法治政府建设目标体系，总体目标是基本建成职能科学、权责法定、执法严明、公开公正、廉洁高效、守法诚信的法治政府。在总体目标的指引下，针对突出问题，依次提出了依法全面履行政府职能，完善依法行政制度体系，推进行政决策科学化、民主化、法治化，坚持严格规范公正文明执法，强化对行政权力的制约和监督，依法有效化解社会矛盾纠纷，全面提高政府工作人员法治思维和依法行政能力这七个方面的主要任务，对于每方面任务都规定了更具体的目标，总目标和七个具体目标指引着法治政府建设的方向。

其三，构建了法治政府建设标准体系。法治政府有没有建成，如何评估，这非某个人说了算，而是需要有明确的标准。法治政府建成的标准要求政府职能依法全面履行、依法行政制度体系完备、行政决策科学民主合法、宪法法律严格公正实施、行政权力规范透明运行、人民权益切实有效保障、依法行政能力普遍提高。这样的标准体系涵盖了政府依法行政的方方面面，使得法治政府的建成有据可依，形成了完备的制度体系。

其四，依法全面履行了政府职能。牢固树立创新、协调、绿色、开放、共享的发展理念，坚持政企分开、政资分开、政事分开、政社分开，简政放权、放管结合、优化服务，政府与市场、政府与社会的关系基本理顺，政府职能切实转变，宏观调控、市场监管、社会管理、公共服务、环境保护等职责依法全面履行。措施是深化行政审批制度改革；大力推行权力清单、责任清单、负面清单制度并实行动态管理；优化政府组织结构；完善宏观调控；加强市场监督管理；创新社会治理；优化公共服务；强化生态环境保护。

其五，完善了依法行政制度体系。提高了政府立法质量，构建成系统完备、科学规范、运行有效的依法行政制度体系，使政府管理各方面制度更加成熟更趋向定型，为建设社会主义市场经济、民主政治、先进文化、和谐社会、生态文明，促进人的全面发展，提供有力制度保障。措施是完善政府立法体制机制；加强重点领域政府立法；提高政府立法公众参与度；加强规范性文件监督管理；建立行政法规规章和规范性文件清理长效机制。

其六，行政决策科学化、民主化、法治化。行政决策制度科学、程序正当、过程公开、责任明确，决策法定程序严格落实，决策质量显著提高，决策效率切实保证，违法决策、不当决策、拖延决策明显减少并得到及时纠正，行政决策公信力和执行力大幅提升。措施是健全依法决策机制；增强公众参与实效；提高专家论证和风险评估质量；加强合法性审查；坚持集体讨论决定；严格决策责任追究。

其七，严格规范公正文明执法。权责统一、权威高效的行政执法体制建立健全，法律法规规章得到严格实施，各类违法行为得到及时查处和制裁，公民、法人和其他组织的合法权益得到切实保障，经济社会秩序得到有效维护，行政违法或不当行为明显减少，对行政执法的社会满意度显著提高。措施是改革行政执法体制；完善行政执法程序；创新行政执法方式；全面落实行政执法责任制；健全行政执法人员管理制度；加强行政执法保障。

其八，强化了对行政权力的制约和监督。科学有效的行政权力运行制约和监督体系基本形成，惩治和预防腐败体系进一步健全，各方面监督形成合力，人民群众的知情权、参与权、表达权、监督权得到切实保障，损害公民、法人和其他组织合法权益的违法行政行为得到及时纠正，违法行政责任人依法依纪受到严肃追究。措施是健全行政权力运行制约和监督体系，自觉接受党内监督、人大监督、民主监督、司法监督，加强行政监督和审计监督；完善社会监督和舆论监督机制；全面推进政务公开；完善纠错问责机制。

其九，依法有效化解社会矛盾纠纷。公民、法人和其他组织的合法权益得到切实维护，公正、高效、便捷、成本低廉的多元化矛盾纠纷解决机制全面形成，行政机关在预防、解决行政争议和民事纠纷中的作用充分发挥，通过法定渠道解决矛盾纠纷的比率大幅提升。措施是健全依法化解纠纷机制；加强行政复议工作；完善行政调解、行政裁决、仲裁制度；加强人民调解工作；改革信访工作制度。

其十，政府工作人员法治思维和依法行政能力全面提高。政府工作人员特别是领导干部牢固树立宪法法律至上、法律面前人人平等、权由法定、权依法使等基本法治理念，恪守合法行政、合理行政、程序正当、高效便民、诚实守信、权责统一等依法行政基本要求，做尊法学法守法用法的模范，法治思维和依法行政能力明显提高，在法治轨道上全面推进政府各项工作。措施是树立重视法治素养和法治能力的用人导向；加强对政府工作人员的法治教育培训；完善政府工作人员法治能力考查测试制度；注重通过法治实践提高政府工作人员法治思维和依法行政能力。

二、中国法治政府发展趋向

目前我国的法治政府已经基本建设完成，而这远远不是终点，司法部公布的《全面深化司法行政改革纲要（2018—2022年）》中明确规定，到2022年，法治政府建设取得显著成效，行政立法的引领、规范、保障和推动作用有效发挥，行政执法体制机制改革创新不断推进，严格规范公正文明执法水平显著提高。由此可见，法治政府的基本建成只是一个开始，在基本建成后必然要面对时代的检验，也会向更高的目标迈进，支撑、推动着"基本实现社会主义现代化"这个更宏伟目标的实现。

回顾三十余年来中国行政法治路程，可以看到我们已经取得了举世瞩目的成就。而当今世界正经历百年未有之大变局，我国正处于实现"两个一百年"奋斗目标的历史交汇期，随着经济发展和社会转型，社会矛盾急剧增多，公民意识的觉醒，价值观多元，矛盾的表现形式也呈现多样化态势，这对法治政府建设提出了新的挑战。

未来，法治政府建设必须适应不断发展变化的社会对政府行政提出的新要求，在已有成绩的基础上让法治政府"更上一层楼"。要求从行政行为的源头上进一步推行行政决策科学化、民主化、法治化；进一步理顺行政立法体制；加强重点领域行政立法；确保行政立法与改革相衔接，进一步提高行政立法质量和效率；提高行政立法公众参与度；继续健全全面清理和专项清理相结合的清理机制；全面落实行政执法责任制；完善行政执法程序；加强行政执法人员资格和证件管理；加强行政执法指导监督；深化行政复议体制机制改革。

同时，法治政府建设不只是跨越了行政立法、行政执法以及行政救济与监督之间的系列问题，更是涵盖面广泛，跨越了政治、经济、社会、管理等专业学科领域背景的系列复合型问题。因此，未来进一步推进法治政府发展，也要求政府更加了解其在社会的政治、经济、社会、文化、生态等方面的职能及其定位。

法治政府基本建成后，其内涵在未来将越来越丰富。法治国家、法治政府、法治社会建设本是一体，相互促进，法治政府的建成和发展将有利于法治国家、法治社会的发展，并促使中国特色社会主义法治体系日益完善，全社会法治观念逐步增强，这也是全面建成小康社会的重要标志，为中国未来基本实现现代化、全面建成社会主义现代化强国的目标保驾护航，继续向实现中华民族伟大复兴的中国梦而奋勇前进。

三、本套丛书的学术志趣

古今中外政府的权力，堪称一柄锋利而危险的双刃剑，是人类社会中一种"必要的恶"。运用得当，权力可以成为促进人民福祉、推动社会进步的强大力量；任意滥用，则会成为侵犯民众利益、阻碍社会发展的恐怖工具。如果缺乏必要的约束和监督，权力势必趋向滥用和腐败。这是由人性和权力的本性所决定的，是适用任何一种政治制度的一条普遍规律。法治政府的建成绝不仅仅是让行政更有效率，而是将行政权力关进笼子里，让其在规范下妥善运行。

历史上的中国，或为家族之国，或为诸侯之国，或为一王专制之国。今日之中国，是人民的中国，在短短数十年间，科技日新月异，经济迅猛腾飞，举世震惊。外在的物质水平固然重要，内在的制度建设亦不可放松，在中华民族伟大复兴的历史长河中，法治政府的基本建成是重大而关键的一步。本套《法治政府要论》丛书着眼于大局，承历史进程之重，扬时代发展之声，深刻总结行政权力的特点，博采众言，开拓创新，究法治之理，纳社会之变，成一家之言，系统展现了法治政府的面貌。受光于庭户见一堂，受光于天下照四方，本丛书分为"基本原理、组织法治、行为法治、程序法治、救济法治、责任法治"之六本，力求从多方面展现建成法治政府的要点。

法治政府建设的理论基础是法治，强调行政权力运行中法律对政府而非公民的规制。在过去很长一段时间里，我们的政府仅仅是法制政府，而非法治政府。法制是"rule by law"，法律是治理的工具，本质上是人利用法律进行统治。而法治则是"rule of law"，法律成为了主格，任何部门、任何人都要接受法律的规范。政府工作需要全面纳入法治轨道，让政府用法治思维和法治方式履行职责，确保行政权在法治框架内运行。这也是推进国家治理体系和治理能力现代化的必然要求，行政权力的运行需要在法律框架下制度化、规范化。

组织法治是行政法基本原则在政府组织领域的具体化体现，须遵循法治原则、精简高效原则、分工协作原则以及民主集中制原则。广义的政府组织是对国家行政机关及其组成部门、派出机构等组织体系的统称，行政组织的法治化是依法行政、建成法治政府的基础，通过行政组织法对行政机构、人员、职权、财政、公产公物等的规范，从而实现我国行政组织的法治化和体系化，从统一行政组织法典的角度出发，进一步促进和保障我国法治政府和法治国家建设。

行为法治要求政府行政行为必须遵循法治。这要求行政机关"法无授权不可为、法定职责必须为"。传统的行政法体系中，行政行为在行政法和行政法学中的核心地位始终没有动摇过，但随着社会的发展，以"行政行为中心论"构建的行政法学体系面临新的挑战。大量新型行政手段，比如行政契约、行政指导、行政协商等，被广泛频繁地适用。传统上的"非行政行为"也确确实实会给公民个人或社会组织的合法权益造成事实上的损害。这对法治政府建成提出了更高的要求，将行政行为的意涵进一步扩大，让行政权力不能僭越法治框架运行。

程序法治是法治对行政程序的要求。过去我们的法治政府建设存在着重内部机制、轻外部机制，重实体设定机制、轻程序规范机制的问题。程序法治是对行政权的有力制约，规范权力的行使过程。目前我国并没有统一的程序立法，关于行政程序的规定分布在法律、法规中，正在逐步健全。一些省份和城市也出台了地方性的程序立法，相信程序法治在将来会进一步完善。

救济法治是指，相对人的权益受到行政机关损害时，法治赋予其畅通的救济途径，包括行政诉讼的救济和非行政诉讼的救济。建成法治政府，并不意味着所有行政行为就完美无缺，实践中会遇到各种各样的复杂情况，难免会有一些瑕疵，给行政相对人的权益带来损害。健全救济法治，意味着行政相对人可以通过法定渠道解决这些矛盾和纠纷，通过复议、调解、裁决、信访等多种渠道，保障相对人的正当权益，让法治政府更平稳、公正地运行。

责任法治要求政府必须依法承担责任。根据权责一致原则，我国政府是行使国家权力的机关，掌握着公共权力，理应承担政府责任。有权必有责，有责要担当，失责必追究，责任法治通过法律明确我国政府责任建设的要求，不断建立和完善我国政府责任的实现机制，强化我国的问责机制，在法治框架下通过制度建成负责任的政府。

　　人类历史最珍贵的成就，不是令人炫目的科技，不是大师们浩如烟海的经典著作，不是政客们天花乱坠的演讲，而是一步步对于政府权力的驯服，把权力关在笼子里。建成法治政府，为中华民族伟大复兴保驾护航，此志甚远，所含甚大，非零散文字所能概括言之。人有所忘，史有所轻，本套丛书力求系统涵盖法治政府建成的方方面面，对其伟大成就予以充分肯定，不足之处也加以指出。法治政府的建成是漫漫历史长河上浓墨重彩的一笔，需要有这样一套系统的丛书去记录，世纪交迭，万事发生，此刻的法治政府建设做了什么，意识到了什么，又期盼了什么，这其实是历史进程的长河中必不可少的工作，是一份不懈的责任。

目　　录

导论 ·· 01

　　一、西方法治概念的起源与流变 ························ 02

　　二、政府正义 ·· 17

　　三、法治政府 ·· 28

第一章　意涵·渊源·价值 ···························· 36

　第一节　西方法治政府之意涵 ·························· 37

　　一、法治政府概念在古希腊哲学中的萌芽 ·············· 38

　　二、法治政府观念在中世纪的曲线发展 ················ 40

　　三、法治政府观念的理论化和系统化 ·················· 41

　　四、西方法治政府理论的现代转型 ···················· 45

　第二节　中国语境中的法治政府 ······················ 51

　　一、法治政府概念的提出 ···························· 51

　　二、法治政府中的"法治" ···························· 54

　　三、法治政府中的"政府" ···························· 56

　第三节　法治政府之价值诉求 ························ 68

　　一、法治价值诉求 ·································· 68

　　二、秩序价值诉求 ·································· 70

　　三、公正价值诉求 ·································· 75

　　四、民主价值诉求 ·································· 77

第二章　类型·比较·借鉴 ……………………………………… 82

　第一节　法治政府之要素比较 ………………………………… 83

　　一、职权主体 ………………………………………………… 83

　　二、公务员 …………………………………………………… 90

　　三、行政权 …………………………………………………… 96

　　四、原则与规范体系 ……………………………………… 103

　　五、行政程序 ……………………………………………… 113

　　六、行政行为 ……………………………………………… 119

　　七、人权保障 ……………………………………………… 123

　第二节　法治政府之基本类型 ……………………………… 131

　　一、狭义的法治政府与广义的法治政府 ………………… 131

　　二、传统意义上的法治政府与现代意义的法治政府 …… 135

　　三、形式意义上的法治政府与实质意义的法治政府 …… 139

　　四、议会主导型、行政主导型与立法引导行政推动型法治政府 …… 142

　第三节　域外经验之借鉴 …………………………………… 147

　　一、英国的法治政府理论与特色 ………………………… 147

　　二、美国的法治政府理论与特色 ………………………… 157

　　三、法国法治政府的理论与特色 ………………………… 163

　　四、德国法治政府的理论与特色 ………………………… 169

第三章　原则·法则·伦理 …………………………………… 176

　第一节　法治政府之原则体系 ……………………………… 177

　　一、法治政府原则的规范渊源 …………………………… 178

　　二、法治政府原则的特征 ………………………………… 180

　　三、法治政府原则之内容 ………………………………… 182

　　四、法治政府原则之适用 ………………………………… 190

　第二节　法治政府之法则体系 ……………………………… 192

　　一、行政组织法则 ………………………………………… 192

二、行政过程法则 …………………………………………………… 197

三、行政后果的救济法则 …………………………………………… 204

第三节 法治政府之伦理体系 ………………………………………… 207

一、公务员的个人品德 ……………………………………………… 207

二、行政职业伦理 …………………………………………………… 209

三、行政制度伦理 …………………………………………………… 210

四、行政组织伦理 …………………………………………………… 212

五、公共政策伦理 …………………………………………………… 214

六、行政行为伦理 …………………………………………………… 215

第四章 制度·体制·机制 …………………………………………… 217

第一节 法治政府之基本制度 ………………………………………… 218

一、民主政府制度 …………………………………………………… 218

二、责任政府制度 …………………………………………………… 220

三、阳光政府制度 …………………………………………………… 222

四、效能政府制度 …………………………………………………… 225

第二节 法治政府之组织体制 ………………………………………… 228

一、行政管理体制 …………………………………………………… 229

二、行政执法体制 …………………………………………………… 231

三、行政决策体制 …………………………………………………… 234

四、公共服务体制 …………………………………………………… 236

第三节 法治政府之作用机制 ………………………………………… 239

一、法治政府的领导机制 …………………………………………… 239

二、法治政府的协调机制 …………………………………………… 241

三、法治政府的工作机制 …………………………………………… 243

四、法治政府的保障机制 …………………………………………… 245

第五章　权力·权能·权限 ……………………………………… 248

　第一节　法治政府之权力渊源 ………………………………… 249

　　一、政府权力及其基本属性 ………………………………… 249

　　二、政府权力之理论渊源 …………………………………… 255

　　三、政府权力之历史渊源 …………………………………… 258

　　四、政府权力之规范渊源 …………………………………… 261

　第二节　法治政府之权能分治 ………………………………… 265

　　一、政府权能及其基本属性 ………………………………… 266

　　二、政府权能之关系分解 …………………………………… 269

　　三、政府权能之配置原则 …………………………………… 274

　　四、政府权能配置模式 ……………………………………… 278

　第三节　法治政府之权限范围 ………………………………… 289

　　一、政府权力之限度及其理论基础 ………………………… 289

　　二、政府权限的结构 ………………………………………… 295

　　三、政府权限争议解决机制 ………………………………… 300

第六章　行为·程序·责任 ……………………………………… 308

　第一节　行为正义 ……………………………………………… 309

　　一、政府行为的内涵和外延 ………………………………… 309

　　二、政府行为之目的正当 …………………………………… 312

　　三、政府行为的形式正义 …………………………………… 315

　　四、政府行为的实质正义 …………………………………… 318

　第二节　程序正义 ……………………………………………… 320

　　一、行政程序的概念及其法律价值 ………………………… 320

　　二、正当程序的历史源流 …………………………………… 323

　　三、行政程序正当性的判断标准 …………………………… 327

　　四、行政程序的基本制度 …………………………………… 332

　第三节　责任正义 ……………………………………………… 335

一、行政责任之意涵 ……………………………………… 336

二、行政责任之构成 ……………………………………… 338

三、行政责任之归责原则 ………………………………… 341

四、行政责任的承担形式 ………………………………… 345

第七章　授权·委托·职能转移 ………………………… 349

第一节　行政授权 ………………………………………… 350

一、行政授权的概念 ……………………………………… 351

二、行政授权与其他相关概念 …………………………… 352

三、被授权组织的条件与对象 …………………………… 357

第二节　行政委托 ………………………………………… 360

一、行政委托的概念 ……………………………………… 360

二、行政委托的法理基础 ………………………………… 362

三、行政委托与其他相关概念 …………………………… 363

四、行政委托的条件与对象 ……………………………… 365

五、行政委托的监督 ……………………………………… 367

第三节　行政职能的转移 ………………………………… 368

一、职能转移的概念 ……………………………………… 369

二、职能转移的法理基础 ………………………………… 371

三、职能转移的原则 ……………………………………… 372

四、职能转移的条件与对象 ……………………………… 374

五、职能转移的路径 ……………………………………… 375

第八章　协助·协商·联合行政 ………………………… 380

第一节　政府间协助 ……………………………………… 381

一、行政协助的规范解释 ………………………………… 381

二、行政协助的实践考察 ………………………………… 386

三、域外行政协助制度 …………………………………… 391

第二节 政府间协商 ·············· 395
一、政府协议的基本意涵 ·············· 396
二、中国政府协议制度 ·············· 399
三、域外政府协议制度 ·············· 405

第三节 政府联合行政 ·············· 407
一、政府联合行政的意涵 ·············· 407
二、联合行政的形式 ·············· 410
三、从联合执法到综合执法 ·············· 417

第九章 委外·合作·协同治理 ·············· 424
第一节 行政任务的委外 ·············· 425
一、委外的基本意涵 ·············· 426
二、委外的域外研究 ·············· 427
三、行政业务委外的基本类型 ·············· 428

第二节 政府与社会的合作 ·············· 432
一、政府与社会合作的理论基础 ·············· 432
二、政府与社会合作的运作方式 ·············· 436
三、政府与社会合作的行政法规制 ·············· 441

第三节 政府与社会协同治理 ·············· 449
一、协同治理的比较优势 ·············· 450
二、协同治理的责任分配：担保理论 ·············· 453
三、协同治理的运作机制 ·············· 454
四、协同治理法治化路径 ·············· 456

结语 法治政府建设十大关系 ·············· 460
一、法治政府建设与法治体系建设 ·············· 460
二、法治政府建设与法治国家建设 ·············· 468
三、法治政府建设与法治社会建设 ·············· 471

四、法治政府建设与执政党的建设 ·································· 477

五、法治政府建设与民主政府建设 ·································· 482

六、法治政府建设与责任政府建设 ·································· 487

七、法治政府建设与服务政府建设 ·································· 492

八、法治政府建设与廉洁政府建设 ·································· 495

九、法治政府建设与效能政府建设 ·································· 500

十、法治政府建设与政府治理现代化 ······························ 505

参考文献 ··· 511

后记 ··· 553

导　论

先秦时期，在与古希腊城邦制几近同期背景下活跃起来的法家，就已有"事断于法""以法治国""垂法而治"①之类的语义表达，亦有了"法的统治"精神的雏形，但这与典型西方或现代语境中的"法治"分属两类，不可等同。一般认为，"法治"是近代西学东渐的舶来物，因而其概念溯源也应西进寻找答案，但同时，探究"为什么不是"往往是理解"为什么是"的必要步骤，前者可以为后者提供反面镜像。据此，先探明先秦时期的法治说与西方法治说的同与异，有助于从共性中透视法治内核，从二者区辨中明晰为何说法治概念起源于西方。

有学者在对先秦典籍进行梳理之后，对先秦的"法治"概念作了如下构建：其核心是"以法治国"，具体包含了互相关联的四大要义，即"以法为治""生法者君也""法之必行（包括'君主从法'）""救世、富强、致治、尊君"。② 从这个意义上来说，法家法治说已经对法的功能、司法的平等性、法的权威性等有了具体的认识，例如，认为法律的功能是"定分止争"并通过维护法的安定性和推动法的成文化等举措来实现这一功能；③ 认为法律面前人人平等；④ 认为法应当实施，君臣和平民都需遵

---

① 分别出自《慎子·君人》《管子·明法》《商君书·壹言》。

② 程燎原著：《先秦"法治"概念再释》，载《政法论坛》2011 年第 2 期。

③ 如《管子·七臣七主》："法者，所以兴功惧暴也；律者，所以定分止争也；令者，所以令人知事也。"《韩非子·亡征》："法禁变易，号令数下者，可亡也。"《商君书·定分》："故圣人为法，必使之明白易知，名正，愚知遍能知之。"

④ 如《法经》："不别亲疏，不殊贵贱，一断于法。"

守法律等。① 然而，法制与民主结合可以孕育法治，法制若沦为专制的"爪牙"便注定走向人治。有学者提出，"所谓法家的'法治'充其量不过是一整套构建君主个人集权专制的制度与手段，是最大、最典型、也是最极端的人治"。② 法家之"法治"区别于西方法治主要体现在两个方面：一是法的工具化，法源于君并为君所用，梁启超曾切中要害地指出，"法家最大缺点，在立法权不能正本清源"③；二是法的平等性有局限，缺乏对君主的实质法律约束如程序机制等，只能通过树立明君典范和劝谕等④软性方法来使"君主从法"。此种情况下的"法律之治"本质仍是君主专制，其根本目的在于维护和巩固人治，而这正与西方法治精神中蕴含的民主与制约背道而驰，因此难以向东方探源现代法治概念了。

一、西方法治概念的起源与流变

在西方法学界有一个基本的共识，那就是现代法治的所有要素都可以在古希腊时期找到胚芽。在古希腊，经由苏格拉底、柏拉图和亚里士多德等人的阐释，法治已然成为西方政治哲学不可或缺的论题。

(一)西方法治概念的起源

西方意义上的法治概念可以追溯至古希腊。"古希腊知识界的魁首们拥有从哲理上洞察自然现象和社会现象的天赋才能"⑤，这种天赋才能中便包括对

_____

① 如《管子·任法》："有生法，有守法，有法于法。夫生法者，君也，守法者，臣也，法于法者民也。君臣上下贵贱皆从于法，此之谓大治。"

② 参见马作武著：《中国古代"法治"质论——兼驳法治的本土资源说》，载《法学评论》1999 年第 1 期。

③ 参见梁启超著：《先秦政治思想史》，天津古籍出版社 2003 年版，第 177 页。

④ 参见程燎原著：《先秦"法治"概念再释》，载《政法论坛》2011 年第 2 期。

⑤ 参见[美]博登海默著：《法理学：法律哲学与方法》，张智仁译，上海人民出版社1992 年版，第 3 页。

治道的洞察。有关法治的讨论在前苏格拉底时期①开始较为广泛地开展，例如在公元前 7 世纪至公元前 6 世纪，"人治不如法治"之说由毕达库斯最早提出②；到了柏拉图和亚里士多德时期，希腊已经有了对法治问题较为集中、系统的论述，这也大致勾勒出了法治概念从萌发到初步成形的起源过程。

1. 前苏格拉底时期

公元前 8 世纪到公元前 6 世纪，奴隶制社会在希腊建立起来，公元前 7 世纪，在贵族政治动荡与社会矛盾激化的压力下，贵族们被迫转向寻求稳定的法律来保护人身财产安全，建立良好的社会秩序。古希腊由此开始进入以德拉古立法和梭伦立法为代表的成文法阶段。公元前 621 年③，司法执政官德拉古受委托编定了古希腊的第一部成文法典，德拉古立法虽然限制了贵族解释非成文传统法律的权力，但其主要目的是维护私有财产，对无论轻罪重罪皆处以死刑，其严苛程度被雅典演说家杰马德评论为用血而不是用墨草拟的法律。④ 这种无差别科以酷刑的立法并没有缓解贵族与平民的矛盾，反倒"鼓励"了民众在代价同等的前提下更加敢于以身犯险，加剧了社会对立的形势。仅仅二十多年后，梭伦就被推选为贵族与民众之间的调停人和执政官来改善局面，他在公元前 549 年实施了梭伦改革。梭伦一上任，便以"解负令"拉开了立法改革的大幕：废除了除杀人条文以外的全部德拉古立法，并创立了新的宪法和一批法律；将立法镌刻在阿克索涅斯(Axones)旋转架的木板上公示；要求包括执政官在内的全体公民都宣誓遵守法律；规定这些法律在未来 100 年内持续有效。⑤

---

① 此处参照哲学上"前苏格拉底哲学"的概念，以指代著作非常不完备，但为苏格拉底及其后学的思想提供了基础与背景的，最早开始讨论法治的人所处的时期。参见牛顿·P. 斯特克尼克特、罗波特·S. 布鲁姆鲍格著：《欧洲哲学起源——前苏格拉底思辨》，刘晓英译，载《理论探讨》1995 年第 1 期。

② 参见[古希腊]亚里士多德著：《政治学》，吴寿彭译，商务印书馆 1965 年版，第 142 页。

③ 另说公元前 624 年。

④ 参见北京师范大学历史系世界古代史教研室编：《世界古代及中古史资料选集(第 2 版)》，北京师范大学出版社 1999 年版，第 176 页。

⑤ 参见[英]伯里著：《希腊史 I》，陈思伟译，吉林出版集团有限责任公司 2016 年版，第 218~219 页。

亚里士多德依据禁止以人身为担保的借贷、规定任何人都可以替被害人要求赔偿、赋予国民向陪审法庭申诉的权利这三点在《雅典政制》里评价梭伦的宪法和法律具有"民主特色"和"民主性质"。① 虽然缺少对法治的系统思考，但不可否认梭伦立法从外观形式和内在价值两个层面都实现了对"法治即严刑峻法"观念的突破。

2. 柏拉图时期

初期的柏拉图是贤人政治的强力倡导者，但因寻找和培养最理想的统治者"哲学王"未成，在晚年逐渐形成了由完全崇尚人治转向重视法治在城市国家政治生活中地位的观点。他在《法律篇》中提出法治虽然不能称为最好的政治，但可以称为"第二等好的"政治。尽管柏拉图在本质上始终是人治论者，但他也是第一个阐述法律的社会功能、法律拥有至高无上的权威、法治对社会的必要性以及法治的种种措施的西方思想家。② 在柏拉图看来，哲学王的缺位和人性的不可信任，使得法律的统治成为了国家治理的最佳方式。此种情形下，法律若是得不到遵从，或是处于从属于统治者地位、没有权威，国家便会走向覆灭。而除了法律的至高无上之外，要有效发挥法治的作用，还需满足城邦政体、公民美德、统治者智慧等多方面的前提条件。柏拉图的正义观很大程度上影响了他的法律观，因而柏拉图所主张的法治理念，从注重实效的纯粹工具倾向中得以摆脱出来，与道德建立了紧密的联系，并功用于一定的伦理目的——促成正义和善良的实现。③ 他的学生亚里士多德提出的法律拥有至上权威的主张及关于法律本身良善正义的思考，便是以柏拉图法治思想为基础进行的开拓。

3. 亚里士多德时期

亚里士多德是彻底的法治论者，主张"法治优于一人之治"。他在《政治

---

① 参见[古希腊]亚里士多德著：《雅典政制》，日知、力野译，商务印书馆1959年版，第12页。

② 参见何勤华著：《西方法学史纲》（第三版），商务印书馆2016年版，第18页。

③ 参见高鸿钧等著：《法治：理念与制度》，中国政法大学出版社2002年版，第69页。

学》中所提出法治的两个原则，被认为是对"何为法治"的经典论述，即法治应当包含两重含义——已经成立的法律获得普遍的服从，而大家所服从的法律又应该本身是制定得良好的法律。① 申言之，法治的要义包含规则之治与良法之治。(1)规则之治，这是针对守法而言的。他认为"邦国虽有良法，要是人民不能全部遵循，仍然不能实现法治"②。民众对法律的遵守是法律权威性和有效性的必然要求，同时亚里士多德主张守法行为需要通过长期的引导和培养来形成。亚里士多德不否认人治的灵活性，但认为这种灵活只能在受限制的空间里施展，即"个人的权力或若干人联合组成的权力，只应在法律有所不及的时候，方才应用它来发号施令，作为补助"③。(2)良法之治，这是对立法环节的要求。亚里士多德在柏拉图"法律是维护正义之手段"论述的基础上，进一步明确了只有良法才能达成法治之目的——正义与善德，他认为，"相应于城邦整体的好坏，法律也有好坏，或者是合乎正义或者是不合乎正义"④。美国学者乔治·萨拜因从其中洞见到了这对盛名师徒主张的不同，他指出，不同于柏拉图将依法之治视为贤者之治的替代方案的观点，亚里士多德把法律至上当作良善国家的标志之一，这是基于法律具有一种不可替代的非人格品质(An Impersonal Quality)而得出的。⑤ 亚里士多德第一次系统地阐述了法治的概念和内涵，带动了西方法学的兴起，后世的法治理论与实践更是无一不受到其法治说的影响。

---

① 参见[古希腊]亚里士多德著：《政治学》，吴寿彭译，商务印书馆1965年版，第199页。

② 参见[古希腊]亚里士多德著：《政治学》，吴寿彭译，商务印书馆1965年版，第199页。

③ 参见[古希腊]亚里士多德著：《政治学》，吴寿彭译，商务印书馆1965年版，第147页。

④ 参见[古希腊]亚里士多德著：《政治学》，吴寿彭译，商务印书馆1965年版，第148页。

⑤ 参见[美]乔治·萨拜因著：《政治学说史》(第四版)，[美]托马斯·索尔森修订，邓正来译，上海人民出版社2015年版，第170~171页。

(二)西方法治概念的演变

相较于古希腊时期的璀璨，法治的发展在古罗马时期和中世纪无疑处于下行和沉睡状态，直至启蒙运动开展后才迸发出新的活力和火花。法治概念的演变在历史跨度上跨越了古罗马时期至"二战"后，涵括了从"法律时代"和神权君权之争中的法治资源，到近现代资产阶级法治理论中的法治根基、法治模式以及法治原则等内容。

1. 古罗马与中世纪的法治资源

在古希腊城邦国家消失后的很长一段时间内，法治主张或观念都没有在欧洲国家和社会中流行起来，但我们仍然不能否认古罗马时期的法律与法学的繁荣、中世纪教会君主博弈中法作为杠杆的介入，都为近代法治思想的形成提供了富有价值的法治资源。

古罗马帝国统一后，立法活跃，著名的《十二铜表法》得以制定，这一时期产生了相对独立的法学家阶层及其身后的罗马法体系，虽说在皇权至上的帝国土壤上孕育出来的注定只能是一个"法律时代"而非"法治时代"，但古罗马依然出现了许多启发后世的闪光思想，例如：(1)波里比阿提出罗马帝国的混合政体是帝国强大的重要原因，执政官、元老院、平民会议分别代表君主、贵族阶级、平民的势力，三权之间彼此联系并互相具有某种限制力，它们之中没有一个可以凌驾于其他部分之上。① 这种分权制衡思想被西塞罗所承继，并为近代资产阶级的三权分立理论吸收发展。(2)西塞罗主张法律具有权威，并由此派生出官员的权威。他曾说："由于法律治理着官吏因此官吏治理着人民，而且更确切地说，官吏是会说话的法律，而法律是沉默的官吏。"②(3)斯多亚派和西塞罗吸收了斯多葛主义的自然法思想，他们张扬理性和自然，并把法律与理性、自然等同起来，认为自然法超越于实在法并具有更高权威，立基于

---

① 参见李龙主编：《西方宪法思想史》，高等教育出版社 2004 年版，第 45~46 页。

② 参见[古罗马]西塞罗著：《国家篇 法律篇》，沈叔平、苏力译，商务印书馆 1999年版，第 215 页。

此，罗马法学家们提出了人人生而平等的主张以及初步的权利观念。总而言之，罗马人对于法治的贡献并非在于对法治主张本身的阐述和发扬，而是为整个世界提供了一种在一定领域内依法办事，尊重法律权威的管理模式，提供了一种制度化的对于权力的限制。① 在一定程度上，古罗马时期的法治理念是对古希腊时期理性主义法治观的延续。

欧洲中世纪是神治思想笼罩的时代，世俗权力与宗教权力为了取得更高权威而不断博弈，特别是在文艺复兴运动中罗马法被涤去旧尘、重绽光彩后，教会法学家与罗马法学家关于神权皇权何者至上的争论越发激烈。但即便是最极端的教皇派或君主派都承认，在当时西欧封建社会诸侯割据、缺乏统一政治秩序以及教皇与国王的斗争此消彼长的现实下，教皇或君主的某些权威只存在于各自传统的领域内。② 而正是这种与教皇的政治权威之争，促成了"法律下的国王"的统治并使之存续。13 世纪著名的教会法学家托马斯·阿奎那曾说，"由一个国王执掌政权的政体是最好的政体，同样地，由一个暴君执掌政权的政体是最坏的统治形式"③。他认为君主制仍是国家施行治理的最好政体，但暴君之政应被设法避免，而阿奎那的规避方式便是为君权设置"两个笼子"，即实在法与自然法上的双重限权。他不仅要求君主遵守法律和已有的社会习惯，还通过把人法的层级安排在永恒法和自然法之下，来推导出君主的政治权威顺应自然法中正义的基本要求。由此可见，虽然中世纪未能产生有关法治内涵的创见，甚至未形成真正意义上的法治实践，但近代资产阶级打破封建锢束的法治思想之兴，离不开中世纪法学家们借法限制君权的传统之滋养。

2. 近代以来的法治理论

启蒙运动以来的法治学说类别流派众多，其中法治根基之论、法治模式之论、法治原则之论分别是法治论述中三个具有一定代表性的学说。

(1)法治根基之论：洛克、孟德斯鸠和卢梭的法治思想。洛克、孟德斯鸠

---

① 参见吴玉章著：《法治的层次》，清华大学出版社 2002 年版，第 14 页。

② 参见吴玉章著：《法治的层次》，清华大学出版社 2002 年版，第 16~18 页。

③ 参见[意]托马斯·阿奎那著：《阿奎那政治著作选》，马清槐译，商务印书馆 1963 年版，第 50 页。

以及卢梭都是启蒙运动时期贡献卓越的思想家，其法治思想的共同性之一是论证了法治的正当性之源，以及法治所必须蕴含的自由、平等、分权等基本内涵。后世的法治论述往往都无法绕开上述关于法治的根基性观点。

英国是近代法治的重要发祥地，在这片土地上长成的洛克则被认为是近代法治思想的奠基性人物。洛克的法治理论和他的自由主义紧密联系，他以国家的产生是基于克服自然状态的缺陷为出发点，论证了国家存在的价值在于制定法律和执行法律，以确保人们享有稳定且不受侵犯的财产等权利和自由。洛克对法治的内涵作出了逻辑完整的阐述：一是法律具有至高无上的地位。法律是以保障和捍卫自由为目的的公共意志，象征着理性，因而统治者必须以法律为圭臬治理国家。二是法律应当被普遍地遵守和平等地执行。不予执行的法律等同于虚设，"法律一经制定，任何人也不能凭他自己的权威逃避法律的制裁；也不能以地位优势为借口，放任自己或自己的下属胡作非为，而要求免受法律的制裁的"①。法律面前一律平等，身份和地位均不应成为被豁免的理由，无论微贱与否都必须受制于法律。三是立法权与执行权应当保持分立与制衡。分权是政治社会的必要特征，绝对、专断的权力与社会和政府的目的不相符合。洛克把国家权力分为立法权与执行权（包含对外权），其中立法权最高，执行权从属于立法权。但为防止立法者的擅权与恣意，执行权亦对立法权产生一定制约，如执行权负责决定非常设性质的立法机关召集、解散及换届选举事宜且在立法缺漏或空白领域，执行权可依公共福祉进行自由裁量。

孟德斯鸠是法国启蒙时期的代表人物，受洛克思想的影响，他同样从自由主义出发，以英国的政制和法律原则为样本，提出了以保障自由为目的、权力分立制衡为核心的法治理论。孟德斯鸠的三权分立学说在洛克分权学说的基础上作出了进一步细化的制度设计，将国家权力划分为立法权、行政权及司法权，并扼要地分析了权力集于一体将导致的局面：当立法权和行政权集于一体，"人们将要害怕这个国王或议会制定暴虐的法律，并暴虐地执行这些法

---

① ［英］洛克著：《政府论》（下篇），叶启芳、瞿菊农译，商务印书馆 2005 年版，第 58 页。

律""如果司法权同立法权合而为一，则将对公民的生命和自由施行专断的权力，因为法官就是立者者。如果司法权同行政权合而为一，法官便将握有压迫者的力量"。① 孟德斯鸠也强调分权后的相互制衡，他认为："从事物的性质来说，要防止权力滥用，就必须以权力约束权力。"②权力分立又相互制约，是避免专权与擅权、实现法律下之自由即法治的要义。孟德斯鸠的三权分立思想对西方尤其是美国的宪政体制建立产生了重大影响，这种影响一直延续到现代西方法治国家与政府的建设中。

近代法治理论的另一重要先驱卢梭开创了新的社会契约论，这与洛克的社会契约论有着本质区别。洛克认为人民是与政府订立契约让渡部分权利以获取保护，在目的不能达成的情况下人们可以推翻政府另行建立；卢梭则主张社会契约存在于人民内部，每个人都让与全部权利给公意（general will），而公意通过立法来施行平等的统治。由此可见，卢梭是法治的坚实倡导者，他还提出法治共和国应具备四个基本要素，即自由、平等、人民主权、合法政府及法律至上。③ 卢梭的法治理论主要涵括三个层面：（1）立法权专属于人民，立法权是国家的心脏，不可分割、不可转让、不可替代。立法是为了消除不平等而产生，其最终目的亦是实现全体的自由与平等。（2）法律面前人人平等。平等是社会契约所确立的法治的价值准则，也是自由的条件；平等构成法律有效性的基础，若法律趋向于奴役而非平等，便会丧失其应有的权威。④（3）法治与共和政体相结合。卢梭以是否实行法治为标准判定一个国家是否共和，反过来也认为凡是共和国都必须实行法治。从近处看，这些极具启蒙价值的观点影响了法国民众的思想觉醒，催生了法国大革命与全新的民主共和国；放眼远处，卢梭的法治思想常出现于资产阶级宪章之中，后世许多思想家也都从中受到了

---

① ［法］孟德斯鸠著：《论法的精神》（上册），张雁深译，商务印书馆2005年版，第185~186页。

② ［法］孟德斯鸠著：《论法的精神》（上册），张雁深译，商务印书馆2005年版，第184页。

③ 参见［法］卢梭著：《社会契约论》，商务印书馆1980年版，第51页。

④ 参见上官丕亮、陆永胜、朱中一著：《宪法原理》，苏州大学出版社2013年版，第81页。

启迪。

（2）法治模式之论：法律主治与法治国。英国和德国作为近代法治的两大发轫地，分别孕育出了法律主治（Rule of Law）和法治国（Rechtsstaat）两类法治模式，虽非完全对应关系，但两者通常被据以表明实质法治与形式法治的异同。有美国学者对二者区别作了更深层次的解释，认为法治国展示了国家与法律之间的共轭性，法律是国家行使权力的唯一合法手段与渠道，而英国式的法治则更多表达国家和法律间的敌对关系，法治是先于国家并超越于国家的规范，在国家不遵守法治时，还可以用以对抗国家。①

戴雪之作《英宪精义》对英国法治思想开展了系统的理论总结，书中揭示了英国"法律主治"的三层含义：一是不存在武断权力，即非经普通法院依法讯明此人实已破坏法律，人民不能无故受罚或被法律处分，以致身体或货财受累；二是普通法和普通法院居优势，即法律面前人人平等，无论贵贱贫富，都需遵守普通法律，受普通法院管辖；三是宪法原则形成于普通法院的判决，即英国的宪法原则并非个人权利的渊源，而只是由法院规定与执行个人权利后所产生之效果。② 这是第一次从公法的意义与宪政的层面对法治含义作出的全面阐释，法律主治作为英国宪制的核心要义，它强调政府和人民的活动都必须接受且只接受理性、正义和法律的统治，即使最高统治者也不例外。③ 在英国宪制演进历史中与法律主治相伴生的另一产物是巴力门主权，前者意在回答权力如何行使，后者则是回答权力之所在，法律主治和议会主权是关于主权的一体两面，二者相互促进、良好互动。申言之，"巴力门的主权运行所至，必归宿于法律主治，而法律主治不特要求巴力门出而运用主权，而且要求巴力门的主权以法律精神而运用"。④ 正因为"议会主权"通过议会运作将民意输送于立法

---

① 参见［美］米歇尔·罗森菲尔德著：《法治与法治国》，莫纪宏译，载张庆福主编：《宪法论丛》（第3卷），法律出版社2003年版，第580~581页。

② 参见［英］戴雪著：《英宪精义》，雷宾南译，中国法制出版社2001年版，第232~245页。

③ 参见马长山著：《国家、市民社会与法治》，商务印书馆2002年版，第102页。

④ ［英］戴雪著：《英宪精义》，雷宾南译，中国法制出版社2001年版，第420页。

之中，实现了法治的民主前提，才使得英宪之下的法律主治超越了形式意义的
"法律至上"，而是在不断追问法的本质的过程中，把作为公意之表达的法置
于治理中的最高权威地位。

"法治国"概念来自于康德"国家是一群人依据法律组成的联合体"之论断，
其核心主张可概括为通过国家法的制定与实施，自上而下地构建一套法制秩
序，借以划定民众自由、规范国家机构权力，实现国家和社会的法制运作。①
德国行政法之父奥托·迈耶将德国的法律形态依次划分为邦君权国、警察国、
法治国。由于立法活动本身和警察国之下的司法这一国家行为是不存在"不依
法"的问题的，因此迈耶从三个行政的方面着手介绍了德国的法治国制度：
(1)宪政国的分权机制使得行政成为一项独立的国家权力，并由此催生行政法
治，因而"宪政国家是行政法的前提"。(2)法治国与警察国的区别在于，前者
的国家活动都是以法律形式决定的，故"法治国就是经过理性规范的行政国
家"。(3)为了使行政像司法那样被法律严格约束，行政行为也应在个案中决
定权利义务，即"法治国意味着对行政尽可能地司法化"。② 在此基础上，迈耶
将法治国理念具体化到行政领域，提出法治由三部分构成：形成法律规范的能
力(法律创制能力)、法律优先以及法律保留③，也就是著名的依法行政三
原则。

(3)法治原则之论：富勒和拉兹的界说。富勒和拉兹都把法治看作法律制
度的重要品德，并且都尝试以特征化、原则化的方式来界定法治的内涵，以此
将法治同法制区分开来。

新自然法学派代表人物富勒在论证法的道德基础时，提出了法治的八项原
则：一则法律的适用的普遍性；二则法律必须公布；三则法律的非溯及力；四
则法律的明确性；五则法律自身应避免互相矛盾；六则法律不应要求不可能实

---

① 李其瑞编：《法学概论》，中国民主法制出版社 2015 年版，第 42 页。

② 参见[德]奥托·迈耶著：《德国行政法》，刘飞译，何意志校，商务印书馆 2013
年版，第 58 页、第 61 页、第 65 页。

③ 参见[德]奥托·迈耶著：《德国行政法》，刘飞译，何意志校，商务印书馆 2013
年版，第 68~69 页。

11

现之事；七则法律的稳定性；八则官方行为与法律的一致性。①

法律实证主义者拉兹反对将法治等同于良法之治，否则前者就缺乏任何功用，他认为法治应有两方面的含义，一是人们应该受法律的统治并遵守法律，二是法律应当可以指引人们的行为。② 由此，他提出了他所理解的法治八项原则：一则法律应当可预期、公开且明确；二则法律应相对稳定；三则特别法的制定应受公开、稳定、明确和一般性的规则指引；四则必须保障司法独立；五则必须遵守自然正义原则；六则法院应当拥有审查其他原则实施的权力；七则法院应当易于接近；八则预防犯罪的机构在行使裁量权时不得歪曲法律。③ 前三项原则是使法成为"可指引人们行为之法"的前提，后五项则是从执法角度提出的确保法的指引行为之能力不被消解的要求。

尽管富勒的法治原则包含自然法观念，也从道德上论述了法律与道德的不可分性，以及法治是法律本身合乎道德的要求，但这和拉兹提出的法治原则一样属于形式法治范畴，因为这些原则的适用并不必然生成符合正义的法和法治，同时，这也体现出了学者们在法治的形式性要求上存在着广泛的共识。富勒和拉兹的法治八原则论虽然不能避免一个"邪恶"法律制度的产生，但他们都共同揭示了法律的目的以及法治的应然状态是什么，并通过具体的标准让"法治"二字得以"可视化"。

(三)现代法治理论体系

在其现代意义上，法治是一套具有内在逻辑的理论体系。其中，"法律由手段上升而为目的，变成一种非人格的至高主宰。它不仅支配着每一个个人，

---

① 参见[美]富勒著：《法律的道德性》，郑戈译，商务印书馆2005年版，第2章。
② 参见[英]约瑟夫·拉兹著：《法律的权威——关于法律与道德论文集》，朱峰译，法律出版社2005年版，第186页。
③ 参见[英]约瑟夫·拉兹著：《法律的权威——关于法律与道德论文集》，朱峰译，法律出版社2005年版，第187~190页。

而且统治着整个社会，把全部的社会生活都纳入到一个非人格化的框架中去。"①

1. 现代法治的是什么

现代的法治概念早已脱离了纯粹的工具主义，也不再作为人治的一种替代品而被选择，它被普遍采用为国家治理之道，也体现于个体的思维与行为方式之中，甚至被纳入了社会整体所追求的价值范畴。

现代的法治是被民主国家普遍选择的一种"治道"。"治道"是关于管理社会国家生活的基本方法手段，除法治之外，通常还包括人治、德治、神治等类型。人治，即以个人或者小部分人的意志作为社会事务管理的标准，在人治社会中即便存在法治，也仅仅是以法之名维护"以人为中心"之实。德治也是一种社会控制模式，简单说就是以德治国或者是道德的统治，即人们借助道德的作用或主要地借助道德的作用对社会进行调控以求理想的实现。② 神治则是出于对神明的无上权威性的尊崇，使社会事务的运行都需依赖于对神意的解读。进入近现代社会以来，科学发展的理念已将老旧的神灵思想驱离了圣坛，人治的权威被民主的理念所否定，价值的多元化颠覆了先前价值一统局面，由此，神治失去了依据，人治失去了基础，德治失去了效力。③ 而相应地，重逻辑论理、富有民主色彩、社会的共识性等，这些都是现代法治的显著特征，这便使得法治成为了一种更符合现代民主社会发展需要的国家治理模式。同时，在法治与其他治道的关系上，不同内容类型的治道不仅可以展现为法治之形，而且唯有通过法治之形，才能发挥其效用；道德劝诫、宗教戒条、纪律约束都做不到这一点，唯有法律和法治能行。法治使治道制度化、具体化，将本为一家之言的"治道"上升为国家意志，赋予其普遍约束力、强制力与权威性，使其成

---

① 周叶中：《中国国家治理形态的全新发展阶段——全面推进依法治国的深远战略意义》，载《学术前沿》2014 年第 11 期。

② 参见张中秋、杨春福、陈金钊编著：《法理学——法的历史、理论与运行》，南京大学出版社 2001 年版，第 71 页。

③ 参见邱飞著：《权力制衡与权利保障：侦查程序中的司法审查机制研究》，光明日报出版社 2013 年版，第 42 页。

为具体可行的律典政令。① 从世界范围上看，法治作为一种根本性的治理方式已经为各国所普遍接受。

现代的法治也是一项普遍的社会价值观。所谓价值观就是人们关于好坏、得失、善恶、美丑等价值的立场、看法、态度和选择；社会价值观就是由复杂多样的价值观进行长期反复的整合和消解，所形成的在一定社会中具有普遍意义的价值标准、判断体系，通常代表了社会成员普遍的价值诉求和是非观念。现代法治通常是与其他价值因素如自由、平等、正义、权利、规则、程序等内在地联系在一起的，法治被民众普遍接受的过程，通常也是自由、平等、正义等价值理念深入人心的过程。法律之所以能成为法律，不能仅仅因为它是权威机关的意志，还应当因为法律是符合某种更为正当有效标准的东西。因此，法治之所以成为一项普遍的社会价值观，就在于民众对于法治所内含的本体价值、关联价值及其文化内涵的认同，发自内心地对法律制度、依法治理的正当性予以肯定，因而具有社会内生价值选择之意味。

现代的法治也被认为是一种思维方式和行为方式。法治成为人们思考问题和行事的方式，意味着法律规范的自觉遵从，也意味着对法治事务与现象的认同和尊重，是一个社会真正浸润于法治环境的重要判断标准。法治的基本要义之一是规则之治，通过设定统一的规范来调整社会关系，以提供一个稳定明确的法律秩序，并使社会主体习惯于在这一法律秩序下进行活动。对于社会主体来说，法治成为一种生活方式，这表明法治使主体能够自由、安全、安康、有序地生活，从而享有生活的幸福感，有尊严地生活着。② 在日常的思维和行为中树立好法治的位置，彰显出法治的实践理性精神，使法治成为社会主体日常生活中的有机要素之一，而不是与现实相疏离，这亦是现代法治从政治生活走

---

① 周永平：《法治何以成就善治？——法治与治道选择问题探论》，载《理论导刊》2017 年第 8 期。

② 参见王利明：《法治应该成为一种生活方式》，载王利明著：《人民的福祉是最高的法律》，北京大学出版社 2013 年版，第 19~22 页。

向日常生活的重要表征。① 法治既是形而上的治国理政方式，也是形而下的民众生活方式。

2. 现代法治的"形式"与"实质"

实质法治与形式法治之争由来已久，苏格拉底的"守法就是正义"②是典型的形式法治论断，亚里士多德的法治两含义说则是实质法治的一种代表性主张。而随着"二战"的结束，恶法非法还是恶法亦法的讨论重回法学家的视野，也即争论法治到底是只要符合统一性、稳定性、公开性、内在协调性等形式要件，还是需同时满足法的"良善性"等实质性要件。形式法治论的理论基础在于，按照现代的民主政治理论，绝大多数人的决议比起少数人的决定具有更大的合法性，只要是经过严格立法程序制定的法律，从权力来源上看就自然具有了合法性基础。③ 因而法律即便不是良法，也必须得到执行。实质法治论则认为法治是"良法的统治"，法治不仅仅要体现人民的意志，还需反映社会发展的规律，尤其是要能够促进正义的实现和保障人的基本尊严。④

实质法治与形式法治的二分法是现代法治的主要划分形式。从具体特征来说，实质法治与形式法治主要在以下几个方面存在对立性：(1)法的范围，形式法治观下的法律仅限于由立法机关制定的或者经立法机关认可的、具有明确效力来源的规范性文件，实质法治则强调制定法之外的行为准则也应具备法的效力。(2)法的适用，形式法治主张法律文本的严格推理适用，法律解释以探寻立法者原意为目的作出，而实质法治则把法律决定的过程看作基于多种法律

---

① 参见公丕祥编：《社会主义核心价值观研究丛书——法治篇》，江苏人民出版社2015年版，第21～22页。

② 参见[古希腊]色诺芬著：《回忆苏格拉底》，吴永泉译，商务印书馆2001年版，第164页。

③ 参见秦强、王文娟：《形式法治与实质法治——兼论法治主义与宪政主义的区别》，载《甘肃理论学刊》2005年第1期。

④ 参见江必新著：《国家治理现代化与法治中国建设》，中国法制出版社2016年版，第95页。

渊源的一个论证过程，并允许裁判者在理由充分的基础上相对自由地解释法律。① （3）法律与道德的关系，形式法治重视法律的秩序性、普适性、稳定性和逻辑统一性等形式要件，对于法律的内容和精神价值并不关心，甚至排斥考虑道德和伦理等因素，法官不得基于道德要求进行自由裁量；实质法治则重视道德等因素的考虑，并试图通过社会立法和司法自由裁量等实现事实上的平等。②

实质法治与形式法治存在哲学上的对立统一关系。尽管现代的实质法治从制度安排等方面弥补了一定程度上的纯粹形式平等缺陷，但其本身依然面临一些难题，例如行为准则的不确定性、丧失中立性的风险等。因而实质法治与形式法治，虽然作为对立面而产生，但两者在现代社会中已不再以择一单选的方式存在，而是彼此交叉、相互补充。

3. 现代法治的实现方式

1959 年在印度新德里召开的"国际法学家会议"通过了《德里宣言》，提出了三项法治的内容：一是创造和维持使个人尊严得到尊重和维护的各种条件。要实现这一点，不仅要承认公民的民事权利和政治权利，还需建立为充分发展个性所必需的社会、经济、教育和文化条件；二是行政主体既应提供有力的法律保障而遏制行政权的滥用，又要使政府有效地维持法律的秩序，以保障人民具有充分的社会经济条件；三是确保司法独立和律师自由。③ 这三个方面分别是从立法的目的、行政、司法的维度提出了法治的要求或者说法治的实现方式。

我国有学者提出，从法治理论与实践来看，现代法治的基本要求主要是：有良好、完备的法律，法律具有最高权威，获得普遍、严格的执行与遵守；对国家权力和政府权力（公权力）加以限制和有效监督；防止权力滥用；以保护

---

① 参见王启富、刘金国编：《法律之治与道德之治——形式法治观的局限及其克服》，中国政法大学出版社 2008 年版，第 5 页。

② 参见高鸿钧：《法治的两种类型》，载刘海年等编：《依法治国建设社会主义法治国家》，中国法制出版社 1996 年版，第 263～264 页。

③ 张成福、吴鹏编：《法治政府新理念》，国家行政学院出版社 2015 年版，第 6 页。

公民基本权利和自由，即保障人权为本。①

总体来看，现代法治的实现除了对最基础的法律文本方面的要求外，还需要多个环节中主体的分工配合：（1）现代法治以民主政体为根本政治基础。只有通过民主的立法程序，参与立法的代表或议员才能充分表达民意，并将民众的普遍利益要求反映于法律之中。同时，民主的立法程序使得法律的立、改、废都能依法进行，避免了个人对立法工作的干涉。②（2）现代法治以政府权力受约束为必要条件。行政权是公共权力的重要组成，其具有易扩张和易滥用的天然倾向，随着现代社会中国家公共职能的扩大，使政府权力在规则内行使，防止行政权对公民权利的侵害更加成为了一个法治政府的重要任务。（3）现代法治以独立公正司法为保障。司法适用是法律实施的重要途径，因而法治要求司法机关必须独立行使审判权，不受其他行政机关和社会团体的干涉，并通过将行政行为以及立法行为纳入其审查范围，来确立司法作为法治屏障的权威。

二、政府正义

在其一般意义上，政府正义，即政府对社会公共事务进行管理的一种合理状态，意味着政府不妨碍且促进权利和义务、资源与利益在社会成员之间的适当安排和合理分配。③ 在其法哲学层面，政府正义的核心命题是"如何通过一个'善'的政治过程及制度建设实现整个社会的正义或者一个正义的社会"。④ 在这个意义上，政府正义包含了两层含义：一是政府本身应当是正义的——包括政府的产生和运行过程都应当合乎正义原理；二是政府是应当为实现正义而存在的——社会正义的实现，是需要政府这个存在的，而政府存在的根本价

---

① 参见谷春德著：《中国特色社会主义法治理论与实践研究》，中国人民大学出版社 2017 年版，第 4 页。

② 参见孙笑侠编：《法理学》，浙江大学出版社 2011 年版，第 312~313 页。

③ 史瑞杰、于杰：《论政府正义的提出及其现实意义》，载《中国行政管理》2010 年第 9 期。

④ 史瑞杰等著：《当代中国政府正义问题研究》，天津人民出版社 2013 年版，第 32 页。

值，正在于实现社会正义。

(一)正义的基本意味

在各个社会和历史阶段，人们对于"何为正义"的追问从未停息，正义作为人类社会最基础的行为准则和价值追求，各家各派对其内涵和类型都有着不同立场的解读。

1. 正义概念的基本内涵

在西方思想史上，柏拉图和亚里士多德是最早系统阐述正义观的，这一时期正义主要被看作伦理和价值层面的一种标准或者说目标。以正义观为核心是《理想国》中法哲学的特点，柏拉图认为哲学王、军人、百姓三个等级的人都应具备的美德便是正义，同时这种正义观也是政治体制和各种具体法律制度的内在生命。[1] 柏拉图主张法律是维护正义的手段，他在《共和国》中借用苏格拉底的话定义了何为"正义"，即正义就是以善待友，以恶对敌的艺术。[2] 亚里士多德继承发扬了柏拉图的正义论，并将正义理论作为核心思想贯穿于他的法治论之中。他从正义论出发，论证法是正义的体现，是人类的理性原则，因此，实行法治是为了公众的利益或普遍利益，它不是为某一阶级的利益或个人的利益。[3] 亚里士多德将正义视为人最高形态的德性，认为其优先于勇敢、智慧、节制等德性，甚至提出，"正义不是德性的一个部分，而是整个德性；相反，不正义也不是邪恶的一个部分，而是整个的邪恶"。[4] 这体现了正义概念的多元内涵。

从制度安排层面来论述正义观则以美国学者罗尔斯为主要代表。罗尔斯的《正义论》从一种假定的社会契约论出发，论证了人们在"无知之幕"背景下选

---

[1]　参见王启富、刘金国编：《法律之治与道德之治——形式法治观的局限及其克服》，中国政法大学出版社 2008 年版，第 38 页。

[2]　参见 Plato. *The Repubic and Other Works*. Anchor Books, 1973, p. 14. 转引自张乃根著：《西方法哲学史纲》，中国政法大学出版社 2004 年版，第 10 页。

[3]　参见何勤华著：《西方法学史纲》(第三版)，商务印书馆 2016 年版，第 23 页。

[4]　《亚里士多德全集》(第八卷)，中国人民大学出版社 1992 年版，第 97 页。

择两个正义原则的必然性，在这个组织良好的社会中，"每个人的福利都依靠着一个社会合作体系，没有它，任何人都不可能有一个满意的生活"。① 罗尔斯的第一个原则，通常被定义为自由平等原则，即"每一个人对于一种平等的基本自由之完全适当体制都拥有相同的不可剥夺的权利，而这种体制与适于所有人的同样自由体制是相容的"②。第二个原则，通常被定义为差别原则，即"社会和经济的不平等应该满足两个条件，一是它们所从属的公职和职位应该在公平的机会平等条件下对所有人开放，二是它们应该有利于社会之最不利成员的最大利益"③。第一个原则适用于处理社会制度中的公民平等自由问题，它不允许以最大多数人的利益为借口否定每个人拥有平等的各项基本自由，第二个原则用来处理有关社会和经济利益的不平等问题，使之"合乎最少受惠者的最大利益"④。两个正义原则并非同等适用，当二者产生冲突时，第一个原则要优先于第二个原则，事实上，后者的主要意义就是确保前者的实现。

2. 正义的分解

亚里士多德曾将正义分解为一般的正义和具体的正义两种类型。一般的正义就是要求服从法律，禁止实行所有的恶行，实行全部的德行。而具体的正义又包含两类，一类是表现在荣誉、钱物抑或是其他可进行区分的共同财富的分配上，根据一定标准，一个人可以分到和他人同等或有所差异的东西，即"分配正义"；二类是在私人交易中，通过把不正当的得与失纠正到恰当的比例，使当事人获得的都是自己应得的，即"矫正正义"。⑤ 在亚里士多德的主张中，分配正义意味着按某种标准确立一定的比例，并依此作出分配，这种标准可能是身份地位、社会贡献或者单纯的财富多少，等等，它内在地确认了人天生在

---

① ［美］罗尔斯著：《正义论》，何怀宏译，中国社会科学出版社 1988 年版，第 98 页。

② ［美］罗尔斯著：《正义论》，何怀宏译，中国社会科学出版社 1988 年版，第 98 页。

③ 参见［美］罗尔斯著：《作为公平的正义》，姚大志译，上海三联书店 2002 年版，第 70 页。

④ 参见姜作利著：《中国决胜 WTO 官司的理论及诉讼技巧研究》，中国法制出版社 2015 年版，第 174 页。

⑤ 参见［古希腊］亚里士多德著：《尼各马可伦理学》，廖申白译，商务印书馆 2003 年版，第 138 页。

智力与体力上的不平等，并以此作为分配正义的前提条件。当这种平衡的正义状态被破坏时，矫正正义便要求以均等的矫正措施来弥补侵害损失。亚里士多德的这一划分凸显了平等是正义的实质，为近现代的正义理论发展提供了基础性指引。

基于其所作用的领域之不同，正义被分解为个人正义与社会正义。其中，个人正义是指个人在处理与他人的关系中应遵循公平的道德要求行为准则，是在社会本身符合正义且个人已接受这一制度所安排的利益时，个人应尽的责任；社会正义，即社会基本结构的正义，意指一个社会基本制度及其所含规则和原则的合理性和公正性。① 罗尔斯将社会正义作为首要正义，这是因为社会基本结构的影响是持续且深刻的，它"确定着人们的权利和义务，影响着他们的生活前景，即他们可能希望达到的状态和成就"。② 从这种程度上来说，个人行为的正义与否往往是以社会基本结构的正义为标准来判断的。

基于其表征之不同，正义被分解为形式正义与实质正义。其中，形式正义是一种抽象正义，包含了程序正义的内涵，它不管制度本身正义与否，而只追求已有制度的实现与落实；实质正义则是一类具体正义，它存在于个案之中，具有实际的、具体的内容。一般来说，形式正义应当反映实质正义，特别是作为社会基本结构的正义。罗尔斯也认为实质正义和形式正义是密不可分的，他指出："公正一致地遵循规范的愿望、类似情况类似处理的愿望、接受公开规范的运用所产生的推理的愿望，本质上是与承认他人的权利和自由、公平地分享社会合作的利益和分担义务的愿望有联系的。有前一种愿望，就会倾向于后一种愿望。"③形式正义与实质正义之间的关系就是对立统一的矛盾关系。

(二)政府正义的演变

迄今为止的哲学发展史中，政府正义论始终是正义论论辩的核心领域。当

---

① 参见何其莹、李涛编：《法理学》，北京航空航天大学出版社 2008 年版，第 120 页。

② ［美］罗尔斯著：《正义论》，何怀宏译，中国社会科学出版社 1988 年版，第 5 页。

③ ［美］罗尔斯著：《正义论》，何怀宏译，中国社会科学出版社 1988 年版，第 56 页。

人们发现个体与个体之间的正义状态难以顺利达成时，便会自然地寻求建立一个正义的政府来从中统筹，以维护民众的共同利益，谋求整个社会的公共福祉，这便是由最初的个人正义演变出政府正义的动因。在正义论的框架内，政府正义既具有本体论的意义，也具有价值论的意义——在其本体论意义上，政府正义的核心命题是"什么样的政府才是正义的"，它涉及政府权力之正当性基础；在其价值论意义上，政府正义的核心命题是"政府怎么做才是正义的"，它涉及政府行为之正当性评价。在这个意义上，西方政府正义论大体上可以划分为理性正义论、神序正义论、契约正义论、社会正义论以及制度正义论等学说。

1. 理性正义论与神序正义论

理性正义论强调政府必须以维护人类最高的理性、保障社会集体能过幸福生活为宗旨，超越这一规范的政府就是非正义的。① 柏拉图和亚里士多德是这一派的代表人物，他们主张人人各居其位，每个人的智慧或体力等能力都应当在合适的身份职位上得以充分发挥，达成一种"差异人与相应差异职位的对应，以及各差异阶层在整个国家内的和谐并存的多样统一的等级秩序的和谐状态"②。柏拉图认为城邦正义就是"三域互不侵犯"所实现的不同阶层功能的协调，他主张，"全体公民无例外地，每个人天赋适合做什么，就应派他什么任务，以便大家各就各业""国家的正义在于三种人在国家里各做各的事。"③亚里士多德发展延续了柏拉图的城邦正义论，主张通过按个人对城邦要素的贡献来分配城邦公职，以实现一种"比值"上的公平，而非简单的数目上的相等。④ 他认为城邦是由个人共同集合组成，最直接的目的就是满足大家的需要，因而城邦虽在产生次序上后于个人和家庭，但在本性上是先于个人和家庭的。在此基

---

① 参见施雪华著：《政府权能理论》，浙江人民出版社 1998 年版，第 2 页。

② 易小明：《从柏拉图到亚里士多德：西方早期正义思想的差异协同结构特征》，载《江海学刊》2004 年第 6 期。

③ [古希腊]柏拉图著：《理想国》，郭斌和、张竹明译，商务印书馆 1986 年版，第138 页、第 169 页。

④ 参见王淑芹、曹义孙：《柏拉图与亚里士多德正义观之辨析》，载《哲学动态》2008年第 10 期。

础上，亚里士多德提出城邦应以正义为原则，通过由正义衍生的礼法来判断人间的是非曲直，换言之，正义就是树立社会秩序的基础。① 同时，个体价值的实现是为城邦整体正义目标的达成而服务的，能否维护社会整体利益，使大多数人在城邦政治生活中实现理性，才是城邦或者说政府的正义标准。

神序正义论代表了中世纪神学背景下的一类政府正义论述，其核心观点大致只是在理性正义论之上搭建了一层神学正义，认为正义的政府除了是使人们在集体生活中得以实现理性的政府外，还必须是符合神法的政府。在社会整体利益方面，神学家托马斯·阿奎那认为，人类除了享受世间的物质利益外，还有权享受上帝快乐，人们只能通过政府实现前者，后者则需要靠神的恩赐，听从基督在人间的代表，即教皇的命令指挥。② 概言之，世俗政府的权力来源于神的意旨，因而正义的政府也应当是符合神法要求的政府。

2. 契约正义论

契约正义论是建立在政府源于社会契约之理论的基础上的，主张政府的正义性是公民与公民、公民与政府之间签订政治契约让渡权力的生成结果。为了建立并维护安定的社会秩序，保障社会成员的公共利益，人们必须通过订立契约来过集体社会生活，而政府也必须在契约范围内行事，违背契约宗旨和精神的政府是非正义的，人民有权予以推翻。霍布斯、洛克以及卢梭的社会契约理论是这一领域的代表性观点，三者在权力让渡的范围、契约订立的主体、主权之所在等方面存有差异，由此，它们在政府正义的阐发上也各有不同。概言之，霍布斯认为，为了追求和平和安宁状态，人们无条件地将全部自然权利通过契约转移，而在君主国家中私人利益和公共利益是同一回事③，因此君主政府是最适合实现社会公共利益，也即最符合正义之要求的政府形式。洛克则认为个人在同政府订立契约时保留了部分自然权利，即"社会始终保留着一种最

---

① 参见[古希腊]亚里士多德著：《政治学》，吴寿彭译，商务印书馆1965年版，第8~9页。

② 参见[意大利]托马斯·阿奎那著：《阿奎那政治著作选》，商务印书馆1982年版，第87页。

③ [英]霍布斯著：《利维坦》，商务印书馆1985年版，第144页。

高权力，以保卫自己不受任何团体，即使是他们的立法者的攻击和谋算"。①因而正义之政府的权能行使有着最基本的界限，也就是不能侵犯公民的生命与财产权利。卢梭是直接民主的倡导者，他认为契约是订立在人民与人民之间的，从中产生公意以代表主权者的利益与意志，而政府作为主权的行使主体，其行为只有符合公民全体的"公意"才是正义的，否则人民就有权力将其推翻。

3. 社会正义论

与前述三类政府正义论不同，社会正义论主张追求社会整体利益是社会自身发展的必然，而非出于个人理性和权利的需要。法国的实证论思想家孔德在对社会和谐与团结的认识上，十分重视并强调来自社会自身的力量，并反对个人主义的观点。② 由此，维护社会的和谐与团结便成了政府的主要职能，而社会有机结构变化所提出的要求，也就成为了政府权能变化的基础和依据，与社会有机结构正义原则相符的是正义的政府，反之则不是。

4. 制度正义论

罗尔斯认为社会制度的首要价值是正义，具体而言，"在某些制度中，当对基本权利和义务的分配没有在个人之间作出任何任意的区分时，当规范使各种对社会生活利益的冲突要求之间有一恰当的平衡时，这些制度就是正义的"。③ 如前节所述，罗尔斯提出了判断制度是否正义的具体标准，即自由平等原则和差别原则两个正义原则。根据第一个原则，正义社会制度之下的公民的基本自由，如政治自由、言论自由、思想自由以及保障个人财产的权利等，都应当一律平等；第二个原则适用于财富和地位不平等的情形，正义的社会制度应当使最少受惠者获得最大利益，并使其可以有机会平等地担任某种职务。在他看来，基本的社会善包括权利和自由、权力和机会、收入和财富以及自尊。这些社会的基本善不像健康和精力、理智和想象力等基本善一样是自然赋

---

① ［英］洛克著：《政府论》（下篇），商务印书馆1981年版，第129页。

② 参见徐大同编：《西方政治思想史》（第四卷），天津人民出版社2006年版，第154页。

③ ［美］罗尔斯著：《正义论》，何怀宏等译，中国社会科学出版社1988年版，第3页。

予的，而是直接受到社会基本制度结构与安排的影响，在特权的社会制度下，公民就无法获得政治上的权利和自由的平等，也无法保障社会经济权利的实现。① 由此可见，罗尔斯认为当政府行为合乎正义时，才有理由要求公民去服从。所以他始终把维护社会善的正义事业寄托于政治制度或政府行为的自身完善上，这样一来，正义问题就不仅是公民之间处理相互关系的一种道德准则，而是被进一步上升到了建构政府与公民关系的普遍行为规范，也就实现了从个人正义向政府正义，从内在的道德正义向外在的制度正义的本质转变。② 制度正义论也成为与法治关系最为紧密的正义理论。

(三)现代政府正义的三个侧面

政府正义首先是一种共性化的正义，它代表了社会公众最普遍的希冀与诉求，是大多数民众对于正义内涵的共同认识。这种内在的公共性要求了政府正义还必须是一种非自然的、被安排的正义，也即通过制度设计对政府正义进行"人为塑型"，调整不同主体之间的"不正义"以实现相对的正义价值，例如平等。由此安排而形成的政府正义具有稳定性、可知性，可以使个人正义得到最广泛的保障，也有利于在整个社会内形成一种对于社会正义的价值认同并锻造一张社会正义的防护网。

1. 正义是政府的首要价值

行政的本质是一种社会公器，公共性是行政的根本特性，这内在地决定了行政的价值性，即必须以正义为行政的核心价值或者首要价值，正义应当是政府的良心。行政的公共性主要体现在它与私人部门管理的不同之处，尽管二者都属于管理范畴，在管理技术和方法上有着相通之处，但"管理主义在某些方面违背了公共服务的传统，不利于提供服务，在某些方面是不民主的，甚至其

---

① 参见范进学著：《权利政治论——一种宪政民主理论的阐释》，山东人民出版社2003年版，第238~239页。

② 参见施雪华著：《政府权能理论》，浙江人民出版社1998年版，第16~17页。

理论依据也值得怀疑"①。而政府的行政活动是为实现社会公共利益而开展的部门管理活动，意在代表和维护公共利益，这要求政府行政必须符合正义，具言之，即要求政府应尊重全体公民的基本权利，要为全社会成员提供公共产品和公共服务，要在全体社会成员中对社会资源进行公平分配；要求政府在制定公共政策时，合理考虑不同群体的正当利益，政策在其首要层面上是普惠性的，即要能够惠及社会所有成员，而非为某一群体所享有，要扶助弱势群体。② 这是现代政治伦理的基本要求。

　　20 世纪 60 年代兴起的新公共行政理论的重要特征之一，便是强调公平正义是公共行政的首要价值和目的。其代表人物弗雷德里克森认为，古典公共行政关注的是效率与经济，即在效率上，如何才能利用有限的、可利用的资源去提供更多的或更好的服务?③ 在经济上，如何花费最少的资金去维持服务水平? 新公共行政则增加了这样一个问题：这种服务是否增强了社会公平?④ 当然，这并不意味着对效益、效率等公共行政一般价值的排斥，而是从实践到理论上对正义核心价值的一种复位。换言之，一方面，政府正义是首要性的价值，能否坚持正义的核心价值地位，构建一个有良心的政府，将直接影响到行政决策与行为的指向，还将在更深层次上作用于政府行政存在和运作的合法性与合理性；另一方面，政府正义也是综合性的价值，它是对公共行政各类价值的统一和均衡，兼含着民主社会中生发的自由、公正、平等等价值，以及公共行政本身的效率和效益等价值，这便要求政府在以正义为核心的基础上协调促进其他价值功能的实现。

----

① ［澳］欧文·E. 休斯著：《公共管理导论》，彭和平、周明德等译，中国人民大学出版社 2001 年版，第 93 页。

② 参见史瑞杰等著：《当代中国政府正义问题研究》，天津人民出版社 2013 年版，第26 页。

③ 参见史瑞杰、于杰：《论政府正义的提出及其现实意义》，载《中国行政管理》2010年第 9 期。

④ 彭和平、竹立家等编译：《国外公共行政理论精选》，中共中央党校出版社 1997 年版，第 300 页。

2. 正义乃政府制度之表征

美国现代法学家庞德认为，正义代表一种体制，意味着对特定关系的调整和对行为的安排，其目的在于让人们的生活更加美好，满足人类享有某些东西或者实现各种主张的需求，"在法学上，我们所讲的执行正义（执行法）是指在政治上有组织的社会中，通过这一社会的法来调整人与人之间的关系及安排人们的行为"。① 在一个高度组织化和政治化的现代社会中，个人权利既不可能孤立地存在，也不可能仅凭一人之力得到满足，因此便需要一个代表群体利益的民主政府。这种利益的广泛代表性，要求政府意志不受少部分群体的挟持和影响，以公平正义作为协调各方需求的核心价值指向。而正义有着一张变幻无常的"普洛透斯似的脸"，因此政府在执行正义时必须遵从一定的原则，使得政府正义可以被判断、被识别。

其一，人民主权原则，这是基于政府权力的正义性来源方面而提出的要求。掌握政治权力的人（政治统治者）应该只是拥有政治权利的主体（个人或群体），或者是经由拥有统治权力者所授权进行统治的主体，在人民主权的思想下，最高政治权力，即主权只有由人民掌握才是正义的。② 政府正义中人民主权的体现，主要在于官员必须经符合正义价值的正当程序由人民选举或选拔产生，使正义的人行使正义的主权。

其二，限权原则，即政府权力有限原则。治权源于人民对主权的让渡，因此政府拥有的权力始终是有限的。一方面，人民主权并非全部交由代议制政府行使，当人民的多数不满意政府的治权行为，认为其不合正义，便有权收回其所给予的治权；另一方面，政府的决策与行为受到人民的监督，人民有批评并要求其变更的权力，亦有权不服从违背其根本利益的治权行为。政府权力行使的正义，要求政府严格遵守自己的职权范围，不主动向职权外领域尤其是私人领域，做不合正义目的的扩张。

---

① ［美］庞德著：《通过法律的社会控制——法律的任务》，沈宗灵、董世忠译，商务印书馆1984年版，第55页。

② 参见罗予超著：《政治哲学——对政治世界的反思》，湖南人民出版社2003年版，第273页。

其三，法治原则，即政府权力的正义行使应当以法律为确定的框架。古希腊时期亚里士多德提出："人在达到完美的境界时，是最优秀的动物，然而一旦离开了法律和正义，他就是最恶劣的动物。"①由此可见，人具有有限性且这种有限无法被完全克服，例如天然的逐利冲动、非理性情感等，这便需要稳定的法律来对掌控公共资源的政府强权力进行正义引导和规制。

3. 社会正义乃政府之目的所在

美国联邦派先贤麦迪逊认为："正义是政府的目的。正义是人类社会的目的。无论过去或将来始终都要追求正义，直到获得它为止，或者直到在追求中丧失了自由为止。"②可见社会正义和政府正义对于人类而言，是两项永恒性的追求。社会与正义之间、政府与正义之间本无关系，使其产生紧密关联的连接点正是人本身。根据休谟的观点，人本性自私且不可能被改变，能改变的只是人的外在条件和状态，由此，政府和社会存在的意义就是确保"遵守正义法则成为我们最切近的利益，而破坏正义法则成为我们最辽远的利益"③。政府存在的目的关乎人类对正义的追求，政府正义是社会正义的先导。

政府正义与社会正义具有逻辑上的相容性与内容上的公度性，要塑造一个正义的社会，须以建设一个正义的政府为前提。(1)逻辑上的相容性。政府正义是一种制度善，其最终价值便在于通过"善"的政治过程和制度安排来实现整个社会的正义且社会正义和政府正义都是以人作为目的，因而在这一层面上将政府正义视为促进社会正义的抓手也就不难理解了。(2)内容上的公度性。社会正义建立在两个假设之上："第一，社会进程至少粗略地看是受人类发现的法则支配的，因而有意识地重塑社会是有意义的；第二，有可能发现足以用来重塑社会的权利渊源(通常在政府中)。"④将权利和义务、资源与利益在社

----

① ［美］萨拜因著：《政治学说史》(下册)，商务印书馆1986年版，第127页。

② ［美］汉密尔顿等著：《联邦党人文集》，程逢如等译，商务印书馆1980年版，第267页。

③ ［英］休谟著：《人性论》，关文运译，商务印书馆2005年版，第577页。

④ ［英］米勒等编：《布莱克维尔政治学百科全书》，邓正来等译，中国政法大学出版社2002年版，第408~409页。

会成员之间进行适当安排和合理分配，这也正是政府的基本职责范畴。因此，政府正义和社会正义的实质内容在很大程度上相重合，要将社会朝着正义的标准去塑造，除了个体和团体等主体的正义，更主要的是要政府实现正义。

三、法治政府

法治政府并非人类政治生活中的新事物，其理论渊源可追溯于古希腊法治思想，而作为一种政治实践，它也在近代欧洲有着非常丰富的内涵。与大政府和小政府相对应，法治政府在西方政治思想理论中也有广义和狭义之分，广义的法治政府意味着立法、行政、司法等一切国家机关的权力和运行都受制于法律，狭义的法治政府则仅仅指向法律统治之下的国家行政机关。而在我国，法治政府作为正式概念最早出现于 2004 年 3 月 22 日国务院为推进依法行政而提出的法治建设目标而发布的《全面推进依法行政实施纲要》中。在这一表述中，依法行政是过程，法治政府是目标，这也就决定了我国语境中法治政府的狭义特征。本节也将以狭义上的法治政府为主体对象，对其内涵进行深入阐发。

关于法治政府的界定，我国学者黄爱宝的论述较为全面和具代表性，他认为："法治政府的基本内涵应当可以概括为：具有奠定于主权在民和社会契约理论的民主理念和公民本位与社会本位的服务理念，以及'法律统治至上'和'依法治理（自身或社会）'的法治理念，并将之贯穿与渗透于制度安排和操作行为等公共权力获取和运作的全部过程和环节之中，最终为了更好地维护与实现公民或社会的公共意志和公共利益的政府。"①这一表述很好地诠释了法治政府的特征。

(一) 法治与法治政府

法治是法治政府的核心，法治之政府即意味着法治在政府理念与行为上的现实化。而在很大程度上，西方法治观念的核心问题就是对公共权力的限制或

---

① 黄爱宝：《法治政府构建与政府生态法治建设》，载《探索》2008 年第 1 期。

控制，其要害在于，在承认权力的同时运用法律来限制权力。① 因而法治政府构建的关键环节也就在于处理好政府权力与公民权利间的关系，依法规制政府组织与政府行为。许多学者都尝试用法治理论来约束政府权力，英国行政法学家威廉·韦德便是其中之一。他认为"法治有许多不同的含义和推论"，其中的第一层含义是"政府行使权力的行为，即所有影响他人法律权利、义务和自由的行为都必须说明它的严格的法律依据，受到影响的人都可以诉诸法院"；第二层含义则在于"政府必须根据公认的、限制自由裁量权的一整套规则和原则办事"。② 这实质上就是用"法治"的含义解释了"法治政府"的基本内涵。可以说，法治政府观念就是由法治观念，尤其是其中的限权思想派生而来，法治政府的实践也是源于法治在实践中的发展，并逐渐剥离开来成为类型化的一种法治实践形式。

法治政府，亦是现代法治发展背景下，关于善政与善治的理性选择。申言之，善政与善治是法治政府的目标，法治政府是实现善政与善治的必然选择。英国大法官汤姆·宾汉姆将法治看作善政首要的品质，他直言："是什么造成了善政和恶政的差异？我的回答并不新鲜，那就是法治。"③联合国亚太经济社会委员会在其发布的《什么是善治？》中，提出了关于善治的八项标准，分别是共同参与、厉行法治、决策透明、及时回应、达成共识、平等和包容、实效和效率、问责。法治作为实现善治之标准的必要性也从中得以显现。善政是善治的前提或者说初阶形态，二者区别在于善政只对应政府本身的法治，而政府环节的善治则要求政府在同社会组织、个人等其他社会治理主体的关系上，也应符合法治原则。而两者的相通点便在于都对政府法治提出了要求，即善政与政府环节的善治，都要求政府应当在其内部建立起合乎法治且行之有效的组织架构以及行事规则，也就是形式意义和实质意义上法治政府的统一。此外，善治作为一种变革性的治理模式，主张在公共治理中更多协商、更少强制，更多参

---

① 参见吴玉章著：《法治的层次》，清华大学出版社 2002 年版，第 4~6 页。

② 应松年、袁曙宏编：《走向法治之路》，法律出版社 2001 年版，第 8 页。

③ ［英］宾汉姆著：《法治》，毛国权译，中国政法大学出版社 2012 年版，第 243 页。

与、更少命令，强调规制方式的柔性化和非强制化，这包含了许多"实质主义法治"精神。① 在这种意义上，政府环节的善治也就对法治政府的外部性关系与内部关系提出了更多实质法治上的新要求。

在从法治到法治政府的演变中，法与政府的关系起到了指示性的作用。杨小军教授指出法律与政府主要存在两个维度的关系：一是政府与"上位"的关系，二是政府与社会公众的关系。在第一个关系中政府由法律统治，服从法律，执行法律，在第二个关系中政府依法而行政，依法而施政，两组关系分别推导出法律至上原则和依法行政原则，统合起来便是法治政府内涵的两个方面——法的统治与依法行政。② 以此为基础，我们得以更深入地把握法治政府的"法治"特质，主要涉及职权法授、程序法定、行为法限、责任法究这四个方面。

其一，职权法授。权自法出是法治的第一诫命，无法律授权即无行政权力。政府并不拥有天然的正当权力，法律是人民主权行使的产物，承载着民众意志，因而政府施政的权力必须由法律明确授予。一方面，职权法授以组织法定为当然前提，行政机构必须依法设立，其具体设置、人员编制、经费等事项须由事先制定的法予以规定，政府不得任意扩充或变更之；另一方面，职权法授适用于政府权力整体，不因行政行为目的是积极授益还是消极负担而变化。具言之，行政主体无论是作出影响相对人合法权益或增加其义务的行政行为，还是积极履职，都必须遵循职权法定的要求。③ 以我国的行政行为为例，行政处罚、行政强制、行政许可、行政征收等都不是行政主体的当然权限，都需要法定；政府在公共利益需要时，主动积极履行职责也必须是依法进行的；即使是行政主体职权范围内的事项，也并不意味着其有权采取任何手段达成自己行政管理的目的。④ 职权法定是政府组织法治的基本要求。

---

① 参见韩春晖著：《行政法治与国家形象》，中国法制出版社 2011 年版，第 47 页。
② 参见杨小军：《论法治政府新要求》，载《行政法学研究》2014 年第 1 期。
③ 参见任进：《论职权法定与法治政府建设》，载《人民论坛》2012 年第 14 期。
④ 参见任进：《职权法定：法治政府的最基本特征》，载《学习时报》2012 年 5 月 14 日。

其二，程序法定。政府权力的行使要符合法定程序，这是法治政府的当然特质之一。政府权力带有天然的扩张趋向且其职能内涵也日益丰富多样，除了纯行政性质的事务外，政府还承担着与立法、司法裁断等范畴交叉的职能，因而必须使其在程序规制之下，才能确保政府权力的有效有序行使。同时，政府事务更为日常、具体，故设置较为详细的程序规则，可以规范行政权力运行的条件、方式、步骤等，从而限制和防止政府行为的恣意和武断。

其三，行为法限。政府在法之下而非法上，因而其行为也必须时刻受法律控制，以法律为基本准则和行动指南。行为法限要求政府及其工作人员，要依法决策、依法履责、严格执法、严格按照法律确定的职权职责和法定程序办事，自觉运用法治思维和法律手段解决经济社会发展中的矛盾和问题，不断增强政府及其工作人员运用法律手段解决实际问题的能力。[①] 政府行为在法律规定的限度内是有限政府的具体要求。

其四，责任法究。政府应当对法律负责，承担自身行为所致的各种法律责任，这是政府权责一致原则的体现。一方面，权力与责任是相统一的，不存在无责任之行政权力，对于不当行使权力或滥用权力的情形，必须依据法律予以追究责任。另一方面，政府权力作为公权力的一种，本身就是政府所必须积极行使的职责，不得怠用或放弃，因而不作为或失职的行政行为也属于法律责任追究的对象。

(二)政府正义与法治政府

法治政府的内涵并非自始一贯，而是在不同时期和政治体制下有着或广或狭的阐发。依法行政就是法治政府内涵演变的过程中一种重要表述，但前者更为强调政府行为的合法性标准，意在树立一项行政基本原则，忽视了法治政府在价值层面应有之内涵。申言之，从价值指向上来看，依法行政本身并未明确

---

① 参见杨俊一编：《依法治国的理论与实践创新研究》，上海社会科学院出版社 2015年版，第 44 页。

依何种法，所依据的形式上的法既有可能是正义的良法，亦无法排除实际上的恶法或劣法，因而表面上合乎法律的政府行为也有可能会导向实质上的悖法悖理之举；从价值结果来看，依法行政由于缺乏公平正义等价值的指引约束，有可能会使得政府走向法制而非真正的法治。因而法治政府除了强调形式上的法治属性之外，还必须具备一些体现正义与理性的品格。关于此，马怀德教授认为法治政府应当是有限有为的政府、透明廉洁的政府、诚信负责的政府、便民高效的服务型政府。① 下文将从这四个方面分述之。

其一，有限有为的政府。有限与有为都是对于政府职责的履行而言的，一个法治政府应当合理平衡"权力有限"与"履职有为"，既要避免滑向越权滥权的一端，又要防止滑向怠政懒政的一端。正如法国当代哲学家马里旦所述："每一个强有力的东西总有越出它本身范围的本能倾向，因而权力总倾向于增加权力，权力机构总倾向于不断扩大自己。"②所以，法治政府首先要求的是政府能够自我约束。关于有限政府，通常包括权力有限、职能有限和规模有限三层面：一是权力有限，这是因为政府权力来自人民权利的授予，因而政府只有在代表民意的法律所允许的范围内行使权力，方才具备合法性与正当性；二是职能有限，社会经济发展的经验告诉我们，政府并非万能的，应当为社会自身留出充分的足够的自治空间，积极发挥社会组织、团体和个人等社会主体治理能力的作用；三是规模有限，应当合理设定政府的组织结构和人员编制等，避免政府机构的臃肿化及其带来的权力扩张风险、工作效能降低、政府资源浪费等消极后果。如果说有限政府是一种消极、克制的政府权力状态，那么有为政府追求的便是积极的政府能力表现。关于有为政府，这是政府存在的价值和意义所在，根据人民主权理论，人民设立政府的根本目的就是通过其保障自由、实现权利，政府若"无为"便会失去存在的基础。除了应当"有为"，经济社会的发展规律与需求也使得政府能够"有为"，政府具备宏观统筹、政策导向以及资源调配等职能特性，在公共行政事务管理中的作用无可替代。总之，法治

---

① 马怀德：《法治政府特征及建设途径》，载《国家行政学院学报》2008 年第 2 期。
② 沈宗灵著：《现代西方法理学》，北京大学出版社 1992 年版，第 87 页。

政府的建设要求公权力执掌者必须合法、积极、有效履职尽责，确保人民所赋予的权力用来为人民谋福祉，不得消极无为。同时，又强化制约和监督，合理分解权力，科学配置权力，形成科学的权力机构和运行机制，做到控权和促进积极履职双管齐下，防止权力滥用与预防庸政、懒政、怠政同时发力。① 这是政府正义的实质性标准。

其二，透明廉洁的政府。透明政府与廉洁政府，都是法治政府的内在要求，政府透明使民众的知情权与监督权得以实效化，从而增进政府及其官员的廉洁性。透明政府意指除了依法不予公开的外，政府权力的来源、规则、行使和监督等全过程都应当公开，最大限度增强政府的能见度。阳光是最好的防腐剂，在阳光下运行的政府的神秘感会消失，可以杜绝暗箱操作的空间和打破政府的信息垄断，推进政府决策的科学化与民主化。政府的公开透明程度，关系到公民的有序有效政治参与，也关涉公民对政府官员的监督活动，是人民作为公共权力委托者地位的重要体现。廉洁政府则直接影响着政府的合法性与政治稳定，"廉洁的政府可以维护社会公正、促进公共利益，而腐败的政府必将丧失人民信任，引发民众反抗，从而导致政治和社会的不稳定"②。现代政府的政治合法性建立在人民主权与社会契约论的思想基础之上，政府公共权力的目的应当是增进公民权利与社会公共利益，而一个非廉洁的政府会以权谋私、无视甚至侵犯公民权利自由，人民也就无须再履行服从政府的义务。此外，走向腐败的政府在能力提升方面也会相应退化，政府职能的发挥不再以公众利益与需求为准则，而是由政府内的腐败者按个人或小团体的意志来予以操控，由此政府达成预期政策目标的能力也就大大减弱。

其三，诚信负责的政府。诚信是政府的"立身之本"，若不讲诚信，人民对公权的信赖就无从谈起，政府要有效展开治理活动也会更为艰难。"法治政府建设要求政府应当依法、诚实守信地履行人民赋予的职权，将政府诚信贯穿

---

① 江必新：《全面推进依法治国的使命、原则与路径》，载《求是》2016 年第 20 期。
② 江必新著：《法治政府的制度逻辑与理性建构》，中国法制出版社 2014 年版，第 14 页。

于整个行政活动过程中，在正当目的的指导下，以合理、善意方式行使权力，依法且诚信地履行行政职能、从事行政管理、提供公共服务，做到权责一致、言行一致。"①政府对自身承诺的遵守与实现，是检验诚信政府的关键标尺，这种承诺既包括对其制定的立法、政策等抽象性文件的遵守，也包括具体行政行为的前后一贯性。信赖保护和诚信政府相伴而生，它意味着公民出于对政府的信赖而作出的行为和所获得的利益应当受到保护，而不能因为政府行为的变动遭受其不能预见的损害。责任政府是现代民主政治的产物，其意涵简单来说就是政府要对自身行为承担责任。责任同权力统一并存，是法治的根本原则，没有无权力的责任，也没有无责任的权力。公共选择理论认为，追究利益最大化对政府同样奏效，因此要通过一套机制来保证政府忠实地履行责任。这套机制就是对政府履行责任的保障激励与不履行责任的责任追究机制，也即政府问责制。② 政府由人民产生并以维护人民根本利益为根本目标，为了确保政府行使权力不偏离这一轨道，便需要构建明确的问责机制来追究违法行政的责任。

　　其四，便民高效的服务型政府。效率意味着时间的节省与集约化，效率是行政管理的生命。法治政府的形态必须是高效便民的政府，即能够在较短时间内实现政府目标、履行政府职能并能维持高效率运转的政府。事实上，政府的产生就同效率一词紧密相关，具言之，人民对于公共产品和公共服务有需求，因而需要一个能够高效率地输出公共产品，满足社会公共需求的服务型组织，这个组织就是政府。因此，高效性是维持政府合法性和权威性的先决条件。需要特别关注的是，法治政府在追求行政高效的过程中，必须处理好长远效率与当前效率的关系、整体效率与局部效率的关系，以及更关键的是效率与公平的关系，高效并非单纯的速度快和产品多，还蕴含着效益与公正之义。而法治政府要实现高效，应当从这几方面着手：科学分化职权职能，合理配置人力资源；科学设定行政程序，建立合理的时效和期间制度；明确岗位职责，规定履

---

① 陈翠玉：《政府诚信立法论纲》，载《法学评论》2018 年第 5 期。
② 参见韩兆柱：《责任政府与政府问责制》，载《中国行政管理》2007 年第 2 期。

职标准，严惩失职渎职行为；建立激励机制，善用奖励等手段促进效率提高；建立科学的绩效考评制度，与公务员晋级提职挂钩。① 这些要求都体现了现代服务型政府对依法行政理念的重新诠释。

---

① 参见江必新著：《法治政府的制度逻辑与理性建构》，中国法制出版社 2014 年版，第 15 页。

第一章 意涵·渊源·价值

无论是理论还是制度，都是由该国人民决定的，是根据该国的历史遗产，文化传统以及经济和社会发展进行长期发展，逐步改善和内生演变的结果。① 法治政府理论亦非无源之水、无本之木，其是在立足于中国传统法治理论的基础上，同时关照西方与中国在现代化进程中具有普遍意义的法治元素，取其精华，去其糟粕，从而逐步形成中国特色的法治政府理论。

同西方国家一样，在古老的东方土地上，自国家甚至只是族群出现之日起，就存在规则。初期，这种规则极大地受到宗族血缘、社会地位等因素的影响，西周时期有"礼不下庶人，刑不上大夫"的规则。而商鞅变法虽然正式肯定了法律在社会治理中的重要作用，但法律仍然只是统治者手中的工具，即使是提出了"法治"这一词语的法家学说，也只是在借助法律来帮助君主领导臣民，使得"一个仅具中人之资的人就可以把国家治理得井井有条"。② 而之后的历朝历代，甚至包括辛亥革命后到中华人民共和国成立前的时期，法律仍然只是一种管理社会秩序的工具，国家权力的分配与设置、对公民权利的保护与损害，尤其是关于国家层面重大事项的决定，无不受到当权者个人意志的影响。

---

① 参见习近平：《在庆祝全国人民代表大会成立六十周年大会上的讲话》，载《求是》2019 年第 10 期。

② 冯友兰著：《中国哲学简史》，赵复三译，生活·读书·新知三联书店 2009 年版，第 173 页。

因此，尽管我国古代就曾有"法治"之传统，但准确而言，当时之"法治"仅可称之为"法制"，即用法律治理国家，法为用而非体。随着社会的不断变迁发展，当今我们所提之"法治"是指良法统治、法律至上、法律主治、制约权力、保障权利的价值、原则和精神，即依法治国，建设法治国家。

在现代法治国家中，政府作为行使行政权力、进行行政管理的国家机关，也应当受到法律的约束，即建设法治政府是依法治国的应有之义。但在中国，"法治政府"一词正式出现是在法制国家、依法治国、依法行政等概念的铺垫之下，是在 2004 年由国务院公布的《全面推进依法行政实施纲要》中正式提出的，并将其作为全面依法行政的最终目标。① 但实际上，这一概念的产生并非一蹴而就，而是在马克思列宁主义的基础之上，根据中华人民共和国成立后的几十年中法治建设所取得的经验教训总结而来。而今，中国语境中的法治政府内在地包含良法政府、科学政府、履责政府、文明政府、透明政府、廉洁政府、效益政府、诚信政府以及服务型政府等基本含义。

第一节　西方法治政府之意涵

从英国、法国、德国和美国的法治政府实践看，它们既有共同性，又有各自不同的特色。上述国家在法治政府的基本认识上是一致的，即政府权力受法律约束，政府是有限政府，政府权力最终来源于人民的授予，因此也必须接受人民的各种形式的监督。② 但其实践中的发展路径又各不相同。

英国作为判例法国家，对习惯法的重视已经成为法律传统，而英国在之后

---

① 参见《全面推进依法行政实施纲要》第二点。
② 参见刘靖华，姜宪利等著：《中国法治政府》，中国社会科学出版社 2006 年版，第44 页。

的宪政和法治历程中,《大宪章》的签署,以及《牛津条例》《威斯敏斯特条例》《约克法令》《权利法案》《议会法》等一系列宪法性文件的签订,表明英国的法治政府实践,可以概括为"无法律便无行政"。[①] 相比于英国较为平稳的发展历程,法国的法治政府则是在君主制与共和制之间不断反复,在其历史上,往往是政府或君主的权力集中,导致人民的反抗,反抗和斗争使国家陷入混乱,然后又出现政府强权统治的局面,但是,正是这样长期的反复博弈,使得主权在民的思想和理论成为法治政府的合法性依据。[②] 德国作为最早出现"法治国(Rechtsstaat)"[③]概念的国家,如今这一概念也同我国古代的"法治"一词一样,已是"旧瓶装新酒",尽管"法治国"的概念仍旧沿用,但其含义已经是"由法律统治的国家"而不是"用法律来统治的国家"。而美国由于其自身的发展历史,对自由、独立、民主等方面有着更为执著的追求。美国的联邦制正是对这一追求的回应。通过在纵向上明确了政府的责任和职能,既避免了中央政府过度集权的危险,也限制了地方政府权力泛滥,联邦宪法与州宪法明确规定了联邦政府与本州政府的权力界限,从而保证了政府能够在合理的范围内行使权力、履行职责。

就其历史而言,西方法治政府理论源远流长。今日西方法治政府的基本意涵,正是在这漫长的历史演变过程中逐渐积淀而成的。

一、法治政府概念在古希腊哲学中的萌芽

西方学者在谈论民主、自由、法治等理念时,往往"言必称希腊"。古希

---

① 参见刘靖华、姜宪利等著:《中国法治政府》,中国社会科学出版社 2006 年版,第 44~50 页。

② 参见刘靖华、姜宪利等著:《中国法治政府》,中国社会科学出版社 2006 年版,第 51 页。

③ 这一概念据认为起源于康德的一句名言:"国家是许多人以法律为根据的联合。"但实际上,Rechtsstaat 一词是将国家(Staat)和法(Recht)结合在一起,和所谓的强权国家(Machtsstaat)相对应,系彰显国家应"依法而治"的含义,因此"法治国"这一概念实际上更接近于"法律国家"或"法制国"。参见刘靖华、姜宪利等著:《中国法治政府》,中国社会科学出版社 2006 年版,第 55~56 页。

腊民主制度的代表，即是雅典的民主制。西方研究雅典民主制的学者认为："我们的政体不曾抄袭邻邦的法律，相反成为别人模仿的典范。它的存在为的是多数人而不是少数人的利益，因此它被称为民主制。我们的法律对所有人提供了平等的正义而不论其私人生活的千差万别……但个人生活中的一切没有使我们作为公民无视法律。我们的保障在于这样的一种信念，它告诉我们服从管理者与法律，特别是那些保护受伤害者的法律，而不论它们是明载于法典还是惯例……"①雅典民主制的开端首推梭伦改革，其扩大了原有的立法议会的社会基础，并且设立了公众法院、四百人大会等新的政治和法律机构。尽管能够参与这些机构工作的仍然只是城邦的少数人，但至少在雅典的法律中，这些少数人已经是全部公民，而在公民之中无论其是贵族还是平民，均有权参与到城邦的政治生活之中。但雅典的民主制也并非万无一失，"苏格拉底之死"便是最大反例。苏格拉底基于理性之基础，意识到也有可能存在恶法，但仅当法律是好的时候才能合乎正义，此时存在的正义才有益，然而这就意味着法律所从属的制度必须是好的。②故而，苏格拉底针对民主制的不足，提出了"哲学王"的统治观点，即让最有智慧、最懂得正义、最有统治技艺的哲学家来管理国家。③这种观点实际上就是主张"人治"。

　　承袭苏格拉底思想的柏拉图，开始意识到"哲学王"统治存在的腐败与独裁风险，在其推崇的"无法律的"城邦(Non-law State)这一完美状态无法实现时，退而求其次追求法治之邦，"如果法律没有自己的最高权威而必须从属于其他因素，城邦的崩溃也就为期不远了……相反，如果法律成为统治者的主人而统治者不过是法律的奴隶，那么人们就能够看到无限光明的前景，并且能够享受诸神为城邦所赐予的所有快乐。"④此处所谈论的法治政府存在以下两个关

____

①　唐士其著：《西方政治思想史》，北京大学出版社 2008 年版，第 47 页。

②　参见[美]列奥·斯特劳斯、约瑟夫·克罗波西主编：《政治哲学史》，李天然等译，河北人民出版社 1993 年版，第 34~40 页。

③　刘靖华、姜宪利等著：《中国法治政府》，中国社会科学出版社 2006 年版，第 17 页。

④　唐士其著：《西方政治思想史》，北京大学出版社 2008 年版，第 63~64 页。

键点：(1)法律的正义性，只有当所制定的法律能够体现城邦的整体利益，此时的法律才是值得顺服的真正意义上的法律。(2)法律的权威性，所涉及的是法律对官吏的约束情况，即法律能否真正做到对权力的制约。只有当法律居于官吏之上，官吏对法律遵从的情况下法律才能够拥有最高的权威，政府才是值得信赖的。① 只有结合这两者，才能够完成法治城邦之建设，法治政府的实现才能得以可能。

　　师承柏拉图的亚里士多德，因其身处希腊的分裂时期，雅典民主制的辉煌已经成为过去，因此亚里士多德并不寄希望于个人或是少数人的品格，"但当大家都具有平等而同样的人格时，要是把全邦的权力寄托于任何一个个人，这总是不合乎正义的"。②"谁说应该由法律遂行其统治，这就有如说，唯独神祇和理智可以行使统治，至于谁说应该让一个个人来统治，这就在政治中混入了兽性的因素。常人既不能完全消除兽欲，虽最好的人们（贤良）也未免有热忱，这就往往在执政的时候引起偏向。法律恰恰正是免除一切情欲的神祇和理智的体现。"③亚里士多德在此处所强调的法律恰恰是体现了整个城邦的利益与纷争之良法，其也是"法治之法"。不仅如此，亚里士多德还意识到，法律的权威在于实施，没有得到实施的法律无异于一纸空文。"我们应该注意到邦国虽有良法，要是人民不能全部遵守，仍然不能实行法治。法治应当包括两重意义：已成立的法律获得普遍的服从，而大家所服从的法律又应该本身是制定得良好的法律。"④因此，法治是人民顺服的良法。

二、法治政府观念在中世纪的曲线发展

　　欧洲的中世纪是神权与君权的权力竞争达到顶峰的时代。在后世对中世纪

---

① 参见程燎原著：《先秦"法治"概念再释》，载《政法论坛》2011年第2期。

② ［古希腊］亚里士多德著：《政治学》，吴寿彭译，商务印书馆1965年版，第168页。

③ 参见张中秋、杨春福、陈金钊编著：《法理学——法的历史、理论与运行》，南京大学出版社2001年版，第168~169页。

④ 刘靖华、姜宪利等著：《中国法治政府》，中国社会科学出版社2006年版，第20页。

西方政治的发展回顾中，似乎宗教与神权并未对法治政府理论带来裨益。但实际上，基督教教会在与国家世俗政权争夺主导权的过程中宣扬的"国家是一种恶"的思想，在体现人的尊严的"异端"与教会神权实力斗争中孕育的"公民不服从传统"的开启，关于人与上帝之间存在统治与被统治之"契约"的思想，等等，都被近代的启蒙思想家作为论证法治政府理论的直接或可修改的依据。任何国家或是社会群体的运行都需要规则，这种规则在世俗政权中被称为法律，在宗教领域则被称为训诫或类似的约束。因此，即使是由不存在实体的"神"所领导的集体，也同样需要规则的存在，只是这个时候可能更倾向于人治范畴中的"神治"模式。因此，基督教徒圣·奥古斯丁所创立的基督教神权主义，也可以看作包含了一定法治政府理念的萌芽。奥古斯丁将自然法理论加以神化，将上帝视作自然法的创造者，自然法正是上帝为人类所制定的法律，而世俗国家的法律则是君主对臣民制定的规则。奥古斯丁提出了"两国并存论"，认为存在着"上帝之城"与"世俗之城"两个国度。上帝之城依照上帝的规则运行，而世俗之城则是信徒赎罪的场所，为了保证人们能够顺利完成赎罪之旅，世俗之城不可避免地需要制定一定的规则约束人们的行为，也就是法治。

当然，对教会神权的对抗也同样存在于中世纪的法学学术领域中。生活在中世纪向近代过渡时期的马西利乌斯否定了国家起源于神的理性的观点，将国家权力一分为二，即立法权与执法权。国家是由六大阶层基于社会分工以及相互之间的协作而构成的一个有机整体，也正因为国家的产生是基于人类生活的共同需要，是对社会各阶层利益进行整合的结果，因而政府的权力存在一定的限度，它必须接受人们创设国家之目的的制约。马西利乌斯在此基础之上所提出的立法权委托思想，逐步发展成为后世法治实践当中的一项非常重要内容，即代议制。① 其关于分权的思想对后来的研究者具有一定的启示作用。

三、法治政府观念的理论化和系统化

从中世纪晚期到近代资本主义政治制度的过渡期间，一共经历了两次革

---

① 参见刘靖华、姜宪利等著：《中国法治政府》，中国社会科学出版社 2006 年版，第 26~27 页。

命，一次是君权战胜神权的革命，另一次则是新兴资产阶级战胜封建统治阶级的革命。前者的主要思想领导者是马基雅维利、布丹和霍布斯，后者则主要有欧洲的洛克、孟德斯鸠、卢梭，以及美国的托马斯·潘恩、杰斐逊和汉密尔顿等人。

（一）宗教革命时期

马基雅维利在其代表作《君主论》书中阐述："确立某种秩序的唯一的途径……就是建立一个君主制的政府；因为在那些人民已经彻底堕落，法律毫无约束力的地方，必须确立某种至高无上的权力，通过这种权力，以一双高贵的手，以充分的专断的力量，才有可能控制那些权势之人过分的野心和腐败。"[①]马基雅维利的观点与我国春秋战国时期的法家学说存在共同之处，均对人民的品格有一种不信任，而推崇君主的绝对权力。这种思想虽然不可被纳入现代"法治"之范畴，但其至少意识到并坚持了法律在社会治理中的重要性。

相较于马基雅维利直接将国家最高权力赋予个人的做法，布丹将国家的最高权力提炼为主权，主权源自于人民，实际行使这种权力的人只是人民选择出来的最高权力的代理人。但是，布丹认为主权者必须服从于神法和自然法，只有在这一前提下才会是人间的最高权力者，其统治才会是合法的。显然，布丹的理论仍然带有神权思想的痕迹，与此同时，他表达了关于对国家最高统治者进行法律上的约束之问题，即统治者作出行政行为之权力以及行为之合法性问题，也可以理解为法治政府问题。

《约伯记》（第 41 章）中提到，利维坦是一头巨大的生物。它畅泳于大海之时，波涛亦为之逆流。性格冷酷无情，暴戾好杀，它在海洋之中寻找猎物，令四周生物闻之色变。这种凶猛无比的动物，被霍布斯用来比喻君主专制政体的国家，正与他对国家权力的看法相契合。有人因此认为霍布斯是在为封建君主专制辩护，但实际上，他虽然认为人民为了寻求集体的安全，应当让渡各自的主权权力，建立起一个能保障人们安全的国家，而人们让渡了自己的主权，就

① 唐士其著：《西方政治思想史》，北京大学出版社 2008 年版，第 179 页。

必须服从于集体主权的君主的权力和统治。但同时，霍布斯也认识到了君主的绝对权威将受限制，臣民在一定的条件之下可以不服从，此外，在法律未加规定的一切行为中，人们有自由去做自己的理性认为最有利于自己的事情。① 这事实上就是在拥护君主集权的国家体制，同时体现了自由主义的法治主义精神，实质上就是法治政府的思想。② 宗教革命时期的法治思想是近代法治思想的开端。

(二)资产阶级革命时期

资产阶级革命时期，欧洲的洛克、孟德斯鸠和卢梭为政府法治建设作出了杰出贡献。洛克被称为近代自由主义的鼻祖，在其理论中，个体对其劳动成果的所有权是当然的、神圣的，但是这种天然状态却可能会因为个人的私欲而引发争端，因此，人们通过"协议"组成政府或国家，以放弃一部分自由为代价寻求国家的庇护，自由从此成为了有限度的自由。由于政府是由人民让渡一部分权利组建起来的，因此政府必须是一个有限政府，人民未让渡的生命权、自由权、财产权等政府无权限制。概括而言，"洛克思想总的倾向是崇尚个人主义，甚至有时把它置于公共利益之上；与此相适应，他提出了限制国家权力的思想，以至于他被人称为'个人主义之王'和'自由主义的鼻祖'"③。虽然自由并非意味着不受限制，但洛克仍然认为人们通过社会契约构建的政府及其所拥有的立法权是极为有限的，国家和政府的目的仅仅在于消极地保护公民已经享有的自然权利，法律也只能在较小的范围内限制权利。总的来说，洛克的法治政府思想是相当完整和鲜明的。④ 洛克的法治思想直接影响了英国宪政体制的建构，也影响到了孟德斯鸠，就此而言，分权思想正是始于洛克。

---

① 参见[英]托马斯·霍布斯著：《利维坦》，商务印刷馆1995年版，第164页。

② 参见刘靖华、姜宪利等著：《中国法治政府》，中国社会科学出版社2006年版，第31~32页。

③ 傅殷才、颜鹏飞著：《自由经营还是国家干预》，经济科学出版社1995年版，第60页。

④ 刘靖华、姜宪利等著：《中国法治政府》，中国社会科学出版社2006年版，第35~36页。

　　而孟德斯鸠最著名的理论在于三权分立和权力制衡理论,这一理论已经成为诸多现代国家构建国家权力的重要思想基础。孟德斯鸠认为:"政治自由只在宽和的政府里存在。不过它并不是经常存在于宽和的国家里;它只有在那样的国家的权力不被滥用的时候才存在。但是一切有权力的人都容易滥用权力,这是万古不变的一条经验。""从事物的性质来说,要防止滥用权力,就必须以权力约束权力。我们可以有一种政制,不强迫任何人去做法律所不强制他做的事,也不禁止任何人去做法律所许可的事。"①这即是孟德斯鸠三权分立和权力制衡理论的主要观点,他通过制定法律规则,将国家权力进行划分,保证各个权力之间彼此牵制,防止某一权力一家独大。立法权、行政权和司法权的区分基本可以适用于国家出现后的任意时期,只是可能在某些时期这些权力划分并不明确,导致有多于一项的权力集中于某一主体手中,埋下独裁与腐败的种子。因此相较于前人的理论,孟德斯鸠的法治政府思想更具有可操作性,也为后世资本主义国家甚至社会主义国家所重视。

　　卢梭的政治理论要旨在于对政府或政治权威合法性的论证,他所追求的是"直接民主制"的"共和国",而他对法治政府的思考则主要体现在他关于社会契约和主权在民思想的有机部分和逻辑结果。② 在卢梭的思想里,一方面,主权不可让渡,政府的权力只是主权的派生物,国家以及作为主权来源的人民对政府有约束力;另一方面,公意表现为法律,法律也因此结合了意志的普遍性和对象的普遍性,换言之,法律是全民意志的体现。③ 除此以外,卢梭还对立法权和行政权进行了区分,即"两权分立"。

　　相较于欧洲思想家从宗教神权和封建君主制中艰难探寻人本思想的历程,美国因其独特的历史进程,在建立国家之初就已经有了建立法治国家的诉求。例如,美国的托马斯·潘恩一方面论证了"主权在民"和政府权力来自于人民

----

① [法]孟德斯鸠著:《论法的精神》上卷,第154页。

② 刘靖华、姜宪利等著:《中国法治政府》,中国社会科学出版社2006年版,第38页。

③ 刘靖华、姜宪利等著:《中国法治政府》,中国社会科学出版社2006年版,第40页。

"信托"的观点，另一方面说明了对政府权力限制的重要性以及如何实现法治政府的措施和宪法主治精神。① 而之后奠定了美国宪政之基的杰斐逊、汉密尔顿等人，也在《独立宣言》等重要文件中表明了政府成立的目的应在于保障人民权利，而民主共和政体则有利于人民对政府的履职行为进行监督。

四、西方法治政府理论的现代转型

进入垄断资本主义之后，基于全球化、信息化的发展，使得西方各国的政治、经济、文化和社会环境等均发生了一系列重大变革，这种变革的直接结果就是西方法律传统的改变，以及政府与社会关系的重构。一方面，法律正在变得更加零碎、主观，更加接近权术和远离道德，更多关心直接后果而更少关心一致性和连续性；另一方面，政府国家与公民社会之间的界限也变得"不那么永久不变"，"政府和公民现在越来越明显地生活在一个一体化的信息环境中"，政府对社会的干预变得更多。在这个意义上，哈耶克说，法治"不仅是自由的保障，而且是自由在法律上的体现"②。因此，要真正实行法治，就要求政府的一切强制行动，"都必须明确无误地由一个持久性的法律框架来决定，这个框架使个人带着一定程度的信心来进行规划"。③ 但哈贝马斯认为，自由主义法治国家向福利国家的转型，并没有导致自由主义传统的中断，而福利国家、个人自由与法治三者可以相互结合，他们之间的关系在于，"福利国家在延续自由主义国家法律传统当中必须对社会关系加以改造，因为它也想维持一种能够包括国家和社会的总体法律秩序。一旦国家本身上升为社会秩序的支柱，它就必须在对自由主义基本权利作出严格规定之外，明确地说明福利国家发生之后正义'如何才'能实现。"④对现代西方政府理论的研究主要集中在

---

① 刘靖华、姜宪利等著：《中国法治政府》，中国社会科学出版社 2006 年版，第 42 页。

② ［英］哈耶克著：《通往奴役之路》，中国社会科学出版社 1997 年版，第 82 页。

③ ［英］哈耶克著：《自由秩序原理》，生活·读书·新知三联书店 1997 年版，第 352 页。

④ ［德］哈贝马斯著：《公共领域的结构转型》，曹卫东等译，学林出版社 1999 年版，第 257 页。

行政学的领域内。近代以来，公共行政的发展经历了传统公共行政阶段和新公共管理阶段，现在又向新公共服务阶段演进。传统公共行政以古典管理主义为理论基础，新公共管理以新管理主义为理论基础。当代公共行政以新公共服务为主要发展方向，其理论基础是服务主义。

(一)古典管理主义：传统公共行政的理论基础

古典管理主义最早起源于经济学，并被应用在大规模工业企业之上，其目的是为了解决近代大规模的工业生产所带来的，以大型组织中的协调问题为代表的诸多问题。泰勒倡导的科学管理运动和其提出的科学管理思想，奠定了古典管理主义的基石。泰勒的主要观点是，通过提高效率来增加企业的盈余，通过应用科学的方法来增加工人的工资，主张把"蛋糕"做大，以增加雇主和雇员双方的收益。他认为，管理的中心是提高工人的劳动生产率，提高企业的效率。他的科学管理的目的是"要专门培训和发掘企业中每一个工人的才干，使每个工人尽他天赋之所能，干出最高档的工作——以最快的速度达到最高的效率"①。

在政府管理领域，古典管理主义作为一种管理学理论，对法治政府的构建也有着巨大影响。在政府层面，古典管理主义强调将政府的职责划分为决策与执行两个基本层面，而管理学所指导的就是执行的环节，强调效率在政策执行中的第一性。根据威尔逊的观点，政治与公共政策的形成有关，关注的是民主和公平，而行政与公共政策的执行有关，关注的是效率。他还认为建立独立的公共行政学的目的就是"使政府不走弯路，使政府专心处理公务和少作政治干预，加强和纯洁政府的组织机构，为政府的尽职尽责带来美誉"②。威尔逊、泰勒、法约尔、韦伯、古立克、厄威克等着重研究的是公共行政的组织结构与原则，以及分工、层级节制体系、法令规章及工作标准，把专业分工原理广泛

① ［美］泰勒著：《科学管理原理》，中国社会科学出版社 1984 年版，第 159 页。

② W. Wilson. "The Study of Public Administration". *Political Science Quarterly*, Vol. 2, 1987.

地引入公共行政之中，提出了职能化、专业化管理的原理，总结概括出了管理幅度和管理层次原理。传统公共行政创立之初，其"管理"色彩十分浓厚。

古典管理主义核心的价值目标在于追求效率，强调管理的工具理性和技术理性。传统公共行政可以看作是对管理主义的早期追求。公共行政被看作不同于政治的一个独立的领域，是一个价值中立的、技术性的领域，是一门科学、一种职业，效率被看作第一公理。为此，传统行政追求工具理性，追求集中、标准化、一致性、普遍主义、形式主义、非人格化，并在理论和实践上广泛而大量地采用泰勒制的原则和做法。

(二)新公共管理主义：新公共行政的理论基础

新公共管理主义从政府与市场的关系出发，来重新构建公共管理的模式，强调政府的非直接控制，反对政府直接提供服务，强调不断提高政府服务的质量，强调分权与代理，强调建立高效的信息系统，强调合同与市场以及对绩效的有效评估，强调对公共服务的稽核与监督。胡德将新公共管理的特征概括为：在公共部门之中放手给专业管理；目标必须明确，绩效必须能够加以测量；特别强调产出控制，重视实际的成果甚于重视程序；走向分解的转变；转变为更大的竞争性；重视私人部门形态的管理行为；资源运用上的克制与节约。[1]

以沃尔多和弗雷德里克森为代表的新公共管理理论是在对古典管理主义进行批判的基础上发展而来的，他们的批判动摇了传统公共行政的理论基础。沃尔多认为，公共行政是政府的艺术与科学跟管理的艺术与科学的联姻。效率和经济主要属于管理理论的范畴，而社会公平属于政府理论的范畴。[2] 弗雷德里克森特别强调社会公平，认为社会公平是一个包含着一套价值偏好和管理风格偏好的词汇。他强调政府服务的公平性、公共管理者的决策责任和项目执行责

---

[1]　C. Hood. "A Public Management for All Seasons". *Public Administration*, Vol. 69, 1991.

[2]　[美]乔治·弗雷德里克森著：《公共行政的精神》，中国人民大学出版社 2003 年版，第 104 页。

任，认为公共行政要回应公民而非公共组织本身的需要。奥斯特罗姆指出，传统的以古典管理主义为基础的公共行政过于强调效率，不仅无助于民主政治的发展，反而限制了民主政治的运行。他主张通过集权和控制机制来促进效率，认为古典管理主义与美国的民主思想背道而驰，造成了美国公共行政的"思想危机"①。

(三)新公共服务主义：当代公共行政的理论基础

新公共管理理论作为一种试图超越传统公共行政的现代公共治理理论，一定程度上反映了公共行政发展的规律和趋势，对西方国家公共行政改革起到了推动和指导作用，但同时它也遭到了来自多方面的挑战与质疑。美国公共行政学家登哈特夫妇提出的新公共服务理论对新公共管理理论进行了深刻的反思与批判。第一次将政府的"管理"属性淡化，进而引入政府应当以公共利益作为目的而进行服务的理念。他们认为：政府的职能是服务而非"掌舵"；公共利益是目标而非副产品；战略地思考，民主地行动；服务于公民而非顾客；责任并非单一的；重视人而不只是生产率；超越企业家身份，重视公民权和公共服务。

新公共服务是当代公共行政的主要发展方向，"服务主义"作为新公共服务的理论基础，成为了当代公共行政的理论支撑和思想基础。"服务主义"，是指以服务为公共行政的出发点和归宿的一种与"管理主义"相对而称的一套思想和观念体系。它强调公民权的价值，强调公共行政在将公共服务、民主治理和公民参与置于中心地位的治理系统中所扮演的角色，是适应当今民主政治发展的一种新的治理理论，是当代新公共服务运动的理论基础。其价值目标是将"服务"而不是"管理"置于公共部门活动的首位，它认为公共行政官员在管理公共组织和执行政策时，应该着重强调他们服务于公民和授权于公民的职责，强调的重点不是放在为政府掌舵或是划桨上，而是应放在建立明显具有完

①　［美］文森特·奥斯特罗姆著：《美国公共行政的思想危机》，上海三联书店1999年版，第157页。

整性和回应性的公共机构上。①

（四）现代性及其自我否定——西方法治政府理论转型的基本原理

纵观近代以来西方公共行政领域理论的发展与沿革历程，不难发现，其逻辑除了围绕在政府如何实现有效管理与高效协作之上，还有一条主线也在不断发展，那就是公众对公民权利的关注与保障。从古典管理主义的一味关注管理效果，注重绩效，到新公共管理主义开始对人的价值，人的权利产生关注，再到新服务主义将公民权利与公共利益摆到政府的第一性价值上来，公众对公民权利的关注与保护呈现一种逐步提高的趋势。这个趋势同样也是法治政府的价值不断得到实现的过程。作为理论的发展与演变必然有其自有的动力与机理。而推动现代公共行政领域对公民权利的不断加深关注的首要因素乃是全社会对现代性的反思及其批判。

政府模式所解决的根本问题是解决公民如何更好地生活在一个"政治共同体"内的问题。不同历史时期的人对于政府模式的需要自然也会不大相同。要研究西方法治政府理论的现代转型，不可避免地要对"现代"这一我们所处的历史环境进行研究。可以说"现代性"是现代西方法治政府理论转型的原动力。"现代性"一词最早是由西方学者提出的、用来在总体性上反思一定历史发展阶段的(即现代社会)生产方式、交往方式、生存方式和思维方式及其蕴含的思想观念，并寻求发展的再生之路的一个核心概念，是指现代社会不同于传统社会的根本特质，是对现代化的"本质""特性"的概括和表达。②

现代性作为现代社会的基本特征，一种观点认为，现代性的最终根源是现代生产，它构成了现代性起源的决定因素。③ 但马克思主义对于人类社会发展

---

① 　[美]珍妮特·C. 登哈特、罗伯特·J. 登哈特著：《新公共行政服务——服务，而不是掌舵》，中国人民大学出版社 2014 年版，第 21~22 页。

② 　韩庆祥：《现代性的本质、矛盾及其时空分析》，载《中国社会科学》2016 年第 2 期。

③ 　参见郗戈著：《现代性的矛盾与超越——马克思现代性思想与当代社会发展》，中国人民大学出版社 2014 年版，第 29 页。

的"三形态"理论则更好地诠释了现代性的本质。它就是：从人的依赖（或人身依附关系）中解放出来；使市场或资本力量相对独立出来；使个人相对独立且成为主体。就西方法治政府理论的发展历程而言，古典管理主义理论正是诞生与发展在前现代阶段向现代转型的时期，也就是工业化大生产不断扩张的时期，因此其理所应当地展现出一种现代性带来的优越性：注重效率，将人的劳动与行为也抽象为一种"物"，无论是参与生产抑或是社会生活。新公共管理主义在强调效率的基础上对公平问题加以关注，在哲学层面，这同样脱胎于现代性的不断发展，现代性的一个重要特征体现在以个人物质利益和人格独立为基础的市民社会，以及由此产生的"人把人当成工具"的交往方式和物化的生存方式。当人的主体地位得到承认，每个人都在社会上追求属于自己的物质利益之时，整个社会都处在一种一边每个个体都不断追求属于自身的物质利益，一边每个个体又在社会生活中渴望公平的环境之中，自然一种既注重效率又关注公平的新管理主义便诞生了。与此同时，我们也应当看到，法治政府理念在此时也得到了重大的发展，在工业化初期，对于效率的极度迷恋使得法治在政府行为中的地位并没有得到凸显，市场对效率的意义才是决定性的，但法治对于公平的作用在此时就已经逐渐展露出来。再回到马克思对现代性的阐述之中，现代性的发展有其内在的根本矛盾，那就是人对于主体价值的追求与整个社会追求效率从而不断物化的矛盾。在这样一种矛盾运动之下，新公共服务主义诞生了，新公共服务主义是现代性的自我批判与否定的结果，也是现代性的自我否定与批判。在社会层面，现代性体现为基于自由、平等、民主理念，而为市场经济提供平等竞争环境、注重民众社会参与和法治的国家治理方式，个人成为主体是其本质特征。这也正是新公共服务主义的主要观点。与此同时，由于公民对于自由、平等、民主等自我价值的追求，以及公平市场环境的需求，也导致了公民对法治政府的要求逐步提高。基于此，现代性及其自我否定，构成了西方公共服务理念现代转型的基本逻辑与原理，同样构成了西方法治政府不断发展强化的原动力。

第二节　中国语境中的法治政府

法治政府的理论与实践还应与中国的实际情况相结合，习近平总书记指出，世界上不存在完全相同的政治制度，也不存在适用于一切国家的政治制度模式设计和发展国家政治制度，必须注重历史和现实、理论和实践、形式和内容有机统一。要坚持从国情出发、从实际出发，既要把握长期形成的历史传承，又要把握走过的发展道路、积累的政治经验、形成的政治原则，还要把握现实要求、着眼解决现实问题，不能割断历史，不能想象突然就搬来一座政治制度上的"飞来峰"。① 因此，中国法治政府的理论与实践是离不开其制度生长的土壤的。

一、法治政府概念的提出

1997 年，江泽民同志在中国共产党第十五次全国代表大会上的报告中提出："发展民主必须同健全法制紧密结合，实行依法治国。"②这是我国首次明确提出"依法治国"这一概念。报告进一步阐明了依法治国的概念，即"依法治国，就是广大人民群众在党的领导下，依照宪法和法律规定，通过各种途径和形式管理国家事务，管理经济文化事业，管理社会事务，保证国家各项工作都依法进行，逐步实现社会主义民主的制度化、法律化，使这种制度和法律不因领导人的改变而改变，不因领导人看法和注意力的改变而改变"。③ 据此可见我国依法治国基本理念即"法律至上"的出现。

---

① 参见习近平：《在庆祝全国人民代表大会成立六十周年大会上的讲话》，载《求知》2019 年第 10 期。

② 《江泽民在中国共产党第十五次全国代表大会上的报告》，载人民网，http：// cpc. people. com. cn/GB/64162/64168/64568/65445/4526289. html，2018 年 11 月 19 日访问。

③ 参见习近平：《在庆祝全国人民代表大会成立六十周年大会上的讲话》，载《求知》2019 年第 10 期。

在此背景下，1999 年修改《宪法》，将党的十五大报告中提出的依法治国、建设社会主义法治国家之方略写入《宪法》，而国务院也在同年颁布《国务院关于全面推进依法行政的决定》，指出"依法行政作为依法治国基本方略的重要组成部分，反映了行政机关运作方式的基本特征，本身就是体现党的执政地位和执政作用的重要方面，同样是从全局上、长远上统管各级政府和政府各部门的各项工作的"①。自此依法治国也成为我国宪法上的基本治国方略。

在党的十六大之后，国务院于 2004 年公布了《全面推进依法行政实施纲要》，正式提出了"法治政府"这一概念，并将其作为我国依法行政的最终目标。在此之后，于 2010 年公布的《国务院关于加强法治政府建设的意见》中针对法治政府建设从总体要求、人员素质、制度建设、行政决策、行政执法、政务公开、行政监督和问责、化解矛盾以及组织领导和督促检查九个方面提出思路，而 2014 年公布的《中共中央关于全面推进依法治国若干重大问题的决定》中，则进一步指出，全面推进依法治国的总目标是建设中国特色社会主义法治体系，建设社会主义法治国家。而要实现这个目标，必须"坚持依法治国、依法执政、依法行政共同推进，坚持法治国家、法治政府、法治社会一体建设"。② 中共中央、国务院于 2015 年共同印发了《法治政府建设实施纲要（2015—2020 年）》（以下简称为《法治政府实施纲要》）。该纲要在《中共中央关于全面推进依法治国若干重大问题的决定》的基础上，针对我国的法治政府建设，明确提出了经过不懈的努力，到 2020 年，提出了建立具有职能科学、权责法定、执法严明、公开公正、廉洁高效、守法诚信的法治政府的总体目标。坚持依法治国，坚持法治与德治相结合，坚持从中国现实出发，坚持依宪执法，依法治国，简化行政管理和简政放权，将政府工作充分纳入法治轨道，法治政府创新政府廉洁廉政与服务型政府的基本原则相结合，提出"政府职能依法全面履行，依法行政制度体系完备，行政决策科学民主合法，宪法法律严格

---

① 参见《国务院关于全面推进依法行政的决定》第 1 条。

② 参见《中共中央关于全面推进依法治国若干重大问题的决定》，中国共产党第十八届中央委员会第四次全体会议于 2014 年 10 月 20 日至 23 日审议通过。

公正实施，行政权力规范透明运行，人民权益切实有效保障，依法行政能力普遍提高"这一衡量标准。① 由此，在探寻如何依法治国的基础之上，依法治国走向了更加细致化的道路。

"法治政府"提出之后，中国学者对何谓法治政府作了学理阐释。比如，孙国华主编的《中华法学大辞典(法理学卷)》中，认为法治政府是"依法组织并依法行使职权的政府"。基本内容为：政府权力要受限制，即个人享有某些不容侵犯的基本权利；政府权力的行使要遵守法定的程序；设置和加强司法机关，保障上述原理付诸实施，美国法学家多用此词。② 有学者根据各国政府运行之理论与实践，认为对法治政府的理解可以从静态与动态两个角度出发：从静态的角度看，法治政府应当是调整其行为的一种组织，也就是拥有法治国的合法暴力或国家强制力的组织；从动态的角度看，我们也可以把以建立法治国为目标的政府称之为"法治政府"。③ 孙国华以及相关学者对法治政府的概念是从依法的组织与职权或者说静态组织与动态执法两个方面下的定义。

对于"法治政府"的基本意涵，我国学者通过多种方式进行了界定。例如，江必新教授认为，法治政府的基本内涵包括：(1)法治政府是民意政府。(2)法治政府是维权政府。(3)法治政府是有限政府。(4)法治政府是履责政府。(5)法治政府是规则政府。(6)法治政府是透明政府。(7)法治政府是公平政府。(8)法治政府是诚信政府。(9)法治政府是廉洁政府。(10)法治政府是"瘦身"政府。(11)法治政府是效率政府。(12)法治政府是责任政府。④ 也有学者直接对法治政府这一概念下定义，认为所谓法治政府，是指在现代民主政治和市场经济基础上，以实现人民的基本权利和自由为出发点和最终目的，使政府权力来源于法律并受制于法律，政府严格依法履行职权并承担法律责任的

---

① 参见《法治政府建设实施纲要(2015—2020年)》，中共中央、国务院于2015年12月27日发布。

② 孙国华编：《中华法学大辞典》，中国检察出版社1997年版，第162页。

③ 刘靖华，姜宪利等著：《中国法治政府》，中国社会科学出版社2006年版，第137页。

④ 参见江必新著：《法治政府的制度逻辑与理性构建》，中国法制出版社2014年版。

政府。① 还有学者从法治政府的基本原则出发，认为无论是静态意义上的还是动态意义上的法治政府，都应当坚持三个最基本的原则：首先是法律至上原则，这是法治政府必须遵循的基本准则，其关键在于政府必须把权力限制在法律所许可的范围之内，政府必须把法律作为自身行为的依据和出发点；其次是限权和分权原则，限权原则要求以法律为主、经济制度、政治制度和社会制度等为辅，对政府权力时刻进行限制，分权原则则要求不仅要对发现、制定、执行、审批和审查法律等的权力进行分立，而且也必须对其他的政治权力进行分立和制衡；最后是行政的程序化和效率原则，法治政府中的"法治"毕竟只是政府的修饰语，政府作为最主要的行政机关，必须在遵守法定程序的前提下，保证行政机关能够有效行使自由裁量权，以保证行政效率。② 总体来说，法治政府是以法律至上为原则，在其组织、职权、程序等方面建设严格法治体系的政府。

二、法治政府中的"法治"

"法治"一词并非西方所独创，也不是近现代之新生。梁启超认为，春秋战国时期，一些学者已经"以严密伦理法剖析人治、法治两观念根本不同之处"。如《尹文子·大道下》记载："圣人者，自己出也；圣法者，自理出也；理出于己，己非理也；己能出理，理非己也。故圣人之治，独治者也；圣法之治，则无不治也。"法治之可贵之处，在于"法治，则中材可守"。如《韩非子·用人》："释法术而心治，尧不能正一国。去规矩而妄意度，奚仲不能成一轮。……使中主守法术，拙匠守规矩尺寸，则万不失矣。"③但是，正如我国"宪"之一字内涵的古今变迁，法家古籍中所主张之"法治"也不可全然用近现代的法学术语去理解。法家虽曾提及"法治"，但其主张，用现代语言来说，

---

① 刘丹等著：《法治政府：基本理念与框架》，中国法制出版社 2008 年版，第 8 页。
② 参见刘靖华，姜宪利等著：《中国法治政府》，中国社会科学出版社 2006 年版，第137~138 页。
③ 参见梁启超著：《先秦政治思想史》，天津古籍出版社 2003 年版，第 166~168 页。

乃是一套组织领导的理论和方法。① 我国古代的法治,虽要求以特定形式的规则来规范社会,但实际上规则的制定权仍被掌握在当时的统治者手中,甚至规则的制定也要仰赖于统治者的个人智慧。因此,中国历史上各朝各代虽均用法律来规范社会秩序,但这种状态至多可以称为西方法律术语中的"法制(Rule by Law)"而非"法治(Rule of Law)",法律仅仅是统治者维护个人特权的工具,"天子"的地位远远凌驾于法律之上。

我国当今所讨论的法治,其内涵更倾向于西方思想体系中对法治的理解,即一般认为法治是与人治相对应的概念。人治这一范畴不是指一种具体的国家治理模式,而是对历史上出现过的神治、刑治、德治所体现出来的共同特征的概括。② 无论是神治还是德治,其共同特征均在于通过特定的个体发挥其自身的政治能力与个人魅力从而治理国家,国家的法律与制度受到这一个体自身意志的影响,法家的"法治"思想未逃出君权的桎梏。相对应地,现代意义层面的法治概念脱离了人治的范畴,但也不失对个人尊严的尊重和保护。《牛津法律大辞典》将"法治"定义为:所有权威机构、立法、行政、司法和其他机构均应遵守某些原则。这些原则通常被认为表达了法律的各种特征,例如正义的基本原则,道德原则,公平和公正程序的概念。它包含对个人至高无上的尊重和对尊严的尊重。法治的内容是:限制立法权;防止滥用行政权力的保护措施;获得法律的忠告的权利;为和平提供帮助和保护的大量机会,对个人和团体的权利和自由的合法保护以及在法律面前人人平等的机会。③ 上述概念体现了法治对个人尊严的保护。

我国行政法学界诸位学者对"法治"一词也有着自己的理解。周旺生主编的《法理学》一书中认为,法治的内涵包括:(1)法治是一种治国方略或社会调控方式。(2)法治指的是一种依法办事的原则。(3)法治指的是一种良好的法

---

① 冯友兰著:《中国哲学简史》,赵复三译,生活·读书·新知三联书店2009年版,第173页。

② 李龙编:《法理学》,武汉大学出版社2011年版,第322页。

③ [英]戴维·M.沃克主编:《牛津法律大辞典》,光明日报出版社1988年版,第790页。转引自李龙主编:《法理学》,武汉大学出版社2011年版,第328页。

律秩序。(4)法治代表着某种具有价值规定性的社会生活方式。① 《中华法学大辞典(法理学卷)》中，将"法治"定义为"主张严格依据法律治理国家的一种政治思想"。② 刘昕杰等主编的《法理学导论》一书中认为：(1)法治是一种宏观的治国方略。(2)法治是一种理性的办事原则。(3)法治是一种民主的法制模式。(4)法治是一种文明的法律精神。(5)法治是一种理想的社会秩序。③ 孙笑侠主编的《法理学》一书中认为：(1)法治是一种治国方略。(2)法治是一种法制模式。(3)法治是一种法律精神。(4)法治是一种社会理想。④ 上述对法治不同的理解中也有共同之处，即"法治"是一种思想、方式、原则等。

三、法治政府中的"政府"

法治政府，"法"字先行。要建设具有职能科学、执法严明、权责法定、公开公正、守法诚信、廉洁高效的法治政府，各个方面都需要有科学合理的法律法规来加以规范，方能保证法治政府的顺利运行。根据《法治政府实施纲要》中对实现建设法治政府这一总体目标所提供的原则、标准与主要任务和措施，我们可以将法治政府的意涵概括为以下几点。

(一)良法政府

"法"有良法与恶法之分。在当今社会稳定的国际秩序下，大多数国家的绝大多数法律能够保障公民的合法权益，因此我们通常意义上的"依法行政"中的"法"多指代良法，包括我国领导人在 1997 年提出的"依法治国"及之后的"依法行政"概念也是如此。但回溯历史，在恶法当道的年代，"依法治国""依法行政"却成为统治者冠冕堂皇的理由。因此，《法治政府实施纲要》在明确"法治政府"的内涵时，即提前预设"法治政府"之"法"，必然是良法。完善依法行政制度体系是建设法治政府的重要基础，而构建系统完备、科学规范、运

① 参见周旺生编：《法理学》，西安交通大学出版社 2006 年版，第 392~393 页。

② 孙国华编：《中华法学大辞典》，中国检察出版社 1997 年版，第 161 页。

③ 刘昕杰编：《法理学导论》，四川大学出版社 2011 年版，第 135~137 页。

④ 孙笑侠主编：《法理学》，中国政法大学出版社 2008 年版，第 278~281 页。

行有效的依法行政制度体系，使其更加成熟定型，在于提高政府立法的质量，从而对建设社会主义经济、政治、文化、社会、生态，促进人的全面发展，提供有力的制度保障。具体而言体现在以下几方面。

其一，要确保法治政府所依之法为良法，应当完善政府立法体制机制，确保行政法规、规章的制定程序科学、高效，在制定前能够充分论证其必要性及可行性，在制定过程中能够听取各方意见、平衡各方需求，在制定后定期开展立法后评估，及时修改和废止那些不适应当前改革态势和经济社会发展要求的法律法规规章。

其二，要确保法治政府所依之法能够紧跟社会需要。"文章合为时而著，歌诗合为事而作。"作为规范公民生活与社会秩序的法律，更应当紧跟社会发展的脚步，加强重点领域政府立法，在把改革置于法治的框架之下，把完善法治作为改革的关键一环，实现改革与立法的相辅相成，承前启后的格局，做到重大改革于法有据、立法主动适应改革和经济社会发展需要。

其三，要确保法治政府所依之法系"民意"之法。法律应当反映人民的意志，这就要求政府立法应当注重公众的参与度，拓展社会各方有需要参与政府立法的途径和方式，充分发挥政治协商会议、专家咨询、听证会、座谈会等制度的作用，加强与社会公众的沟通，广泛凝聚社会共识。

其四，还应当加强规范性文件的监督管理制度，在规范性文件的制定与公布过程中，严格依照法定程序进行，加强备案审查制度和审查能力建设，做到有案必备、有错必纠。同时，还应当及时对过去的行政法规、规章和规范性文件进行清理，要求对行政法规、规章和规范性文件实行动态化、信息化管理，各级政府及其部门要根据规范性文件立改废情况及时作出调整并向社会公布。

(二)科学政府

所谓科学政府之"科学"，即指职能分工科学、权力分配科学。党在十八届五中全会首次提出创新、协调、绿色、开放、共享的新发展理念，在这一理念的指导下，中央及地方各级政府开始逐步实现政企分开、政资分开、政事分开、政社分开，简政放权、放管结合、优化服务，政府职能实现切实转变，宏观调控、市场监管、社会管理、公共服务、环境保护等职责依法全面履行。法治政府的职能科学体现在横向和纵向两个维度：在横向上，各行政机关应当科学分配权限，依法、全面地履行其法定职责，既不可越权行事，也不可怠于履职；在纵向上，应当处理好中央和地方的关系，继续贯彻在中央统一领导下充分发挥地方积极性的基本思路。当下法治政府建设的核心问题就是政府职能转变与调整的问题。具体来讲，就是要正确处理政府和市场的关系，正确处理政府和社会的关系，正确处理政府内部的关系。正确处理三者关系的目标就是：凡是能由市场调节的事项，政府不要越俎代庖，而要保证市场在资源配置中起决定性作用；凡是能由公民自己决定和社会自律处理的事项，政府不予干预。[①] 尽管二者的管控范围具有明确的界定，但如何调整其具体关系还需要另行研究与决定。

其一，要正确处理政府与市场的关系，就必须正视和保障当今社会市场所发挥的重要作用，完善宏观调控，加强市场监管。2006 年公布的《国民经济和社会发展"十一五"规划纲要》中明确提出要加快建设服务政府、责任政府、法治政府，而有学者分析，中国加入世贸组织后，新的贸易规则要求我们建立起与之相适应的新的政府制度，这种政府制度的核心就是政府必须准确定位自己的职能，尊重并保障市场在资源配置中起基础性作用。[②] 而之后"非典"疫情的暴发，使得学者们从政府职能的角度提出了政府管理要从经济建设型向公共服务型转变的观点，认为政府的基本职能就是要弥补市场的失灵。[③] 随着时代的发展，行政合同、行政指导等新型行政方式以及电子政务等工作方式的出现，使得市场不仅仅在资源配置中发挥着基础性作用，还以其自身特有的非强制性、灵活性、自主选择性、高效性而逐渐成为政府工作的重要助力。因此，在我国当前的发展阶段中，必须完善宏观调控，健全发展规划、投资管理、财政

---

① 黄学贤：《法治政府的内在特征及其实现》，原载于《江苏社会科学》2015 年第 1 期，收录于应松年主编：《法治政府》，社会科学文献出版社 2016 年版，第 34 页。

② 刘丹等著：《法治政府：基本理念与框架》，中国法制出版社 2008 年版，第 90 页。

③ 参见刘靖华，姜宪利等著：《中国法治政府》，中国社会科学出版社 2006 年版，第 137~138 页。

税收、金融等方面法律制度，同时加强市场监管，清理、废除妨碍全国统一市场和公平竞争的各种规定和做法，破除部门保护、地区封锁和行业垄断，提高行政机关办事效率，加强事中事后监管，创新市场监管方式，完善市场监管体系，建立透明、规范、高效的投资项目纵横联动、协同监管机制。

其二，要正确处理政府和社会的关系，则应当关注公民在法治政府建设中的重要作用。古谚云"水可载舟，亦可覆舟"，政府作为社会公共事务的管理者，往往承载着民众的许多期待。但在现实中，各种制度失灵、道德失范的问题层出不穷，近两年的一些社会事件使得民众对政府执法力度、社会道德水平等感到失望。尤其是随着现代互联网技术迅速发展，民众获得消息和发表观点的途径更加便捷多样，而信息的真实性却大打折扣，间或有政府处理不当，一味掩盖消息、粉饰太平，更使得当热点事件出现时各种真假未定的消息呈井喷式出现，民众的失望感被有心之人恶意扩大，进而影响到民众对政府的信任和整个社会对法治的期望。因此，有学者提出，要写好社会治理这篇大文章，基本思路就是动员公民参与到社会建设中来、动员公民参与到国家治理中来；从政府的"独治"走向社会的共治；从"管住社会"走向"服务社会"，建设一个功能正常、秩序稳定、公平正义、安全可靠的社会。① 因此，《法治政府实施纲要》提出，政府应当创新社会治理，优化公共服务，强化生态环境保护，改善公民的生活环境与生活质量，增强公民的幸福感与安全感，提高社会治理科学化和法治化水平。

其三，要正确处理政府与市场、政府与社会的关系，从其根本来说，需要正确处理政府内部的关系。只有完善政府的职权分配，才能够真正地实现简政放权、放管结合。(1)从横向上看，2018年公布的《中共中央关于深化党和国家机构改革的决定》(以下简称为《机构改革决定》)中指出，在某些领域之内，当前我国仍然存在党和政府机构重叠，责任重叠以及权力和责任分离的问题很突出；一些政府机构在制定和划分职责方面不够科学，缺乏职责和效率低下是

---

① 江必新著：《法治政府的制度逻辑与理性构建》，中国法制出版社2014年版，第204页。

突出的问题。针对这些问题，政府提出坚持一类事项原则上由一部门统筹，一件事原则上由一部门负责，加强有关机构配合联动，避免政出多门、责任不明、推诿扯皮。下决心破除制约改革发展的体制机制弊端的解决方案。[①] 在之前的国家机构改革中，一方面，历次改革仅着眼于行政机关内部，却忽视了党的机构和国家机构改革中也可能存在机构的重叠与职能的重复；另一方面，历次改革中虽然也逐步确立了"大部制改革"的改革思路，积极探索政府职能转变，但最终还是仅表现为机构数量的机械性增减，国家机构间确实存在的职能交叉重复的现象未能得到彻底解决，要撤销哪些机构、设立哪些机构、合并哪些机构，在实践中仍是较为困难的问题。而 2018 年的《机构改革决定》中，则突破了以往党政分开思想的局限，首先从政府机构内部与党的机构进行职能整合，优先确保整合优化力量和资源，从而更好发挥政府的综合效益。（2）从纵向上看，要建设法治政府，必须强化中央政府宏观管理、制度设定职责和必要的执法权，强化省级政府统筹推进区域内基本公共服务均等化职责，强化市县政府执行职责。赋予省级及以下机构更多自主权，突出不同层级职责特点，允许地方根据本地区经济社会发展实际，在规定限额内因地制宜设置机构和配置职能。具体可表现为根据不同层级政府的事权和职能，按照减少层次、整合队伍、提高效率的原则，大幅减少执法队伍种类，合理配置执法力量。一个部门设有多支执法队伍的，原则上整合为一支队伍。推动整合同一领域或相近领域执法队伍，实行综合设置。[②] 适当的简政放权可以提高地方政府的自主性与能力，在合法合理的框架之下最大发挥地方治理的优势。

（三）履责政府

"权责法定"不仅要求政府的所有权力均要用法律明确规定，而且还要求政府应当承担法律所规定的责任。

---

① 参见《中共中央关于深化党和国家机构改革的决定》，2018 年 2 月 28 日中国共产党第十九届中央委员会第三次全体会议通过。

② 江必新著：《法治政府的制度逻辑与理性构建》，中国法制出版社 2014 年版，第 204 页。

其一，政府的权力应当受到合理限制。(1)法国哲学家马里旦指出，任何具有巨大能力的事物都有超越其本身的趋势，因此权力总会不断地扩张，而行使权力的组织机构也会不断地壮大。① 对于政府对权力的自我膨胀属性，必须将权力限制在一定范围内，否则又会重返全能政府的老路。(2)政府应当依法行使其权力。政府权力法定并不意味着政府应当畏惧行使权力，而是应当谨慎行使权力。相比于司法权，行政权更具有主动性，这就要求政府决不能消极行政，属于行政机关的一切事务，必须由行政机关和行政机关的工作人员负责。但是行政机关和工作人员不能根据自己的意愿作为，必须根据法治原则和自由裁量原则行事；侵犯公民权利时，行政机关必须在不超出其职权范围的前提下进行必要的处理，否则就是无所作为。②

其二，对于政府责任来说，《法治政府实施纲要》要求建立重大决策终身责任追究制度及责任倒查机制、全面落实行政执法责任制、完善行政机关内部纠错问责机制等，规范政府和行政机关工作人员的行为。政府的违法行为是不可避免的，但必须承担相应的责任，对破坏国家和社会发展以及人民权益的行为，应当接受惩罚和制裁。政府与社会团体或个人之间签订的合同必须忠实履行。政府对人民生命财产安全负有责任。当人民的生命财产安全受到威胁时，政府应承担积极保护的责任。③ 没有责任的笼子就无法控制权力这个猛兽，权责统一的原则不仅仅存在于法理之中，也实际约束着我国政府工作人员的一言一行。

(四)文明政府

政府作为行使行政权力的主体，在其行使职权的过程中往往处于强势地位。权力得不到束缚便会成为野兽，因此，政府必须遵守文明执法的要求，以确保权责统一，建立健全权威高效的行政执法体制，严格实施法律法规，各种

---

① 沈宗灵著:《现代西方法理学》，北京大学出版社 1992 年版，第 87 页。
② 参见江必新著:《法治政府的制度逻辑与理性构建》，中国法制出版社 2014 年版，第 11 页。
③ 江必新著:《法治政府的制度逻辑与理性构建》，中国法制出版社 2014 年版，第 17 页。

违法行为得到及时查处和制裁，公民、法人和其他组织的合法权益得到有效保护，经济和社会秩序得到有效维护，行政违法行为或不当行为明显减少，社会公众对行政执法的社会满意度显著提高。[1] 文明政府的核心要素便是依法之治，而依法治国则离不开文明政府的建设。

其一，必须改革行政执法体制，从根本上将执法力量进行合理配置，尤其注重提高基层执法队伍的人才质量和工作方式。

其二，须改善行政执法程序，使行政裁量权制度化、细致化，规范材料标准、种类、范围以及幅度，使执法队伍能够在科学合理的程序之下最大限度地发挥作用。

其三，在执法体制完善、执法程序科学的前提之下，创新行政执法方式，推行行政执法公示制度、网上执法办案制度、守法诚信褒奖机制和违法失信行为惩戒机制等，做到赏罚分明、透明公开，使整个社会能够看到政府依法行政、文明执法的态度与行动。

(五)透明政府

在人治社会下，传统官僚政治形成了"法藏官府、威严莫测"的传统，其社会的权威建立在神秘的不可知的力量之上。而在法治社会中，"阳光是最好的防腐剂"，作为人民的受托人，政府有义务向社会公开信息；作为公共权利的受托人，公众有权获取和使用相关信息。[2]

其一，在行政程序理论中，公开原则要求行政主体在行使职权时，除了涉及国家机密、个人隐私和商业机密以外，必须向行政相对人及社会公开与其职权有关的事项，主要包括事前公开职权依据，事中公开决定过程，事后公开决定的结论。[3]

---

① 参见《为何建设法治政府？怎样建设法治政府？》，载凤凰网，http://news.ifeng.com/a/20160105/46938967_0.shtml，2020 年 2 月 23 日访问。

② 江必新著：《法治政府的制度逻辑与理性构建》，中国法制出版社 2014 年版，第 12 页。

③ 章剑生：《论行政程序法的行政公开原则》，载《浙江大学学报》(人文社会科学版)2000 年第 6 期。

其二，在政府信息公开相关研究中则认为政府信息公开应当包括两方面的意涵：一是行政主体行使职权之过程应当公开透明；二是行政主体履行职责过程中所指定或者决定的文件、资料、信息情报等应当对行政相对人开示或公布。① 透明政府的建设是人民看到法治政府的一个重要窗口。

其三，透明政府的建设不是政府单方面的工作，如果公开的内容和程度仍由政府制定，那么这种公开毫无意义。因此，要实现透明政府，还必须给政府以外的主体以"看见"的机会，通过四大监督途径，包括人大监督、党内监督、司法监督、民主监督结合监察监督和审计监督，加强社会媒体舆论的监督，使公民、社会参与到权力运行的监督过程中来，真正实现"阳光政府"。

(六)廉洁政府

在我国的官场文化中，廉洁一直是官员所拥有的最高尚品质之一。在我国流传至今的戏剧文学作品中，狄仁杰、包拯、海瑞等"青天大老爷"形象往往伴随着清正廉洁的评价。而近几年我国的反腐败斗争也同样反映了廉洁品质对国家正常运行、社会稳定发展、人民安居乐业的重要性和人民群众对廉洁官员的期待。在新时代下的行政管理活动中，廉洁性成为了评价政府的重要指标之一，也是体现政府"善政"的基本要素之一。党的十九大报告指出，经过多年艰苦的反腐败斗争，坚持反腐败无禁区、全覆盖、零容忍，坚定不移"打虎""拍蝇""猎狐"，不敢腐的目标初步实现，不能腐的笼子越扎越牢，不想腐的堤坝正在构筑，反腐败斗争压倒性态势已经形成并巩固发展。② 腐败的政府将带来根源性的法治崩坏，换句话说，只有其根基的不腐不烂，才能保证其上层的枝叶繁茂。

(七)效益政府

效益包含"效率"和"收益"两方面诉求。具体来说，法治政府在行使职权的

---

① 江国华著：《中国行政法总论》，武汉大学出版社 2017 年版，第 313 页。

② 习近平：《反腐败斗争压倒性态势已经形成并巩固发展》，载人民网，http：// m. people. cn/n4/2017/1018/c204500-9999342. html，2020 年 2 月 23 日访问。

过程中应当能够提高效率、降低成本。《法治政府实施纲要》提出要依法化解社会矛盾纠纷，建立公正、高效、便捷、成本低廉的多元化矛盾纠纷解决机制，正是对这一要求的体现。依法完善争议解决机制。从社会制度的角度，建立健全社会矛盾预警机制、利益表达机制、协商沟通机制和救济救助机制，做到防患于未然。为减少纠纷和避免矛盾的发生，必须加强行政复议工作，完善行政调解、行政裁决和仲裁制度，加强人民调解工作，改革信访工作制度。这些措施使得行政救济途径能够切实、有序地发挥其作用，与司法救济途径相互配合，既增强公民保护自身合法权益的意识和信心，又能使矛盾早日解决，同时也能规范救济方式，避免给司法权的运行增加过多压力，减少权力运行成本。

(八) 诚信政府

法治政府的"法"之一字，即意味着法治政府必须守法，并且这里的法，应当从广义上理解，即包括宪法、狭义上的法律、行政法规、地方性法规、部门规章、地方政府规章等特定机构制定的规范性文件。法治政府中守法的界定，是指政府机关及其工作人员，应依法行使行政职权，依法对行政相对人执法，而且政府机关及其工作人员也应当守法。而对于守法诚信之诚信要求，最早出自于私法领域。尽管不同的国家对于"诚实信用"一词的词意、用法上各不相同，但总的来说，它是指人们的内心状态以及在社会互动过程中的正直、忠诚、善意、信任、不掩饰和不欺诈的良好品质，以及忠于自己的责任和义务的实际行动。① 我国于 2003 年颁布的《行政许可法》第 8 条②，正式在公法领域确立了诚信原则，标志着行政诚信原则在我国法律中首次得到确认。根据该条的内容，我们可以看到行政诚信原则的基本内涵：首先，公民、法人和其他组织依法取得的行政许可是合法合理的信任，应受到法律的保护，除非法律法规

---

① 刘丹等著：《法治政府：基本理念与框架》，中国法制出版社 2008 年版，第 142 页。

② 参见《中华人民共和国行政许可法》第 8 条："公民、法人或者其他组织依法取得的行政许可受法律保护，行政机关不得擅自改变已经生效的行政许可。行政许可所依据的法律、法规、规章修改或者废止，或者准予行政许可所依据的客观情况发生重大变化的，为了公共利益的需要，行政机关可以依法变更或者撤回已经生效的行政许可。由此给公民、法人或者其他组织造成财产损失的，行政机关应当依法给予补偿。"

另有规定，否则行政机关不得任意撤销或变更已生效的行政许可，否则属于行政违法；其次，仅仅出于客观原因，行政机关可以在出于公共利益的目的而变更或撤销已经生效的行政许可；最后，即使是出于公共利益的需要，行政机关也应当在改变或者撤销依法生效的行政许可之后，对相关受到财产损害的公民、法人或者其他组织，应当依法给予适当的赔偿。① 政府的稳固与发展来源于人民的信赖，因此不仅仅在信赖保护原则之中，政府亦作为一个整体的主体，在实施行政决策或行政行为等过程中，也应当恪守诚信的原则。

（九）服务型政府

服务政府是"中国学者在 21 世纪初提出的一个全新概念，也是中国学者面对新的国际和国内环境而对新的政府管理模式的一次大胆探索"。② 在政治领域，"服务型政府"一词频频出现在党和国家的重要文件和讲话中。早在 2004年，温家宝总理在中央党校发表了"提高认识，统一思想，牢固树立科学发展观"的讲话，其中首次提出了要"努力建设服务型政府"的观点。同年在全国人大会议期间，温家宝又在讲话中强调管理就是服务，我们要把政府办成一个服务型的政府，为市场主体服务，为社会服务，最终为人民服务。③ 而 2006 年公布的《国民经济和社会发展"十一五"规划纲要》中提出，要加快建设服务政府、责任政府、法治政府的进程。④ 但根据党的十八届四中全会对法治政府的定义，服务型政府实际上已经包含在了法治政府的意涵之中，与"职能科学"一项相契合。

在学术领域，对于"服务型政府"的定义存在着若干观点：（1）从服务型政

---

① 参见刘丹等著：《法治政府：基本理念与框架》，中国法制出版社 2008 年版，第160 页。

② 参见刘丹等著：《法治政府：基本理念与框架》，中国法制出版社 2008 年版，第89页。

③ 转引自刘丹等著：《法治政府：基本理念与框架》，中国法制出版社 2008 年版，第89 页。

④ 参见《构建社会主义和谐社会若干重大问题学习导读》，中共中央党校出版社 2006年版。

府的本质来界定，张成福认为，所谓服务型政府，即将政府从原来的控制者转变为服务者。① 张康之则提出，所谓服务型政府，即以为人民服务为宗旨的政府，从政治学的角度进行分析是为社会服务，以专业的行政学话语进行表达即为公众服务，服务作为一种基本理念和价值追求，政府定位于服务者的角色上，把为社会、为公众服务作为政府存在、运行和发展的基本宗旨。② （2）从经济学及社会学的视角进行界定，迟福林认为，为社会提供基本而有保障的公共产品和有效的公共服务，以不断满足广大社会成员日益增长的公共需要和公共利益诉求，在此基础上形成政府治理的制度安排才能称之为服务型政府。③ (3)从政治学与法学的视角出发，朱泽山指出，服务型政府是经人民代表大会授权，受人民委托，以维护广大人民群众的根本利益为服务宗旨，通过对社会实行规范、公正、高效率的管理，实现最大多数人的最大福利的政府。④ （4）有学者试图采取涵盖服务型政府应有内涵的跨学科的界定方法，也有学者对这一概念的内涵进行解释，认为服务型政府：其重要职责在于服务大众、服务社会；其执政理念是以民为本、执政为民；其发展目标是由"全能政府"向"有限政府"转变；其行为准则是依法行政、违法必究；其服务模式是以公众满意为标准；服务型政府改革的重要内容是合理分权。⑤ 以上各种理解和分析都是基于一定的学科背景所作出的。

　　服务型政府这一理念的出现与发展有其必然性。（1）相较于西方国家由自由市场政策向国家干预政策的转变历程，中华人民共和国成立后相当长一段时

----

① 参见张成福：《面向21世纪的中国政府再造基本战略的选择》，载《教学与研究》1999年第7期。

② 参见李传军著：《管理主义的中介——服务型政府兴起的历史与逻辑》，中国人民大学出版社2007年版，第252页。

③ 迟福林：《全面理解"公共服务型政府"的基本涵义》，载《人民论坛》2006年第3期。

④ 朱泽山：《服务型政府的涵义和职责》，载黄奇帆等编：《服务型政府建设》，重庆出版社2004年版，第19页。

⑤ 参见宋增伟等著：《服务型政府建设的理论与实践》，中国经济出版社2012年版，第80~82页。

间内实行了计划经济体制，市场被牢牢把控在政府手中。这种经济体制有利于我们在强敌环伺、百废待兴的时期能够集中人力物力"办大事"，但随着政治形势的稳定，人民开始表示出了对个人物质文化生活的追求，高度集中的经济体制逐步被社会主义市场经济体制所取代，政府逐渐意识到市场在资源配置中起到的重要作用，也意识到自身存在的公共决策可能失误、政府权力扩张、官僚机构效率低下、权力寻租等问题，极易导致"政府失灵"。(2)社会主义市场经济的发展阶段实质上就是一个社会转型的阶段，"传统社会和现代型社会实际上都是相对稳定型的社会，而在传统向现代转型的现代化却滋生着动乱"。[1]在这个关键时期，需要明确政府在解决社会冲突方面的关键性作用，即通过兼顾不同利益群体之间的诉求，妥善处理社会主体之间的利益关系，沟通和调停冲突主体的紧张与对立，努力控制社会冲突的范围和冲突程度，尽可能实现冲突社会的相对缓和与协调，从而最终实现社会和谐。[2] (3)实际上我国学界的服务型政府理论是在我国"入世"前后蓬勃发展起来的。在经济全球化的背景之下，一方面，一国政府要面对的不再是本国市场，而是整个国际市场的调控压力，其职责范围与种类必然增加；另一方面，政府某些方面的职能，如经济安全、劳动安全等，必然要增强。同时，经济全球化也促使 NGO (Non-Government Organization，非政府组织)在我国发展起来，成为解决"政府失灵"和社会冲突的新路径。NGO 具有领域广、种类多、自主性强、灵活性大等特点，当前我国行政学理论与实践领域出现的行政合同，实际上就是 NGO 参与的重要表现。

服务型政府必定是法治政府。有些学者在对服务型政府的特点进行分析时认为服务型政府应当是公共政府、服务政府、有限政府、有效政府、法治政府、责任政府、公平政府、透明政府、精干政府，这种观点实际上与江必新对法治政府基本内涵的分析有极大重合。中国共产党十八届四中全会在《中共中

---

① 参见[美]塞缪尔·亨廷顿著，《变化社会中的政治秩序》，王冠华等译，生活·读书·新知三联书店 1989 年版，第 38 页。

② 参见汪自成著：《论服务型政府的合法性》，吉林大学出版社 2008 年版，第 178~179 页。

央关于全面推进依法治国若干重大问题的决定》(以下简称为《决定》)中提出的法治政府应当具备"职能科学、权责法定、执法严明、公开公正、廉洁高效、守法诚信"的六大标准①，这实际上与服务型政府的基本内涵与特点也正好契合。党的十九大报告明确指出我国社会的主要矛盾已经发生了转变，基于此，服务型政府的理论也应当在"全心全意为人民服务"这一宗旨的指导下，结合法治政府的新理论，获得更进一步的发展。

第三节　法治政府之价值诉求

通俗来说，价值就是一定客体能够满足主体某一方面需要的性质，能满足哪一方面的需要就具有哪一方面的价值。对于"诉求"一词《现代汉语词典》的解释则有两重含义，一重是指陈诉和请求，另一重则是指追求、要求。因此，从文义解释角度，法治政府的价值诉求，就应当是指我国建设法治政府所想要实现的某一方面的需求。

一、法治价值诉求

法治是绝大多数现代国家宪法中的基础性原则，我国也不例外。虽然我国在 1954 年制定了第一部《宪法》，但是，直至 1999 年，才在宪法修正案当中明确规定了"中华人民共和国实行依法治国，建设社会主义法治国家"，从而从总体上确立了我国的法治体制。② 在此之前，我国尚未确立真正的"法治"理念，而是在很大程度上还停留在"法制"的时期，甚至在 20 世纪 60—70 年代出现了"人治"的混乱景象。正因为此，20 世纪 70 年代末至 80 年代初，全国兴起了"人治"与"法治"的讨论，这场讨论最终推动了"实行依法治国，建设社会主义法治国家"的基本方略的提出，自此以后，"依法治国"方略被写入宪法修

---

① 参见姜明安：《推进依法行政建设法治政府》，载《人民检察》2014 年第 22 期。
② 参见秦前红著：《宪法原则论》，武汉大学出版社 2012 年版，第 169 页。

正案，法治原则在我国真正被确立了起来。

中国学者一般认为，西方资本主义宪法和我国宪法在体现法治原则时除了形式的不同外，还有实质的不同，资本主义的法治以维护资本主义的特权为目的，是打着"法律面前人人平等"的旗帜对广大人民进行"合法侵犯"①。社会主义的法治是一种消灭特权的法治，它不但要保护人民免受非法侵犯，更要消除可能出现的以国家、组织名义所进行的合法侵犯。② 在我国，法治原则的适用主要包括以下几方面的内容：（1）我国建设的是一种实质法治，其主张用实体法以外的正义和道德来对法律进行衡量及检测，要求法律在对公民个人基本权利进行维护的同时通过制度安排之手段以纠正由形式法治所带来的不平等问题。（2）我国的法治原则强调党和国家领导人的意志服从宪法和法律，邓小平同志在谈及我国法治建设时特别指出要"不因领导人的改变而改变，不因领导人的看法和注意力的改变而改变"。③ （3）我国的法治原则要求必须首先建立起完善和完备的社会主义法律体系，这是法治建设成功的前提。④ 只有认真贯彻以上三个方面的内容，才能将法治落到实处。

宪政层面的法治原则具体表现为法律面前人人平等、法制统一、正当程序、依法行政和司法独立等⑤，在这当中，依法行政是法治原则的重要表征之一，而"全面依法行政"也是实现法治政府目标的唯一道路。就其含义来说，"依法行政就是行政机关行使行政权力、管理公共事务必须由法律授权并依据法律规定。法律是行政机关据以活动和人们对该活动进行评判的标准"。⑥ 根据国务院于 2004 年印发的《全面推进依法行政实施纲要》，在我国依法行政的基本要求包括合法行政、合理行政、程序正当、高效便民、诚实守信、权责统一，依法行政的基本原则包括必须坚持党的领导、人民当家作主和依法治国三

---

① 参见秦前红：《民主与法治》，载《学习时报》2012 年第 6 期。
② 秦前红著：《宪法原则论》，武汉大学出版社 2012 年版，第 170 页。
③ 《邓小平文选》（第 2 卷），人民出版社 1994 年版，第 146 页。
④ 参见秦前红编：《新宪法学》，武汉大学出版社 2009 年版，第 46~47 页。
⑤ 秦前红著：《宪法原则论》，武汉大学出版社 2012 年版，第 170 页。
⑥ 应松年：《依法行政论纲》，载《中国法学》1997 年第 1 期。

者的有机统一、必须维护最广大人民的根本利益、维护宪法权威、坚持以人为本、坚持依法治国和以德治国相结合、坚持依法行政与转变政府职能相结合、坚持把依法行政与提高行政效率相统一等。① 而 2014 年公布的《中共中央关于全面推进依法治国若干重大问题的决定》中结合新形势，进一步明确，依法行政的目标在于"建设职能科学、权责法定、执法严明、公开公正、廉洁高效、守法诚信的法治政府"，依法行政的内容包括依法全面履行政府职能、健全依法决策机制、深化行政执法体制改革、坚持严格规范公正文明执法、强化对行政权力的制约和监督以及全面推进政务公开六项内容。

对于依法行政的适用，有学者指出应当注意三个方面的问题：（1）依法行政的内涵已经从"无法律即无行政"转变为"一切行政活动应具备合法性"，对于实践中存在的"依契约行政"（如履行行政合同产生的义务）、"依目的行政"（如纯受益性行政活动或紧急状态下的行动）、"依惯例行政"（如对于法律尚未触及但急需管理的领域的事项）等，虽然突破了"无法律即无行政"的限制，但只要它们符合实质合法性的条件，都可纳入"依法行政"的范畴。（2）依法行政之"法"应作广义理解，在通过法律保留等手段保留一部分事项立法权的前提下，允许效力位阶较低的法律性文件对其他事项予以规定，以满足不断发展和变化的社会事务。（3）依法行政的"主体"不再限于行政机关，一方面，随着执法实践的不断发展，越来越多的社会组织参与到行政事务中来；另一方面，随着听证制度等的确立，行政相对人在执法过程中也发挥着越来越重要的作用。② 只有充分考量上述因素，才能在实践当中做到依法行政。

二、秩序价值诉求

群体中必然存在秩序，秩序也只会存在于群体之中。不论是万年前的远古部落还是如今的现代社会，也不论是具有自主意识的人类社会还是物竞天择的

---

① 参见赵泉：《政府诚信与行政程序法》，载《东方行政论坛》2012 年第 2 辑。
② 参见江必新著：《法治政府的制度逻辑和理性构建》，中国法制出版社 2014 年版，第 23~25 页。

动物种群，都必然存在着秩序。对于单独的个体而言，只要随心所欲即可生存，但一根木棍和一捆木棍的故事告诉我们，在一些强大的力量面前，只有个体联合起来才有可能存活，而这种联合又必然需要一定的规则来对个体间的关系进行协调，这就是秩序。政府作为管理社会公共事务的主体，其实质就是秩序的实施者与维护者。

（一）组织秩序

当前，我国的行政组织法除《宪法》中的有关条款外，主要有《国务院组织法》和《地方各级人民代表大会和地方各级人民政府组织法》共"一部半"法律。[①] 其中《国务院组织法》共 11 条，内容主要包括国务院的总体职责和人员编制等，内容较为宏观；《地方各级人民代表大会和地方各级人民政府组织法》中也多关注地方各级政府的纵向设置和各级政府的职责与人员编制。这种内容设置有其自身的合理之处：我们曾讨论过政府职能具有动态性的特征，这意味着法律条文即使对政府具体部门设置作出了规定，也可能会在几年之内就需要进行调整，这种频繁的立法调整一方面可能会对社会资源造成浪费，另一方面也不利于保障法律的稳定性和权威性。因此，在实践中，往往是首先出台国家机构改革文件，将国务院各部委的设立、合并等问题先行明确，然后国务院各部委和各级政府再通过自行出台"三定"方案来对其内部设置进行规定，以配合机构改革的步伐。所谓"三定"方案，即是定机构、定编制、定职能。以国务院的"三定"规定为例，其主要包括六个方面的内容：设立依据及机构性质，表明机构设立的合法性；职能转变情况，表明本次机构调整过程中取消、下放、整合、加强的职责事项；主要职责，以列举的方式规定本部门经机构调整后的主要职责；内设机构，以列举的方式核定本部门内设机构的名称、职责、排序等事项；人员编制，核定部门机关行政编制总数和领导职数；其他事项，对有关问题作补充规定；附则，明确本部门"三定"规定由中央编办负

---

① 叶必丰：《行政组织法功能的行为法机制》，载《中国社会科学》2017 年第 7 期。

责解释，其调整按规定程序办理。① 但是，有学者认为，我国当前政府组织法还存在着许多不适应经济社会发展和法治国家建设需要的问题。

其一，当前有关行政组织的立法不符合法治政府"依法全面履行政府职能"的要求。党的十七大、十八大与十九大报告中都指出要确保国家机关依照法定权限和程序行使权力，对于行政机关而言，就是按照政府组织法和行政程序法的规定行使权力、履行职责，这也是依法治国、依法行政和建设法治政府的基本要求。② 但是，目前我国只有"一部半"政府组织法和1997年国务院颁布的《国务院机构设置和编制管理条例》以及2007年颁布的《地方各级人民政府机构设置和编制管理条例》，但其内容也较为简略宏观。

其二，行政组织应当与经济社会发展相适应。我国历次国家机构改革均与当时的经济发展状况有着紧密联系。1982年的第一次改革是在以经济建设为中心的工作要求的背景下，急需解决国务院机构数量和人员编制大幅增加的问题。1988年的第二次改革则是为了转变政府职能，实现政企分开。1992年的第三次改革提出把适应社会主义市场经济发展的要求作为改革的目标。改革的重点是转变政府职能。转变职能的根本途径是政企分开。③ 2003年第四次机构改革的重心是职能转变，而2008年第五次机构改革和2013年第六次机构改革则将重点放在探索实行职能有机统一的大部门体制上，通过配置宏观调控部门的职能来完善宏观调控体系。直到2018年党和国家机构改革，仍旧在大部制改革的基础上强调政府维护市场秩序的重要功能。目前来看，"大部制改革"仍是国家机构改革的重要思路，而2018年在这一理论上再次突破，尝试将党和国家机构中职能重复的部门进行整合。面对这一新形势，更需要由法律来梳理和确立政府、社会和市场三者之间的关系，如果交由三者自行协商，只会成

---

① 江国华，张彬：《国务院部门组织法体系的历史必然与实践逻辑》，载《社会科学动态》2017年第5期。

② 参见应松年：《完善行政组织法制探索》，载应松年主编：《法治政府》，社会科学文献出版社2016年版，第69页。

③ 参见《关于国务院机构改革方案的决定》，1993年3月22日第八届全国人大一次会议审议通过。

为权力的角斗场，阻碍党和国家机构改革的步伐。

其三，行政组织的职权分配应当坚持职权法定的基本要求。职权法定指明了行政机关的职权是由宪法和组织法规定并授予的。(1)《宪法》在国家层面规定了行政机关与其他国家机关之间的权力是如何划分的，是按什么原则划分的，行政机关具有哪些基本职权。(2)由法律明确界定的职权，通过法定程序"授予"行政机关。法谚"法无明文禁止即可为，法无明文授予不得为"中只有后半句可适用于行政机关，如果行政机关也"法无禁止即可为"，那么行政机关就可能"超越职权"，引起行政和社会秩序的混乱，损害公共利益和人民权益。行政组织法正是一个关住权力的笼子。①

(二)程序秩序

行政程序是指行政主体行使职权、履行职责所应当遵循的方式、步骤、顺序和期间的总和。② 行政程序是对政府权力最直接的限制，西方一句共知的法律格言曾提道"正义不仅应该得到实现，而且要以人民看得见的方式加以实现"。③ 秩序是为政府实施法律、履行职责铺设的轨道，"一个健全的法律，如果使用武断的专横的程序去执行，不能发生良好的效果；一个不良的法律，如果用一个健全的法律去执行，可以限制或削弱法律的不良效果。"④也就是说，良好的秩序犹如人体的血管，当行政行为启动之时便是一个生命诞生之时，血液与细胞按照既定的路线前行，最终到达正确的终点，维持人体存货。如果这个血管过于曲折，或是有破损、阻碍，则人体内的正常运转必然出现问题，甚至会危及生命。

2014 年，《中共中央关于全面推进依法治国若干重大问题的决定》中对如

---

① 参见应松年：《完善行政组织法制探索》，载应松年主编：《法治政府》社会科学文献出版社 2016 年版，第 71~72 页。

② 江国华著：《中国行政法总论》，武汉大学出版社 2017 年版，第 150 页。

③ 转引自刘祖云著：《十大政府范式——现实逻辑与理论解读》，江苏人民出版社 2014 年版，第 109 页。

④ 王名扬著：《美国行政法》，中国法制出版社 1995 年版，第 41 页。

何建设法治政府进行了讨论。把公众参与、专家论证、风险评估、合法性审查、集体讨论决定确定为重大行政决策法定程序，确保决策制度科学、程序正当、过程公开、责任明确，并在行政机关内部建立重大决策合法性审查机制，未经合法性审查或经审查不合法的，不得提交讨论。① 同时为行政决定的执行铺路，确保决策能够得到良好的实行。

(三) 公共秩序

公序良俗之基本含义有二：一是公共秩序，二是善良风俗。公共秩序是维护社会公共利益的各种秩序之总称，包括社会生活秩序、公共安全秩序、经济秩序、政治秩序等。维护公共利益的秩序主要有两个途径：一是社会公共道德规范及习惯、风俗；二是法律规范。② 虽然公序良俗多见于各国民法典中，在我国也同样是民法学领域的概念，但是，政府作为管理社会公共事务的主体，其重要职责就在于维护社会的公共利益，而在衡量社会公共利益时也必须考虑公共秩序这一因素。

这里的公共秩序并非是官方文件的明文规定，而更类似于社会中所形成的普遍道德认知，因此也可以称为道德秩序。在实践中，从曾经带红袖箍的居委会大爷大妈，到如今各地相继出台的市容环境卫生管理条例，都在关注着公共秩序问题。会破坏公共秩序的不仅仅是涉及社会稳定的恐怖主义犯罪、危害国家安全犯罪等"大案要案"，或是涉及人情伦理的"作风问题"，随地吐痰、乱涂乱画、高空抛物、不文明养宠物等行为都有可能导致私主体之间的冲突，甚至上升到公众对政府的不满。例如，现代社会宠物对人类的意义已经发生了重要改变，这也是 2018 年 11 月的杭州市城管"打狗"事件迅速传播发酵的原因，这一事件也激起了社会各界对宠物生存权的讨论和支持。虽然相关单位迅速澄清，"在此次治理过程中，没有发生一起暴力执法事件，没有一条狗发生非正

---

① 参见《深入推进依法行政，加快建设法治政府》，载《中国机关后勤》2014 年第 12 期。

② 范进学著：《法律与道德　社会秩序的规制》，上海交通大学出版社 2011 年版，第 136 页。

常死亡。近期网上出现的伤狗行为，均非杭州城管执法所为"①，但部分民众对政府管理城市犬只相关政策的不信任已经形成。这类事件的教训告诉我们，要想建设法治政府，法治固然是根本，但也要注意将法治与德治相结合，在作出行政决策时应当充分考虑可能出现的公共秩序对政策、决定等的反应，在执行行政决策的过程中也应当及时收集相关讯息并给予适当的回应，从而确保法治政府能够在平稳的社会环境中运行。

三、公正价值诉求

"公正"一词实际上包含了"公平"与"正义"两种价值。"公平是指处理事情合情合理，不偏袒哪一方；正义是指公正，公平正直，没有偏私。公平正义朴素的含义包括惩恶扬善、是非分明、办事公道、态度公允、利益平衡、多寡相均等内容。"②公平是正义的前提和核心。

其一，必须坚持法律面前人人平等的基本原则。正义与平等的关系十分明确："为正义而斗争，在很多情形下都是为了消除一种法律上的或为习惯所赞同的不平等安排而展开的，因为这种不平等安排既没有事实上的基础也缺乏理性。自有文字记载的历史以来，所有重大的社会斗争和改革运动都是高举正义大旗反对实在法中某些被认为需要纠正的不平等规定的。"③在我国《宪法》中，第33条第2款规定："中华人民共和国公民在法律面前一律平等。"有学者认为这一规定具体有七个方面的含义：(1)人格地位平等，所有公民不分年龄、性别、民族、种族、地域、文化程度、职业、身份、出身、财产状况、身体状况等，在法律地位上一律平等。(2)权利平等，公民在法律面前平等地享有权利和履行义务。(3)相同情况相同对待。(4)责任面前人人平等。(5)守法平等，

---

① 参见《未发生一起暴力执法　杭州城管公开回应"棒杀"传言》，载浙江新闻网，https：//zj. zjol. com. cn/news/1076165. html，2020年2月23日访问。

② 参见中央政法委编：《社会主义法治理念读本》，中国长安出版社2009年版，第84页。

③ ［美］博登海默著：《法理学：法律哲学与法律方法》，邓正来译，中国政法大学出版社1999年版，第291~292页。

反对特权。(6)优待弱者，保障其特殊利益。(7)禁止任何形式的歧视。① 因此，要建设法治政府，要实现对公平正义的追求，应当做到分配上的公平，确保资源的公平分配；做到平等地保护公民、法人和其他组织的合法权益，平等地保护市场主体的权益，不能厚此薄彼；必须做到保证所有公民都有平等机会追求自身的幸福和发展；必须做到通过调控手段，来合理地调节社会的贫富差距，从而确保社会公平。②

其二，法治政府要实现对公平正义的追求，必须保障形式上的公正。2010年8月27日国务院总理温家宝在全国依法行政工作会议上要求所有行政行为都要于法有据，程序正当，并指出"政府不仅要按照法定权限办事，还要按照法定程序办事。没有程序的民主，就没有实质的民主；没有程序的公正，就很难保证实体公正和结果公正。当前重权限、轻程序的问题比较突出，许多损害、侵害群众利益的突出问题，往往是不按程序办事或程序不规范造成的。各级政府及工作人员特别是领导干部，都要树立程序意识，严格按程序办事"。③在建设法治国家与法治政府的实践过程中，学术界对"重实体，轻程序"的观念进行了非常彻底的清算，对于程序正义可以确保实体公正的实现也有过多重的理论论证。

其三，法治政府要实现对公平正义的追求，必须实现实质上的公正。公平正义有实质意义与形式意义之分：实质意义上的公平正义，简单地说就是结果合乎情理；形式意义上的公平正义，则是结果的实现程序是合法正当的。④ 形式正义与实质正义均有其不足之处。形式正义只关注是否遵守了既定的程序，如果程序本身存在问题，那么可能会导致"好心办坏事"，反倒使民众对其产

---

① 范进学著：《法律与道德　社会秩序的规制》，上海交通大学出版社2011年版，第245～246页。

② 江必新著：《法治政府的制度逻辑与理性构建》，中国法制出版社2014年版，第13页。

③ 《十七大以来重要文献选编》(中)，中央文献出版社2011年版，第920页。

④ 范进学著：《法律与道德　社会秩序的规制》，上海交通大学出版社2011年版，第247页。

生畏惧而不是尊重；而实质正义关注的则只是最终的结果，只要最终的结果是好的，那么即使过程中存在着违法行为也可以原谅。形式意义上的公平正义往往有明确的条文作为依据，但是否实现了实质上的公平正义的判断过程却具有主观性与道德至上性。例如我国古代流传的子女为父母复仇的故事，其行为"正义"的依据是子女对父母的"孝道"而非法律规定。也许结果确实"大快人心"，但回顾其过程，却是对当时法制的蔑视。

其四，在我国当前建设法治政府的语境下，必须意识到形式上的公正与实质上的公正相互补充，二者缺一不可。这种意识实际上已经体现在了现代公共行政的一般原则之中：现代公共行政的一般原则主要包括行政合法性原则与行政合理性原则，其中合理性原则即要求行政主体的设立、行政职权的拥有必须正当、客观、适度，行政机关不仅要合法，而且要做到合理。① 而在合理性原则之下又有比例性原则，包括适当性、必要性及衡量性三原则，为行政机关行使自由裁量权提供原则性指导。② 同样，在法治政府努力实现"公平政府"目标时，也必须以实现形式上的公平为前提，进而追求实质上的公平。

四、民主价值诉求

我国为何致力于建设法治政府？从市民社会与政治国家的关系的理论来看，一般来说分为两大派别，一派是洛克模式，洛克等人认为"市民社会先于或外于国家"；另一派则是黑格尔模式，即"国家高于市民社会"。③ 而马克思在这两派理论的基础之上，形成了自己对国家与社会关系的科学解读，其主张市民社会决定政治国家的历史唯物主义观点。④ 因而马克思的国家与社会理念对我国政府建设产生了深远影响。

---

① 罗文燕编：《行政法与行政诉讼法》，浙江大学出版社 2008 年版，第 43~50 页。

② 参见周佑勇编：《行政法学》，武汉大学出版社 2009 年版，第 2 章。

③ 邓正来：《市民社会与国家——学理上的分野与两种架构》，载邓正来、[英]J. C. 亚历山大编：《国家与市民社会——一种社会理论的研究路径》，中央编译出版社 2002 年版，第 82~91 页。

④ 吕世伦、周世中编：《以人为本与社会主义法治》，中国大百科全书出版社 2006 年版，第 157 页。

　　我国是人民民主专政的社会主义国家，人民是国家的主人。人民通过全国人民代表大会和地方各级人民代表大会行使国家权力，而国务院和地方各级人民政府正是国家权力与国家意志的执行机关。无论是哪一个民主制国家，其政府的权力都来自于人民，也应当用之于人民。而我国的法治政府作为我国行政权力的理想载体，也必然应当遵循"以人为本"的基本理念。1999年，我国国务院公布了《国务院关于全面推进依法行政的决定》，其中提出"随着依法治国基本方略的实行，人民群众的法律意识和法制观念不断增强，全社会对依法行政的要求也越来越高"，要加强政府法制建设，全面推进依法行政，必须"坚持全心全意为人民服务的宗旨，把维护最大多数人民的最大利益作为出发点和落脚点"①；2004年国务院公布的《全面推进依法行政实施纲要》提出，全面推进依法行政必须坚持执政为民，"必须把维护最广大人民的根本利益作为政府工作的出发点……必须把发展作为执政兴国的第一要务，坚持以人为本和全面、协调、可持续的发展观，促进经济社会和人的全面发展"②；2010年《国务院关于加强法治政府建设的意见》指出我国存在城乡发展不平衡、社会矛盾增加、官员腐败、政府不作为乱作为等问题，要求行政机关工作人员牢固树立起以党的领导、依法治国、执法为民为核心内容的社会主义法治理念③；2014年公布的《中共中央关于全面推进依法治国若干重大问题的决定》中指出，我国全面推进依法治国，其目的在于全面建成小康社会、实现中华民族伟大复兴的中国梦。④ 具体而言，要实现法治政府的民本价值，应当包括以下几方面的内容。

---

　　①　参见《国务院关于全面推进依法行政的决定》（国发〔1999〕23号），1999年11月8日由中华人民共和国国务院印发实施。

　　②　参见《全面推进依法行政实施纲要》，2004年3月22日由中华人民共和国国务院印发实施。

　　③　参见《国务院关于加强法治政府建设的意见》（国发〔2010〕33号），2010年10月10日由中华人民共和国国务院印发。

　　④　参见《中共中央关于全面推进依法治国若干重大问题的决定》，中国共产党第十八届中央委员会第四次全体会议2014年10月23日讨论通过。

（一）高效便民

高效与便民两个原则往往相辅相成，高效的根本目的在于便民，而便民必然意味着行政过程应当简洁明了、便捷高效。《全面推进依法行政实施纲要》在其第九点"改革行政管理方式"中要求"提高政府办事效率，降低管理成本"，《中共中央关于全面推进依法治国若干重大问题的决定》亦要求"按照减少层次、整合队伍、提高效率的原则，合理配置执法力量"，以及"加强行政执法信息化建设和信息共享，提高执法效率和规范化水平"。《中共中央关于全面推进依法治国若干重大问题的决定》中的要求实际上体现了提高政府效率的两大途径：一为行政程序和行政机构的合理设置，二为结合当前科技提高行政活动的技术含量。同时，当政府提高其工作效率时，民众所经历的行政活动过程也必然会大大缩短，使得行政相对人可以最短的时间、最少的金钱来获得行政行为目的的实现，从而实现便民价值。

（二）公开透明

政府应当依照法律行使职权，但当它行使职权的过程无法被社会所知晓，那么其守法状态就是不确定的，只有让政府变得透明，才能让公众知晓政府是否遵守了法律，这也就是行政法学界所说的"透明政府"。因此，要建设透明公开的法治政府，需要政府和公民同时发挥主动性。

其一，政府应当依法主动公开信息情报以及行使职权之过程，确保公民能够事先知悉参与管理社会公共事务应当遵循的规则与程序，以及自己在这一过程中享有的权利和应尽的义务，并且能够以此为依据对行政执法的全过程进行参与和监督。

其二，公民也应当主动参与到政府执法过程中来，民法中有一句法谚，"法律不保护躺在权利上睡觉的人"，这句话在建设公开透明的法治政府的过程中也同样适用。以我国听证制度为例，虽然有参与者抱怨"听证会就是涨价会"、听证环节不能改变原有决定，并因此而消磨了对听证会的信心和热情，但我们也应当注意到，如果不参与其中，那么问题永远不会被发现；如果我们不针对问题积极发声，那么问题永远不会被解决。人民是国家的主人，这意味着我们不能将权力交给政府后就再也不关心，而应当事事参与、时时监督，确保神秘的面纱不会再次被戴起。

（三）诚实守信

《中共中央关于全面推进依法治国若干重大问题的决定》中提出我们所建设的法治政府应当是守法诚信的政府。我国法学领域的诚信原则虽是受大陆法系影响而确立，但实际上这一原则在我国传统个人美德与治国政策中均有所体现。在我国法制史上就曾有商鞅"徙木立信"的典故，其目的就在于向民众展示政府诚实守信的决心，而当时的秦国也因此能够政行令通，实现富国强军的目标。但是，无论是西方还是古代的中国，政府的诚实守信品质的标准都更加确定，即依照法律行使职权，决定与行为一旦作出如无法定事由不得随意改变，如果要改变则要承担相应的后果。由此，法治政府的诚实守信应当贯穿行政立法、行政决策、行政执法和行政救济这四大环节。

其一，从立法上看，我国《立法法》第 96 条有规定，只有当行政法规、部门规章和地方政府规章具有规定的五种明确情形时①，政府立法才有可能被改变或者撤销，这从行政立法环节来保证社会对政府的信赖能够得到保护。

其二，从行政决策环节来看，要实现诚实守信价值就应当：（1）及时对相关事项作出决策，不得久拖不决。（2）决策过程中应当重视公众参与在其中发挥的作用，及时收集并认真考量公众所提出的意见和建议，不得随意敷衍。（3）决策作出后既具有法律约束力，如无法定情形不得变更或撤销。在行政执法环节，应当在坚持诚实信用的总原则之下，根据不同的行政行为来具体实施这一原则。例如，对于行政许可行为来说，一旦具体的行政行为作出，则立即

---

①　参见《中华人民共和国立法法》第 96 条："法律、行政法规、地方性法规、自治条例和单行条例、规章有下列情形之一的，由有关机关依照本法第九十七条规定的权限予以改变或者撤销：（一）超越权限的；（二）下位法违反上位法规定的；（三）规章之间对同一事项的规定不一致，经裁决应当改变或者撤销一方的规定的；（四）规章的规定被认为不适当，应当予以改变或者撤销的；（五）违背法定程序的。"

发生效力，无法定事由和法定程序不得撤销、废止或变更；对于行政计划来说，原则上计划一旦确定不得变更，如遇相关法律法规修改或情势变更而需要废止或变更计划的，当事人若遭遇损失行政机关应当对此给予相应补偿；对于行政合同来说，行政合同一旦订立则不得随意变更或撤销，但如果会对公共利益造成重大损害，行政机关则有权参考具体情况单方变更、终止行政合同，但必须同时考虑公共利益和当事人及利害关系人的利益。①

其三，建设法治政府，也要关注政府在行政救济环节是否诚实守信。在行政复议、行政申诉和行政信访中，行政机关应当依法接收行政相对人提交的相关信息，并如实进行审查和审理，不得有偏私行为，也不得怠于行使职权，其最后作出的决定应当即时生效，不得反复；在国家赔偿中，政府应当依法承担相应的赔偿责任，不得无故推脱、逃避责任。

---

① 参见刘丹等著：《法治政府：基本理念与框架》，中国法制出版社 2008 年版，第 164 页。

第二章 类型·比较·借鉴

中共中央、国务院印发的《法治政府建设实施纲要(2015—2020年)》将其法治政府建设总体目标归纳为"到2020年基本建成职能科学、权责法定、执法严明、公开公正、廉洁高效、守法诚信的法治政府"。法治政府之衡量标准是政府职能依法全面履行,依法行政制度体系完备,行政决策科学民主合法,宪法法律严格公正实施,行政权力规范透明运行,人民权益切实有效保障,依法行政能力普遍提高。

探寻政府的法治之路,应对政府进行类型化,对其内在要素进行比较研究,同时借鉴域外经验,进一步完善我国的法治政府建设。对法治政府的诸要素进行分析比较是对真正意义上的法治政府的内在构造的研究。根据法治政府之根本意涵和法治、秩序、公正、民主的价值诉求,法治政府可被分解为职权主体、公务员、行政权、原则与规范体系、行政程序、行政行为、人权保障这七大要素。通过剖析法治政府的主体、公务员、行政权、原则与规范体系、行政程序、行政行为、人权保障七大要素,加强对法治政府深层次的认识。法治政府的类型化研究可依据法治政府概念的广与窄、发展的历史阶段、法治意义的着重点以及法治的推进主体这四类标准,将法治政府分为四大类型:广义与狭义的;传统意义上和现代意义上的;形式意义上和实质意义上的;议会主导、行政主导以及立法引导行政推动的。通过对类型的探讨,揭示出真正意义上的法治政府的本质——狭义的、现代意义上的、兼具形式与实质的、以立法引导行政推动的法治政府。在域外经验借鉴方面,英美法德四国的行政法在行政权的扩张中经历了较长时间的发展，形成了一系列较为成熟的基本理论以及特色制度，如行政法院制度、司法复审制度等。这对我国政府坚持依法行政与加强人权保障有重要的参考意义，有利于我国取长补短，结合国情建设中国特色社会主义法治政府。

通过对法治政府进行类型化分析和对其内在要素进行比较研究，同时借鉴域外经验，在理论层面促进推动法治政府建设一步一个脚印向前迈进，为全面推进依法治国、建设社会主义法治国家作出扎扎实实的贡献。

第一节　法治政府之要素比较

在哲学层面，世界被认为是"物质客体"的集合体。为认识这个"集合体"的内在结构规律，就必须对其进行解剖，从而得到组成该集合体的要素。借助于对这些单元或者元素的分别解释，并加以整合，即可形成对该集合体固有本质的整体"映像"。① 法治政府也是一个"物质客体"，为更深入地认识法治政府，我们可将法治政府分解为职权主体、公务员、行政权、原则与规范体系、行政程序、行政行为、人权保障七个要素，并借助于对这七个要素的比较，来剖析法治政府的内在含义。

一、职权主体

作为法治政府的构成单元，"行政主体"属于主体性要素，也是组织性要素。一般而言，行政主体必备的四要素是一定的组织、依法享有行政职权、能以自己的名义实施行政管理、能独立承担法律责任。② 因此可以从人格、结构、职权等多个视角揭示行政机关的国家性、法定性、自主性等属性。

---

① 江国华：《司法规律层次论》，载《中国法学》2016 年第 1 期。

② 周佑勇编：《行政法学》，武汉大学出版社 2009 年版，第 36~37 页。

（一）主体人格

主体人格，即法律人格，被称之为法律赋予社会实体进入法律世界的"面具"，是行政主体作为一个整体在法律舞台上所扮演的角色。[①] 具备主体资格是参加法律关系、承担法律上权利义务的必要前提，法律通过主体制度选取社会生活中的一部分主体，赋予其法律资格，在这些被法律挑选出的主体中构建法律关系[②]；而行政机关则是行政法选取的参加行政法律关系的主体。行政机关乃"政府"（Administrative Organs）的简称，即依法享有管辖权、能够以自己的名义代表国家进行行政管理活动，并且承担由此而产生的法律后果的行政组织[③]，是国家机构的有机组成部分。作为法治政府的构成要素之一，其要义有以下三点。

其一，在法理上，行政机关的法律人格由法律授予。因此，行政机关人格的第一要素就是"法定性"。行政组织法定是西方国家普遍遵从的基本原则，其蕴含着权利意识和法治理念的基础。[④] 法律人格的法定性要义有二：（1）依法设立、变更、撤销。依据组织法定的一般理念，一切国家公权力机关都应当依照法律的规定而设立；行政机关作为公权力机关的重要形式，是由主权者（在我国即人民代表大会）通过制定宪法和法律，按照一定的层次和结构而设立的；在现代法治国家，离开法律，行政机关即不复存在。正是在这个意义上说，"行政机关是法律的产儿"。[⑤] 我国行政机关的法律人格一般由宪法和组织法规定。一般而言，行政机关包括政府以及有关功能部门，国务院及各级地方政府的设立依据是宪法，而有关功能部门如国务院下设的直属机构的设立依据

---

① 江国华：《司法规律层次论》，载《中国法学》2016 年第 1 期。

② 李萱：《法律主体资格的开放性》，载《政法论坛》2008 年第 5 期。

③ 参见任中杰编：《行政法与行政诉讼法学》，中国政法大学出版社 1999 年版，第 46 页。

④ 石佑启、陈咏梅著：《行政体制改革及其法治化研究：以科学发展观为指引》，广东教育出版社 2013 年版，第 129~151 页。

⑤ ［美］施瓦茨著：《行政法》，徐炳译，群众出版社 1986 年版，第 141 页。

是组织法。① （2）性质、职能、结构等法定。② 行政机关的法律人格的法定性进一步可延展为法律规定其性质是国家权力机关的执行机关，职权是行使行政权，结构包括横向性和纵向性层级(即中央和地方行政机关以及依行政区域划分的平级行政机关)等关键性要素。

其二，法律在赋予行政机关法律人格的同时，赋予了其相应的权力能力和行为能力，可统称为"行政能力"，据此，"行政能力"构成了行政机关人格的第二要素。行政能力是行政机关顺利开展行政活动所需的基础性条件，影响着行政活动的进展及其效果，直接关系到公共利益、公共意志的实现程度；行政能力包括行政机关的行政预测能力、行政判断能力、行政决策能力、行政执行能力、依法行政能力等③；决定法治政府行政能力的强弱因素是多方面的，包括政治和行政体制、经济体制问题、领导魅力和政府行政管理人员的素质、政府官员的事业心和责任心、掌握财权的集中程度等④；如何正确使用行政能力是行政机关避免"越位""缺位""不作为"等行政违法行为的关键所在。

其三，基于其权力能力，行政机关可以在法律规定框架内自主行使职权、履行职责并承担相应的法律后果。其要义有三：（1）在法律的框架内行使职权。行政机关行使职权须在法律规定的框架内，超出这一框架的行为由于并不代表主权者的意志，只能归属于行政违法的范畴，意即与法律相抵触、无法律依据或者超越法律规定等行政行为是无效的，应当予以撤销或依照相关法律要求相关责任人承担相应的行政责任。（2）依法独立自主行使职权。行政机关作为独立的国家机关，在法律规定的范围内可以自主决定行政事务，如法律规定的行政复议制度可以体现行政机关的自主性，可以使得行政系统内部能够进行自我改进，从而减少司法审查的发生，节约司法资源，缓解司法压力，促进法

---

① 刘莘著：《中国行政法》，中国法制出版社 2016 年版，第 53 页。
② 参见吴江、陆新文著：《行政管理学》，河北人民出版社 2014 年版，第 179 页。
③ 张宇钟著：《行政诚信研究》，上海人民出版社 2012 年版，第 220~221 页。
④ 童本立、王美涵著：《积极财政政策风险与对策研究》，中国财政经济出版社年版，第 18~19 页。

院有限人力、财力得以更有效地发挥作用①，发挥行政机关处理行政事务的便捷灵活性。(3)依法独立承担法律后果。行政机关的主体资格决定了其须以自己的名义独立承担行政活动所产生的法律后果。应承担的法律后果在外部表现为行政机关充当适格的行政复议的被申请人、行政诉讼的被告人以及承担国家赔偿；在内部表现为行政机关引发的法律后果最终归属于国家，这意味着行政机关在我国是管理主体之一，是形式上的责任主体，而非实质上的责任主体。例如行政侵权最终是由国家拨付专项资金赔付，而侵权的行政机关仅仅是形式意义上的赔付机关。② 这体现了行政机关的责任能力问题。

(二)主体结构

主体结构是指构成行政机关各要素的排列组合方式，主要包括行政机关的层次结构与部门结构，亦可称之为纵向结构与横向结构。③ 具体而言，法治政府的主体结构包括以下几方面。

其一，行政机关的纵向结构是指依据行政事务的管辖范围、行政权力能力的大小分为不同的等级层次。在这一层级结构中，最上端的是中央人民政府，从上而下分别为省、自治区和直辖市人民政府，设区的市、自治州人民政府，县、自治县和不设区的市人民政府，乡、民族乡和镇人民政府。由于我国是单一制国家，上下级政府之间的关系为隶属关系和领导与被领导的关系，即下级政府接受上级政府的领导，各级政府接受国务院的统一领导。④ 决定纵向结构形式的两个因素：(1)管理层次，即等级层次。我国行政机关分为中央人民政府、省政府、县政府和乡政府四个层次。每级政府又有若干管理层次，如国务院分为部、司、处；省政府分为厅、处、科等层次。(2)管理幅度，即行政机

---

① 参见姜明安、张恋华著：《政府法制案例分析/依法行政　建设法治政府高级教材(之二)》，中共中央党校出版社 2005 年版，第 426~427 页。

② 江国华著：《中国行政法总论》，武汉大学出版社 2012 年版，第 128 页。

③ 陈晓玲、罗海燕编：《行政法与行政诉讼法》，中国工商出版社 2013 年版，第 23~24 页。

④ 刘旺洪编：《行政法学》，中国人民公安大学出版社 2005 年版，第 88~89 页。

关下设的下级单位或人员的数量。一般而言，等级层次与管理幅度之间成反比的关系。① 构建合理科学的等级层次和管理幅度能塑造更为适当的纵向结构，对上级政府的领导与下级政府积极性的发挥都有重要意义。

其二，行政机关的横向结构是同级行政机关之间和行政机关内部各同级部门之间的横向并列协作的组合方式，根据行政职能的不同划分为不同工作部门。这些工作部门彼此平行，在各自的职权范围内行使职权，有助于处理纷繁复杂的行政事务，但在现实中政府部门之间的职能可能存在重叠交叉的情况，此时则可能造成部门之间互相推诿的不作为或者争抢职权的扯皮现象。行政机关的横向结构具体有两种表现方式：（1）不同行政区域的行政机关之间的关系。例如各省、自治区、直辖市政府之间的关系，各县（市）政府之间的关系，各乡（镇）政府之间的关系，其中也包括了不同管辖范围区域内同级职能部门之间的关系。（2）同一人民政府内部各职能部门之间的并列关系，如国务院各部委的关系、同一部（委）内的各厅、局之间的关系。② 恰当地处理行政机关平行关系，使地方政府间关系和部门之间的关系法治化、合理化和科学化，才能更好地适应国家发展的实际情况和需要。

（三）职权范围

行政机关作为法治政府的主体，除了主体人格和主体结构外，其职权范围是研究主体不可或缺的要素，这意味着在建设法治政府的大背景下，行政机关作为国家公权力机关依法享有特定的权力和职责。其要义有以下三点。

其一，无职权即无行政。一方面，一切行政行为以行政职权为基础；行政职权是行政机关作出行政处理决定、形成行政法律关系的前提，意即行政职权是行政机关参与社会治理的必要条件。③ 行政行为的有效性是建立在职权存在的基础上，其他组织、团体或个人在无相应的法授权的情况下形成的并非是行

---

① 伊强编：《行政法学》，知识产权出版社 2013 年版，第 32 页。

② 杨临宏编：《行政法与行政诉讼法》，云南大学出版社 2012 年版，第 90 页。

③ 江国华著：《中国行政法总论》，武汉大学出版社 2012 年版，第 125 页。

政法律关系，而是民事法律关系或其他法律关系。另一方面，行政机关的职权范围决定了其行政行为的幅度范围，越权无效，这也是职权为行政行为前提的表现形式之一。

其二，职权法定。在法治国家中，私人权利与公共权力的运行轨道和规则有着显著的不同：于私权利而言，法无明文规定即自由，抑或说"法不禁止即自由"；而于公权力而言，法无明文规定即禁止，抑或说"法不授权即禁止"。这是源于两者之间的本质属性以及来源不同：私权利是由人的主体地位决定的人权范畴；而公权力则是源于人民的授权，是由人民的权利派生出来的。汉密尔顿指出，"人民是权力的唯一合法泉源"和"原始权威"。① 法治政府建设大背景之下，公权力的直接来源是政治共同体意志的体现——法律，法律的授予是公权力产生的根据。"法律是行政权力的渊源，同时也是行政权限的渊源。倘若行政行为发生于法定权限范围，则为有效；如果在权限之外，它就是无效的。"②而行政职权属于公权力的范畴，须有法律授权，满足合法要件，即须由宪法、法律、法规设定，或由有权机关依法授予，否则行政机关的行政职权不具有合法性。

其三，职权事项属法律保留。根据 2015 年新修正的《立法法》第 8 条、第 9 条的规定，有关各级人民政府的产生、组织和职权的事项只能制定法律，尚未制定法律的事项，全国人民代表大会及其常务委员会有权作出决定，授权国务院可以根据实际需要，对其中的部分事项先制定行政法规。③ 因此，行政职权的创设原则上由宪法和法律规定，行政法规可以规定宪法和法律未规定但全国人大及其授权的特定事项，地方性法规、规章和其他规范性法律文件不能创设行政职权。这属于《立法法》规定的宪法和法律保留事项，其主要考量原因：(1)根据宪法的规定，中央政府(国务院)和地方各级政府是我国国家机构的重要组成部分，是国家行政机关，是通过行使行政权力从而履行国家的职能的核

---

① ［美］亚历山大·汉密尔顿、约翰·杰伊，詹姆斯·麦迪逊著：《联邦党人文集》，商务印书馆 2009 年版，第 295～296 页。

② 参见［美］施瓦茨著：《行政法》，徐炳译，群众出版社 1986 年版，第 141 页。

③ 江国华著：《中国行政法总论》，武汉大学出版社 2012 年版，第 125 页。

心力量。(2)我国政府的产生方式、组织原则、职能范围以及行使职权的具体程序直接反映我国人民民主专政的社会主义国家的本质,反映各国家机构的力量能否掌握在人民手中,成为人民行使行政权力、实现行政职能的工具。因此,有关行政机关的产生、组织和职权的事项必须由全国人大及其常委会制定法律予以规范。① 对于以上法律保留的事项,均处于行政机关职权范围之外。

(四)诸国比较

行政主体是法国行政法使用的法律概念,英美行政法学中不讨论这个问题。然而没有这个概念,行政组织和行政活动就不能构成一个系统,故仍旧以此为基础对各国作一个说明。

其一,法国。法国承认三种行政主体,分别为国家、地方团体和公务法人。(1)国家。国家是最重要的行政主体。行政是国家的主要职能。国家不论在国内法和国际法上,都是一个具有法律人格的主体。(2)地方团体。地方事务由地方人民决定,称为地方自治。法律在承认地方事务存在的同时就已承认这个地方是一个行政主体,根据法国法律的规定,大区、省、市镇和海外领地,属于地方团体。法国的地方团体同时也作为国家行政的一个区域,此时它是国家行政的代理人,不是一个行政主体。(3)公务法人。法国法律承认以公务为基础的第三类行政主体。某一种行政职务的执行,因为要求一定的独立性,法律把它从国家或地方团体的一般行政组织中分离出来,成立一个专门的行政机关实施这种公务,并负担由此而产生的权利、义务和责任。这个专门的行政机关因此具有独立的法律人格,是一个以实施公务为基础的行政主体,称为公务法人。传统理论认为法国只有上述三种行政主体,但由于近代行政职务扩张,执行行政职务的机构多样化,上述三类行政主体很难概括全部行政机构。

其二,英国。英国的行政主体有的是普通法中的传统,有的是成文法加以确认和改革后的传统制度,有的是成文法新创设的组织。英国有三种行政主

---

① 冯玉军著:《新〈立法法〉条文精释与适用指引》,法律出版社2015年版,第42页。

体，分别为王权、地方团体和公立法人。(1)王权。在法律上，中央行政机构执行职务所产生的权利、义务和责任，统一归属于英王。英王是英国中央行政的法律主体。为区别作为个人的英王和作为行政主体的英王，将后者称为王权(Crown)。(2)地方团体。英国的地方团体作为行政主体是自然兴起的，不是法律创造的。英国各地方区域的种类和名称不一样，但只要能以自己的名义执行职务，并负担由此产生的权利、义务和责任，就是一个行政主体。(3)公立法人。公立法人指国家或地方团体，为了执行某种或集中相关联的行政职务而设立的具有法人资格，能以自己名义享受权利和负担义务的行政主体。

其三，美国。美国作为联邦国家，行政组织较为复杂。联邦和州根据联邦宪法的规定都享有行政权力，有的地方区域也已组织成为地方团体，它们在各自权限范围内，可以成立非地域性的行政主体。具体而言，美国的行政主体有：联邦和州、地方团体、独立的控制委员会和政府公司。(1)联邦和州。美国联邦由 50 个州组成。联邦和州在宪法划分的权力范围内，是同等的行政主体。(2)地方团体。美国的地方制度来源于英国，分为郡、镇和市三种不同的区域。地方区域处于各州范围之内，受各州宪法和法律的支配。具有法人资格的地方区域是一个地方团体，是地域性的行政主体。美国法律称之为公立法人(Public Corporation)，或市法人(Manicipal Corporation)。(3)独立的控制委员会和政府公司。美国与英法两国一样，在职务广泛的地域性行政主体外还有以执行特定行政职务为目的的非地域性行政主体。这类主体中最重要的是独立的控制委员会和政府公司。独立的控制委员会不受总统领导，是以执行特定行政职务为目的的专门行政机构。政府公司是政府在经营公企业时，设立的组织机构，以增加管理活动的灵活性。[1]

二、公务员

在我国，行政机关的工作人员被称为"公务员"。作为法治政府的构成单元，"公务员"作为行政机关内部工作人员，是具体职权行使者，应归结为人

---

[1] 参见王名扬著：《比较行政法》，北京大学出版社 2006 年版，第 86~93 页。

员要素。基于这一要素，可从职业、权利义务、政治中立等角度深入剖析行政机关工作人员的公共性、政治性和法律性等诸多属性。

（一）职业

所谓职业，是指人们以获取物质报酬为目的而从事的连续性的社会活动，即相对稳定的、有收入的、专门类别的工作，是人的社会角色的一个极为重要的方面。① 根据《公务员法》第2条②规定可知公务员则是依法行使行政权，执行行政公务的人。其要义有以下三点。

其一，公务员依法履行公职。公职的特点有三：（1）公益性，即不以谋求自身利益为出发点和最高目标；公职指的是公务员从事的是公共事务；从事公共事务也就意味着其乃参照宪法与法律之规定替国家与社会执行公务而并非其他事务。（2）权威性，这种权威性来源于人民让渡的公共权力，通过代议制政府授权委托给公务员行使。（3）法定性，公务员的录用、考核、职务的升降与任免均须按照法律规定之方式及程序进行，必须符合法律规定的要求，其同国家之间存在着公务员法律关系；由于公务员执行公务的目标是为了公共利益，因而任何人非依法定方式和程序均不能自动成为公务员。③ 只有同时具备以上三点才能归属于公务员依法履行公职的行为。

其二，公务员是被纳入国家行政编制的人员。这意味着一个人要想具备公务员的身份，其首先应当是干部身份，拥有工人编制或者处于编制以外的都不是公务员。如在行政机关工作的卫生清洁员与行政机关为合同关系，是有偿服务，不属于公务员。

其三，公务员的工资福利由国家财政负担。这意味着公务员的工资、福利和保险等待遇，如五险一金由国家提供，此处需强调的是，不是所有由国家财

---

① 彭良平、刘凌云编：《人力资源管理》，清华大学出版社2016年版，第209页。

② 公务员是指依法履行公职、纳入国家行政编制、由国家财政负担工资福利的工作人员。

③ 徐银华、石佑启、杨勇萍编：《公务员法新论》（第二版），北京大学出版社2014年版，第3页。

政供养的都属于公务员，比如：公立学校的教师以及科研院所的科研人员虽然同公务员一样，工资福利由国家财政进行负担，但其并不具备公务员的身份。从上述公务员的定义可见，公共性是公务员职业的根本属性，除了公共利益，公务员不应该有任何的利益追求，否则就是滥用职权、以权谋私。

(二)权利义务

公务员的权利和义务是指因执行公务所拥有的权利义务，区别于普通公民身份的权利义务。我国《公务员法》对公务员的权利义务作出了如下规定。

其一，公务员主要有以下几种权利：(1)执行公务权。公务员的执行公务权又可称为权力，一般不得放弃，否则就要受到行政失职、渎职或不作为的责任追究，区别于普通公民可放弃的权利。(2)身份保障权。身份保障权是指为保障公务的行使，公务员享有的获得履行职责应当具有的工作条件、非经法定事由和程序不得被免职、降职、辞退等权利。① (3)工资福利权。工资福利权是指公务员因担任职务所产生的对国家公共财产的请求权，是公务员的劳动所得；国家应该按照社会进步和经济发展的状况不断改善公务员的工资和保险、福利待遇，并以法律的形式固定下来。(4)参加培训权。② 这是公务员不断提升自我的途径，也是法治政府建设对公务员提出的人才性要求。(5)辞职权，公务员的辞职应按照法定程序予以审批。此外，公务员作为国家的公民，有批评建议权、申诉权、控告权以及宪法和法律规定的其他权利。

其二，作为公务员，其应有两种义务：(1)作为的义务，即公务员须依法积极地作出某种行为，即负有作为的义务，如公务员必须依法执行公务等。公务员履职应提高效率与义务，依法办事，积极联系群众，维护国家安全、荣誉和利益，忠于职守，服从命令；从事国家保密工作的公务员应有保密义务。(2)不作为的义务，即公务员负有依法不得作出某种行为之义务，如公务员不

---

① 郑钟炎、程竹松：《论公务员的角色定位和职业属性》，载《上海大学学报(社会科学版)》2004 年第 2 期。

② 王周户著：《行政法学》，中国政法大学出版社 2015 年版，第 138~140 页。

得以权谋私、挪用公款，亦不得作出非法约束行政相对人之自由及侵犯其权利的行为，做到公正廉洁、克己奉公。与普通公民一样，公务员也同样必须具有守法意识及履行宪法和法律规定的其他义务。

其三，公务员的法律责任。我国《公务员法》规定的法律责任，是专门针对公务员及其相应的机关、领导等特定的法律主体设定的，具体包括公务员、机关、负有责任的领导人员、人事争议的处理机构等；以公务人员身份实施公务时承担责任的方式主要有行政责任和刑事责任。行政责任旨在控制公务员行政违法行为，兼具惩罚、教育与补救的效果，包括通报批评、行政处分、行政处罚以及其他补救性行政责任，如赔礼道歉、恢复名誉等。刑事责任主要包括贪污贿赂、渎职以及侵权三种职务犯罪类型，依据相关的刑事法律规范加以处罚。① 法律责任规定了行使权力的界限及越权的后果，以防权力行使不当或滥用权力，是对行政相对人进行权利救济、促使公务员履行法定的义务或者对其课以新义务之根据，同时也能够保障公务员法定权利的实现及义务之履行。

(三)政治性

古希腊思想家亚里士多德指出："人类在本性上应该是一个政治动物。"我国公务员制度具有鲜明的政治性。《公务员法》第 4 条规定，公务员制度坚持中国共产党领导，坚持以马克思列宁主义、毛泽东思想、邓小平理论、"三个代表"重要思想、科学发展观、习近平新时代中国特色社会主义思想为指导，贯彻社会主义初级阶段的基本路线，贯彻新时代中国共产党的组织路线，坚持党管干部原则。《公务员法》第 59 条规定，要求公务员遵纪守法，不得散布有损宪法权威、中国共产党和国家声誉的言论，组织或者参加旨在反对宪法、中国共产党领导和国家的集会、游行、示威等活动。我国是共产党领导的社会主义国家，国家的本质决定公务员不能"政治中立"，相反，党和国家还要求公务员积极参加政治活动，介入国家的政治生活，在一切公务活动中，必须认真

---

① 参见张淑芬编：《公务员法教程》(第二版)，中国政法大学出版社 2011 年版，第 230~244 页。

贯彻中国共产党的路线、方针和政策，在政治上、行动上与党中央保持一致。① 因而，公务员这一职业具备高度的政治属性。

西方国家的公务员制度坚持的是政治中立原则，其基本要义是：公务员保持政治中立，即必须忠于政府，不得带有党派倾向和其他政治倾向，不得参加党派活动，同时其管理也不受政党干预。② 在美国，最早提出公务人员政治中立的是杰弗逊总统。美国文官政治中立的规范，起源于保护功绩制度，维持行政效率的价值，旨在限制其参加政治活动的范围，并依职务属性作不同程度的限制。最早实行公务员制度的英国曾在其文官纪律中规定，公务员不能担任下院议员，并且"不得担任政党机构的官员或为政党从事政治活动""不得发表政治言论，表明自己的政治观点，不得发表批评政府政策和措施的意见"等。日本在其公务员法中要求公务员必须确保其政治中立性，主要包括限制政治捐款；限制成为公选的公职候选人；限制担任政党或其他政治团体的干事等；限制进行人事院规则规定的其他政治行为。③ "政治中立"原则的确立是为适应西方代议制民主、三权分立制度及两党或多党体制运作的需要，而近几十年来，西方国家公务员制度"政治中立"原则的法律地位虽无明显变化，但在实践中却呈现宽松淡化的倾向。

(四)诸国比较

英、法等国的法律并无全面的、确定不移的对文官的定义可循，美国政府则一概以"雇员"对待之，政府与雇员之间的关系适用民法中的契约法，日本法存在多种意义的公务员，其行政法意义上的公务员具有相对性。分述如下。

其一，英国。1977 年应英国下院委员会的要求，政府对文官的定义为，文官最显著的特点是它代表国家(Service on Behalf of the Crown)处理国事。凡

---

① 郑钟炎、程竹松：《论公务员的角色定位和职业属性》，载《上海大学学报(社会科学版)》2004 年第 2 期。

② 关保英著：《公务员法学》，法律出版社 2007 年版，第 11～12 页。

③ 参见[日]鹈饲信成著：《日本公务员法》，重庆大学出版社 1988 年版，第 214～215 页。

在法律上无"国家工作人员"身份的便不是文官。政治人员、司法人员及其部队、王室等其他公务人员，其服务条件有别于文官的，均不在其列。文官仅指内政和外交的行政部门的工作人员。

其二，法国。《关于公务员一般身份》对法国公务员的含义有所规定，本法令适用于所有由于被任命担任某项常设职务而在国家(中央)行政机关中，其附属驻外机关中或国立公益机关中拥有职称官等的人员。凡具有工业或商业性质的公管企业人员不在其内。法令对不是工业或商业性质的公营企业人员是否适用存在用语模糊，在实践中借由行政法院在具体案件争议中解决。从行政法院的诸多判例中总结出的标准是：公营企业中的领导人和管理财物的人员包括在1946年法律的适用范围之内，应以国家公务员论。

其三，美国。美国政府和文官的关系是雇主和雇员的关系，适用民法，除由行政法规调整者外，概由民法合同调整。美国除了文官外还有很大一部分政府人员系政治任命而来，而这部分政治官员不算做文官。所有联邦政府派驻各州的中央机构官员都是由参议员推荐，再由总统任命。总统以此换取参议员对自己任命中央政府高级官员(如部长、大使)的支持，史称"参议员的礼貌"(Senatorial Courtesy)，这些任命大体上可以说是与执政总统共进退的。[1]

其四，日本。《日本国宪法》仅规定了公务员，但是，公务员是什么，并不是单义性地确定的。在规范公务员这种身份意义上的公务员法制中的公务员概念，日本称国家勤务者为国家公务员，称地方公共团体勤务者为地方公务员。规范前者的是《国家公务员法》，规范后者的是《地方公务员法》。国家公务员和地方公务员存在着勤务主体是国家和地方公共团体的差异，原则上以勤务组织来判断，但也存在例外。在独立行政法人之中，特定独立行政法人的官员被规定为国家公务员。[2]

---

[1] 参见龚祥瑞著：《比较宪法与行政法》，法律出版社2012年版，第378~388页。
[2] 参见[日]盐野宏著：《行政组织法》，杨建顺译，北京大学出版社2008年版，第179~181页。

三、行政权

行政权是指行政主体依法享有的执行法律、组织和管理国家与社会行政事务的权力，它是一国公权力的组成部分。作为法治政府的构成单元，"行政权"属于权力性要素。基于这一要素，可从权源、权限、权能等维度剖析行政权的法定性、公共性、多元性、多样性等特征。

（一）权源

权源，即权力的渊源。行政权的渊源即指行政权产生的依据。伯恩斯在《领袖论》中曾指出："权力取决于两个因素：动机和能力。"[①]同样，对行政权的研究从本质上也绕不开其动机，即行政法的起源。无论在政治学、社会学还是行政法学领域，行政权存在的根本缘由都是权利让渡和公意授权，行政权是市民社会与政治国家之间的互动关系博弈和权衡的结果，而其形式表现为源于宪法、法律之相关规定。其要义有以下两点。

其一，从行政权权属主体分析，行政权来源于权利让渡和公意授益。行政权作为公共权力的一部分，是从个人权利衍生出来的，在本质上是一种凝聚和体现公共意志的力量，是社会共同生活的产物。因此个人权利是本体，国家权力是附属物。市民社会与政治国家之间的互动关系是行政权存在的基础与变化的动因，并构成法治的基础和界限。[②] 我国《宪法》第 1 条规定，中华人民共和国的一切权力属于人民。在我国，确保人民实现人民主权的方式为间接代议制形式，人民行使权力的机关是全国人民代表大会和地方各级代表大会。在西方国家的社会契约理论中，作为享有充分自然权力的个体实际上不可能人人都参与约定，作为一个集体的人民，也无法行使其权力。因此，无论是哪种权力形式，最终都要通过权利让渡和公意授权，使社会中的一部分人代表人民来管理

---

① ［美］伯恩斯著：《领袖论》，刘李胜等译，中国社会科学出版社 1996 年版，第 26 页。
② 吴卫军等著：《法治视野中的行政权之规制》，电子科技大学出版社 2017 年版，第 49 页。

公共事务，保障公民权利，其在行使职权时要对人民负责，而人民反过来可以监督其权力行使。

其二，从行政权形式来源分析，行政权来源于法律的规定。权自法出，即要求一切行政权都必须源自法律的明文规定，而非源自行政人员的主观意志，即法律未明确规定或授予的均不能推定为权力。从其性质而言，行政权的配置来源有三层解读视角：（1）来源于宪法。在这个视角，行政权的第一次配置，即宏观配置是由宪法来完成的，在这个意义上，行政权配置权本质上属于制宪权的范畴，行使这种配置权的主体是制宪机关——其终极主体为人民全体，因为只有人民才是制宪权的终极所有者。（2）来源于法律。在这个视角，由宪法所完成的行政权力宏观配置在法律的作用下实现了第二次分配，在这个意义上的行政权配置权本质上属于立法权的范畴，行使这种配置权的主体是立法机关。（3）来源于行政机关。这是第二层的延伸，在这个视角可以看到国务院及其所属部门是如何通过行政法规、规章等方式，将行政权力再次分配到具体的行政主体手中，在这个意义上的行政权配置属于行政权范畴，行使这种权力的主体是国家最高行政机关及其所属部门。在这种情形下，其形式来源仍为所依托的法律。

（二）权限

权限，即行政权力的范围和限度。由于权力和行政权力本身具有扩张和膨胀的特殊本性，因此必须对行政权力加以制约，否则其非但可能侵害到行政相对人的合法权益，还有可能入侵其他国家权力之范围，造成国家立法权及司法权之损害，最终导致国家权力结构失衡的结果。其要义有以下三点。

其一，行政权与立法权的界限。立法权指一切立法主体依法行使制定、认可、修改、废止法，以调整相应社会关系的综合性权力体系。[1] 依据行政合法性原则，要求对行政权"法无授权即禁止"，立法权先行于行政权，行政机关

---

[1]　胡建淼主编：《公权力研究：立法权·行政权·司法权》，浙江大学出版社2005年版，第23页。

只有在取得法律授权的情况下才能实施相应的行为。从这个层面来看，立法权与行政权的关系在于借由立法权规定的对具体事项管理权能，行政权方得行使。随着行政权的不断扩张及现代行政的发展，使得立法再也无法适应行政管理的需要，行政权与立法权出现交叉，行政立法①开始兴起，成为行政机关开展行政活动的另一重要形式。行政立法应严格遵循法律保留原则和法律优先原则。法律保留原则要求，在国家法律秩序范围内，某些事项必须专属于立法者规范，行政机关不得代为规定。② 法律保留原则严格区分国家立法权和行政立法权，是法治在行政立法领域内的当然要求，其根本目的在于保证国家立法的至上性，它划定了立法机关与行政机关在创制规范方面的权限秩序。法律优先原则要求行政机关创设行政法规和地方性规章时，在法律有相关规定的情况下应服从法律，在法律无相关规定的情况下，应不抵触已有的法律规定并受自身职权范围和法律基本精神和原则的约束。依据我国《宪法》和《立法法》的规定，对于关涉犯罪和刑罚、公民政治权利的剥夺和限制人身自由的强制措施和处罚、司法制度等事项系法律绝对保留，其决定权只能归属于我国最高立法机关采法律形式予以规定，而不得授权行政机关或其他国家机关以行政法规等其他形式以规定。

其二，行政权与司法权的界限。司法权指法院的审判权和检察院的检察权。③ 本质上而言，司法权是一种判断权，司法判断是针对真与假、是与非、曲与直等问题，根据特定的证据（事实）与既定的规则（法律），通过一定的程

---

① 此处行政立法采学界通说"行政机关立法说"，即基于行政立法主体性质以及所制定法律规范的性质视角，行政立法被解释为国家行政机关依法定权限和程序制定、颁布具有法律效力的规范性文件的活动，简称行政机关立法。参见江国华著：《中国行政法总论》，武汉大学出版社2012年版，第154页。

② 陈新民著：《行政法学总论》，台湾三民书局1997年版，第52页。

③ 此处司法权采法学界占据主导地位的狭义司法权说，在我国，按照现行法律体制和司法体制，司法权一般包括审判权和检察权，审判权有人民法院行使，检察权由人民检察院行使，因此，人民法院和人民检察院便是我国的司法机关，也即我国法的适用主体。参见张文显主编：《法理学》，法律出版社1997年版，第365页。

序进行认识。① 相较于行政权，司法权具有被动性、中立性、稳定性和终结性等特征。我国对司法权与行政权的界限在《宪法》上作出了明确的要求，作为审判机关的人民法院独立行使审判权，作为法律监督机关的检察院独立行使检察权，都不受行政机关干涉。而司法权本身的被动性特征，它的设置一定程度上被赋予了以其对其他国家权力机关的制约功能而实现保障公民权利的目的，如可借助行政诉讼实现对行政权的监督。然而，实践中行政权与司法权之间也常常存在界限模糊的情况。一是长期以来我国司法与行政难分的历史导致司法权行政化现象仍存在，某些领域还存在行政权对司法权夺权现象②；二是在司法权对行政权的监督过程中，司法变更③现象大量存在，应以司法谦抑主义的立场谨慎把握"明显不当"一词的内涵。

其三，行政内部权限。不同行政主体的权限不同。在规范意义上，根据《宪法》的规定，行政权的权限属于法律保留的事项，行使主体具有多元性④，可将行政权的行使主体的类别归为三个层面：(1)人民政府。人民政府是指依据《宪法》与《地方各级人民代表大会和地方人民政府组织法》的规定而设立的在全国范围内或本行政区域范围内的国家行政机关，包括国务院和地方各级人民政府。地方各级人民政府又分为省级人民政府、市级人民政府、县级人民政府和乡级人民政府等。国务院的权限范围及于全国，职权限于《宪法》第89条规定的18项具体职权；而地方各级人民政府的权限范围则限于本行政区域内，不同层级的政府有不同的具体职权。(2)政府的职能机关。职能机关是指依据

---

① 参见孙笑侠：《司法权的本质是判断权——司法权与行政权的十大区别》，载《法学》，1998年第8期。

② 参见罗翔：《论行政权对司法权的侵蚀——以刑事司法中行政鉴定的乱象为切入》，载《行政法学研究》2018年第1期。

③ 司法变更意指法院对于行政机关的决定，不是维持或者撤销，而是加以变更，对这个问题，我国学者立场有采"肯定说"(参见江必新：《论行政诉讼中的司法变更权》，载《法学研究》1988年第6期)和"否定说"(参见王名扬：《我国行政诉讼立法的几个问题》，载《法学杂志》1989年第1期)，而我国《行政诉讼法》第77条对此的规定为，行政处罚明显不当，或者其他行政行为涉及对款额的确定、认定确有错误的，人民法院可以判决变更。

④ 江国华著：《中国行政法总论》，武汉大学出版社2012年版，第73页。

宪法和法律规定设立的各级人民政府的工作部门，它既是同级人民政府的组成部门，也是专门履行某方面公共行政职能的行政机关，它的行政权限和效力范围只及于其所管理的具体行政事项。(3)派出机关。派出机关是指由人民政府设立的派出部门，目前在我国主要包括省级人民政府设立的派出部门——地区行署，县级人民政府设立的派出部门——区公所，区人民政府设立的派出部门——街道办事处。① 派出机关与派出机构不同，其不是独立的行政主体，其行政权限和效力范围只限于设立部门行政权限委托管理的具体行政事项。行政机关内部上下级之间为领导关系，实行行政首长负责制，但不同的行政主体之间应严格履行法定职责、遵守权力界限，不得越权、滥权。

(三)权能

对于行政权的权能，我们可以反思以下三个问题：行政权究其本质是一种什么样的权力？此种权力在国家和社会生活中能解决什么样的问题？其运行和作用方式是如何的？因此，可将行政权的权能分解为属性、效能与作用方式三个方面。

其一，属性问题，即行政权的权力性质。从性质上而言，行政权是一种管理权，是主动、直接地使用法律，管理行政事务的权力。② 但从本质上，行政权是一种国家权力，体现的是国家主权，所执行的是国家意志(主权在君或主权在专制统治者的国家，则是执行君主或独裁者的意志)。在社会主义国家，主权在民，行政权的目的在于执行人民的意志——在我国直接表现为执行人民代表大会颁布的法律和决议，为人民、为社会公共利益服务。③ 因此，虽然行政权是行使管理的权力，但其具有服务的属性，原因是其本质上应体现人民主权，达到为人民服务的目的。

其二，效能问题，即行政权能解决什么问题。行政权的行使能在三个层面

---

① 魏全木、罗时贵著：《法律基础》，知识产权出版社 2005 年版，第 371 页。
② 沈开举编：《行政法学》(第 2 版)，郑州大学出版社 2009 年版，第 124 页。
③ 郭道晖著：《法理学精义》，湖南人民出版社 2005 年版，第 307 页。

解决相应的问题：（1）实施行政管理。实施行政管理的主要形式包括制定行政法规和行政规章、发布行政决定和行政命令等。在此当中，行政法规是国务院为领导和管理国家各项行政工作，根据宪法和法律依法定程序制定的有关政治、经济、文化、劳动和社会保障等规范性文件的总称，在与上位法无冲突时优先适用，因其更具可操作性；行政规章是指特定行政机关根据法律、行政法规和地方性法规，按照法定程序制定的具有普遍约束力的规范性文件的总称①，包括国务院部门制定的部门规章和地方人民政府制定的地方政府规章，是为了更好地执行法律和行政法规而对其中规定得较为原则性、概括性事项具体化的规范性文件；行政决定与行政命令确定了相对人须履行的义务，具有确定力、公定力、约束力，具有引导并督促相对人积极履行义务的作用。（2）通过执法活动在行政机关和行政相对人之间形成行政法律关系。行政法律关系在行政法的层面上确认行政主体的职权和职责，保护公民的自由权、平等权、请求权、建议权和控告权等权利以及相关义务等。在公民自身权利被侵害或者政府不作为时，公民可以提起行政复议或行政诉讼；裁决相对人之间的争议事项。行政机关以第三人的身份，裁决与合同无关的特定的民生或行政争议，主要包括补偿裁决、侵权赔偿裁决和确权争议裁决和民间纠纷的裁决等，如房屋征收部门与被征收人之间的补偿协议、环境污染侵权以及资源类的确权等。②（3）实施监督。通过行政监察、审计和行政复议等行政相对人的行为活动和其他行政主体的执法活动进行监督，督促行政机关及公务员依法行政，履行法定职责，改善行政管理，提高行政效能，使相对人的行为符合法律的规定，积极履行法定义务这几个层面都体现了行政权具有公共性。这种公共性具体体现为：一是行政权为行政主体所垄断，社会组织或者个人不得分享；二是享有行政权的主体以提供公共服务为基本职责——行政权一般不提供私人服务；三是行政权的运行以国家强制力为后盾。③

---

① 方世荣编：《行政法与行政诉讼法学》，中国政法大学出版社2015年版，第149页。

② 刘莘著：《中国行政法》，中国法制出版社2016年版，第255~258页。

③ 江国华著：《中国行政法总论》，武汉大学出版社2012年版，第73页。

其三，作用方式，即作为公权力之一，行政权是行政主体"对国家和社会公共事务进行组织和管理的权力"。权力运行的方式、方法是权力运行过程的必备要素，没有方式或方法，权力是不能运行的。[1] 为履行其公共服务的职责，行政权的作用方式既可以是执行性的，也可以是创制性的——譬如行政立法等；既可以是命令式的，也可以是协商式的——譬如行政契约等；既可以是惩戒性的，也可以是救助性的——譬如行政补偿等；既可以是单向决定式的，也可以是居中裁断式的——譬如行政裁决等[2]；既可以是强制性的——譬如行政命令等，也可以是非强制性的——譬如行政指导等。美国学者罗伯特·达尔认为："权力是一种多重影响力。"这正表现在行政权的作用方式多元化上。行政合同、行政指导等契约性、非强制性的作用方式出现，表明了现代行政权的作用方式逐渐走向温和型和自治型。同时对于这些新出现的权力作用方式也应尽快建立与之相适应的救济制度，使行政相对人的权利保障体系更为完善，达到行政权保障人民的权利与自由的最终目的。

（四）诸国比较

大部分西方国家基于洛克和孟德斯鸠的学说，对公权力的组织采权力分立的原则。但在具体的实践中，又据其本国情况在具体设置上有所差异。根据权力分立的经典学说，每一个国家需要履行三种主要的职能。首先，基于社会需要，应制定抽象的法律规范，即一国的立法职能；其次，这些抽象的法律规范需要适用于个案，即一国的行政职能；最后，所有源于法律规范适用或非法律适用的争议必须得到解决，即一国的司法职能。在此基础上又发展出权力制约理论，即为防止权力滥用，应以权力制约权力。在此对各国分权制度和行政权在其中位置进行简略介绍。

其一，比利时。为坚持权力分离原则，比利时宪法区分了三种不同的权

---

[1] 参见方世荣、戚建刚著：《权力制约机制及其法制化研究》，中国财政经济出版社2001年版，第31页。

[2] 江国华著：《中国行政法总论》，武汉大学出版社2012年版，第73页。

力，即立法权、行政权和司法权。每一种权力又分别拥有自己的立法职能、行政职能和司法职能。这些权力并非完全分立。行政机关最主要的职能是执行，但并非唯一职能，行政权在法律的制定中也扮演着十分重要的角色，能够自己制定抽象规范。国王、大区政府和语言区政府可以在宪法或议会立法授权范围内制定规范。地方政府也可以制定规章。总之，目前大多数的规范都是行政机关颁布的。而在纠纷解决领域，行政法院作为行政机关的一部分，经常行使对行政行为的司法审查权。①

其二，美国。美国是典型的适用三权分立的国家，联邦政府和州政府的结构都采取三权分立制度。《美国联邦宪法》第 2 条规定行政权属于总统，但对于行政法的意义和范围没有指示，在解释上存在分歧。狭义的观点认为第 2 条第 1 节的行政权是一个标题，行政权的内容为第 2 节和第 3 节所列举的权力。广义的观点认为，宪法关于行政权和关于立法权规定的方式不同，行政权应包括在美国宪法和法律下，行政部门执行职务所具有的一切权力。广义的观点符合美国的实际。②

其三，法国。法国对分权原则的解释着重行政权力和司法权力的分离，司法机关不能干涉行政事务，法官不得以任何方式干扰行政机关的活动。分权原则对法国政府组织所产生的结果，是在行政部门内部建立行政审判制度，排除普通法院受理行政诉讼。法国行政机关的立法权力大于英美两国，行政机关虽然有很大的立法权，然而最高的立法权属于议会，议会对行政活动具有一定的监督权力。

四、原则与规范体系

作为法治政府的构成单元，"原则与规范体系"属于法的渊源要素。法治政府的原则与规范体系一般是指其运行过程中应遵循的原则、制定法与惯例或

---

① 参见［荷］勒内·J.G.H. 西尔登等编：《欧美比较行政法》，中国人民大学出版社 2013 年版，第 6～7 页。

② 参见王名扬著：《比较行政法》，北京大学出版社 2006 年版，第 174～175 页。

判例。法治政府的原则蕴含于制定法及判例中，原则离不开具体的制定法条文，原则是通过制定法的具体条文体现出来的；而制定法须与原则背后的精神相一致，若两者不一致，制定法的条文需要被调整与修改①；惯例或判例作为行政法的渊源，通常是作为补充成文法的存在。

（一）原则

法治政府建设的原则，是指用以指导法治政府建设的工作基点和理论基础，是约束政府行政行为的准则，也是政府得以成为法治政府的原则。由于政府的行政行为主要受行政法调整，因此它又与行政法的原则相通。② 行政法的基本原则可概括为四大要点。

其一，合法行政原则，这一原则是法治政府的核心和逻辑必然，也是法治国家、法治政府的基本要求。法治要求政府依法行政，在法律规定的职权范围内从事行政管理。倘若行政机关或其工作人员违反法律规定，超越职权或者滥用职权，则必须承担相应的法律责任。法治的实质就是人民高于政府，政府服务于人民。法治之"法"所反映和体现的是人民的意志和利益。为了不偏离社会主义国家为人民服务的宗旨，建设法治政府离不开依法行政。其要义有三：(1)依法行政原则。其要义如下：一是职权法定原则。行政职权来源合法，行政行为受法律约束，即行政职权的设定、授予及委托都必须具有法律依据、符合法律要旨。二是越权无效原则。任何行政行为都应依据法律、遵循法律；任何超越权限的行政行为均为无效行为；任何无法律依据的行政行为，非经事后法律认许，均得以宣告为"无效"。③ 三是权责统一原则。行政机关违法或者不当行使职权，应当依法承担法律责任，实现权力和责任的统一，减少行政机关越权、侵权的现象。这一原则在《宪法》第27条要求一切国家机关实行工作责任制得到了体现。(2)法律优先原则，即法律优先于行政法规及行政规章，这

---

① 参见胡建淼著：《政府法治建设》，国家行政学院出版社2014年版，第15页。
② 参见胡建淼著：《政府法治建设》，国家行政学院出版社2014年版，第15页。
③ 参见钱锦宇编：《行政法与行政诉讼法》，华中科技大学出版社2015年版，第23页。

就要求行政机关在进行立法活动时必须按照法律的规定进行，不得违背法律的规定；若没有相关法律规定则根据特别授权，行政法规、规章都必须服从法律。[1] 因此，行政权无论是从规范意义上的行政立法抑或是权力运行本身都应以法为准则。(3)法律保留原则，又称积极的依法行政，近似于英美法系国家的"依法而治"，是指在国家法律秩序范围内，某些事项必须专属于立法者规范，行政机关不得代为规定。[2] 这能有效地防止行政机关权力的过度自我膨胀，保障人民的权利和自由。[3] 在法治政府整个原则体系中，合法行政原则居于核心地位，是其他原则的前提与基础。

其二，合理行政原则。这一原则要求行政机关的行政行为在法律的范围内要客观、适度、合乎理性，其产生的主要原因是为了规制行政裁量权。由于现代行政机关承担越来越多的社会事务，管理着更复杂的公共生活，享有更加广泛的自由裁量权，因此，虽然政府的许多行为合乎法律，但仍然侵害了公民的权益，滥用权力不仅仅包括违法行为，还指对政治权力合法但不合理的滥用行为。[4] 其要义有三：(1)公平、公正原则，是指行政机关的行政行为须符合公平与公正的理念；对行政主体来说，这是树立行政权威的源泉；对于行政相对人来说，这一原则既是信任行政权的基础，同时也是行政权执行力的保证。公平原则，即平等对待原则，要求的是任何行政行为都应依法遵从法律面前人人平等，不能基于相对人的身份、民族、性别、宗教信仰等的不同而区别对待，"相同案件相同处理，不同案件不同处理"；公正原则要求行政机关要依法办事、不偏私，合理考虑相关因素、不专断，自己不做自己的法官，居中裁决不单方解除以及在听取相对人的陈述和申辩的前提下作出对其不利的行政行为。[5] (2)正当裁量原则，即具体裁量决定所追求的目的与法律授权的目的相

---

① 参见应松年著：《依法行政论纲》，载《中国法学》1997 年第 1 期。

② 陈新民著：《行政法学总论》，台湾三民书局 1997 年版，第 52 页。

③ 参见周佑勇编：《行政法学》，武汉大学出版社 2009 年版，第 18 页。

④ 参见刘明波著：《国外行政监察理论与实践》，山东人民出版社 1990 年版，第 75 页。

⑤ 参见姜明安编：《行政法与行政诉讼法》(第二版)，北京大学出版社、高等教育出版社 2005 年版，第 75~78 页。

一致以及行政裁量的各环节或要素有着合理的关联性，简括之为"目的适当"与"合理考虑相关因素"。行政行为目的与立法目的不适当意味着越权，而考虑相关因素有利于推进和实现法律所体现的特定目的与政策。[①] （3）比例原则，又称相称性原则。这是对政府权力行使保持适度与必要的核心要求。其意涵包括：一是合比例性原则，是指手段对基本权利造成的侵害与所追求的目的之间的比例，必须是"适当""正当""理性"或"均衡"的。[②] 正如"杀鸡取卵"一样，为了取鸡蛋而把鸡杀了，这是一种为追求目的而付出过大代价的行为，达成目的与付出的代价并不均衡。二是必要性原则，是指采取的行政措施应尽可能使相对人的损害保持在最小的范围内；在面对多种可达目的的手段时应选择对相对人损害最小的手段，正如"杀鸡焉用牛刀""不可用大炮打麻雀"的道理一样。[③] 比例原则在合理行政原则中居于核心位置，是行政行为符合实质合法要求的体现。

其三，信赖保护原则，俗称诚实守信原则，即当行政相对人对行政行为形成值得保护的信赖时，行政主体不得随意撤销或者废止该行为，否则必须合理补偿行政相对人信赖该行为有效存续而获得的利益。[④] 这要求行政机关不得随意变更自己的行为或承诺，不得反复无常。在民法上，该条款被称为"帝王条款"。该原则应满足以下条件：（1）行政行为生效且该生效事实被相对人知悉，即行政行为已经具有确定力和公定力。（2）行政相对人已然信赖该条款的存在，相对人基于信赖进行了某种行为。（3）非经法定事由或经法定程序行政机关不得撤销、变更已经生效的行政决定，除非撤销、废止或者改变该决定能获取更大的公共利益。（4）行政决定被撤销、废止或改变致行政相对人的利益受到损害的，行政机关应予以补偿。

---

① 参见应松年编：《行政法与行政诉讼法》(第二版)，法律出版社 2009 年版，第 36~37 页。

② 谢世宪：《论公法上的比例原则》，载城仲模主编：《行政法之一般法律原则（一）》，三民书局 1994 年版，第 122 页。

③ 参见周佑勇编：《行政法学》，武汉大学出版社 2009 年版，第 21 页。

④ 参见周佑勇编：《行政法学》，武汉大学出版社 2009 年版，第 22 页。

其四，行政效益原则，亦可称为"高效便民原则"。我国《宪法》第27条规定："一切国家机关实行精简的原则……不断提高工作质量和工作效率，反对官僚主义。"这实际上是国家根本大法对行政机关工作效益的要求。总体而言，行政效益原则的要求可概括为"2+1"："2"是指行政效率高以及行政效益高，"1"是指行政效率以及行政效益的取得最终目的是为了方便人民，体现人民的权利和保障。行政效率高要求行政机关要为行政相对人提供便捷、高效和优质的服务，如在规定期限内批复行政许可体现了效率高的要求；行政许可要求相对人补充申请材料应一次性告知则体现了便民的目的。行政效益高要求行政法规创制和实施都要符合效益的要求，如行政立法应谨慎为之，须衡量成本与立法效益之间的关系；行政处罚应寻求公共利益与相对人个人利益的平衡，不应过度损害相对人的权益。

（二）制定法体系

制定法体系亦称立法体系，是指由一个国家拥有立法权的各个国家机关制定的全部规范性法律文件所构成的系统。于法治政府而言，制定法体系是指行政机关所应依据的法律规范的渊源。我国法治政府建设与大陆法系国家行政法的渊源一样，主要是制定法体系；制定法的特点在于其方法论是清楚且易于把握的，它通常采用的是演绎式的，即推理的程序，从一般原则到特定案例，法律的概念是深思熟虑、综合概括和思想智慧的建构，法律渊源所包含的法律规则系统明确，有利于法律的安全和稳定性，发挥行政法的预测功能；概念明确、结构清楚、体系严谨，有利于从总体上把握法律制度的精神；有利于行政机关统一进行行政活动；有利于通过立法从整体上确认社会关系，使公民的权利保障与救济有行政法上的依据，从而确保行政活动的公正性。[1] 制定法体系在我国行政法的渊源中占据着主导的地位，其组成部分主要包括以下内容。

其一，宪法。作为国家根本大法的宪法，是我国法治政府建设最根本的行为准则，其在行政法领域的行政规范主要包括：（1）关于公民的基本权利与义

---

[1] 参见米健著：《比较法学导论》，商务印书馆2013年版，第269页。

务的规范。这决定了国家行政机关行政权行使的最终目的是保障公民权利，不得侵犯公民的基本权利以及通过行政命令或决定督促公民履行相应的义务。(2)关于国家机关的组织、职权和活动准则的规范。《宪法》在第三章"国家机构"第三节以及第五节分别规定了中央政府(国务院)和地方各级人民政府的组织构成、职权职责以及工作制度等，为法律以及行政法规立法奠定了根本的基础，严格规范了政府的权力，体现了"职权法定"的原则精神。(3)关于行政管理活动基本原则的规范。如规定了人民参与管理的原则、工作责任制原则、民族平等原则、行政机关工作人员接受人民监督和保障公民权利等基本原则的规范。① 此外，还有其他行政相对人，如企业或个体劳动者的相关规范以及行政区域的划分等基本规定。

其二，法律。法律是指全国人民代表大会及其常委会制定的规范性文件，其效力仅次于宪法的基本行政法律规范，包括全国人民代表大会制定的基本法律，如《中华人民共和国行政处罚法》，以及全国人大常委会制定的普通法律，如《中华人民共和国义务教育法》，在此当中，涉及行政权的法律都属于行政法的法律渊源，如《国务院组织法》《地方人民代表大会及地方各级人民政府组织法》等，尽管有些法律可能并非全部条文均涉及行政权，但也兼具行政法之性质，属于行政法的法律渊源。

其三，行政法规。除宪法与法律之外，行政机关所制定的规范性文件也属于行政法的法律渊源。行政法规，即国务院制定的关于全国行政管理工作的法律规范的总称。行政法规由国务院组织起草，其中绝大多数是行政性规范，但也有少量属于调整民事关系的规范。行政法规是重要的行政法渊源之一，其名称一般含有"条例"，也可以称"规定""办法"等字眼，如《行政区划管理条例》《国务院关于经营者集中申报标准的规定》《有线电视管理暂行办法》等。

其四，地方性法规。地方性法规即由特定的国家权力机关所制定的规范性文件。这些机关包括由省、自治区、直辖市或者设区的市的人大及其常委会

---

① 张树义著：《行政法与行政诉讼法学》(第二版)，高等教育出版社2007年版，第24~25页。

(须满足《立法法》第 72 条的规定①)，自治州的人大及其常委会②。经济特区所在地的省、市的人民代表大会及其常务委员会根据全国人民代表大会的授权规定，制定法规，在经济特区范围内实施。按照《立法法》第 73 条的规定，地方性立法有三种形式：为执行法律和行政法规而为的立法、对于地方性事务的立法、对国家尚未制定法律或者行政法规的事项范围内的立法。

其五，行政规章③。根据制定主体的不同，可将规章分为部门规章④与地方政府规章⑤，其中：(1) 部门规章是由国务院各部门所制定。(2) 地方政府规章系省、自治区、直辖市和设区的市、自治州的地方人民政府制定的规章，两者都是具有国家强制力的普遍性行为准则。规章的名称一般称"规定""办法"，但不得称"条例"。⑥ 其中，部门规章涉及国务院两个以上部门职权范围的事项，制定行政法规条件尚不成熟，需要制定规章的，国务院有关部门应当联合制定规章。⑦

---

① 参见《立法法》第 72 条第 2 款规定："设区的市的人民代表大会及其常务委员会根据本市的具体情况和实际需要，在不同宪法、法律、行政法规和本省、自治区的地方性法规相抵触的前提下，可以对城乡建设与管理、环境保护、历史文化保护等方面的事项制定地方性法规，法律对设区的市制定地方性法规的事项另有规定的，从其规定。设区的市的地方性法规须报省、自治区的人民代表大会常务委员会批准后施行。省、自治区的人民代表大会常务委员会对报请批准的地方性法规，应当对其合法性进行审查，同宪法、法律、行政法规和本省、自治区的地方性法规不抵触的，应当在四个月内予以批准。"

② 参见《立法法》第 72 条第 5 款规定："自治州的人民代表大会及其常务委员会可以依照本条第二款规定行使设区的市制定地方性法规的职权。自治州开始制定地方性法规的具体步骤和时间，依照前款规定确定。"

③ 对于规章能否成为行政法渊源一度有争议，但按照《行政诉讼法》第 63 条的规定，人民法院审理行政案件时应当参照行政规章。可见，行政规章也对行政行为具有拘束力，可列入行政法渊源。

④ 参见《立法法》第 80 条第 1 款规定。有权制定部门规章的包括：国务院各部、委员会、中国人民银行、审计署和具有行政管理职能的直属机构。

⑤ 参见 2015 年新修订的《立法法》取消了较大的市的表述，设区的市也拥有了地方立法权。故而，有权制定地方政府规章的是：省、自治区、直辖市和设区的市、自治州的人民政府。

⑥ 参见 2017 年修订的《规章制定程序条例》第 7 条规定。

⑦ 参见 2017 年修订的《规章制定程序条例》第 9 条规定。

其六，自治条例、单行条例。自治条例和单行条例是民族自治地方（自治区、自治州、自治县）的人大依照当地民族的政治、经济和文化的特点制定的规范性文件。这些规定行政管理活动、调整行政关系的条例甚至可以对法律和行政法规的规定作出"变通"规定，具有优先适用的效力，属于我国行政法的渊源。

其七，法律解释。此处指正式的法律解释，一般包括四类：（1）立法解释，即全国人大及其常委会对法律条文本身所作的解释。（2）司法解释，即最高人民法院和最高人民检察院对相关法律的适用所作的解释。（3）行政解释，即国务院及其有关部门对相关法律、法规所作的解释。（4）地方解释，即有关地方人大及其常委会、人民政府对地方性法规和规章所作的解释。这些有关行政法的解释也属于行政法的渊源。①

此外，还有国际条约或协定，但对于国际条约和公约是否能直接适用尚未有明确的定论，存在争议。在制定法体系中，宪法和法律是居于核心主导地位，其次是行政法规；规章与其他规范性文件均不得与宪法、法律与行政法规相抵触，在适用效力上应遵循"下位法不得与上位法相抵触"的基本原则。

（三）惯例或判例

行政惯例或判例属于不成文形式的行政法渊源。就目前而言，惯例或判例一般作为行政机关行政的参考，而并非必要。

其一，行政惯例是指行政机关在依据法律行使职权，其中特别涉及裁量权的部分，若行政机关长年对类似案件作一定的裁量，对行政机关与人民，都可以产生一种"法确性"，基于法律安定性及法治国家之法的预见性（即为法律可预见性），可以要求行政机关今后遇到类似案件，可以期待主管机关作同样之裁量。② 在法制健全的情况下，行政惯例往往会上升为法律规定，但也存在一

---

① 杨海坤，章志远著：《行政法学基本论》，中国政法大学出版社 2004 年版，第 32 页。

② 陈新民：《论行政惯例的适用问题——评最高人民法院"广州德发房产建设有限公司诉广州市地方税务局第一稽查局税务处理决定案"判决》，载《法学评论》2018 年第 5 期。

些尚未转化为法律却在实践中切实发挥作用的惯例，相较于成文法源其可作为一种补充性法源存在。在国外，行政惯例是行政法的渊源之一。我国也提出了将行政惯例作为行政法渊源的主张，这是合理的，因行政惯例已为当事人所确信和官方所认可，在内容上已经具有确定性。但是行政惯例亦不能脱离法律的基本原则，不能与之相违背，但可以被法律所否定或改变。

当行政机关活动的习惯性做法具备了行政惯例的形成条件后，我们可以将其认作行政惯例并赋予其法源效力，其形成有四个要求：（1）成文法无明确规定。作为不成文形式渊源的行政惯例，只有在成文法尚未调整的领域才有生成的可能性。（2）存在着一个持续相当时间的行政"做法"。要成为惯例，需要在相当长时间内被行政机关不断地"重复"。（3）获得了一定范围内民众的普遍确信。行政机关的惯例在不断地重复中延伸其影响力，直至在一定范围内被民众知晓并确信。（4）为法院生效判决所确认。行政机关的某种"做法"是否能够成为行政惯例，有赖于法院的生效判决确认。以法院生效判决的确认作为行政惯例要件之一，具有客观性、可操作性之特质。①

其二，判例一般指的是司法判例，也就是能够当作先例并据以断案的法院判决。英美法系国家实行的是判例法，根据遵循先例的原则，法院的判例对以后处理同类案件具有拘束力。由于这种拘束力，判例是英美法系行政法上的重要渊源。在当代，虽然英美法系国家的制定法也逐渐增多，但判例仍在司法判决中扮演着重要的角色。英美法系国家的许多行政法的原则和规则都来源于判例。在大陆法系国家，虽然并不承认判例的拘束效力，但事实上仍有许多重要的行政法原则都来源于判例，如德国行政法上的比例原则、信赖保护原则等。② 因此，判例虽然未成为我国行政法的重要渊源之一，但仍是我国行政司法实践的重要参考，如最高人民法院公布的指导案例等，尽管不具有强制拘束力，但具有重要的指导作用。

---

① 参见章剑生：《论"行政惯例"在现代行政法法源中的地位》，载《政治与法律》2010年第6期。

② 杨海坤，章志远著：《行政法学基本论》，中国政法大学出版社2004年版，第33页。

(四)诸国比较

其一,法国行政法的基本原则。在法国,行政法的基本原则是法国大革命时期所建立的基本原则。其内容有三:(1)行政法治原则。根据行政法院的判例和法国学者的意见,法国当代的行政法治原则包含行政行为必须有法律的根据、行政行为必须符合法律、行政行为必须采取行动保证法律规范的实施、违法的行为引起制裁四层含义。(2)法律面前平等原则。(3)行政审判独立原则。

其二,英国行政法的基本原则。英国行政法的基本原则是英国宪法原则在行政法领域的适用。其内容有四:(1)议会主权原则。(2)法治原则。它要求一切人受同一法院管辖,受同样法律原则的支配,以保障法律面前人人平等。因此英国不设独立的行政法院体系,行政法也不构成一个特别的法律体系。(3)禁止越权原则。禁止越权是英国行政法的基本观念,也是议会主权原则和法治原则的当然结果。(4)自然的公正原则。在英国行政法中,程序法比实体法处于优先的地位。重视程序规则是普通法的共同特征。

其三,美国行政法的基本原则。美国行政法的基本原则是联邦宪法规定的原则,其内容有四:(1)联邦主义。为维持联邦制度,美国法律规定了两个重要原则,即联邦法律效力最高原则,充分忠实和信任原则。(2)分权原则。(3)法治原则。(4)法律平等保护原则。[①]

其四,德国行政法的基本原则。德国行政法的基本规则有二:(1)行政合法性原则。行政合法性原则要求行政必须符合法律,也必须接受司法的监督和控制。它包含两个要素,法律优先和法律保留。(2)优势原则。优势原则意味着行政和司法机关必须尊重立法机关。行政和司法不能对法律作出变更,即使不会对公民的权利造成影响。[②]

---

① 参见王名扬著:《比较行政法》,北京大学出版社2006年版,第46~75页。

② 参见[荷]勒内·J.G.H.西尔登等编:《欧美比较行政法》,中国人民大学出版社2013年版,第107~108页。

五、行政程序

作为法治政府的构成单元，行政程序属于法治政府权力运行的程序性元素。程序，即事物运动的时间顺序、方法和步骤所构成的一个连续过程。行政程序是行政主体在依职权所实施的、影响行政相对人权利和义务行为时应当遵循的基本原则、步骤和方法所构成的一个连续过程。行政行为必须通过一定的程序才能达到预期目的，因此行政程序实际上是行政行为的构成要素之一，可从程序理念、程序体系与程序制度三方面解构行政程序。

（一）程序理念

如果说现代法治的核心在于行政法治，那么行政法治的核心则在于程序法治。行政程序理念贯穿于所有的行政程序法律制度之中，统率着所有的行政程序法律规范，并对于行政立法、执法和司法都具有重要的指导意义。

其一，行政权的规制须实体与程序并存。美国学者威廉·道格拉斯曾说过："正是程序决定了法治与恣意的人治之间的基本区别。"[1]美国著名大法官F.福兰克弗特说："自由的历史基本上是奉行程序保障的历史。"[2]建设法治政府，是要把行政权这一公权力纳入法治的轨道，对其进行严格的法律约束，以此来保障公民的个人权利免受其侵害。仅依靠从内容上规制行政权是远远不够的，缺乏程序理念的行政法制度将沦为政治的工具。因为缺失程序的行政法制度将使得行政权与公民个人权利以及行政权内部、行政权与其他公权力之间的关系只能建立在非理性的基础上。从中华人民共和国成立以来法治道路遭遇的挫折可见一斑。[3]因此，想要实现行政实体内容的公正解决，必须依赖于行政程序的公正；规制行政权，实体与程序二者缺一不可。

其二，行政程序的作用。行政程序是法治政府建设的重要内容和特色，于

---

① 季卫东著：《法治秩序的构建》（增补版），商务印书馆 2014 年版，第 3 页。

② 季卫东：《程序比较论》，载《比较法研究》1993 年第 1 期。

③ 参见黄学贤：《论现代公法中的程序》，载《徐州师范大学学报》2006 年第 2 期。

民主法治有着重要意义。行政程序理念是由司法程序理念演变而来。习近平总书记曾指出，司法机关是维护社会公平正义的最后一道防线。英国哲学家培根曾说过，一次不公正的裁判，其恶果甚至超过十次犯罪，因为犯罪虽然无视法律——好比污染了水流，而不公正的审判则毁坏法律——好比污染了水源。公民的人身权、自由权等基本权利和利益的实现都与司法相关联，司法程序的严苛和发达程度是一国法治水平的体现，也是民众法治意识水平的体现。同样，行政程序的发达程度是衡量法治政府的重要考量因素，因行政程序具有以下作用：(1)维护公民合法权益。由于行政程序对行政主体作出行政行为的步骤、方式、顺序都作了限定，使得行政权在一定的框架内运行，有效地防范了行政权的违法、滥用与不作为，对保护公民的合法权益有直接的作用，具体表现在扩大了公民参政权的实现途径、保护行政相对人的程序权益等方面。(2)行政权的行使更为科学合理，效率得以提高。行政程序对行政机关的行政行为规定了一定的期限，督促行政权的行使。同时，行政机关通过通知相对人、听取行政相对人的意见、举办听证程序等举措，使得行政相对人对行政行为的接受度提高，进而行政行为的实施更具执行力，行政权的行使也更为科学合理，效率也因此提高。(3)监督行政权的行使。行政程序从过程上控制了行政权行使的边界，要求行政主体在过程中履行告知、通知、听取陈述理由等程序性的义务，使得行政自由裁量权得以有效控制与引导，不过于偏私。(4)形成多元纠纷解决机制的格局。现代人权的保障离不开救济途径的多元化。行政程序如行政复议程序等可以使行政权从内部解决多数纠纷，分流了多数案件，减少司法成本并减轻法院负担。行政程序为法院诉讼提供了保障，于多元纠纷解决机制的建立有重要意义。[①] 这些都体现了程序法治之于法治政府建设的重要意义。

其三，正当程序的起源与发展。程序是法律的生命，对行政权而言亦如此。"传统公法制度的显著弊端之一是无视程序的价值，从而忽视程序的制度建设。这种弊端表现在制度的运行上即：权力的获得缺乏民主性、权力的分配缺乏科学性、权力的行使缺乏规则性、公民权利的享有缺乏程序保障、权力与

---

① 胡建淼著：《政府法治建设》，国家行政学院出版社2014年版，第92~94页。

权利之间的关系缺乏良性互动。而现代政治文明的重要特征之一，就是公权力的行使始终遵循正当程序之规则。"①正当程序原则最初源自英国古老的自然公正理念，即任何权力都必须公正地行使，这也同样应是当代法治观念的基本原则。自然公正原则是对公正行使权力最低限度的程序要求，包括"任何人都不得做自己案件的法官"和"任何人在受到不利影响之前都要被听取意见"两方面的原则要求。美国继承与发展了自然公正原则并固定于《宪法修正案》第5和第14条中："非经正当法律程序，不得剥夺任何人的生命、自由或财产。"②正当程序自此正式确立为宪法原则，成为美国各部门法的核心内容。这对其他国家的程序法治也产生了深远的影响，20世纪70年代以及90年代纷纷掀起了行政程序法典化的第二次和第三次高潮。

其四，正当程序的地位。正当程序在行政权的规制中应居于核心的理念地位，表现在：（1）正当程序是行政权行使的最低程序要求。不管制定法是否规定了权力运行程序，该制定法都均须遵循正当程序。虽然我国宪法并未明确规定正当程序，但其应成为法定程序的兜底性原则，应当成为约束行政机关行政活动过程的根本原则，这不仅能从源头上使得行政权力遵循行政法定原则，还能使权力按照既定的正当程序轨道运行。（2）正当程序体现了现代社会对一个富有理性和权威的政府的迫切要求，甚至可以说是否遵守正当程序应当成为权力型政府与权威型政府、任性政府与理性政府的直接分水岭。③（3）程序的正当性是实现实质正义的核心要件。这要求行政机关在对相对人作出不利处分时要告知其理由，形式上要求相对人参与到决定的过程中，有助于行政机关正确作出科学合理的行政行为，体现了实质上的正义要求。

（二）程序体系

从不同的维度思考程序的核心内涵，可对程序体系进行分类，其可具体分

---

① 黄学贤：《论现代公法中的程序》，载《徐州师范大学学报》2006年第2期。
② 刘莘著：《中国行政法》，中国法制出版社2016年版，第45~46页。
③ 杨海坤，章志远著：《行政法学基本论》，中国政法大学出版社2004年版，第66页。

为以下几大类。①

其一，内部行政程序与外部行政程序。根据行政程序适用的范围不同，可以划分为内部行政程序与外部行政程序。其中，(1)内部行政程序是指行政主体实施内部行政行为所必须遵循的程序。其要义有三：一是其内容主要包括行政主体对内部事务管理活动、内部机构设置、变更和撤销，以及各级行政机关之间的协调、公文办理、公务员的奖惩程序等；二是内部行政程序适用于行政主体系统内部，法律化程度较低；三是许多程序均由行政主体自己设定，如果违反了行政内部程序，往往也是由行政系统内部解决。(2)外部行政程序是行政主体对外实施行政管理活动所适用的程序，具体包括两层含义：一是往往涉及行政主体与行政相对人之间发生的权利义务；二是处于行政程序的核心部分，直接与相对人相关，并影响着行政相对人的合法权益，故应重点关注外部行政程序的作用。

其二，行政创制程序和行政决定程序。这是依据规范领域不同所作的划分。其中：(1)行政创制程序，即行政立法、行政规范制定程序，意指行政立法以及制定行政规范性文件所必须遵循的程序。一般而言，行政立法所制定的行政法规、规章以及行政主体制定的行政规范都具有普遍适用、反复适用的效力，故其程序规制类似于立法的程序规制，包括立项、起草、审查、决定、公布、解释和备案等基本内容。(2)行政决定程序意指行政主体在作出决定时应遵循的程序，它与行政相对人的切身利益密切相关，一般包括程序的启动、调查与取证、决定和执行等基本内容。

其三，主动行政程序和被动行政程序。这是基于启动或终结的动力不同所作的区分。其中：(1)主动行政程序意指行政主体能够主动启动或终结的程序。在这种程序中，行政主体可以根据自己的判断主动行使权力以启动或终结行政程序，并自行承担调查取证和举证责任。(2)被动的行政程序，即依申请的行政程序，意指依行政相对人的申请，才能启动，也只能依相对人的申请而终结的行政程序。在这种程序中，行政主体不能自行作出决定，只能在行政相

---

① 江国华著：《中国行政法总论》，武汉大学出版社2012年版，第154~155页。

对人申请后，才能开始作出行政行为。在举证责任分配上，一般需要由行政相对人承担举证责任。

其四，一般行政程序和简易行政程序。其中：（1）一般行政程序，即普通程序，意指行政主体处理行政事务的基本程序，在行政管理中的绝大多数行政程序都是属于此类。（2）简易行政程序是对一般行政程序的简化，适用于简单或者需要快速作出处理的行政活动，如行政处罚中当场处罚等。简易程序比较接近行政相对人的日常生活，是比较常用的程序——就其适用频率而言，简易程序的适用较一般程序尤盛。

此外，还有依据适用的实践顺序不同分为事先行政程序和事后行政程序；依据对相对人合法权益的影响是否具有实质性分为主要行政程序和次要行政程序；依据法律是否明确规定分为法定行政程序和意定行政程序等分类。

（三）程序制度①

行政程序制度体系是正当程序原则得以贯彻落实的保障。具体而言，行政程序制度主要包括行政告知制度、行政听证制度、行政回避制度、行政时效制度和行政公开制度。

其一，行政告知制度，指的是行政主体在行使行政职权为某一行政行为时应当告知行政相对人作出该行政行为的主要内容、理由和根据，相对人参与行政行为的权利以及途径、对行政行为不服而表示异议以及寻求救济的途径、时限等一系列法律规范所构成的行政程序基本制度。这一制度包括表明身份和说明理由两项制度：（1）表明身份制度是指行政主体及其工作人员在履职时应以适当的方式，如统一着装、佩戴统一标志、出示工作证件等表明自己有权作出行政行为的制度。（2）说明理由制度是指行政主体通过行政决定书、通告、单独的理由说明书或规章的序言的书面形式告知理由。行政告知制度有利于监督行政权力，提高行政执法的实效和行政相对人对于行政决定的接受程度、减少行政决定作出后的负面社会影响。

---

① 江国华著：《中国行政法总论》，武汉大学出版社 2012 年版，第 393~403 页。

其二，行政听证制度，即行政主体在履职时应依法定方式和程序听取相对人意见。其具体内容包括：（1）行政主体在行使职权、作出影响相对人合法权益的行政决定之前，应告知其听证权利。（2）针对影响自己权益的行政决定，行政相对人有权向作出该决定之行政主体陈述意见、提供证据。（3）行政主体依法听取意见、接纳证据并作出相应决定。行政立法、决策以及决定均须举行听证，具体程序包括通知、召开和运行以及告知听证结果与理由。

其三，行政回避制度，即公务员在履职过程中遇与之有利害关系的行政事务，应主动或者依有权机关之决定终止职务活动之各项规范或规则的总称。行政回避须具备法定事由，方式主要有自行回避、申请回避与命令回避三种。无论采取哪种回避方式，在行政机关作出行政回避决定前，除非情况特别紧急，公务员原则上应当停止参与本案的工作。若具有法定回避事由但未回避的，则可认定为违反法定程序而被撤销，行政机关还可以给予该公务员以相应的行政处分。

其四，行政时效制度，即行政主体行使职权、从事行政活动所必须遵循的各种时间限制的规范或规则的总称。这一制度对行政过程具有刚性约束力，若行政主体违反了时效的规定，会产生推定批准、推定驳回、失效、管辖权转移或由直接责任人员承担相应责任等法律后果。

其五，行政公开制度，即行政主体在行使职权的过程、制定或决定的文件资料等应对社会或相对人开示或公布。实行这一制度的主要原因是：（1）尊重公民的知情权，这是一项基本人权。政府信息公开与否以及公开的程度，实际上已经成为判断政府正当性之基本指标。（2）阳光是最好的防腐剂。为了防止权力腐败，最好的办法就是让权力在阳光下运行。同时，"无公开即无正义"，政府信息被视为判断行政过程及其后果是否符合正义的基本标准。（3）公开是沟通的重要途径。沟通最好即政府最好。政府与社会之间的互信程度，构成了现代行政必须考量的基本因素。①

---

① 参见江国华著：《中国行政法总论》，武汉大学出版社 2012 年版，第 402 页。

六、行政行为

作为法治政府的构成单元，行政行为是法治政府权力运行的核心要素。行政行为是法治政府运行的具体表现形式，对外产生行政法律关系，以履行行政职权、达成行政目的。这一要素可从其意涵、分类以及效力进行解构。

（一）行政行为之意涵①

作为行政法学的基本范畴，行政行为最早出现于法国行政法学，其后，德国行政法学鼻祖奥托·迈耶教授对其作了系统界定。在奥托迈耶看来，行政行为意指行政机关运用公权力对具体行政事务适用法律，作出决定的单方行为。② 自20世纪80年代引入中国行政法学领域后，行政行为即被中国行政法学界认定为行政法学之核心范畴。

在其一般意义上，行政行为意指行政主体为履行行政职权、达成行政目的所作出的能产生法律效果的行为。其要义有以下三点。

其一，行政行为的基本要素。行政行为的基本要素有四：（1）行政行为之主体只能是行政主体，这是"权自法出"在主体上的表现。（2）行政主体作出行政行为之法定条件是享有行政职权；"无法律则无行政"，作出行政行为的前提条件是行政主体有行政权力。（3）行政主体作出行政行为是为了达成特定的行政目标；行政目标包括决策、管理和服务三个层次，而行政目标的达成是为了实现法治政府的最终目的而服务的。（4）行政行为能够产生相应的法律效果。行政行为能在政府和相对人之间产生行政法律关系，如行政处罚的法律关系。

其二，行政行为的秉性。相较于立法行为和司法行为而言，行政行为有其独特的秉性或特质，使其与其他行为区分开。这些秉性包括职权性、公益性和

---

① 参见江国华著：《中国行政法总论》，武汉大学出版社2012年版，第139~144页。

② 参见翁岳生著：《行政法与现代法治国家》，台湾祥新印刷公司1979年版，第3页。

主动性。(1)职权性。就其基础而言，行政行为是一种职权行为，职权性构成其内在的基本秉性。正是这种职权性，使得行政行为与行政私法行为、行政事实行为相区分。(2)公益性。就其目的而言，行政行为是一种公益行为，公益性构成了其内在的基本秉性，使其与民事行为等追求利益的行为相区分。(3)主动性。就其方式而言，行政行为是一种主动行为，主动性构成了其内在的基本秉性，使其区分于司法行为的被动性。

其三，行政行为的合法性要件。行政行为的合法性为其核心要素，其合法性要件包括：(1)行政行为的职权主体合法，即只有具备法定资格的行政主体作出的行政行为，才有可能满足合法性要求。(2)行政行为的权限合法，即行政行为合乎法定职权范围。(3)行政行为的内容合法，即行政行为的内容符合法律规定和法治精神，要求作出具体行政行为的证据确凿，行为的依据明确，理由充分，意思表示真实、明确、具体。(4)行政行为适用法律法规正确。(5)行政行为符合法定程序。只有同时具备上述要件才是合法的行政行为，其效力才可获得司法审查机关或行政复议机关的支持，否则将构成违法而被撤销或者变更。

(二)行政行为类型①

类型化分析是法学研究的一项常用方法，也是行政行为研究的一项基本方法。基于不同的标准或依据，行政行为可以划分为不同的类型。

其一，抽象行政行为与具体行政行为。这是以作用对象是否明确固定为标准。其要义包括：(1)抽象行政行为针对的是不特定的人和事，对象的数量和范围均不固定；具体行政行为针对的是特定的人和事。(2)抽象行政行为的效力及于其以后发生的事件，只要符合条件可反复适用；具体行政行为只能针对特定事件，一次性适用，不能反复适用。(3)抽象行政行为的表现形式通常为具有普遍约束力的规范性文件，当然也并不绝对；具体行政行为一般产生具体的行政法律关系，从而直接对行政相对人的权利及义务产生影响。

---

① 参见江国华著：《中国行政法总论》，武汉大学出版社2012年版，第189~191页。

其二，依职权行政行为与依申请行政行为。这是以是否由行政主体主动实施为标准所作的区分。依职权的行政行为是行政主体积极主动地依职权作出，在满足法定条件、发生法定事实时行政主体就应当实施，否则应当承担法律责任；依申请行政行为是依行政相对人申请或要求作出的行政行为，相对人是否提出了申请直接决定着行政主体是否需要承担相应的法律责任。

其三，内部行政行为与外部行政行为。这是以其作用对象与行为主体是否存在隶属关系为标准所作的区分。内部行政行为是行政主体基于行政系统内部隶属关系对行政机关的组织、人员和财物所作出的一种内部管理行为，包括上级对下级的任免、考核、调动等人事变动，一般被排除在司法审查之外；外部行政行为则是行政主体对与其无隶属关系之外部相对人所作出的行政行为，属于行政诉讼受案范围。

其四，行政作为与行政不作为。这是以行为方式为标准所作的区分。行政作为是指行政主体积极有所作为，即有明确的意思表示的行政行为；行政不作为是行政主体消极或懈怠履职的行为，行政不作为一般会对相对人产生不利的法律后果，可纳入行政诉讼的受案范围。

（三）行政行为效力①

行政行为是有关法律解释和法律适用的一种权威性宣告，是国家法秩序的有机组成部分，对人民的行为具有某种意义上的规范作用。这种规范作用及其效果，是为行政行为之效力，亦称行政行为所取得的法律保护力，或行政行为所获得的的国家强制力。受德日行政法理论之影响，我国目前已形成"三效力说""四效力说""五效力说"等不同的行政行为效力构成观点。其中"四效力说"基本属于主流观点。根据"四效力说"，在内容上，行政行为效力由公定力、确定力、拘束力和执行力四要素构成。

其一，公定力，即行政行为一经作出，就对任何组织或个人都具有被推定为合法有效并获得社会尊重和信任的法律效力。其要义有四：（1）一经成立的

---

① 参见江国华著：《中国行政法总论》，武汉大学出版社 2012 年版，第 191~194 页。

行政行为应首先视为具有合法有效的法律效力。(2)公定力并非绝对的法律效力，只是一种推定或者假设的法律效力，有权机关可以在法定权限内依照法律程序予以审查宣布行政行为违法或者无效而使其丧失法律效力。(3)公定力是一种公认的"对世"效力，对任何人都有法律效力，但存在一种例外情况是无效行政行为。(4)公定力原理是"行政诉讼不停止执行原则"的理论基础。

其二，确定力，即行政行为一经作出，行政主体与行政相对人不得任意改变其法律效力。其要义有三：(1)确定力不同于公定力，公定力是确定力的前提，确定力是公定力的延伸，确定力是对行政主体和行政相对人双方而言的实际的法律效力。(2)行政行为的形式确定力又称不可争力，是指对于已经生效的行政行为，相对人不得任意以诉讼或者抗告等方式要求改变效力。(3)行政行为的实质确定力，意味着即便是行政主体也不得改变已经确定的行政行为，或者对某一事项重新作出行为，否则应承担相应的法律责任，故实质确定力又被称为"不可变更力"或者"一事不再理"。

其三，拘束力，即行政行为一经作出，对行政主体和行政相对人就产生了法律上的约束力，行政主体和行政相对人须履行相应的义务。其要义有三：(1)行政行为对行政主体具有拘束力，行政主体应当严格遵循自己作出的行政行为。(2)行政行为对行政相对人也有拘束力，对于已经作出的行政行为，行政相对人必须严格遵守、服从和执行，不得违反和拒绝，否则就要承担相应的法律后果。(3)行政行为的拘束力与确定力都是指向行政主体和行政相对人的，但是两者的侧重面有所不同。

其四，执行力，即已作出的行政行为要求行政主体和行政相对人对其内容予以实现的法律效力。其要义有以下三点。(1)执行力可以分为自觉履行力和强制履行力两种，在自觉履行力期间，行政行为能否实现取决于双方的意愿，无强制力，只有在义务主体不履行义务的前提下，才有必要通过强制履行的方式来实现行政行为所设定的内容。(2)相对人基于惠益性行政行为所赋予的权益，受法律保护，若行政主体消极或懈怠履行基于惠益性行政行为所设定的义务，行政相对人有权依法定程序要求有关机关责令其履行。(3)相对人基于侵益性行政行为所课设的义务，具有强制性；若相对人消极或者拒绝履行，行政主体有权依法直接强制执行或者申请人民法院强制执行。

七、人权保障

作为法治政府的构成单元，保障人民的权利和自由是法治政府建设的最终目的。法治政府存在的目的是对政府权力的约束，"把权力关进制度的笼子里"。而这一目的的背后是保障人民的自由和权利，这是法治政府的根本目的。

(一)人权理念

当今世界，"人权"已经成为一个广泛使用的术语，人权理念萌芽于古希腊、古罗马时代，人权理念的变迁过程决定了人权概念的许多内在特征，演变至今人权有关理念在世界范围内逐步得到比较一致的理解。而人权保障也历经了从概念到制度化的过程，而在此过程中人权理念发挥着十分重要的作用。其要义有以下三点。

其一，人权应被尊重。美国著名宪法学家路易斯·亨金在其《权利的时代》一书的前言中提到："我们的时代是权利的时代，人权是我们时代的观念，是已经得到普遍接受的唯一政治和道德观念。"[1]人权保障是法治国家、法治政府、法治社会的共同价值追求，在法治一体化建设进程中应将人权保障作为核心要素之一。人权进则法治进，人权滞则法治衰，百世不移。[2] 人权并非来源于宪法，而是先于宪法、先于社会和政府而存在。保障人民在政府出现之前的原有权利是政府之目的，这些原有权利被称之为造物者的赐予物。因此，政府对于人权的包含并不以宪法的明文规定为条件，某些最为基本的人权即便是在宪法中未予阐述甚至未提到，也应当受到政府的尊重和保障。[3]

---

① [美]路易斯·亨金著：《权利的时代》，信春鹰、吴玉章、李林译，知识出版社1997年版。

② 徐显明：《法治的真谛是人权——一种人权史的解释》，载《学习与探索》2001年第4期。

③ [美]路易斯·亨金著：《宪政·民主·对外事务》，邓正来译，生活·读书·新知三联书店1996年版，第10~11页。

其二，人权理念的两种学说。人权理念主要包括天赋人权说和社会人权说。天赋人权说最早源自古希腊的自然哲学——自然正义哲学、平等哲学与自由哲学，强调人权的自然性，把权利或者人权的根据归于某种神秘的东西，或者是上帝或者是自然法，因而主张权利或者人权是与生俱来的，同时天赋人权说否定人权的社会本质。人权是永恒不变的、普遍的，因此也是不可转让的、不可剥夺的。① 社会人权说更多地强调人权是社会历史长期积淀的产物、人权的社会历史性以及社会历史条件和社会利益对人权的意义，认为义务是权利要求的前提，而义务是以社会共同利益为前提的，因此将人权解释为社会权利，主张以社会功利为人权的依据，反对将自然权利看作人权的根据，也被称为人权相对说。②

其三，人权理念的价值。人权在法治政府中的价值主要表现在：(1)行政权源自人权。在我国，人民是国家的主人，一切国家机关及其工作人员都是人民的公仆。从政府权力来源来看，是公民让与或赋予了政府某些权力；政府是人民采取间接行使权力的方式的代理人，因此法治政府的运行应自始至终体现人民的意志。(2)人权是法治政府的出发点和落脚点。人权体现的是公民的个人权利，而个人权利如公民的参与权，不仅是重塑政府的动力，也是政府法治化、民主化的目标。政府存在的根本使命和宗旨是全心全意为人民谋福利。(3)人权是政府权力的天然界限。③ 詹姆斯·麦迪逊曾说过："如果人人都是天使，那么就不需要政府。如果政府是天使，就不需要对政府实行内部和外部控制。而构建一个统治人的政府时，最大困难就在于，你必须首先让政府有能力控制受他统治的人，其次是强迫政府控制自身。"④莎士比亚曾说："虽然权力是一头固执的熊，可是金子可以拉着它的鼻子走。"这表明，政府权力天然具有扩张性，极其容易发生侵害人权的情况。以公民的权利为政府权力扩张的边

---

① 李建华著：《国家治理与道德精神》，湖南师范大学出版社 2016 年版，第 33 页。

② 江国华著：《宪法哲学导论》，商务印书馆 2007 年版，第 174 页。

③ 参见张英俊著：《现代行政法治理念》，山东大学出版社 2005 年版，第 70~77 页。

④ ［美］亚历山大·汉密尔顿，约翰·杰伊，詹姆斯·麦迪逊著：《联邦党人文集》，商务印书馆 1980 年版，第 264 页。

界，是将政府权力牢牢地限制在一定的边界范围内，对于控制政府的权力以及保障人权都有重要意义。

（二）人权制度

人权精神是民主与法治的灵魂。有学者指出，在当下言中国的人权制度建设，是在传统文化与现代文化、现代文化与后现代文化、东方文化与西方文化诸种文化交错叠加的多元文化背景上展开的。[①] 人权制度化是人权时代的必由之路，是当代中国面临的一项宏大而艰巨的"工程"。没有人权的制度化和制度的人权化，人权时代的"鼓"与"呼"只能是"画饼充饥"。西方国家历经数百年、集两次世界大战之教训，才打到目前人权保障的水平。我国自改革开放恢复民主法制以来仅有短短三十余年，接受人权的时间则更短。但在人权业已成为构筑国际关系基石的全球化时代，人权观念已经逐渐深入人心，"拿人权说事"不仅为民间所采用，也常被官方提起。我国加入了一系列重要的国际人权公约，作为人权理事会成员国在国际舞台上发挥着越来越重要的作用。随着国内人权保障水平的不断提升，"人权大国"的国际形象逐渐确立。如果说"依法治国"尚存"以法治国"的阴影，那么"人权入宪"则为"依法治国"开辟了真正的法治坦途。在人权精神的"浇灌""滋养"下，中国特色社会主义法律体系已经建成。因此，人权制度化构成了人权时代的评价标准。[②] 在此，有必要区分一下人权制度、人权保障制度和人权救济制度。

人权制度主要涉及制度构成方面，文化背景的多元要求我们必须从多重视角出发，寻求人权制度的构成要素。徐显明认为中国人权制度由自由权、平等权、财产权、生存权、发展权五大主题构成。中轴性的自由权、前提条件性的平等权、基础性的财产权、底线性的生存权、连带性的发展权构成了当下中国人权制度建设的五大主题。这五大主题唯有通过逻辑的关联达致制度的匹配，

---

① 徐显明、齐延平：《论中国人权建设的五大主题》，载《法制现代化研究》2002 年第 56~74 页。

② 王茂庆著：《人权制度化与法制转型问题研究》，中国政法大学出版社 2012 年版，第 2 页。

通过实践的理性实现有效的互动，中国的人权制度建设才能真正成为不可逆转的社会运动。① 具体而言，中华人民共和国人权事业的发展，与当代中国发展进程相统一。自 1949 年以来，中华人民共和国人权制度发展大体经历了三个时期：第一个时期：1949 年中华人民共和国成立，确立了社会主义基本制度，完成了中国历史上最为广泛而深刻的社会变革，为中国人权事业发展奠定了根本政治前提和制度基础。第二个时期：1978 年实行改革开放，成功开辟了中国特色社会主义道路，极大地解放和发展了社会生产力，人民生存权、发展权和各项基本权利不断得到更好保障，中国人权事业得到大发展。第三个时期：2012 年中共十八大召开，中国特色社会主义进入新时代，在习近平新时代中国特色社会主义思想指引下，坚持以人民为中心的发展思想，大力保障和改善民生，加强人权法治保障，中国人权事业得到全面发展。②

人权保障制度则涉及具体层面对人权进行保障的各个制度。中华人民共和国成立以来，我们党和我国政府积极致力于加强人权的法制保障，立足于我国的具体国情，不断将人权问题具体化、法律化，以使全体人民切实实现政治、经济、社会、文化等方面的权利。经过几十年的不懈努力，随着民主法制建设的不断加强，到目前，我国已形成了比较完备的人权法律保障体系，广大人民群众的现实人权进一步得到维护。③ 我国的人权法律保障和人权实现的程度呈现出不断发展的良好态势，主要表现在以下几个方面：其一，持续提升人民生活水平，中国坚持把生存权、发展权作为首要的基本人权，努力通过发展增进人民福祉，实现更加充分的人权保障。其二，切实保障人民各项权利，中华人民共和国成立 70 多年来，人民的经济、政治、社会、文化、环境权利保障水平不断提升，各项人权实现全面发展。其三，重视保障特定群体权利，中国结

---

① 徐显明、齐延平：《论中国人权建设的五大主题》，载《法制现代化研究》2002 年第 56~74 页。

② 国务院新闻办公室 2019 年 9 月 22 日发表《为人民谋幸福：新中国人权事业发展 70 年》白皮书，载中国政府网，http://www.scio.gov.cn/zfbps/32832/Document/1665072/1665072.htm，2020 年 4 月 18 日访问。

③ 臧懿敏：《论我国人权保障制度及其完善》，东北财经大学 2006 年硕士学位论文。

合国情采取有针对性的措施，切实保障少数民族、妇女、儿童、老年人和残疾人的合法权益，使他们能以平等的地位和均等的机会充分参与社会生活，共享物质文明和精神文明成果。其四，不断加强人权法治保障，中华人民共和国创立了社会主义法治，以法治保障人权。中国构建起较为完备的人权法律保障体系，坚持依法治国、依法执政、依法行政共同推进，坚持法治国家、法治政府、法治社会一体建设，实现科学立法、严格执法、公正司法、全民守法，不断促进社会公平正义。其五，全面参与全球人权治理，中国在大力推进自身人权事业发展的同时，始终坚持平等互信、包容互鉴、合作共赢、共同发展的理念，积极参与联合国人权事务，认真履行国际人权义务，广泛开展国际人权合作，积极为全球人权治理提供中国智慧、中国方案，以实际行动推进全球人权治理朝着更加公正合理包容的方向发展。其六，推动世界人权事业发展，中国在不断推进自身人权事业的同时，积极支持广大发展中国家摆脱殖民统治、实现民族独立、消除种族隔离的正义事业，努力提升发展中国家的发展能力、提供发展援助、进行人道主义援助，在维护世界和平与发展、推动国际人权事业发展进步等方面作出了重要贡献。

有保障必有救济。人权救济制度，即为人权遭受侵犯的公民提供的救济制度。人权救济制度是人权制度的具体化体现，也是人权保障制度贯彻落实的具体体现。人权救济制度主要包括如下方面：其一，改革法院案件受理制度，变立案审查制为立案登记制，切实做到有案必立、有诉必理，充分保障当事人的诉权；修改刑事诉讼法，落实罪刑法定、疑罪从无、非法证据排除等法律原则；修改民事诉讼法，促进纠纷有效解决；修改行政诉讼法，强化行政相对人合法权益保护；制定实施首部反家庭暴力法，加强对家庭暴力受害人人身权利的法律保障。① 其二，完善国家赔偿制度和司法救助制度。出台《关于办理刑事赔偿案件适用法律若干问题的解释》，发布国家赔偿指导性案例，完善赔偿

---

① 国务院新闻办公室 2016 年 9 月 12 日发表《中国司法领域人权保障的新进展》白皮书，载中国政府网，http://www.scio.gov.cn/zfbps/32832/Document/1490900/1490900.htm，2020 年 4 月 18 日访问。

案件质证程序，规范精神损害抚慰金裁量标准。加强和规范国家救助工作，统一案件受理、救助范围、救助程序、救助标准、经费保障、资金方法，实现"救助制度法治化、救助案件司法化"。最高人民法院设立司法救助委员会，各级人民法院也相继成立司法救助委员会。其三，防范和纠正冤假错案。公安部发布《关于进一步加强和改进刑事执法办案工作切实防止发生冤假错案的通知》等文件，深化错案预防机制制度建设，完善执法制度和办案标准，强化案件审核把关，规范考评奖惩，从源头上防止冤假错案的发生。司法部发布《关于进一步发挥司法鉴定制度作用防止冤假错案的意见》，全面加强司法鉴定管理，进一步规范司法鉴定活动。最高人民检察院发布《关于切实履行检察职能防止和纠正冤假错案的若干意见》，严把事实关、程序关和法律适用关，健全检察环节错案发现、纠正、防范和责任追究机制。最高人民法院发布《关于建立健全防范刑事冤假错案工作机制的意见》，规定对定罪证据不足的案件应当依法宣告被告人无罪，确保无罪的人不受刑事追究。各级法院依据事实和法律公正审判，并对冤假错案进行依法纠正。①

(三) 人权救济

人权救济是指公民的人权受到侵害时可以获得的保护和赔偿，是实现人权必不可少的手段。"权利救济的途径越宽越好"，人权救济对于人权的实现具有极为重要的意义。人权保障的目的之所在即排除公私主体对公民人权的侵犯，有侵害须有救济，"无救济则无权利"。在法治政府建设中，人权救济的依据侵害对象的不同主要包括以下途径。

其一，对立法侵害的救济。立法机关对公民权利的侵害是通过自己的立法行为实施的，超越立法权限的立法行为如果其内容是公民的人权，则形成立法侵害。立法侵害包括积极的立法侵害和消极的立法侵害。消极的立法侵害的救

---

① 国务院新闻办公室 2017 年 12 月 15 日发表《中国人权法治化保障的新进展》白皮书，载中国政府网，http://www.scio.gov.cn/zfbps/32832/Document/1613514/1613514.htm，2020 年 4 月 18 日访问。

济有赖于公民积极行使其政治权利，而积极立法侵害救济的关键在于建立宪法实施保障制度和法律文件备案审查制度。

我国目前在宪法实施保障制度方面有其特色，一是人大常委会对于宪法中的基本权利条款无修改权限；二是人大常委会立法需以宪法为母法，阻断了其经常性立法活动对宪法中基本权利的限制。行政法规、规章、规范性文件的备案审查制度在立法侵害救济中也起着十分重要的作用。根据《立法法》及相关法律的规定，各级人大及其常委会可以根据自己的权限对备案审查的行政法规、规章和规范性文件的合法性和合宪性进行审查。在审查时发现不符合保障人权精神的规定，各级人大有权通过撤销的方式来加以救济。① 通过常态化的立法监督的方式能够最大限度地减少行政领域"恶法"的出台。而作为一种救济机制，利害关系人也能够利用立法监督制度主动对侵害公民法和权益的行政立法提起审查请求。

其二，对行政侵害的救济。行政权常常直接作用于相对人，其对人权产生的直接侵害发生在法的执行阶段。对行政侵害，可以采用以下方式进行救济：（1）利用行政复议制度，对侵害行为进行矫正。根据我国的《行政复议法》及其他相关法律规定，涉及侵犯公民的人身权、财产权的行政处罚、行政强制措施、申请行政机关履行保护人身权或财产权的职责但行政机关拒不作为或不予答复等侵犯人身权的情况；侵犯公民的政治权利和自由和其他的社会权利和自由等亦可申请行政复议。因行政机关内部属于上下级领导机制，上级机关对下级机关的各种行政活动有全面的监督权，受案范围广，程序简单且时间短，这使得行政复议实施的救济范围可能较行政诉讼而言更广、更深、更有效。② （2）向司法机关提起行政诉讼。相较于行政复议，行政诉讼平衡了行政主体与行政相对人的力量地位，从客观上达到控制权力与保障人权的目的。法院通过审查，有权撤销违法的行政行为、变更行政机关的行政处罚行为、责令行政机

---

① 汪进元著：《〈国家人权行动计划〉的实施保障》，中国政法大学出版社2014年版，第306页。

② 韩德培著：《人权的理论与实践》，武汉大学出版社1995年版，第703~708页。

关因其违法行政行为给公民、法人和其他组织造成的损害予以行政赔偿，法院通过对公民、法人和其他组织的诉讼权利的保障，保护行政相对人的其他实体权利。因此，客观上，行政诉讼有人权救济的功能。① （3）向专门机关如监察机关控告。

其三，对司法侵害的救济。自案件受理至判决作出，司法程序的每一阶段都可能形成人权侵害。对司法侵害的救济方法为上诉和申诉，通过审判监督程序消除侵害。事实上，当公民"接受公正审判"还未被当作一种明确的权利时，诉权往往受到限制，申诉尽管被明确为基本权利和诉讼权利，却因申诉程序提起的艰难而缺乏应有的保障。立案的制度化已成为我国解决司法侵害的重要问题，消除和遏制司法腐败对人权造成的最野蛮最残暴的侵害是应对司法权侵害救济的当务之急。

其四，对社会其他主体侵害的救济。人权侵害的原始含义在于表明国家是公民权利的唯一防御对象，随着社会发展，人权的侵害扩大至其他社会主体，包括童工问题、歧视问题、环境问题等问题层出不穷。我国也将社会主体作为人权侵害防范的对象，公民对来自社会组织的权利侵害，可借助申请仲裁、请求调解、投诉、起诉等方式进行权利救济。对来自公民个人的人权侵害可用行政的、司法的手段进行补救。对此，我国已形成了具体的单项制度，这些制度体现在调整公民权利生活的部门法和单行法之中。②

总而言之，上述七大要素并非各自为政，互不干涉，相反，物质是运动的，运动是物质的根本属性和存在形式。行政机关、公务员、行政权、原则与规范体系、行政程序、行政行为、人权保障之间是相辅相成，共同构建法治政府大厦运转的齿轮。公务员是行政机关的工作人员，而其拥有的是在原则及其规范体系下运行的行政权，遵守法律规定的行政程序作出相应的行政行为，达成实现限制公权力和保障人民的权利和自由的目的。这是法治政府要素运行的

---

① 钱锦宇编：《行政法与行政诉讼法》，华中科技大学出版社 2015 年版，第 419~420 页。

② 参见徐显明等：《人权法原理》，中国政法大学出版社 2008 年版，第 155~160 页。

应有之义。

第二节 法治政府之基本类型

类型化，即依据抽象概念的指引对繁杂的事物实施归类并为其制定具体规范的研究范式与立法方式的过程。事物的类型化与抽象的概念以及具体的规范有别，其是一种处在这两者之间的思考方法，其实际目的为展现事物的多种表现形式相互之间的关联性。美国分析法学家约翰·格雷曾言："分析法学的任务就是分类，包括定义，谁能够对法律进行完美的分类，谁就能获得关于法律的完美的知识。"①类型化法治政府对于探究其本质有重要作用。正如阿图尔·考夫曼强调的，"事物的本质的思考是一种类型学的思考"。② 依据不同的标准，法治政府可以分为不同的类型。

一、狭义的法治政府与广义的法治政府

法治的原初意义与广义的法治政府是同义的。只是后来，随着法治理论的发展、细化、升华，才形成法治以及法治政府的区别，进一步发展成为广义的法治政府与狭义的法治政府。这种区分，在理论上和实践中都是有着重大意义的。特别是对行政权的法治化、现实化更具特殊的意义。因此，依据法治政府的内在意涵对其予以划分。

(一)广义的法治政府

广义的法治政府在本质上同狭义的法治国家一致，指的是全部的国家机关，也即国家立法机关、司法机关以及行政机关都严格按照法律规定行使职

---

① 高志宏著：《公共利益界定、实现及规制》，东南大学出版社 2015 年版，第 76 页。
② ［德］卡尔·拉伦茨著：《法学方法论》，陈爱娥译，商务印书馆 2003 年版，第 337页。

权，在宪法层面所说的法治政府和法治国家即指广义的法治政府。① 大体而言，广义的法治政府包括以下基本要素。

其一，法律至上。即全部的机关、组织以及个人的活动都得按照法律规定的范围进行。具体包括以下内容：（1）法律面前人人平等。法治国家的对立面是人治、特权和等级，只有实现法律面前一律平等，才能让每一个公民感到公平正义。法律面前人人平等是指立法时的平等，即在法律制定之时根据不同的社会主体的属性和要求的实际情况，对各类主体从事社会活动，实现人格发展所必需的前提条件进行实质意义上的平等保护。② （2）法律在整个社会规范体系中具有最高的权威，核心在于宪法至上。宪法和法律是一切公权力的来源和根据，宪法的精义在于控制权力以保护权利、自由。（3）法律高于领导者的个人意志，不论是个人还是政府都必须受到法律的约束，法律是公民的最终导向。③ 法律至上原则是法治的应有要义，也是法治政府建设的灵魂性原则。

其二，依法治理，即法治政府的治理需要依靠法律、依据法律而行。此处与法治的要求大致相同。亚里士多德认为"法治应包含两重意义：已成立的法律获得普遍的服从，而大家所服从的法律本身是制定得良好的法律"。④ 其中：（1）法治政府的实现须建立在良好的法律之上。良好的法律即符合正义的法律，这是法治的前提。⑤ 在现代国家，良法必须是建立在尊重和保障人权基础上，通过民主程序制定的，同时使得公民权利免受政府公权力的侵害和剥夺。⑥ （2）服从法律，即法律的统治（Rule of Law）。这在法治政府表现为一切国家机关都应服从法律，在法律的范围内活动。正如潘恩所言："在专制政府

---

① 参见赵连章著：《新世纪中国政治发展的理论与实践探索》，东北师范大学出版社2015年版，第279页。

② 江必新著：《国家治理现代化与法治中国建设》，中国法制出版社2016年版，第94页。

③ 参见张志京、袁静著：《实用法学》，复旦大学出版社2015年版，第21页。

④ 亚里士多德著：《政治学》，商务印书馆1965年版，第199页，转引自吕世伦、谷春德：《西方政治法律思想史》，西安交通大学出版社2016年版，第41页。

⑤ 参见王耀海著：《制度演进中的法治生成》，中国法制出版社2013年版，第65页。

⑥ 参见李其瑞著：《法学概论》，中国民主法制出版社2015年版，第40页。

中国王便是法律，同样地，在自由国家中法律便应该成为国王，而且不应该有其他的情况。"①法律的权威高于任何国家机关和任何人的权威。

其三，权力制约。孟德斯鸠曾说："一切有权力的人都容易滥用权力，这是万古不易的一条经验。"英国思想史学家阿克顿勋爵曾说："权力导致腐败，绝对的权力导致绝对地腐败。"倘若不对权力加以制约，就易出现腐败的滋生。这是源于权力本身的特性。(1)权力具有独立性。权力的行使者独立行使权力，其自身除了国家机关工作人员的身份外，还有其他的社会角色，在无制约的情况下极其容易将自身的利益置于社会的利益之上。这是由人的贪婪性决定的。(2)权力具有扩张性。权力具有支配、控制以及管理之功能，倘若在其运用过程当中不加以约束，将会导致其无限扩张之异化现象的发生。(3)权力具有极大的强制性。有时权力的强制性可导致制约的暂时失效，权力行使者采取错误的决策或以权谋私。② 权力的特性决定了其一定要受到制约。习近平总书记在十八届中央纪委二次全会上指出，要加强对权力运行的制约和监督，把权力关进制度的笼子里，形成不敢腐的惩戒机制、不能腐的防范机制、不易腐的保障机制。这需要从权力外部和内部分别形成制约机制。外部制约机制主要依靠以公民为核心的社会力量③，而内部制约机制则是立法、行政和司法三职权分开由不同的机关不同的人行使，达到权力平衡和互相制约的目的。

(二)狭义的法治政府

狭义的法治政府中的"政府"仅是指行使行政权(即中国常提的"执法")的政府，而不包括行使立法权和司法权的政府，从这个意义上讲，法治政府就是遵从法律统治的行政执行机关及其组织系统。除与广义的法治政府法律至上、缘法而治和权力制约的要求一致外，狭义的法治政府的基本内涵还应包括以下

---

① ［英］潘恩著：《潘恩选集》，马清槐等译，商务印书馆2009年版，第36页。

② 赵春霞、谭瑞和、朱国君著：《宪法学理论研究与案例分析》，中国水利水电出版社2015年版，第45页。

③ 叶战备、惠娟著：《舆论监督与地方政府网络舆情应对》，广东人民出版社2014年版，第30~31页。

内容。

其一，依法产生，即作为行使国家行政权力的各级政府及其组成单位依据宪法和法律产生和建立。[①] 国家权力从属于人民的最高权利，这是法治政府建设的基本格局。[②] 法治政府的产生和建立是基于人民的需要，须坚持法治的基本原则，以保障人民的权利和自由为根本目标。我国是人民代表大会制度的社会主义国家，人民当家作主，宪法和法律是人民意志的体现。我国《宪法》明确了一切权力属于人民，而人民行使权力的机关是人民代表大会；国家行政机关都由人民代表大会产生，对它负责，受它监督。故而，我们国家政府所拥有的权力事实上是人民以人民代表大会的形式赋予的，这也表明法治政府建设的理论前提是主权在民、权力至上的原则。[③] 这解决了政府权力来源的法治化问题。

其二，依法运行，即法治政府的一切行为都必须依法运行。其要义有三：(1)权责法定，即法治政府的权力和责任都由法律规定。一方面，权力法定意味着法无授权不可为。于公权力而言，法无明文规定即禁止，即法治政府权力的运行须依法律明文规定，由法定的主体组织实施，权力的范围包括职权的事项、管辖与层级等都是具体而特定的。另一方面，责任法定意味着法定职责必须为。对于必须履行的义务，行政主体失职、不作为或者缓作为，须承担相应的法律责任。[④] (2)行使方式和程序法定。这要求法律对行政机关作出行政行为所需要遵循的步骤、顺序、时限、方式等进行详细的规定，此乃法治政府正确运行的必要保障。如果行政主体实施行政行为时程序违法，则要承担不利的法律后果。[⑤] (3)受法律监督。法治政府行使权力的过程和结果都受到法律的

[①] 刘旺洪：《法治政府的基本理念》，载《南京师大学报（社会科学版）》2006 年第 4 期。

[②] 参见李涛、温晓燕著：《法治政府研究》，光明日报出版社 2014 年版，第 61~62 页。

[③] 参见李涛、温晓燕著：《法治政府研究》，光明日报出版社 2014 年版，第 62 页。

[④] 刘平著：《行政执法原理与技巧》，上海人民出版社 2015 年版，第 34 页。

[⑤] 方世荣著：《行政法与行政诉讼法学》，中国政法大学出版社 2015 年版，第 111 页。

监督和控制。这是法治政府运行轨道不偏离法治的最后一道门槛。依法对政府进行法律监督的机关是人民检察院，其依据法律规定对国家工作人员职务活动中触犯法律的行为进行立案、侦查和提起公诉，进而督促国家机关工作人员严格依法履行法定职责。[①] 这体现了政府权力运行的法治化要求。

其三，廉洁诚信等品格。法治政府是政府的法治化状态，是法治在政府行为上的现实化。法治政府要解决的核心问题是政府与人民之间的关系，也就是行政权力与公民权利之间的关系。法治政府有其基本品格。(1)廉正，即法治政府的行为举止应廉洁正直——"廉正"的"廉"，本义指厅堂的侧边，有平直、方正之意，后引申为廉洁、廉正、廉明等意思。"廉正"中的"正"，有正中、正直等意思，如《说文解字》对"正"字的解释是"正，是也。从止，一以止"。许慎认为"正"就是纠正，使恰当。字形采用"止"作字根，指事符号"一"表示阻止错误。法治政府要举止清廉，行为正直。(2)诚信意味着政府要诚实守信，在依法作出职务行为的同时采取有效措施使职务行为之内容得以实现，即政府的行为具有稳定性、连续性和可预期性。(3)有限意味着政府的规模、权力、职能和行为方式并非是无限扩张的，而是受到法律的约束。(4)服务意味着政府必须为人民服务，实现保障人民的权利和自由的目的。(5)责任意味着政府不依法履责将承担法律责任，侵害公民合法权利也要承担侵权责任。[②] 这体现了法治政府建设对政府德性的要求。

二、传统意义上的法治政府与现代意义的法治政府

法治政府在不同的场合被使用，却有着质的差别。从历史阶段来看，可以分为传统意义上的法治政府和现代意义上的法治政府。

---

① 参见黄硕著：《最高人民检察院司法解释研究》，中国检察出版社 2015 年版，第34~35 页。

② 何士青著：《以人为本与法治政府建设》，中国社会科学出版社 2006 年版，第32~35 页。

(一)传统意义的法治政府

传统意义的法治政府多指近代以前所指称的法治政府，包括奴隶制和封建制等国家形态的政府，其政府权力一般是通过继承、叛乱、征服等手段取得。在近代以前，法治和法治政府的含义基本相同，亦通法制。法治(政府)理论的典型代表有古希腊的亚里士多德和先秦时期的法学家。

其一，亚里士多德所理解的法治(政府)。他认为法治(政府)可以理解为已经颁布的法律得到人们广泛的服从，并且人们所遵守的法律自身又应当是良法。[①] 亚里士多德对法治的理解还包括他认为法治具有三项要素：(1)它不同于宗派或专横统治，只追求某个或者某一阶层的利益，是为了公众的利益或普遍的利益而实行的。(2)它是守法的统治，其实施所依据的是普遍的法规而非专断的命令，不仅如此，其还包含了一个不确定的概念——为法律所确认的惯例以及常规应当不被统治所小觑。(3)法治意味着对自愿臣民的统治，与单纯依赖于武力保障的专制统治相区别。[②] 他还认为，法治并不排斥人的智虑的作用，然而，"只在法律所不能包括而失其权威的问题上才可让个人运用其理智"。[③] 亚里士多德对法治的理解是现代法治思想的雏形。

其二，中国先秦法家所理解的法治(政府)。先秦思想家经常运用"法制"一词，最早见于典籍《礼记·月令》曰："是月也，命有司修法制，缮囹圄，具桎梏，禁止奸，慎罪邪，务搏执。"[④]《商君书·君臣》曰："民众而奸邪生，故立法制，为度量，以禁止……法制不明，而求民之行令页，不可得也。"《管子·法禁》："法制不议，则民不相私。"从这些记载可看出，古代意义上的法制一般指法令制度，但又不仅仅是指法律制度，当时所有的社会组织制度和措

---

① 贺电著：《法治政府论》，吉林人民出版社 2007 年版，第 54 页。

② 参见[美]乔治·霍兰·萨拜因著：《政治学说史》，商务印书馆 1986 年版，第 127 页。

③ [古希腊]亚里士多德著：《政治学》，吴寿彭译，商务印书馆 1965 年版，第 169 页。转引自张光杰主编：《法理学导论》(第 2 版)，复旦大学出版社 2015 年版，第 274 页。

④ 赵元信著：《中国法的思想历程》，中国政法大学出版社 2017 年版，第 151 页。

施均为法制。① 中国历史传统上的法家思想与现代意义上的法治思想有较大差异，中国古代的法制并不强调对政府权力或皇权的限制，而是强调如何通过法律制度管理人民。

其三，中西方传统意义上的法治政府之共性包括：（1）公共行政与其他国家管理合而为一。国家管理结构的分化，即立法、行政和司法三种国家机关的相互分离是资产阶级首先提出并付诸实践的。在前资本主义社会，国家的三种权力是由一个机构来行使的，包括中国古代也曾是"诸法合体"的状态，传统意义上的权力基本上是混沌不分的。② （2）假法治之名行人治之实，法律成为统治的工具。"朕即国家""言出法随"是传统意义上的人治的生动写照。③ 传统意义上的法治过分强调法律的工具价值，但这只看到了法治的外壳，并没有看到法治之应有核心价值——人的尊严与自由。④ （3）权力不受制约。马克思曾说过，在专制的国家里，国王就是法律。在资产阶级革命前，国家的统治者——国王或者君主居于最高地位，国王的权力几乎不受到任何监督和制约。（4）崇尚经验管理。在前资本主义社会，科学(特别是管理科学)不发达，行政决策主要依靠经验，而行政管理尚未成为独立的专业部门，区别于现代意义上的依法行政和科学行政。⑤ 这些差异决定了传统意义上法制具有相当的局限性。

(二)现代意义上的法治政府

现代意义上的法治政府概念才是真正的法治政府。就历史发展阶段而言，近代以来，随着现代法治观念的引入以及经济社会发展的促进，国家政权建设才逐渐开始按照现代法治理念和法治原则形成制度架构和体制安排。换句话说，政府是法治的，这种法治是体制化的而不是偶尔为之，其核心是对政府权

---

① 王玉国、钱凯著：《法理学》，吉林大学出版社 2014 年版，第 297 页。
② 苏祖勤、徐军华著：《行政法治》，中国国际广播出版社 2002 年版，第 8 页。
③ 苏祖勤、徐军华著：《行政法治》，中国国际广播出版社 2002 年版，第 8 页。
④ 夏勇：《法治是什么?》，载《中国社会科学》1999 年第 4 期。
⑤ 苏祖勤、徐军华著：《行政法治》，中国国际广播出版社 2002 年版，第 8 页。

力和政治权威的限制与约束，对人民权利的彰显和保障。这就是现代意义的法治政府的实质所在。[1] 其要义有以下三点。

其一，权力分立与制衡。现代意义上的法治确立的分权与制衡原则是在资产阶级革命后。在斯科特·戈登看来，英国1688年的光荣革命乃是确立立宪主义"分权与制衡原则"的重要标志。[2] 孟德斯鸠是分权制衡理论的典型代表，其在洛克分权的思想上融合了政体思想和法治思想提出了三权分立与制衡理论。他指出，每个国家都有立法权、行政权和司法权三种权力，分别归属于不同的国家机关，不能集中在一人或一个机关手中，与传统意义上的法治政府君主是天之子的观点相区别。[3] 要想避免权力被滥用，就要对事物进行统筹协调，用一种权力来对抗另一种权力。权力的分立与制衡是用权力约束权力的一种方式，美国将这一精神贯彻得较为彻底。权力分立与制衡区别于传统意义上的法治政府公共行政与管理合而为一的状态。

其二，保障人的自由与权利。保障人的自由和权利是现代意义法治政府的目标，区别于传统意义上的法治政府的人治——统治者的个人意志凌驾于法律之上。法治政府对保障人的自由和权利有着重要的意义，原因在于：(1)法治是多数人之治，法律是合意的表示，是人民意志的体现。(2)法治具有可预期性，即国家和政府的运行在法律的规则之内，不会如同传统意义上的政府实行人治一样——国家和政府的运行掌握在君主或国王一人手中。(3)法治具有稳定性。人的心意是善变的，人治也是飘忽不定的、情绪化和随机化的，相比之下规则的确定性决定了法治具有稳定性，人的自由和权利也就能够得到稳固的保障。

其三，科学性与合法性的行政。现代意义上的法治政府的行政须同时具备科学性和合法性，合法性是法治政府行政的核心，科学性是法治政府行政的重要表现。合法性意味着行政要合乎法律，在法律的规则范围内活动；科学性意

---

① 贺电著：《法治政府论》，吉林人民出版社2007年版，第54页。

② 门中敬著：《宪政宽容论》，商务印书馆2011年版，第149页。

③ 参见李秋高著：《弹劾制度比较研究》，中国检察出版社2011年版，第38页。

味着国家机关工作人员必须按照科学的原则和科学的方法决策，不仅仅依赖于经验，须遵循事物的客观规律行使行政权。① 这是法治政府的三重要义。

三、形式意义上的法治政府与实质意义的法治政府

形式乃实质之根基，实质是形式之保障。形式法治并非真正意义上之法治，要想实现法治政府之目标，行政法治必须得体现社会之发展与公理，而且要得到广泛的遵从。根据内核的着重点不同加以区分，可以分成形式意义上的法治政府和实质意义上的法治政府。形式意义上的法治政府核心注重法的表面形式，而实质意义上的法治政府核心注重法的精神与原则。

（一）形式意义上的法治政府

形式意义上的法治政府是依据制定法而实现国家的所有目的的政府，即依据法律进行行政活动的政府。因此，形式意义上的法治政府只需符合一系列的形式条件即可，在此种情形下法律得到严格的实施，并由此形成一种可以普遍存在的秩序；即使"法"非"良法"，基于秩序的考虑该法亦必须得到执行，即"恶法亦法"。② 正如苏格拉底所言，"守法就是正义"。形式意义上的法治政府强调的是法的秩序价值。其主要特征有以下三点。

其一，形式法治。形式意义上的法治政府注重的是法的形式，它最大限度地信奉法律的权威和作用，注重法律的制定以及职权法定，国家的权力由法律赋予，从形式而言其达到了法治的基本要求。这意味着制定法律的立法机关在国家权力机关中居于主要地位，不仅以法律的形式拘束行政机关和司法机关等其他国家机关，还将人民的权利、自由以及行政机关对人民的权利、自由的规制以法的形式固定。形式法治乃形式意义上的法治政府的基本内核，它以追求法的安定和"法律统治"为目标，是法律实证主义思想的反映。

---

① 参见赵克仁编：《行政法学教程》，中山大学出版社1990年版，第48~49页。
② 江必新著：《国家治理现代化与法治中国建设》，中国法制出版社2016年版，第95页。

其二，恶法亦法。形式意义上的法治政府着重强调依法治国的方式、制度及运行机制；只要事先满足了形式上的要求，立法者和执法者可以为所欲为。法学家约瑟夫·拉兹(Joseph Raz)曾指出，"一种基于否定人权、扩展贫穷、种族隔离、性别歧视以及宗教迫害的非民主法律体系，在原则上可能是符合[形式]法治观的要求的"。① 因此，形式意义上的"法"并不一定合乎道德和正义的要求，只是满足了法的形式要求罢了。满足法的形式可表现为一部法律具备法律概念、法律原则和法律规则等要素，而法律规则满足条件、行为模式和法律后果的逻辑结构等形式要求。② 此时不仅人民可能是法律的囚徒，就连国家也成为了法律的囚徒。

其三，法律工具主义。西塞罗说："为了自由，我们做了法的奴隶。"③虽然不可否认的是法具有工具价值，但是仅具有形式意义上的法治往往容易异化成有权者统治的工具，陷入绝对工具主义法治的泥潭中。仅有形式上的法治对统治者而言只是一个工具，是用来治理国家、限制权力的工具，并不以保护人民的自由和权利为目的；形式意义上的法治只有外壳缺少了法治的核心，就好比机器人只有钢铁般的身躯但唯独缺少了驱动的大脑，并不能称之为真正意义上的法治。形式意义上的法治可以和专制、党治和军治等专制主义相结合。第二次世界大战期间法西斯主义和日本军国主义的肆虐严重践踏了人类的尊严，是极端工具主义法治给我们敲的警钟。而我国古代的韩非子的"法治主义"正属于此种形式意义上的法治，其仅仅具备近代社会探讨的法律之法律的工具效能主义单向性维度。其认为："明主者，使天下不得不为己视，使天下不得不为己听。"④此种看法乃将民众当作君主实行统治的政治爪牙与法律工具之体现，讲法律之人以及社会上的人都被视为贯彻权术之对象。实际上，韩非子尚专制、弄权术、无民主、无自由的思想，过于强调法律工具主义的强制性和功

① 张丽清著：《法治的是与非——当代西方关于法治基础理论的论争》，中国政法大学出版社2015年版，第44页。

② 葛洪义编：《法理学》，中国法制出版社2007年版，第126~135页。

③ 转引自王哲编：《西方政治法律学说史》，北京大学出版社1988年版，第56页。

④ 参见《韩非子·奸劫弑臣》。

效性，与法西斯主义将国民视为炮灰、法律视为恐怖工具如出一辙。① 这是形式法治观的局限性。

(二) 实质意义上的法治政府

实质意义上的法治政府是指依法通过分权和制衡拘束和限制权力，保障和确保公民自由和权利之政府，以保障公民的自由和权利为内容和目的。② 区别于形式意义上的法治政府着重形式，实质意义上的法治政府更多注重法的正义，强调"法律至上""权力制约""保障权利"等价值原则和精神。其基本要义有以下三点。

其一，权力制约。权力制约不仅是一项普遍的宪法原则，而且也是现代法治政府通用的制度安排。孟德斯鸠说过，一个自由的健全的国家必然是一个权力受到合理、合法限制的国家，因为从事物的性质来说，要防止滥用权力就必须以权力限制权力。2018 年习近平在十九届中央政治局第十一次集体学习时强调：国家之权乃是"神器"，是个神圣的东西。公权力姓公，也必须为公。只要公权力存在，就必须有制约和监督。不关进笼子，公权力就会被滥用。

其二，恶法非法。此处之"恶法"是指"法"不善之程度超出了人民的忍受范围，严重违背正义的要求。"法"之"恶"甚于"无法"，运用法律阐释方法阐释之亦无济于事，应认定为"恶法"，此时"恶法非法"也。实质意义上的法治政府要求"法"本身具有合法性，即法"不善"之程度不得同正义相差太远；通过法律阐释的方法其应当还能符合社会的要求，这时应倾向秩序，即法的安定性价值，此时"恶法"只是徒有"恶"之表象，在其内核与"善法"无异。慎子曰："法虽不善，犹愈于无法。"③因此，实质意义上的法治政府并非否定了法的安定性价值，而是筑基在人民尚能接受的良法上。

其三，社会正义与保障人权。实质意义上的法治政府须以实现社会正义与

---

① 中国政法大学宗教与法律研究中心编：《法治文化视域中的宗教研究：第一届"宗教·法律·社会"学术研讨会论文集》，宗教文化出版社 2013 年版，第 131～133 页。

② 贺电著：《法治政府论》，吉林人民出版社 2007 年版，第 53～56 页。

③ 杨仁寿著：《法学方法论》，中国政法大学出版社 2013 年版，第 10～11 页。

保障人民的权利和自由为目的，"法"并非统治者统治的工具，而是人权的重要保障。实质意义上的法治政府中的"法"一方面必须是符合宪法的精神、原则与宪法规范的良法，即符合社会正义的法；另一方面，"法"是以保障人民权利为目的，即公权力须得以限制和制约，人民的权利不受公权力的侵犯。脱离法的精神与实质的法治政府不是真正的法治政府。真正的法治政府应兼具形式意义和实质意义，即既具有法的形式，又有法的精神与实质。从法理而言，即坚持法的秩序与公正相结合，这才是我们追求的理想法治政府状态。

四、议会主导型、行政主导型与立法引导行政推动型法治政府

基于国家政治结构的不同，法治政府可以分为议会主导型、行政主导型和立法引导型三种基本类型。

(一)议会主导型法治政府

这种类型的法治政府存在于一国宏观政治结构中国家权力基本分立且议会作为民意机关处于主导地位的政治土壤，在这一前提下，作为权力机关的代议机构在推进法治建设中居于核心作用，议会通过大批量的立法和监督行为使得行政权力受到法律的严格制约。① 也即是说，议会主导的本质是"议会主权"——立法权与立法机关处于优越地位。这是在资产阶级革命后，资产阶级推翻了封建帝王专制，以国会取代了国王至尊位置的结果。② 18、19 世纪时的西方资本主义国家，其政府均通过议会主导。尤其是英国资产阶级革命后，建立了由议会居于国家权力之中心的议会制，这是典型的议会主导型法治政府。

(二)行政主导型法治政府

行政权虽在由议会所主导之宪政架构下得到了有效的控制，但行政机关也

---

① 叶敏、陶振：《论我国法治政府模式的内涵、特征与缺陷》，载《求实》2009 年第 5 期。

② 许崇德、王振民：《由"议会主导"到"行政主导"——评当代宪法发展的一个趋势》，载《清华大学学报(哲学社会科学版)》1997 年第 3 期。

因此丧失了主动为人民谋福利的能力，在此种情况下，应社会的发展对行政权提出迅速运作的要求，议会主导型法治政府逐渐向行政主导型政府转变。① 在行政主导型法治政府中，民意机关并无主导之作用，只是行政权力在迫于各方压力的情况下必须主动将现代法治之规律及技术引入，从而提升治理之能力和达到合法性的要求。

其一，市场和法治被称为现代文明的两大基石。行政主导型法治政府模式之动力在于经济社会发展背景下对于法治秩序的需求。从根本上来看，法治是现代化过程中相伴而生的社会秩序的转型，是与现代社会结构相匹配的秩序类型。马克思说："先有交易，后来才由交易发展为法制……这种通过交换和在交换中才产生的实际关系，后来获得了契约这样的法的形式。"②恩格斯也曾指出："在社会发展某个很早的阶段，产生了这样的一种需要：把每天重复着的生产、分配和交换产品的行为用一个共同规则概括起来，设法使个人服从生产和交换的一般条件。这个规则首先表现为习惯，后来便成了法律。"③这就深刻地说明，经济的市场化要求社会的法治化。只有在商品交换和市场经济条件下，才形成了具有法治特征的法律制度。市场经济是法治产生和发展的基础。④ 缺乏这个基础，法治和法治政府都是不可想象的。

其二，行政主导型法治政府模式的实际推动主体是一国的行政机关。此种模式下，行政机关基于社会对法治的需求力量和独特的宏观政治结构，主动改革以尽可能多地容纳现代法治理念和法治技术，从而改善政府的法治状况。⑤这主要得益于该国的宏观政治结构中存在行政主导倾向，既包括宪法层面的行政权的强势地位（纵向、横向），也包括实际政治操作层面的行政机关的优势

---

① 参见许崇德，王振民：《由"议会主导"到"行政主导"——评当代宪法发展的一个趋势》，载《清华大学学报（哲学社会科学版）》1997年第3期。

② 《马克思恩格斯全集》（第19卷），人民出版社2006年版，第423页。

③ 《马克思恩格斯全集》（第3卷），人民出版社2012年版，第211页。

④ 卫兴华：《法治是市场经济的内在要求》，载《人民日报》2015年1月12日第007版。

⑤ 参见叶敏、陶振：《论我国法治政府模式的内涵、特征与缺陷》，载《求实》2009年第5期。

地位，想要在这种宏观政治结构中从外部着手构造一种刚性的制约行政权力的制度结构往往是无法实现的。反之，行政机关并不是处于完全隔离的环境当中，而是存在于多变的生态环境内部，无时无刻不面临着社会当中以及由于外部性的政治力量所产生的压力与需求，行政权力的内部也不是一成不变的。换句话说，存在着行政机关往法治模式的方向发展的几率。

其三，此种模式的现实推动取决于自上而下的行政权力运行，其着重突出在此当中中央政府所起到的核心领导作用，既有宏观层面对法治理念引入的政治筛选作用，以及对法治政府中长期建设的规划设计作用，也有通过自上而下的科层责任体系对下级政府的法治政府建设具体实践的监督、督促作用。

(三) 立法引导型法治政府

就其性质而言，立法引导型的法治政府是一种建构型的法治政府，其建设目标、进程等均由立法实现予以明确规划。以中国为例，2004 年中共中央、国务院印发了《全面推进依法行政实施纲要》，确立了建设法治政府的目标，明确规定了今后十年全面推进依法行政的指导思想和具体目标、基本原则和要求、主要任务和措施；2015 年，中共中央、国务院印发了《法治政府建设实施纲要(2015—2020 年)》，明确规定了法制政府建设的总体目标和基本措施。要求"经过坚持不懈的努力，到 2020 年基本建成职能科学、权责法定、执法严明、公开公正、廉洁高效、守法诚信的法治政府"。

其一，法治政府建设有明确的目标。比如，《全面推进依法行政实施纲要》规定：全面推进依法行政，经过十年左右坚持不懈的努力，基本实现建设法治政府的目标：(1)政企分开、政事分开，政府与市场、政府与社会的关系基本理顺，政府的经济调节、市场监管、社会管理和公共服务职能基本到位。中央政府和地方政府之间、政府各部门之间的职能和权限比较明确。行为规范、运转协调、公正透明、廉洁高效的行政管理体制基本形成。权责明确、行为规范、监督有效、保障有力的行政执法体制基本建立。(2)提出法律议案、地方性法规草案，制定行政法规、规章、规范性文件等制度建设符合宪法和法律规定的权限和程序，充分反映客观规律和最广大人民的根本利益，为社会主义物质文明、政治文明和精神文明协调发展提供制度保障。(3)法律、法规、规章得到全面、正确实施，法制统一，政令畅通，公民、法人和其他组织的合法权利和利益得到切实保护，违法行为得到及时纠正、制裁，经济社会秩序得到有效维护。政府应对突发事件和风险的能力明显增强。(4)科学化、民主化、规范化的行政决策机制和制度基本形成，人民群众的要求、意愿得到及时反映。政府提供的信息全面、准确、及时，制定的政策、发布的决定相对稳定，行政管理做到公开、公平、公正、便民、高效、诚信。(5)高效、便捷、成本低廉的防范、化解社会矛盾的机制基本形成，社会矛盾得到有效防范和化解。(6)行政权力与责任紧密挂钩、与行政权力主体利益彻底脱钩。行政监督制度和机制基本完善，政府的层级监督和专门监督明显加强，行政监督效能显著提高。(7)行政机关工作人员特别是各级领导干部依法行政的观念明显提高，尊重法律、崇尚法律、遵守法律的氛围基本形成；依法行政的能力明显增强，善于运用法律手段管理经济、文化和社会事务，能够依法妥善处理各种社会矛盾。

其二，法治政府建设有明确的措施。比如，《法治政府建设实施纲要(2015—2020年)》规定了五年内法治政府建设的7大主要任务和44项具体措施。(1)依法全面履行政府职能，其措施包括：深化行政审批制度改革，大力推行权力清单、责任清单、负面清单制度并实行动态管理，优化政府组织结构、完善宏观调控，加强市场监管，创新社会治理，优化公共服务和强化生态环境保护。(2)完善依法行政制度体系，其措施包括：完善政府立法体制机制、加强重点领域政府立法、提高政府立法公众参与度、加强规范性文件监督管理、建立行政法规规章和规范性文件清理长效机制。(3)推进行政决策科学化、民主化、法治化，其措施包括：健全依法决策机制、增强公众参与实效、提高专家论证和风险评估质量、加强合法性审查、坚持集体讨论决定、严格决策责任追究。(4)坚持严格规范公正文明执法，其措施包括：改革行政执法体制、完善行政执法程序、创新行政执法方式、全面落实行政执法责任制、健全行政执法人员管理制度、加强行政执法保障。(5)强化对行政权力的制约和监督，其措施包括：健全行政权力运行制约和监督体系，自觉接受党内监督、人大监督、民主监督、司法监督，加强行政监督和审计监督，完善社会监督和舆论监督机制，全面推进政务公开，完善纠错问责机制。（6）依法有效化解社会矛盾纠纷，其措施包括：健全依法化解纠纷机制，加强行政复议工作，完善行政调解、行政裁决、行政仲裁制度，加强人民调解工作，改革信访工作制度。（7）全面提高政府工作人员法治思维和依法行政能力，其措施包括：树立重视法治素养和法治能力的用人导向、加强对政府工作人员的法治教育培训、完善政府工作人员法治能力考查测试制度、注重通过法治实践提高政府工作人员法治思维和依法行政能力。

其三，法治政府建设有明确的标准。比如，《法治政府建设实施纲要（2015—2020 年）》规定了法治政府的"衡量标准"。（1）政府职能依法全面履行——牢固树立创新、协调、绿色、开放、共享的发展理念，坚持政企分开、政资分开、政事分开、政社分开，简政放权、放管结合、优化服务，政府与市场、政府与社会的关系基本理顺，政府职能切实转变，宏观调控、市场监管、社会管理、公共服务、环境保护等职责依法全面履行。（2）依法行政制度体系完备——提高政府立法质量，构建系统完备、科学规范、运行有效的依法行政制度体系，使政府管理各方面制度更加成熟更加定型，为建设社会主义市场经济、民主政治、先进文化、和谐社会、生态文明，促进人的全面发展，提供有力制度保障。（3）行政决策科学民主合法——行政决策制度科学、程序正当、过程公开、责任明确，决策法定程序严格落实，决策质量显著提高，决策效率切实保证，违法决策、不当决策、拖延决策明显减少并得到及时纠正，行政决策公信力和执行力大幅提升。（4）宪法法律严格公正实施——权责统一、权威高效的行政执法体制建立健全，法律法规规章得到严格实施，各类违法行为得到及时查处和制裁，公民、法人和其他组织的合法权益得到切实保障，经济社会秩序得到有效维护，行政违法或不当行为明显减少，对行政执法的社会满意度显著提高。（5）行政权力规范透明运行——科学有效的行政权力运行制约和监督体系基本形成，惩治和预防腐败体系进一步健全，各方面监督形成合力，人民群众的知情权、参与权、表达权、监督权得到切实保障，损害公民、法人和其他组织合法权益的违法行政行为得到及时纠正，违法行政责任人依法依纪受到严肃追究。(6)人民权益切实有效保障——公民、法人和其他组织的合法权益得到切实维护，公正、高效、便捷、成本低廉的多元化矛盾纠纷解决机制全面形成，行政机关在预防、解决行政争议和民事纠纷中的作用充分发挥，通过法定渠道解决矛盾纠纷的比率大幅提升。(7)依法行政能力普遍提高——政府工作人员特别是领导干部牢固树立宪法法律至上、法律面前人人平等、权由法定、权依法使等基本法治理念，恪守合法行政、合理行政、程序正当、高效便民、诚实守信、权责统一等依法行政基本要求，做尊法学法守法用法的模范，法治思维和依法行政能力明显提高，在法治轨道上全面推进政府各项工作。

第三节　域外经验之借鉴

"法治政府"既是一个事实描述性概念，也是一个价值内嵌式的范畴——其所内嵌的基本价值，为世界各国政府发展进阶之共识；其所描述的基本经验或事实，对各国政府制度发展均具有客观的浸润性作用——各国政府制度正是在彼此学习，相互借鉴中，取长补短，趋同演进。

一、英国的法治政府理论与特色

英国被称为议会之母，宪法之母，实际上也是法治之母。"法的统治"在英国源远流长。一般认为英国的法治之路开始于 1215 年的《英国大宪章》。自此以后，英国逐渐发展成为奉行"无法律便无行政"的典型国家。在此之前，盎格鲁-撒克逊的习惯法奠定了英国习惯法的传统，这也是英国法治文化的鲜明特色。时至今日，英国仍没有单一的成文宪法，而习惯法一直发挥着宪法的功能。英国法治政府的历程实际上是政治权力博弈与革命斗争的进程。[①] 从光

---

① 刘靖华、姜宪利著：《中国法治政府》，中国社会科学出版社 2006 年版，第 44~45 页。

荣革命到 18 世纪末,是英国法治政府实践逐渐成熟的阶段。英国宪法与法治政府的演变进程当然并未到此为止。直到 19 世纪末,英国传统的法治政府奠定了稳定的根基。① 然而从 20 世纪 70 年代开始,由于石油危机以及欧洲一体化进程的加快,《人权法案》与《宪政改革法》的出台,英国的议会至上原则在法治领域正被一股"司法至上"主义不断冲击。可以说,渐进演变和发展是英国法治政府实践上的一大特色。②

(一)英国法治政府的基本理论

英国是一个具有古老法治传统的国家,正如戴雪所言:"自诺尔曼征服以来,英格兰的政治制度呈现两件异彩:他们的存在与运行足以使英国所有制度别异于他国所有。两件异彩中之第一件是:中央政府在通国之中居于至尊地位……如今,时移势易,王室固有的至尊权力已禅让于巴力门,而变成巴力门的主权……两件异彩中之第二件与第一件甚相关切:他是法律的至尊性,或称法律主治……即是,这种法律是最贵国宝,为君主所有;全国人民以至君主本身都须要受制于法。"③在探讨英国的法治政府基础理论时,正如前文所述及的,应当关注的是英国法治政府理论包括英国宪政理论的历史性演变。在此,私将这一历史性演变分为两个主要阶段,其一乃是"议会至上"法治传统,其二则是司法权扩张对"议会至上"原则的冲击与平衡。

1."议会至上"的基本原则

在英国,议会至上原则、法治原则以及分权原则是宪法与行政法共通的原则,包括以下三个子原则。

其一,议会至上原则,亦可译为议会主权原则,其全称为:议会立法至上的法律原则(the Legal Doctrine of the Legislative Supremacy of Parliament)。该原则既是一个法律原则,也是一个政治原则,在英国宪法中居于首要地位。其具

---

① 颜廷锐著:《中国行政体制改革问题报告 问题·现状·挑战·对策》,中国发展出版社 2004 年版,第 102~103 页。

② 刘靖华、姜宪利著:《中国法治政府》,中国社会科学出版社 2006 年版,第 49 页。

③ [英]A. V. 戴雪:《英宪精义》,雷宾南译,中国法制出版社 2001 年版,第 227 页。

体内涵是指议会的立法权没有任何法律上的限制。此处的"议会的立法"特指经过英国议会的立法程序确立的法律，即某一议案经过上下两院分别通过并取得国王的认可后的"议会的法律"，才不受任何法律上的限制。① 其要义在政府方面的体现有四：一是议会的立法范围不受限制，包括制宪权②，即议会可通过一定的程序制定或废除任何法律，对它所制定的法律，任何机关不得否认其效力，对它所废除的法律，任何人不能维持其效力③，即行政机关不得否认议会制定的法律以及维持议会废除的法律效力；理论上，经过正当的法律程序，议会可以制定任何法律。二是议会的立法权职能由议会享有，不能存在一个竞争性的权力，因此英国的行政部门不能行使议会的立法权。三是所有的英国法域内的人或机构都不能超越或者摆脱议会立法，英国的行政部门也必须遵守议会所制定的法律，这还体现在英国实行的责任内阁制上：英国的内阁由议会产生，首相由议会下议院中的多数党领袖担任，以首相为中心的内阁集体向议会负责；议会可通过审议内阁提交的法案、报告，对部长提出质询等对内阁进行审查和监督，在议会通过对内阁的不信任案时，内阁必须辞职或者呈请国王解散议会重新选举。四是行政机关须接受司法审查。在议会至上原则下，"议会的法律"具有至上的法律地位，行政机关必须严格执行法律，在法律授权的范围内开展活动，政府越权会由法院对其进行司法审查。④ 议会至上原则看似无限制，但是自然法的观念、选举制度、仅限于"议会的法律"至上、立法不得溯及既往、司法审查、欧洲法、国际法以及议会自身会对该原则有所限制。⑤

其二，法治原则（Rule of Law）。在英国，法治原则的内涵尽管尚未形成统一的解释。但总体而言，现当代英国的法治原则主要包括三种典型理论：一是戴雪的法治原则理论。戴雪的法治理论主要包括：（1）法律至尊，即确立普通法的权威，任何人非经普通法院依法律明文规定判处民事、刑事处罚，不得受

① 参见张越著：《英国行政法》，中国政法大学出版社 2004 年版，第 186 页。
② 参见张越著：《英国行政法》，中国政法大学出版社 2004 年版，第 186 页。
③ 张树义著：《法治政府的基本原理》，北京大学出版社 2006 年版，第 128 页。
④ 张树义著：《法治政府的基本原理》，北京大学出版社 2006 年版，第 128~129 页。
⑤ 应松年著：《英美法德日五国行政法》，中国政法大学出版社 2015 年版，第 14 页。

惩罚，不存在法外的个人权利和国家专断权力。(2)法律面前人人平等，即没有人在法律之上，所有的官员同普通公民一样遵守法律的义务，平等地受法律的统治。(3)个人的权利并非由正式的法律文件保证的，而是由普通法提供的救济保证的。在英国，宪章规则"不但不是个人权利的渊源，而且只是由法院固定和执行个人权利后所产生之效果"。① 二是当代英国学者的法治理论。随着社会的发展，当代英国学者发展了戴雪法治三层意思，反思了议会至上原则与法律的治理原则之间的关系，形成了司法独立与分权原则不可或缺的支撑关系理论②，他们的主要观点包括：(1)法律与秩序优于政府。(2)依法行政(Government According to Law)，即政府应当依法行政，其行为必须有法律的授权。(3)法律的治理原则是一个宽泛的政治原则，即政府不仅要通过守法在权力行使上遵守这一原则，更重要的是要维护这一原则实质性的存在。③ 三是韦德的法治理论。他认为，英国宪法建立在法治基础上，法治是公正和适当政府的关键要素，主要包含四层含义：(1)合法性原则，即政府行为都应有法律依据和法律授权。(2)限制政府的自由裁量权，从实体法和程序法两个层面控制行政权力。(3)由独立于行政之外的法官裁决行政行为是否合法的正义。(4)法律平等对待政府和公民。④

其三，分权原则。有英国学者认为，在一个基于法律而设立的政府体系中，存在着立法机关、行政机关以及法院，这三种机构分别行使立法、行政和司法职能。英国的分权虽然形式上表现得并不是特别明显，其主要强调议会主权原则，但是从实质上避免了集中将权力授予给政府的任何一个机构，避免了专制的可能。⑤

2. 司法权扩张对"议会至上"原则的冲击与平衡

---

① 马怀德著：《法制现代化与法治政府》，知识产权出版社 2010 年版，第 27 页。

② 参见张越著：《英国行政法》，中国政法大学出版社 2004 年版，第 208 页。

③ 参见张越著：《英国行政法》，中国政法大学出版社 2004 年版，第 212 页。

④ 马怀德著：《法制现代化与法治政府》，知识产权出版社 2010 年版，第 27~28 页

⑤ 参见应松年著：《英美法德日五国行政法》，中国政法大学出版社 2015 年版，第 16 页。

历史地看，英国古旧的议会至上原则已告终结，议会主权不再具有最高性质；司法审查制度的正式确立赋予了法官审查议会法案与政府行政行为的权力，法院的权力得到了实质性的扩张；英国宪政体系内的权力重构过程，实际上是议会至上原则与法治传统的斗争过程，也是其制度上的承载体——议会与法院之间的斗争过程。其结果在制度上体现为系统的、独立的司法审查制度的建立，其实质是法治传统对议会至上原则的胜利。

其一，《人权法案》与司法审查对司法权的扩张。1998 年 11 月 9 日，英国议会通过了《人权法案》，其核心内容有三①：（1）所有立法均须以与《欧洲人权公约》所设立的相关基本人权规范相一致的方式予以解释与适用，法院也须按上述方式来发展普通法，并将欧洲人权法院的判决纳入考虑范围内。（2）若法院无法对一级立法（Prime Legislation）作出一致解释，经法案授权的法院可以发布"不一致宣告"（Declaration of Incompatibility），但是该宣告不影响该立法的效力以及持续实施，只能由议会来决定是否对该立法进行修改或废除。（3）内阁大臣在向内阁提交一份立法草案时，须对该草案与《欧洲人权公约》权利的一致性进行说明，要么声明二者一致，要么声明尽管明知两者不一致但仍希望议会审核通过该法案。这三点核心内容将议会、法院以及政府都卷入了对人权保护的过程中。《人权法案》的颁布，标志着英国司法审查制度的重大进步与完善，其独特的制度设计使其得以区别于美国式以及欧洲式②的司法审查模式。《人权宣言》在议会主权与法治原则之间提供了一种妥协方式，或者说一种解决冲突的对话方式。③ 但鉴于议会主权原则在英国宪法中的长期统治地位，从表面上来看，法院对议会立法的审查方式较另外两种模式显得更为薄弱，我国有学者称之为"议会主权下的弱型违宪审查"。④ 然而，实际上在"弱

① *A Guide to the Human Rights Act* 1998. Department for Constitutional Affairs，DCA 51/06，2006，p. 7.

② 以德国、法国以及奥地利为代表。

③ ［英］韦农·波格丹诺著：《新英国宪法》，李松峰译，法律出版社 2013 年版，第 88 页。

④ 李蕊佚：《议会主权下的英国弱型违宪审查》，载《法学家》2013 年第 2 期。

型违宪审查"关系中手握主动权的始终是法院。议会主权看似得到了维护与尊重，但议会其实只有修改法案这一个选择。若其反对法院判决并拒绝对法令进行修改，两方的激烈冲突必定会导致严重的宪政危机。当人们讨论危机的产生原因时，难辞其咎的必然是议会而非法院。实际上，截至 2015 年 3 月 11 日，法院共发布 29 个"不一致宣告"，其中 20 个成为终审生效判决。除正在上诉的以及议会正在讨论的之外，每个都使得议会对相关法律作出了修改。[①]

其二，《宪政改革法》对"议会至上"原则的挑战与突破。孟德斯鸠式的三权分立从未在英国真正实现过，立法、司法以及行政部门的互相渗透影响反而构成了英国政治的常态。议会于 2005 年通过了《宪政改革法》，就英格兰及威尔士的司法任命程序、大法官的职权范围作出了规定，并决定设立最高法院。新的最高法院于 2009 年 10 月成立，新的最高法院设有 12 名法官，负责审理来自全国的民事上诉案件以及除苏格兰外的刑事上诉案件。[②] 其位置坐落于议会大厦对面的原米德尔塞克斯市政厅，其中深意不言而喻。至此，以最高法院的成立为标志，17 世纪以来所形成的议会与法院的平衡关系，在多种因素的交互影响下，短短几十年间便彻底分崩离析。在全新的宪政体制内，承载着法治传统古老荣光的司法权开始发挥更为重要的作用。

(二)法治政府的英国特色

英国法治政府的发展中有三类较具特色的制度，分别是行政裁判所制度、司法审查制度和议会监察专员制度。

其一，行政裁判所制度。行政裁判所(Tribunal)指的是为解决行政方面的争端及与公民之间和社会政策有紧密联系的争端而依照法律的规定在一般法院之外设立的争端解决机构。裁判所是根据议会的制定法设立的，议会在立法时经常为解决某一争端而设立相应的裁判所，因此具体名称有委员会

---

① "Declarations of Incompatibility by UK Courts" in Human Rights Judgments, Seventh Report, Joint Committee on Human Rights, March 2015.

② 苏格兰刑事案件的终审权仍由苏格兰高等法院保有。

（Commission， Committee）、专员（Commissioner）、裁判所（Tribunal）、局（Board）以及法庭（Court）等众多的名称。纷繁众多的裁判所后因数量众多、规则各异而改革，合并了功能相近的，并设立裁判所理事会进行协调、建议和监督等工作，统一了原则等。对于其性质而言，裁判所是司法机构还是行政机构并无定论，但无可否认的是它在帮助行政机关完成任务，某些方面上受行政机关控制。区别于法院和行政机关，裁判所在组织上独立于行政机关；独立办案，不受行政机关干涉；管辖的案件包括行政案件和民事案件；审理程序与司法程序不尽相同，较为灵活简便，不必遵循先例。其活动遵循公开、公平和无偏私三个原则，即程序公开、保障双方当事人的知情权与陈述辩护权、不受作出行政决定的行政机关的实际或可能的影响。行政裁判所设立的主要目的是为受到日益扩张的行政权侵权的公民提供一条新的救济途径。当公民不满裁判所的裁决，可通过向上一级裁判所、部长和法院起诉，充分保障了公民的权利救济。①

其二，司法审查制度。司法审查制度与裁判所制度不同，是属于普通法上的制度，因此是经过长期历史逐步演变而成的。这一制度对英国行政法的发展有着极其重要的意义，因为英国行政法的许多重要规则和原则都是在司法审查中逐步形成的。理解这一制度，可从以下几方面着手：（1）审查机构：普通法院。英国普通法院的系统分为民事和刑事，民事系统法院的审级由高到低分别是最高法院、上诉法院民事庭②、高等法院、郡法院，但行政案件是由民事系统的法院管辖，其中民事系统最低层级——郡法院对行政案件并没有管辖权。（2）审查依据：越权无效原则，主要包括实体上的越权与程序上的越权。程序上的越权是指行政机关违反议会规定的法律程序、不正当地自行转委托以及不说明理由等情况；实体越权包括超越事项管辖、不履行法定义务、滥用行政权力。③（3）审查程序：起诉、同意、审理。起诉资格是"申请人必须具有足够的

---

① 参见张树义著：《法治政府的基本原理》，北京大学出版社 2006 年版，第 132~134 页。

② 更确切地说，上议院之司法功能在时间上应限定于英国司法改革之前。

③ 姬亚平著：《外国行政法新论》，中国政法大学出版社 2003 年版，第 42 页。

利益";法院审查起诉资格和申请理由后同意受理,拒绝受理后申请人可上诉;审理采取对抗式,关注焦点是行政机关是否越权。[1] 普通法传统上一般由高等法院王座法庭行使司法审查权。倘若当事人对判决表示不服,其可以上诉至法院民事庭,若对上诉判决仍然不服的,可以继续上诉至贵族院,司法改革后贵族院的司法职能由新成立的最高法院承接。早期贵族院的司法审查职能由其上诉委员会行使,该机构是英国领域内所有英格兰、威尔士、北爱尔兰法院的各类案件,以及苏格兰法院的民事案件的国内最后上诉法院。[2] (4)救济手段:公法与私法。公法的救济手段包括调卷令(Certiorari)、阻止令(Prohibition)和训令(Mandamus)。[3] 私法的救济手段包括制止令和确定判决。[4]

其三,议会监察专员制度。这一制度建立的目的是帮助议会监督中央行政机关及其工作人员的工作,保证他们依法、合理地行使权力,防止行政权力对权益的损害,对受损害的公民提供必要的救济,但其自身并没有独立作出决定的权力,也并非一个上诉机构,它的权力局限于调查由下议院议员转来的公民申诉案件,并提出相适应的建议。其要义有三:(1)管辖范围特定,只限于对中央政府机关的不良行政致使公民权益受损的申诉,包括对部长的控诉在内,但不包括立法和司法权力的监察,也不包括地方政府和公法人的活动监察;不管辖有权向法院或行政裁判所起诉的事项以及 1967 年法律附表中所列举的事项。(2)申诉程序。公民申诉须在受到中央行政机关的不良行政 12 个月内提起申诉,但不能直接向议会行政监察专员提出,而是由议员转送,当然议员也可以决定不转送;若直接向行政监察专员提出,后者认为可以受理的,也须将其送交议员征求意见,再由议员送回监察专员。这种程序具有中立的、非政治性的优点。(3)效力非强制性。议会行政监察专员并没有强制中央政府部门提供救济的权力,只有向议会提交报告的权力;行政机关基于议会的压力一般会

---

[1]　姬亚平著:《外国行政法新论》,中国政法大学出版社 2003 年版,第 43~44 页。

[2]　何海波著:《实质法治——寻求行政判决的合法性》,法律出版社 2009 年版,第 179 页。

[3]　参见张越著:《英国行政法》,中国政法大学出版社 2004 年版,第 689~701 页。

[4]　姬亚平著:《外国行政法新论》,中国政法大学出版社 2003 年版,第 43 页。

接受议会行政监察专员的报告。①

（三）英国经验之借鉴

英国的法治政府建设经验可以给予我们许多启示：第一，建立适度强大的政治权威，进而实现政治与法律的良性互动，是顺利走向法治的必要前提。第二，重视人权的保障，表现在对人权的基本救济是走向法治的关键环节。第三，法律制度化的核心是自治型司法制度的建设，司法制度的健全与完善是走向法治的重要保障。

其一，建立适度强大的政治权威，进而实现政治与法律的良性互动，是顺利走向法治的必要前提。虽然法律和政治的分离，是实现法治的必由之路，但毋庸置疑的是，法律和政治是无法截然分开的，它们作为国家上层建筑的两大核心组成部分，总是结伴而生、互相依存的。一方面，政治的有序运行离不开法律的合法性支持，另一方面，法律价值的实现也离不开政治后盾的保障。如果相辅相成关系居于主导地位，则形成良性互动关系，法治文明将顺畅发展；如果相反相克关系占据了主导地位，就会阻碍法治文明的进步。其中，政治因素是影响双方关系结构的主导力量，因为在二者的矛盾中，政治毕竟是矛盾的主要方面。质言之，如果政治权威强大适中，政治权力的作用发挥合理有度，双方便形成良性互动关系，进而推动法治发展，如若不然，后果无非两个：或者因政治权力过于弱小，无力将社会整合为一个政治共同体，法律的统一和有效实施难以保障，法治自然无从谈起；或者因政治权力过于强大，超越法律之上，变法律为自己的工具，结果就会走向法治的反面——专制。对于英国来说，在走进国家文明后就建立起了一个适度强大的中央政府。这个政府既完成了国家的政治统一，又没有吞噬掉原始民主习惯，遂使法治传统的萌生成为可能。随后的诺曼征服进一步强化了王权，但由于贵族联合力量的抗衡作用，并未强大到东方国家那种程度，从而形成了一种集权而非专权的国王政府，结果就为法治传统的成长提供了一个"左右逢源"的良好政治环境：集权性赋予国

---

① 张树义著：《法治政府的基本原理》，北京大学出版社2006年版，第136~137页。

王政府以足够的力量，使它有能力通过自上而下的司法改革实现法律的统一，而非专权性又决定了它没有"过剩"的力量可以超越法律之上，致使法律自治得以实现和巩固。由此可见，建立适度强大的中央政府对于法治的生成是一个至关重要的前提条件，这是英国留给后人的一条具有普遍意义的历史经验。

其二，英国的基本理论与特色制度极为重视人权的保障，表现在对人权的救济途径的多样化以及突出控制政府权力。行政权侵犯了公民的权利，公民可选择多种救济途径，如行政裁判所、法院等；而针对中央行政机关的侵害，还可以寻求特意设置的议会行政监察专员的帮助。这对我国的启示是拓宽公民权利救济的途径。虽然在推进法治政府建设的过程当中，我国构建了行政救济体系，比如先后制定了《行政诉讼法》《国家赔偿法》《行政复议法》等综合性重要法律，创设了司法审查救济、国家赔偿救济、行政复议救济和信访救济等救济途径，尽管如此，我国各种救济形式尚不够完善，运行的效果还不能令人满意。英国行政权的扩张与行政法的发展告诉我们：依法行政的发展与完善必然伴随着救济制度的发展与完善，加强对权利的救济是依法行政的根本保证。所以，我国的法治政府建设应当进一步加强司法审查救济，完善行政复议救济，改进国家赔偿制度，规范信访制度，从而形成完善、和谐、相互配套的救济体系。同时，制度的生命在于实施，救济体系应得以实现和落实，这才是依法行政的重点所在。[①] 因此，与英国相比，中国当下的法治政府建设仍在路上，在司法审查、依法行政以及救济体系等方面须进一步完善，真正实现法治还需要很长一段时间。

其三，法律制度化的核心是自治型司法制度的建设。英国的司法制度化既早于、又快于行政制度化。早在12—13世纪，伴随着普通法的产生，英国就基本实现了司法制度化，而在行政制度化方面直到16世纪才真正启动。伊丽莎白一世时期号称是都铎专制王权的顶峰，但这一时期国家既没有常备军，职业官僚也只有1000人左右，不及当时法国的一个省、中国的一个县。由于司

---

① 陈福今、唐铁汉著：《转变政府职能，促进改革发展 国家行政学院国家课题研究成果选编》，国家行政学院出版社2004年版，第308~310页。

法制度超前发展、自治"早熟",行政制度发展相对滞后,所以,英国的行政管理在很长时期内主要通过司法渠道来完成,由此形成了行政司法化的传统。这与我国行政制度发展最早、最快、最完善以及由此决定的司法行政化的传统是根本不同的。所以,中英两国的法治进程和命运也截然相反。

二、美国的法治政府理论与特色

美国在独立之时的建制承继了英国的自由主义传统,行政法也主要援引英国的普通法,政府在人们的社会生活中并不占据主要的作用;在第二次工业革命后社会问题层出需要行政机构外部力量的介入,因此导致了行政机构的扩张,行政法也得以本土化发展;在新政和"二战"时期行政权的进一步扩张,行政程序与司法审查成为了控制行政权的主要手段。"二战"以后美国制定了《行政程序法》和《联邦侵权赔偿法》,行政程序得以在制定法层面确认,司法审查也进一步加强。在美国行政法的发展过程中,与英国不同的是,美国许多行政制度都是通过制定法确立后再实践的;司法审查不仅是依据普通法传统,也融合了制定法,体现了自然发展与人为设计的统一。[1] 正如卡多佐认为司法应运用社会学方法寻求当代的社会正义,同样,美国行政法的发展也是一个不断适应社会发展、寻找当代社会正义的过程,可从其基本理论与特色制度方面探寻美国法治政府的经验。

(一)美国法治政府的基本理论

从美国政府与行政法的发展进程可看出,行政法的发展与行政权的扩张有着紧密的联系,而限制行政权的扩张则是基于美国宪法对公民的权利与保障的理念。行政法的基本理论离不开宪法的原理基础,宪法原则支配着美国全部政治活动,也是美国法治政府的基本理论支撑。从这个意义上说,美国法治政府的基本理论与宪法的基本理论是相通的,主要分为以下几种原则性理论。

---

[1] 参见张树义著:《法治政府的基本原理》,北京大学出版社2006年版,第139~144页。

其一，分权与制衡原则。分权的思想最早出现在亚里士多德《政治学》一书中，他指出政府应由三种人组成：讨论的人、执行法律的人和解决纠纷的人。作为一种政府组织原则，分权原则直至 17 世纪末才由洛克提出。洛克认为国家权力可分为立法、行政和外交权，其中立法权由议会行使、行政权由国王行使，而外交权通常与行政权相结合，但行政权与立法权必须分开行使。这一分权理论缺少了司法独立的观念。孟德斯鸠在亚里士多德的基础上进一步完善了分权理论。他认为，国家权力包括的立法、行政与司法三种权力必须分别由三个部门行使从而相互制约。倘若其中两种或者所有权力都集中于一个机构或一人之手，则自由不能存在。美国独立时期的政治领袖们将孟德斯鸠这一理论变为了现实，美国《联邦宪法》规定了分别设立立法、行政、司法三个政府部门，行使不同的政府权力，同时还规定了三权力之间相互制衡，例如总统对国会通过的法律具有否决权，但国会得以三分之二的多数推翻总体的否决等规定，目的在于防止任何部门具有压倒一切的力量，保证每一部门不受其他部门的侵犯，保证各部门的平衡。① 这是分权制衡原则之精髓所在。

其二，联邦主义原则。美国的联邦主义原则是由宪法规定的，实行联邦制，在国家权力的纵向结构上明确了政府的责任、职能，其要义有二：（1）联邦法律效力最高原则。美国宪法规定了政府层次和地方政府职能定位：第一级是联邦政府；第二级是州政府；第三级是地方政府，包括郡县、市、学区和特区政府。宪法还明确规定了两者的权力界限，联邦政府不能随意将自己的意志强加于州，州也不得行使属于联邦的权力，但依宪法合法成立并有效的联邦法律能够约束州的行为，州的立法和司法都必须遵守联邦的法律。州的法律不能违背联邦的法律。（2）充分忠实和信任原则，该原则解决的是同级各州之间的法律冲突，当然这一原则也有例外，如一州只适用自己的刑事法律，不适用他州的刑事法律。② 也就是指每一个州对于他州合法成立的法律、行政决定和法院判决必须充分信任，承认它的效力。

---

① 参见王名扬著：《美国行政法》（上），中国法制出版社 2005 年版，第 89~93 页。

② 参见王名扬著：《美国行政法》（上），中国法制出版社 2005 年版，第 84~88 页。

其三，法律平等保护原则。美国《宪法修正案》第14条规定，任何州不得对其管辖下的任何人拒绝法律的平等保护。平等保护的对象不仅包括州政府及其官员和私人，在正当法律程序中也有体现——任何人不经过正当的法律程序不能被剥夺生命、自由和财产。虽然正当法律程序并未明确指出平等保护的原则，但任何人受到无合理依据的对待都可能被判定为违背正当程序的行为。①平等保护原则是由宪法原则衍生出的行政法治原则。

其四，法治原则。法治原则认为法律是最高的权威，其要义有三：（1）宪法至上原则。美国宪法规定了联邦政府和地方政府各自的权属及争端解决机制。联邦政府和州政府都只能在宪法规定的权限范围内行使权力；（2）保障公民的基本权利。在公民基本权利的保障上，美国《权利法案》和《宪法修正案》第14条规定了联邦政府和州政府的活动不得侵犯公民的基本自由和权利，这表现在三方面：一是联邦宪法和各州颁布的州宪法都规定了对政府权力的限制和对各项公民权利的保护；二是对公民可能被政府公权力侵害的个人权利予以特殊保护，如《权利法案》；三是将可能被侵犯但未能列举的公民权利补充规定兜底性条款，如通过《宪法修正案》第9条规定的但书，该但书规定，本宪法对一些权利的列举，不得被解释为对人民所保有的其他权利的否定或蔑视。这样，通过宪法修正案的方式，使得政府权力的界限和职责更明确了，政府依法行政以更好地保护公民的基本权利。②（3）权力行使的程序要求：正当法律程序。政府权力的行使不仅在实体上不能侵犯公民的权利，还应当遵循宪法和法律规定的正当程序。

（二）法治政府的美国特色

美国法治政府是建立在天赋人权观念、主权在民的观念和法治理论深入人心的基础上形成的有限政府。这一有限政府既能够有效保护人民的各项自由和

---

① 参见王名扬著：《美国行政法》（上），中国法制出版社2005年版，第101~105页。

② 刘靖华、姜宪利著：《中国法治政府》，中国社会科学出版社2006年版，第58~59页。

权利，又能在权力行使上受到严格监督，是美国人民因不信任政府能够自我约束而形成的体制。美国的有限政府可以从行政组织制度、行政程序制度以及行政监督制度三个维度剖析美国法治政府的边界和限度。

其一，行政组织制度，即美国行政机关的组成。在联邦层面，行政组织主要包括三方面：（1）总统及其内阁。总统有任免权、要求书面意见权、保障法律忠实执行权、预算权等行政权，还拥有提出立法计划及法律草案、否决权和行政命令权等立法权。除此之外，总统还有外交权、军队方面的权力以及紧急权力等。因此，美国总统的权力范围还是相当大的，拥有许多执行机构，如白宫办公厅。美国的内阁是以总统为中心的，无固定的组织形式，参加人员除副总统和部长外，总统还可以任意邀请其他重要行政官员参加，实际上相当于总统的集体顾问。（2）由国会设立或由国会授权总统设立或改组的部，是主要的行政机关。部的组织由法律规定或总统在国会的授权下用行政命令规定。部长由总统提名，经参议院同意后任命。在部长以下设有副秘书、次秘书和助理秘书。部是独任制机关，权力集中在部长手中，部长权力一般有低级职员的任免权、管理法规的制定权、立法建议权、出席内阁会议权、作出最后决定权、受理行政上诉权等职权。（3）独立管制委员会。这是为了控制某一方面的经济活动或社会活动、需要执行公平的政策、不受政治的影响而在法律上确认独立地位的组织。独立控制委员会并未在宪法上确认，是行政权扩张的结构。在组织上，其一般由5—7个委员组成，集体决议；总统有权任命委员，但其采取交错满期且实行的是两党制，总统不可能任命全部委员；免职由法律规定。独立控制委员会的权力法定，同时行使立法、行政与司法三权。[①] 在地方层面的政府主要包括州和地方政府。由于我国实行单一制，故美国联邦层面的行政组织制度更值得我国参考，地方层面的政府不作赘述。

其二，正当法律程序制度。正当法律程序在行政制度上主要体现在行政听证制度，要求行政机关公正地行使权力，在对当事人作出不利决定时必须听取当事人的意见。行政机关基于正当法律程序所要求的听证，可以是正式的也可

---

① 　参见王名扬著：《美国行政法》（上），中国法制出版社2005年版，第130~177页。

以是非正式的，具有一定的灵活性，是保障公民知情权的重要制度。美国的正式程序裁决由于涉及的事项会影响当事人重要的权利和权益，因此它最主要的环节是举行正式听证，双方当事人互相质问以澄清正面和反面的证据，以及根据听证记录作出决定。[①] 公民听证权利的实现是行政机关遵循正当法律程序的重要体现。

其三，司法审查制度。此处所讨论的司法审查制度仅包括法院审查行政机关的行为是否符合宪法及法律，包括正式程序的行政裁决行为，但不包括审查国会制定的法律。司法审查属于对行政权的外部监督与控制的制度，是法院监督行政机关遵守法律的有力工具，可以说"无司法审查无权利保障"。司法审查的主体包括联邦法院体系内的各级各类法院（地区法院、上诉法院、专门法院和最高法院）；在司法审查期间，同时满足当事人可能由于执行受到不可弥补的损害、有理由认为可能取胜、不牺牲公共利益以及兼顾其他当事人的利益四个条件时，行政决定或行政命令可以不执行。当然，司法审查制度是最主要的监督行政机关权力的方式，但不能将目光仅盯着司法审查而忽略其他监督方式。

（三）美国经验之借鉴

美国法治政府的关键在于联邦与各州之间法治的协调与平衡；司法制度的权威与完善的司法审查制度。基于此，美国法治政府的理论和实践于中国而言具有三方面的启示。

其一，美国宪法规定，通过司法确定联邦和州各自权力范围并防止相互侵扰，最高法院是争端的最终裁决者。争端发生的解决程序是，联邦要向联邦系统法院控诉侵权的州，而联邦系统法院一般不宣判取消某项法令，只是削弱它的效力。政府间权力范围和关系的调整，主要不是通过成文宪法的修正，而是通过司法判例。美国最重要的关于联邦和州之间权力范围调整的判例，往往不是两个政府之间的诉讼，而是涉及个人利益的案件或者纯粹是私人间的诉讼。

---

① 参见王名扬著：《美国行政法》（上），中国法制出版社 2005 年版，第 329~417 页。

美国宪法关于联邦权力的列举，是高度概括和伸缩性的。美国的普通法法院特别是最高法院，通过个案判决的方式，发展了政府间关系的普通法。实际上，仅就联邦和州政府的权属范围来讲，美国联邦对州政府下放的权力并不比中国大。但是美国对联邦与州政府的权属关系及其争端解决机制的法律规定比较明确。我国由于中央与地方关系的权属不明确，容易造成权责利不对等，也容易造成权力运行不规范。因此，应尽快健全中央和地方权力架构以及边际关系及实现形式的法律约束机制，保障权力的规范运行。健全中央和地方政府的权责边界和法律约束制度是维护我国法治统一的前提条件。美国对联邦和州政府的权属关系及其争端解决机制的法律规定较为明确，然而，在我国行政权力架构当中，中央政府与地方政府之间的权属关系并不清晰，导致容易产生权责不对等以及权力运行失范的现象。

其二，充分发挥全国人大宪法和法律委员会的作用，启动健全我国的合宪性审查机制并健全完善对政府行政的司法监督。美国的司法审查制度较为完善，而我国对行政立法进行相应的规范，避免以权代法的现象，同时，通过司法强化对政府的监督。美国联邦法院宪法解释权的目的在于审查一切行为的最终合法性问题，以宪法为最终的唯一的法律标准。通过违宪审查权审查议会法律、州宪法法律、州法院的案件，美国最高法院维护了美国法的统一，也统一了美国的司法权，从而消除了可能存在的立法和司法中的地方性倾向。由于美国联邦法院的宪法解释通过一起起具体的诉讼来实现，因而宪法及公民的宪法权利就成为一个活的东西，没有最高法院法官，宪法只是一纸空文，即宪法可以是被感知的，从而美国最高法院获得了一种实际的宪法监督权，使公民的宪法权利通过诉讼可以实现。违宪审查制度的形成和发展表明美国对行宪制度的高度重视。我国虽然实行"议行合一"的制度，但我们要依法治国建设社会主义法治国家，就必须要充分发挥全国人大宪法和法律委员会的作用，维护宪法，严格保障宪法的贯彻和实施。

其三，切实保障司法机关以及司法人员的权力与权利。法院地位在于司法独立，我国宪法规定法院独立行使审判权，明确了法院的独立地位。但要真正落实宪法规定的人民法院在国家机构的地位和权力，就要认识到，法院独立的实质是法官独立，这是它的独立性不同于政府官员和人大代表的关键所在。法官独立包含较长的任期、职位的固定、稳定的报酬和独立行使的权力，这些外部条件及职业素质使其能担负起捍卫法治的责任。此前我国在审判实践中，把法院独立行使审判权的原则与法官独立审判制度对立起来，强调法院独立审判而排斥法官独立审判，其结果只能是人为地把审判的权力分离，形成所谓的"审者不判，判者不审"的不正常现象，更严重的会造成"人人负责，人人无责"的局面。鉴美国司法制度的合理成分，我们认为，要防止司法问题的产生，就要消除对法官有形无形的干涉或影响，这有赖于建立健全各种保障制度。(1)任职资格制度。法官是社会的医生，法官的失误会产生广泛的社会影响。一个水平不高的法官在处理案件时是不可能真正做到独立自主、依法而断的。因而，必须严格法官任职条件，实行法官与法官助理分立，减少行使实质审判权法官的数量，逐步实现法官精英化。(2)职务保障制度。为了使法官坚持客观公正的态度，保持独立地位和排除外来干扰，必须对其实行职务保障制度，即法官一经任用，只要没有法定的失职和违法犯罪行为，就应一直任职至退休，任何人非依法定程序，不得降低或免除其职务；法官依法执行职务，受法律保障，其人身安全不受侵犯。(3)生活保障制度。较高的工资以及优厚的福利和退休金，既可以增加司法职业的吸引力，鼓励优秀的法律专业人才报考法官，又可以使法官过上比较优越的生活，不产生后顾之忧，使其不为金钱物欲所诱惑，从而保持客观、公正和独立的地位。

三、法国法治政府的理论与特色

法国是现代行政法的发源地，素有"行政法母国"之称。法国的法治政府的合法性依据是主权在民的思想和理论，相较于其他国家，它的特色是"行政法治"。从法国的政治历史来看，主权在民的思想得以在政治实践中得到落实，而在制度层面上，行政法治也得以逐步确立。行政法治原则作为现代行政法的一个基本原则，其要义是法律至上原则，限制政府的权力，保障人民的自由权利。这主要体现在法国的法律文件《人权宣言》和专门的行政法院中。

(一)法国法治政府的基本理论

作为一个法治国家，法国法治政府的建设须遵从宪法的原则，包括人民主权原则、尊重人权原则、法治原则、民主原则和分权原则等。其中，与英美相较而言，分权原则较为特殊，分权是指行政权与司法权分立，这一原则是在1790年8月16日至23日法律第13条提出来的，即司法权现在从行政权中分离出来，并将永远分立。法官不得以任何方式，越权搅扰行政机构的行为，也不得以行政官员履行职权中的事由，传唤他们到庭讯问。依据这一法条法国建立了行政官-法官制度，即行政机关自身裁决与被治理者之间的争端。但这明显违背了"自己不做自己的法官"的公正理念，因此后来法国形成了行政法院制度。① 随着行政法院的发展，法治政府重要的具体原则都出自行政法院之手，具体包括以下几大原则。

其一，行政法治原则，又称行政合法性原则。其要义有三：（1）行政活动必须具有法律依据。与公民法无明文规定即自由不同，行政机关无法律则无行政——行政机关只能在法律规定的范围内作出行政行为，这是行政法治原则的根本要求。行政权力必须由法律设定，只有存在法律依据的权力才属于真正的行政权力。（2）行政行为必须符合法律。行政法治在要求行政主体以及法律规定作出行政行为的同时要求其行为的实施包括行政活动的目的、程序和条件都必须合乎法律的要求——行政过程必须合法。但是这不意味着行政机关必须机械地适用法律，也不等同于行政机关没有自由裁量权。（3）行政机关必须积极采取行动来保证法律的实施。这是行政法治原则含义的最新扩张，也更为符合法治的要义。② 行政机关不仅有消极的义务遵守法律，而且有积极的义务采取行动，保证法律规范的实施。

其二，行政均衡原则，亦可译为比例原则。行政均衡原则是一项判例原

---

① ［法］让·里韦罗、让·瓦利纳著：《法国行政法》，商务印书馆2008年版，第25~26页。

② 王名扬著：《法国行政法》，中国政法大学出版社1998年版，第205~207页。

则，是行政法院对具体行政行为的监督逐渐强化的产物。行政中均衡原则的基本内涵是平衡、协调行政机关与相对人之间的权利义务关系，其指的是当行政机关拥有自由裁量权或是出现其他特殊的情况以及在根据法律规定抑或是法律原则无法对行政行为作出裁决的情况下，监督、审查、决定是否撤销一定行政行为的法律手段。通过对实际情况进行深入了解，从而审查行政行为是否合理、行政决定是否适度，审查事实与法律适用是否一致，其根本要求是"合理均衡"。这一原则的适用对象是行政自由裁量权条件下特殊的违法行政行为，根本目的是监督、制约行政权力，维护公共利益和公民的权利与自由。① 一般人认为，判断事实明显错误、手段与目的不相称、损失与利益失衡三种情况违反了行政均衡原则。② 从根本上讲，这一原则审查的是行政行为的合法性，不是妥当性。因此，它属于行政合法性原则的范畴。这里的"法"，是广义的法，它实际上体现了公正、自由、公益、实效的社会价值。从这个意义上说，它又相当于产生自合法性原则的合理性原则，但比合理性原则更为具体、客观。它并不适用于行政立法和执法领域。③ 所以，均衡性原则应被视为一项行政法具体原则而非基本原则。

其三，行政责任原则。这一原则同样是判例法发展的结果，意味着行政机关有责任对在行政决定或行政行为中遭受损害的公民进行赔偿，这个赔偿责任并不需要在所有的案件中都存在违法行为。④ 法国行政机关承担行政责任的依据是"过错"原则和无过错原则。"过错"原则，"过错"是从法国民法典借用过来的概念，是指行政机关在实施行政活动过程中存在某些缺点或失误，即公务活动并不具备正常的标准，这种过错虽来源于行政人员，却不能归责于行政人员。这涉及如何判断过错是"机关过错"还是"公务员个人过错"的问题。对于"过错"的认定问题是随着判例的发展，不同时期呈现不同

---

① 参见王桂源：《论法国行政法中的均衡原则》，载《法学研究》1994 年第 4 期。

② 张树义著：《法治政府的基本原理》，北京大学出版社 2006 年版，第 87~88 页。

③ 王桂源：《论法国行政法中的均衡原则》，载《法学研究》1994 年第 4 期。

④ ［英］L. 赖维乐·布朗、约翰·S. 贝尔著：《法国行政法（第五版）》，高秦伟、王锴译，中国人民大学出版社 2006 年版，第 173 页。

的理解。起初法院都是偏重"机关过错"而去追究行政机关的责任，经过发展，"混合过错"的案件由行政法院受理，由行政法院决定有过错的行政机关和公务员之间的责任和赔偿金的分配问题。行政责任原则作为政府法治化的指导原则，其适用于法国行政活动的一切领域，旨在对政府进行时刻的提醒，使得其能以一个合理注意人的身份去从事行政活动，而不论该项行政活动的性质和对象。① 同时，该原则也是尊重人权原则，保障公民的权利和自由的重要救济准则。

(二)法治政府的法国特色

行政法院的建立是法国行政法院系统的一大组成部分，也是法国法治政府的一大特色。行政法院制度是法国法治政府的特色制度，可从其制度背景、组织结构以及审理程序解析之。

其一，制度背景。法治原则中的分权原则要求行政机关与司法机关各自行使自己的职权，在行政法治的形成和演进中，法国的行政纠纷解决专门机构——行政法院产生了。行政法院产生的思想背景是法国大革命时期的分权理论。大革命时期的分权理论是源于对孟德斯鸠的三权分立理论在法国环境下的理解。孟德斯鸠认为国家存在三种权力：一是立法权，即制定法律的权力。二是有关国际事项的执行权，简称为行政权。三是有关民政法规事项的裁决权，简称为司法权；一个保存自由的政体应是三权分立的政体。法国行政机关和司法机关的关系是相互独立的，普通法院不能干涉行政，因此不能审理由于行政事项而发生的诉讼。② 因此，法国对分权原则的理解和运用并不完全等同于孟德斯鸠的理论，反而作出了不同的解释和理解。

其二，组织职能。法国行政法院由普通行政法院和数量众多的专门行政法庭组成。法国的普通行政法院系统包括：（1）最高行政法院。最高行政法院由院长、副院长、组长、普通职最高行政法官、调查员、助理办案员组成，其中

---

① 张树义著：《法治政府的基本原理》，北京大学出版社 2006 年版，第 91~93 页。
② 张树义著：《法治政府的基本原理》，北京大学出版社 2006 年版，第 96~97 页。

法官可通过竞争、外调等方式任命，地位独立，避免了行政法官受外界压力。按职能划分，最高法院的组织分为行使行政职能的部门、行使审判职能的部门——诉讼组、辅助日常工作的部门——报告和研究组、内部事务协调中心与文献和法律中心。最高行政法院主要有咨询和审判两项职能。(2)上诉行政法院。上诉行政法院分设在全国各地区，包括一些分庭。其成员包括上诉行政法院院长和法官，其中院长由最高行政法院的一名普通职行政法官担任。法官至少必须具备地方行政法庭一级法官资格，而且还需要 6 年的工作经验，其中 4 年必须从事审判工作。上诉行政法院是专门为解决最高行政法院审判工作繁重而设立的，因此其仅有审判(上诉审)这一职能。(3)地方行政法庭。行政法庭的组成成员，主要受最高行政法院的秘书长管理，分为 7 级，由低向高排列如下：由低向上分别为二级行政法官、一级行政法官、特级行政法官、行政法庭庭长、巴黎行政法庭副庭长、巴黎行政法庭庭长。法国本土共设 31 个行政法庭，以所在地城市命名，可分为法兰西岛的行政法庭、外省行政法庭及海外领地行政法庭。行政法庭具有审判、咨询职能，此外还有个别的行政职能。(4)专门行政法庭。专门行政法庭数目繁多，有永久性的，也有临时设立的，比较重要的包括审计法院、财政和预算纪律法院、战争赔偿法院、各种职业团体的纪委委员会。此外还有权限争议法庭专门解决普通法院与行政法院之间的管辖权冲突问题。[①] 法国的行政法院制度是法国行政法的标志性制度，也是世界范围内行政法治发展的一面旗帜。

其三，审理程序。法国行政诉讼主要采取审问式程序，实行两审终审制和合议制。提起行政诉讼须具备诉讼标的适格、当事人适格、管辖正确、不存在平行救济、符合起诉期间的要求、满足诉讼形式要求等条件。一审程序一般包括起诉、预审、审理、判决、执行等程序。当事人不服判决的救济途径包括两种：一是向原审法院以外的其他法院提出申诉，称为变更途径；另一种是向原审法院提出申诉，称为改正途径。

行政法院对于法国行政法律的发展作出了巨大的贡献，使其被称为法国法

---

① 胡建淼著：《世界行政法院制度研究》，中国法制出版社 2013 年版，第 18~63 页。

律制度中不可或缺的部分；其创造的一些法律规则，不仅能适应行政上的需要，还对保障公民的权利和利益具有重要意义。

（三）法国经验之借鉴

法国的法治发展道路是一条内生的或者说原生的法治发展道路。法国发达的商品经济推动了法国现代理性化法治的形成与发展。中国的法治现代化是在一个较先进的法律系统对较落后的法律系统的冲击所导致的进步转型过程中形成和发展起来的，所以，中国的法治现代化与法国的法治现代化有很大的不同，因此各自走上了不同的发展道路。中国走的是外向型发展模式，是由政府推进来实现法治的发展的特殊模式。因此，法国的法治发展具有典型的理性主义色彩，与我国实用主义的传统有着明显区分，我国主要可以借鉴的经验包括以下两点。

其一，理性主义的法律精神，在强调法律的功能属性之外，重视法律的理性价值属性。价值属性是指在人与法的关系中，法律所包含的满足人的需要的内在属性，即法律对人的积极意义或有用性。法律的价值属性具体表现为促进和实现社会正义。一是促进和实现形式上的正义，即诉讼、审判程序上的正义。法律通过相应的制度创设可以为和平、公正的解决冲突提供规则和程序。二是促进和实现实质上的正义，即分配正义。法律通过指导分配的正义原则规范化、制度化并具体化为权利和义务，实现对资源、社会利益的公正分配。追求效益，即法律以其特有的权威性分配权利和义务，保障资源的优化配置和使用，实现效益的最大化，尤其在市场经济条件下，法律的内在属性使其效益价值取向表现得更为突出。保障自由。在法治国家自由需要通过法律表达，并通过提供机会、排除障碍和将自由转化为权利和责任来保障自由的实现。目的是要从根本上否定实质不合理的法律，使法律能够普遍和平等地适用于每一个人，从而把法律塑造为一种形式上公正和理性的多元利益的调适工具。法国现代化的法律从一开始无论在法典还是在单行法的制定上都在极力维护资本主义法律所具有的基本价值，追求价值的合理性。另外，法国现代化的法律甚至是现代以来的法律都是严格按照民主程序制定的，逻辑结构非常严密，所以，法国法治现代化的一大特征就是法律的形式合理与价值合理统一的过程。[1]

其二，法国的法治政府发展之所以能够产生原生的潜在动力，与法国其国民之法治精神的普及有着密不可分的关系，因此，有必要在社会层面广泛培育中国公民的现代法精神。现代法精神是人对价值观的一种重新审视，中国传统法律精神是权利观念的极端贫乏和对皇权的绝对崇拜，在这样的法律精神影响下，中国传统的法律便形成了以"民刑不分""重刑轻民"为主的以刑为主的法律制度。直到今天，传统的法律思想还在对现代公民产生一定的影响，权力本位和义务本位思想给现在的民主法治建设造成了极大的障碍。法国经历了启蒙运动等一系列文化思潮的洗礼，走上了资本主义道路，形成了以自由、博爱、平等为主要内容的民主政治思想，而中国传统的道德主义一开始就是与专制政权联系在一起的，所以现代化的中国法治还是缺乏根深蒂固的思想基础。法国法治所确认的法律至上、权利神圣、宪政民主与超越政治特权的法律制度，最大限度地释放了个人潜力，解放了人的本性，促进了社会的发展与进步。但是，中国法治从一开始是在没有解决国家政体问题，没有解决民众权利的前提下发展的，直至现代中国的法治对民众权利的认识还没有充分到位。首先，要培育公民国家意识的观念，强化宪法的神圣不可侵犯性；其次，培育公民积极争取政治权利的精神。这是一种我国公民长期缺乏的"主人翁"精神；再次，培育公民的现代化法律观念，具体包括民主、公正、正义和自由，真正做到公民权利与义务的相统一；最后，培育公民与现代社会发展水平相称的良好高尚的道德意识。

四、德国法治政府的理论与特色

德国作为大陆法系的代表国家，其法治政府的发展历程是各国法学界普遍关注的一个热点。在过去的一百多年里，在不同社会时期，德国法治政府的发展与德国经济社会发展相互影响、相互促进，在各个时期都发挥了它的时代价值。德国法治政府的发展历程，始终伴随着与德国社会变革相适应所带来的法

---

[1] 程乃胜：《法国法治现代化的模式分析》，载《北京社会科学学报》2006 年第 2 期。

治现代化的新问题和新挑战，但德国都凭借着丰富的想象力和创造力，取得了法治现代化建设的辉煌成就，奠定了大陆法系国家的代表地位，同时为德国的经济腾飞和社会稳定作出了卓越贡献。

(一) 德国法治政府的基本理论

德国《基本法》为德国实现"法治国"指明了前进的方向，同时为德国政府的法治化提供了深厚的宪法基础，具体而言，包括人性尊严原则、权力分立原则、民主原则和行政合法性原则。这是德国行政法所要遵从的宪法性原则，而上述宪法性原则在政府法治中表现为以下四个子原则。①

其一，依法行政原则。德国依法行政原则的含义是行政机关的活动必须遵守议会制定的法律，并处于行政法院的司法控制之下，行政法院应当在其主管权内审查行政机关的遵守法的情况，对行政机关的违法活动追究其法律责任。具体可以分解为：(1)法律优先原则。其要义有三：一是法律具有有效的约束力，适用于一切行政领域。二是行政机关的所有行政行为都必须接受法律的约束，无论是事实行为抑或是法律行政，无论是公法行为抑或是私法行为。三是法律优先原则并不要求所有行政行为都有明确的法律依据，只需不消极违背法律规定即可，又可称之为"消极的依法行政原则"。但此处有两个前提：一是确认规范之位阶性且授权命令仍受法律优先的限制；二是法律须具有明确具体的内容，一旦违反即有制裁的效应出现。若法律规定空洞不具实质含义，亦无制裁效应，则所谓法律优先就毫无意义可言。(2)法律保留原则。其要义是行政机关只有在取得法律授权的情况下才能实施相应的行政行为，是"积极的行政依法原则"，在无法律依据时排除任何行政活动，这一点与法律优先原则相区别。

其二，比例原则。其要义是国家机关行使权力不可逾越的必要的限度，应当对其所欲追求的目的而言具有一定程度的妥当性，包括：(1)适合性原则，即行政机关选择的手段有助于目的的实现，手段与目的之间存在合理的联系。

---

① 张树义著：《法治政府的基本原理》，北京大学出版社 2006 年版，第 117~198 页。

（2）必要性原则，即当满足适合性原则的要求后，还必须在所有能够实现立法目的的途径中选择对人民的利益造成最少损害的方法。（3）法益相称性原则，即使行政机关已经采取了适合且必要的手段以试图完成其追求的目的，但若该手段所侵害的公民利益与行政机关所保护的公共利益显然不当，则行政机关的行为可被认为违法。

其三，信赖保护原则。指的是行政主体在进行某一行政行为时，应当考虑到社会成员对行政过程当中某些因素的稳定性形成了信赖，当这种信赖满足合理性的要求时，行政主体应当对其信赖进行保护，不得对该因素进行变动，倘若基于不得已的原因需要对该因素进行变动，则必须在变动后对社会成员基于合理信赖该因素不会变动而造成的损失进行合理的补偿。这一原则的主要目的是维护法律秩序的稳定性以及维护社会成员的正当权益，这与法治政府保护公民权利的目的相一致。[①] 适用信赖保护原则须满足三个条件：（1）信赖基础，即存在有效表达国家意思的行政行为。（2）人民因信赖行政机关的行为而作出一定的处分行为。（3）人民对国家之行为或者法律状态深信不疑且对信赖基础之成立是善意并无过失。

其四，利益衡量原则。利益的衡量是一个过程，包括利益调查、利益分析和利益权衡。但利益衡量有可能出现片面、武断、疏漏和失调等情况。[②] 行政机关在依法行使公权力时，必须对相关利益进行全面的调查，分清孰轻孰重之后对利益进行筛选和协调，从而保证各方的利益能够实现最大化。

（二）法治政府的德国特色

一般认为，行政法院制度乃德国行政体制的最大特色之所在。在德国，行政法院制度经过了漫长的历史演变。在中世纪末，等级制国家的背景下形成了

---

① 参见李春燕：《行政信赖保护原则研究》，载《行政法学研究》2001 年第 3 期。

② 参见应松年著：《英美法德日五国行政法》，中国政法大学出版社 2015 年版，第 198 页。

最初的"行政司法"。① 这是通过财政机关、执政内阁，以及枢密顾问和国务参事等进行的行政自我监督，司法与行政尚未分离。后来法国爆发了资产阶级革命，德国的封建社会制度也受到了冲击，人权保障的呼声高涨。1949 年的《保罗教堂宪法》要求将行政置于司法的监督下，即由普通法院监督，取消行政内部的司法，这是司法与行政分离的标志。但此种尝试并未真正成功。直到俾斯麦帝国的建立，行政法院的雏形才出现。这一时期建立了第一个真正同行政相分离的法院，但主要是州设置行政法院，仍有非常大的局限性。1919 年的《魏玛宪法》对行政法院的规范，极大地推动了行政法院制度和理论的确立与完善，但当时仍未能建立起联邦行政法院。纳粹时期行政法院建设处于倒退的阶段。"二战"后，德国的行政法院制度才真正得以建立。

其一，组织机构。德国行政法院原则上由三级：（1）初级行政法院。该类法院设在各州，均为第一审法院，具有初审管辖权。（2）高级行政法院。该类法院同样属于州法院，每个州设置一个高级行政法院，主要受理普通上诉，也可以受理第一审案件。(3)联邦行政法院。这是德意志联邦共和国的最高行政法院，在其司法实践中形成了不少的法官法基本原则和刑法规则，对形成和维护德国行政法的统一性具有极其重要的意义。

其二，行政法官。行政法官的法律地位是由法官独立地位确定的。德国《基本法》第 97 条规定，法官独立，只服从法律。行政法官分为：（1）专业法官。专业法官的任命程序与条件非常严格，联邦行政法院的法官须年满 35 周岁，经联邦行政法院法官选举委员会选举产生并由联邦总统任命；高等行政法院和初等行政法院法官，经该州的法官选举产生之后，由该州的政府或者是该州有权任命的部长任命。专业法官为终身职务，受本院院长监督。(2)兼职法官，即高级行政法院和初级行政法院的法官可由其他法院终身委任的法官兼任，也可由法学正职教授兼任，时间最短不少于两年，最长不超过其担任专职的年限。(3)试用期法官和受委托法官。初级行政法院(不包括高级和联邦行

---

① 参见胡建淼著：《世界行政法院制度研究》，中国法制出版社 2013 年版，第 136~169 页。

政法院)可任命试用期法官或受委托法官，试用期法官是刚开始职业生涯的年轻行政法官，并未正式拥有终身法官的资质，须经过考察。受委托法官是已经被终身任命为公职人员或者尚未终身任命但以后将被任命为终身法官的代理法官。(4)名誉法官。这类法官虽然不从事法官职业，但在言辞审理和判决形成中享有与其他法官相同的权利。其要求较低，须为年满 30 周岁的德国人，并于选任前一年在有关法官管辖区内拥有住所，不符合法律规定的消极条件的人。

其三，制度运行。一方面，行政法院的受案范围。《行政法院法》第 40 条对行政诉讼的受案范围进行了集中规定：当不属于宪法行政的且明确不属于其他法院管辖的争议时，由行政法院进行管辖。该条款被称为"一般条款"，意即只要属于法律没有规定其他法院受理的不属于宪法性质的公法上的争议，则由行政法院受理。另一方面，行政法院的诉讼程序。以第一审诉讼程序为例，德国行政法院的诉讼程序包括起诉和受理、言辞审理前的程序、言辞审理和判决及其他裁判。救济手段包括普通上诉、法律审上诉、抗告与再审。

(三)德国经验之借鉴

德国的法治政府建设为我国可供借鉴之处主要有两点：(1)重视经济法的发展与完善。德国的现代化进程伴随着 20 世纪两次世界大战炮火的洗礼，却仍然取得了一系列非凡的成就，这与德国法治文化中重视经济法的取向是密切相关的。(2)德国的行政法院制度模式是世界上非常具有代表性的行政法院制度模式之一。通过分析德国行政法院制度模式的特点，结合我国的基本国情，认为德国式隶属于司法系统且独立于普通法院的行政法院制度值得我国借鉴。

其一，健全并完善经济法体系。"二战"后，德国经济迅速发展，主要得益于社会市场经济的政策，其核心内容是积极的社会经济政策同市场经济相结合，指导思想是经济效益与社会平衡的结合，个人利益与国民经济的整体利益相协调。长期以来，诸多学者认为，德国社会市场经济模式仅适用德国，不能向其他国家移植，但是以笔者愚见，从德国与中国经济发展的历史进程以及文化土壤来看，两国具有一定的相似性。德国经济法从创设之初即表现为统制经济法和管制经济法，重在对市场的管理和宏观调控，在"一战""二战"期间，更是演变为完全垄断控制的计划经济模式，现行的社会市场经济模式即是在这样的历史基础上，引入市场经济自由竞争原则，兼顾社会平衡，坚持国家调控发展而来。反观我国的经济发展轨迹，党的十一届三中全会之前，我国不折不扣地实行计划经济，以此次会议为转折点，我国开始建设社会主义市场经济，在这个过程中，首先引入了市场竞争机制，产生了生产资料私有制的私营企业、发展了社会保障制度，与此同时，国家的经济职能并未削弱。由此可以看出，德国的社会市场经济模式与中国特色的社会主义市场经济体系两者之间有着诸多相似之处可供借鉴。我国自从党的十一届三中全会提出以经济建设为中心，加强经济立法以来，在建设社会主义市场经济法律体系的探索过程中，取得了可喜的成绩，但是，也还存在诸多问题，因此强化国家经济职能，以经济民主与经济集中相互融合为基础，以规范国家与私人经济关系为内容，以维护公平竞争经济秩序为己任，以保障社会整体经济的平衡、协调和持续发展为价值取向的经济法，无疑应成为国家经济法律体系的核心。这其中又主要包括两层含义：一是在大力发展社会主义市场经济建设的同时不断强化国家调控能力。要充分注重借助法律法规作为"宏观调控"的依据和工作，整体把握竞争经济与国家秩序政策发展相适应。二是要不断扩大经济法的调整范围，建立起合理的市场竞争秩序。

其二，借鉴德国的行政法院制度模式。德国行政法院制度模式是世界上较具有代表性的行政法院制度之一，其隶属于司法系统并独立于普通法院的特点能够较好地解决我国行政审判当前遇到的主要问题。近年来，我国行政审判体制改革逐渐深化，引入行政法院制度突破我国行政审判目前所处的困境，已经成为我国行政诉讼领域研究的热点问题。通过对德国行政法院制度模式的探讨，期望能够促进我国行政法院的设立，从而加快我国行政法治的发展。2014年《行政诉讼法》修改后，行政诉讼开始实行立案登记制，法院在行政诉讼的立案阶段不对当事人的起诉进行实质审查，只对形式要件进行核对，除法律中明确规定不予登记立案的情况外，法院对当事人提交的行政起诉状均须接收，并且出具书面凭证。如果当事人提交的起诉材料符合《行政诉讼法》的规定要求，法院应当当场立案登记。这一制度的实施，在很大程度上缓解了行政诉讼过程中"立案难"的问题，有效解决了以往在立案时就须对案件进行实质审查的弊端，扩大了立案的范围，缩短了立案的时间。但是，行政诉讼过程中的另外两个难题"审理难"和"执行难"并没有得到有效的解决。导致我国行政诉讼领域存在这些问题的原因主要有行政审判抗干扰能力低，行政审判行政化、地方化倾向较为严重等，根本的原因还是审判机构法院缺乏独立性，司法权较多受制于行政权力。在行政诉讼过程中，法院无法公正、独立地对案件进行审判，导致法院在人民心中的公信力受损，法院解决行政争议的制度功能不能充分发挥。因此，行政诉讼现阶段改革的最主要目标便是保证司法权的独立行使，而强调争议解决机构独立性的德国行政法院模式刚好能满足我国现阶段司法改革的需要。通过对德国行政法院制度的研究可知，德国行政法院制度的独立性在诸多方面均有体现。德国行政法院制度中的诸多方面，如德国行政法官在事务、人事上的独立性，德国行政法院的组织结构、独立性地位，以及德国法律对其行政法院模式的制度设计等，都值得我国在司法体系制度构建过程中加以借鉴。

第三章　原则·法则·伦理

　　从语义学视角出发，原则是指说话或行事所依据的法则或准则，亦适用于一般事物上。规则是指调整社会关系，具体规定权利和义务以及具体后果的准则，或者说是对一个事实状态赋予一种确定的具体后果的各种指示和规定。《史记》中所指的"必将崇论闳议，创业垂统，为万世规"即为此意。① 伦理则指向两种含义，其一为事物的条理，其二为人伦道德之理，即人与人相处的各种道德准则。②

　　法律原则是指法律规范的基础或在法律中较为稳定的原理和准则。法律原则在规范评价与事实描述两个层面上均作为有效的规范类型存在，它与法律规则作为两大构成要素并存于法律规范之中，它们之间的差异是逻辑性的而不是程度上的，但两者的关键区分在于法律原则无法像法律规则那样被承认规则所鉴别。③ 因此，相较于法律规则，法律原则具有更大的包容性，但明确程度显然低于法律规则。法律规则，即法则，是规定具体权利义务以及法律后果的准则，其相较于原则而言虽然更加明确且具体，但是调整范围却极为有限。在法治政府理论中，法治政府的原则应当能够贯穿于所有政府规则之中，能够准确地解释行政权运行

---

　　①　参见《史记·司马相如列传·难蜀父老》。

　　②　参见《礼记·乐记》："凡音者，生于人心者也；乐者，通伦理者也。"郑玄注："伦，犹类也。理，分也。"汉贾谊《新书·时变》："商君违礼义，弃伦理。"

　　③　庞正、杨建：《法律原则核心问题论辩》，载《南京师大学报（社会科学版）》2010年第1期。

过程中的所有现象，能够符合现代行政精神对行政权运行的全部要求，能够引导和规范行政权的良好有序运行。据此，我们将法治政府的基本原则确定为行政合法性、行政合理性以及信赖保护这三大原则。法治政府的法则体系则是围绕行政权力而形成的法律规范体系，其主要由规范行政主体和行政权设定的行政组织法、规范行政权行使的行政行为法、规范行政权运行程序的行政程序法、规范行政权监督的行政监督法和行政救济法等部分组成。而伦理作为处理人与人、人与社会相互关系的道理和准则，其游离于法治政府原则与法则之外，但又可以在某些情况下与法治政府的原则、法则相互转化。具体而言，法治政府的伦理体系，即为面对社会对公共行政伦理所提出的要求，将其转化为对于公共行政组织以及广大公务人员的素质道德要求，具体包括公务员的个人品德、行政职业道德、行政组织伦理、公共政策伦理、行政制度伦理和行政行为伦理等方面的内容。由此可见，原则、法则、伦理三者相辅相成，共同推进法治政府的发展。

第一节　法治政府之原则体系

法哲学家罗纳德·德沃金曾说："我们只有承认法律既包括法律规则也包括法的原则，才能解释我们对法律的特别尊敬。"正是体现了政治道德的法律原则的存在，才使得法律获取了特殊的尊敬和特定的有效性。[1] 真正的法治政府基本原则应当能够贯穿于所有政府规则之中，能够准确地解释行政权运行过程中的所有现象，能够符合现代行政精神对行政权运行的全部要求，能够引导和规范行政权的良好有序运行。据此，我们将法治政府的基本原则确定为行政合法性、行政合理性以及信赖保护这三大原则。

---

[1]　窦玉前：《论我国行政法治的基本原则》，载《黑龙江社会科学》2004 年第 5 期。

一、法治政府原则的规范渊源

如同各个部门法的渊源一样，法治政府原则也必然有其渊源，即该原则的具体表现形式和规范依据。从形式上来说，法治政府原则的规范依据主要有：宪法与宪法性法律、法律、行政法规、行政惯例等。

(一)宪法与宪法性法律

宪法是我国的根本大法，规定着国家制度和社会制度的基本原则和重大问题。宪法中包括法治政府原则的内容，因而其能够成为法治政府原则的规范依据。具体而言，宪法中有关法治政府原则的规定主要体现在：(1)关于行政活动基本原则的规范。(2)关于人民参与国家管理的原则规范。(3)法制统一和尊严的原则规范。(4)平等原则规范。(5)社会主义法治国家原则规范等。①如我国《宪法》第5条规定："一切法律、行政法规和地方性法规都不得同宪法相抵触。"这就体现了法律优先原则的内容。除此之外，宪法性法律的有关规定也可以成为法治政府原则的规范依据，如我国《立法法》第8条规定："下列事项只能制定法律：(1)国家主权的事项；(2)各级人民代表大会、人民政府、人民法院和人民检察院的产生、组织和职权；(3)民族区域自治制度、特别行政区制度、基层群众自治制度；(4)犯罪和刑罚；(5)对公民政治权利的剥夺、限制人身自由的强制措施和处罚；(6)税种的设立、税率的确定和税收征收管理等税收基本制度；(7)对非国有财产的征收、征用；(8)民事基本制度；(9)基本经济制度以及财政、海关、金融和外贸的基本制度；(10)诉讼和仲裁制度；(11)必须由全国人民代表大会及其常务委员会制定法律的其他事项。"这就体现了法治政府原则中法律保留原则的内容。

(二)法律

法律是指由全国人民代表大会及其常务委员会制定、通过的规范性文

---

① 朱维究、王成栋著：《一般行政法原理》，高等教育出版社2005年版，第15页。

件①，其中由全国人民代表大会制定的称为基本法律，而由其常务委员会制定的则称之为一般法律。② 大量与行政主体行使行政职权有关的内容的法律，均是法治政府原则的规范依据，如基本法律中的《中华人民共和国国家赔偿法》《中华人民共和国行政诉讼法》《中华人民共和国国务院组织法》等，一般法律中的《中华人民共和国治安管理处罚法》《中华人民共和国律师法》等。以合理性原则为例，我国《行政处罚法》第 4 条规定："设定和实施行政处罚必须以事实为依据，与违法行为的事实、性质、情节以及社会危害程度相当。"《治安管理处罚法》第 5 条规定："治安管理处罚必须以事实为依据，与违反治安管理行为的性质、情节以及社会危害程度相当。"

（三）行政法规

行政法规是国务院根据宪法和法律制定和颁布的规范性文件的总称③，是行政法规范的重要渊源形式④，因而其也是法治政府原则的规范依据之一。如《行政复议法实施条例》第 45 条规定："具体行政行为有行政复议法第二十八条第一款第（三）项规定情形之一的，行政复议机关应当决定撤销、变更该具体行政行为或者确认该具体行政行为违法；决定撤销该具体行政行为或者确认该具体行政行为违法的，可以责令被申请人在一定期限内重新作出具体行政行为。"对于行政机关的合理性审查的规定，就体现了法治政府原则中的合理性原则。

（四）行政惯例

行政惯例是指行政部门在行政时对无法律规定的事项的习惯性处理方式。

---

① 参见《最高人民法院关于适用〈中华人民共和国行政诉讼法〉的解释》。

② 曾宪义、王利明编：《行政法与行政诉讼法》，中国人民大学出版社 2007 年版，第14 页。

③ 王明、李国栋：《论地方性法规中消防行政处罚和行政许可的设定》，载《科技信息》2012 年第 36 期。

④ 熊文钊著：《现代行政法原理》，法律出版社 2000 年版，第 35 页。

林国彬教授认为：“行政惯例是关于行政上具有同一或同一性的事项，经过长期的、一般的、继续的或反复的施行，即可认为已成为行政措施的通例。”①实践中行政机关采用的诸多行政惯例均体现了法治政府的原则，如公安机关内部适用的“邻里之间的治安纠纷一般不适用拘留措施”的行政惯例就体现了行政合理性原则中的适当性原则。

需要指出的是，法治政府原则的规范依据并非仅包含以上四种形式，其他法律文件也可能成为其渊源，如司法解释、部门规章、地方规章、自治条例、单行条例、地方性法规等。

二、法治政府原则的特征

“原”，乃“源”的古字，有根本、推求、探究、原来、起初之意；“则”具有规则的含义。而原则在法学中，是指构成法律规则和法律学说基础和本源的综合性、稳定性原理或准则。② 法治政府原则是指在行政领域内中作为行政规则的指导思想，基础或本源的综合的、稳定的法律原理和准则。它是行政精神的最集中体现，并体现着政府行政的根本价值和目的。由此可见，法治政府的原则不同于一般的政治原则，也不同于行政法的局部原则，它有其自身的特点，主要有以下几个方面。

(一)普遍性

法治政府的基本原则应当可以适用于立法、执法、司法等方方面面，其普遍性具体体现在两个层面：一是法治政府的基本原则不同于其他各项具体原则，其对于政府行为的全部领域，行政职权存在与运用的各个方面均具有普遍适用性；二是法治政府的基本原则不同于具体的行政法律规范，其效力层次要高于行政法律规范，即行政法律规范的制定必须符合基本原则，当具体的法律

---

① 林国彬著：《论行政自我拘束原则》，三民书局1994年版，第38页。
② 陈瑞华著：《刑事审判原理论》，北京大学出版社1997年版，第120页。

规范与基本原则相抵触时，应当对法律规范予以修正。① 普遍性是法律原则最基本的特征。

(二)特殊性

法治政府原则仅是对行政现象的抽象概括，其是政府行政所独有的原则，这种特殊性将其与一般的原则相区分。法治政府原则反映了人们对政府行政现象的认识，而且法治政府基本原则仅适用于政府行政领域②，其内容只有通过具体的行政法律关系才能实现。

(三)法律性

法治政府原则最本质的特征即为法律性，法律性表明其不同于一般的政治原则或道德原则。具体包括：其一，任何政府权力的产生和行使均必须遵循法治政府的原则；其二，相对人义务的承担和权利行使亦不得违反法治政府的原则；其三，如有违反法治政府原则的行为，那么必然要承担相应的法律责任。③ 法律性是法律原则区别于道德原则等其他原则的重要特性。

(四)内容的本源性和结构性

"法律原则把法的内容和法的经济的，思想政治的基础联系起来。法的原则在反映法律现实内容的社会基础时应该具有一种根本性质，并能与一定社会经济形态的客观规律性以及存在其中的阶级本质相适应。"④法治政府的原则是行政本质和根本价值的体现，它是行政领域规则或规范的本源性依据。另外，法治政府的原则之间也并不是毫无关联、彼此割裂，相反，它们内部之间往往存在一定的逻辑关系，具有结构上的制度性，每一项法治政府的原则几乎都凝

---

① 王周户著：《行政法学》，中国政法大学出版社 2015 年版，第 70 页。
② 王周户著：《行政法学》，中国政法大学出版社 2015 年版，第 70 页。
③ 王周户著：《行政法学》，中国政法大学出版社 2015 年版，第 71 页。
④ 张文显著：《法理学》，高等教育出版社、北京大学出版社 2007 年版，第 122 页。

聚了行政领域中的几种制度。① 因此，法律原则在法治政府建设过程中居于基础性地位。

（五）效力的普遍性和稳定性

法治政府的原则具有较宽的覆盖面，能够涵盖所有的行政法律规范，再加上其并不设定具体的、确定的事实状态，不具有行为模式、条件假设以及后果归结的规则式逻辑结构②，也就没有具体的权利义务关系，因此具有效力上的普遍性。另外，由于法治政府的原则通常是行政精神的最集中体现，体现和反映了行政的本质，具有高度的抽象性和根本性，因此其效力还具有非常强的稳定性。

（六）功能的指导性和补充性

法治政府原则的指导性是指其通常并不对人们的行为产生直接的效力，只是在较大的范围内和较长的时间内，对人们的行为起着一种宏观的方向性作用，对行政规则的适用实施具有理念上的指导和协调作用。尤其是在一些疑难案件的审理上以及对法律进行解释时，法治政府原则的这一特征更加明显。法治政府原则的补充性是指在完全缺乏实定法规范或者实定法规范之间存在冲突或者适用实定法规范与原则相抵触时，原则可以作为具体法律规则的补充来具体适用。③ 当具体的法律规则缺失时，法院也可援引相关法律原则作出司法裁判。

三、法治政府原则之内容

在我国法理学上，法律原则可划分为基本原则与具体原则，基本原则是指在整个行政领域所适用的、体现法治政府的基本价值的原则。而具体原则是指

---

① 沈开举著：《行政法学》，郑州大学出版社 2009 年版，第 75 页。
② 窦玉前：《论我国行政法治的基本原则》，载《黑龙江社会科学》2004 年第 5 期。
③ 沈开举著：《行政法学》，郑州大学出版社 2009 年版，第 76 页。

在基本原则指导下适用于某一行政领域中特定情形的原则。从前文的叙述可以看出，本书所指的法治政府的原则体系应当是贯穿于我国整个行政领域的基本原则相互联系、相互融合所共同构成的体系。多年来，对法治政府基本原则的内容，不同的学者有不同的概括。据相关统计，在过去的 30 余年里，行政法学界所列举的行政法基本原则就达 40 多种，并且时至今日，行政法基本原则仍是我国行政法学研究中的一个热点，新的认识、新的表述、新的观点层出不穷，令人目不暇接。本书基于效力的贯穿始终性以及内容的根本性，我们将法治政府的基本原则确定为行政合法性原则、行政合理性原则以及信赖保护原则。

（一）合法性原则

行政权自始处于法律权限之内——它无法脱离法律为其设定的生成与运行之轨道，而法律层面上的行政权亦被视为"在具体环境下对法律的适用与执行"，并且"被灌入了法律与裁判的理念"。正如潘恩所言："一切管理国家的权力必定有个开端，它不是授予的就是僭取的权力，此外别无来源。一切授予的权力都是委托，一切僭取的权力都是篡夺，而一切篡夺都意味着非法。"①因此，行政合法性原则乃现代法治政府的首要基本原则，也是法治政府当之无愧的最为重要的原则。行政合法性原则又包括职权法定、法律优先以及法律保留这三项子原则。②

其一，职权法定原则。行政机关的职权不同于公民的权利，公民权利是公民本身所固有的，公民在不违反法律禁止性规定的情况下，可以从事一切活动。而行政机关则不同，对于行政机关来说，法无授权即禁止。只有当法律对其明确地授权时，行政机关才依法获得某项权力，并依照法律的规定来行使。其要义有三：（1）行政组织的设立必须依据法律，即机关设置法定、人员编制法定以及财政预算法定。（2）行政职权的配置必须依据法律，即行政职权配置

① ［美］托马斯·潘恩著：《潘恩选集》，马清槐等译，商务印书馆 2004 年版。
② 申华林：《新时代法治政府建设研究》，载《桂海论丛》2018 年第 3 期。

主体合法、行政职权配置权限合法以及行政职权配置目的合法。(3)行政职权的行使必须依据法律,即政府行政职权的行使必须以事实为根据、政府行政职权的行使应符合法定范围以及法定的行政职权必须得到积极、充分的行使。① 这是法治政府建设与依法行政在政府职权配置领域中的表现。

其二,法律优先原则。法律优先原则,又称为消极依法行政原则、法律优位原则,是行政合法性原则的重要组成部分。在行政领域中,法律优先原则主要意旨法律对于行政立法(行政法规和规章)的一种优越地位。其要义有三:(1)行政立法应当遵循法律位阶的规定,以上位法作为行政立法的根据。我国的《宪法》和《立法法》也有所规定,国务院要根据宪法和法律制定行政法规②;部门规章要以法律、行政法规为根据;地方政府规章应以法律、行政法规和地方性法规为依据。(2)不得违反法律,即行政机关制定的任何法规范均不能超越法律之上,不得与法律相抵触。③ 在有法律规定的情况下,行政立法必须服从法律,不能超越法律规定的范围,自行设定相关的权利义务;在法律尚未规定的情况下,在不抵触法律的明文规定的前提下,行政机关可以创设行政法规和地方政府规章。(3)违法审查机制,法律优先原则须有机制保障,违反法律的审查机制的存在,是法律优先原则的重要保障。在我国,这种审查权一般是属于权力机关和行政机关。如《宪法》第67条中有规定:"全国人民代表大会常务委员会行使下列职权……撤销国务院制定的同宪法、法律相抵触的行政法规、决定和命令……";第89条规定:"国务院行使下列职权……改变或者撤销各部、各委员会发布的不适当的命令、指示和规章……"另外,《立法法》和《行政复议法》中都有类似的规定。我国人民法院只有审查具体行政行为是否违法的审查权,而对于行政法规、行政规章等行政立法是否违法,人民法院均无审查权。然而,人民法院虽无对行政法规、行政规章等行政立法违反法律优先原则的审查权,但从原则上讲,法院有理由拒绝适用违法的行政法规和行政

---

① 牛余凤,韦宝平编:《行政法学》,中国政法大学出版社2011年版,第29~30页。
② 参见我国《立法法》第65条。
③ 应松年著:《行政法学新论》,中国方正出版社2004年版,第31页。

规章。

其三，法律保留原则。所谓法律保留，是指凡属宪法、法律规定只能由法律规定的事项，则只能由法律规定，或者必须在法律有明确授权的情况下，才能由行政机关作出规定。[①] 法律保留通常有两层含义：一是绝对保留，是指宪法、法律规定只能由法律规定的事项，在任何情况下都不能由其他国家机关，特别是行政机关代为规定；二是相对保留，是指在宪法、法律有明确授权的情况下，一般情况下只能由法律作出的规定也可以由行政机关通过行政立法的方式来加以规定。[②] 法律保留的一个关键问题是保留范围。因为，保留范围的大小将决定立法与行政的界限。保留范围过大，势必压制行政的能动性，无疑抹杀了行政权独立存在的价值，同时也是对行政权的特殊功能结构的否定；反之，如果保留范围过小，又将重新回到封建君主时代的行政特权，这无疑将毁坏依法行政的基础。因此，法律保留范围的发展史就是一个寻找行政的能动性与拘束性的均衡点的过程。[③] 目前，我国的法律保留采取的是一种重要保留说，即保留的事项仅仅局限于一些比较重要的领域。在我国，现行宪法和法律对法律保留事项已经作了某些规定。根据宪法的规定，我国必须由法律规定的事项主要包括国家基本制度、国家机构组织和职权、有关选举权和被选举权、人身自由、纳税、服兵役等公民基本权利和义务以及战争与和平、对外缔结条约等其他重要问题。[④] 我国《立法法》第8条和第9条以宪法为基础，进一步对法律保留事项予以更具体的规定。

(二)合理性原则

在现代社会，伴随着行政权的不断扩大，行政裁量因素也开始获得快速增长，如何控制行政裁量，继而使其合乎"常理"，是当代法治政府研究的一项

[①] 申华林：《新时代法治政府建设研究》，载《桂海论丛》2018年第3期。

[②] 牛余凤，韦宝平编：《行政法学》，中国政法大学出版社2011年版，第30~31页。

[③] 张桂芝：《法律保留原则对地方行政立法权的规制——以兰州市路桥费开征为例》，载《兰州大学学报(社会科学版)》2010年第2期。

[④] 谢永霞、周佑勇：《论行政法的效益原则》，载《湖南社会科学》2014年第1期。

重要课题——随着社会经济的发展，国家行政事务日益繁多且日趋复杂，"行政的作用在于形成社会生活、实现国家目的，特别是在福利国家或社会国家中，国家的任务更是庞杂而繁重，行政往往必须积极介入社会、经济、文化、教育、交通等各种关系人民生活的领域，成为一只处处都看得见的手，如此方能满足人民与社会的需要。"①然而，无论一国的法律有多么完备，都不可能事先对所有可能作出的行政行为的范围、幅度以及条件和方式等作出比较详尽的规定。在这样的背景下，行政合法性原则自然一如既往地不可或缺，但却并非充分，唯其如此，公共行政恪守合理性原则才成为一种必要。可以说，从单纯的行政合法性原则过渡到确立合法性与合理性双重原则，这是人类行政法制进化的一个标志，是世界各国法治政府发展史上的一个飞跃。行政合理性原则的核心内容就是比例原则，所谓"比例原则"，又被称为"禁止过分原则"或"最小侵害原则"。其主要是指行政主体在作出裁量时，应当基于公正、符合法律的意图和精神，充分考虑行为的性质、情节、后果等实际相关因素，不得偏颇一方、忽略应当考虑的因素或者考虑某些不相关的因素。行政裁量应当兼顾行政目标的实现以及相对人权益的保护，在保证行政目标实现的同时注意保护相对人的权益，将对相对人权益造成的不利影响尽量限制在最小的范围和幅度之内。② 具体而言，比例原则主要包含三个子原则，即适当性原则、必要性原则以及狭义的比例性原则。

其一，适当性原则。适当性原则又称为妥当性原则、妥适性原则以及适合性原则，是指行政方式对于实现行政目的是适当的，即所采取的行政方式至少能实现行政目的或者有助于行政目的的达成，强调行政方式的选择必须是适当的。适当性原则偏重"目的取向"，关注的是目的——手段的适当性问题，要求目的和手段之间存在正当、合理的联系。如果行政方式的行使不足以达到目的，或者超出法定目的③、手段不能以及违反法律规定等，那么就违反了适当

---

① 翁岳生著：《行政法》，中国法制出版社 2002 年版，第 16 页。
② 罗豪才、湛中乐著：《行政法学》，北京大学出版社 2006 年版，第 27 页。
③ 余凌云：《论行政法上的比例原则》，载《法学家》1998 年第 1 期。

性原则，也就因此违反了行政法上的比例原则。①

其二，必要性原则。必要性原则，又称不可替代性原则、最小侵害原则，"国家如果为了达成公益之目的，而有两个以上符合适当性原则的措施可以选择时，须选择对人民利益侵害最小的措施"。② 这里所谓的"必要"，指的是对不可避免的侵害，行政机关只能选择为达成目的已经无可避免且损害最小的手段，即"最温和的手段"来实施。作为比例原则的核心子原则，必要性原则主要是从"法律后果"上来规范目的与手段、约束权力与行使主体所采取的措施之间的比例关系的，强调的是"采取之方法所造成之损害不得与欲达目的之利益显失均衡"。当目的与手段都在授权范围之内时，针对具体情况，用必要性原则的标准来抑制公权力对公民权益所产生的不必要侵害。

其三，法益均衡原则。法益均衡原则，也称狭义比例原则，是指行政机关对公民个人利益的干预不得超越实现行政目的所追求的公共利益原则，二者之间必须合比例或者相称。③ 也就是说，行政机关所采取的手段即使正当且必要，但是如果该手段所侵害的公民个人利益明显与其所要达成的行政目的不相当、不成比例，那么该行政行为还是违背了比例原则，通俗地说就是不可小题大做，也不可大题小做。作为比例原则精髓的狭义比例原则，主要是从"价值取向"的角度将成本与收益进行比较，"衡量目的与人民权利损失两者有无成比例。"④由此可知，狭义比例原则与前两者的不同之处正在于其并不受原先预定的行政目的限制，所关注的问题是法益衡量。由于要对必要手段和不利后果（对公民的负担）进行衡量，使得手段产生价值得以和目的进行比较衡量，从而使手段提升到目的的层次，成为目的和目的的比较，所以德国学者教授称其为"目的使手段正当化"。

---

① 沈开举著：《行政法学》，郑州大学出版社 2009 年版，第 87~88 页。
② 牛余凤、韦宝平编：《行政法学》，中国政法大学出版社 2011 年版，第 33 页。
③ 沈开举著：《行政法学》，郑州大学出版社 2009 年版，第 88~89 页。
④ 陈新民著：《德国公法学基础理论（下册）》，山东人民出版社 2001 年版，第 370 页。

（三）信赖保护原则

大陆法系很早便开始研究信赖保护原则，但该原则在行政法上的真正确立是在"二战"之后的德国。信赖保护原则的发展是法治社会发展到一定程度的表现，它的产生需要一定的理论基础和现实依据，是为了保护行政相对人的利益以及诚信政府的建立。经过多年的发展，信赖保护原则已经成为了很多国家法治政府的一项基本原则①，甚至在有些国家其还被置于宪法位阶的地位。在我国早期，信赖保护原则在行政立法和司法上还鲜有体现，但近年来，随着行政法学的发展和进步，国内学术界也开始对信赖保护原则展开研究，并进行了诸多有益的探讨——为了维护国家行政职权活动的公信力，保护相对人的合法权益，继而建设诚信政府，中国法治政府应当也必须引入信赖保护原则。所谓信赖保护原则，即指当行政相对人对行政主体的行政方式形成值得保护的信赖时，行政主体不得随意变更、撤销或者废止该方式，否则必须合理补偿行政相对人信赖该方式有效存续而获得的利益。② 根据德国法理论，信赖保护原则的构成要件主要包括存在信赖基础、具有信赖表现和信赖值得保护。明确信赖保护原则的构成要件是一个非常重要的问题，主要是从信赖保护原则的逻辑结构出发进行的解构与分析。

其一，存在信赖保护基础。信赖基础是信赖保护的首要条件，指的是行政主体行使公权力作出了相应的行政行为，即该公权力行为产生了特定的法律状态，通俗地说就是产生了有效的行政行为。只有行政相对人依据行政机关的决定作出了相应行为才能认定形成了信赖基础。同时值得注意的是，仅有行政机关作出了生效的行政行为还不够，还需要行政相对人知晓，而且行政机关的行为必须是已经外部化的、定型的行政行为，未成立、未定型的行政行为不能作为当事人的信赖基础。一项行政行为尚处于作出过程中时，是不可能对外产生法律效果的，这使得当事人的信赖毫无根据，相对人也不可能基于此信赖产生

---

① 刁鹏：《论当代行政法上的信赖保护原则》，载《法学论坛》2014 年第 1 期。
② 申华林：《新时代法治政府建设研究》，载《桂海论丛》2018 年第 3 期。

任何利益损失。①

其二，具备信赖表现行为。信赖表现是行政相对人及利害关系人根据法律秩序的安定性，基于相信作为信赖基础的行政行为的稳定不变而采取的对自己生活做出安排和对财产进行处分的行为，从而使其在法律上的地位或关系产生转变，包括作为和不作为。信赖保护的基础和信赖保护表现之间必须存在着因果关系，只有当信赖基础现实存在，行政相对人及利害关系人依该行政行为的效力而作出的行为才会有依据，如果他根本就不了解行政行为是否存在，只是主观臆断地对自己的权益作出了处理，那么事后发生的行政行为变动与其利益损害之间就没有必然联系，信赖保护也就没有了可能。②

其三，信赖利益值得保护。信赖利益是否值得保护是根据行政相对人及利害关系人在主观上是否有过错以及该行政行为是否有可预测性来判断的，尤其是在对违法授益行政行为进行撤销时，受益人若要获得适当的补偿，则对该行政行为的信赖必须是正当的，也就是说，受益人的信赖应当有值得保护的理由。"所谓正当性，是指人民对国家行为或法律状态深信不疑，且对信赖基础之成立为善意并无过失。这不仅要求行政相对人对行政行为的信赖必须是善意的，并且在处分自己行为时也要善意，换言之，行政行为撤销的事由不能归责于行政相对人。"③如果由于行政相对人及利害关系人的过错造成行政行为的作出或者行政相对人及利害关系人应知其权益处于不稳定状态，能够预测到该行政行为的最后结果而没有预测到，那么其利益就不值得被保护。判断其有无过错应当从其知识结构、所处境遇等方面进行综合考虑，信赖不值得保护的情形从各国的规定来看主要有以下几种：一是以诈欺、胁迫或者贿赂方法促使行政主体作出行政行为的；二是对重要事项提供不正确数据或者进行不完全陈述，使行政主体依该资料或者陈述而作出的行政行为；明知行政行为违法者或因重

---

① 周乐：《谈信赖保护原则的适用》，载《中国劳动》2013 年第 12 期。

② 李博：《论行政法的信赖保护原则———一起案件引发的法律思考》，载《法学研究》2013 年第 3 期。

③ 陈波：《试论行政许可法中之信赖保护原则》，载《华商》2008 年第 16 期。

大过失而不知者。① 若上述情况均已具备，则对信赖保护原则的适用，还得在相对人所享有的信赖利益与否定原行政行为所欲保护的公共利益之间进行客观的比较或衡量。

四、法治政府原则之适用

适用是法治政府原则焕发生机的重要环节，如若一条原则不能被适用，那么其仅仅具有象征意义、宣示意义或叙述意义，虽然其还是具有一定的法律效力，但是可能已经不具有实效了。② 然而，法治政府原则之适用并非毫不受限，而是应当遵循相应的原则、条件以及方法。

(一) 适用原则

适用原则具体包括：(1)平等原则，即法治政府之原则对全体公民是统一适用的，公民依法享有同等的权利并且承担同等的义务，公民的合法权益也应当平等地受到法律的保护；不允许有不受法治政府原则约束或追究的特殊公民。(2)在法治政府原则的适用过程中要严格依法，即以事实为依据，以法律为准绳，要求在适用法治政府原则的过程中都只能以客观事实作为唯一根据，并且要把法律作为判定行为合法、合理等的唯一标准和尺度。(3)独立适用原则，即首先适用法治政府原则判定行政机关行为的机关必须是有权机关，其次该机关必须独立行使其职权，不受其他部门、组织、个人的干涉，但是独立适用并非其适用过程不受监督，其依然要接受权力机关、司法机关、社会舆论等的监督。

(二) 适用条件

为了保障法律的客观性和确定性，必须对法治政府原则的适用设定严格的

---

① 应松年著：《行政法与行政诉讼法》，中国政法大学出版社 2008 年版，第 45 页。
② 李鑫著：《法律原则适用的方法模式研究》，中国政法大学出版社 2014 年版，第 60 页。

条件。具体而言：(1)穷尽规则，即有规则适用规则，只有在无规则可以适用的情况下，为了弥补"规则漏洞"，法治政府原则才可以作为某种手段发生作用。[1] (2)实现个案正义，原则的适用本质上还是要体现在司法实践中，而在一般情况下如果适用规则则不需要进行正确性审查，但若某一个个案适用规则将导致极不公正的结果，那么就应对该规则的正确性进行实质审查，首先以立法手段审查，其次以法官"法律续造"的技术和方法选择原则作出适用的标准。(3)更强理由，在已存有相应规则的前提下，若想排斥规则而优先适用法治政府原则，如果提出的理由与适用相关规则相比更弱的话，那么适用法治政府原则就没有逻辑证明力和说服力。[2] 为此，要求若无更强理由，不得适用法治政府之原则。

（三）适用方法

法治政府原则的适用方法是指在实践过程中如何认定政府某种行为是否违反法治所采用的方法。具体而言包括以下三种方法：(1)演绎推理法，即首先掌握法治政府的基本内涵，其次全面了解政府行为的实际情况和特殊性，最后推导出相关原则是否能运用于该行为的结论。当一般的法治政府法则与法律、社会正义、公共福祉等相矛盾、相冲突时，具体的法治政府法则应当让位于社会正义、公共福祉等的需求。这种让位选择中的利益权衡与法治政府的基本内涵存在着不容忽视的关联。为此，运用演绎推理法，将法治政府的基本内涵与政府实际行为相勾连，可以有效判断法治政府的原则能否适用。(2)类型化方法，由于原则内容的不确定、判断标准不明确，如果不谨慎适用，必然面临其适用范围被无限扩大的危险，为此我们可以通过典型案例或明确的规定将法治政府原则类型化，如可以将超越职权、滥用职权的行为列为违反法治政府原则的行为类型，以此来确保法治政府原则的适用。(3)价值补充方法，价值补充是不确定法律概念具体化

---

[1] 舒国滢：《法律原则适用中的难题何在》，载《苏州大学学报（哲学社会科学版）》2004 年第 6 期。

[2] 李龙著：《法理学》，武汉大学出版社 2011 年版，第 130 页。

的典型和专属方法，即在综合权衡相关因素的基础上，将法治政府原则的内涵予以明晰，以便于适用，但是使用价值补充方法必须遵循以下基本原则：依据标准的客观性、个案行为的特殊性以及适用标准的普适性。

第二节　法治政府之法则体系

在学术史上，有关知识体系化的开放性建构，始终与法学研究相伴而生。[①]法治政府法则体系则是围绕行政权力而形成的法律规范体系，其主要由规范行政主体和行政权设定的行政组织法、规范行政权行使的行政行为法、规范行政权运行程序的行政程序法、规范行政权监督的行政监督法和行政救济法等部分组成。其重心是控制和规范行政权，保护行政相对人的合法权益。

一、行政组织法则

行政组织法包含广义和狭义两种解释，狭义的行政组织法也称行政机关组织法，仅指规定行政机关的性质与地位、设置与权限以及基本工作制度和法律责任的法律规范的总称。[②]广义的行政组织法除了行政机关组织法外，还包括对行政组织内部人员管理、行政机关内部机构设置及比例、调整国家财政收支关系以及规范政府公务行为的法律规范，即广义上的行政组织法包括行政机关组织法、公务员法、行政机关编制法、财政法以及公务法等。[③]具体而言，行政组织法包括以下内容。

（一）行政机关组织法

经前文所述，行政机关组织法包括宪法中有关行政机关的设置以及权限的

---

① 江国华：《从行政行为到行政方式：中国行政法学立论中心的挪移》，载《当代法学》2015年第4期。

② 江利红著：《行政法学》，中国人民大学出版社2004年版，第128~129页。

③ 孟鸿志等著：《中国行政组织法通论》，中国政法大学出版社2001年版，第19页。

规定、专门的行政机关组织法的相关规定（如《国务院组织法》）、部分行政法律、法规以及一些规范性文件（如定机构、定编制、定职能的《三定方案》）中有关行政机关的设置以及权责的规定等。其具体包含以下基本内容。

其一，行政机关的性质与地位。我国《宪法》中第 85 条规定："中华人民共和国国务院，即中央人民政府，是最高国家权力机关的执行机关，是最高国家行政机关。"这一条就明确规定了国务院的性质是最高国家权力机关的执行机关，也是最高的国家行政机关。

其二，行政机关的设置。行政机关的设置具体包括设置标准以及设置程序两个方面的内容。首先，应当明确行政机关的设置必须遵循行政目的、分工协作原则以及合理结构的原则；其次，应当明确行政机关的设立、变更、撤销等事项的基本程序。

其三，行政机关的职能划分。职能是指行政机关在社会中的功能以及所享有的职权。关于行政机关职能的界定具体又包括如下方面：首先从横向上来看，包括行政机关与其他国家机关的职能划分、不同性质的行政机关之间的职能划分。其次从纵向上来看，包括中央行政机关与地方行政机关之间的职能划分、同一性质的行政机关上下级之间的职能划分。

其四，行政机关之间的相互关系。行政机关之间的相互关系从横向上来看是同一级别的行政机关之间的关系，从纵向上来看是行政机关上下级之间的关系。(1)上下级行政机关之间的关系具体包括三种形式：一是双重领导关系，二是垂直领导关系，三是业务指导关系。(2)同一级别的行政机关之间的关系亦包含三种形式：一是权限划分关系，二是公务协助关系，三是监督制约关系。

其五，法律责任。法律只有被赋予了强制力才能保证其实施的效果，因此行政机关组织法中的一项重要内容就是法律责任。其主要是通过审计机关和监察机关来实现对行政机关设置和职权行使的监督。当然权力的制约不仅仅包括监督，还要加强对违法责任的规定，规定行政机关违反法律的规定设置组成部门或者增设行政权限的，均要依法受到追究和制裁的相关规范。

（二）行政机关编制法

行政机关编制法是调整行政机关中机构设置、人员定额、比例结构等的法律规范的总称。[①] 目前我国尚未制定行政机关编制基本法，有关行政机关编制管理的相关规定主要散见于宪法、组织法以及其他法律、法规和规范性文件之中。如我国《宪法》第 86 条就对国务院的人员编制作了概括性的规定："国务院由下列人员组成：总理、副总理若干人，国务委员若干人，各部部长，各委员会主任，审计长，秘书长。"其后《国务院组织法》又对国务院的人员定额作了进一步的规定，如"各部设部长一人，副部长二至四人。各委员会设主任一人，副主任二至四人，委员五至十人"。再之后《国务院行政机构设置和编制管理条例》对国务院的机构和人员编制管理作了更为具体明确的规定。有关行政机关编制法的具体内容主要包括以下几个方面。

其一，行政机关编制的主管机关及其权限。行政编制具有较强的权威性、技术性、经济性和法律性，因此有必要设立专门的行政编制主管机关来主持这项工作。一般而言，在各级人民政府下设编制管理局，由中央编制管理局领导全国性的行政机关编制管理工作，下级编制管理局要服从上级编制管理局的领导。行政机关编制主管机关的权限一般包括三个方面：一是宏观决策权，即拟定行政机关编制的具体方案；二是具体执行权，即负责行政机关编制管理的具体实施；三是监督管理权，对实施行政机关编制管理过程中的违法违规行为进行检查处理。

其二，行政机关内设机构的设置。行政机关内设机构的设置一般包括审批程序、机构规模、机构级别等的规定。审批程序主要取决于编制管理体制，如《国务院行政机构设置和编制管理条例》中第 7 条规定："国务院组成部门的设立、撤销或者合并由国务院机构编制管理机关提出方案，经国务院常务会议讨论通过后，由国务院总理提请全国人民代表大会决定；在全国人民代表大会闭会期间，提请全国人民代表大会常务委员会决定。"第 8 条规定："国务院直属

---

① 应松年著：《行政法学新论》，中国方正出版社 2004 年版，第 91 页。

机构、国务院办事机构和国务院组成部门管理的国家行政机构的设立、撤销或者合并由国务院机构编制管理机关提出方案，报国务院决定。"机构规模以及级别的相关规定则较为复杂，但其遵循一个基本的准则，即职能越多，规模越大，级别也就越高，反之亦然。

其三，人员定额与经费核定。人员定额主要是指各个行政机构所需配备的人员数量以及领导职数的相关规定。一般而言，行政机关的人员定额也是与其所承担的行政职能相关联的，行政职能越多，职位数量越多，职位级别也就越多，同时人员编制也就相应增多。经费核定是指编制管理机关对某一行政机构所需的行政经费数额进行初步核算，并制订分配方案。

其四，法律责任。与前文有关行政组织设置的法律责任一样，对于行政机关编制的管理也规定了相应的法律责任，对行政机构的设置和编制进行规范有效的管理。如《国务院行政机构设置和编制管理条例》中第 23 条规定："国务院行政机构违反本条例规定，有下列行为之一的，由国务院机构编制管理机关责令限期纠正；逾期不纠正的，由国务院机构编制管理机关建议国务院或者国务院有关部门对负有直接责任的主管人员和其他责任人员依法给予行政处分：(一)擅自设立司级内设机构的；(二)擅自扩大职能的；(三)擅自变更机构名称的；(四)擅自超过核定的编制使用工作人员的；(五)有违反机构设置和编制管理法律、行政法规的其他行为的。"

(三)公务员法

公务员法有广义和狭义之分，广义的公务员法是指国家机关制定和认可的有关公务员管理的各种法律规范的总称，狭义的公务员法是指一个国家单独制定的有关公务员管理的基本法律文件。[①] 我国于 2005 年 4 月 27 日第十届全国人民代表大会常务委员会第十五次会议通过了《中华人民共和国公务员法》(2017 年修正)，这部法律是我国目前公务员管理的基本法，除此之外，我国

---

① 徐银华、石佑启、杨勇萍著：《公务员法新论》，北京大学出版社 2005 年版，第 7 页。

还制定了一系列有关公务员管理的法律法规、实施办法等，共同构成了一套完整的公务员管理的法律体系。有关公务员法的具体内容主要包括以下几个方面：(1)公务员的录用、考核、任免，具体包括录用、考核、任免的原则、条件、形式、程序、机构等。(2)公务员的晋升、奖惩，包括晋升、奖惩的原则、条件、程序、种类、机构等。(3)公务员的培训、交流与回避，包括培训、交流等的内容、要求、程序、机构等。(4)公务员的工资福利保险，包括工资等的原则、形式、标准以及内容、享受方式等。(5)公务员的辞职、辞退、退休、退职，包括条件、程序等。(6)公务员的职责权限，包括职权、优先权、职责、纪律和责任等。(7)公务员的权利保障，包括公务员不服人事处理的申诉、控告等权利以及行使方式等。(8)法律责任，即相关机构人员违反公务员法的有关规定对公务员进行管理所应当承担的后果。

（四）财政法则

财政法是调整在国家为了满足公共需求而取得、使用和管理国家财政资金过程中发生的经济关系的法律规范的总称①。全面依法治国要求所有行政组织依法行政，而依法行政的关键就是要保证政府财政行为的规范。自 1994 年确立市场经济以来，我国的财政法则体系不断完善，不仅制定和颁布了大量的财政法律法规，而且通过了大量与财政有关的政策及规范性文件，财政法则体系已初步建成。其中包含一些如财政管理、预算管理、税收关系、国家信用、财政监督关系、财政分配等具体内容。

（五）公务管理法

公务管理法是指调整政府公务活动中所产生的社会关系的法律规范的总称。上述行政机关组织法、行政机关编制法是调整行政机关设置、权限等问题的法律规范，公务员法是调整行政职务关系的法律规范，财政法是调整政府财政关系的法律规范，这些法律规范已然涉及了政府行政管理人、财、物的方方

---

① 胡智强、颜运秋著：《经济法》，清华大学出版社 2016 年版，第 288 页。

面面，但唯独忽略对政府公务行为的规制。公务管理制度是政府行政管理的重要组成部分，其直接影响到政府管理的公信力与权威性。目前我国对于公务管理，出台了大量的法律法规，如《中华人民共和国政府采购法》《国家行政机关及其工作人员在国内公务活动中不得赠送和接受礼品的规定》等，其主要内容包括：(1)公务管理活动的具体定义。(2)基本原则，如有利公务、务实节俭、严格标准、简化礼仪、高效透明等。(3)基本制度，如实行计划审批制度、报销制度以及公示制度等。(4)公务管理的方式，如调查、检查、监察等。(5)公务管理的程序。(6)法律责任，即对于违反公务管理规定的行为给予相应的惩处。

二、行政过程法则

行政过程法则是规范行政权行使和运作方面的法律，又分为四类：一是规范行政机关实施行政立法行为的各种法律规范的总称；二是规范行政执法行为的法律规范的总称；三是规范行政调裁行为的法律规范的总称；四是规范行政督导行为的法律规范的总称。

(一)创制性行政法则

创制性行政行为是指国家行政机关作出决策、制定行政法规、规章等活动过程及其后果之总称。[1] 而所谓创制性行政法则就是指规制或者规范创制性行政行为及其运行程序以及对行政决策、行政法规、规章等施行监督审查之法律、法规的总称，在我国主要包括《宪法》《立法法》《行政法规制定程序条例》以及《规章制定条例》等。[2] 其具体包括以下几个方面的内容。

其一，重大行政决策法则。行政决策是指行政主体通过设计方案、抉选策略等方式行使行政职权、达成行政目标之活动及其过程。[3] 重大行政决策的运

---

[1] 参见湛中乐：《简论行政立法过程》，载《行政法学研究》1993年第2期。
[2] 江国华著：《中国行政法总论》，武汉大学出版社2012年版，第204页。
[3] 江国华著：《中国行政法总论》，武汉大学出版社2012年版，第243页。

行程序主要包括确定目标、拟订方案、优选方案和方案决定等内容，其既决定着行政决策科学、合法、合理制定，也影响着行政决策的功能发挥。① 因此对于重大行政决策法则运行程序的规制也至关重要，为此我们主要从立法、行政与司法等层面对重大行政决策的行为本身以及运行程序等施以控制，具体而言，立法控制就是由全国人大及其常委会与地方各级人大及其常委会对行政决策进行规约与监控②；司法控制就是由人民法院对行政决策制定程序、行政决策内容以及行政决策实施是否合法进行审查与裁判③；行政控制就是由上级行政机关按照法定的权限、程序以及方式，对下级行政机关行政决策之合法性实施监督。④ 行政决策是最为重要的行政创制行为，行政决策规则在行政过程控制规则中也居于重要地位。

其二，行政法规、规章的创制法则。行政法规意指国务院为达成特定行政目标，根据宪法和法律所规定的职权和正当的法律程序制定涉及国家政治、经济、教育、科技、文化、外事等各类事项的规范性文件的总称。⑤ 行政规章是指国务院各部委以及各省、自治区、直辖市、设区的市、自治州的人民政府根据宪法、法律和行政法规等之规定制定并发布的规范性文件。⑥ 行政法规、规章的创制是指依法享有行政立法权的行政机关通过制定、修改、废止行政法规、规章的方式，行使职权、达成行政目标之全部活动及其过程的总称。行政法规、规章的规制是指对制定、修改、废止行政立法的全部活动及其过程进行监督审查的活动，在我国行政立法的监督审查机制主要由合法性审查与备案审查制度构成。其中备案审查制度是指依照法定程序将行政法规、规章报送有关机关备案，对符合法定条件的，有关机关应当予以登记。备案审查是合法性审查制度施行的前提，审查机关主要通过制定机关的报送备案来对该行政法规、

---

① 江国华著：《中国行政法总论》，武汉大学出版社 2012 年版，第 247 页。
② 江国华著：《中国行政法总论》，武汉大学出版社 2012 年版，第 253 页。
③ 江国华著：《中国行政法总论》，武汉大学出版社 2012 年版，第 254 页。
④ 江国华著：《中国行政法总论》，武汉大学出版社 2012 年版，第 255 页。
⑤ 江国华著：《中国行政法总论》，武汉大学出版社 2012 年版，第 213 页。
⑥ 江国华著：《中国行政法总论》，武汉大学出版社 2012 年版，第 219 页。

规章的合法性进行审查，如果发现其不适当，则可以撤销该行政法规、规章。

其三，行政规则的创制法则。行政规则是指行政主体为达到一定的行政目的，依据法律、法规、规章和政策制定的行政法规和规章以外的具有普遍的约束力和规范体式的决定、命令之总称。① 行政规则的创制是指行政主体制定、修改、废止行政规则的全部活动及其过程，行政立法法中对行政规则创制的规定主要包括创制的主体、程序以及文本格式等。行政规则的规制则是指有关机关通过对行政规则创制活动及其过程的监督审查，来保证行政规则之制定主体及其权限、程序、内容均合法、合理。在我国，主要是通过立法机关、行政机关以及司法机关三者来对行政规则进行有效的规制。

其四，行政规划的创制法则。行政规划是指行政主体通过对未来行政事务的部署与安排等方式行使行政职权、达成行政目标之活动及其过程。② 尽管从学理上而言，行政规划并不属于行政立法的范畴，但从本质上看，其在一定程度上具有法的本质属性，如在某种程度上对社会成员具有普遍约束力。因此对于行政规划的创制与规制也可以被列入广义的行政立法法的调整范畴。对于行政规划也可以通过立法、行政、司法机关对其行为之合法性进行监督审查。

（二）执行性行政法则

行政执行是国家行政机关及其公务人员依据宪法法律等，通过法定程序，将国家权力机关制定的法律法规以及上级下达的政策决策等贯彻落实，以落实公共事务管理和公共服务任务的全部活动过程。行政执行法是规制行政执行权及其运行的法律、法规等规范的总称。在我国，根据行政执行方式的不同，可以将行政执行法分为三种类型。

其一，侵益性行政法则。所谓侵益性行政执行法，是指对旨在剥夺、限制相对人权益或对其权益产生其他不利后果的行政方式及其过程进行规制的法律

---

① 江国华著：《中国行政法总论》，武汉大学出版社 2012 年版，第 230 页。
② 江国华著：《中国行政法总论》，武汉大学出版社 2012 年版，第 257 页。

法规等规范的总称。① 在我国，侵益性行政执行法主要包括行政处罚法、行政强制法等。其具体内容包括：（1）侵益性行政方式的设定权。（2）侵益性行政方式的适用法则。（3）侵益性行政方式的实施程序。（4）实施侵益性行政行为的法律责任等。

其二，惠益性行政法则。惠益性行政执行法意指为了实现特定的行政目的，行政主体依据职权所作出的能够对行政相对人的权益产生增量效果的行政活动及其过程进行规制的法律法规等规范的总称。② 在我国最典型的惠益性行政执行法就是行政许可法，其一般通过授予相对人从事特定活动之资质来实现其行政目的。惠益性行政执行法的具体内容包括：（1）惠益性行政执行行为设定与实施的原则。（2）惠益性行政行为执行的方式。（3）惠益性行政执行行为实施的程序。（4）滥行惠益性行政执行行为所应承担的法律责任等。

其三，互易性行政法则。所谓互易性行政执行法是指对行政主体通过行政契约、行政协商等合意互惠之方式，行使行政职权、达成行政目标之活动及其过程进行规制的法律法规等规范的总称。③ 通过定义可知，我国的互易性行政执行行为主要包括行政合同、行政指导等，而法律规范对于互易性行政执行行为的规制主要体现在以下几个方面：（1）规范行使互易性行政行为的程序。（2）明确设定与实施互易性行政执行行为的原则。（3）规定对互易性行政执行行为的救济等。

（三）调裁性行政法则

行政调裁是指行政机关或依法被授权的组织，依照法律法规处理当事人之间发生的行政纠纷的具体行政行为。调裁性行政法则是规范行政机关调解、仲裁以及裁决等活动内容、程序以及对其调裁活动进行监督的一系列法律规范的总称。具体而言，调裁性行政法则包括三个部分，即行政调解法则、行政仲裁

---

① 江国华著：《中国行政法总论》，武汉大学出版社 2012 年版，第 271 页。
② 江国华著：《中国行政法总论》，武汉大学出版社 2012 年版，第 311 页。
③ 江国华著：《中国行政法总论》，武汉大学出版社 2012 年版，第 341 页。

法则以及行政裁决法则。

其一，行政调解法则。所谓行政调解法则是指对行政机关通过说服教育的方式，帮助案件当事人自愿达成协议，以解决民事纠纷或轻微刑事案件的活动的过程进行规制的法律法规等规范的总称。具体而言，行政调解法则的内容应当包括：(1)行政调解的原则，如合法、合理原则、自愿原则、平等原则以及效益原则。(2)行政调解的主体，包括享有行政调解权的行政机关、行政机构、法律法规授权的组织和受委托的组织及其人员。除此之外，随着市场经济及现代化建设的推进，还可以考虑赋予非营利性组织和具备调解条件和能力的社会团体的行政调解主体地位。(3)行政调解的范围，包括一般民事纠纷、轻微刑事纠纷、劳动争议纠纷以及行政纠纷等。(4)行政调解的效力，即行政调解的效力应当在法律上给予承认，如若双方当事人对调解结果不满意，或拒不执行，则可以通过司法途径解决。除此之外，行政调解法则还应当包含行政调解的程序、法律责任等方面的内容。[①]

其二，行政仲裁法则。行政仲裁是指行政机关以第三人的身份依法对当事人之间的争议，依照法定仲裁程序予以解决的制度。[②] 而所谓行政仲裁法则是指由国家制定或认可的，规范和调整行政仲裁法律关系的法律规范的总称。具体而言，其内容包括：(1)行政仲裁的机构，如《劳动争议调解仲裁法》中第17条规定："劳动争议仲裁委员会按照统筹规划、合理布局和适应实际需要的原则设立。"(2)行政仲裁的原则，如合法、公正、及时处理原则，注重调解原则，适用法律一律平等原则等。(3)行政仲裁的基本程序，主要包括申请和受理、开庭和裁决等。(4)行政仲裁的受理范围。如《人事争议处理规定》中第2条规定："本规定适用于下列人事争议：(一)实施公务员法的机关与聘任制公务员之间、参照《公务员法》管理的机关与聘任工作人员之间因履行聘任合同发生的争议。(二)事业单位与工作人员之间因解除人事关系、履行聘用合同

---

① 郭玺：《关于制定我国行政调解法的构想》，载《甘肃科技纵横》2009年第1期。

② ［美］J. S. 朱恩、孟凡民：《什么是行政哲学》，载《北京行政学院学报》2004年第4期。

发生的争议。(三)社团组织与工作人员之间因解除人事关系、履行聘用合同发生的争议。(四)军队聘用单位与文职人员之间因履行聘用合同发生的争议。(五)依照法律、法规规定可以仲裁的其他人事争议。"①除此之外,行政仲裁机构的组成、行政仲裁的具体程序、行政仲裁的法律后果等也属于行政仲裁法则的规范内容。

其三,行政裁决法则。行政裁决是指行政机关或依法被授权的组织,对当事人之间发生的、与行政管理活动密切相关的民事纠纷进行审查,并作出裁决的具体行政行为。所谓行政裁决法则是指规范行政裁决制度的法律规范的总称,具体而言,其包括:(1)行政裁决的原则,包括裁决有据原则、公平合理原则、司法终裁原则等。② (2)行政裁决的主体是法律法规所授权的行政机关。③ (3)行政裁决的事项范围,包括侵权纠纷、补偿纠纷、损害赔偿纠纷、权属纠纷、国有资产产权纠纷、专利强制许可使用费纠纷、劳动工资、经济补偿纠纷、民间纠纷等。(4)行政裁决的程序,包括申请、立案、通知、答辩、调查、审理和听证以及裁决等。(5)行政裁决的司法审查,即行政相对人对行政裁决行为不服而采取的救济措施,如可以提起行政复议或是行政诉讼等内容。

(四)监督性行政法则

所谓行政监督法则,即享有行政监督权的行政主体运用督促、检查等行政方式,行使职权、履行职责,达成行政目标或效果之行政活动及其过程。④ 在我国,行政监督主要包括行政调查、行政检查以及行政监察等。

其一,行政调查法则。行政调查是指行政主体通过讯问、检查、调取资料

---

① 方世荣著:《行政法与行政诉讼法学》,北京大学出版社 2015 年版,第 267～277页。

② 熊文钊著:《民族法制体系的建构》,中央民族大学出版社 2012 年版,第 443 页。

③ 张鲁萍:《行政裁决司法审查刍议》,载《南都学坛:南阳师范学院人文社会科学学报》2011 年第 5 期。

④ 江国华著:《中国行政法总论》,武汉大学出版社 2012 年版,第 361 页。

等方式行使职权、达成行政目标之活动及其过程。① 行政调查法则的内容包括：(1)行政调查的主体，即行政主体，包括行政机关以及法律、法规授权的组织。(2)行政调查的原则，如调查法定原则、职权主义原则、当事人参与原则等。② (3)行政调查的方法，如询问与讯问、调取资料与现场勘验、检查、鉴定与听证等。③ (4)行政调查的程序，包括调查的启动、事先通知当事人、表明身份、搜集信息、权利告知、作出调查记录或报告。④ 除此之外，行政调查法则还包含行政调查的范围、行政调查的救济等内容。

其二，行政检查法则。行政检查是指为了实现行政管理职能，行政主体基于法定职权对行政相对人是否遵守法律和执行具体行政决定进行监督检查的行为。⑤。目前我国尚无专门的行政检查法，但行政检查在《行政许可法》《行政处罚法》《海关法》《税收征收管理法》《治安管理处罚法》等法律规范中均有体现。⑥ 具体而言，行政检查法则的内容包括：(1)行政检查的主体，即享有某项行政检查权的国家行政机关或被法律、法规授权的组织。⑦ (2)行政检查的内容，包括相对人是否遵守法律以及相对人是否执行行政决定。⑧ (3)行政检查的程序，包括事先通知、表明身份、实施检查、作出结论、事后告知以及信息公开等。⑨ (4)行政检查的规制，如行政检查设定权、行政检查之范围与手段、行政检查侵权之救济等。⑩ 除上述事项以外，行政检查的法律后果、基本原则等也属于行政检查法则的内容。

其三，行政监督法则。行政监督是指国家行政机构内行使监督职权的机关

---

① 江国华著：《中国行政法总论》，武汉大学出版社 2012 年版，第 365 页。
② 江国华著：《中国行政法总论》，武汉大学出版社 2012 年版，第 367~368 页。
③ 江国华著：《中国行政法总论》，武汉大学出版社 2012 年版，第 368~369 页。
④ 江国华著：《中国行政法总论》，武汉大学出版社 2012 年版，第 370~372 页。
⑤ 参见应松年、朱维究著：《行政法与行政诉讼法教程》，中国政法大学出版社 1989 年版，第 169 页
⑥ 江国华著：《中国行政法总论》，武汉大学出版社 2012 年版，第 361 页。
⑦ 江国华著：《中国行政法总论》，武汉大学出版社 2012 年版，第 361 页。
⑧ 江国华著：《中国行政法总论》，武汉大学出版社 2012 年版，第 362 页。
⑨ 江国华著：《中国行政法总论》，武汉大学出版社 2012 年版，第 363~364 页。
⑩ 江国华著：《中国行政法总论》，武汉大学出版社 2012 年版，第 364~365 页。

依法对国家行政机关及其公务员行使行政权力的行为进行的监视和督察。① 尽管在 2018 年的国家《监察法》出台之后，1997 年全国人大常委会通过了《中华人民共和国行政监察法》随即废止，但行政内部的监督制约机制依然存在。宪法、各单行法律、法规、规章等对于行政监督也均有所规定，共同构成了行政监督规范体系。一般而言，行政监督包括上下级之间的绩效考核监督，同级审计部门的审计监督等，以及土地督察、环境督察等专项督查制度依然在发挥作用。

三、行政后果的救济法则

行政救济制度是指当公民、法人或者其他组织认为行政机关的行政行为侵害其合法权益时，有权请求相应的国家机关依法对行政违法或行政不当行为实施纠正，并追究其行政责任，以保护行政相对人合法权益的制度。行政救济法就是规定有关行政救济制度的法律规范的总称，目前我国并无统一的行政救济法典，有关行政救济的内容散见于各不同的法律、法规中，如《行政复议法》《行政诉讼法》。根据救济的不同途径，可以将行政救济法则分为四个部分：一是行政内部救济法，二是司法救济法，三是混合救济法，四是仲裁救济法。这四类路径相互协调、互为补充，共同构成了我国完整的行政救济体系。

(一)行政内部救济法则

就其性质而言，所谓行政内部救济，即由行政主体通过行政程序对行政争议进行调处之活动及其过程。而行政内部救济法则是指规范行政内部救济的主体、管辖、程序、责任等一系列事项的法律规范。在我国，行政内部救济主要有行政复议、行政申诉、行政信访以及行政补偿等几种形式。

其一，行政复议。行政复议是指公民、法人和其他组织认为行政主体的行政行为侵犯其合法权益，依法向法定复议机关提出申请，由行政复议机关据此

---

① 刘萍著：《行政管理学》，经济科学出版社 2008 年版。

对被申请的行政行为是否合法与合理进行审查并作出决定的一种法律制度。[1]我国目前关于行政复议的法律规范主要有《行政复议法》和《行政复议法实施条例》(本章以下简称《实施条例》)。其规定的主要内容包括行政复议的范围、申请、受理、决定以及法律责任等。

其二,行政申诉。根据《辞海》的定义,行政申诉是指"当事人认为自己的权益或利益因国家行政机关违法行为或处分不当而遭受损害时,依法向原处分机关的直接上级机关提出制止违法行为、撤销或变更处分或赔偿损失的请求"。[2]我国目前法律明文规定的行政申诉制度主要有公务员申诉、教师申诉以及学生申诉。其规定的主要内容包括申诉的主体、管辖、受案范围、程序以及法律责任等。

其三,行政信访。行政信访是指公民、法人或其他组织采用书信、电子邮件、传真、电话、走访等形式,向各级人民政府、县级以上人民政府工作部门反映情况、提出建议、意见或投诉请求,依法由有关行政机关处理的活动[3]——这是以行政法规的形式对行政信访所作的界定。行政信访既是公民权利的一种重要救济途径,又是政务监督的重要形式。我国目前关于行政信访的法律规范主要是2005年国务院第76次常务会议通过的《信访条例》。其主要规定了信访的原则、渠道、申请、受理、督办以及法律责任等内容。

(二)司法救济法

一般而言之,司法救济意指通过司法的通道来对行政侵权行为进行审查,并借此对相对人因行政侵权行为所遭遇的损害提供救济的活动。这种活动属于司法权之于行政权的规约过程。在我国,行政侵权之司法救济通常就是指行政诉讼。行政诉讼主要是指公民、法人或者其他组织对行政主体履行行政职权的行为不服而向审判机关提起诉讼,由审判机关行使审判权解决行政争议的一种

---

[1] 姜明安著:《行政法与行政诉讼法》,北京大学出版社、高等教育出版社2015年版,第366页。

[2] 辞海编辑委员会编:《辞海》,上海辞书出版社1989年版,第2087页。

[3] 江国华著:《中国行政法总论》,武汉大学出版社2012年版,第269页。

司法活动。

目前，我国有关行政诉讼的法律规范众多，主要包括《行政诉讼法》《最高人民法院关于执行〈中华人民共和国行政诉讼法〉若干问题的解释》(简称《若干解释》)《最高人民法院关于行政案件管辖若干问题的规定》(简称《管辖规定》)《最高人民法院关于行政诉讼撤诉若干问题的规定》(简称《撤诉规定》)及《最高人民法院关于行政诉讼证据若干问题的规定》(简称《证据规定》)，等等。这些法律规范的主要内容包含：(1)行政诉讼的基本原则。(2)行政诉讼的受案范围。(3)行政诉讼的管辖。(4)行政诉讼的诉讼参加人。(5)行政诉讼的证据。(6)行政诉讼的起诉和受理。(7)行政诉讼的审理和判决。(8)行政诉讼的执行，等等。

(三)混合救济法

一般情况下，行政侵权行为都会给相对人造成一定的物质财产损失，这时候国家就应当承担相应的赔偿责任。考虑到实践中行政侵权行为以及国家责任承担的特殊性，我国法律为相对人向国家请求行政赔偿提供了多种可能的路径，行政赔偿可以说是兼具行政救济与司法救济双重属性，故此，其又称之为混合救济。

作为一种国家赔偿形式，行政赔偿意指国家行政主体及其工作人员在行使职权的过程中，存在法律规定的侵犯公民、法人和其他组织合法权益的情形，并造成相对人一方的损害后果，由国家作为责任主体所承担的一种责任。在我国，有关行政赔偿的法律规范主要包括《宪法》《国家赔偿法》《行政复议法》《中华人民共和国行政诉讼法》，等等。其规定的具体内容包括赔偿的主体、事由、形式、程序以及法律责任等。

(四)仲裁救济法

改革开放以来，我国经济迅猛发展、政府职能不断转型，社会资本与政府之间的合作不断加深，但是这种合作行政的性质却一直未有明确，有学者认为合同的主体地位不平等，因而其合作的性质应为行政合同性质，也有学者认为双方是在平等的基础上签订的合同，因而应为民事合同性质，如此由于合作行政性质认定的不同，导致了其救济方式上的差异，目前国际上惯用仲裁的方式来对此予以救济。

目前，我国立法上虽然并未明确仲裁救济的方式，但是实践中却在一定范围内存在着这种救济途径，比如我国的国际经济贸易仲裁委员会成立了 PPP 仲裁中心，致力于通过仲裁方式来解决 PPP 项目争议。除此之外，《仲裁法》也并未对合作行政纠纷适用仲裁救济设置根本性障碍。为此，我们认为，可以考虑通过修改仲裁法或者在合作行政相关法律规定中设置可以适用仲裁的条款，来将仲裁手段明确列入救济途径。

第三节　法治政府之伦理体系

胡锦涛同志在第十届全国人大五次会议上指出："各级领导干部都要时刻牢记立党为公、执政为民的执政理念，常修为政之德，常思贪欲之害，常怀律己之心，自觉做到权为民所用，情为民所系，利为民所谋。"[①]这就是对法治政府之伦理体系的内涵的深刻阐释。法治政府的伦理体系就是以一定的行政理论和道德理念为基础，来引导政府合法、合理地进行公共管理，提供公共服务等，其渗透在行政过程的方方面面，如行政决策、行政许可、行政处罚等。法治政府的伦理体系是指面对社会对公共行政伦理所提出的要求，将其转化为对于公共行政组织以及广大公务人员的素质道德要求，具体包括公务员的个人品德、行政职业道德、行政组织伦理、公共政策伦理、行政制度伦理和行政行为伦理等方面的内容。

一、公务员的个人品德

公务员的个人品德是指公务员作为社会中的人所体现出来的具有一般性的个

---

① 参见《行政伦理法：干部成为公仆的制度安排》，载中国共产党新闻网，http：//cpc. people. com. cn/GB/64093/64099/5757720. ht，2020 年 3 月 1 日访问。

体思想和行为。其与下文所要提及的行政职业道德存在本质上的差别，公务员的个人品德是构成行政职责道德的基础，而行政职业道德又要高于个人品德，其除了要受到人作为人所具有的思想和行为上的约束，还要受到职业的约束。公务员的个人品德主要由道德认识、道德情感、道德意志和道德行为等因素构成。

（一）道德认识

道德认识是指对客观存在的道德关系以及处理这种关系的原则和规范的认识。具备良好的道德认识是公务员个人品德形成的基本条件，因为道德认识会支配公务员的道德行为。具体而言，在个性方面，公务员要具有诚信、是非、敬业、勤俭、自强、互助等的道德认识；在家庭方面，公务员要具有尊重、孝顺、友爱等的道德认识；在社会方面，公务员要有爱国、奉献、利他、守法、团结等的道德认识。

（二）道德情感

道德情感是指人们参考一定的道德标准，对于现实生活中的道德关系和自己或他人的道德行为等所产生的爱憎好恶等心理感受以及体验。一般来说，人们对于符合或实现自己已确立的道德认知的事情，就会引起满意、欣慰、振奋、钦佩或喜爱等道德情感，反之则会引起不满、羞愧、颓丧、厌恶或憎恨等情感。公务员的道德情感与社会一般公众的道德情感保持一定程度上的一致性，即对于符合社会基本道德规范的事情表达出积极的道德情感。

（三）道德意志

道德意志是指人们在面对道德情境时，自觉地调整自己的行为，克服一切困难障碍，实现道德目的的心理过程和顽强毅力。公务员应当具备坚强的信念和意志力，努力保持自身行为与思想的稳定性与一致性。

（四）道德行为

道德行为是人们在受到一定的道德意识支配时所表现出来的对待社会和他

人具有道德意义的活动，它是人的道德意识和道德情感的外在具体表现。一般而言，我们要求公务员所表现出来的道德行为应当是符合一定的道德原则和规范，为社会公众所普遍肯定的道德行为，如遵纪守法、见义勇为、克己奉公等。

二、行政职业伦理

行政职业道德是指从事政府行政管理工作的国家公职人员行使公共权力进行公共事务管理，其处理自身与工作对象、上下级以及同事等社会工作关系时所应遵循的原则和规范。2016年7月中共中央组织部、人力资源和社会保障部、国家公务员局联合印发的《关于推进公务员职业道德建设工程的意见》指出，公务员职业道德建设要突出政治性、示范性、约束性、可操作性，以"坚定信念、忠于国家、服务人民、恪尽职守、依法办事、公正廉洁"为主要内容，具体可分为以下三个方面。

(一)政治性

公务员作为国家公职人员，其在执行公务时，首先就应当体现政治性，具体而言：(1)要坚定对马克思主义的信仰，对社会主义和共产主义的信念，不断增强道路自信、理论自信、制度自信；坚持中国共产党的领导，坚持党的基本理论、基本路线、基本纲领、基本经验、基本要求不动摇；把牢政治方向，坚定政治立场，严守政治纪律和政治规矩，增强党性修养，做到对党和人民绝对忠诚。(2)公务员要弘扬爱国主义精神，坚决维护国家安全、荣誉和利益，维护党和政府形象、权威，维护国家统一和民族团结；保守国家秘密和工作秘密，同一切危害国家利益的言行作斗争。

(二)责任性

国家行政机关及其公职人员作为国家权力机关的执行机关和执行者，作为国家行政机关和行政人员，承担着执行政策、法规，管理、服务社会公共事务等重要工作职责，其职责的履行直接关系到国家的长治久安与人民的幸福安康，因此其应当体现出服务人民与恪尽职守的责任感。具体表现在公务员要坚持以人为本、执政为民，全心全意为人民服务，永做人民公仆；坚持党的群众路线，密切联系群众，以人民忧乐为忧乐，以人民甘苦为甘苦；坚持人民利益至上，把实现好、维护好、发展好最广大人民根本利益作为工作的出发点和落脚点，切实维护群众的切身利益。同时还要目光长远，以服务大局为重、熟悉本职工作，精通业务知识，踏实肯干，与时俱进，为社会公民保驾护航。

（三）权力性

国家行政机关及其公务人员在承担行政职责的同时，也享有国家赋予的相应的行政权力。孟德斯鸠曾说："一切有权力的人都爱滥用权力，直到有限制的地方为止。"因此应当运用依法办事、公正廉洁等的行政职业伦理来制约行政机关及其人员的行政行为，促使其积极正确地贯彻执行国家的法律、法规、方针、政策等。

三、行政制度伦理

波普尔曾说："我们渴望得到好的统治者，但历史的经验向我们表明，我们不可能找到这样的人。正因为这样，设计甚至使坏的统治者也不会造成太大损失的制度是十分重要的。"[①]由此可见，法治政府伦理体系的构建仅仅寄希望于行政机关和人员的"自律"是远远不够的，因为追求利益是人的本性，因此有必要通过"善制"的外在强制力将人的欲望限制在合理的边界范围之内。所谓行政制度伦理是指制度的合道德性和合伦理性，由行政制度内在地规范行政组织与行政人员权利义务原则和规范所组成，并通过社会结构关系、法律、法规等正式的和行政习惯、行政风俗等非正式的规范表现出来，由此对一定的制度作出善恶判断。[②] 具体而言，行政制度伦理可以从内容和形式两个方面来加

[①]　卡尔·波普尔著：《猜想与反驳》，傅季重等译，上海译文出版社 1986 年版，第 549 页。

[②]　徐家良、范笑仙著：《公共行政伦理学基础》，中共中央党校出版社 2004 年版，第 88 页。

以阐释。

（一）内容层面

讨论行政制度伦理，首先应当抓住行政制度的内容、实质，即行政制度应当能够反映时代的基本价值精神，具体而言：（1）行政制度应当包含人本原则，即各项制度的设置，根本目的都在于调动和激发人的积极性、主动性和创造性，把追求人的全面发展作为最高的价值目标。（2）行政制度应当包含社会正义，即这个制度不是为某些集团或阶层而设置的，而应当是为全体社会成员服务的，全体成员的基本利益应当在这个制度中得以体现。[①]（3）行政制度应当体现法治，法治是行政制度伦理中最重要的组成部分，如若行政制度一旦脱离了法治轨道，则必然导致制度的无效。制度的法治伦理具体包含三个方面：（1）制度设计具有法治理念，维护人的尊严与基本权利。（2）制度设置法治化，符合法治的原则与要求。（3）制度的运行法治化，使法律规范不仅有各种翔实的规定，而且还能在实际生活中发挥效用。[②]

（二）形式层面

行政制度伦理的内容必然是通过一系列的具体形式而表现于外的，而且这种形式上的伦理因素也会对制度的内容产生或多或少的影响，为此我们也应当在一定程度上保证行政制度伦理的形式"善"。具体而言，行政制度伦理要求一个制度首先应当是一个系统、完整、自治的制度体系，如若制度系统内各个制度之间不协调、不吻合、不匹配，那么即使每一个具体的制度非常完美，也会导致制度难以发挥其应有的功能，甚至还会产生反作用。其次，制度应当是具有实效的。一个具有实效的制度不仅仅是一个规范，还可以发挥调整社会公共生活、引导社会成员的作用。再次，制度应当具有普遍适用性。普遍适用性

---

① 高兆明著：《制度伦理研究——一种宪政正义的理解》，商务印书馆2011年版，第57页。

② 徐家良、范笑仙著：《公共行政伦理学基础》，中共中央党校出版社2004年版，第97页。

一方面是指制度无差别的适用，另一方面是指制度内部契合，上下通达。如此才能有效地避免因制度的反复无常、差别待遇而对公民的合法预期利益造成损害。复次，制度应当是统一的，即避免出现两套截然相反的制度，如此容易使社会陷入混乱无序的状态。最后，制度应当是有效率的制度，"迟到的正义非正义"，制度的效率伦理价值应当体现为社会公众在这个制度中能够高效地创造更多的社会财富。①

四、行政组织伦理

休斯在《公共管理导论》一书中提道："个人在组织内寻求发展的政治行为使其将大量的时间和精力耗费在寻求个人发展上，而不是用来完成指定的任务，这将导致整体组织效率的降低，当官员对其职位的忠诚超过了他对民选政府的忠诚，并热衷于和其他部门及机构的竞争时，管理就可能达不到最佳点。"②由此可见，在现代社会，传统上仅关注个人伦理建设已不能完全解决行政管理活动中的伦理问题，因为行政管理不仅是个人的行为，其更多地体现为一种组织行为，行政组织伦理主要包含与组织制度、组织程序相关联的一系列伦理原则和行为规范。

(一)程序公正

程序公正是实现实体公正的重要手段和保障。行政管理本身是将各种矛盾和冲突通过一定的程序加以解决的活动。依照正当程序进行组织管理才能保证行政权力在法律的轨道内行使，才能使公众对行政的权威产生信任。因此，行政组织伦理必须坚持程序公正。除此之外，行政组织利益的伦理取向一方面要防止群众利益内容的扩大化和私利化，另一方面要整合各个方面的伦理规范，保证组织最大限度地统一社会公共利益和个人利益的需要，为此程序设计不能

---

① 高兆明著：《制度伦理研究——一种宪政正义的理解》，商务印书馆 2011 年版，第52~56 页。

② ［澳］欧文·E. 休斯著：《公共管理导论》，张成福、马子博等译，中国人民大学出版社 2001 年版，第 50 页。

仅仅考虑个人控制产生效率，而要更多地考虑公共目的。

（二）民主责任

卢梭在《社会契约论》中提出，一个理想的社会建立于人与人之间而非人与政府之间的契约关系，政府的权力是由被统治者所授予的，即社会是为人民的公意所控制，政府的权力来自于人民权利的让渡。因此，行政机关也就是政府需要向广大人民群众负责，这也就是所谓的公共责任。这种公共责任还要与民主原则相结合，即要求行政机关行使公权力进行公共管理时，其行为所追求的目标、最终的价值取向要切实反映人民的意志，并且在工作中自觉接受人民群众的监督。① 一般而言，在政府公共事件中，政府因其过错行为向公众道歉，即属于民主责任的承担方式之一。

（三）组织信任

信任是一个组织不可缺少的因素，也是其之所以成为组织的重要基础。通常而言，组织信任在以下三个方面影响着组织的管理：其一，组织信任程度高可以降低组织管理的成本；其二，组织信任可以增加组织成员自发的社会行为；其三，组织信任可以进一步提升组织权威。而行政组织信任具体包括行政组织之间的信任、行政组织与公务员之间的信任、行政组织与公民之间的信任，三者相结合才能最大限度地提升行政的效率，从而保障行政机关更好地履行行政职能。

（四）制度激励

制度激励是指通过特定的方法与管理体系，将人员对组织的承诺最大化的过程。激励制度一旦建立，它就会内在地作用于组织系统本身，从而提升组织成员履行职责的积极性。

---

① 李国正著：《公共管理学》，广西师范大学出版社 2016 年版，第 423 页。

五、公共政策伦理

公共政策是公共权力机关经由政治过程所选择和制定的为解决公共问题、达成公共目标、以实现公共利益的方案，其对于分配社会资源、规范社会行为、化解社会冲突、促进社会发展具有至关重要的作用。而公共政策伦理则是指公共政策制定时的道德选择，具体而言是指公共政策制定过程中伦理价值是否存在并起到了怎样的作用，是以公共利益为先，还是以个人偏好为准。一般来说公共政策伦理就是要平衡好公共利益和个人利益之间的关系，并通过正义的选择，实现社会利益和社会负担的合理分配。① 公共政策的伦理基础涉及如下理论。

(一)普遍主义

普遍主义认为存在一个或多个具有抽象性、普遍性的道德原则或法则，它们处于至上地位，支配着所有的理性存在者，而无须考虑它们特殊的历史环境。由此可见，普遍主义认为公共政策的制定应当保证所有的行为人在任何环境下均会作出相同的选择。这种伦理基础忽视了个人的独立性和灵活性，因此不具有普遍适用性。

(二)个人自由主义

个人自由主义认为自由才是公共政策的第一性义务，其强调公共政策的制定与实施应当最大限度地保障个人的自由，只有保证社会上的所有人均实现了自由才能体现公共政策的合理性与优越性。这种伦理基础显然是不合适的，因为公共政策应当更加强调"公共"，而非"个人"，在个人利益与社会利益中其应当更加偏重对公共利益的维护。

(三)功利主义

自功利主义产生以来，它就成为公共政策的伦理基础之一。其主张以"最

---

① 沈亚平、吴春华著：《公共行政学》，天津大学出版社 2011 年版，第 248 页。

大多数人的最大幸福"为标准，把效果作为公共政策合理性的基础，从表面上看符合了公共政策的某些价值取向。但是功利主义在一定程度上忽视了对少数人的权益保障，同时对"最大多数人的最大幸福"的计算也缺乏可操作性，由此导致功利主义在实际运用过程中难以实现。[①]

（四）公平正义主义

公平正义主义认为，公共政策的目的就是要做到使利益的分配更加公平，而且这种公平正义并非形式意义上的，而是实质意义上的，即公共政策要更加注重保障弱势群体的利益。[②] 在我国迈向全面建成小康社会的过程中，公共政策的伦理基础就是要从功利主义向公平正义主义过渡，从以效率、效益为目标向以公平、正义为目标转变。

六、行政行为伦理

长期以来，行政学主流注重制度、组织、政策等的效用，人们相信只有好的制度才能创造"好人"，又或者强调对行政人的个人品德和职业道德的约束，而对于行政人的行为伦理多有忽视，由此导致了一个畸形的现象就是日趋精密的制度、组织、政策建设，日益强化的道德约束，却未能有效地制止行政人的行为失当。行政行为是实现组织目标和行政职能的具体方式和途径，行政行为伦理则是指行政主体在行政决策过程中面对多种可能的行政行为取向时作出选择所依据的伦理，即选择其中某一行政行为的活动。

（一）功利原则

功利原则，也被称为最大快乐原则或最大幸福原则，它是功利主义的核心观念，由边沁首先系统提出，其主张根据一个行为所产生的后果来判断它的道

---

① 冯锋、李庆均著：《公共政策分析：理论与方法》，中国科学技术大学出版社 2008 年版，第 93 页。

② 姜秀敏著：《行政管理学》，东北财经大学出版社 2015 年版，第 171~172 页。

德价值。将功利原则适用于行政行为伦理体系中，首先应当明确行政行为伦理价值的等级次序，即为满足公共利益而实施的行政行为的价值高于为政府利益或个人利益而实施的行政行为价值，为此行政机关或行政人员在实施行政行为时均应当以社会公共利益为根本价值取向，如若一个行为它促进社会公益，那么其就是正确的，如若其对社会公益有所损害，则就是错误的。

(二)适当性原则

适当性原则，又称为妥当性原则，是指所采行的措施必须能够实现行政目的或者至少有助于行政目的的达成。黑格尔曾说："仅仅志欲为善以及在行动中有善良意图，这毋宁应该说是恶，因为所希求的善既然只是这种抽象形式的善，它就有待于主体的任性予以规定。"[①]为此，行政机关在实施行政行为时，首先应当考虑其行为是否有利于实现相应的行政目的；其次，其行为本身也必须是善的，否则即使其达成的行政目的为善，其不择手段的善果也难以为公众所接受。

(三)必要性原则

必要性原则又称为最少侵害原则，其是指行政主体为了实现行政管理目的，行使行政职权时应在诸方式中选择对公民权利侵害最小的方式。在行政行为伦理发生冲突的情况下，必要的伦理妥协在所难免，即行政机关或人员为了实现更高的行政行为伦理，必然要放弃一些伦理价值，而这种放弃必然要遵循必要性原则。具体而言是指：(1)这种伦理妥协必然是发生在迫不得已的情况下。(2)实现行政目的存在多个可供选择的行为方式，在其中选择出对公民权利自由侵害最轻的一种。

---

① ［德］黑格尔著:《法哲学原理》，范扬、张企泰译，商务印书馆1961年版，第151页。

第四章　制度·体制·机制

　　制度通常指在一定历史条件下形成的法令、礼俗等规范。① 体制则是指组织方式、组织结构、组织制度。而"机制"一词最早源于希腊文，原指机器的构造和工作原理，后引申为表示各要素之间的结构关系和运行方式。对于这三者之间的区分和联系，有学者作出这样的论述："制度位于社会体系的宏观层面和基础层面，侧重于社会的结构；体制位于社会体系的中观层面，侧重于社会的形式；机制位于社会体系的微观层面，侧重于社会的运行。"②

　　法治政府的建设既离不开制度的基础保证，也不能脱离体制的合理展现，同时还需要通过机制的灵活运转来得以贯彻落实：其一，制度建设是法治政府建设的前提，如若政府和部门所制定和遵循的制度非良善，那么所谓的"法治"也无从谈起。在我国，当前应当从四个方面来推进法治政府的建设，即阳光制度、民主政府、责任政府以及效能政府制度。其二，改革行政体制是加强依法行政、建设法治政府的必经之路。《全面推进依法行政实施纲要》中强调，建设法治政府，必须建立具有规范行为模式、协调运转能力、公正透明程序、廉洁高效制度的行政管理体制；权责明确、行为规范、监督有效、保障有力的行政执法体制；科学

---

　　① 参见《易·节》："天地节，而四时成。节以制度，不伤财，不害民。"孔颖达疏："王者以制度为节，使用之有道，役之有时，则不伤财，不害民也。"
　　② 赵理文：《制度、体制、机制的区分及其对改革开放的方法论意义》，载《中共中央党校学报》2009 年第 5 期。

化、民主化、规范化的行政决策体制；公开、公平、公正、便民、高效、诚信的公共服务体制。其三，在建设法治政府的诸多内容中，机制建设是一项关键性的工作。而法治政府的作用机制则表明了法治政府组织或系统内各部分之间的交互过程和模式。因而，法治政府的作用机制是指政府组织之间相互影响或相互作用的过程和方法，总体上包括法治政府的领导机制，协调机制，工作机制和保障机制。

由此，法治政府之基本制度奠定了法治政府的骨架，法治政府之组织体制形成了法治政府的血肉，而法治政府之作用机制的顺利运转则接通了法治政府的关节，三者共同促进法治政府的建成。

第一节　法治政府之基本制度

制度实质上是处于社会的宏观层面，更偏重于社会的框架。体制的变革其实是由制度的变革来决定的。与此同时，机制的运行也不能脱离制度内容的约束，而在制度之外运行。由此可以看出，法治政府之基本制度的建立对于其组织体制的设置以及作用机制的运行具有至关重要的作用。具体而言，法治政府之基本制度包括：民主政府制度、责任政府制度、阳光政府制度以及效能政府制度。

一、民主政府制度

当今世界，是否法治政府的标准只有一条，即政府是否依据其一切权力来自于人民的法则或准则运作。法治政府体现为由人民组成的、由人民管理的、为人民服务的政府。政府始终处在人民的监督、管理之下，依照人民的意志和利益办事，对人民负责，保障人民利益。由于是由人民来决定，政府没有理由去危害人民的利益。具体而言，民主政府制度主要体现为以下三项制度：人民代表大会制度、社会主义民主制度以及基层民主自治制度。

（一）人民代表大会制度

民主政治是人民对国家和社会事务的管理，要实现人民对政治的掌握，基本要求是人民广泛参与国家的政治管理，控制和限制国家的各种权力和活动，人民代表大会制度是保证人民当家作主的根本政治制度。民主对法治有奠基作用，在民主条件下，人民通过人民代表大会制度选举产生了政府和立法机关，使其所立之法不再是暴虐的、专横的、只对特权者有利的恶法，而是体现公平正义、维护人权与自由的良法。如果政府和立法机关违背民意，自行其是，其存在、延续及权力的行使便失去了合法依据，就应当辞职，或改组政府，或更改法律，否则人民就可以采取特别手段，另行建立合乎民意的政府。

（二）社会主义民主制度

人民代表大会制度仅是保障了人民当家作主的权利，但在纷繁复杂的社会生活中，人民究竟通过何种方式来实现民主参与？这就需要坚持和完善社会主义民主制度，即进一步创新民主制度，实现民主政治的制度化、规范化、程序化，通过加强民主制度的建设来保障人民能够更加充分地行使民主权利。① 一套完善的民主制度是人民主权的基本制度要求，也是保障人民主权的制度保障。

（三）基层民主自治制度

胡锦涛同志《在庆祝中国共产党成立 90 周年大会上的讲话》指出，人民代表大会制度是根本政治制度，中国共产党领导的多党合作和政治协商制度、民族区域自治制度以及基层群众自治制度是基本政治制度。实行基层民主自治制度，就是保证基层群众能够依照宪法和法律，实行自我管理、自我教育、自我服务和自我监督，以此来最有效、最广泛地推进人民当家作主。

---

① 王颖：《建设民主政府是构建和谐社会的保障》，载《西南师范大学学报（人文社会科学版）》2005 年第 5 期。

二、责任政府制度

责任政府的出现是现代民主发展的结果①，人类历史发展中的一个相当长的时期内，处于无责任政府状态②，帝王作为国家管理者，拥有至高无上的特权，无须对其决策行为承担任何责任，同时由于各级官吏的权力直接来源于帝王权力的赋予，因而其也无须承担相应责任。然而随着民主法治思想的不断发展，人民与政府之间形成了一种委托代理关系，政府作为接受人民委托从事公共事务管理的机构，在享有人民赋予权力的同时必然要做到的就是对人民负责，没有责任，政府权力的运作将缺乏监督，民权的行使将得不到保障，法治政府将无法真正地建立。对人民负责意味着及时响应社会和人民的合理要求，积极履行职责。如有失职、失责则必须承担相应的政治责任，法律责任，行政责任和赔偿责任等。③ 关于责任政府的内涵，不同的历史时期，不同的国家，不同的学科领域均有不同的见解，总结来看，大致包括四项基本制度：行政问责制、首问责任制、服务承诺制以及限时办结制。

(一)行政问责制

建立行政问责制是建设责任政府的关键。行政问责制是指上级政府对现任该级政府的行政负责人或者该级政府工作部门和下级政府主要负责人在所管辖的工作范围内由于故意或者过失，不履行或者未正确履行法定职责，以致影响秩序和效率，贻误行政工作，或损害行政管理相对人的合法权益，给行政机关造成不利影响和后果的行为进行内部监督和责任追究的制度。④ 早在 1978 年，邓小平同志就意识到"党和国家的各级机关中，一个很大的问题就

---

① 景云祥：《责任政府及其公务员职责》，载《学习与探索》2004 年第 1 期。

② 苏祖勤、徐军华著：《行政法治》，中国国际广播出版社 2002 年版，第 43 页。

③ 参见刘丹著：《法治政府：基本理念与框架》，中国法制出版社 2008 年版，第 11 页。

④ 参见武力、陈坚著：《小康之路·政治篇》，北京时代华文书局有限公司 2013 年版，第 125 页。

是无人负责"。① 2003 年"非典"疫情爆发后，我国第一次启动了"行政问责程序"，此后中央和地方相继出台了一系列有关问责的规范性文件，2008 年 3 月《国务院工作规则》提出"国务院及各部门要推行行政问责制度和绩效管理制度，明确问责范围、规范问责程序、严格责任追究"。这是行政问责制第一次被写入《国务院工作规则》。

（二）首问责任制

制度推进的关键就是要保证制度落地，首问责任制就是保证责任政府制度落地的具体措施，其具有很强的针对性和可操作性。"门难进、脸难看、事难办"在以前是诸多政府机关的顽症，而首问责任制就是针对人们对行政机关内部办理程序和职能分配不清楚的问题，而采取的一项便民工作制度。该制度规定群众来访时，首问责任人为群众当时询问的在岗工作人员，要求该工作人员对群众提出的问题或要求，无论其是否属于本职工作范围内，都要给群众一个充分满意的答复。若手续完备，则应在规定期限内办结；若手续不完备，应一次性告知其所需要的全部材料及要求。对非自己职责范围内的事，也应热情接待，并根据群众来访事由，负责引导该人到相应部门。如果首问责任人未履行相应的首问职责，造成不良影响的，应承担相应责任。

（三）服务承诺制

服务承诺制由于具有法制化、规范化、透明化、可操作性强以及收效明显等诸多优势，而成为现代国家、地区和组织普遍采用的一种服务机制。② 当前我国政府正处于从"管理型政府"向"服务型政府"转变的重要时期，引入并推行服务承诺制，不仅可以使政府服务水平得以提升，而且也能保证政府的服务职责更好地履行，因而推进服务承诺制是建立责任政府的重要一环。具体而

---

① 《邓小平文选》（第 2 卷），人民出版社 1994 年版，第 150 页。
② 肖文涛、林辉：《绩效评估：当代政府管理创新的实践工具》，载《东南学术》2009 年第 6 期。

言，服务承诺制是指机关特别是一些窗口单位，为改进工作作风，提高工作效能，在遵守法律、法规和有关规定的基础上，根据工作职能要求，对行政服务的内容、办事程序、办事时限等相关具体事项，向管理和服务对象作出承诺，并通过媒体向社会和公众公开，接受公众监督，承担违诺责任的制度。一般而言服务承诺的要求是：不让来办事的人员受冷落；不让工作事项积压延误；不让工作差错发生；不让工作机密泄露；不让影响团结的言行出现；不让违纪违法行为发生；不让机关形象受损；不让群众利益被侵害，等等。① 服务承诺制给行政相对人创造信赖的基础，因此，行政组织也应当对此加以保护，以凸显服务型政府的价值本位。

（四）限时办结制

限时办结制是指行政机关按照规定的时间、程序和要求处理行政事项的制度。其要求服务对象在行政机关办理即办事项时，在服务对象材料齐全、手续完备且符合相关要求的前提下，应当即时予以办结。对即时办结事项，应即时对服务对象申请材料、有关手续进行审核，确认材料和手续齐全、符合规定后给予受理，在规定时限内予以办结；申请材料、手续不全或不符合法定要求，应当场一次性书面告知需补正的全部内容。无正当理由不准延时办结，如情况特殊确需延时办结的，按规定程序批准后，告知服务对象延时办结的理由和具体时间，并报相关部门审批备案。② 责任政府制不仅仅要求政府回应社会和民众的基本要求，更重要的是要求政府迅速、有效、及时地作出回应，"迟到的正义非正义"，因此我们有必要建立限时办结制，进一步提升政府的工作效能和服务水平。

三、阳光政府制度

全面推进依法行政的指导思想之一来源于 2004 年国务院颁布的《全面推进

① 参见《云南省人民政府关于在全省行政机关推行服务承诺制首问责任制限时办结制的决定》。

② 唐权、陶建兵：《"一站式政府"服务范式的创新试验》，载《重庆社会科学》2013 年第 12 期。

依法行政实施纲要》中第 2 条将"增强管理透明度",而第 3 条"行为规范、运转协调、公正透明、廉洁高效的行政管理体制基本形成""政府提供的信息全面、准确、及时""行政管理做到公开、公平、公正、便民、高效、诚信"的进一步解释,确立了建设法治政府中阳光政府的具体目标,由此可见,打造阳光政府成为建设法治政府的必由之路。① 阳光政府并非一个严格的学术名词,不同学者对其内涵也有诸多解读,有学者认为,"阳光政府就是除法律禁止的情况以外,一切与国家行政有关的活动一律对外公开"。② 也有学者认为"阳光政府就是透明政府,主要指通过立法和程序规定将政府掌握的个人与公共信息向社会公开,凡是公民有权接触并使用的信息,政府都有责任有义务在规定的时间、地点向全体公民开放,供全体公民使用"。③ 从这些定义中可以看出,阳光政府的核心就是要通过法律的规定促使政府行为透明化和政府信息公开化④,具体而言包含四项制度:县级以上行政机关全面实施重大决策听证制度、重要事项公示公开制度、重点工作通报制度以及政务信息查询制度。

(一)重大决策听证制度

重大决策听证制度是指政府在形成重大决策之前,公开听取、收集行政管理相对人和社会公众意见建议的行政活动。十六大报告指出,正确的决策是各项工作成功的重要前提,而要保证决策的正确性首要的就是要保证决策的公开透明,即广泛地听取意见、集思广益以确保决策能够最大限度地反映民意,使决策的民主化程度得到有效的提高。具体而言,重大决策听证制度包括以下基本内容:(1)告知和通知。即行政机关在作出重大决策前应当将决策的法律事

---

① 莫于川:《经由阳光政府走向法治政府——《政府信息公开条例》的理念、制度与课题》,载《昆明理工大学学报(社会科学版)》2007 年第 7 期。

② 许崇德著:《新中国行政法学研究综述(1949—1990)》,法律出版社 1991 年版,第 125 页。

③ 王亚范、阎如恩:《行政公开概念辨析》,载《东北师范大学学报(哲学社会科学版)》2004 年第 1 期。

④ 樊振佳、赖茂生、云梦妍:《"阳光政府"理念与政府信息资源管理创新》,载《图书情报工作》2014 年 3 月。

实等依据和决策的内容等依照法定形式告知行政相对人及社会公众。(2)公开听证。即除涉及国家秘密、商业秘密和个人隐私的,听证必须公开,让社会公众有机会了解到行政机关行政决策作出的过程,从而实现监督行政机关依法行政的目的。(3)提出意见。即社会公众听取行政机关作出决策的依据后,可以对此提出质疑和反诘。(4)制作笔录和作出修改,行政机关应当将听证的过程以笔录的形式记录,并据此作为重大决策修改的依据。[①] 重大决策听证制度对于公民知情权以及参与权提供了重要的制度保障,与此同时,有效的公民参与也可以使决策具有更大的正当性和合理性。

(二)重要事项公示制度

重要事项公示制度就是对行政主体重要事项进行决策时和决策后的实施过程中,要通过有效途径及时向社会进行公示,真实地向社会公开行政机关实施的关系经济社会发展及公共利益、人民群众切身利益和社会公众普遍关注的问题等方面的重要事项,公民在了解有关内容后发表意见,提出建议的制度。决策仅仅是政府工作事项的一部分,除此之外政府还有如执行、实施等一系列重要事项,此项制度的目的就在于将政府的重要工作均置于公众的监督之下,以便公众能够更好地行使其监督职责,具体而言,重要事项公示制度要求政府:(1)必须通过各种便于公众知晓的方式进行公示。(2)要认真吸收、听取人民群众对公示内容的反馈意见。(3)要充分采纳公众提出的合理建议,认真答复人民群众提出的问题,不断改进工作方式,提高工作质量和水平。

(三)重点工作通报制度

重点工作通报制度是指政府将本区域内年度工作重点和落实情况、向社会公布的服务承诺事项和兑现情况、涉及重大公共利益和群众切身利益工作的进展情况及取得的成效等,以网络、报纸等媒体和刊物作为主要通报载体,同时

---

① 刘淑妍、朱德米:《当前中国公共决策中公民参与的制度建设与评价研究》,载《中国行政管理》2015 年第 6 期。

通过召开新闻发布会、发布公告、在线访谈等便于公众知晓的方式进行通报的制度。如果说重要事项公示制度的目的在于提高政府行政活动的透明度，提升公众对政府工作的信任度，那么推行重点工作通报制度就是在此基础之上搭建起社会公众与政府沟通的桥梁，可以让人民群众更好地了解政府工作进度并进行针对性监督，同时其也为公民的知情权与监督权提供了保障。

（四）政务信息查询制度

政务信息查询制度要求政府及时、主动地公开政府信息以及公众关注并想了解的信息，这是在前三项制度的基础上，对于一些公众关心但非重要的政府事项的公开，其能够最大限度地满足公众的知情需求，同时也为政府高效办事奠定了基础。具体而言，政务信息公开制度要求政府：（1）通过一些便于公众查询的方式，如开设政务电话专线、政府政务公开栏，以及政务服务中心公告栏等提供服务。（2）政府要完善平台信息提供的技术支持，增加咨询平台种类，及时更新，及时答复，提供更加人性化的服务。

四、效能政府制度

改革开放以来，我国在向社会主义市场经济转变的过程中，政府经历了从全能型政府向有限型政府再向效能型政府的角色蜕变。推行效能政府四项制度是建设服务型政府的具体行动，是提高政府执行力和公信力的必然要求，是建设高效、廉洁政府的重要抓手，也是行政机关自身建设工作向深度和广度推进的又一次实践。政府的能力并不体现在大小与强弱上，其更多是要体现在政府工作的效能上，效能政府制度要求政府做应该做的事，并且提升工作的效率与质量，同时将"不应做，不能做，不需做"的事情下放给市场，如此实现政府与市场资源的合理配置。① 具体而言，效能政府制度包含四项基本制度：行政绩效管理制度、行政成本控制制度、行政行为监督制度以及行政能力提升

---

① 马远之著：《中等收入陷阱的挑战与镜鉴：经济问题与主义》，广东人民出版社2015年版，第346页。

制度。

(一)行政绩效管理制度

行政绩效管理制度是指充分运用审计、督查和绩效评价等手段,促进各部门科学合理、及时、有效地运用财政资金,注重提升政府重大投资建设项目的效率、追求财政资金使用效益和机关工作效能的最大化,落实重要工作和项目,从而取得政府工作最优成果的一项制度。自 20 世纪 70 年代末以来,各国尤其是西方国家纷纷将原先运用在工商管理中的绩效管理技术、方法等引入行政领域,从而逐步建立起了行政绩效管理制度。建立行政绩效管理制度本质上就是在行政机关内部形成一种竞争气氛,如此不仅有利于促使行政机关服务观念的增强,而且能够进一步促进行政机关提升服务质量和效益。一般而言,行政绩效管理制度的主要内容包括制订和实施行政绩效计划、行政绩效的考核以及行政绩效的反馈与改进等方面,通过这些程序的相互配合与相互促进,来实现行政绩效管理的规范化和体系化。[①] 在我国,实行有效的行政绩效管理制度是提升行政效率和行政能力的重要举措。

(二)行政成本控制制度

行政成本控制制度是指按照科学化、精细化管理的要求,通过实行公务卡结算、规范政府会议和公务用车、推行政府购买服务,强化部门预算控制、细化部门内部控制等方式,严格缩减公用经费及一般性开支,把财政资金更多地用于提高公共服务的质量和水平的制度。人类社会自有政府出现以来,各类政府就一直企图通过扩大财政收入来用于政府开支,固然政府作为执行国家权力、管理社会事务的机关,其承担的诸多职能致使其常常产生大量的行政成本,但是如若这种行政成本一旦突破"底线",那么就会导致政府职能行使与社会发展的不协调,即政府职能行使所产生的社会效益往往低于其付出的成

---

① 吴江、陆新文著:《行政管理学》,中国农业出版社 2014 年版,第 234~238 页。

本，因此有必要实施行政成本控制制度，以将行政成本控制在合理的界限范围之内。① 目前，我国主要通过健全政府决策机制、执行机制、监督机制等来规范控制行政成本。具体而言，就是通过减少决策失误、提升执行效率、完善监督管理等来全方位地将行政成本进行规范或是减少。② 如果说建立行政绩效管理制度是为"开源"，那么行政成本控制制度的建立就是"节流"，两者相辅相成，才能全面提升政府效能。

（三）行政行为监督制度

"有权必有责、用权受监督"，要保证行政绩效管理与行政成本控制等制度真正得以贯彻落实，最根本的还是要对行政机关的行为实施监督，如此才能保证其在权力范围内积极、高效地履行行政职能。行政行为监督制度是指针对重要岗位和重点环节来完善监督措施，在重要行政审批和公共资源交易等领域，实行电子化监察，从源头治理，从事前预防，从而提升政府工作效能的制度。目前我国针对行政行为建立了一套多元化的监督机制，不仅有执政党、立法和司法机关的监督，还有社会舆论的监督，如公民、网络、社会组织、新闻媒体等，除此之外行政机关内部也可以对其自身进行监督，如政府对其辖属行政部门的监督，上级机关对下级机关的监督等。如此通过建立系统化的监督制度，彻底将行政行为关进制度的笼子。

（四）行政能力提升制度

效能政府建设中的效能主要是从能力、效率、效果、效益这四个方面体现出来的，其中行政能力是实现行政效能的基础条件，如若行政机关行政能力低下甚或是缺乏，那么行政机关是很难产生和发挥效能的，因此建设效能政府首要的就是要构建行政能力提升制度。行政能力提升制度是指通过围绕规范行政行为、强化目标管理、创新工作机制、搭建信息平台四个重点，增强行政机关

---

① 季建林：《行政成本控制的制度与体制研究》，载《理论建设》2009 年第 2 期。

② 颜如春：《地方政府行政成本控制的制度安排研究》，载《探索》2008 年第 3 期。

及其工作人员执行政策、开展工作、服务基层等方面的能力，夯实并提升行政效能的基础的制度。目前，行政能力提升制度建设主要从五个方面推进：（1）建设学习型机关，即建设具有较强的学习力、文化力、创新力、领导力的现代化机关，如此进一步提升机关干部集体的素质，从而促进机关整体工作效能的提高。（2）提高依法行政的水平，包括不断提高各级领导干部依法决策、依法管理的能力，同时提高行政机关工作人员依法行政的能力，还要建立起一套规范的行政考核标准，营造出全社会尊法守法，依法维权的氛围。（3）实施重点工作目标倒逼管理，即通过详细分解重点工作目标任务，以目标倒逼进度、时间倒逼程序、任务倒逼责任人等方式，加强监督和管理，促使行政机关及其工作人员始终以目标任务为己任，激发其创造性和主观能动性，推动执行力的提高。（4）推行一线工作法，即引导广大党员干部切实转变作风，深入实际、深入基层、深入群众，及时有效地将各种问题和矛盾解决在基层。（5）推进电子政务建设，即政府机构应用网络和通信技术，将政府的职能通过精简、优化、整合后在网络上实现运作，为社会提供超越时空和部门分隔限制的、优质且全方位的、规范透明的、符合国际水准的政府管理和服务。

第二节　法治政府之组织体制

政府组织是指国家按一定目的，依法将若干部门系统地组织起来，行使国家权力，对国家事务进行组织和管理的整体。[①]政府组织体制是指政府系统内部行政权力的划分、政府机构的设置以及运行等各种关系和制度的总和。因此政府组织体制是政府组织内部各层级、各部门之间权力关系制度化的表现形式。具体而言，我国政府的组织体制包括以下四个部分：行政管理体制、行政执法体制、行政决策体制以及公共服务体制。

[①]　参见应松年、朱维究著：《行政法学总论》，工人出版社1985年版，第116~117页。

一、行政管理体制

行政管理体制是一种以行政管理机构为载体，以管理的权限、制度、工作和人员为内容的有序的管理系统。确立国家行政管理体制，对于优化政府行政管理乃至于推动中国特色社会主义事业的发展均具有十分重要的意义。一般来说，行政管理体制的内容包含行政权力的划分、行政机构的设置以及为保证行政管理顺利进行所制定的各项规章制度和法律程序，而就其权力分配和管理方式而言，主要包括行政权力体制、政府首脑体制、中央政府体制以及行政区划体制的四个方面的内容。

（一）行政权力体制

所谓行政权力体制，是指国家的行政机关之间以及与其他政党组织、群众团体等之间的权力分配关系及其制度的总称。一个国家行政权力体制的合理化、科学化程度对于整个国家政治体制、行政体制的合理化、科学化程度具有十分重要的影响，因为行政机关在国家权力结构体系中的地位直接影响着行政管理活动的权威、范围和有效性，并且直接影响着事权的数量和职能的规模，所以可以说这是行政机关活动的重要组织部分。① 根据世界各国行政权力体制的发展历史与现实，归纳起来可以发现，行政权力体制主要包括行政权力分立型、"议行合一"型、"军政合一"型、"党政合一"型以及"政教合一"型。目前，我国主要采用的是"议行合一"的人民代表大会制度。这种行政权力体制要求国家权力机关处于最高法律地位，既行使立法权，也参与或严格监督行政权的行使。"议行合一"的权力体制有利于对国家法律和对重大问题决定的执行以及监督，在实践中也表现出了明显的优越性。

（二）政府首脑体制

所谓政府首脑体制，是指现代各国最高行政权力的代表者与其实际承担者

---

① 姜秀敏著：《行政管理学》，东北财经大学出版社 2015 年版，第 60 页。

之间的权力关系的制度，即国家元首与政府首脑之间的最高行政权力的配置关系。① 根据世界各国国家元首与政府首脑的权力关系，政府首脑体制大致可以分为三类：（1）一元制，即国家元首与政府首脑由一人同时担任的制度。（2）二元制，即国家元首与政府首脑分别由不同的人担任的制度。（3）多元制，即国家元首与政府首脑均由两个以上的集体担任的制度。② 目前，我国所采用的政府首脑体制大致可以归纳为二元制，我国的国家主席是中华人民共和国礼仪性和象征性的国家元首，也是国家机构之一，处于最高国家权力机关——全国人民代表大会的从属地位，形式上是国家的最高代表，与全国人民代表大会联合行使中国国家元首的职权，履行公布全国人大及其常委会决定的职责。而在我国，政府首脑则是国务院总理，其是国家政务上的最高负责人，根据宪法对国务院赋予的职权行事。

（三）中央政府体制

中央政府体制是指一个国家代表统治阶级领导和管理全国行政工作的最高行政机关的职权划分、组织形式及管理方式等制度的总称。其是行政管理体制的核心部分，因为其领导着全体行政机关的工作，直接影响整个行政机关管理的性质和效率。一般而言，中央政府体制大致可以分为三类，即内阁制、总统制和委员会制。③ 而我国的中央政府体制是国务院体制，其特点如下：（1）中华人民共和国国务院是中国最高行政机关，由每届全国人民代表大会第一次会议选举产生，是中国最高权力机关的执行机关，对全国人民代表大会及其常委会负责并报告工作。（2）国务院组成人员包括总理、副总理、国务委员、各部部长、各委员会主任、审计长、秘书长。国务院总理由中共中央按法定程序推荐，由国家主席提名，经全国人大全体代表过半数通过，由国家主席任命。国务院其他组成人员由中共中央推荐，总理提名，经全国人大全体代表过半数通

① 谢斌著：《行政管理学》，中国政法大学出版社 2014 年版，第 72 页。
② 魏永忠著：《现代行政管理》，中国人民公安大学出版社 2005 年版，第 156 页。
③ 魏永忠著：《现代行政管理》，中国人民公安大学出版社 2005 年版，第 156 页。

过，由国家主席任命。(3)国务院实行总理负责制，总理领导国务院，副总理和国务委员协助总理。(4)总理负责制以合议制为基础，贯彻民主集中制的组织原则和领导原则。① 国务院统一领导各级政府的行政工作。

(四)行政区划体制

行政区划体制是指国家为了实现有效的行政管理，根据一定的原则将国家划分为几个等级的分区单位，并建立了相应的行政机关的一种制度体系。行政区划，一般指一个国家的统治阶级根据一定的原则如经济、政治、历史、地理等条件将本国的领域划分为不同的区域、层次，以便于更好地管理和统治的制度。原始社会时期，人们以原始群、血缘公社、氏族、部落、部落联盟等组织为单位，进行生产、生活，当时并没有行政区划的概念，而后随着社会生产力水平的提高，人们开始产生对于规则和管理的需求，由此行政区划的雏形开始产生，并随着国家的产生，行政区划得以明确和固定。根据《中华人民共和国宪法》第 30 条之规定，我国的行政区划主要划分为省级行政区、县级行政区以及乡级行政区三个级别，省级行政区是我国最高级别的行政区，其又包括省、自治区、直辖市、特别行政区四种形式。

二、行政执法体制

行政执法体制是指行政执法组织的机构设置和管理权限划分及其相应关系的制度。加快法治政府建设的进度，与行政执法体制的改革分不开。因为政府作为管理社会公共事务的机关，其主要职能就是通过行使国家公权力，来保障公民的私权利，从这个意义上来说，政府的全部活动都可以归结为执法行为，因此建设法治政府，首先就应当完善行政执法体制。② 而要构建完善的行政执法体制，最根本的就是要规范行政执法组织间权力分配和运行③，为此我国目

---

① 谢斌著:《行政管理学》，中国政法大学出版社 2014 年版，第 74 页。

② 青锋:《关于深化行政执法体制改革的几点思考》，载《行政法学研究》2006 年第 4 期。

③ 夏云峰著:《行政执法重点事务业务工作》，中国法制出版社 2015 年版，第 17 页。

前主要通过建立行政执法公示制度、执法全过程记录制度以及重大执法决定法制审核制度来推进行政执法体制改革。

(一)行政执法公示制度

行政执法公示制度是保护行政相对人和公众知情权、表达权、参与权和监督权的重要制度之一。具体来说,就是要求行政执法机关根据"谁执法谁公示"的原则,通过政府网站和政府事务新媒体,服务大厅窗口的公共公告栏,及时向公众宣传行政执法的基本信息和结果。行政执法是政府执行法律法规,履行法定职责以及管理经济和社会事务的主要方式。但是,恣意执法,粗暴执法,钓鱼执法和不采取行动仍然时有发生。为此,建立行政执法公示制度是要求行政执法机关积极及时地向社会公开执法信息,可以在阳光下进行行政执法,并接受社会的监督。目前,行政执法公示系统主要针对行政执法信息公开不及时、不定期、不透明的问题,应明确其主体、内容、形式、程序和职责等方面的规定。

(二)执法全过程记录制度

如前所述,当前我国行政执法存在随意、粗暴等问题,除此之外,程序问题也不容忽视,另外部分行政相对人的阻扰执法、抗拒执法行为也使得行政机关的执法行为难以完成。当前,行政执法记录系统的全过程主要针对执法不力、执法过程中不文明、记录不完整和不规范等问题。从完善书面记录、规范音像记录、严格记录备案、发挥记录功能四个方面出发,对行政执法文件的基本格式标准,音频定位、作用、要素和设备配置作了规定。依法归档和保存执法档案,加强对记录信息访问的监督。① 行政执法全过程记录是行政执法活动合法性和有效性的重要保证。它要求行政执法机构通过文本、音频和其他记录

---

① 参见《关于全面推行行政执法公示制度执法全过程记录制度重大执法决定法制审核制度的指导意见》,载中国政府网,http://www.gov.cn/xinwen/2019-01/03/content_5354578.htm,2020年3月1日访问。

形式记录行政执法的启动、调查和证据收集、审核决定以及送达执行的全过程，对系统进行全面的归档和保存，以便可以追溯到整个过程，做到执法全过程留痕和可回溯管理。① 建立执法全过程记录制度，对于营造更加公开透明、规范有序、公平高效的执法环境具有重要意义。

（三）重大执法决定法制审核制度

对主要执法决策的法律审核是确保行政执法机构作出的重大执法决策的合法性和有效性的关键环节，其要求行政执法机构在作出重大执法决策之前，必须严格进行法律审核。② 重大执法决定的作出对于行政相对人的权利义务会产生重要影响，因此如若其脱离法治轨道，那么必然会侵害相对人的合法权益。除此之外，行政执法机关的公信力与执行力也会受到损害，为此推行重大执法决定法制审核制度，是完善行政执法体制、建设法治政府的应有之义。③ 当前，重大执法决策的法律审核制度主要针对法律审核机构不足，审核权不足，审核工作不规范的问题，从明确的审核机构、审核范围、审核内容和审核职责四个方面对法律审核机构进行界定。对法制审核机构的确定、审核人员的配备、重大行政执法行为标准的界定、法制审核的内容和程序、相关人员的责任等作出规定。④ 法制审核应当在组织、程序、职权配置等方面上进行全面的审查。

---

① 参见《国务院办公厅关于全面推行行政执法公示制度执法全过程记录制度重大执法决定法制审核制度的指导意见》（国办发〔2018〕118 号），载中国政府网，http://www.gov.cn/zhengce/content/2019-01/03/content_5354528.htm，2020 年 3 月 1 日访问。

② 参见《国务院办公厅关于全面推行行政执法公示制度执法全过程记录制度重大执法决定法制审核制度的指导意见》（国办发〔2018〕118 号），载中国政府网，http://www.gov.cn/zhengce/content/2019-01/03/content_5354528.htm，2020 年 3 月 1 日访问。

③ 参见侯孟君：《重大执法决定法制审核制度的推行进路》，载《行政与法》2017 年第10 期。

④ 参见《国新办：全面推行行政执法公示制度有关情况》，载共产党员网，http://www.12371.cn/2019/11/20/ARTI1574257204258838.shtml，2020 年 3 月 1 日访问。

三、行政决策体制

行政决策系统是指由行政决策机构和人员组成的组织系统以及相关的决策系统。[①] 法治政府建设就是要将各级人民政府从决策到执行及监督的整个过程均纳入法制轨道，其中决策是各类行政活动的先导，一切行政管理过程和行政行为都离不开行政决策。

（一）行政决策中枢系统

行政决策中枢系统又叫行政决策决断系统，是由拥有决策权力的领导者集体组成的中枢机关，是政策制定活动的组织者，领导政策制定的全过程。[②] 行政决策中枢系统是行政决策体制的核心，其对于行政决策的作出享有最终决定的权力，且其可以主导决策活动的全过程[③]，因而构建行政决策体制，首要的就是要完善行政决策中枢系统。一般而言，行政决策中枢系统可以是单一的首长制，也可以是集体的委员会制，又或者是二者兼有的混合制。而目前我国科学化、民主化、规范化的行政决策体制，则必然会对行政管理产生诸多不利影响，因此建设法治政府，构建行政决策体制至关重要。[④] 具体而言，行政决策体制主要由行政决策中枢系统、行政决策信息系统、行政决策咨询系统以及行政决策监控系统构成，四个决策中枢系统所采用的是行政首长负责制，即重大事项由行政首长根据集体讨论决定，具体的日常行政事务由行政首长自行决定，行政首长独立承担行政责任的制度。

（二）行政决策信息系统

行政决策信息系统是由决策信息专职人员、信息机械设备、信息技术程序等构成的一个相对独立的系统，其主要任务是收集、传递和加工处理各类行政

[①] 曾维涛、许才明著：《行政管理学》，清华大学出版社2014年版，第100页。

[②] 徐晓雯、丛建阁著：《行政管理学》，经济科学出版社2004年版，第275页。

[③] 徐晓雯、丛建阁著：《行政管理学》，经济科学出版社2004年版，第275页。

[④] 谢斌著：《行政管理学》，中国政法大学出版社2006年版，第117~118页。

信息，为决策中枢系统和咨询系统服务的组织体系。① 信息是政策制定、执行、评估和监控的重要依据②，尤其是在当前这个信息化的时代，拥有现代化的决策信息系统对于行政决策体制的建设至关重要。从我国目前的情况来看，行政决策信息系统的组织机构具体包括专业性的社会统计系统、政策执行机构和监督调查机构的信息反馈系统、政策智囊机构设置的信息系统以及政策中枢系统设立的信息系统。③ 先进的行政决策信息系统为行政决策的合法性和合理性论证提供了充分有利的信息基础。

（三）行政决策咨询系统

行政决策咨询系统又称参谋系统或智囊系统，它是由掌握各门类知识的专家、学者组成，集中专家们的集体智慧，运用科学的方法和技术，为行政决策提供方案和其他方面的咨询服务。④ 现代社会行政事务纷繁复杂，如果仅由行政决策者独立承担解决行政事务的责任，未免差强人意，为此设立行政决策咨询系统，让更多专业人士能够参与到行政决策的过程中去，一方面可以提升行政决策的科学化、民主化程度，另一方面也是人民当家作主的体现。目前，在我国直接为政府服务的咨询机构主要有：决策研究机构、政策研究机构、情报研究机构、学术团体、咨询服务组织等。⑤ 有效的行政决策咨询系统是实现程序正当、民主参与的有效途径。

（四）行政决策监控系统

行政决策监控系统是由行政决策中枢系统外部的机构和人员组成的系统，并依法监督和控制行政决策行为和决策程序的内容。⑥ 由于行政决策机关及其

① 谢斌著：《行政管理学》，中国政法大学出版社 2014 年版，第 123 页。
② 徐晓雯、丛建阁著：《行政管理学》，经济科学出版社 2004 年版，第 276 页。
③ 吴江、陆新文著：《行政管理学》，中国农业出版社 2014 年版，第 126 页。
④ 徐晓雯、丛建阁著：《行政管理学》，经济科学出版社 2004 年版，第 277 页。
⑤ 吴江著：《行政管理学》，中国农业出版社 2007 年版，第 101 页。
⑥ 参见严强著：《公共行政学》，高等教育出版社 2009 年版，第 268 页。

人员专业知识、道德品质以及行政能力的差别，很可能导致行政决策的失误甚至错误，同时为了防止行政决策机关及人员滥用职权，就需要在行政决策体制中设立行政决策监控系统，对其决策行为及方案内容等行使监督。目前，我国设有内外两大监控体系。内部的监控体系是政权体系内部的上级部门以及横向的权力部门，除此之外还有独立设置的内部监控机构，如监察委；外部的监控体系主要由社会公众、人民团体、新闻媒体等组成。① 两大内外监督系统共同对内部行政决策人员进行监督，以防止内部失灵。

四、公共服务体制

公共服务体系是政府主导的一系列制度安排，其基本任务是提供基本和有保障的公共物品，其基本目标是与社会全体成员分享改革和发展成果。② 改革开放以来，我国各级政府越来越重视人民群众的公共需求③，党的十八大报告亦明确指出要"建设职能科学、结构优化、廉洁高效、人民满意的服务型政府"以确保政府更好地履行其公共服务职能。具体而言，公共服务体制包括公共服务的纵向层级体制、横向组织体制、公共财政体制以及公共服务制度等方面内容。

(一)纵向层级体制

纵向层级体制是指政府在纵向上按照等级划分为不同的上下节制的层级组织结构，不同等级的组织结构按照公共服务的性质，享有不同的权限与职责，其服务范围和服务权限也随着等级降低而逐渐变小。目前，我国公共服务体制的纵向职能划分仍具有非规范性和同构性等弊端，为此我们有必要从以下几个方面来对其予以修正，具体而言：(1)合理确定中央政府和各级地方政府的公共服务职能。(2)以宪法和法律的形式，明确划分中央和地方各级政府的事权

---

① 参见严强著：《公共行政学》，高等教育出版社 2009 年版，第 268~269 页。
② 参见中国(海南)改革发展研究院编：《聚焦中国公共服务体制》，中国经济出版社 2006 年版，第 5 页。
③ 宋光周著：《行政管理学》，东华大学出版社 2011 年版，第 135 页。

和财权。(3)合理确定中央政府与地方政府在应对不同公共服务措施所应当分配的权力与职责。① (4)建立公共服务评价与评估机制,实行中央公共服务问责机制和以公共服务为导向的干部绩效评价体系。② 明确各级政府定位,制定明确的权力清单以及建立有效的反馈机制是解决纵向政府体制问题的思路。

(二)横向组织体制

横向组织系统是指根据业务性质和职能,将公共服务水平划分为几个部门的行政组织。而每个部门管理不同的业务内容,但是管理范围基本相同的体制。如在我国,国务院就设有人力资源和社会保障部,负责工资、福利、就业与失业、劳资关系、社会保障等;国家卫生健康委员会,主要负责疾病预防与免疫服务、老年健康服务体系构建、食品药品安全、计划生育管理和服务及其他医疗服务、救助相关事项;教育部,主要负责主管全国教育工作,统筹规划、协调管理全国的教育事业;住房和城乡建设部,主要负责住房保障、规范住房和城乡建设管理秩序、建立工程建设标准体系、监督房地产市场、城乡村镇建设等;民政部,主要负责救灾救济、双拥优抚安置、民间组织管理、基层政权建设、城乡居民最低生活保障、社会福利和社会事务、区划地名等工作。

(三)公共财政体制

所谓公共财政体系是政府对社会的公共物品和服务的分配。它是一种与市场经济系统兼容的财务管理系统。随着经济发展水平的提高和政府财政能力的提高,政府对公共服务的财政投入逐渐成为一种趋势。③ 但由于受到计划财政管理模式的影响,我国的公共财政体制存在着财政供给"越位"和"缺位"并存、

①　李军鹏著:《公共服务体系国际比较与建设》,国家行政学院出版社 2015 年版,第 230~232 页。

②　张成福,李丹婷,李昊城:《政府架构与运行机制研究:经验与启示》,载《中国行政管理》2010 年第 2 期。

③　参见杨海蛟:《服务型政府和公共服务体系建设研究的创新性力作》,载《中国行政管理》2013 年第 4 期。

财政支出结构不合理、政府收入机制不规范等问题。为此首先，应当确保存在有效运行的民主政治制度安排作为公共财政体制的基石，只有民主制度安排得当，才能使社会公众的意愿成为政府提供公共服务决策的依据。其次，应当有控制政府支出的制度安排，一方面要求政府的支出必须有明确的法律依据，另一方面要有对公共服务支出的有效监督。再次，要有对政府提供公共服务的效率估计的制度安排，"迟到的正义非正义"，由此可见，政府迟到的服务也并不能满足社会公众的公共需求，建构有效的效率评估机制在公共财政体制的构建过程中也处于十分重要的地位。最后，要有控制政府收入的制度安排，政府收入涉及政府依法治国、依法行政的推行，应当作为公共财政体制的重要环节。

（四）公共服务制度

为提高公共服务效能，除了要从宏观层面明确政府的各项职能，厘清人财物的划分等事项以外，最根本的还是要注重不断改进和完善公共服务制度。我国的公共服务制度可以涵盖如下内容：（1）基本标准化制度，即在国家均等化共性标准的基础之上，根据各地实践与需求，再分方面分层次地将共性标准细化，以保证实施标准能够在本区域内具有针对性和可操作性。（2）社会力量参与制度，公共服务的性质决定了其在政府提供的基础之上，还需要社会多元力量的加入，因此可以建立参与制度，广泛吸引社会力量投入公共服务建设，而且政府可以相应地建立政府采购公共服务制度。（3）主体责任制度，如前所述，公共服务不仅仅依靠政府提供，社会力量也会广泛参与，为此就需要明确各个主体之间的职责划分，一般而言公共服务由政府主导，社会力量辅助，同时政府还应当承担监督管理的职责。除此之外，参照其他国家的优秀经验，还可以建立绩效管理制度、以结果为导向的预算制度等。[1] 公共服务制度最终应落实于人民，以达到服务之目的。

---

[1] 李军鹏著：《公共服务体系国际比较与建设》，国家行政学院出版社 2015 年版，第 242~243 页。

第三节　法治政府之作用机制

一般来说，作用是指某种事务在特定的时间和空间内具有客观的能量及其对象的可能影响，而机制是指组织或工作系统各部分之间的交互过程和模式。因而，法治政府的作用机制是指政府组织之间相互影响或相互作用的过程和方法，总体上包括法治政府的领导机制、协调机制、工作机制和保障机制。

一、法治政府的领导机制

法治政府的领导机制是指领导的结构、功能及其相互关系，其是保障领导工作正常运行的重要工具，科学化的领导，必须按照系统化的原理，建立完善的领导制度，设置精干高效的领导机构，采用合理的领导形式，并根据实际情况不断调整与改进。领导机制是领导体制的重要组成部分，领导机制的不健全将直接或间接地影响到领导体制的运转和领导效能的提高。具体而言，领导机制的内容包含领导机构、领导制度、领导形式三个方面。

(一)领导机构

领导机构是实行领导的组织机构，是中央政府或地方政府统辖全局的指挥中枢和决策核心，其主要职责是制定政府的总目标和长远规划，颁布政策和方针性的内容，同时对所辖区域内的人员和行政工作进行统一指导。在我国，中央政府的领导机构主要由总理、副总理若干人，国务委员若干人，各部部长，各委员会主任，审计长，秘书长等组成。地方政府的领导机构主要由省长/自治区主席/市长/区长/州长/县长/乡长/镇长，副省长/自治区副主席/副市长/副区长/副州长/副县长/副乡长/副镇长，秘书长，厅长，局长，科长，委员会主任等组成。

(二)领导制度

领导制度是指政府组织为履行领导职能和完成领导任务而建立的制度体系,其核心内容在于通过制度化的形式来规范政府组织系统内的领导权限、领导机构、领导行为以及领导活动方式等。① 具体而言,领导制度可分为根本性领导制度与日常性领导制度两类:(1)与西方国家不同,中国基本领导体制建立了行政首长负责制的领导体制,主要问题由行政首长在集体讨论的基础上决定,具体的日常行政事务由行政首长决定,独立承担行政责任的行政领导体制。② 这种领导制度的优势在于事权集中、责任明确、指挥统一、行动迅速、协同高效。(2)日常性领导制度,一般包括密切联系群众制度、上下级行政领导间的相互联系制度以及领导系统内部的相互协调制度等。

(三)领导形式

完善、有效的领导机制是通过一系列具体的领导形式来实现的。领导形式又称领导模式或管理模式,是对领导者在具体领导过程中采取什么行为态度和表现的概括。③ 按照行政领导权力运用和控制程度可以将领导形式分为集权式、分权式以及放任式。我国政府目前所采用的是分权式与集权式相结合的领导形式,即对于重大事务采用分权式,在决策过程中吸收部属参与,而对于日常事务则采用集权式,即由行政首长独自行使决策权。按照行政领导决策指挥方式不同,可将领导形式划分为强制式、说服式、激励式以及示范式,根据不同的行政目标或行政任务,可能采取不同的领导形式。按照行政领导对人对工作的不同态度可将领导形式分为重事式、重人式以及人事并重式。④ 目前,我国主要采用的是人事并重式,既要发挥工作人员的主观能动性,又要对工作绩

① 丁煌著:《行政管理学》,北京首都经济贸易大学出版社 2016 年版,第 99 页。
② 参见吴江,陆新文著:《行政管理学》,中国农业出版社 2014 年版,第 45 页。
③ 何精华著:《现代行政管理:原理与方法》,上海社会科学院出版社 2009 年版,第 89 页。
④ 何颖著:《行政学》,黑龙江人民出版社 2007 年版,第 114~116 页。

效严格管理。

二、法治政府的协调机制

一直以来，我国的政府管理与服务存在着多方无序管理，权能资源分散、整体效率不高的情况。横向上来看，同一层级的不同部门往往自成体系、各自为政，导致重复管理和服务空白并存；纵向上来看，不同层级的政府部门机构分级管理、封闭运行，资源共建共享难以实现①，为此我们有必要建立行政协调机制，要求政府组织或行政领导运用各种措施和方法，调节本系统各组成部分及行政人员之间的关系，以及行政系统与行政环境之间的关系，使之相互配合、分工协作，以共同实现行政目标。② 法治政府的协调机制具体包括协调机构、协调制度与协调方法三个方面。

(一)协调机构

协调机构是为了方便行政机关、行政人员之间就某项专门性的工作进行"协调"而设立的机构。在命名方式上，协调机构可以为领导小组、协调小组、委员会、指挥部、办公室等；在存在时限上，协调机构有常设型、阶段型、临时型；在权属关系上，有中央领导小组、国务院议事协调机构、地方议事协调机构等。近年来，随着行政环境的不断变化、政府职能的不断扩大，越来越需要通过行政协调的方式来保障整个行政系统的有效运转和协同一致，但是目前我国的协调机构出现了过多、过滥的现象，为此有必要根据"机构法定"的原则，对于协调机构进行精简化、专业化，真正做到"权随事设、责随事定、人随事走"。

(二)协调制度

协调制度是为了保证协调机制的相对稳定，以求达到最佳协调效果而进行

---

① 柳斌杰、袁曙宏著：《中华人民共和国公共文化服务保障法学习问答》，中国法制出版社 2017 年版，第 31~32 页。

② 李乐军著：《行政管理》，电子科技大学出版社 2012 年版，第 148 页。

的一种规范设置，即有关行政协调行为的法律规范或标准，一般而言，政府协调配合制度主要有以下几种：（1）主要领导或分管领导牵头协调制度，即对于重大或牵涉部门较多的问题，可报请政府主要领导或分管领导进行协调。（2）专门协调制度，即针对特定问题，由政府主要领导牵头，会同相关部门成员进行调研，最终共同协调解决特定事项。（3）部门联席会议制度，即对于重大事项，由各部门的领导进行行政协调，按照各自职能分解目标任务，推进目标完成。（4）主要部门牵头协调制度，对于涉及多个部门的管辖范围，但由某一部门主管的事项，可以由主管部门牵头负责，其他相关责任部门协调配合。

（三）协调方法

协调方法是对行政机关在面临问题时所实施的协调活动及其行为的理论概括。具体而言，协调方法主要有以下四种。

其一，会议协调，即政府通过召开各种类型的会议来帮助各部门、人员以及社会公众之间沟通思想、认识，从而达到统一行动的目的。这是最为常见的一种协调方法，如我国《国务院组织法》第4条就规定："国务院会议分为国务院全体会议和国务院常务会议。国务院全体会议由国务院全体成员组成。国务院常务会议由总理、副总理、国务委员、秘书长组成。总理召集和主持国务院全体会议和国务院常务会议。国务院工作中的重大问题，必须经国务院常务会议或者国务院全体会议讨论决定。"本条所设置的国务院全体会议和国务院常务会议就是会议协调方法的典型表现。

其二，自觉协调，即由行政组织或个人运用非权力因素，通过提高认识、明确目标、消除心理障碍等方式所进行的协调方法。具体包括：（1）组织目标协调，即通过对行政组织目标的正确、统一理解来协调行政行为。（2）利益协调，即通过调整行政组织和工作人员的利益来协调行政行为。（3）心理协调，即消除心理障碍，促进协调与合作。（4）团体意识协调，即通过培养正确的团体意识并发挥整体实力来进行协调。

其三，强制协调，与自觉协调恰好相反，其是运用权力因素，通过权责、计划、领导、分工等方式所进行的协调方法。具体包括：（1）权力责任关系协调，即通过权力和责任关系限制任何超前、落后或越权行为。（2）调整计划协调，即通过调整和严格执行计划实施强制性协调。（3）高层领导仲裁的协调，即通过建立跨部门和跨领域的领导小组和综合委员会来协调相关活动。（4）基于分工的协调，即通过加强行政组织之间合理的分工来协调组织之间的关系。（5）加强行政沟通以实现协调，即通过意见沟通、需求沟通、情感沟通、信息沟通等方式，让组织和个人对组织和活动的目标、指南和政策有所了解，从而达到协调的效果。

其四，信息协调，即通过材料和信息的传递、通知、公告、公告的发布等方式，促进各方和有关人员了解真实情况，以达到协调统一的效果。① 总体来说，充分的协调沟通机制是平衡保障各方利益的积极手段。

三、法治政府的工作机制

工作机制是工作程序、规则的有机联系和有效运转。加强法治政府建设，必须坚持和健全党委统一领导、各方分工协作、社会广泛参与的工作机制，形成法治政府建设的整体效应。② 具体而言，法治政府的工作机制包含工作机构、工作制度以及工作方式三个方面。

（一）工作机构

政府工作机构是指按照一定标准对政府工作进行分解和分类，并据此建立起来的对政府某一方面事务负责的组织，其主要包括国务院所属工作部门和地方政府所属工作部门。其中，地方政府工作部门在接受同级政府的领导的同时，也接受上级政府工作部门的同行的指导。③ 政府各工作部门在同级政府统一领导下工作，相互配合、协调并在一定程度上予以制约。

---

① 参见何颖著：《行政学》，黑龙江人民出版社 2007 年版，第 286~288 页。
② 吴海青、杨文萍：《创新依法行政工作 推进法治政府建设》，载《政府法制》2013 年第 26 期。
③ 魏建一著：《天津市机构编制大事记》，海洋出版社 2013 年版，第 442 页。

(二)工作制度

工作制度是指政府为了维护其行政工作的正常运转,为行政机关及其人员设定的日常行为规范。中华人民共和国成立以后,我国政府的工作制度主要包括分工负责制度、会议制度、办文制度和接访制度等。因此健全和完善上述制度,使其在法治的轨道内贯彻落实,是建设法治政府的重要一环。(1)分工负责制度,即主管领导对本行政区域的工作负总责,主要负责督办和协调;分管领导对分管工作负直接责任,抓好分管工作的贯彻落实;全体行政人员认真完成各自职能分工的工作和其他临时性安排的工作。(2)会议制度,即政府定期召开常务会议或全体会议,对上一时期的工作进行总结,并对下一时期的工作作出安排。(3)汇报和催办制度,即对于政府工作,承办人要在规定的时间内办理完毕并进行汇报,如未按期完成,则要向主管领导或相关单位说明情况,由相关单位催办。(4)督促检查和责任追究制度,政府相关部门会定期或不定期地督促相关行政工作的执行落实情况,如有对工作不负责、不认真、不作为等现象,相关人员需被追责。

(三)工作方法

"工欲善其事,必先利其器。"工作方法的科学化、法治化是建设法治政府工作机制的重中之重。实践中,我们广泛采用的工作方法有:(1)统筹兼顾、突出重点,其政府在落实具体行政工作时,要因地制宜,抓住有特色、能突破、基础薄弱的重点工作,同时对于其他工作也要协调推进,如此既抓主要矛盾,又不放弃次要矛盾,才能更好地推进政府工作。(2)一般号召与个别指导相结合,即对于行政工作首先应当全面部署推进,然后根据基层实际情况,逐个解决重点难点。(3)抓两头带中间,任何一项工作都有先进和落后,那么抓住先进和落后的两头,自然整体水平就提升了。(4)坚持问题导向,行政工作的实质就是发现问题、研究问题和解决问题,为此解决行政问题的关键就在于对症下药。(5)科学决策,决策影响发展,要发扬民主集中制的精神,认真听取各方意见,以保证工作的轨道不偏离。(6)具体落实工作方法，包括五步工作法①、倒推工作法②、搬石头工作法③，等等。

四、法治政府的保障机制

保障机制是为管理活动提供物质和精神条件的机制。保障机制是建设法治政府的重要内容，其是关于政府自身建设目标、任务实现的保障，目的是保障建设法治政府相关机制有效运转和全面实现，因此加快法治政府保障机制的建设和完善已显得非常重要和迫切。具体而言，法治政府的保障机制包括保障主体、保障程序以及保障方式三个方面。

（一）保障主体

保障主体，即保障机构，是保障机制构建的基础，在法治政府层面，国家保障机制的主体应当是享有监督权的行政机关。基于行政机关层级制度，上级行政机关可以作为下级行政机关的监督主体，来保障下级行政机关的行为合法、合理，因此上级行政机关就可以成为有效的保障主体。国务院发布的《关

---

①　从"五步工作法"的内容来看：第一是寻找问题；第二是发现问题；第三是公开问题；第四是解决问题；第五是责任追究。实质上还是"三段论"格式：提出问题、分析问题、解决问题，再加上责任追究（与此相联系的是奖励制度和相关的法律制度约束）。"五步工作法"就是科学决策、解决问题的思维程序。领导工作包罗万象，择其要点可以概括为发现问题、分析问题、解决问题。

②　倒推工作法就是把所要解决的问题、所要跨越的节点作为目标，从目标进行倒推，把实现目标过程中涉及的各类事项、各项工作、各个节点、各有关责任单位和部门以及完成时限等都充分考虑进去，直到当下；然后再正向制订方案、细化流程、明确完成时限、责任到人，研究确定后贯彻执行，确保按时保质保量完成工作任务。笔者以为，这个"倒推工作法"其实就是实干法。

③　搬石头工作法就是逢山开路，逢水架桥。你走在路上，石头挡住了去路，走不通怎么办呢？要搬石头，石头小，自己下来搬，石头比较大，你喊两个人来搬，石头再大，你找个吊车来搬，吊车也不行，你退回去，绕个五公里十公里，这就是搬石头。搬石头工作法的反面是什么？反面典型是什么？前面不是有块石头吗，我就是既不下车去搬，也不吭声。这就是搬石头工作法的反面典型。如果这些方法能够用到我们实际工作中去，所向披靡，没有干不成的事情，理论上没有做不成的事，因为它是科学的，是有逻辑的，是环环相扣的。所以我们一定要用这些科学的方法来指导我们的实践。

于加强法治政府建设的意见》第 27 条明确提出，县级以上地方人民政府每年要向同级党委、人大常委会和上一级人民政府报告推进依法行政情况，政府部门每年要向本级人民政府和上一级人民政府有关部门报告推进依法行政情况。从这一条也可以看出上级行政机关是建设法治政府的保障主体。① 保障机制脱离了保障机构，则其将沦为一个空壳，从而致使国家难以具体落实保障职能，社会公众的合法权益也很难得到有效维护。

（二）保障程序

作为政府保障机制的外在表现形式，保障程序是否规范、合法，将直接影响到保障机制实施的效力。因此，建立和完善保障程序，实现保障程序合法、正当是实现建设法治政府保障机制的关键所在，具体而言，完善保障程序主要从完善抽象行政行为程序制度和完善具体行政行为程序制度两个层面着手。

其一，完善抽象行政行为程序制度。抽象行政行为合法是保障据此作出的具体行政行为合法有效的前提条件，也是法治政府的重要考量标准之一，而程序又是保障抽象行政行为合法的重要环节，具体而言抽象行政行为的作出应当遵循法制机构审查、集体讨论通过、在本行政区域内公开发布、报送备案等程序。

其二，完善具体行政行为程序制度。依法行政、建设法治政府要求行政机关在行使权力时不仅要受到法律规范的约束，即要求抽象行政行为的合法，还要求其行为要遵循一定的基本原则、方式、步骤、时限和顺序，即具体行政行为也应当合法合理，要遵循相应的程序。具体而言包括如下三个方面：（1）遵循公开原则，要求行政机关在实施行政行为时应通过一定程序保障公民知情权。（2）遵循公正原则，要求行政机关在实施行政行为时应保持中立，一视同仁。（3）遵循效率原则，即行政机关应当在不影响行政目标的前提下，保障行政的高效。② 没有程序的保障，保障本身也只是无法落地的口号，程序是实现

---

① 参见《关于加强法治政府建设的意见》，载《重庆市人民政府公报》2010 年第 21 期。
② 张渝田著：《建设法治政府机制研究》，法律出版社 2011 年版，第 50~52 页。

权利义务的重要途径。

（三）保障方式

依据国家体制和行政体制，以建设法治政府为目标，保障的方式可以分为宪法保障、法律保障、程序保障、纪律保障、司法保障以及适当性保障等。具体而言包括如下六个方面：（1）宪法保障，即以宪法为标准，监督行政法规、规章、制度、命令等抽象行政行为是否符合宪法的有关规定，监督行政人员的行政行为是否与宪法相抵触。（2）法律保障，即以法律为准绳，监督抽象行政行为和具体行政行为的制定和实施等情况。（3）程序保障，即依据宪法、法律、法规等的规定，通过法定程序和行政程序等对抽象行政行为和具体行政行为的合法性进行监督。（4）纪律保障，在我国的政治体制下，行政行为不仅要受到宪法法律的约束，其还要受到党纪的规范，如若行政行为违反了党纪的规定，其也会受到相应的纪律查处。（5）司法保障，即通过对行政行为进行司法审查与监督，来实现法治政府行为的规范化和法制化。（6）适当性监督，即在坚持合法行政的基础之上，也不得忽视合理行政。要求行政机关的行为必须符合法律的目的，必须有合理的动机、应考虑相关的因素等。① 法治政府保障方式是多元的也是多方参与的，只有在足够的保障方式之下，法治政府才能在法治的轨道之下稳步发展。

---

① 参见张渝田著：《建设法治政府机制研究》，法律出版社 2011 年版，第 53~55 页。

第五章　权力·权能·权限

权为衡器，权力是平衡的力量、平衡的能力，后来指权位，势力。《汉书·游侠传·万章》中有："与中书令石显相善，亦得显权力，门车常接毂。"在社会科学领域，权力是政治学和公法学中的核心概念，有关权力定义的学说众多且争议犹存。一般而言，权力是一行为者出于利益考虑，使另一行为者实现其意图的能力与过程，即"某些人对他人产生预期效果的能力"。① 权力最大的特点是其强制力和支配力，在实践中，权力通常有两层含义：一是政治上的强制力量，如国家权力，如立法权、司法权、行政权等；二是职责范围内的支配力量，它同一定的职务相联系，即为实现其职位设置目的而配给的可以行使的权力，如国家主席的权力。权能，在政治学话语中通常是指权力和职能，在法学学理的层面上所指代的是权利的具体内容以及其发挥作用或者实现的途径，是权利人为实现其权利所体现的目的利益依法所能采取的手段，如所有权权能中，权力人依法对其物占有、使用、处分、收益的法律可能性。② 这一概念借用在公法之中，即指权力实现其意图的支配方式。权限，即为保障权力主体的权能能够有效履行，而必须具备的决策范围、程度和程序，通常是指法律对权力范围规定或限定，其内含赋权和限权两方面的内容。出于对权力的恐惧与警惕，如何限制权力、防止权力滥用是学术研究矢

---

① ［美］丹尼斯·朗著：《权力论》，陆震纶、郑明哲译，中国社会科学出版社2001年版，第3页。

② 施雪华著：《政府权能理论》，浙江人民出版社1998年版，第2~5页。

志不渝的目标。①

就法治政府的权力、权能、权限展开研究，能够更为深刻地剖析政府职责所在，更好地设权用权，依法行政。其一，对法治政府的权力的探究将围绕其权力产生的渊源展开，具体即在对政府权力及其基本属性研究的基础上，从理论渊源、历史渊源、规范渊源三个维度深入进行分析。其二，政府权能在政府理论研究的过程中处于重要一环，它直接展现出政府行使权力的结果，综合了各种权力关系。法治政府权能与法治政府的权力、能力、职能等都是政府理论中重要的概念，在行政学和行政法理论研究中具有奠基作用。法治政府的权能分治将从政府权能的基本属性、关系分解、配置原则和配置模式出发展开论证。其三，任何政府的权力之行使、权能之作用都必须在一定的空间和时间范围内，其行使和作用都是有限的。建设有限政府，必须对政府权力的限度、权限结构以及权限争议解决机制进行探究。

权力、权能、权限三者既相互区别，又相互联系，三者以权力为核心，以权能作为权力的内部配置，以权限作为权力的外在限定。

第一节　法治政府之权力渊源

顾名思义，法治乃法律之治，政府乃执掌行政权政府。故而，法治政府建设，应以法律特别是行政法为基本遵循，围绕行政权这一核心要素展开。而若要究行政权之基本要义，则需先追本溯源，从行政权渊源着手进行梳理。"渊源"一词含源流、本原之意，法治政府的权力渊源大致可以从理论渊源、历史渊源、规范渊源三个维度展开。

一、政府权力及其基本属性

政府权力又即行政权力，政权属于国家权力的一个分支，从国家的出现开

---

① 周永坤：《权力结构模式与宪政》，载《中国法学》2005 年第 6 期。

始，政府权力即属于公共权力当中最为直接地对社会成员以及组织产生作用的权力。权力是政治学和公法学界研究较为深入的话题，但行政权作为国家权力的一项内容却是在近代分权学说影响下才得以确立。① 对行政权的研究，多见于政治哲学和行政法学领域，下文亦试图从这两个角度，对行政权的基本属性进行分析。

（一）行政的概念

欲究明行政权之基本意涵，需先对"行政"这一概念有基本的了解，即"什么是行政"。"行政"（Administration）从词源来看有"执行事务"之意，而关于行政这一概念本身，各个学者对其的理解大同小异。

从通常意义上来说，行政指的就是社会中的组织对于社会当中一定范围内的事务进行组织和管理的一系列活动。在这当中，国家为实现公共利益的目的对社会事务进行组织和管理的，称为"公共行政"，而其他组织对该组织内部事务所进行的组织和管理活动则称为"一般行政"，也有些国家将其称为"私人行政"，公共行政是行政法规范调整的对象。② "行政就是国家行政主体依法对国家和社会事务进行组织和管理的活动"或"国家行政主体实施国家行政权的行为"，而行政主体就是"依法代表国家，并以自己的名义实施国家行政管理的组织"。③ 还有学者认为，"行政只能进行描述而不能进行界定"或"无法对行政进行定义而只能对其进行描述"，因此概括出行政的一些典型特征：行政是一种社会的塑造活动，并且是一种针对将来的积极的塑造活动，其出发点是维护公共利益，是为处理社会事务所采取的具体措施抑或是执行特定计划的活动。或将其概括为：行政活动的方向和目的的社会公共性，行政活动（主要内

---

① 康良辉著：《相对集中行使行政权制度研究》，中国政法大学出版社 2014 年版，第 25 页。

② 参见王连昌编：《行政法学》，中国政法大学出版社 1994 年版，第 1 页。

③ 胡建森著：《行政法学》，法律出版社 1998 年版，第 5 页。

容)的未来性、主动性和个案性。① 也有学者觉得，行政存在公私之区别，其中公行政中存在国家行政与非国家行政，而国家行政又有形式行政与实质行政之分，作为行政法学研究对象的行政是公行政，主要是国家行政、形式行政，既包括国家行政机关进行的执行、管理活动，也包括国家行政机关进行的准立法和准司法活动"；而"行政学在研究行政时，对行政的界定采取的是实质标准，即以某种职能活动是否具有执行、管理的性质作为界定行政的依据"。② 许崇德教授等则认为，"把行政理解为国家行政机关为实现国家的目的和任务而行使的执行、指挥、组织、监督诸职能更为全面具体"。③ 除此之外，关于行政的定义，学界还存在许多不完全一致的观点。

从以上概念中可以看出，至今还没有一个令人满意的关于行政的定义，学者多通过描述的方式对其进行阐明。在这些描述中，所体现出来的"行政"的一个共同特点是，行政本身是一种组织与管理活动，是国家的一种执行职能。行政法和行政法学对行政的研究也各有侧重，行政法学研究的核心是行政权的合法性问题，而行政学研究的落脚点则在于行政管理的效率和社会效益。结合以上观点，我们可以知道，行政虽不能有确切的定义，但可采取大多数学者所认可的形式与实质相结合的办法，将行政描述为"国家行政机关对国家和社会公共事务的组织和管理活动"，即区别于立法和司法的，以政府为主的权力主体，以决策、组织、管理和调控等特定手段对国家事务和社会事务发生作用的活动。

（二）行政权的基本意涵

行政权伴随着国家的产生而不断演进，行政权从行政过程中得以实现，在行政权运作中行政得到体现。享有国家行政权是国家行政机关行使行政职能的依据。

---

① 转引及引自[德]哈特穆特·毛雷尔著：《行政法学总论》，高家伟译，法律出版社2000年版，第6~7页；于安著：《德国行政法》，清华大学出版社1999年版，第9~10页。

② 姜明安编：《行政法与行政诉讼法》，北京大学出版社、高等教育出版社1999年版，第3页。

③ 许崇德、皮纯协编：《新中国行政法学研究综述》，法律出版社1991年版，第30页。

行政权作为行政法学的研究基础，学者对其的阐述亦各有不同，其中较具代表性的有：行政权是国家行政主体在对国家和社会事务的管理过程当中所享有及行使的国家权力的集合。① 行政权，即行政主体执行法律，采用各种方式以达到行政目的的法定权力。② 行政权是指执行、管理权，主要是指国家行政机关执行国家法律、管理国家内政外交事务的权力。③ 行政权是指由国家或其他行政主体担当的执行法律，对行政事务主动、直接、连续、具体管理的权力，是国家权力的组成部分。④ 行政权是国家行政机关或其他特定的社会公共组织对公共行政事务进行直接管理或主动为社会成员提供公共服务的权力。⑤甚至实践当中有些学者以概括现代行政权中所具备的要素对现代行政权进行理解：现代行政权的行使主体呈多元化发展、其行为方式依照法治的理念进行，除此以外，现代行政权当中的"权力"特征逐步发展为服务。⑥ 对于行政权的理解，不同的学者存在不同的看法。

虽然学界对行政权的定义不尽相同，但细究不难发现其共通之处：（1）就主体而言，虽然现代行政权呈现主体多元化发展趋势，但行政权主体以政府或行政机关为主的传统特性不变。随着国家和社会的分权，分权理论的实践普及，有限政府的现实建立，政府以外的社会主体通过法律授权、公私合作等形式，参与到行政权的行使中来。但政府仍是行政权的主要行使主体。（2）就权力来源而言，行政权法定，即行政权来源于宪法和法律，这是行政权得以存在和有效行使的前提。行政权的法定，一方面限定了行政权的权力范围，明晰其权限，另一方面又为行政权的行使提供了正当化基础。（3）就行使方式而言，

---

① 参见张正钊编：《行政法与行政诉讼法》，中国人民大学出版社 2004 年版，第 72 页。

② 朱新力编：《行政法学》，高等教育出版社 2006 年版，第 9 页。

③ 姜明安编：《行政法与行政诉讼法》，北京大学出版社、高等教育出版社 2007 年版，第 4 页。

④ 应松年、薛刚凌：《论行政权》，载《政法论坛》2001 年第 4 期。

⑤ 杨海坤、章志远：《中国行政法基本理论研究》，北京大学出版社 2004 年版，第 17 页。

⑥ 参见张树义、梁凤云：《现代行政权的概念及属性分析》，载《国家行政学院学报》2000 年第 2 期。

行政权的行使方式逐渐趋向多样化。随着协商民主的发展和行政权自身的不断革新，行政权在行使方式上除传统的行政处罚、行政许可、行政强制等具较强单方性、强制性、管理性的行为外，还逐渐衍生出了行政协议、行政指导等更具平和性服务等意识的非强制行使方式，呈现"刚柔并济"的特点。(4)就内容而言，行政权在执行权，即执行法律这一基础上，又包含了部分的立法权和司法权，如部分行政主体享有制定行政法规或行政规章的行政立法权、行政主体作为某项纠纷的第三人对争议双方进行调解、仲裁、裁决和复议的权力。(5)从其与其他权力(权利)的区分来看。行政权与立法权和司法权相比，主要表现为直接性、连续性和主动性。与私权利相比，主要表现其具备法定性、公益性和内含的强制性。

在明确了行政的含义以及学界对行政权的定义或描述后，行政权尤其是现代意义上的行政权的概念也就逐渐明了。现代意义上的行政权是国家行政机关执行法律以及对国家行政事务进行管理的权力，属于行政的核心或实质内容——"行政乃是为实现某个私人目的或公共目的而在具体情形中对权力的行使"。[①] 换言之，行政权是国家权力体系中负责执行国家权力机关的意志，为维护经济、社会、文化等领域的秩序，保障和增进社会福利，管理或服务于国家和社会实务的权力。

(三)行政权在国家权力体系中的定位

国家权力在漫长的演变过程中，分化形成了行政决定权、执行权(包括行政权和审判权)等不同形式的权力。在以特殊的强制为后盾的公共权力成为维持社会秩序必不可少的要素后，行政权以不可阻挡之势渗透到了社会生活的方方面面，成为国家权力中最活跃、最具渗透性的一个重要分支。

行政权与立法、司法、军事等权力共同构成了国家权力，其在实质上也属于执行权的一种。随着社会的不断进步，越来越多的国家和社会事务需要进行

---

① ［美］埃德加·博登海默著：《法理学——法律哲学与法律方法》，邓正来译，中国政法大学出版社 1999 年版，第 364 页。

管理，即使从制度设计的层面上来说，行政权仍受到立法权的约束，但是其所覆盖的领域早已突破行政领域的约束。在国家权力的演化中，政府的行政分支不但"迫使"立法机构将其部分立法权"授权"（委托）给自己，而且也逐渐渗透到司法领域，以至于在现代国家，行政机关实际上成了国家权力的首要执行者。其中最为明显的政治实践是，任何一个国家的执政党之"执政"都体现为对国家行政系统的控制。[①]

在现代立宪国家之中，无论该国的民主政治发展之进程如何，亦不管是不是采用的分权与制衡的权力结构模式，一个国家内部的立法权、行政权和司法权一般都有各自的行使机构，只是这些机构间在法律上的关系并不一致。在此当中，以英、美、法三国的宪制模式较有代表性，分别是议会中心、三权平行制衡、行政优先。在其宪制实践中，美国虽然在宪制形式上采用的是三权完全分离的形式，但是在权力的实际运作当中还是存在一定程度的"混合"；实行混合体制的英国在权力的实际运行过程中同样也存在类似的情况；虽然法国所实行的是行政优先，但是行政权并不能理所当然地具备高于其他权力的地位。

在现代社会，大部分国家采用的都是行政优先的原则，尽管作为行政机关，执行立法机关所制定的法律和发布的命令才是行政机关的职责，但是行政机关在立法机关进行立法的过程当中通常会进行"干预"，选择性地对其中一部分草案给予支持或阻止它不喜欢的一部分草案上升为法律；抑或通过政治权力运作，对法案进行合乎自身意愿的修改。这种情况不但存在于所谓"行政优先"的国家，在英国这样"议会中心"的国家也毫不例外。如在英国，"内阁"不但负责"行政"，实际上也主宰着议会的立法，至于制定行政法规，更是其职权之内的事情。在党政界限较为模糊的国家亦不例外，就其权力外观而言，似乎一个国家执政党拥有至高无上的权力，然而实际上执政党所直接行使的只是一部分最为重要的行政权力。因此，行政权始终居于国家权力的核心这一地位并不受政体的影响。

---

① 王学辉、宋玉波等著：《行政权研究》，中国检察出版社 2002 年版，第 21 页。

二、政府权力之理论渊源

权力和权利的关系一直是多个学科关注的核心问题。其中，行政权力与公民权利之间的关系在西方近代宪制思想中更是长期处于此消彼长的状态，在不同的宪制理论背景下，有关行政权的理论学说亦大不相同，对传统和现代的行政法学理论产生了深刻影响。

(一)权力分立和制约理论

思想家们在对分权制衡以及主权至上等政府结构和程序运行的基本原则进行探讨的过程中，一般都会表达出其关于行政权的相关理念和思想。比如，在洛克所提出的权力分立的理论当中就囊括了对于行政权的性质及地位的论断。洛克认为，政府的所有行为就是法律活动，也即立法与执法，社会契约的产生就是制定法律、执行法律、以体现理性的法律进行国家统治。故而，基于达到以理性的法律实行有效统治的目标，为防止国家专制和权力滥用对公民权利和自由造成损害，洛克在其权力分立理论中，将国家权力三分为立法权、执行权和对外权。其中，立法权是国家的最高权力，执行权是在社会内部对其成员执行社会的国内法，对外权是对外处理有关公共的安全和利益的事项①，二者共同构成行政权。权力分立理论以立法权为最高位阶的权力并着重强调立法权和行政权必须掌握在不同的机关手中，行政权之存在乃为了对立法权进行执行。在这一过程中，行政权的本质在于执行，即根据法律授权，以执行法律、实施法律来实现对公共事务的管理。

在孟德斯鸠的权力分立和制约理论中，行政权有了更多的含义，行政权不再是立法权的附庸，而是和立法权、司法权平行的权力，三者共同构成国家权力的基本架构，彼此间相互配合、相互制约以达到权力运行的微妙平衡。因此，这一理论框架下，行政权除前述的执行意义外，还要对立法权和司法权形成某种宪制意义上的牵制，而非被动的法律和政策的执行者，需具备一定的主

---

① ［英］洛克著：《政府论》(下)，叶启芳、瞿菊农译，商务印书馆1964年版，第92页。

动性和灵活性以发挥其制衡作用。

当然，纯粹意义上的权力分立并不存在，但是纵观各国实践，不难发现行政权确对其他两权有着不同力度的制约。

(二)福利国家与"法治国"理论

不管是何种宪制理论，其都在行政权具有侵权性这一性质上达成了相同认识，并以此为前提，寻求对行政权的有效控制。但随着 19 世纪中期后的贸易发展和城市兴起，政府职能不断增加，行政机关规模不断扩大。特别是福利国理论的兴起，社会越来越强调政府的主动干预，甚至忽视了对行政权的控制。如英国学者格雷勋爵(Lord Grey)在考察当时的英国政府结构后发现，三权分立已经被混合政体所取代，行政机关占据了越来越重要的位置，首相成为了行政机关的实际首脑，通过拥有国会两院成员的多数支持而控制了国会两院的进程。于是，是首相和内阁而非国会两院掌握了真正的权力，并且，在必要时首相还可以解散议会。而实际上，这种行政权的扩张带来的公民自由的丧失，已经被国家提供的福利所补偿，人们对其逐渐容忍。在此行政权扩张的背景下，人们发现传统的宪制理论已不能反映和解释行政权理论和政府作用，由此产生了"法治国"这一新的理论解释体系。

新的理论发展开始于边沁的功利主义学说，在边沁的眼中，政府也属于恶，其存在是用来减少更大的恶，认为所有权利都是法律所创造的而并不是上天赋予的，立法和法治的目的及功能在于"谋求最大多数人的最大幸福"。在边沁的思想中，已经表现出了对政府行政权的尊重，以及对政府服务于民的渴望。随后这种功利的观点到了 1885 年被戴西的《英国宪法学导论》修正，戴西用基本实证主义的哲学观明确了"法治"的含义及理念，强调法律至上、司法独立、人人平等守法，强调专制是法治的天敌，行政自由裁量权是专断权力的集中体现。戴西的这一观点受到了罗宾森教授的《司法与行政法》和詹宁斯《法与宪法》的批判。罗宾森认为，现代社会已处于福利国家阶段，大凡各种公益和社会福利都由国家包揽，英国传统上重人权轻公益的思路要调整以适应时代的发展。詹宁斯认为新时代产生的新观念、新思潮及赋予政府新的职能和更大的公共任务，使得政府拥有广泛的合法权力，由此引起的对人权的侵害是不可避免的，但是"正当法律"与"行政权力"并不对立，所有的权力都来自法律。①由此可知，随着政治经济的复杂化，各国政府需要更大的政府权力和一定程度的自由裁量权，于是人类退而求其次不得已而选择"法治"。正因为行政权力和权利自由显示出了同等重要的地位，宪制理论构建的关键已不再是政府应不应该有行政自由裁量权的限制，而是政府需要什么样的和多大程度的自由裁量权。

随着混合制政府和均衡制理论的发展，行政及行政法的领域从自由主义盛行时代国家单纯的警察行政和捐税行政模式（干涉行政）向服务行政（给付行政）转变，行政法使行政权与公民权产生了一种"指导与服务"的法律关系。汉斯·皮德斯教授在1951年提出了"行政国家"命题，在这一命题中，行政并非独大不受约束，而是在法治、民主原则下进行。在这一阶段的理论和行政实践中，即使行政权的行使依旧需要遵循依法行政以及司法审查的制约，但行政权力对社会生活的重要性已经越发明显。

（三）法治原则与有限政府的宪制思想

20世纪70年代后，随着经济的衰落，社会矛盾日益突出，社会对于福利国家以及不断扩张的行政权产生了质疑，与公民权利与自由以及市场自身功能相关的观念再次成为社会的主流观点，这一时期的代表人物有哈耶克、韦德、拉兹、菲尼斯等。他们在"法治"的前提下，对于行政权和公民权利之间的基本关系进行了考察，在法治原则下定位行政权。哈耶克认为法治的原则或基础条件是：民主宪政、公民自治、权力分立和司法独立，他认为法治的程序保障措施包括：公众意见对国家权力的有效控制；对行政自由裁量权的法律限制；法院行使司法审查权。韦德教授的法治原则包括四层含义：政府行为合法性的法治原则；平等的法治原则；自由裁量有限的法治原则；罪刑法定主义的法治

---

① ［英］詹宁斯著：《法与宪法》，龚祥瑞等译，生活·读书·新知三联书店1997年版，第212～213页。

原则。韦德着重强调了政府必须依法行政，否则应当对其进行司法审查。有限政府宪制思想在英美国家得到了普遍的认可，因此这些国家最初的行政法基本理念都是从控制政府权力、保护公民个体权利的角度进行表达。从英美国家的限权历史来看，对行政权的控制一般是通过司法审查和设定行政程序来实现的。

学者们对行政法理论的关注源于行政机构的大量出现和行政权不断扩张的现实，同时向我们展现了行政权的扩张与对行政权的控制这两种对立的理论思想融合的趋势。尽管各个理论学说间存有差异，但这些行政法或宪制理论无疑都是在承认国家对社会的干预以及国家对公民权利的积极促进作用的基础上兴起的。这种兴起以肯定行政机关具有委任立法权和一定程度上的自由裁量权为前提。一方面政府必须具有权力和决策能力，另一方面政府对公民权利负有保障责任。这是从了解政府的性质和政府的行为方式上来认识行政权的，它比简单地在行政权运行后进行司法与运用行政程序的事前约束更为重要。①

三、政府权力之历史渊源

行政权是一个动态的概念，现代意义上行政权是在经历资产阶级革命，建立起"人民主权"国家后才逐渐从国家的整体统治权中分离出来的。它与旧王朝时期下的权力有着根本的不同，并随着时代及一定时期的政治任务的变化而不同。

(一)王权时代的治权

探究行政权的历史溯源，回到东西方的奴隶社会和封建社会的王权时代，在两种社会中的国家权力，即强权政治主导的历史中，并不存在立法、司法、行政三权的概念，更遑论三权分离与制衡的理论或制度。

这一时期统治权的功能在王权时代中，国家权力是整体的统治权。当然，

---

①　参见王学辉、宋玉波等著：《行政权研究》，中国检察出版社 2002 年版，第 230~238 页。

王权统治的内部会有类似于现代国家权力分立的相对分工。这些分工及其发展出来的纵向体系，织就了以暴力、高压为主要特征的统治网。首先是统御人民，防止、扼杀和镇压人民的反抗，将人民牢牢地束缚在统治网中，维系王权统治；其次是做一些有助于公益的事情，以巩固其统治，防止分化。以中国的封建社会——秦朝为例，秦朝是中国历史上统治体系建制较早也是较为完备的一个朝代。其设立了御史大夫、丞相、太尉之职，分别掌管监察和司法、行政、军事以分担皇权压力。其中，丞相大概相当于如今的行政首脑，皇帝则集权于一身。当然，尽管后世演变出了"皇权"与"相权"之争，但所谓的相权仍然是皇权的一部分，只是在行使的过程中，出现了宰相不按皇帝意志行使的变异，并不改变皇权为整体统治权力的性质。在西方的王权历史时期中，也曾有共和浪花的出现。古希腊、古罗马的奴隶制共和国，以及意大利封建城市共和国等都曾在史书上闻名，其执政官、市政官所行使的权力也基本相当于今天的行政权。

为维护和巩固王权，这一时期的统治者们为完成其治权的合法性或正当性证成，通常会炮制"君权神授"理论，宣传自己是替"天"行道，代"天"而治。这实际上是为行政权的前身——治权，寻找合法性根据，以掩盖其权力中的霸权、强力、暴力的本质。

(二)近、现代社会的"人民主权"

随着资本主义的迅速发展，新兴资产阶级出于对经济上的财产保障、政治上的权利和地位、人身上的自由和平等等需求，逐渐要求摆脱王权时期的封建统治，建立起新的权力治理模式。因应现实需要，"社会契约""人民主权""三权分立"等学说理论萌芽并得到广泛认可，这些学说各有己见，但其核心要义莫过于：政府源于人民的共同协议；主权来自人民的让与；国家的立法、行政、司法三种权力需要分立，以权力制约权力。

在此现实需要和理论背景下，资产阶级革命胜利后，资本主义世界大多建立起了三权分立的国家制度，由政府(或内阁)执掌行政权，实现了国家权力的结构分化。自此，行政权正式从王权时代作为整体的国家统治权中分立出来，具有了较为独立的地位，逐步形成了近、现代的行政权概念。在这一时期，统治权是源于社会的需要和人们对这种客观需要和社会发展规律的共识——对历史经验的共识，人民在历史的错误和教训中，逐渐认识到社会秩序的稳定需要一个组织，如政府的管理，因此，赋予政府一定的权力是必需的。但出于对人性的警惕和对行政权天然的扩张性、侵害性和破坏性的认识，对行政权进行制衡又是必需的。随着现代西方发达国家中行政职能的不断扩张以及行政权力的日益膨胀，使得在国家权力体系中行政权的作用和重要性日益凸显，以致有"行政国家"之说。因而，近、现代社会的国家，通常会对行政权进行规范，在制度实践中通常体现为权力之间的微妙制衡。对行政权的规范，是行政法的产生和兴起的重要原因。

(三)新时代下的行政权

行政权的配置和运行将越来越科学，并体现社会的进步与文明。社会主义国家亦宣称"人民主权"，人民通过革命建立起社会主义国家，因此主权属于人民。在中国，尤其是在现代社会转型时期，为应对政府职能的变化需求，需要对行政权进行调整甚至重构，其直观体现为行政机构的改革。同时，在计划经济走向市场经济，经济全球化不断发展，区域合作加强但贸易战争或明或暗地出现或升级的情况下，国际经济合作与竞争在很大程度上影响着社会的发展壮大。

在新的历史时期，面对全球化和国际合作的不断加强，政府的角色定位和行政权的作用发挥，又再次面临挑战。哈贝马斯说："在全球化的过程中，民族国家的力量和权限被削弱了，市场也就逃脱了民族国家的政治监控，从而使得民族国家更难处理它们了""国家对世界经济和世界社会的依赖性越来越大，国家就越来越丧失它的自主性和处理事务的能力。"[1]处于这样的时代背景之下，国家的主要任务在于解决问题和抓住机遇，减少国际合作中所可能带来的

---

[1] [德]哈贝马斯:《在全球化压力下的欧洲的民族国家》，载《复旦学报》2001年第3期。

冲击与震荡，为经济、社会和文化发展保驾护航。同时，政府权力必须"建立在一种具有立法作用的交往权力的基础之上"。① 因而，行政权的社会服务职能和综合功能将格外明显和突出。行政权的功能与作用的整合性将成为其最大的特征。

四、政府权力之规范渊源

政府权力或行政权的规范渊源，是指对行政权进行定性和正规化管理的信息规定的依据。基于法治国家中行政法治的要求，所有的行政权力都要通过法律的明确授予，遵循依法行政的原则。其中，行政法作为调整因行政权的设定、行使和约束而产生的社会关系的法律法规的总和，是了解行政权的规范渊源的基础。就我国的行政法规范渊源而言，一般认为，成文法几乎是唯一的法律渊源。法理等不成文法源必须通过一个"转介"的程序。② 但在政治实践中，通常也包含政策和习惯等依据。

（一）行政法渊源

行政权的规范渊源与行政法的渊源虽不成一一对应关系，但二者密切相关。因此，在对行政权的规范渊源进行法条性的规范阐释时，有必要先对行政法渊源进行基础的梳理。就行政法的基本概念而言，大陆法系国家一般把行政法界定为调整行政活动的公法，英美法系国家把行政法概括为控制行政权的法。如英国的威廉·韦德认为行政法是关于控制政府权力的法，社会主义国家一般认为行政法是保证国家职能有效实现的法。行政法的渊源则主要是指，规范行政主体及其他社会主体行为规范的来源和表现形式。③ 从法理角度分析，行政法渊源的演进过程主要经历了四个阶段——自然法主义阶段、习惯法主义

---

① ［德］哈贝马斯著：《在事实与规范之间——关于法律和民主法治国的商谈理论》，生活·读书·新知三联书店出版社 2003 年版，第 180 页。

② 陈新民著：《中国行政法学原理》，中国政法大学出版社 2002 年版，第 45 页。

③ 参见应松年编：《行政法新论》，中国方正出版社 1999 年版，第 17 页。

阶段、制定法主义阶段、行政造法主义阶段。① 而行政法渊源一般可以分为行政法正式渊源和非正式的行政法渊源。

其一，行政法正式渊源。所谓行政法的正式渊源是指体现于正式的法律文件和行政法文件中，经国家权威机关认可或制定规范行政主体行政过程的行为准则。其具体包括：(1)宪法中的行政法渊源。宪法中关于行政权与其他国家权力关系的规定、宪法关于行政系统在国家政治体制中的地位的规定、宪法关于行政系统内部构成的规定、宪法关于行政机关所能够行使的行政权的规定、宪法关于公民权利义务的规定、宪法关于国家基本国策的规定、宪法及宪法性文件关于行政区域划分的规定等。(2)法律中的行政法渊源。有关行政权分配的规定、有关行政机关组织体系的规定、有关行政主体"立法"行为的规定、有关部门行政管理的行为规则、有关行政程序的规定、有关行政救济的规定。(3)行政法规。行政法规是一个特定概念，特指由国务院制定的有关调整行政过程中出现的各种关系的行为规则。通常而言，行政法规可以规定三类事项，一是为执行法律制定的实施细则，二是有关行政管理的具体操作事项，三是制定法律的条件尚未成熟的事项。(4)地方性法规中的行政法渊源。地方性法规规定的内容较为繁杂，其中，只有与行政管理有关的事项才是行政法的渊源。主要包括：一是为执行上位法对行政事项作出的规定；二是地方性的行政事务；三是中央立法空白但地方行政权行使必须处理的事项。(5)自治条例和单行条例中的行政法渊源。它对行政管理规定的事项基本上与地方性法规相似。二者的主要区别在于：一是自治条例和单行条例有非常明显的民族性；二是它在不违背宪法、行政法基本原则和民族区域自治法等内容的前提下，可以对法律、行政法规的规定作出变更规定；三是自治条例和单行条例要实行特殊的批准制度。(6)行政规章。行政规章主要包括部门规章和地方政府规章。部门规章只能对为执行法律、行政法规或国务院的行政规范性文件等需要规范的具体事项进行规定，具体性和有限性是部门规章的最大特点。地方政府规章主要是针对本行政区域内的行政管理事项，为执行法律、行政法规、地方性法规的相

---

① 关保英编：《行政法学》，法律出版社 2013 年版，第 141~143 页。

关规定而制定的具体规定。(7)行政规范性文件。行政规范性文件指在行政权的动态运行中，由行政主体制定的规章以下的行政管理规则，其制定主体较为广泛且数量庞大。(8)法律解释中的行政法渊源。主要是立法机关、行政机关和司法机关中，对相关法律条文及其含义、法律适用和法律内容所作的释明。(9)我国参加的国际条约中的行政法渊源、联合国宪章和 WTO 规则中的行政法渊源。(10)党和政府联合发布的文件。中国共产党的政策及相关文件对我国行政法有指导意义，但依据宪法规定，其并不是正式渊源，但党和政府联合发布的具有拘束力的文件则在政治实践中有同其他正式行政法文件同等的行政法意义上的规制效力，是行政执法的正式渊源。

其二，行政法非正式渊源。行政法的渊源无疑以正式渊源为主，但其在对行政的监控和指导中仍存一定缺陷，如立法中的空白、自由裁量权的行使等，可能需要通过非正式的法律渊源，才能知道立法者的意愿和法律精神，以应对正式渊源的空白和社会情势的变化。从法理角度而言，行政法的非正式渊源是指尚未在正式的行政法文件中规定的和体现的，具有行政法意义的资料。通常而言，行政法的基本原则、行政政策、行政技术指导规范、行政习惯和惯例构成了主要的非正式行政法渊源。除此之外，外国行政法、较为权威和被普遍认可的理论学说，亦可成为行政法的非正式渊源。当然，也有学者认为，行政的正义标准，行政过程中的推理和思考，行政客体的本质、原则皆可成为行政法的非正式渊源。① 当然，与行政法正式渊源相比，非正式渊源的适用应当更加审慎。

(二)我国行政权的规范渊源

在对行政法渊源予以探讨的基础上，可以进而从这一理论框架出发检视我国行政权规范渊源的实践。在我国，行政权的规范渊源主要限于成文法规定。我国主流的法律理论和主流的行政法学理论的代表都是行政成文法主义者，即现代法律理论和法治观念都主要以成文法为根本，以成文法或者制定法为规制

① 关保英编：《行政法学》，法律出版社 2013 年版，第 168~169 页。

行政权的主要或唯一规则。① 但不可否认的是，因行政权本身的界限模糊、行政对象的多变性，行政成文法有着其本身固有的缺陷。政治实践中，行政权也难以仅依靠成文法就完成良好的运作。但由于行政权非正式渊源的资料获取和检索难度较大，本章仅限于对我国的行政成文法规范进行梳理，对非正式渊源仅作介绍性的阐述。

我国行政权的成文法根据主要限于宪法和全国人大指定的组织法及其他基本法，根据《立法法》以及《行政诉讼法》之相关规定，我国行政权的成文渊源主要包括宪法、法律、行政法规、地方性法规、行政规章、自治条例等。②

其一，宪法。宪法是国家权力资源配置的总方案，也是行政权配置的根本渊源。行政权的内部结构如行政系统的分层、中央与地方的关系、行政系统的职能划分，一般都会在一国宪法中进行规定。我国现行《宪法》第85条规定国务院是最高国家行政机关，第86条规定了国务院的人员组成，第89条明确规定了国务院的权力范围。《宪法》第105—101条规定了地方各级政府的职权、人员和机构设置；《宪法》第112—122条对民族区域自治地方的自治机关行政权力予以规定。

其二，法律。宪法有关行政权的分配比较宏观，有关行政权分配的具体规则还需要通过法律规定进行。如(1)《国务院组织法》《地方各级人民政府组织法》《警察法》等有关我国行政权组织体系的规定。(2)《立法法》对行政立法权的规定。(3)《文物保护法》《药品管理法》《海洋环境保护法》等对行政管理关系和行政管理权力的具体规定。(4)《行政处罚法》《行政许可法》等对行政权运行程序的规定。(5)《行政诉讼法》《行政复议法》《国家赔偿法》等监控和分配行政权益的规定。

其三，行政法规。如国务院制定的《中外合资经营企业法实施条例》《药品管理法实施条例》《招标投标法实施条例》《个人所得税法实施条例》等有关行政权分配的条款。

---

① 吴大英编：《比较法学》，中国文化书院1987年印行，第258页。
② 江国华著：《中国行政法总论》，武汉大学出版社2017年版，第26页。

其四，地方性法规、行政规章、自治条例中有关行政权分配的条款。如（1）地方性法规。如《河南省人民代表大会常务委员会关于省人民政府机构改革涉及地方性法规规定的行政机关职责调整问题的决定》《广州市依法行政条例》中对行政机关职责和行政权行使的规定。（2）行政规章。如《中华人民共和国海事行政许可条件规定》《工业和信息化部行政许可实施办法》《国家税务局系统垂直管理暂行规定》等对行政管理和具体行政事项职权的规定。（3）自治条例。如《内蒙古自治区民族区域自治条例》《恩施土家族苗族自治州人口与计划生育条例》中对行政事态的规定。

除成文法外，我国行政权的配置还受一定政策依据的影响。本章所指的政策依据主要指中国共产党制定的带有全局性的、根本性的政策。无论处于何种政治机构之下，政党以及政府行政机关之间都是紧密相连的，政党上台执政的直接目标就是获取和控制政府首脑和内阁部长的职位，从而控制政府过程和影响政策制定。① 政党提出纲领、制定政策、取得胜利、上台执政、推行政策、实现利益，构成了当代政治运作的基本格局。② 中国共产党的执政地位决定了党的政策的中枢地位和全局影响，回溯中国现代化进程，即各项政策不断出台、推行、贯彻和落实的过程。"所谓政府的政策在很大程度上可以看作是执政党的政策。"③执政党的任何一项政策都会对全国和全社会产生重大和深远的影响，政府的职能定位和机构配置通常也会按照执政党的意志进行，如2018年3月中共中央印发的《深化党和国家机构改革方案》成为了我国行政权的现实运作和未来走向的重要依据。

第二节　法治政府之权能分治

政府权能亦称之为行政权能（Governability），是与立法机关权能、司法机

---

①　参见郭定平著：《政党与政府》，浙江人民出版社1998年版，第106页。

②　王学辉、宋玉波等著：《行政权研究》，中国检察出版社2002年版，第265页。

③　桑玉成、刘百鸣著：《公共政策导论》，复旦大学出版社1991年出版，第120页。

关权能相对而言的概念，是国家的基本权能之一。政府权能在政府理论研究的过程中处于重要的一环，它直接展现出政府行使权力的结果，综合了各种权力关系。政府权能与政府的权力、能力、职能等概念分不开，是政府理论中重要的概念，在行政学和行政法理论研究中具有奠基作用。其中，政府权能理论的研究目的，是为寻找一种合理的、良好的政府权力与职能关系，以使政府能力或能量达到最大化。① 政府权能之提升也同样有赖于科学的内部分工。

一、政府权能及其基本属性

政府权能是现代政治学和公法学中的重要范畴。行政学理论中将政府权能概括为，"政府行政机关在组织管理国家和社会事务过程中所具有的职责和发挥功能作用的总和"。② 通俗而言，政府权能这一概念是为回答行政机关应当管理哪些社会公共事务、怎样进行组织管理等问题的，易言之，政府权能是指政府行为的方向和基本任务。③ 从法理层面来说，它是指代表公共权威的政府部门所具有的价值权威性分析职权；从实践层面来说，则是指政府行政部门在现实政治运作中体现出的诸种职能、技能与效力的综合。④ 而结合理论研究和政府权能运行实践来看，政府权能主要有以下三个基本特征。

（一）权能渊源

就其渊源而言，政府权能立基于国家权力、社会权力和公民权利。

其一，国家权力是政府权能得以存在的政治基础。在马克思主义政治学中，国家是一种虚幻的共同体形式⑤，是有组织的暴力机构⑥，其实质是阶级统治。但抽象意义上的国家无法将其理论上具备的权力作用于实际，因而从其

---

① 施雪华著：《政府权能理论》，浙江人民出版社 1998 年版，第 2 页。
② 郑传坤著：《现代行政学》，重庆大学出版社 1997 年版，第 28 页。
③ 施雪华著：《政府权能理论》，浙江人民出版社 1998 年版，第 179 页。
④ 江美塘：《政府权能的"体制内"调整——对信息化社会行政权能的一项政治考察》，载《地方政府管理》1999 年第 2 期。
⑤ 参见《马克思恩格斯选集》（第 1 卷），人民出版社 1972 年版，第 38 页。
⑥ 参见《马克思恩格斯全集》（第 2 卷），人民出版社 1971 年版，第 681 页。

中分化出来了各种统治权力。其中，政府成为了国家意志的执行者，政府行使国家的统治权力，国家权力是政府进行政治统治的保障。

其二，社会权力是政府权能赖以存在的社会基础。随着市民社会的崛起，并通过不断的斗争争取权力，打破了近代以前国家对社会权力的完全垄断状态，在前现代化时期政治社会与市民社会重合、市民社会的权力被国家权力所掌控的"国家所有制"割裂了①，社会力量开始从政治国家的基本权力中收回本属于自己的力量，以此形成对政府权力的抗衡。

其三，公民权利是政府权能得以存在的基础。随着封建等级秩序和封建专制独裁制度的瓦解，公民自森严的等级身份制之中获得了解放并享有了生命权、自由权、人格权和财产权等基本的公民权利。在此状态下，公民的权利与义务开始与政府的权力和义务有了一定的界分，逐渐由国家主导的一元包容的权力关系结构，转变为以经济与政治、个人（社会）与政府的二元对立关系。在宪政国家里，政府权力与公民权利的界限往往会依据宪政原则，通过对政府行为和政府权力进行规范后，作出较为明确的界分。② 就此意义而言，公民权利与政府权能是一体两面的对立统一关系。

（二）运行基础

在运行基础上，政府权能以政府这一组织体为依托，以政府权力结构配置和权力相互关系为基础。

其一，政府权能的实现依托于政府这一公共权力运行的组织载体。正如抽象的国家难以实现其统治一样，政府权能并不能自发实现，而是需要一定的组织、机构和人员载体。一般而言，政府本身具有复杂的组织机构和相应的运行机制，政府不仅要行使国家的统治职能，还需要承担社会、经济和文化职能，组织机构设置的完整性与运行机制的有序性共同保证了政府公共权力的行使，

---

① 施雪华：《所有制形式、权力结构与政府能力的发展》，载《上海社会科学院学术季刊》1998 年第 3 期。

② 崔浩著：《政府权能场域论》，浙江大学出版社 2008 年版，第 61 页。

政府职能是政府行为能力和政治行为结果的体现。

其二，要实现政府权能的作用，首先要对政府权力结构进行配置。合理的权力结构配置、协调的各种权力关系，是政府权能作用的基础。为了实现政府权能的最大化，政府一直都尝试最高效合理地配置权力结构和各种权力之间的相互关系。这一配置不仅体现在政府权力与国家权力、社会权力、公民权利的关系上，也体现在公共管理权力在政府不同机构间的分配。这种权力的分配，既构成了不同政府间最为根本的差异，也深刻影响着政府权能的运行实效，是一国政府体制中，最为核心和关键的命题。当然政府权力的结构配置也受制于统治阶级的政治权力相互作用的状况，受制于社会经济发展的状况、历史条件和社会条件。

（三）基本内容

在具体内容上，政府权能具有一定的历史阶段性。就政府本身而言，无论其组织机构，还是对社会的统治或治理手段，都是在一定历史时期产生的，与当时的社会经济结构和社会权力结构密切相关。因而，政府权能的作用也是历史的、具体的，并不是一成不变的，也没有普适性的政府权能"模板"存在。

其一，政府权能内容受其权能特性的制约。政府权能的核心是运用与行使"特殊的公共权力"，即国家管理权力，"国家管理社会的权力是社会发展到一定阶段的产物；它产生于社会的阶级对立，是为以虚幻的共同利益形成出现的统治阶级利益服务的；它将随着国内阶级对立的尖锐而日益加强。"①由此可知，国家管理权力本身会随着阶级矛盾和社会经济利益的复杂化而有所动态发展，从而影响着政府权能的范围，政府权能作用的途径、方式及手段。

其二，政府权能还受其所依赖的基础和条件的影响。一是物质经济条件。政府权能的作用取决于一定的物质经济条件，所以在不同的经济基础之下，政府权能的要求以及其实际权能大小也不一致。二是权力关系结构。权力关系结

---

① 王沪宁编：《政治的逻辑——马克思主义政治学原理》，上海人民出版社 2004 年版，第 134 页。

构是政府权能作用的社会基础，是政府权力与社会权力、公民权利之间形成的宏观权力结构状态，不同社会制度下的权力结构肯定也会有所差异。① 三是政府内部的权力关系结构。这一结构在形式上表现为不同的政府体制，政府内部权力结构作为政府权能作用的权力基础，它是在一定历史条件下形成的，哈利法克斯(Halifax)分析了君主专制、共和政体、混合君主制三种政体的可能性，并认为不同政体的权力不同，政府的能力也就不同，并根据英国的经验得出结论："法律和政治体制不是一次完成而是成百次地创造。"②在他之后的洛克、孟德斯鸠、柏克等政治思想家都看到了不同政府体制是历史形成的，其权能作用差别很大。

二、政府权能之关系分解

政府权能是政府行使权力的能力与结果的综合体现，它表明政府权力在实施过程中的权、势、威及能的综合情形，即政府的权力、职能、能力、功能及权威的综合实现状态和它们之间的统一性关系。政府权能是一个实体性关系概念，它与政府权力、政府能力及政府权威等概念紧密相联、相互依存。③ 政府权能理论的目的是对政府的权力、职能以及能力之间的关系和发展规律进行探索。其中，政府职能为另外两者设定了基本的方向与任务，而另外两者则是通过达到政府职能所设定的目标而必须采用的手段。

(一) 政府权能与政府权力

政府权能与政府权力两者之间的关系并非单向度的一致性关系，而是具有多重的耦合关系。

其一，政府权能需要政府权力提供强制保障。政府权能是政府权力实施产

---

① 崔浩著：《政府权能场域论》，浙江大学出版社 2008 年版，第 43 页。

② ［美］乔治·H. 萨拜因著：《政治学说史》，刘山等译，商务印书馆 1986 年版，第 583~585 页。转引自崔浩著：《政府权能场域论》，浙江大学出版社 2008 年版，第 52 页。

③ 崔浩：《论政府权能在政府理论研究中的基础地位》，载《中共浙江省委党校学报》2006 年第 2 期。

生结果的体现，政府权力的辐射范围、影响程度表现为政府权能的作用程度。政府权能是政府这一组织的权能，但政府权能本身所要实现的目标，并非可以自发实现，需要借助一定的权力资源和实施工具。故而政府权力这一可以实现政府这一组织的目标，成为了当然的选择。政府权力作为一种强制性权力，是一种可以使用国家暴力工具的权力，政府权力相对于国家权力而言是具体的"治权"，政府权力是国家权力得以实现的载体，也是政府权能得以作用的强制保障。从这一方面看，政府权力是政府权能发挥作用的基础，没有具体权力的支持，政府权能就无法体现，无处发挥作用。

其二，政府权能的持续性为政府权力的强制性提供助力。政府权能是政府机构这一组织的权能，并非个人的权能，它由宪法确定，任何机构都不能放弃其权能，"社会的缔约或者说公约——通常名之为宪法——是禁止这种侵权和这种弃权的。"①这种组织权能一旦形成就具有延续性，具有持续性的影响力。如前所述，政府权力的强制性是政府权能得以实现的重要条件，但就法治国家而言，强制性的政府权力是有限度的②，这一强制的边界止于宪法和法律所保护的公民权利的领域，而且政府权力的强制性并不是与生俱来的，需要政府权能的持续性作用为其提供保障和助力。

其三，二者与政府权威间的关系不同。政府权能和政府权力不仅在发挥作用的途径、手段上有所区别和联系，还可在二者与政府权威的关系差异中窥见一斑。政府权威是政府在社会管理和公共服务过程中形成的权力及产生的影响。一方面，政府权威具有说服力，政府权力具有强制力，在政府权能作用的过程中，仅通过政府权力的强制性，难以实现政府组织的整体目标，毕竟实践中害怕惩罚而被迫服从权力只起一小部分的作用，政府权威却在政府权能实施过程中具有持久和深层的影响作用。另一方面，政府权力和政府权威最明显的不同在于政府权威体现出制度性，其具有一定合法性基础，而政府权力不然。

---

① [英]爱德蒙·柏克著：《法国革命论》，商务印书馆1998年版，第27页。

② 崔浩：《论政府权能在政府理论研究中的基础地位》，载《中共浙江省党校学报》2006年第2期。

政府权威表明，在法治社会中的政府有权使被管理者无条件服从其意志，其处于社会治理的主导地位，而政府权力则可能不被民众理所当然地服从，甚至可以被推翻重组。

（二）政府权能与政府能力

政府权能和政府能力又是一组密切关联的概念。政府权能作为政府综合能力作用的体现，自然也包含着政府能力的意思。

其一，权力与能力。研究权力问题的学者通常都会把权力和能力放在一起进行考察，韦伯认为："权力是把一个人的意志强加在其他人的行为之上的能力。"[1]丹尼斯·朗认为："在最一般意义上的权力是把它视为对外部世界产生效果的事件或动原……作为产生效果的能力，权力可以赋予该动原以意向性，即使在行动中并不显示这种能力。"[2]由此可知，权力是一种能力但并不等于能力，权力只是一种静态的事实存在，而能力既是权力的基础，又是权力的延伸。所以，当人们说权力在本质上是一种能力时，指的是获取权力、实施权力和控制权力的能力，也可以说是权力的社会能力。

其二，政府能力的基本意涵。（1）政府能力是政府贯彻其意图、将组织目标转化为社会现实的能力。从政府能力的实现状态来看，政府能力存在现实与潜在之分。在此当中，政府的潜在能力是指政府无形的权威能力，是政府利用自己的权威力量贯彻自己意志的程度。政府的现实能力是指政府的行动能力，包括政府意图的实施能力（即政府将预期目标转换为现实的能力）和政府的控制能力（即政府对社会发展和经济运行的干预和影响能力，对政府自身组织的调控能力）。（2）政府能力的强弱与政府权力的多少并非成正比关系。一个集

---

① ［美］约翰·肯尼斯·加尔布雷思著：《权力的分析》，陶远华、苏世军译，河北人民出版社1988年版，第2页。

② ［美］丹尼斯·朗著：《权力论》，陆震纶、郑明哲译，中国社会科学出版社2001年版，第3页。

权的政府，即享有宽泛权力的政府，完全可能是一个在能力上比较弱的政府。[1] 而政府意图的实现效果才是政府能力的直接体现，政府意图实现的效果好，说明政府的治理能力强，反之则反。因而，政府行为的"有效性是政府能力的核心概念"[2]。(3)政府能力所指的乃政府这一组织体、政府系统的整体能力，是政府调动政府机构与组织成员实现既定目标与任务的能力，是政府的组织整合与组织运作的能力。

其三，政府权能、权力以及能力三者间的关联。政府权力是政府行为能力的依据，而政府能力是政府权力实现的能力。治理理论认为，政府权能作用的产生、政府能力的强弱受政府治理工具、治理手段、治理方式和治理效率的影响，其中政府治理工具是影响政府权能作用发挥的基本因素。政府治理的每一种工具都规定行动的结构，具有制度化的行动模式；政府治理是一种集体行动，它的目的是要解决公共问题，表明这种结构化的行动不仅仅是政府行动[3]，更是社会参与的集体力行动。因此，要想实现政府权能，发挥政府能力，一定要有社会基础以及公众的参与，政府权力的目的要与集体行动的目标一致。所以，在政府权能当中，政府权力是有依据性的，政府能力是执行性的。倘若政府拥有权力却没有执行权力的能力，政府权力则无法得到实现，政府权能也难以发挥作用；倘若政府的执行能力非常突出而权力无法得到保障，政府能力也难以发挥良好的效果，政府权能无法发挥作用。

(三)政府权能与政府职能

政府权能与政府职能二者是有着紧密联系的又一组概念，政府权能不仅是政府职责与权能内容的具体体现，也是政府履行其职能的基础与条件。

其一，政府职能的概念。目前行政法学界对于这一概念的定义尚无定论，但形成了一定的共识，即政府职能是政府这个公共组织体的应有和应为之要

---

[1]　李强：《评论：国家能力与国家权力的悖论》，载张静编：《国家与社会》，浙江人民出版社1998年版，第19页。

[2]　张国庆著：《行政管理学概论》，北京大学出版社2000年版，第562页。

[3]　董克用编：《公共治理与制度创新》，中国人民大学出版社2004年版，第77页。

素，政府职能是政府在国家和社会中所承担的职责和功能（Function）。其中，政府职责是政府应该承担的责任，比如维护社会稳定与秩序、价值引领、安全保卫、保护社会公平的责任等，一般来说，政府职责是由法律明确规定并受其约束。政府职能是由政府所处的政治、经济等环境以及特定的历史阶段决定，它体现着公共行政活动的基本方向和内容。政府功能是政府为履行其职责，付出行动以产生一系列作用或影响，如政治统治功能、经济管理功能、社会协调功能等。一般而言，政府的功能是政府在国家和社会生活中发挥作用的程度，是政府功用与效能的综合体现。

其二，政府职能的特性。就政府职能的特性而言：（1）政府职能是政府这一公共组织体的职能，政府职能的行使主体是政府组织系统及其工作人员。政府职能是一种公共性的职能，是政府对国家和社会公共事务实施管理时表现出来的职能，这种职能不具有任何私人性。（2）政府职能是动态变化的，政府总是在国家与社会、国家与公民之间关系的范围内对其应然职能进行不断调整。政府职能虽然受政府的法定性质和政府规范管理惯例等影响而在一定时期内具有相对的稳定性，但并不是一成不变的，政府职能的相对性和政府职能变化性的争斗通常表现为，职能重心的变化、新职能的产生、原有职能的淘汰，以及政府职能行使方式、手段的变化。（3）从政府发展的趋势来看，政府职能在不断地扩张，而且呈现出复杂多样的特点。政府职能不仅伴随着政府体制和政府权力分配关系的复杂化而逐渐扩大，而更根本的原因在于政府面对的社会环境日益复杂，社会发展使政府管理的范围、领域和管理内容不断扩大，政府在引导社会发展的过程中使自己的权力和机构不断扩展，"现代化（所谓的民族国家建设）本身便是政府机构扩张的动力来源之一。"①政府的易扩张性也是控权型行政法存在的基础。

其三，政府职能与政府权能、政府能力。"政府职能框定了政府能力的基本内容和发展方向，政府职能的变化必然要求政府能力的相应调整；反过来，

---

① 景跃进著：《政治空间的转换》，中国社会科学出版社 2004 年版，第 33 页。

政府能力的大小强弱则决定了政府职能的实现程度。"①由于政府组织内部部门利益的分割，不同机构、不同部门都有扩张自己权力与职能的冲动，它们之间的职能常有交叉、矛盾甚至冲突的情况，在政府组织内部相关部门之间往往乐意争抢那些能够带来特殊利益的职能（即存在部门寻租之漏洞条件的政府职能）。这种"争抢"的结果必然导致政府整体效率下降并对政府的行政能力造成威胁，基于此，只有当政府的职能范围与其能力相匹配时，政府的权能作用才能最大，能力才可能最强。② 同时，政府职能是一个复杂的体系，政府职能范围的确定以及政府职能的变化受国家性质、政府体制的限制，同时，与政府所处的社会经济环境的发育程度和成熟程度、政府自身的管理能力和管理水平相联系。因而，政府的职能范围并不完全依据政府能力而定，有些职能是政府无力履行，有些职能政府暂时无条件履行，但这些政府无力履行的职能仍然是政府的职能，政府应当不断整合可用之资源以提升自己的能力，切实履行其职责。当然，任何政府的能力都是有限的，任何政府欲成为有效的政府，其必定是职能有限的政府。

三、政府权能之配置原则

政府权能之作用的实现，还需要通过一定的权能配置来完成。政府权能与政府权力、政府能力和政府职能等概念都密切相关，政府权能的配置也将围绕但不限于这三个要素展开。其中，政府能力以政府权力和政府职能为前提和基础，政府权力的分配则必然导致政府职能的变化，政府权能这一抽象意义上的概念也是通过政府权力的强制性来作用的。因而，政府权力的配置是政府权能配置之关键和核心，也是政府权能配置研究的主要对象。政府权力配置包括行政权力的分配与行使。行政法治作为现代法治的核心，要求行政权力的取得、运行、监督等均置于法律的规范之下，因而行政权的设置、分配、调整与取消等，不是任意的，需要综合考虑相关因素，在一定原则指导下进行。政府权能

---

① 金太军等著：《政府职能梳理与重构》，广东人民出版社 2002 年版，第 34 页。
② 参见崔浩著：《政府权能场域论》，浙江大学出版社，2008 年版。

配置原则，直接决定行政权的内容范围和基本价值倾向，既要满足原则应有的共性要求，也应当体现其特定价值。行政权力配置必须遵循权力法定、权责一致、权力均衡、兼顾公平与效率等基本原则。① 只有如此，才能满足行政法治的要求从而实现法治目标。

（一）权力法定原则

现代社会的行政是依法行政，即行政主体的行政必须依法。行政权在运行的过程中，不论是实体还是程序，不论是实质还是形式，都需要于法有据，都必须符合国家现行法律的规定，即对于行政机关来说，"法无授权不可为"。"每个政府当局必须能够证实自己所做的事是有法律授权的，几乎在一切场合这都意味着有限的授权。否则，它们的行为就是侵权行为"②"强力并不构成权利，而人们只是对合法的权力才有服从的义务"。③ 权力法定原则包括以下三个层面的内涵：（1）权力来源法定。行政主体所拥有的权力必须由法律明确授予，任何以非法手段获取的权力都应当被否定和排除。行政权力存在的合理性和合法性都建立在拥有法律依据的前提之上。倘若行政权力缺乏法律依据，其就失去了对抗其他组织或者个人的强制力和优先性。（2）权力授予程序法定。行政权力须经法定程序授予法定的权力主体，未经法定程序的权力授予无效。（3）越权无效。行政权力主体的权力得以权利让渡的范围为限，超越法律授权的权力无效。若行政权力主体的越权行为造成相对人损害，须承担相应的法律责任。④ "依法而治"是法治的基本要求，"良法之治"是法治的价值追求。权力法定的要求主要有以下三点。

其一，行政权力配置主体合法。基于宪法视角而言，行使行政权配置的主

① 石佑启、陈咏梅著：《法治视野下行政权力合理配置研究》，人民出版社 2016 年版，第 83~88 页。

② ［英］威廉·韦德著：《行政法》，徐炳等译，中国大百科全书出版社 1997 年版，第 25 页。

③ ［法］卢梭著：《社会契约论》，何兆武译，商务印书馆 1980 年版，第 13 页。

④ 石佑启、陈咏梅著：《法治视野下行政权力合理配置研究》，人民出版社 2016 年版，第 83~84 页。

体是制宪机关——其终极主体为全体人民；基于法律视角而言，行政权的配置权本质上是立法权，其行使主体应是立法机关；基于行政视角，我国国务院可以通过行政法规、规章等方式进行行政权的再分配，这个意义上的行政权配置权属于行政权范畴，属于国家最高行政机关及其所属部门。

其二，行政权配置权限合法，即行政权配置必须通过一定形式的法规范来完成，而不同形式之法规范本身又存在着位阶差异；基于这种位阶差异，不同法规范也存在着行政权配置能力与资质两方面的差异。一般而言，法规范的行政权配置权限与资质和效力位阶成正比，即位阶越高的法规范，其行政权配置的权限与资质也越高。

其三，行政权配置目的合法，意指行政权力的分配与调配所欲达到的目标与意图必须与整个宪法的价值诉求相契合。应有助于整个宪法秩序的稳定与优化、有助于公共利益与公共服务的优化、有助于个人自由与全面发展。

(二)权责一致原则

权责一致是进行行政权力配置重要的要求，其要求基于达到履行特定责任的目的来进行权力授予，权力以相应责任的存在为基础。权力与责任之间的关系就如同权利与义务的关系，二者是互相对应、相互促进而又相互制约的概念。所谓权责一致，是指行政权力的配置应当以行政权力主体拥有的行政权力与其履行的责任相当为要求。权责一致原则一般有如下两层含义，一是"有权必有责"，即在授予权力的同时应伴随着责任的规定。对行政主体的权力授予，同时意味着对其的责任要求，一定的权力与一定的责任相匹配，脱离了责任的权力无法实现其应有的政治和法治价值。二是"有责应有权"，即责任的承担应伴随着权力的授予。倘若缺乏权力将会导致责任无法顺利履行，因此，应当赋予行政权力主体履行相应责任所必备的、充分的权力，否则行政主体无法顺利履行其法定职责。权责一致的核心要义是实现行政主体的"权(Power)""责(Responsibility)"相当，二者间的理想状态是在相互促进的同时达到互相制约。

权责一致原则对行政权力配置的要求体现在两个方面：一方面是对权力限度的要求。权责一致原则要求行政主体拥有的权力应以其责任为限，不得超越其履责范围，即无责任则无权力。另一方面是对行政权力幅度的要求。权责一致原则并非是认为行政权力越小越好，而是要求行政主体应当享有履行其职责应有的必要权力，其权力不能大于也不应小于其履行的责任。

（三）权力均衡原则

权力均衡乃进行行政权力配置之关键。权力均衡原则指的就是应当按照一定的比例对行政权力主体的权力进行配置，做到权力之间大小相维，轻重相制。这一原则主要有三层含义：（1）权力的适度与平衡。权力均衡原则的基本内涵是平衡和协调各权力主体之间的权力分配和权力关系，使得各权力主体之间享有的行政权力呈现出较为理想的状态，达到既能满足履行职责的要求，又使得行政权力之间相互协调，高效配合。（2）权力边界清晰。为使权责分明，各权力主体之间的权力分配应无交叉、重叠，权力之间责任明确。（3）权力间的制衡。权力容易被滥用，是亘古不变的经验，因而权力不能一家独大，需要进行相应的监控与限制。在众多控权的方法中，以权力制衡权力，是最基础，其效果也是最显见的。

权力均衡原则对权力的配置主要有以下三个要求：（1）政府权力的纵向配置的均衡。政府权力的纵向配置，涉及中央与地方各层级间的权力配置，其影响着一国政策实施的统一性与深度。纵向上的权力划分应遵循权力均衡原则，实现中央与地方权力的配置均衡。（2）政府权力横向配置的均衡。政府权力的横向配置关涉政府间关系，关涉各行政区划间的权力协调和工作开展，亦需均衡其间的权力分配。（3）政府权力交叉配置的均衡。行政权力配置除横向与纵向配置外，还有交叉配置这一现实操作。横跨横向与纵向的权力配置，亦需遵循权力均衡配置模式，以实现其功能。

（四）兼顾公平与效率原则

兼顾公平与效率，是行政权力配置的内在要求与价值追求。与立法权和司法权相比，"效率乃是行政的内在要求""没有效率之行政，必贬损行政之本来价值"①，行政权对效率有着更高的要求。而效率与公平通常被认为是难以兼容的对立诉求，认为对效率的追求往往以牺牲公平为代价，行政权力则往往更倾向于追求效率而牺牲公平，这种观点亦有实例可以支撑。故而，控权理论一般而言都是尽可能地对政府权力进行限制，而不论对政府效率会产生多大影响。但是效率的降低不仅不利于政府组织目标的实现，也会导致行政权力的正当性受到质疑。因此，行政权力的配置，一方面应回到权利让渡的初始，维护权利让渡所要求的公平正义，这是行政权力的合法性来源，也是行政权力配置应有的价值追求；另一方面，行政权力配置应充分考虑到行政本身对效率的要求。效率和公平并非非此即彼的冲突选择，两者的统一是行政权配置应有之标准。

兼顾公平与效率体现了对行政权力合法性与正当性的双重要求：(1)对行政权力进行配置时应当平衡满足权利的限权以及行政权本身的效率这两者的要求。不能给予行政权力主体过于强大的行政权，防止其对公平正义造成损害，导致公民的权利无法得到保障。公平作为一种行为准则，要求行政主体对行政对象的行为平等地进行保护或制裁；公平作为一种制度准则，要求职权行使机制的公正性。(2)行政权肩负着维持社会稳定、服务社会、发展经济等重任，需要能果断决策、迅速应变，因而行政系统运作的整体要协调高效。此种协调高效主要可以体现在两方面：一是机构设置、部门分工、人员配备的科学化，即体系的协调高效；二是行政管理过程中的沟通、协助等环节的有效和低耗，即活动的协调高效。

四、政府权能配置模式

国家行政权力在行政机关系统内的配置包括纵向上的配置和横向上的配置

---

① 江国华著：《中国行政法总论》，武汉大学出版社 2012 年版，第 89 页。

两个方面。① 我国的政府间关系是一种"条块结合"的政府间关系。形象地说，在纵向维度上，职能部门由职能相同且存在上下级关系的"条"组成；在横向维度上，某个单位的政府则是由多个职能部门组成的所谓的"块"。从应然的排列组合状态来看，条块结合的政府间关系存在着条与块的关系、条与条的关系、块与块的关系。② 政府职权配置的优化是就是对条块模式的优化。

（一）纵向配置模式

国家行政权力在纵向上的配置，是建立在国家与社会分权以及行政权力与其他国家权力划分的基础之上的，其中，中央与地方政府间行政权力的配置处于其核心地位。"中央与地方关系，是指中央政权机关和地方政权机关之间的权力分配方式及其相互关系，其中主要是中央政府和地方政府之间的关系。它是国家结构中最基本的关系之一，直接影响到国家统一的经济发展和社会稳定。"③中央政权与地方政权之间的相互关系，其本质是一种权力关系。④ 从我国现行宪法的内容而言，我国宪法之于行政权的总体配置不仅涉及国务院及其组成部门，而且涉及地方各级政府和民族自治地方政府。

其一，国家行政权在中央与地方行政机关之纵向配置。对于中央政府与地方政府之间的纵向权力分配问题，我们国家法律当中仅仅作了原则性的规定，也就是坚持在中央的统一领导下，充分发挥地方积极性和主动性的原则。根据该原则的规定，国务院依据法律规定或者根据全国人大或全国人大常委会授权制定行政法规，对中央以及地方行政机关的职权划分进行更加明确的规定。在此种层面上，国务院对于中央政府与地方政府之间的行政权力划分问题享有决

---

① 石佑启、陈咏梅著：《法治视野下行政权力合理配置研究》，人民出版社 2016 年版，第 130 页。

② 参见刘承礼著：《以政府间分权看待政府间关系：理论阐释与中国实践》，中央编译出版社 2016 年版，第 93~95 页。

③ 王彦智：《论中央与地方关系的法制化和民主化》，载《天水师范学院学报》2003 年第 6 期。

④ 秦前红编：《新宪法学》，武汉大学出版社 2005 年版，第 139 页。

定权。根据《宪法》第 89 条第 4 项之规定，国务院有权"统一领导全国地方各级国家行政机关的工作，规定中央和省、自治区和直辖市的国家行政机关的职权的具体划分"。关于国务院对地方各级国家行政机关的领导权主要包括以下三点：(1)国务院对地方各级国家行政机关实行统一领导。(2)地方都必须执行贯彻国务院制定的行政法规、政策、发布的决定与命令以及下达的任务。(3)国务院对下级行政机关享有监督检查权等。

其二，国家行政权在地方各级行政机关之纵向配置。就其行政权配置而言，值得注意者有三点：一是宪法对地方各级人民政府之行政权配置须遵循"中央统一领导，发挥地方的积极性和主动性之原则"；二是国务院对地方各级人民政府之行政权配置享有领导权；三是根据《宪法》第107—111 条之规定，我国地方各级人民政府享有广泛的行政权。具体包括：(1)省、直辖市政府之权力。就其立法例之不同，宪法对于省、直辖市政府的授权可分为笼统授权与特别授权两种形式：一是笼统授权。它主要表现在《宪法》第 107 条第 1 款和《宪法》第 108 条以及第 109 条的规定之中。具体包括：依照法律规定的权限，管理本行政区域内的经济、教育、科学、文化、卫生、体育事业、城乡建设事业和财政、民政、公安、民族事务、司法行政、监察、计划生育等行政工作，发布决定和命令，任免、培训、考核和奖惩行政工作人员之职权；有权改变或者撤销所属各工作部门和下级人民政府的不适当的决定；有权设立审计机关，并通过审计机关在本辖区内，依法行使审计监督权；二是特别授权。它主要表现在《宪法》第 107 条第 3 款的规定之中，根据该款规定，"省、直辖市的人民政府决定乡、民族乡、镇的建置和区域划分"。据此，省、直辖市人民政府对于乡镇建制及其区域划分享有决定权。(2)县市区人民政府之权力。根据《宪法》第 30 条之规定，省、自治区下设"自治州、县、自治县、市"；直辖市和较大的市下设"区、县"——鉴于后文有专节介绍民族区域自治地方政府的权力配置，故此处仅讨论县市区政府权力配置。在我国宪法文本中，没有对于县市区政府特别授权条款，仅有笼统授权规定。据此，县市区政府的行政职权主要包括：第 107 条第 1 款所规定的全部职权，即依照法律规定，"管理本行政区域内的经济、教育、科学、文化、卫生、体育事业、城乡建设事业和财政、民政、公安、民族事务、司法行政、监察、计划生育等行政工作，发布决定和命令，任免、培训、考核和奖惩行政工作人员"；《宪法》第 108 条所规定的职权，即有权改变或者撤销所属各工作部门和乡镇人民政府的不适当的决定；《宪法》第 109 条所规定的职权，即有权设立审计机关，并通过审计机关在本辖区内，依法行使审计监督权。(3)乡镇人民政府之权力。在我国宪法文本中，没有对乡镇人民政府权力配置的笼统授权条款，仅有特别授权规定——根据《宪法》107 条第 2 款之规定："乡、民族乡、镇的人民政府执行本级人民代表大会的决议和上级国家行政机关的决定和命令，管理本级行政区域内的行政工作。"据此，乡镇人民政府的职权可以分为两类——行政执行权和行政管理权，其中行政执行权是指负责执行本级人大的决议和上级国家行政机关的决定和命令；行政管理权是指管理本区域内的行政工作之职权。

其三，国家行政权在民族区域自治地方行政机关之纵向配置。民族区域制度是我国宪法体制的有机组成部分——我国《宪法》在第 1 章 "总纲" 中的第 4 条第 3 款规定："各少数民族聚居的地方实行区域自治，设立自治机关，行使自治权。"就其权力配置而言，宪法对民族区域自治地方政府的授权分笼统授权与特别授权两种形式，因此，民族区域自治地方政府的行政权由如下部分构成：(1)普通行政权。根据《宪法》第三章第五节有关对 "地方各级人民政府" 的笼统授权条款，民族区域自治地方政府与普通行政区域内的同级人民政府享有同等的权力——根据《宪法》第 115 条规定："自治区、自治州、自治县的自治机关行使宪法第三章第五节规定的地方国家机关的职权。"(2)自治权。自治权包括：行政执行自治权①和财政与救济自治权。② 根据《宪法》第 3 章 "国家机构" 中的第 6 节 "民族自治地方的自治机关" 中的第 112—122 条规定，民族自

---

① 《宪法》第 115 条规定：自治区、自治州、自治县的自治机关行使宪法第三章第五节规定的地方国家机关的职权，同时依照宪法、民族区域自治法和其他法律规定的权限行使自治权，根据本地方实际情况贯彻执行国家的法律、政策。

② 《宪法》第 117 条之规定民族自治地方有管理地方财政的自治权；《宪法》第 118 条第 1 款和第 2 款之规定：依据该条第 1 款之规定，依法自主地安排和管理地方性的经济建设事业；依据该条第 2 款之规定，依法获得与维护民族自治地方的利益。

治地方的自治机关享有广泛的自治权。(3)文教卫等方面之自主权。《宪法》第119条规定："民族自治地方的自治机关自主地管理本地方的教育、科学、文化、卫生、体育事业，保护和整理民族的文化遗产，发展和繁荣民族文化。"(4)组建民族地方公安部队权力。《宪法》第120条规定："民族自治地方的自治机关依照国家的军事制度和当地的实际需要，经国务院批准，可以组织本地方维护社会治安的公安部队。"

(二)横向配置模式

行政权力横向配置关涉国家政权组织形式。所谓国家政权组织形式，意指实现国家权力的机关以及各机关之间的相互关系，与政体概念事实上是有区别的：一个国家的政体强调的是体制，而政权组织形式则将重心置于机关之上；政休只是对国家权力组织的过程以及基本的形态进行粗略说明，而政权的组织形式所重点强调的是对实现国家权力的机关以及各个机关之间的相互关系进行说明。[1] 根据我国《宪法》的规定，人民代表大会制度是我国的政权组织形式；人民代表大会兼具国家权力机关与立法机关之双重身份，并在整个宪法体制中居于核心地位——国家的行政部门与司法机关由其产生，并对其负责。但倘若我们据此就认定国家行政权和司法权概由人大授予，则有失偏颇。从现行宪法的规定来看，国家行政权主要是由宪法明确规定的，人大授权仅仅是行政主体之权力的来源之一，而非全部——以国务院为例，其权力实际上是由两部分组成：一是《宪法》第89条前17项所明确列举权力；二是《宪法》没有列举的其他权力，即由《宪法》第89条第18项之规定。

其一，宪法对国家行政权之配置。根据我国《宪法》第85条之规定，国务院是最高国家行政机关。从横向层面上看，即就其与最高权力机关之关系而言，国务院是最高国家权力机关的执行机关，并从属于最高权力机关。作为国家最高行政机关，国务院的职权主要源自于《宪法》第89条之规定——《宪法》第89条共有18项内容，其中，前17项明确列举了国务院的基本职权，第18

---

① 何华辉著：《比较宪法学》，武汉大学出版社2013年版，第137页。

项有概括授权条款之属性，据此，国务院享有"未明确列举的其他权力"，但这种"其他权力"须经全国人大或者全国人大常委会明确授权。具体而言，国务院的权力主要包括以下几项。

（1）行政领导权。行政领导权意指作为国家最高行政机关的国务院对整个国家行政系统，包括其所属部门及地方各级行政机关，实行统一领导以及为实现统一领导而对行政机关之任务和职权作出规定的权力。[1] 从横向层面而言，国务院的行政领导权直接源自于《宪法》第 89 条第 3 项，国务院有权"规定各部和各委员会的任务和职责，统一领导各部和各委员会工作，并且领导不属于各部和各委员会的全国性工作"。就其内容而言，国务院的行政领导权具体体现在两个方面：一是国务院对全国行政机关之领导权。作为国家最高行政机关，国务院对全国行政系统享有统一领导权。从横向层面而言，一方面虽然国务院各个部委各司其职，自主开展工作，但国务院对其工作却有最后的决定权；另一方面一些难以划归到部委职权范围的全国性行政事务，仍需由国务院直接领导，以人口普查为例，对此类临时性的全国性工作，就由国务院临时性设立"全国人口普查工作领导小组"负责实施。二是国务院在国家行政权力配置中的领导权。《宪法》第 89 条第 3 项规定了国务院在国家行政权力横向层面配置的领导权。行政权力横向配置领导权——就其性质而言，行政权在国务院所属机关间的配置属于国务院的内部职权分工之范畴，囿于宪法以及相关的组织法对这种行政权的内部分配缺乏明确的规定，该项权力原则上便为国务院之领导权所吸附；借助于《宪法》第 89 条第 3 款所赋予的"规定各部和各委员会的任务和职责"之权力，国务院不仅有权调配和调整其所属各部委职能和职权，而且有权根据需要增设或者精简部委机构。

（2）行政立法权。行政立法权意指宪法赋予行政主体的创制行政法律规范的权力，它在形式上包括行政法规的创制权、行政规章的创制权以及其他行政规范的创制权。就国务院而言，其享有的行政立法权主要是指《宪法》第 89 条

---

[1]　张正钊、胡锦光编：《行政法与行政诉讼法》，中国人民大学出版社 2015 年版，第 45 页。

第 1 项所规定的"根据宪法和法律，制定行政法规"的权力。其基本意思有三点：一是国务院行政立法权之来源。国务院行政立法权有两个来源，《宪法》第 89 条第 1 项之明确规定和国家权力机关之依法授予，它属于《宪法》第 89 条第 18 项所规定的由"全国人民代表大会和全国人民代表大会常委会授予的其他职权"之范畴——根据需要，全国人大及其常委会可以授权国务院制定行政法规，譬如根据 1985 年六届全国人大三次会议"关于授权国务院在经济体制改革和对外开放方面可以制定暂行的规定或者条例的决定"，国务院可以根据宪法，在同有关法律和全国人民代表大会及其常务委员会的有关决定的基本原则不相抵触的前提下，制定暂行的规定或者条例，颁布实施，并报全国人民代表大会常务委员会备案。二是国务院行使行政立法权之根据。国务院行使行政立法权之"根据"在于宪法和法律；没有宪法和法律的"根据"，国务院不能行使行政立法权，它意味着，作为最高国家权力机关执行机关，国务院没有独立的立法权，其享有的行政立法权仅仅是一种对宪法和法律进行细化或者具体化之权力，本质上仍属于行政权之范畴。三是国务院行政立法权之界限。宪法赋予国务院行政立法权同时，也作了如下限制：国务院制定的行政法规不能与宪法和法律相抵触——根据《宪法》第 5 条第 3 款之规定："一切法律、行政法规和地方性法规都不得同宪法相抵触"；根据《宪法》第 67 条第 7 项之规定全国人大常委会有权"撤销国务院制定的同宪法、法律相抵触的行政法规、决定和命令"；行政立法不得超越宪法和法律的授权——根据《宪法》第 5 条第 5 款之规定："任何组织或者个人都不得有超越宪法和法律的特权"；行政立法须尊重法律保留之法则——《宪法》第 13 条第 3 款规定："国家为了公共利益需要，可以依照法律规定对公民的私有财产实行征收或者征用并给予补偿。"据此，"规定私有财产的征收或征用事项"属法律保留范围，行政法规不得染指。[1]

（3）行政规范创制权。就其一般意义而言，行政规范权意指宪法赋予行政主体除了行政立法之外的发布具有普遍约束力之行政规范性文件的权力，它在形式上包括制定行政措施、发布行政决定和行政命令等权力。就国务院而言，

---

[1] 江国华著：《中国行政法总论》，武汉大学出版社 2017 年版，第 48 页。

其所享有的行政规范权主要是指《宪法》第 89 条第 1 项所规定的"根据宪法和法律，规定行政措施，发布决定和命令"等权力。① 因此，国务院在其行政管理职能时，认为可能需要执行法律和最高国家权力机关的决议，或者其他必要情况时，有权制定各种具体的办法，发布决定和命令。就其性质而言，国务院这项行政规范权具有行政性、规范性和过渡性等属性，它的行使必须有宪法和法律上的依据，并遵守国家法制统一等原则。

（4）监督权。行政监督权意指宪法赋予的行政主体对行政系统各机关及其工作人员的职务行为是否合乎宪法、法律和行政命令之规定而实施的全面监察与督促的权力。就国务院而言，其行政监督权主要源自《宪法》第 89 条之规定，具体包括法制监督权和人事监督权。其中法制监督权是指国务院对其所属部门和下级国家行政机关发布之决定和命令的改变与撤销权——根据《宪法》第 89 条第 13 项与第 14 项之规定，国务院有权"改变或者撤销各部、各委员会发布的不适当的决定和命令"；有权"改变或者撤销地方各级国家行政机关的不适当的决定和命令"；人事监督权是指国务院对其所属公务人员之任免、培训、考核和奖惩等权——根据《宪法》第 89 条第 17 项之规定，国务院有权"审定行政机构编制，依照法律规定任免、培训、考核和奖惩行政人员"。

（5）人事权。人事行政权是指宪法赋予行政主体的有关行政管理活动中的行政人员与行政事务之关系，以及行政人员相互之关系的组织、指挥、协调、控制和监督等权力之总称。② 国务院的人事行政权直接源自于《宪法》第 89 条第 17 项之规定，主要包括：审定行政机构的编制；依照法律规定，任免国家行政机关的领导人和行政人员；依照法律规定，培训、考核和奖惩行政人员。

（6）其他权力。此处的其他权力主要包括重大事项决定权、社会经济文化

---

① 行政规范权也被部分学者称为行政命令权，即行政机关向行政相对人发布命令，要求行政相对人作出某种行为或不得作出某种行为的权力，它的形式各种各样，如通令、布告、规定、通知、决定、命令和对特定相对人发布的各种"责令"等。参见姜明安编：《行政法与行政诉讼法》，北京大学出版社、高等教育出版社 2007 年版，第 127 页。

② 曾明德、罗德刚等著：《公共行政学》，中共中央党校出版社 1999 年版，第 96~97 页。

等事业的领导与管理权以及国家权力机关授予的"其他权力"。其中，重大事项决定权意指宪法赋予行政主体之于涉及国计民生、影响范围大的重大事项作出最终决定之权力的概称。就国务院而言，其重大事项决定权主要源自《宪法》第89条之规定，具体包括批准区域划分和建置权以及紧急状态权，其中批准区域划分和建置权是指国务院有权批准省级区划的范围和区划的变更，有权批准省级以下市一级和县一级的建置和区域划分——根据《宪法》89条第15项之规定，国务院有权"批准省、自治区、直辖市的区域划分，批准自治州、自治县、市的建置和划分"；紧急状态权，主要是根据《宪法》89条第16项之规定，国务院有权"依照法律规定决定省、自治区、直辖市范围内部分地区进入紧急状态"。

社会经济文化等事业的领导与管理权则意指宪法赋予行政主体对国家社会经济文化等事业进行引导、规范和治理等权力的总和。就国务院而言，其社会经济文化等事业的领导与管理权直接源自于《宪法》第89条第6—12项之规定，这些权力涉及的事项主要包括：领导和管理经济工作和城乡建设；领导和管理教育、科学、文化、卫生、体育和计划生育工作；领导和管理民政、公安、司法行政和监察等工作；管理对外事务，同外国缔结条约和协定；领导和管理国防建设事业；领导和管理民族事务，保障少数民族的平等权利和民族自治地方的自治权利；保护华侨的正当的权利和利益，保护归侨和侨眷的合法权利和利益，等等。

最高权力机关授予的其他权力。根据《宪法》第89条第18项之规定，国务院享有"全国人民代表大会和全国人民代表大会常委会授予的其他职权"。就其性质而言，其中的"其他职权"有两种解释：一是固有权力说，即"其他权力"原本就属于国务院行政管理活动中的固有权力，但由于行政管理活动十分复杂，列举方式也无力穷尽国务院正当履行其职责所需之权力项，故只能授权全国人大或其常委会依情势授予；二是人大权力说，即"其他权力"原本属于全国人大或其常委会所有，但鉴于情势所必需，全国人大或全国人大常委会将其授权给国务院行使——在这个意义上的"其他权力"中，最重要的一项权力就是授权立法。

其二，宪法对国务院组成部门之行政权配置。根据《宪法》第 86 条之规定，国务院由总理、副总理若干人、国务委员若干人、各部部长、各委员会主任、审计长和秘书长组成。宪法对各组成成员及其对应机构之职权，均有原则性规定。

（1）总理职权。我国宪法对于国务院总理的权力配置主要采用明确授权的方式。就其性质而言，这些权利大致包括：国务院组成人员的提名权——根据《宪法》第 62 条之规定，国务院总理有权向全国人民代表大会提出国务院副总理、国务委员、各部部长、各委员会主任、审计长、秘书长的人选（决定权在全国人大）；根据《宪法》第 67 条之规定，在全国人大闭会期间，国务院总理有权向全国人民代表大会常务委员会提出国务院各部部长、各委员会主任、审计长、秘书长的人选（决定权在全国人大常委会）；领导权——根据《宪法》第 66 条之规定："国务院实行总理负责制"；根据《宪法》第 88 条第 1 款之规定："总理领导国务院工作"；根据《宪法》第 91 条之规定，"审计机关在国务院总理领导下，依照法律规定独立行使审计监督权，不受其他行政机关、社会团体和个人的干涉"；会议召集和主持权——根据《宪法》第 88 条第 1 款之规定，总理有权召集和组织国务院全体会议和国务院常务会议。

（2）副总理、国务委员和秘书长职权。宪法对于国务院副总理、国务委员和秘书长的职权仅作简约规定。根据《宪法》第 86 条、第 88 条第 1 款与第 2 款之规定，国务院副总理与国务委员的职权有三：组成并参加国务院全体会议；协助总理工作；组成并参加国务院常务会议。根据《宪法》第 86 条与第 88 条第 2 款之规定，国务院秘书长的职权包括：组成并参加国务院全体会议以及组成并参加国务院常务会议。

（3）各部部长和委员会主任职权。《宪法》第 86 条与第 90 条对国务院各部部长与各委员会主任的职权作了简约规定：《宪法》第 86 条之规定，各部部长和委员会主任组成并参加国务院全体会议；根据《宪法》第 90 条之规定，国务院各部部长、各委员会主任负责本部门的工作；根据《宪法》第 90 条之规定，国务院各部部长、各委员会主任召集和主持部务会议或者委员会会议、委务会议，讨论决定本部门工作的重大问题。

(4)国务院各部委之职权。基于其立法例的不同，宪法对国务院各部委的行政权配置有两种方式：一是隐含性授权，即没有对国务院各部委的职权作明确而详尽的列举，但基于其国务院部委之身份以及其所承担的国务院具体职能，可以有条件地推定宪法对国务院部委的授权隐含在其之于国务院的授权规定之中。易言之，由于国务院是由不同部门所组成的，其职能和任务亦由这些不同的组成部门所承担，故《宪法》第89条对国务院的授权，实际上由各组成部分所分享。根据《宪法》第89条之规定，国务院职权涉及领导和管理经济工作、城乡建设、教育、科学、文化、计划生育、民政、公安、司法行政、国防建设、民族事务，等等。为完成这些职能，国务院设置了对应的部委机关，譬如住房和城乡建设部专履城乡建设职能、教育部专司教育管理职能、文化部专理文化管理职能，等等。二是明示性授权，即宪法明确规定了国务院某些特定组成部门的行政立法权、行政规范权以及一些工作制度等。根据《宪法》90条第2款之规定，国务院"各部、各委员会根据法律和国务院的行政法规、决定、命令，在本部门的权限内，发布命令、指示和规章"，据此国务院各部委享有宪法所明示的制定规章、发布命令、指示和制定规章的权力。但值得注意的有三点：一是国务院部委的行政立法权和行政规范权之依据，不仅仅是法律，还包括国务院制定的行政法规、发布的命令和决定；二是国务院部委制定的部门规章或其他行政规范权，不得与法律或其上位规范性文件相抵触；三是国务院部委的行政立法权和行政规范权主要适用于对法律、行政法规和规范的执行和具体化，属于执行权的范畴，故只能在本部门权限内行使，不得越权。

(5)审计机关之职权。在我国，审计机关属国务院的组成部门，其地位与各部委类似，但却是宪法中唯一设有专条规定的国务院组成部门——根据《宪法》第91条之规定："国务院设立审计机关，对国务院各部门和地方各级政府的财政收支，对国家的财政金融机构和企业事业组织的财务收支，进行监督。审计机关在国务院总理领导下，依照法律规定独立行使审计监督权，不受其他行政机关、社会团体和个人的干涉。"其要义有三：一是就其性质而言，审计权是一种监督权；基于其与国务院的隶属关系，原则上属于行政权的范畴；二是审计机关直接对总理负责，并独立行使审计监督权，不受任何组织和个人的干涉；三是基于其监督对象之性质不同，审计监督权大致可以分为财政审计权和财务审计权，其中财政审计权意指针对国家财政收支情况，主要是对国家的税收和预算执行情况，实行审计监督的权力；财务审计权意指针对国家机关、企业事业组织是否执行财务法规和纪律等行为实行审计监督的权力。

第三节　法治政府之权限范围

"世上没有不受限制的权力。"任何类型的权力"都要受到权力得以产生的同一范围的约束"。[①] 任何政府的权力之行使、权能之作用都必须在一定的空间和时间范围内，其行使和作用都是有限的。"有限政府"这一术语早已经成为政治和法治领域的常识。

一、政府权力之限度及其理论基础

有限政府乃法治政府之前提，有限政府不仅仅是一种理念和原则，同时也属于治理模式。具体表现在：有限政府的规模、职能、权力以及行为都由法律明确规定，主动接受来自社会方面的监督和制约；当政府超越法律规定的界限行使其权力时能够及时地对其进行有效的纠正。国家行政干预与公民自主程度关系决定着行政权的性质与大小。[②] 有限政府理论以行政法治为基本法理基础，其政府权力限度，主要可以从宪制维度、公民权利维度和社会权利维度展开。

---

① ［法］邦雅曼·贡斯当著：《古代人与现代人的自由》，闫克文、刘满贵译，商务印书馆 1999 年版，第 61 页。

② 应松年、薛刚凌：《论行政权》，载《政法论坛》2001 年第 4 期。

(一) 有限政府的基本要义

通常意义上，有限政府所主张的政府权力、职能以及规模是有限的。从权力的角度进行分析，基于在现代民主社会当中，政府的权力来自于宪法的授权并且是社会公众意志的体现，所以不可避免地需要接受立法权以及司法权的制约。除此之外，政府行使权力还要主动公开接受社会公众的监督，政府不得随意行使权力从而充当任何领域的裁判员。在职能方面，有限政府的职能仅存在于某些非常重要的具备基础性的公共事务领域，在做到尽量不对细节性和具体性事务进行干涉的同时做到绝不干涉私人事务。从规模上看，有限政府的自身规模适度、工作高效，既不是一个机构臃肿、人浮于事的"大政府"，也不是一个刻意追求"小而美"的"小政府"。现实中，有限政府的基本主张已经深入地涉及从政府作为的限度来看待政府与市场关系、权力与权利关系的问题。在此当中，有限政府理论当中关于权力与权利的界定使得政府作为的限度得以成为可能，从而为妥善处理政府与市场、权力与权利之间的关系提供了有力的保障。① 有限政府亦主要是针对政府权力与市场之间的关系而言的。

(二) 有限政府的理论基础

有限政府的思想发源于西方，有限政府理论的产生和发展直接源于近代古典自由主义的政治思想。近代以来，有限政府理论都是以限制政府权力，从而避免政府权力威胁到个人自由为基点。从法理层面而言，亚里士多德就认为，统治者应该受法律约束，"法律是最优良的统治者"②、最好的政府就是法律统治的政府的思想，是有限政府的理论源头。从西方近代开始，有关有限政府的理论潜存于自由主义的哲学思想、政治思想和经济观点之中，总括起来有以下三个基本方面。

---

① 参见唐德龙：《有限政府的基本要义及现实诉求》，载《北京科技大学学报(社会科学版)》2007 年第 2 期。

② [古希腊]亚里士多德著：《政治学》，吴寿彭译，商务印书馆 1965 年版，第 171 页。

其一，就权力的来源而言，权利让渡具有有限性。行政权力"只是得自人民的一种委托权力"①，个人"只是为了自己的利益，才会转让自己的自由"②，从而"创立一个机关来保护自己的共同利益，免遭内部和外部的侵犯"③"把自己的全部非神性、自己的全部人的自由寄托在它身上"④，形成代表并保护公共利益的国家权力。然而，当公民将权利让渡给国家之后，国家将集权的让渡而来的权利转化为国家权力，在强大的国家利维坦面前，单一的公民显得微不足道。为了避免国家成为"从社会中产生但又居于社会之上并且日益同社会相异化的力量"⑤，个人让渡给国家的那一部分权力仅仅是自然法所赋予其的进行自我保护以及保护其余人类的权力，在自然状态下，其并不受到其他人的专断权力之约束，同时也并没有支配他人自由以及财产的专断权力，基于此，其并不能将专断的权力移交给国家。⑥ 政府权力"在最大范围内，以社会的公众福利为限"⑦"政府对于人民的生命财产不是、并且不可能是绝对专断的"。⑧否则政治统治就会演变为专制统治，因而，政府必须在限定的权力范围内活动，必须以保障人民权利的充分实现为目的。而为了保障政府正当行使源自于人民的权力而又不损害权力让渡者的自由与权利，有必要为政府权力设定界限。

其二，就政府本性而言，政府有"为非"的可能性。之所以要对政府加以限制，是基于对政府本质的考量，换句话说，政府不只是"慈善家"，政府不

---

① ［英］洛克著：《政府论》（下篇），叶启芳、瞿菊农译，商务印书1964年版，第88页。

② ［法］卢梭著：《社会契约论》，何兆武译，商务印书馆1980年版，第10页。

③ 《马克思恩格斯选集》（第4卷），人民出版社2012年版，第259页。

④ 《马克思恩格斯文集》（第1卷），人民出版社2009年版，第29页。

⑤ 《马克思恩格斯选集》（第4卷），人民出版社2012年版，第187页。

⑥ ［英］洛克著：《政府论》（下篇），叶启芳、瞿菊农译，商务印书1964年版，第83页。

⑦ ［英］洛克著：《政府论》（下篇），叶启芳、瞿菊农译，商务印书1964年版，第86页。

⑧ ［英］洛克著：《政府论》（下篇），叶启芳、瞿菊农译，商务印书1964年版，第83页。

只会做好事，也可能做出对人们不利的事。西方政治思想家出于对人性"恶"的认识，普遍认为政府本身就源起于对人性弱点的防范，潘恩更是极端地认为"政府即使是在最好的情况下，也是一件免不了的祸害，而一旦碰上它最坏的时候，它就成为不容忽视的祸害"。① 美国建国时期的思想家们也看到了政府存在蜕变的危险，詹姆斯·杰斐逊认为：倘若人都是天使，政府则没有存在的必要性。若是天使对人进行统治，就不必要对政府进行任何内外控制了。② 正因为政府具有人性的弱点，政府本身是一种"必不可少的恶"，潜藏着腐败和蜕化的因素，进而需要强调政府的权力必须被限定在明确的界限之内，否则，政府行为就可能侵犯个人权利与自由。

其三，就权力的本性而言，权力有滥用的可能性。政府权力是公共权力，政府及其政府权力的具体行使者掌管着大量的社会资源，理想状态下，他们应当合法正当地行使权力将社会资源投入到社会服务领域，但在没有监督和制约的情况下，权力有极大的寻租空间。"只有当一个政府的权力受到有效的限制，它才是合法的。"③孟德斯鸠也认为"权力不被滥用的时候才存在""一切有权力的人都容易走向滥用权力，这是一条千古不变的经验"④，那些拥有权力的人只有在权力的行使遇到边界的时候，才肯停止。权力导致腐败，绝对的权力导致绝对的腐败，因此，为了使政府能够正当合法地行使权力，也为防止权力的滥用，必须在政治制度上精心设计，通过建立有效防止权力滥用的机制，对政府权力进行监督限制，以保障公民的权利与自由。

（三）有限政府的权力限度

政府的权限是政府权能所能影响到的范围和发挥作用的空间，是作为主体

---

① [美]托马斯·潘恩著：《常识》，何实译，华夏出版社2004年版，第2页。

② 参见[美]汉密尔顿等著：《联邦党人文集》，程逢如等译，商务印书馆1980年版，第264页。

③ [英]阿克顿著：《自由与权力》，侯建、范亚峰译，商务印书馆2001年版，第342页。

④ [法]孟德斯鸠著：《论法的精神》(上)，孙立间等译，陕西人民出版社2001年版，第183页。

的政府其权能作用能够到达的地方。在对政府权限进行制度设计之前，需要明确政府权力的边界。政府的权限范围除正向列举外，还可以从外部边际约束来看。其中，宪法原则与宪法规范、公民权利、社会权力，型构了政府及其权力行使的直观边界。

其一，政府权限的宪制之维。政府必须依靠法律来治理国家，政府行为必须合宪合法。社会政治关系的复杂变化以及政治活动的频繁往复，公民作为单个体对国家权力运作过程、方式很难产生清晰认识，政府作为社会政治关系中最大的行动者，在政治与法律活动中发挥着重大作用。因此，基于对政府权力的限制，需要制定一部成文宪法并确立相应的政治制度以保障这些法则得以被遵守。[1] 宪法与法律中规定的制约政府权力的途径、方式、程度等内容，形成了政府权力的大致边界。尽管把宪法单纯理解为对政府权力进行限制是有些狭隘的，但限制政府权力的确又是宪法最重要的目的。宪法对政府权力的限制方式主要体现为以下五个方面：一是宪法是政府成立的依据，是政府权力来源合法性的基础，也是政府权力与立法权、司法权进行横向区分的依据。二是宪法作为对政府活动最有力限制的强制性规范，也充分规定了对公民权利与自由的保障。三是宪法规范直接确认了政府组成与政府行为的基础和依据。四是宪法可以通过对政府权力运行作出程序性规定，对政府权力进行直接约束。五是宪法规范对宪法修改的严格规定，在确保宪法的稳定性和权威性的同时，使政府企图通过修改宪法来达到扩张自己权力的目的几乎不会成为可能。[2]

其二，政府权限的公民权利之维。建立宪政制度，确认和保护公民权利，设定国家权力与公民权利的平衡结构，切实限制和约束政府权力，是一个法治国家的应有之义。美国当代法学家埃德加·博登海默分析认为，一个发达的法律制度"所依赖的一个重要手段便是在个人和群体中广泛分配权利以达到权力

---

① 参见［美］路易斯·亨金、阿尔伯特·J. 罗森塔尔编：《宪政与权利》，郑戈等译，生活·读书·新知三联书店 1996 年版，第 5 页。

② 崔浩著：《政府权能场域论》，浙江大学出版社 2008 年版，第 209~215 页。

的分散和平衡"。① 因而，公民权利也是构建政府权限的关键因素。当然，在此语境下的公民权利是公民个体平等拥有、受宪法和法律保护的权利，是区别于宪法的自然权利和法律上的权利。从 18 世纪开始，公民权利在发展过程中形成了以基本权利、政治权利和社会经济权利为主的复杂权利体系。② 其中，公民的基本权利关涉个体的生命、自由、财产和身体，是公民权利的最主要构成。公民的基本权利是人们对抗国家(公权力)的防卫权③，当公民的基本权利被公权力侵犯时，权利所有者享有抵抗权、权益补偿请求权和权益补偿获得权。因而，公民的基本权利是对国家的"硬约束"。公民政治权利的保障与一国民主政治的发展程度密切相关，其直观体现在"政治选举"中，公民通过由多数决的投票规则而出现的全民公决、公民复决等形式，使得公民在公共选择的过程中直接或间接地参与政治决策，对政府权力形成更直接有力的限制和制约。虽然公民政治权利受一定政治环境影响，但公民可以通过积极的政治参与性行为对政府权力形成"硬约束"。20 世纪以来，西方国家通过扩大公民权利来缓解社会矛盾，生存权、劳动权、环境权、休息权等不断被承认和保护，这些权利由公权力"创造"，虽对公权力也有一定限制，但公民社会经济权利具有一定的国家赋权性，相较前两种权利而言，其较为有限，对政府权力的约束也只能是"软约束"。

其三，政府权限的社会权力之维。公民权利通过组合而形成组织化的社会权力是政府权限的另一重要边界。在实际中，社会权力对政府权限的作用主要通过以下途径实现：一是通过形成多元化、自主化的社会组织，形成独立于政府机构、政党制度和国家结构的公共空间，进而形成一种限制权力的多元社会权力结构。二是社会组织在分享并制衡国家权力的同时，通过积极参与公共政治活动，不断扩大自身的权力范围和空间，实现量的积累，形成权力结构和权

---

① ［美］埃德加·博登海默著：《法理学——法律哲学与法律方法》，邓正来译，中国政法大学出版社 1999 年版，第 361 页。

② 参见 T. H. Marshall. "Citizenship and Social Class". in T. H. Marshall. *Social at the Cross and Other Essays*. London：Heinemann，2005，p. 76.

③ 林来梵著：《从宪法规范到规范宪法》，法律出版社 2001 年版，第 101 页。

力生产与分配过程的两个向度，形成多元权力中心。三是社会组织通过作为权力代表来行使组织成员委托的权利，从而形成一种能够有效保护少数人权利、抑制等级体系和权力支配的互控机制。① 四是在现代西方国家的政治生活中，政党组织成为支撑国家权力系统的组织力量，现代政治是典型的政党政治。出现了大量类型不一的利益集团，并发展成为了与政党旗鼓相当的政治力量，这一现象的出现有力地填补了议会政治所存在的缺陷，对国家的政治生活造成了很大的影响。大众传播媒体发挥着越来越大的政治监督功能，对政府产生了巨大影响和有力监督。总之，在多元的民主政治体系中，国家权力受到来自社会方方面面的制约，社会权力成为政府行使权力无法超越的边界。②

二、政府权限的结构

行政权限是行政机关行使职权时所应遵循的范围与界限。行政权限本身具有一定的逻辑结构，这种结构的设置需要在一定的原则和规则指导下进行，这一结构的具体内容也随着理论和实践的发展不断演化。

(一)政府权限设置的原则与规则

在行政权限设置过程中，必不可少要用到一定的原则和规则作为划分行政权力行使或运行界限的依据。其中，原则作为一种体现立法目的和基本法律精神的准则，观察行政权限设置的全过程，是构建行政权限结构的基础工具。规则主要是包括立法机关制定的法律和行政机关制定的规则，与立法授权中的模糊标准相比，行政规则对行政权限构建的指导性意义更为明显。

其一，行政权限设置的原则——合法性原则和合理性原则。作为行政权限设置的基础工具，行政法的基本原则通常被归纳为合法性原则与合理性原则两

---

① 马长山著：《国家、市民社会与法治》，商务印书馆2002年版，第160~163页。
② 崔浩著：《政府权能场域论》，浙江大学出版社2008年版，第232页。

类。① 长期以来，受宪政意义上的"传送带"理论影响②，行政法的核心问题——"行政权力运行的正当性"（Legitimacy）一直被解释为，行政权力源于议会立法，其行使受司法审查，通过双轨的严格约束，以完成其形式上的"合法律性"（Legality）证成，这也是现代控权理论和有限政府理论的核心。20世纪中期以来，"传送带"理论陷入危机，其"形式法治主义"的劣势逐渐显现，单纯的"合法律性"并不能完成行政权力运行过程中的正当性证成。在此背景下，出于对行政活动中大量增加的行政裁量和广泛扩张的"政策回旋空间"的回应，合理性原则的重要性日益凸显。合理性原则当中又包含合目的性和合价值性两个子原则，其中，合目的性要求行政权的设置和运行需要符合立法规范的授权目的，合价值性要求行政权的设置和运行需要体现出对社会某种普遍价值或认识的遵从或取向。因而，合法性和合理性这两个行政法的基本原则，同样适用于行政权限的设置方面，并且传统的合法性原则已不足以指导现代行政权的运行，合理性原则的作用在行政权限的结构设置中日益强化。

其二，行政权限设置的规则——程序规则。在传统的行政权运行模式，作为价值工具的"规则"主要体现为立法机关在立法中发出的明确指令，"传送带"理论要求行政机关严格遵循之。然而，由于现代社会对"积极行政"的需求增加，以及"风险社会"的来临，行政机关需要更大的自由裁量空间以应付日益复杂化、专业化、立法难以预测的行政事务，随之，立法中也出现了大量的概括性授权，这在一定程度上也限缩了司法对行政权力进行审查的空间。传统的立法和司法控权模式，难以形成对行政自由裁量权的有效控制，在此背景下，有学者提出："限定裁量权的主要希望并不在于颁布法律，而在于更广泛地制定行政规则……障碍的产生并非立法机关授予了标准不清晰的广阔的自由

---

① 林卉著：《行政权限的结构性变革：行政越权理论的一种前言》，中国社会科学出版社2013年版，第54页。

② 王锡锌：《英美传统行政法"合法性解释模式"的困境与出路——兼论对中国行政法的启示》，载《法商研究》2008年第3期。

裁量权，而是由于行政官员怠于诉诸规则制定权以便用清晰取代模糊。"①一方面，立法的模糊或空白，使得行政机关有了更大的规则制定权并将制定的规则通过行政裁量作用到行政相对方，实际上，这也成为了一种广义上的"立法"；另一方面，为了保障行政裁量过程中的价值理性，防止专断、滥权和任意现象，许多程序性规则开始设置，如公开、回避、陈述理由等的制定至关重要。程序性规则尤其为公民个人权利制约行政权力主体提供了现实依托，在公民基本权利的保障成为现代行政权主要价值取向的宏观背景下，程序规则更是凸显出了其独特的优势和必要性。② 程序规则也借此成为控制行政权扩张的主要规范类型之一。

（二）政府权限的结构

行政权限的结构以行政权限这一概念为起点，而对行政权限的理解，主要可以从行政组织法角度出发，即是指行政机关的管辖权权限，这是行政行为合法有效的首要条件。因而，这一概念下的行政权限结构包含的主要要素有地域要素、事务要素、层级要素、属人要素、时间要素等。

就我国行政权限结构理论层面而言，国内大部分行政法学教科书中对其所作的阐述都是从行政权限的层级、地域、事务和属人（对象）等方面进行解析。如胡建淼教授阐述行政权限时，主要提到了层级、事务、对象等要素：层级权限是指上下级行政主体之间处理行政事务时的职权划分；地域权限是指地域对同级行政主体在行政权限上的划分和制约；事务权限指根据事务性质而确定的某一行政主体的管辖范围；对象权限则是指行政主体根据行政对象的不同所确定的一种权限划分。③ 罗豪才教授认为，行政权限分为纵横两大类：纵向权限

---

① ［美］肯尼斯·卡尔普·戴维斯著：《裁量正义》，毕洪海译，商务印书馆2009年版，第59~61页。

② 林卉著：《行政权限的结构性变革：行政越权理论的一种前言》，中国社会科学出版社2013年版，第55页。

③ 胡建淼著：《行政法学》，法律出版社2003年版，第158~161页；持相同观点的还有英莫于川教授，参见莫于川：《行政职权的行政法解析与建构》，载《重庆社会科学》创刊号。

是指有隶属关系的上下级行政主体之间的权力范围划分，也即层级权限；横向权限是指无隶属关系的行政主体之间的权力范围划分，包括区域（地域）管辖权和公务（事务）管辖权。[①] 朱新力教授也认为，行政权限实际上就是行政管辖权，是法律赋予行政主体完成行政任务时在事务、地域和层级方面的范围界限。此外，当法律有特别规定某种事务只能由特定的行政机关成员完成时，行政主体也不得违背此种所谓"成员管辖权"（即属人权限）。[②]

就我国行政权限结构实践层面而言，上述理论中的要素也在法律、法规的明文设定或规定行政机关管辖权的条文中得到了清晰的展现。《行政处罚法》第 20 条规定，行政处罚（事务要素）由违法行为发生地（地域要素）的县级以上地方人民政府（层级要素）具有行政处罚权的行政机关管辖。法律、行政法规另有规定的除外。《治安管理处罚法》第 91 条规定，治安管理处罚（事务要素）由县级以上人民政府（层级要素）公安机关决定；其中警告、五百元以下的罚款（事务要素）可以由公安派出所决定。由此可以看出，在具体行政事务的个案处理中，通常只需要符合行政权限的事务要素、地域要素和层级要素即可，而在一些特殊或复杂的事务处理中，则需要将属人要素也考虑进来，如《行政处罚法》第 38 条第 3 款规定，对情节复杂或者重大违法行为给予较重的行政处罚（事务要素），行政机关的负责人（属人要素）应当集体讨论决定。当然，这一点在关涉国际法时更为明显。

除层级、地域、事务和属人要素外，随着大量授益性、协商性和指导性的行政活动日渐涌现并发展成熟，越来越多的学者认为应该拓宽行政权限的要素范围。有的学者借鉴英国的行政法理论，认为不仅是管辖权，还有法定程序、适当的动机、自然公正原则等都属于行政权限的范围。[③] 也有的学者提出，除了事务、地域、层级等管辖权元素外，行政裁量中的幅度裁量和种类裁量也应

[①] 罗豪才、湛中乐编：《行政法学》，北京大学出版社 2006 年版，第 53 页。

[②] 朱新力编：《行政法学》，浙江人民出版社 2002 年版，第 82 页。

[③] 龚祥瑞著：《比较宪法与行政法》，法律出版社 2003 年版，第 313 页。

归入行政权限的范围。① 由于行政权限概念范围的扩大，其结构要素也呈现出开放性特征，意味着随着经济社会的发展，行政权限的结构要素中将会包含更多的有关正当程序和理性裁量的因子。

（三）政府权限的设置途径

行政权限的设置原则和结构相较而言较为抽象，也仅是构建了行政权限设置的基本框架，其还需要通过配置途径落实。中国行政权限设置的基本途径，行之有效的主要有以下三种。

其一，法律直接设置。我国中央政府和地方各级政府的权限范围主要由宪法和政府组织法明文规定。中央政府的权限范围由《宪法》规定，并由《国务院组织法》进行进一步的具体分工；地方各级人民政府的职能和权限则由《地方各级人民代表大会和地方各级人民政府组织法》规定。按照宪法和法律规定，除了省级政府的行政权限在法定的基础上由国务院划分外，其他各级政府的权限都只能由法律规定，上级政府仅有权领导下级政府，但无权规定下级政府的权限范围。这是合法性原则的重要体现，不过现行地方组织法仅对省、市、县三级政府的权限范围作了统一的原则规定，并未按照各自的工作特点进行区分。

其二，政府逐层限定。各级政府部门及其各层级机构的权限范围，依法或依惯例由各级政府逐层限定。中央政府各部门的权限范围，依照宪法由国务院限定；各部委内设机构的权限范围，按照部门首长负责制，援例由部门限定。地方各级政府部门的权限范围，按照领导关系和职责划分，援例由本级政府限定；政府各部门内设机构的权限范围，按照部门首长负责制，援例由部门限定。而由于地方政府部门的行政权限设置没有组织法的明文规定，只能根据领导关系援例逐层授予，因而经常发生界限不清、权限范围交叉、互相撞车的现象。

---

① 参见金伟峰：《论行政超越职权及其确认和处理》，载《行政法学研究》1996 年第 4 期；章剑生著：《现代行政法基本理论》，法律出版社 2008 年版，第 282~284 页。

其三，各级政府和各部门自身调整。行政权限范围，既有初始的重新配置，也有其自身的局部调整。各级政府部门根据自身发展的需要，进行内部机构和职能的调整，进行权限范围的确定，这是行政权限设置的又一重要途径。在体制转轨和政府转型的大趋势背景下，随着政府管理的分权化趋势，这一设置途径将越来越重要。政府转型推动政府职能转变，职能转变影响政府权限的配置，这是各级政府和政府各部门都认识到的政府改革的规律和常识。改革开放以来，每一届政府都毫不例外地要进行机构和职能调整，政府当然也进行自我改革和自我调整，与之相关的局部调整往往牵一发而动全身，影响着行政权限在部门和机构内部的设置。但这种不断创新和自我调整，是实现政府权限合理配置最基本和最有效的途径。

三、政府权限争议解决机制

在行政权力运行实践中，由于客观上的经济社会事务的复杂性和关联性，制度上的机构设置不科学、权限配置不合理、立法授权不明确、配合机制不健全，主观上的部门利益冲突、缺乏合作精神、法律理解偏差等原因[①]，行政机关各职能部门之间相互争夺管辖权、重复管理、各自为政、作出相互矛盾的行政决定或相互推诿的现象广泛存在且屡见不鲜。因而为解决行政权限争议乱象，规范行政秩序，行政权限的争议解决机制亟待研究。

(一)政府权限争议解决的宪法依据

行政机关间的权限冲突实质上是对行政权限归属的争议，这一争议的解决必须建立在一国政治体制对国家权力的分配上。而一国的宪法不仅规定了国家权力的行使主体，也规定了权力的分配和变更主体。因而，行政权限的争议解决机制，必须与一国的宪法规定相一致，与相应主体在国家权力结构中的地位、权限范围相匹配。这种一致，主要体现在行政组织形式、机构设置和职能

---

① 参见金国坤著:《行政权限冲突解决机制研究——部门协调的法制化路径探寻》，北京大学出版社2010年版，第16~43页。

配置权上。

其一，行政组织形式。不同的行政组织形式决定了部门之间的权限争议应当通过何种方式解决，是由各部分讨论协商，还是由政府部门首脑单方面决定。在我国，《宪法》明确规定国务院是我国的最高权力机关的执行机关，是最高国家行政机关。《国务院组织法》第 4 条规定："总理召集和主持国务院全体会议和国务院常务会议。国务院工作中的重大问题，必须经国务院常务会议或者国务院全体会议讨论决定。"第 9 条规定："各部、各委员会实行部长、主任负责制。各部部长、各委员会主任领导本部门的工作，召集和主持部务会议或者委员会会议、委务会议，签署上报国务院的重要请示、报告和下达的命令、指示。副部长、副主任协助部长、主任工作。"从宪法和组织法的规定来看，我国的国务院实行总理负责制。"应该指出，从 1982 年开始实行的国务院总理负责制，较之于之前的政务院和国务院所实行的委员会制、部长会议制有很大的发展。"①"这种总理负责制实际上是一种个人负责制。"②表现为总理对其主管的工作承担全部责任，同时其对自己主管的工作有完全的决定权。重大问题在国务院全体会议或常务会议讨论的基础上，总理可集中意见作出决定，而非表决。与之相对应的地方机关组织形式也同样实行行政首脑负责制。这在行政权限争议解决机制中表现为，国务院总理和地方行政机关的行政首长享有对行政权限争议解决的决定权。

其二，机构设置和职能配置权。《宪法》第 89 条第 4 款规定国务院行使"统一领导全国地方各级国家行政机关的工作，规定中央和省、自治区、直辖市的国家行政机关的职权的具体划分"的职权。《国务院组织法》第 8 条规定："国务院各部、各委员会的设立、撤销或者合并，经总理提出，由全国人民代表大会决定；在全国人民代表大会闭会期间，由全国人民代表大会常务委员会决定。"《地方各级人民代表大会和地方各级人民政府组织法》第 59 条规定："县级以上的地方各级人民政府行使下列职权：（二）领导所属各工作部门和下

---

① 张立荣著：《中外行政制度比较》，商务印书馆 2002 年版，第 340 页。

② 周叶中编：《宪法》，高等教育出版社、北京大学出版社 2000 年版，第 323 页。

级人民政府的工作。"第 64 条规定："地方各级人民政府根据工作需要和精干的原则，设立必要的工作部门。"宪法和组织法的规定，为解决行政权限冲突提供了基本的法律依据和路径。根据宪法和组织法规定，行政职能部门之间的权限冲突，裁定权在县级以上的各级人民政府，最终裁决权在国务院。国家权力机关只行使监督权，不直接裁决部门之间的职能冲突，宪法和组织法也没有授予法院对权限冲突予以直接裁判的职责。① 机构设置和职能配置直接决定行政权限范围，也是处理行政权限争议的直接依据。

(二) 政府权限争议解决的基本原则

行政权限争议机制的建立，需要以一定的基本原则为前提。在行政法治这一基础理论上，以宪法依据为依托，结合各地行政执法协调立法实践，我国行政权限争议解决机制，应遵循以下五个基本原则。

其一，职权法定原则。不言自明，行政法治要求职权法定，行政机关应该遵循组织法、管理法、程序法等规定的主管机关和职能分工的规定，在其权限范围内行使管辖权，没有法律法规的授权，任何行政机关不得忽视或超越其法定分工的权限。就现行法律规范的规定而言，有关行政管辖的规定，既有非常明确具体的，也有较为原则抽象的，但即便在没有明确规定的情况下，也不意味着可以随意划分行政权限范围，更不能由行政机关和相对人协商确定管辖权范围，而是必须遵循立法的原则和法律、法规、规章的具体规定，结合实际需要和具体情况进行权限范围划分。以此确保法制的统一和行政管理的合法有序。

其二，分工协作原则。行政权限冲突产生的根源是行政的专业分工与社会经济事务的错综复杂性的矛盾，尽管综合执法和部分行政事务管理职能的集中行使，可以在一定程度上避免行政权限冲突的发生，但科层制结构在中国的行政管理中仍将长期存在，分工原则也必须坚持。只是从避免权限冲突的角度出

---

① 金国坤著：《行政权限冲突解决机制研究——部门协调的法制化路径探寻》，北京大学出版社 2010 年版，第 197~200 页。

发，分工应当更为科学、合理、严谨，条理化、清晰化。行政组织法法律制度规定应当尽可能将各职能部门的权、责、利明确，做到分工负责、各司其职，避免出现管辖不清、职责不明、推诿扯皮现象的出现。与之相对应的，协作是分工的必然要求。各部门之间需要在分工的基础上强调衔接和协调，实行统一领导、互相配合的原则，尤其是在关系到各部门管辖的交叉领域，更应注意强调协作的重要性。

其三，及时有效原则。及时有效原则要求行政权限冲突必须在法定期限内进行有效的协调，及时作出裁决，并确保裁决结果得到执行。为了防止调解多次反复，协调机关应在协商难以达成一致意见时，及时依职权或者报请本级人民政府作出决定。及时有效原则还要求解决行政权限冲突时，应当有利于行政管理的顺利进行，提高行政效率，及时实现行政目的。在划分行政管辖权时，必然要考虑到由什么样的职能部门或哪一级行政组织行使管辖权更有利于行政事务的管理，更有利于行政任务的完成。

其四，预防和处理并重原则。行政权限冲突不可避免，但可以进行一定的预防，减少权限冲突发生的可能性。其中，行政机构的科学设置，法律、法规对各部门职责权限的科学配置，为预防和减少行政权限冲突起到了根本性作用。但"无论如何完备的行政组织法，都不可能一览无遗地列举各行政机关的权限，也不可能条分缕析划清彼此之间界限"①，因此虽然行政权限冲突具有一定的不可避免性，而建立起行政机关间的协商、协作机制，如联席会议、协作协议等，不失为预防行政权限冲突的一种较为经济有效的方法。当然，对权限冲突的机关，解决程序必须由行政组织和行政程序法律规范明确作出规定，以增强其背后的法律约束力。

其五，保护相对人权益原则。在制定行政权限冲突解决机制时，应当尽量参考当事人的意愿，保护当事人的权益，并且划清行政机关内部的权能界限以防止损害到相对人的权益。除在行政权限范围设定上考虑方便当事人外，在指

---

① 皮纯协编：《行政程序法比较研究》，中国人民公安大学出版社 2000 年版，第 446 页。

定管辖时也应从当事人的利益出发。权限范围发生转移时，由原机关管辖更有利于相对人时，可以由原机关管辖。行政机关对于相对人的申请，即使认为无管辖权，也不能有不必要的拖延，应当及时告知或移送有管辖权的行政机关。当情况紧急不及时处置有可能损害相对人利益时，相关行政机关可以采取临时性的措施。

(三)政府权限争议解决的实践探索

为了解决越发严重的权限归属纠纷和争议，中央和地方各级人民政府都在现行的制度框架下尝试采用各种方式以缓解出现在行政机关各部门之间的权限交叉、重叠和相互推诿等现象，行政机关各职能部门相互之间也在不断地主动寻求沟通和协调的途径和方法，并取得了一定的成效，其中有代表性的方法主要包括以下几种。①

其一，综合执法。综合执法，即指运用整合机构的方法，将行政执法权统一交由一个行政机关行使，从而避免多头执法现象的发生，解决行政执法权限交叉重叠的问题。这一方案，主要体现在我国城市管理中，通过成立城管监察机构实现相对集中行使行政处罚权，最终达到城市管理综合执法的目标。《行政处罚法》第18条规定："国务院或者省、自治区、直辖市人民政府可以决定一个行政机关行使有关行政机关的行政处罚权。限制人身自由的行政处罚权只能由公安机关和法律规定的其它机关行使。"这一规定为解决多头执法权限的矛盾，更好地实施行政执法体制改革提供了法律支撑。在之后的发展过程中，实行综合执法的地区在全国范围内越来越多，相对集中行使处罚权的职能范围也逐步扩大。其中，城市管理综合执法的成效较为显著，为提高城市管理水平提供了宝贵的经验，也为进一步深化其他领域的行政执法体制改革作了有益尝试。当然也带来了，诸如是否突破了《行政处罚法》第16条规定等行政法治理论问题，出现了新的权限冲突等实践问题。

---

① 参见金国坤著：《行政权限冲突解决机制研究——部门协调的法制化路径探寻》，北京大学出版社2010年版，第49~127页。

其二，领导小组。领导小组并不对职能部门的机构设置以及隶属关系进行改变，只是在各个相关的职能部门之间设立一个议事协调机构，并借此对各部门的组织活动进行统一的组织和部署，从而完成行政的中心工作，实现总体行政目标。① 行政机关是按专业设置的，但社会经济事务并不因行政机关的专业性而对号入座，自动归入某一专业部门管辖。现实生活会中的社会经济事务往往需要几个部门共同管辖，任何一个部门都难以独自完整地处理某一经济社会事务。这一点在食品安全监管领域表现得尤为明显，有官员指出"食品安全监管的最大问题是政府行政部门齐抓不管"。为了解决各部门各自为政、相互衔接和协调的问题，避免有利抢着管、无利都不管的现象，整合行政力量和资源，发挥整体优势，中央和地方各级人民政府在行政实践中广泛采取了成立领导小组的做法，统一部署要求规范各部门重点负责的行政管理工作，调和行政管理与执法之间的权限矛盾。这些领导小组一般由政府主管领导牵头，由各相关部门的主要领导参加。这一领导小组模式，在诸如保障食品安全等领域起了一定作用。但与此同时，由于领导小组设立的随意性较大，多以会议形式工作，容易出现文山会海之现象，而且领导小组的设立本身也模糊了部门的职能，滥设领导小组可能加剧部门间的相互推诿和矛盾。

其三，行政协作。行政协作指的是基于各个部门职能权限的有限性以及所管理的事务之间的关联性，各个部门之间相互实行横向联合的管理模式从而实现同一目标的做法。行政协作存在多种方式，如：（1）联合执法。即为了配合某一阶段的重点工作，解决突出问题，相关行政执法机关在主要管理部门的邀请下，或人民政府的组织下，组成联合执法小组，共同作出对违法行为由相关的职能部门作出处理决定的执法行为，以实行行政监督检查。这一做法多见于打击非法采矿、市场管理等领域。（2）联席会议。即没有行政隶属关系但有工作联系的行政机关之间为了共同完成某一方面的工作任务，以召开会议的形式，采用的一种较为长期的协作方式，用以指导工作，解决问题。在某一监管领域内，法律法规授权给不同的行政机关共管，但相互之间的权限划分不够明

① 参见曾超：《烟草专卖执法协同机制探讨》，载《中国烟草学报》2015 年第 3 期。

确，任何一方都难以独自有效完成管理，需要相互配合才能解决问题。在这种情况下，为完成行政工作目的，需要上级人民政府指导相关各方，通过会议方式达成一致，指导并开展工作。如 2007 年 4 月，为做好处置非法集资相关工作，经国务院同意，由银监会牵头，成立了处置非法集资部际联席会议制度。(3)联合发文。对于需要多部门联动进行行政事务管理的，由相关部门联合制定规章或其他规范性文件，规定各部门在该行政事务当中的职责权限和相互之间的配合协调机制。如 2007 年 2 月 15 日，针对青少年沉迷网吧和网络游戏的现象，文化部、国家工商行政管理总局、公安部、信息产业部等 14 个部门联合下发了《关于进一步加强网吧及网络游戏管理工作的通知》。(4)联合办公。《行政许可法》第 26 条第 2 款规定："行政许可依法由地方人民政府两个以上部门分别实施的，本级人民政府可以确定一个部门受理行政许可申请并转告有关部门分别提出意见后统一办理，或者组织有关部门联合办理、集中办理。"基于此，各个地方都建立起了一站式办公制度，如政务中心等。(5)区域协作。区域协作原本是经济学上的概念，行政法意义上的区域协作是指各地方行政执法机关在行政执法上的相互合作，以便于解决在地域管辖冲突上的争端，尽量争取执法上的一致，从而保证政策在市场运转中的效能。实践中，各地工商、质监、专利等行政执法机关间的区域协作比较频繁且颇有成效。

其四，行政协助。行政协助所指的是当行政机关在履行其行政职能的过程当中，遭遇到凭借其自身的能力无法解决的阻碍时，通过向其他与其并无隶属关系的行政机关发出协助解决的请求而被请求机关在收到请求之后依照法律的相关规定对其提供相应的帮助，从而使得行政机关的行政职能最终得以实现的一项制度。① 在现行立法中，我国有关行政法律规范对行政机关提出了相互间支持配合和协助的要求。《税收征收管理法》第 5 条第 3 款规定："各有关部门和单位应当支持、协助税务机关依法执行职务。"《银行业监督管理法》第 13 条规定："银行业监督管理机构在处置银行业金融机构风险、查处有关金融违法

---

① 参见黄学贤、周春华：《行政协助概念评析与重塑》，载《上海政法学院学报》2007年第 3 期。

行为等监督管理活动中，地方政府、各级有关部门应当予以配合和协助。"有些法律、法规则进一步从程序上规定了行政协助的提起和办理等内容。行政实践的过程当中，行政机关各部门间也比较重视相互协助，如国土资源部、监察部《关于监察机关和国土资源部门在查处土地违法违纪案件中加强协作配合的通知》要求监察机关查处土地违法违纪案件，需要国土资源部门协助配合的，可以商请国土资源部门予以协助，国土资源部门应当予以协助配合；国土资源部门查处土地违法违纪案件，需要监察机关协助配合的，可以商请监察机关予以协助，监察机关应当予以协助配合。①

其五，大部门制。在前述关于行政权限争议解决的诸多实践当中，有一个共同的立足点就是：在不对现有的职能部门机构进行改变的情况下，通过对各个部门之间的关系进行调整，加强各部门机构之间的合作从而减缓冲突，而大部门制则是对政府进行重组，直接动摇职能部门的机构设置。所谓的大部门制指的就是在政府部门的设置过程中，将那些职能相近或者业务范围趋同的事项进行相对集中管理，交给一个部门进行负责，从而最大限度地防止政府部门职能交叉、政出多门、多头管理等现象的出现，最终提高行政效率，降低行政成本。大部门体制侧重改变政府职能机构繁多、职能交叉的现象，通过减少机构数量，降低各部门间的协调困难，使政府运作更有效率，更符合市场经济的宏观管理角色定位。2018年的党和国家机构，也是在党政部门进行的"双大部制改革"。

---

① 金国坤：《行政协作法律机制研究》，载《河北法学》2008年第1期。

第六章　行为·程序·责任

　　政府权力这一抽象概念，往往需要通过政府行为进行具体化，进而对社会生活产生现实作用，以实现其权力目的。在法治政府建设的大背景下，为保障相对人的合法权益、完成政府行为的合法性证成，需要规范政府行为，保证其在法治轨道上运行。

　　这种规范，不仅体现在对政府行为本身目的、形式和方式上正义的要求，也体现在政府行为实施过程中的程序正义以及政府行为实施后的行政责任分配承担上。其一，政府行为就是由政府机关或者以政府名义所作出的行为的总称。政府行为正义，即政府行为之正当性。这既是行政权力运行及其过程所应当遵循的基本取向，也是政府行为及其过程的价值评判。就其内涵而言，政府行为正义首要内容是目的正当，它关乎政府行为之公共利益本位与合立法目的之属性。就其性质而言，政府行为正义属于法律正义的范畴，因此，政府行为正义又可以合乎逻辑地分解为形式正义和实质正义。因此需从政府行为的内涵和外延出发，对政府行为之目的正当性和形式正义进行分析。其二，行政程序是行政活动的步骤、顺序等过程，而行政行为仅仅是行政活动过程的结果。现代法治政府的构建不仅要求作出结果的行政行为必须合法，而且要求作为过程的行政程序也必须合法且"恰当"。符合正义的现代行政程序具有重要的意义，因此有必要确立行政程序正义原则，对行政程序的概念及其法律价值进行明晰，追溯正当程序的历史源流，确定行政程序正当性的判断标准和基本制度。其三，有权必有责，有责要担当，失责必追究。政府作为必要的"恶"，往往是公民权益最强大的潜在威胁者——行政侵权几乎与行政本身如影相随，行政在给广大公民带来秩序保障和公共服务的同时，稍有不慎，也会给公民的人身财产安全造成侵害。因此必须明确行政责任的意涵、构成、归责原则和承担形式，加强行政问责规范化、制度化建设，增强行政问责的针对性和时效性。

政府行政行为正义、程度正当、问责严格三者相互支撑，共同构成了法治政府依法行政的机制体系。

第一节　行　为　正　义

行为正义，即政府行为之正当性。这既是行政权力运行及其过程所应当遵循的基本取向，也是政府行为及其过程的价值评判。就其内涵而言，政府行为正义首要内容是目的正当，它关乎政府行为之公共利益本位与合立法目的之属性。就其性质而言，政府行为正义属于法律正义的范畴，因此，政府行为正义又可以合乎逻辑地分解为形式正义和实质正义。

一、政府行为的内涵和外延

概念的内涵是对某一事物本质属性的概括和反映，其外延则是指具有概念反映的本质属性的概念对象的范围，对事物的概念进行界定就是要确定概念的内涵与外延。对于行政法实践而言，行政机关等所作出的行为是否为行政行为，是否为合法有效的行政行为，无论对行政主体还是行政相对人来说都具有十分重要的意义①，因而有必要对其内涵和外延进行初步明确。

(一)政府行为的内涵

顾名思义，政府行为就是由政府机关或者以政府名义所作出的行为的总

① 罗豪才、湛中乐编：《行政法学》(第二版)，北京大学出版社2006年版，第78页。

称。其要义有三：(1)政府行为是以政府为主体并由政府承担法律后果的行为。(2)政府行为是政府行使职权、履行职责、达成行政任务的行为。(3)政府行政与行政行为既相互联系，又彼此区别——并非所有的政府行为都属于行政行为，但所有的行政行为都属于政府行为；行政行为是最主要的政府行为，也是最典型的政府行为。作为行政法学的核心范畴，行政行为的"作用在于使行政活动系统化，解决行政法院概括条款所产生的对行政事件法律上的理解，是逐步发展而成的行政法律保护所依据的标准模式"。① 但就其内涵而言，学界至今未能达成共识，这一概念的争议和徘徊也体现在了我国《行政诉讼法》的制定及其司法解释中，正如如应松年教授所言："行政行为是行政法上最重要、最复杂、最富有实践意义、最有中国特色，又是研究最为薄弱的一环。"② 而且"行政行为概念的明晰，不仅是构筑科学的行政行为法理论体系的逻辑前提，而且更是行政执法和司法审查实践的迫切需要"。③

(二)政府行为的外延

在其外延意义上，政府行为包括行政行为和非行政行为。其中，非行政行为主要包括内部行为、过程性行为、契约性行为、指导性行为、协作性行为等。

行政行为乃政府行为的核心，并具有典型意义。我国自中华人民共和国成立后的第一本法学统编教材《行政法概要》使用了"行政行为"这一概念之后，几乎所有的行政法论著都沿用了这一概念，在对行政行为概念进行界定时，根据现有研究成果，我国学界关于行政行为的界定至少存在着近十种理论。④ 为结束分歧，建立统一行政行为的概念，学者们提出了统一行政行为概念的两条路径——"狭义型"和"广义型"行政行为概念。"狭义型"行政行为概念的主要观点以德、日等国的行政法学说及立法成果为基础，主张把行政行为局限在

① ［德］平特纳著：《德国普通行政法》，中国政法大学出版社 1999 年版，第 105 页。
② 应松年著：《行政行为法》，人民出版社 1993 年版，第 1 页。
③ 章志远著：《行政行为效力论》，中国人事出版社 2003 年版，第 2~3 页。
④ 靳澜涛：《行政行为的概念纷争与重新界定》，载《福建法学》2017 年第 2 期。

"行政处分"或者"行政决定"上，将其与"行政合同""行政指导"等新型行政行为相并列且都处于同一位阶，以保持行政行为这一概念自身逻辑的严密性。此种观点较具代表性的定义是，"行政行为是具有行政权能的组织或个人行使行政权，就具体事项针对行政相对人所作的直接产生外部法律效果的行为"。①"广义型"行政行为概念则坚持宽泛主义的立场，缩小行政行为的内涵和扩大行政行为的外延，认为行政行为既包括单方行为也包括双方行为，既包括外部行为也包括内部行为，既包括行政法律行为也包括行政事实行为。②

　　对行政行为概念的这两种界定都有一定价值，思路和方法也各有千秋，并无对错之分，本书在对概念界定进行选择时，主要考虑到哪一种界定方式更符合中国的立法、执法和司法实践，二者相较而言，"广义型"的概念界定更符合我国行政实践。主要理由如下：一是"广义型"适应了现代公共行政的发展趋势和要求，具有很强的开放性，既包括传统行政管理上的行政行为，又可以将各种新型的行政行为，如行政协议、行政指导、行政计划等纳入其中。二是"广义型"的行政行为概念与我国现行的法律规定相契合，有利于扩大行政诉讼受案范围，完善行政诉讼制度，以实现对行政行为的司法监督。三是"广义型"行政行为概念符合我国社会公众的认知习惯和汉语的使用规则，为普法和相关适用减轻了一定阻碍。③

　　故而，行政行为是指行政主体运用行政权所实施的行为，包括行政法律行为、行政事实行为和准法律行为。这里的行政主体不仅包括国家行政机关，而且包括被授权组织和公立公益组织（享有公共行政职能的非政府组织）；这里的行政权不仅指国家行政权，而且包括其他社会公共组织因提供公共服务而享有的公行政权力。具体而言，行政行为既包括抽象行政行为（即传统意义上的行政立法行为、行政规范创制行为），也包括具体行政行为（行政执法行为、

---

①　参见章志远：《行政行为概念重构之学试》，载《行政法学研究》2001 年第 4 期；杨建顺：《关于行政行为理论与问题的研究》，载《行政法学研究》1995 年第 3 期。

②　参见应松年编：《当代中国行政法》，中国方正出版社 2004 年版，第 513 页。

③　参见江必新，李春燕：《论统一行政行为概念的必要性及其路径选择》，载《法律适用》2006 年第 1 期。

行政司法行为）；既包括行政事实行为，如公安机关销毁收缴的淫秽物品的行为，也包括准法律行为，如行政证明行为；既包括单方行为，如行政许可行为，也包括双方行为，如行政合同行为；既包括强制性行为，如行政处罚，也包括非强制性行为，如行政指导行为，但不包括行政主体没有运用行政权所作的私法行为。

二、政府行为之目的正当

恩格斯曾指出，"在社会历史领域为进行活动的，全是具有意识的、经过思虑或凭激情行动的、追求某种目的的人；任何事情的发生都不是没有自觉的意图，没有预期的目的"。① 行政主体依法行使行政职权、实施相应行政行为也是具有其目的的，对于行政行为的目的可作如下定义，即行政主体在行使行政职权、进行行政管理时所期望通过行政行为能达到的效果，换言之，是指行政机关基于行政职权所为公的意思表示，而发生公法上效果的行为。② 如马克思主义经典作家所言，"人们奋斗所争取的一切，都同他们的利益有关"③，从"以权谋私"所反映的现象来看，因行政行为所追求的目的不同，亦有正当目的与不正当目的之分。一般从抽象层面而言，权力的实际行使者会追求个人利益、集团利益、地方利益、公共利益等不同利益，很显然，作为公权力的行政权，必然要以追求公共利益为目的，这才是行政行为的正当目的。在法治政府建设的大背景下，亦有必要对行政行为目的正当的内涵与外延进行进一步探讨。

(一)应然的行政目的：公共利益

行政行为目的应以公共利益为本位。公共利益是一个较为抽象的概念，在探讨公共利益的内涵时，需要着重对"公共"的范围和"利益"的内容进行分析，

---

① 《马克思恩格斯选集》(第4卷)，人民出版社1972年版，第243页。
② 张载宇著：《行政法要论》，台湾汉林出版社1997年版，第302页。
③ 《马克思恩格斯选集》(第1卷)，人民出版社1972年版，第82页。

前者是指利益主体，后者则关涉价值判断。公共利益这一概念最大的特点，是其不确定性，其主体和利益内容均具有不确定性，因而公益不能说是一个确定的法律概念。

其一，就其"公共"而言，"公共"是一个不断变化的集合体，无法对其具体范围进行划分。但在学理上还是达成了一定共识，即"公共"并非指"全体人民"。公共利益所涵盖的对象，不仅是"全体人民"的利益，还可以是任何人的利益。将"公共"界定为相对于个人，亦非"全体人民"的这一排除法概念，似乎仍然较为清晰地呈现公共之内涵。因为个人是公众的基本单位，究竟个人在何等量上的积累才能达成"公共"这一质变，之前曾有学者把"地域"作为判断的标准，同一区域内大多数人的利益，便足以形成公共利益。① 但"惟以行政区域作为计算区域内大多数人利益的准据，虽可据以解释行政机关之一项措施，可否嘉惠该区域内'大多数'之人民，但即使是属于别的区域内之人民，也有越区而受利益之可能(例如越区使用交通、文教设施等)，故以地域作为区分的一个标准，并不能阻绝利益的赋予，也不足以完全解释公共的概念"。② 由此可知，精确地定义"公共"一词并非易事。德国曾提出"某圈子之人"作为公众的相对概念，试图间接地勾勒出公众的范围。所谓"某圈子之人"，即由一个范围较小的团体(例如家庭、成员固定的组织，或某特定社团机构的成员等)加以确定的隔离；或者是以地区、职业、宗教信仰等要素为标准所形成的圈子，而其成员的数目往往较少。由上述定义我们可以得知"某圈子之人"有两个特征：一是该圈子并不是对任何人都开放，具有隔离性；二是该圈内成员的数量较少。③ 反推之，对公共的认定应具备两个标准，即开放性和数量上的一定多数。

---

① 陈新民著：《宪法基本权利之基本理论(上)》，台湾元照出版公司2002年版，第137页。

② 陈新民著：《宪法基本权利之基本理论(上)》，台湾元照出版公司2002年版，第138页。

③ 陈新民著：《宪法基本权利之基本理论(上)》，台湾元照出版公司2002年版，第138页。

其二，在其一般意义上，利益是指主体和客体的关系中所存有"价值判断"或"价值评判"，其中价值是利益的核心要素。价值的衡量需经一定的评价，需要评价主体(任何人)参考相应的评价标准对客体作出评估，对于评价主体来说，这一客体所具有的某些特定价值就是利益。因此价值的形成与评价主体和评价标准是密不可分的，具有评价主体本身的主观性。当然这一评价标准也不可能完全按照个人来制定，还是会以现实客观的实际情况为基础。其实在的客观性故此，公益虽然是一个不确定的法律概念，利益、价值在不同的评价标准下有不同的衡量结果。但可以确定的是，公益这一概念必须符合"量最广"且"质最高"的标准。这是行政行为作出时要考虑的首要因素。

(二)法定的行政目的：立法目的

鉴于"公益"是一个不确定的法律概念，为寻求行政行为目的的确定化，以防止其肆意性，那么只能从具体的法规范中探求行政行为所追求的目的，行政主体作出行政行为也应以实现法律目的为最终目的。

其一，当同时出现多个法律目的时，行政主体需在个案中对其进行权衡，"因为从行政自由裁量的构造和运行看，立法目的(或者说授权目的)实际上决定、引导着对各种行为方式的选择。也就是说，尽管行政自由裁量意味着多种行为选择的可能，但是，行政机关也只能是根据立法目的来选择个案中如何行动。所以，立法目的就像强劲的磁铁一样，强烈地吸引着裁量选择的方向和途径，以保证立法目的和个案正义的最终实现"。[①] 拉伦次说："一般认为，在若干事件中赋予行政人员行为及形成的裁量，其意义在于：行政可以依时间、地点及既存情势之不同，在多种法律准许的措施中选择其一，甚至不采取措施。于此，指引行政抉择的比较不是合法性，毋宁是合目的性考量。"[②]

其二，判断行政主体是否依立法目的行政，并非易事。因为许多不合立法

---

① 余凌云著：《行政自由裁量论》，中国人民公安大学出版社2005年版，第85页。

② [德]卡尔·拉伦茨著：《法学方法论》，陈爱娥译，商务印书馆2003年版，第176页。

目的行政行为往往披着"合法行政行为"的外衣,需要通过专业的法律技术手段,并结合个案进行具体分析,才能作出行政行为是否合目的的判断。比如,法国的一位市长曾禁止市民们在海滩上穿衣和脱衣,但是这位市长下达这个命令并不是为了维护公共礼仪,只是为了强迫那些要洗澡的人使用市立的洗浴设备。法院在调查的过程中发现该行政行为的目的的非法性,仅仅是为了增加财政收入。① 基于此,法院撤销了该命令。

三、政府行为的形式正义

法律的形式正义表现为三种形式,这三种形式具备一定的相互间的关联性,并且包含各自独立的内容,但是所表现的正义均直至法治。(1)第一种形式,即制度正义,其与社会正义相对应,制度正义是统一的价值衡量标准,在制度内,社会成员最大限度地平等、自由地发挥自身的意志,社会资源也会最大限度地被平均分配。而社会正义是社会生活中,各成员间的基本秩序,具有一定的道德性质,属于实质正义范畴。(2)第二种形式,即抽象正义,是法律秩序的体现,具有特殊的强制力,可以具体到社会成员个人行为、具体事件以及事件的内容,是稳定的、统一的秩序。(3)第三种形式,即程序正义,这也是在立法、司法、执法过程中对于正义的追求,具有普遍适用性的程序,调整社会生活中的价值,在法律体系之中,所谓的"法律面前人人平等"便是程序正义的体现,而"法律上的人人平等"则体现了实质的正义。形式正义可以说也是看得见的正义,这种正义在普适的规范范围内,使社会成员在一定程度上相信最终结果的合法与合理,并且尽可能地服从这种结果,即使是不利的结果,社会成员在公正的前提下,也会接受,这种过程中的正义间接地支持了结果上的正义。②

(一)合乎程序正义

程序正义是政府行为正义的标志性内容——程序正义为政府设定了最低限

---

① 王名扬著:《法国行政法》,中国政法大学出版社 1988 年版,第 692 页。

② 孙笑侠著:《程序的法理》,商务印书馆 2005 年版,第 90 页。

度的程序义务，从而成为控制行政权力之滥用、保障公民权利和自由的核心机制。其内在含义有以下三点。

其一，"没有利益牵连"，意在强调政府必须在行为过程中保持超然的地位和态度。就其性质而言，"没有利益牵连"之要义有三：（1）政府不得与民争利——一切行为都应当以公共利益为旨归，因此，所有的政府行为都应当是免费的。（2）政府工作人员及其亲属不得与政府行为所涉及的"利益"有任何牵连，"任何直接的金钱利害关系，哪怕多么微小，都是丧失资格的理由"。（3）政府工作人员不得与其行为所涉及的相对人有任何精神上的或者感情上的利益关系，如影响行为公正审理的友谊或者恩怨关系等。

其二，"没有个人偏见"，意在强调政府必须在其行为过程中保持中立、不偏不倚。就其性质而言，"没有个人偏见"主要是指政府行为不受任何预设的观点或偏好所支配。因此：（1）所有政府行为应当坚持以事实为根据，以法律为准绳——避免先入为主。（2）涉及任何人利益处分的政府行为，都应当合乎比例。（3）任何人不得既做运动员，又做裁判员；任何涉及政府为一方当事人的纠纷，都应当交由无涉利害的第三方裁处。

其三，"听取相对方的申辩"。"任何人在受到不利影响之前都要被听取意见"是自然正义更为根本的要求。在行政过程中，特别是在侵益性行政过程中，基于程序正义之拘束，行为主体必须听取相对方的申辩，其目的在于保障相对方参与行政过程、表达自身意志的权利。其要义有三：（1）告知指控事项。政府机构在作出任何对相对方不利之决定之前，必须在法定时间内、一次性地告知被指控之事项，这是对政府提出的最基本要求，也是行政相对人最基本的程序权利。（2）出示相关证据。政府机构在作出任何对相对方不利之决定之前，必须向对方出示支撑其论点的全部依据，特别是对相对人不利的证据和材料。相关的证据无论是在听证之前、听证过程之中还是听证结束之后所获取的，都应当向当事人公开。（3）听取辩论意见。政府机构在作出任何对相对方不利之决定之前，应当允许当事人对政府据以作出的决定之论点和论据进行质证，允许当事人传唤证人，向证人发问。

（二）合乎法定形式要求

政府行为的形式正义，要求政府行为必须合乎法的形式要求。其通俗表达即"依法行政"。从源流上看，依法行政是源于德国的形式法律治国理念，而行政法治源于英美法系国家，两者起源不同，在理论与实践中也存在一定分歧，现代法治社会，法治的意义已经超过了"法治国"的意义。[①] 各国对依法行政的具体内容阐述不尽相同，但其本质含义又趋于类似。[②]

其一，合乎权限范围。英国行政法上的越权无效原则，为现代各国行政法所公认。这项原则约束了行政实体行为与行政程序行为，即超越法定职权的行政行为不产生法律效力。行政实体行为主要包含滥用行政权力、不履行行政义务、行使职权超出管辖范围，行政程序行为主要为实施行政行为的过程中违反了明文规定的程序规则。在中国，尽管没有明确规定"越权无效"，但明确规定了各行政主体的权限范围和权力清单，认同"法无授权即禁止"之法治原则。它意味着：（1）法律授权行政，一切行政职权应由法律所授予。（2）一切运用行政职权而行使的行政行为，应遵循法律的规定，在法律范围内行使。（3）行政委托以及受托方行使的行政行为，也应在法律的规范范围内。（4）一切违反以上三点要素的行政行为，如事后未经法律的认可，均为无效或者无管辖权。

其二，不抵触原则。法律对于行政具有支配地位，政府的任何行为均不得与法律相抵触，违背法律。（1）任何形式的政府行为都不得违背法律法规的禁止性规范。（2）任何形式的政府行为都不得直接或者间接扩大自身的权限范围，或者减免自身的法定义务与责任。（3）任何形式的政府行为都不得增加法律所明确规定的义务，或者减损法律所明确规定的权利。

其三，法无禁止即自由。如亚当·斯密在《国富论》中曾说过："每个人，只要他不违背正义的法律，就应允许他去按照他的方式去追求他的利益。"在行政中，法律未规定即是自由，限制基本权利的规范必须有法律加以确定。

[①] 周佑勇著：《行政法基本原则研究》，武汉大学出版社2005年版，第161页。

[②] 周佑勇著：《行政法基本原则研究》，武汉大学出版社2005年版，第166页。

（1）只要法律没有限制，社会就可以自由行动。（2）任何限制公民基本权利的行为都必须有法律上的明文规定。（3）行政法规或行政规章设置行政处罚事项，应当遵循法律保留原则和法定权限。

四、政府行为的实质正义

对于社会成员来说，正义便是其追求的首要价值，因为正义是社会制度分配资源、权利、义务以及利益划分的方式，更确切地说，正义在社会制度中所关注的是社会结构问题。① 罗尔斯所著的《正义论》中，其正义观便是社会正义观，讨论的对象是社会的基本结构，也即是社会中资源、权利、义务以及利益的分配，并将这种分配方式进行制度化，最大限度地达到均衡状态。这种在社会中作为公平的正义，体现了第一原则"最大限度的平等自由原则"以及第二原则"差异原则"，也充分地平衡了形式正义与实质正义之间的关系，其落脚点是社会公平。② "最大限度的平等自由原则"是一种形式正义，社会成员的活动应自由且平等，充分享有社会权利。"差异原则"则针对社会成员的差异部分，维护个体间的实质意义上的平等。当这两项原则均衡地适用于社会之中时，不仅维护了社会成员享有自由平等的权利，同时，面对"收益最少"的差异个体，通过倾斜性的制度弥补其利益分配时的损失，这种倾斜性的制度最大限度地保障了处于利益分配底层的社会成员，使其能够获得利益分配的补偿以及发展机会，这种二原则的均衡，能够最大限度地保障社会公平，是真正的正义。所以，法律制度要彰显正义，首先要在形式上，即在制度层面上保证实施，当普适性制度遇到个体差异时，再适用"个别原则"，从而避免"在形式上都不能满足当事人利益"的情形。

（一）平等对待

行政行为的实质正义要求在利益分配的过程中，遵循平等的规则，但是区

---

① 孙笑侠著：《程序的法理》，商务印书馆 2005 年版，第 92 页。
② ［美］约翰·罗尔斯著：《正义论》，何怀宏译，中国社会科学出版社 2014 年版，第 7~10 页。

别对待差异的个体，在利益分配的结果上达到一种均衡的状态，使"最小受益者"能够满足社会对其的基本需求。行政均衡也具有普适性，其普适性的标准是对于差别个体的区别程度，应该与其所受的分配利益成比例，这也是代表了结果的合理性，要求在区别对待差异个体之时，必须能够给出区别对待的理由，行政均衡也是一种形式，以平等对待一切社会个体为基准，在结果上进行再分配。① 实质正义在确立之初，并不是一项与利益以及社会平等相关的原则。随着行政法治与社会正义的实践与发展，逐步融入行政法治，成为行政行为结果正义的要求，行政行为的实质正义也可以说是社会正义，强调社会资源与利益分配结果的均衡，这种均衡应符合正义的原则，对比行政行为的形式正义，虽然依法行政在向结果的实质正义不断靠拢，但是这种形式正义仍强调分配过程中的平等，往往会忽视结果上不同个体所得利益的差异。② 因此，在行使正义和实质正义的不同视角下，政府对待不同个体的社会成员所作出的行政行为是有一定差别的，一般而言，实质正义强调结果正义，即分配结果上的均衡平等。因此，在行政法治的语境中，行政行为的实质正义是通过对社会价值的权衡，在某一关系中进行合理的分配，并在尽量考虑分配价值结果的基础上，再次均衡地分配，最后达到关系主体利益上的均衡。

(二)行政均衡

行政均衡实际上是一个组合范畴，行政是对均衡的限定，有"成比例""协调""相称"等含义。③ 行政均衡实质上是一个利益平衡的过程，要求公共利益与个人利益都得到法律的保护，这种保护通过各利益间的比例分配差异体现。法律不仅应该保护这些利益，也应该尊重公共与个人或者一切权利主体的正当利益，当这些受到法律保护与尊重的利益受到他方侵害时，应承担法律责任。但是，在利益分配的过程中，分配关系往往是矛盾与冲突的，每个个体都希望

---

① 罗豪才：《行政法的"平衡"及"平衡论"范畴》，载《中国法学》1996年第4期。

② 宋功德：《控权——平衡论——兼论现代行政法的历史使命》，载《中国法学》1997年第6期。

③ 宋功德著：《行政法的均衡之约》，北京大学出版社2004年版，第99~102页。

分配到更多的利益，这种情况下，首先应依规则与程序进行平等对待，然后再权衡各种错综复杂的因素作出最公正的决定。从此角度而言，行政均衡是实现行政行为实质正义的最佳方式，行政均衡是由规则与程序在社会价值上进行平等的分配，并为这种分配提供利益的权衡与选择判断的实质性标准，在分配的过程中，充分考量各项因素，并综合协调各种利益关系，在结果上最大限度地保障公正。行政行为的实质正义要求，不能以平等的规则与程序为依据，牺牲差异个体的利益，即使在互相冲突的利益间也应尽量做到补偿，根据比例，将牺牲降低至最小。衡量的结果应是各方所得的最大化、所失的最小化，在利益衡量过程中，这也是行政均衡原则作为衡量准则的意义所在。因此，行政均衡原则，实际上就是在实施行政行为过程中，要全面衡量各方的利益，考虑相关因素，尽量避免偏袒任何一方，在双重甚至多重关系中作出最佳的解决方案。

第二节　程序正义

正义的程序能内在地直接影响良好的社会秩序的形成，而不正义的程序则只会损害社会秩序或引发新的社会秩序方面的问题。[1] 正如英国学者卢卡斯从消除"非正义感"的角度出发，指出"正义不仅要实际得到实现，而且要以人们看得见的方式得到实现"。正是因为符合正义的现代行政程序具有重要的意义，确立行政程序正义原则才为行政法学界所重视和推崇。

一、行政程序的概念及其法律价值

行政程序是行政活动的步骤、顺序等过程，而行政行为仅仅是行政活动过程的结果。现代法治政府的构建不仅要求作出结果的行政行为必须合法，而且要求作为过程的行政程序也必须合法且"恰当"。事实证明，加强行政程序法

---

① 应松年，王锡锌：《中国的行政程序立法：语境、问题与方案》，载《中国法学》2003 年第 6 期。

制建设对行政活动过程进行事前、事中的程序控制意义重大。

(一)行政程序的概念

程序泛指处理事件的过程及手续，是人的主观意识活动的产物，意指按照一定方式、步骤、时间和顺序作出法律决定的过程，"其普遍形态是：按照某种标准和条件整理争论点，公平地听取各方意见，在使当事人可以理解或认可的情况下作出决定。"①从法律语义上来说，"程序"一词的现代内涵来源于西方法律文化，在西方文化的背景下，程序(Procedure)是与实体(Substance)是对应存在的，而且只有深入理解这二者的关系，程序的含义才能得到更为充分的理解。② 相较于机器操作步骤、实验操作步骤等非法律程序，法律程序还被赋予了规范权力正当行使和保护人权的含义。因此，以国家权力分工为基础也就相应地发展出立法程序、行政程序和诉讼程序等主要类型。③ 而20世纪以来，行政主导成为公民社会生活中一个显著特征，对于在"行政国家"中生活的人们来说，行政程序可能是与人们生活关系最为紧密的。

就行政程序而言，目前未有统一的概念。从国内外有关行政程序的法律规范来看，存在着对行政程序内涵不同的描述，总的来说可以将其归纳为广狭两义。广义上的行政程序，是与立法程序和司法程序相对应的概念，是指行政过程中所必须遵循的一切程序。④ 从狭义上讲，行政程序是指行政机关在行使行政职权，实行行政行为时所应遵循的程序。⑤ 虽各方学者对行政程序有着不同定义，但不难看出这些定义都是从规范法学的角度出发的，在价值取向上并无差异，遵循的都是程序正义观。

传统行政法学一般将行政程序限定于行政行为的程序，但在现代行政法学

---

① 季卫东：《程序比较论》，载《比较法研究》1993年第1期。

② 参见杨建顺、刘连泰：《试论程序法与实体法的辩证关系——评"法与程序"之谬》，载《行政法学研究》1998年第1期。

③ 应松年编：《行政程序法》，法律出版社2009年版，第1~2页。

④ 杨建顺：《市场经济与行政程序法》，载《行政法学研究》1994年第1期。

⑤ 曾娜著：《行政程序的正当性判断标准研究》，知识产权出版社2014年版，第16页。

中一般认为行政程序是行政活动的程序。因而从这种意义上可以将行政程序概念进行如下定义：行政程序是指行政主体按照一定的步骤、方式、时限和顺序行使行政职权进行行政活动的过程。该定义包括以下含义：一是行政程序是行政主体行使行政职权进行行政活动的过程，但其中也涉及相对人的参与等行为；二是行政程序是行政活动的过程，不仅包括行政主体作出的过程，而且还包括行政主体进行行政行为之外的其他活动的过程。三是行政程序的要素包括步骤、方式、时限、顺序等，并且行政程序在整体上表现为一个过程。因而本书主要采纳的是广义上的行政程序概念，但主要以行政行为的事前程序为主要研究对象。

(二) 行政程序的法律价值

从各国行政程序立法的社会历史背景和规定的内容分析，行政程序基本法律价值主要体现在如下方面。

其一，扩大公民参政权行使的途径。传统的公民参政途径和程序已经无法满足公民日益增强的权利主体意识的需要，随着民主宪政思想的深入人心，公民要求更多地参与到国家的各项管理活动中，直接表达自己的意志。行政程序可以让公民越过自己的代表直接介入行政权的行使过程，不仅使公民能够有效地监督行政行为的行使，而且使公民可以及时保护本人的合法权益，如行政立法程序中的听证制度保证了公民直接参与行政立法。

其二，保护相对人的程序权益。传统的行政学理论认为，行政法的基本功能之一就是着眼于如何对行政相对人实体权益进行保护，而对于相对人程序上的权益却容易忽视。行政程序不仅规定了各种事后救济手段和程序，如行政申诉和行政复议等，而且在事前和事中也设置了种种程序保障，如听证程序、辩护程序等。行政相对人可以通过一系列程序，明晰应有的权益，表达自己的意志，寻求及时的救济，获得有效的反馈，从而保证自己的实体利益得到充分的保护。

其三，提高行政效率。也许有人认为，行政程序只会给行政主体行使行政职权增加过多的步骤、方式，从而妨碍提高行政效率。这种观点不尽全面、合理。事实上是，在其他国家行政程序法实践中，程序的设置既可以保障相对人行政目的的及时实现，又有效减少了懒政怠政现象，大大提高了行政效率。

其四，监督行政主体依法行使行政职权。在行政程序中，行政主体依法行使行政职权体现在行政主体应给予行政相对人同等、充分的机会来陈述理由和要求，明确告知相关程序及其程序终结后的法律后果。同时，行政主体不得基于不正当的动机来解释有关行政程序的模糊概念，从而达到偏袒一方行政相对人或本人的利益。因此，各国都将听证、告知、回避等法律制度列为行政程序法不可缺少的内容，旨在监督行政主体依法行政。①

二、正当程序的历史源流

西方法律在近代出现了转型，这一转型的重要特征就是其法律日趋形式理性化。这种形式理性化的最直观表现就是，在法律技术上越来越突出法律程序的重要性，而与此相对应是法律程序也越来越具有其"独立的价值"。

(一)普通法上的行政程序流变

英国普通法发展自法院和法官之手，这一法治传统赋予了司法系统以独特的权威。当英国社会由自由资本主义进一步理性化为垄断资本主义时，行政权急剧膨胀，行政国家开始形成②，"它的雄心是想要预见所有可能的偶然情况，并将人类行为的范围规定到无微不至的家庭生活琐事。"③英国的司法机构意识到了其中的危险，开始致力于以法律来规制行政权。英国司法机关通过加强司法审查强度，在司法审查中援引古老的"自然正义"(Natural Justice)原则，这一原则成为了现代行政程序的历史渊源。④ 英国古老的自然正义(Natural Justice)原则包含两条基本规则：一是任何人不能担任自己案件的法官；二是

---

① 章剑生：《行政程序的法律价值分析》，载《法律科学》1994年第5期。
② ［英］韦德著：《行政法》，徐炳等译，中国大百科全书出版社1997年版，第18页。
③ ［美］玛丽·A.格林顿、迈克·W.戈登、保罗·G.卡罗兹著：《比较法律传统》，米兼等译，中国政法大学出版社1993年版，第18页。
④ 参见杨建顺著：《日本行政法通论》，中国法制出版社1998年版，第786页。

任何人在受到惩罚或其他不利处分之前，都应获得公正的听证或其他被听取意见的机会。①

这一原则本来是司法程序中的规则，英国司法机构最初也是在对行政权的运行进行司法审查时援引自然正义原则，后来随着行政权不断发展，呈现出迅捷化、多样化和专业化的状态，司法审查因其滞后性和审查时间过于漫长而难以有效制衡行政权，于是能够对行政权的运行进行事前和事中规制的行政程序便应运而生，自然正义原则也被腾挪到行政程序中，成为英国行政程序的基本原则和基本内容。由此，自然正义的根基转而落在了实定法上，自然正义也演变成为了正当法律程序。② 随之，与英国法一脉相承的美国也在其宪法修正案中将自然正义法定化了，确立了所谓"正当程序"原则，美国《宪法修正案》中第5条规定，"非经大陪审团提出报告或者起诉，任何人不受死罪或其他重罪的惩罚，任何人不得因同一犯罪行为而两次遭受生命或身体伤残的危害；不得在任何刑事案件中被迫自证其罪，未经正当法律程序，不得剥夺任何人的生命、自由或财产……（1791年增修，适用于联邦）"，第14条规定，"无论何州未经正当法律程序，不得剥夺任何人的生命、自由或财产，亦不得拒绝给予在其管辖下的任何人以同等的法律保护"（1868年增修，适用于各州）。③ 在美国的宪法修正案之下，美国法院的法官诠释出了一套精致的正当法律程序规则，并从早期的"程序性的正当程序"（Procedure Due Process）演变到了后来的"实体性正当程序"（Substantive Due Process）。"程序性的正当程序"主要关注的是程序本身，其主要规则内容为"禁止一个人充当自己案件的法官""不举行听证""给当事人的准备时间不充分"等，在20世纪初这一规则已经作为一项司法审查的普遍原则被确立起来。在1897年至1937年间，美国联邦最高法院在22个案件中以缺少告知、听证等正当程序为由推翻了政府行为。④ "实体性正

---

① 王名扬著：《英国行政法》，中国政法大学出版社1987年版，第151~160页。
② 张步峰著：《正当行政程序研究》，清华大学出版社2014年版，第48页。
③ ［美］斯基德摩、特里普著：《美国政府简介》，张帆、林琳译，中国经济出版社1998年版，第387、390页。
④ 转引自张步峰著：《正当行政程序研究》，清华大学出版社2014年版，第49页。

当程序"则关注的是"立法机关或行政机关剥夺国民权利的正当性",最初适用的是经济权利(主要是财产权)的剥夺,后又转向重点适用非经济权利(契约自由、隐私权)的剥夺。"实体性正当程序"这一名称很别扭,严格意义上来说其内涵并非纯粹程序性的,其强调的重点也并非正当程序而是某种实体权利的剥夺是否恰当,司法审查的重点是剥夺权利的目的是为了公共目的还是为了私人目的,只是早期法官在进行司法审查时找不到更恰当的宪法条款作为依据,所以援引了正当法律程序条款,后来这一先例被延续下来。① 如 1878 年萨缪尔·米勒大法官在戴维森诉新奥尔良一案中强调部法律将甲所拥有的完整、绝对所有权的土地授予乙,那么该法律就是未经正当法律程序而剥夺甲的财产。②

(二)大陆法上的正当行政程序

随着国家权力是由国民让渡出来的一部分个人权利所组成的权利让渡理论的出现,行政权运行的正当性基础从过去的神法或古典自然法转变为国民及其代表所制定的实定法,欧洲出现了"法治国"思想,行政法最基本的原则"行政法治原则"就源于此。③ 欧洲在约束行政权扩张的过程中,最先关注实定法的执行,企图以理性的法律来规制行政权,这是"法治国"形式理性化的开端。在 19 世纪下半叶,单独设置一套行政司法体系,进行行政救济的事后救济足以保障公民的自由,毕竟当时行政权能有限,行政机构与行政人员的数量也十分有限,议会所制定的实体法足以约束行政机关。④ 但随着法治实践的发展,人们发现这种形式理性化的行政法与科层化的官僚体制结合在一起的法治国,不过是一种逻辑上的形式理性体系,重构了先前"警察国"的"万能管理"梦想,这种将一切行为规则都整合为一个无缺陷的体系的法律,使国家虽然不是在实

---

① 转引自张步峰著:《正当行政程序研究》,清华大学出版社 2014 年版,第 49 页。
② 转引自张步峰著:《正当行政程序研究》,清华大学出版社 2014 年版,第 49 页。
③ 参见王名扬著:《法国行政法》,中国政法大学出版社 1988 年版,第 14 页。
④ 张步峰著:《正当行政程序研究》,清华大学出版社 2014 年版,第 53 页。

质上无所不能，但是在形式规则意义上无所不能。① 而且随着"社会法治国"的来临，国家被要求提供更多的社会福利，为增进国民福祉而须进行更多的对社会与经济的干预，这在行政法上被称为"服务行政"，行政机关这一职能的扩张，不仅导致行政公职人员与行政机构的增多，而且导致行政权的运行形态也由传统的羁束行政转变为裁量行政，行政裁量权成为现代行政权的核心内容。②

行政裁量权意味着行政机关在法律所确定的精神与原则范围内，有着很大程度上的自行决定空间。"通往奴役之路"的危险使得如何约束国家权力尤其是行政权的扩张、将行政权的运行重新纳入形式理性法的控制范围成为行政法研究的首要课题，行政程序作为一种独立行政法制度应运而生。但从各国的实践来看，行政程序一直屈居于行政实体法之下，往往仅将其作为实现行政实体法的工具。实际上，行政程序作为一种高度抽象化的程式化的制度安排，既可以为现代社会数量巨大、类型庞杂的行政行为提供抽象的程序模式，减少因行政自由裁量带来的行政不确定性，又可以实现行政权运行的平稳和有序化，减少矛盾摩擦，提高行政效率。但随着历史社会条件的转变，行政权的地位今非昔比，法律不得不赋予行政权以更优越的地位，出现了广泛的授权立法、自行强制执行等现象，从而法律只能从实体上对行政权进行概括的规制。与此同时，相较高速运行的行政权和社会现实需要而言，对行政行为事后的司法审查也显得十分滞后，对行政权的规制需要转向另一种形式。哈贝马斯对此有着十分精彩的论述，"一旦行政部门受福利国家立法者的要求而承担进行计划和政治导控的任务，古典意义上的法规就不足以为行政部门的实践提供规划了。古典的干预性行政活动的特点是反应性的、两极性的和选择性的；在这种政府行政之外，出现了具有完全不同实践方式的计划性的、服务性的政府行政。现代的服务性行政承担的是提供基本生活保障、准备基础设施、制订计划和预防风

---

① 参见李猛编：《韦伯：法律与价值（第一辑）》，上海人民出版社 2001 年版，第 157 页。

② 参见章剑生著：《行政程序法基本理论》，法律出版社 2003 年版，第 20 页。

险，也就是说承担广义的政治导控任务。这种政府行政的行动是面向未来的、面上铺开的，而且，它们的干预所涉及的是公民之间和社会群体之间的关系。现代行政实践方式表现出如此高程度的复杂性、情境依赖性和不确定性，以至于它无法事先在想象中被充分认识，也无法事后在规范上加以最后确定。古典的规范类型是条件性纲领，他列出一些事实作为国家可以正当进行干预的条件并确定一些国家可以运用的措施作为法律后果。在这里，这种规范模式大致上是失效了……总包性条款、一般性条款和所有不确定的法律概念涌入立法者的语言中，激起了令美国法学家和德国法学家同样感到不安的有关'法律确定性'的讨论"。① 在西方进入垄断资本主义社会之后，面对日益复杂化和抽象化的社会生活，行政权的运行过程也随之更为复杂，行政行为必须经过一定的时间段、运用一定的技术方能完成，这也为法律在事前规制行政权提供了可能的空间。行政程序最初出现在单行的行政法律、法规或者行政审判的判例中，基于高度形式理性化的内在需求，将行政程序通过逻辑整合为一套系统性的法典成为一种趋势。在两次世界大战之后，也分别在世界范围内出现了两次行政程序法典化浪潮。②

三、行政程序正当性的判断标准

随着行政系统的正当性论证逐渐转向诉诸行政程序，行政程序也属于哈贝马斯所谓的沟通程序的一种。如果将行政程序视为现代行政法的一项实证法律体系或系统，那么，仅仅从其系统内部来考察其形式上的完备和功能上的价值，是远远不够的，必定需要从系统的外部，也就是行政程序的内容和结果上来进行评价。③ 因而，行政程序应该满足其作为一种沟通程序的形式理性，应

---

① 参见[德]哈贝马斯著：《在事实与规范之间》，童世骏译，生活·读书·新知三联书店 2003 年版，第 533~534 页。

② 参见皮纯协编：《行政程序法比较研究》，中国人民公安大学出版社 2000 年版，第 125 页。

③ 参见[德]阿图尔·考夫曼、温弗里德·哈斯默尔编：《当代法哲学和法律理论导论》，郑永流译，法律出版社 2002 年版，第 189 页。

该有着较为完备的技术构建，以保障程序的参加者，即行政主体和行政相对人能够理性有效地在程序的运作过程中充分沟通。因而，就正当程序的法律技术层面而言，其应该符合哈贝马斯所谓的"理想交谈情境"的条件：所有对话的参与者机会平等，言谈自由，没有特权，诚实，免于强制。① 推行政程序领域，行政程序应满足三方面的结构性要求：行政程序的中立、行政程序的公开、行政程序结果的可接受性。

（一）行政程序的中立

行政程序的中立，是指行政程序在程序的对峙双方，即行政主体和行政相对人之间保持中立，这种中立主要表现为行政主体和行政相对人作为程序的参与者要保持形式上的平等，而且行政程序不受行政主体的偏好和利害关系的影响。②

行政程序的中立有两个方面的要求，一是作为一种制度装置。程序中立需要承认所有的程序参与者具有同等价值，并且是值得同等尊重的平等主体且必须给予各方以平等对待。行政程序不能对程序参与者有所偏私，不能对一方有利，对另一方不利。因此，行政程序要在行政主体和行政相对人之间中立，行政主体和行政相对人在行政程序运作过程中的地位应当平等。二是行政程序制度不能被心存偏私的行政主体或程序主持人所利用。因而程序中立在制度上的根本要求是要有一个不偏不倚的最终决定者。在各国的法律以及我国的法律中针对此问题都作出了相应规定，《中华人民共和国宪法》明确规定，人民法院独立行使审判权，不受任何其他机关、团体和个人的干涉。人民法院必须独立公正地审理案件。我国的三大诉讼法也对此进行了确认。换言之，程序中立在我国法律中进行了明确规定。

---

① ［德］哈贝马斯著：《交往与社会进化》，张博树译，重庆出版社 1989 年版，第 191 页。

② 张步峰著：《正当行政程序研究》，清华大学出版社 2014 年版，第 107 页。

（二）行政程序的公开

英国大法官休厄特曾言："公平的实现本身是不够的。公平必须公开地，在毫无疑问地被人们所能看见的情况下实现。这一点至关重要。"①正因如此，行政程序的公开也是正当行政程序的重要构成要素之一。行政程序公开是指在行政程序活动中，除了涉及国家机密、个人隐私和商业秘密外，行政主体需向行政相对人，即社会公开与行政职权运行有关的事项以及行政过程。行政程序公开主要包括以下三个方面。②

其一，行政程序启动条件的公开。行政程序的启动条件分行政程序启动的职权依据和行政程序启动的条件依据，这两种依据都要公开。行政程序启动的职权依据必须在影响行政相对人合法权益的行政决定作出之前，如事后公开职权的依据将导致行政决定无效，但法律有特别规定的除外。行政程序启动的职权依据是指由法定的国家机关制定，发布的不具有直接执行性的规范性文件。它是一种预设的法律规范，因此，它的公开有助于行政相对人预测行政权的运作，经济地安排自身的活动。③ 如《行政处罚法》第 4 条第 3 款规定："对违法行为给予行政处罚的规定必须公布；未经公布的，不得作为行政处罚的依据。"行政程序启动的条件依据是指行政主体在对具体个案启动行政程序之前，应当向行政相对人公开这一启动该行政程序的条件依据。《行政处罚法》第 42 条规定："行政机关作出责令停产停业、吊销许可证或者执照较大数额罚款等行政处罚决定之前，应当告知当事人有要求举行听证的权利；当事人要求听证的，行政机关应当组织听证。"该条规定便是行政处罚听证程序的条件依据。

其二，行政程序的过程公开。行政程序的过程公开，是指行政主体应当将行政决定的形成过程的有关事项向行政相对人和社会公开。行政程序的主导者

---

① ［英］彼得·斯坦、约翰·香德著：《西方社会的法律价值》，王献平译，中国人民公安大学出版社 1990 年版，第 97 页。

② 张步峰著：《正当行政程序研究》，清华大学出版社 2014 年版，第 110 页。

③ 张步峰：《论正当行政程序的基本结构》，载中国法学会行政法学研究会编：《中国法学会行政法学研究会 2009 年年会论文集》（上册），第 76~83 页。

往往是行政主体，作为被动一方的相对人要想通过行政程序保障自己的权益，首先必须要以了解行政活动的有关内容为基础。只有公开行政程序活动内容，相对人才谈得上了解；只有了解活动中所涉及的权利义务关系，并参与这一活动过程才谈得上保护自己的权益。[1] 行政程序过程公开化也就意味着相对人的"了解权"，即"所有公民都应有了解政治事务的渠道，应能评价那些影响他们利益的提案和推进公共善观念的政策"。[2] 相对人的"参与权"则使相对人在行政活动内容涉及其权利义务时有机会表达自己的意见，为保障自己权益提供现实的途径。可见，通过行政过程公开化，使相对人了解行政活动的内容并参与行政活动，本身就是一种对行政过程公正性的监督，也是保障相对人权益必要的基础。行政程序的过程是行政决定的形成过程，因此，它的公开对行政相对人维护自身的合法权益和社会监督行政主体依法行使行政权具有重要的法律意义。行政相对人了解、掌握行政资讯，是其参与行政程序，维护自身合法权益的重要前提。行政主体根据行政相对人的申请，应当及时、迅速地提供其所需要的行政资讯，除非法律有不得公开的禁止性规定。[3]

其三，行政程序的结果及其理由公开。行政程序的结果及其理由公开，是指行政主体在作出对行政相对人不利影响的行政决定时，应及时向其公开行政决定的内容和理由。行政决定是行政主体针对行政争议适用行政程序作出的某些具有可操作性的结论，对行政相对人具有强制性。行政程序的结果及其理由的公开分为两个内容：一是向行政相对人公开行政结果。行政主体作出行政决定之后，应当向行政相对人公开行政决定。这既是行政决定生效的条件，也是行政相对人行使救济权的前提。向行政相对人公开行政决定，有利于行政相对人认同行政决定，进而履行行政决定所设定的行政义务，使行政决定获得顺利

---

① 张步峰：《论正当行政程序的基本结构》，载中国法学会行政法学研究会编：《中国法学会行政法学研究会 2009 年年会论文集》(上册)，第 76~83 页。

② ［美］约翰·罗尔斯著：《正义论》，何怀宏等译，中国社会科学出版社 1988 年版，第 215 页。

③ 参见王锡锌：《行政程序法价值的定位——兼论行政过程效率与公正的平衡》，载《政法论坛》1995 年第 3 期。

的执行。二是向行政相对人公开决定理由。行政主体作出行政决定之后，应当向行政相对人公开行政决定的理由，为行政相对人在后来的司法救济程序中行使抗辩权提供条件。①

(三)行政程序结果的可接受性

行政程序虽具有其独立的制度价值，但出于对实体正义的追求，行政程序结果的可接受性，也是其自身正当性证成的根据。由于行政结果的可接受性带有较强的价值色彩，因此其衡量标准也随着行政法治实践的发展不断演变。

最初，人们通过诉诸自然法来判断行政程序结果的可接受性。从自然法的角度看，每个公民自身就是目的，而不仅仅是实现集体目标的工具，因此，行政机关不能借助忽视个人独立地位和目的的程序，来追求自身的目的。在此意义上，正当法律程序实际上体现了尊严价值。然而，自然法方法的运用不免需要求助于个人的直觉，鉴于不同的人对公正有着不同的体验，"直觉主义不可能为正确的和不正确的、真实的和不真实的直白证明提供任何标准。"②因此，在自然法的重要性渐渐褪色后，出现了第二种方法，即借助传统的道德观念而非自然法的抽象性来分析正当法律程序的含义。该方法其实仍是自然法的运用，只不过将关注点转向传统的关于公正和程序适当的道德观念，而非自然法的抽象原理。如联邦最高法院曾认为，正当法律程序审查涉及的不是纯粹的个人标准的运用，而是非个人的社会标准，法院应当判断行政程序是否与社会共识相一致。20世纪中期，关于正当法律程序的富有灵活性的道德内涵最具影响力的拥护者是卡多佐(Cardozo)和法兰克福特两位大法官，前者提道，"是否该程序的适用侵犯了深深植根于我们人民的传统和良心之中并被视为基本的公正的原则"；后者认为，正当法律程序还包括用于保护市民社会的最终体面的

---

① 参见章剑生著：《行政程序法基本理论》，法律出版社2003年版，第53~55页。
② ［德］罗伯特·阿列克西著：《法律论证理论》，舒国滢译，中国法制出版社2002年版，第47页。

程序要求。①

随着自然法及传统的道德观念这两种方法逐渐被放弃，法院开始转向利益衡量标准。行政程序的结果可接受性审查中最令人困惑的问题是：怎样得出正当法律程序于特殊的情形下有什么要求，并决定行政程序是否具有结果上的可接受性。美国联邦最高法院在 1976 年的马修斯诉埃尔德里奇案（Mathews v. Eldridge）中提出了利益衡量标准（Interest-balancing Doctrine），以此判断行政机关适用的程序是否符合正当法律程序的要求。该标准包括以下三个：首先受政府行为影响的私人利益；其次，程序运行错误有剥夺如此利益的风险以及如果有的话，额外的或替代的程序防御措施所可能具备的价值；最后，政府的利益，包括所涉及的政府职能和额外的或替代的程序要求将引发的财政与行政负担。②

四、行政程序的基本制度

立基于行政程序正当性的判断标准，行政法治的理论研究和实践中亦衍变出了相关的行政程序基本制度。行政程序的基本制度是指在行政程序的阶段过程中所存在的相对独立的价值和规则体系，其能对整个行政程序产生重大影响。相较于行政程序基本原则，行政程序基本制度更具有可操作性，更加具体化。对行政程序基本制度的概括，存在多种阐释。结合当前我国行政管理的实践和立法的现状，我们认为行政程序的基本制度主要包括以下制度。

（一）告知制度

告知制度是指行政机关及其工作人员在实施行政执法活动、采取具体行政行为时，应将相关事项和权利以适当方式告知行政相对人的制度。行政告知的内容涵盖如下方面。

---

① 转引自曾娜著：《行政程序的正当性判断标准研究》，知识产权出版社 2014 年版，第 63 页。

② 参见 Kathleen M. Sullivan, Gerald Gunther. *Constitutional Law*, Foundation Press, 2001, p. 599.

其一，告知行政主体的身份。告知行政主体的身份，又称表明身份程序，是指行政主体及其工作人员在履行行政决定、作出行政行为之前以适当的方式向行政相对人证明自己享有该项职权和作出相应行政决定之资格的原则与规则之总称。行政主体在履行职责过程中表明身份的方式通常包括统一着装、佩戴统一标志、出示工作证件等。如果没有任何方式表明行政主体具有作出行政行为的资格和管辖权，在程序上应认定为违法。

其二，告知行政相对人其在行政过程中所享有的程序权利。行政主体负有告知行政相对人在行政过程中享有的程序权利的义务。行政主体必须告知行政相对人有陈述、申辩、要求举行听证、聘请律师、查阅和复制案卷材料等程序性权利。

其三，告知行政决定。行政决定是行政行为影响行政相对人权利义务的具体内容，也是行政主体意思表示的最终体现。如果行政主体未送达并告知行政决定，行政相对人就无从知道行政行为的内容，也无法履行行政决定。所以，行政主体必须告知行政相对人行政决定，比如是否对行政相对人的申请进行受理，是否给予行政相对人某种行政许可，给予行政相对人何种行政处罚，等等。

其四，告知行政相对人其他事项。其他事项涵盖与行政相对人行使权利或履行义务有关的其他事项，如举行听证会的时间和地点、申请行政复议的行政机关和期限、提起行政诉讼的人民法院和期限等。

（二）听证与辩论制度

听证与辩论制度是指行政主体在作出影响行政相对人权利义务的行政决定之前，应当先给予行政相对人陈述、申辩和质证的机会，即依照法定方式与程序听取相对人意见的各种规范和规则之总称。其促使行政相对人通过行使法律赋予的程序上的权利来维护自己实体上的合法权益，并监督行政主体依法行使行政职权。

对行政听证制度的规定较为全面、成熟的是 1946 年的美国《联邦行政程序法》。我国 1996 年的《行政处罚法》也首次规定了听证制度，其后的《立法法》《行政许可法》《行政强制法》都有相关规定。尽管我国行政听证的适用范围目前比较有限，但总的趋势是在逐渐扩大行政听证制度的适用范围。

一般而言，行政听证制度的基本内容包括：首先，向行政相对人通知有关听证事项。当行政相对人提出举行听证的要求时，行政主体应该在举行听证会前的法定期限内通知行政相对人和利害关系人举行听证会的时间和地点，以便行政相对人和利害关系人有充分的时间准备参加听证会的材料。通知有关听证事项是行政相对人和利害关系人行使听证权的前提，具有十分重要的作用。其次，委托代理人参加听证。行政相对人和利害关系人可以自己亲自参加听证会，也可以委托人代理进行听证。因为，听证是一项法律性较强的工作，行政相对人和利害关系人在缺乏法律知识时，可以委托代理人参加听证，以获得法律帮助并维护自己的合法权益。再次，公开举行听证会。除法律规定的涉及国家秘密、商业秘密和个人隐私以外的事项，一律公开举行听证会，允许公民旁听，允许新闻记者采访和报道，并且在听证的过程中主持人必须要保持中立性。最后，制作听证笔录。听证的过程必须有书面的记录，听证笔录必须经双方当事人审核无误并签字以后才具有法律效力。一般而言，行政主体必须依公开听证、经双方当事人质证以后的证据作出行政决定。

(三)回避制度

回避制度是指依法享有行政职权的行政公务人员在履行职责的过程中，若存在与其有利害关系的行政事务，应主动或者依有权机关之决定终止职务活动之各项规范或规则的总称。

行政回避制度同样起源于英国普通法上的自然正义原则，自然正义原则中的一个重要规则是"任何人都不得担任自己案件的法官"。行政回避制度是保证行政行为结果公正的需要。因为要实现行政行为的结果公正，在行政程序中实行回避制度是最低限度程序公正的要求。如果行政程序的主持人与行政程序的结果具有利害关系，主持人就有可能利用自己在程序中的优势地位，促使程序的结果向有利于自己的方向发展，至少可能给人以这样的怀疑。所以，凡是与行政程序的结果可能具有利害关系的人，均不得主持行政程序的进行，也不得对行政程序的发展施加任何影响。

（四）说明理由制度

行政说明理由制度是指行政主体在作出对行政相对人合法权益产生不利影响的行政决定时，除法律有特别规定外，必须向行政相对人说明其作出该行政决定的事实根据、法律依据和政策性、公益性考虑因素等理由的法律制度。行政说明理由的内容包括行政决定的合法性理由和正当性理由，该制度的价值在于：(1)督促行政主体思考同时表明自己的理由和依据，在理性考虑的前提下作出行政决定，进行严密的、充分的理由证成，减少和避免作出武断的、专横的行政决定。(2)使行政相对人有机会了解行政决定的内容以及行政主体认定的事实和理由，实现行政相对人与行政主体之间的沟通、理解、信任和合作，改善行政主体与行政相对人的关系，使行政相对人自觉履行其认为有充分理由的行政决定所确定的义务。(3)体现行政主体对行政相对人主体地位的尊重，为行政相对人不服行政决定时行使法律救济权利提供便利。行政相对人只有在充分了解行政主体认定的事实和理由的基础上，才能判断是否应该服从行政决定，才能有针对性地反驳行政决定并向行政复议机关或法院提供法律救济的理由。

（五）行政信息公开制度

行政信息公开制度是指行政主体依法主动或者经行政相对人的申请，通过各种方式和途径使行政相对人知晓并获取行政活动及相关信息资料的法律制度。

行政信息公开的范围是行政信息公开制度的重要内容之一。行政信息公开主要涉及三个方面，即主动公开之范围、应申请公开之范围以及免于公开之范围。同时依据我国《政府信息公开条例》第 5 条之规定，行政主体公开行政信息还应当遵循公开、平等与平衡、准确与及时及信息协调等原则。

第三节　责任正义

政府作为必要的"恶"，往往是公民权益最强大的潜在威胁者——行政侵权几乎与行政本身如影相随，行政在给广大公民带来秩序保障和公共服务的同时，稍有不慎，也会给公民的人身财产安全造成侵害。故此，法治政府不仅在于规约行政权的运行过程，以减少行政侵权之发生，而且更着意于通过寻求责任正义之方式来确保受到行政侵害的公民权益能够得到及时、有效的恢复与补偿。

一、行政责任之意涵

基于行政职权活动本身的特殊性，笔者倾向于将行政责任定位于侵权责任之范畴——尽管随着行政契约在行政领域的广泛适用，不排除行政主体有产生违约责任之可能性。但鉴于行政契约本身的"行政性"，基于违反行政合同所产生的行政责任仍可当作特殊的侵权责任形式，为侵权责任所涵盖。

（一）行政责任之界说

基于行政责任之侵权责任本性，笔者倾向于将行政责任界定为行政主体及其工作人员在行政活动中造成公民权益贬损或损害而应承担的否定性法律后果。但基于"行政"与"责任"本身的多义性，我国行政法学界对行政责任的界定尚未达成共识，归纳起来有如下三种观点。

其一，"行政主体责任说"。该观点认为，行政责任是行政主体违反法律规定所应当承担的否定性法律后果——责任主体是行政主体，不包括相对人。其二，"行政相对人责任说"。该观点认为，行政责任仅仅是行政相对人的责任，而不属于行政主体的责任。其三，"共同责任说"。该观点认为，行政责任是行政法律关系主体的责任——行政责任主体不仅仅只包括行政主体，还应当包含行政相对人。譬如，罗豪才教授从"平衡论"的角度出发，认为行政法不仅对行政主体的行为进行约束和控制，还制约行政相对人权力的滥用，从而达到行政法律关系的平衡。

（二）行政责任之特征

行政责任不同于道义责任，也区别于其他法律责任，具有自身的独特性。

其一，主体特征。行政责任是行政主体及其工作人员的责任，而不是行政相对人的责任。行政主体的行政行为必须通过行政公务人员才能实现，也就是说，行政公务人员具体代表行政主体履行法定职责，其公务行为往往就是行政机关的职权行为。因此行政公务人员的公务行为违法也就表现为行政主体违法，其责任也就是行政责任。①

其二，法律属性。行政责任是一种法律责任。行政责任是法律责任，而非道义责任。它是由法律规定的且由法定机关认定与追究，是与民事责任、刑事责任相并列的一种法律责任。行政责任的法律属性表现在它是一种法定的消极评价，承担这种消极评价的行政主体或公务人员必须履行后续义务。

其三，独立秉性。行政责任是不同于刑事责任、民事责任的一种独立的法律责任——它在责任主体、逻辑前提、追究机制、责任形式方面皆与刑事责任、民事责任存在较大区别，具体包括四点：一是就责任主体而言，行政责任的责任主体仅限于行政主体和公务人员，而刑事责任和民事责任的主体是任何具有责任能力且违反相关法律规范的自然人、法人或者其他组织；二是就逻辑前提而言，承担行政责任的逻辑前提为违反行政法上的义务，而承担刑事责任的逻辑前提为实行了具有严重社会危害性并应予刑事处罚的犯罪行为，承担民事责任的逻辑前提则是违反法定、约定义务或者具备法律规定的情形；三是就追责主体而言，行政责任可由特定行政机关、法院、人民代表大会及其常务委员会等国家机关予以追究，刑事责任则只能由法院通过刑事审判予以确定，民事责任可由法院或仲裁组织予以追究；四是就责任形式而言，承担行政责任的形式一般包括行政处分、行政追偿、责令辞职、取消授权等，承担刑事责任的形式则主要包括刑事处罚和非刑罚处罚方式，而承担民事责任的形式则主要包括赔偿损失、赔礼道歉、恢复原状、排除妨碍等形式。行政责任的诸多不同点表明，行政责任具有独立的内容和价值，其他法律责任不能取代它，当然，它也不能替代其他法律责任。"行政责任在性质和程度上，既不同于刑事责任那

---

① 胡肖华著：《走向责任政府——行政责任问题研究》，法律出版社 2006 年版，第 20页。

样偏重于惩罚性，也不同于民事责任那样偏重于补救性，而是具有两种性质。而且在程度上，其惩罚性低于刑事责任，与刑事责任之间存在一种衔接关系。"①

二、行政责任之构成

行政违法或不当是导致行政责任的主要原因，行政责任的承担必须以行政违法或行政不当为前提。② 但是在实践操作中，并不是一出现行政违法或行政不当便一概要追究行政责任。行政责任的构成要件就是为了解决在已构成行政违法的基础上是否应追究行政责任及追究哪一种行政责任的问题。而对于任何一种行政责任的构成而言，以下五个方面基本上都是不可或缺的。

（一）主体要件

行政责任是行政主体及其工作人员因其违法或不当行为所应当承担的否定性法律后果，其主体是行政主体及其工作人员。责任能力是指能够理解自己行为的性质并具有有效控制自己认知和行为，从而对自己所实施的行为承担行政责任的能力。作为行政主体的国家行政机关和法律、法规授权的社会组织一般由掌握专业知识和较高业务水平的公务人员或其他工作人员组成，上述人员具有辨别和控制其行为的能力，因而这些人员的公务行为一旦违反行政法律规范的规定，即需要承担行政责任。

（二）主观要件

行政责任的认定问题上，还须考察特定的主观要件。在一些情形下，行政主体承担行政责任的前提为行政主体在主观意识上存在过错。行政主体只对因职务过错产生的损害负赔偿责任，在存在过错的情形下，还须区分过错程度问

---

① 方世荣编：《行政法与行政诉讼法》，中国政法大学出版社 2007 年版，第 126 页。
② 胡肖华著：《走向责任政府——行政责任问题研究》，法律出版社 2006 年版，第 29 页。

题，这是判断行政责任轻重的依据，同时也决定了适用何种行政责任形式。行政责任认定中的主观要件，需要结合具体的行政违法行为来予以阐明——对于行政行为而言，行为主体在主观上是否尽到了足够的注意义务是责任追究的核心考量因素。同时，主观要件的考量，一般与一定的结果紧密联系，譬如消防行为，其主体是否具备一定的设备、设施，火情是否超过了消防部门的能力范围，当为追责的关键所在。因此在认定主观要件是否具备的问题上，应当坚持"主客观相一致"的基本原则，进行综合衡量。

（三）行为要件

行政主体或其公务人员承担行政责任的前提，在于其公务行为违反行政法律规范，或者虽未违反行政法律规范而具有滥用裁量权的情形。但是行政违法并非行政责任产生的唯一原因，因为行政不当及行政合法行为在特定情况下也会导致行政责任的产生。行政行为的违法和不当的主要区别在于，违法行为是超越了法律对裁量权的羁束的行为，不当行为则是在法律羁束的界限之内进行的行为，它虽然符合一定的法律规范，却在根本上有违某些社会价值——这种价值是一种宽泛的、宏观的标准，是一种与伦理、社会需求密切关联的综合体。正因如此，违法或不当的行政行为在法律上有不同的应对手段：针对违法的行政行为，一般由法律对其所产生之后果进行明确规定；针对不当的行政行为，则通常依据政治责任的产生与承担方式进行处理。前者是直接依据法律规则进行的处理，后者则需要通过宪法和有关宪法性法律进行责任认定。

（四）结果要件

行政责任的产生，应包含两个可能的结果要件：一方面侵害合法权益，意指行政机关的违法行为或渎职行为侵害了相对人的合法法益，或者使之处于危险之中；另一方面是不合行政目的，意指行政机关的行为不符合宪法、法律、政策以及代议机关为其设定的行政目的。

其一，行政机关的行为造成了相对人合法权益的损害。借鉴刑法上对损害的理解，我们可将损害分为实害结果和危险结果。实害结果是危害行为所造成的现实损害；危险结果则是危害行为产生了足以发生危害结果的危险状态，在该状态下不一定会导致实害结果。① 这里值得关注的问题是，如果行政机关的行为没有造成实际损害，只是产生了一定的危险，是否应当承担相应的责任？笔者认为，既然行政责任法的目的在于规范政府行为，促使政府从"管理型政府"向"服务型政府""责任型政府"的转变，因此其行政责任的损害事实的范围应当相对较大，参照刑法学中危害结果的范围较为合理。这不仅应当包含直接的、客观的可以量化的实际损害，也应包含违法或渎职公务行为可能带来的现实危险。因此行政责任法上的损害事实是行政主体及其工作人员的违法行为或是渎职行为对相对人的合法法益所造成的实际损害或者现实危险，它既包括这种行为直接造成的损害，又包括这种行为可能造成的但实际上尚未造成的危险性。

其二，多数不符合行政目的的行为在现实中也造成了相对人合法权益的侵害，但也并非一概如此。这一类不造成相对人合法权益侵害的行为，在宽泛意义上也是侵害公民权益的行为，只是这种侵害具有间接性，并无直接指向。譬如某行政机关违规建设办公大楼，显然违背了财政法律的规定，其领导干部也应承担责任。此行为并未造成直接的侵害某一相对人或群体的后果，但存在着间接的侵权——它侵害了全体公民作为纳税人所应享有的共同权利。不合行政目的的行为，其责任追究也不同于侵害合法权利的行为，它主要是通过行政上的审计、监察，政治上的问责等方式进行，而难以采用行政复议、诉讼等方式，因为它欠缺一个作为"原告"的相对人。

(五) 因果要件

行政主体承担行政责任不仅需要具备主体、行为和结果要件，还要求有损害结果且损害结果与行政行为之间必须存在因果关系，即因果要件。对于因果关系的认定，学界也是众说纷纭，莫衷一是。其大体可以概括为以下三种学说：一是条件说，凡是引起损害结果的条件都是损害结果的法律上的原因，都

---

① 马克昌著：《刑法学》，高等教育出版社 2003 年版，第 66~67 页。

是平等的、等价的；二是原因说，原因说严格区分条件和原因，认为引起损害结果的原因时间、空间等方面的差异而存在不同的作用，只有对损害结果的原因力最大的原因才是损害结果的原因；三是相当因果关系说，其创始人为德国心理学家冯·克里斯(Von Kries)，该理论系指"无此行为，必不生此种损害；有此行为，通常即足生此种损害者，是为有因果关系。无此行为，必不生此种损害；有此行为，通常亦不生此种损害者，即无因果关系"。目前，在我国的理论界和实务界较为认同相当因果关系说。笔者也认为，相当因果关系说是解决行政责任法上关于违法或渎职行为与损害事实之间关系的较为妥当的理论。

三、行政责任之归责原则

行政责任的归责原则是从民事责任的归责原则中演绎而来，民事侵权的归责原则主要有过错责任原则、过错推定原则、无过错责任原则和公平责任原则。[①] 但行政主体作为公法人，其与私法人、自然人等是迥然不同的，所以在归责原则的运用上也应当有所不同，目前大致可将行政责任之归责原则概括为过错责任原则、违法责任原则和危险归责原则三大原则。

(一)过错责任原则

过错责任原则是民事责任最关键的归责原则之一，有着很长的历史。公元前287年，罗马平民会议通过的《阿奎利亚法》中就曾明确规定了过错责任的内容。在这部法典中，即使针对最轻微的过失也具有考虑的价值，这实际上是明确规定以过失作为归责原则依据。此外，这部法典中还规定偶然事件谁也不负责任、受害人的过失否定加害人的过失及以客观标准确定过失，等等，对以后的各国法律产生了重大影响。[②] 直至今日，过错责任原则仍然是侵权行为法中最重要的归责原则。过错责任原则主要包括以下几个方面的含

---

① 杨解君编：《行政责任问题研究》，北京大学出版社2005年版，第237页。
② 王利明著：《侵权行为法归责原则研究》，中国政法大学出版社1997年版，第43~44页。

义：一是以是否有过错作为承担责任的重要构成要件：根据过错责任原则确定行为人的法律责任时，不仅需要考虑行为人的行为与损害结果之间是否存在因果关系，还要考虑行为人在主观上是否存在过错。行为人只有在主观上存在过错时才应承担法律责任[①]；二是以过错作为归责的根本要件；三是以过错作为确定责任范围的重要依据：当行为双方对损害结果的发生都存在过错时，应将双方的行为进行比较，从而决定行为双方分别应当承担的责任范围；在多人实施的侵权行为中，应根据各侵权人的过错程度判断各自应承担的责任大小。

行政责任侵权原则中的过错责任原则是从民事侵权责任理论中的过错责任原则演绎而来。行政责任归责原则的过错责任如民法中规定的一样，也存在着主观过错与公务过错的两种不同理解。[②] 其中持主观过错观点的学者认为，国家对公务人员不法行为承担侵权责任的理论依据是民法中雇佣人对受雇佣人或代理人的义务；只有公务人员执行职务的行为构成侵权时，才会产生行政责任；公务过错理论源于法国行政法院的判例。这一理论将公务过错与个人过错相分离，公务过错源自于公务人员但不能完全归责于公务人员，而是以整个行政机关作为最终归宿，并且从客观上看，公务过错具有职务性，只有当违法主体处在履行职务期间时，该行为才可能构成行政违法行为。

依据过错责任的观点，行政主体及行政公务人员只有在主观上存在过错时才承担行政责任。但是行政主体属于法人，与自然人必然有所不同，法人的过错标准与自然人的过错标准也是截然不同的，因此不能简单地用适用于自然人的主观过错标准来判断行政主体这一机关法人的行政责任。而且根据我国《行政诉讼法》中的规定，在行政诉讼中要求加害人(作为被告的行政主体)证明自己的行为合法(没有过错)，如果不能证明这一点，行政主体就必须承担行政责任。由此可知，过错责任原则并不能单独作为行政主体承担行政责任的归责原则，但是过错责任原则可以作为行政公务人员承担行政责任的法理依据，即

---

① 杨解君编：《行政责任问题研究》，北京大学出版社 2005 年版，第 113 页。

② 沈开举、王钰著：《行政责任研究》，郑州大学出版社 2004 年版，第 131 页。

该原则可以作为行政公务人员承担内部行政责任的理由。因为行政公务人员是代表行政主体执行公务，其目的是为了公共利益而非个人利益且行为不具有个体性，所以其行为后果应首先由行政主体承担，而行政公务人员只有在有过错的情况下才会承担责任，唯其如此，才能体现公平，不致挫伤行政公务人员的工作积极性。有学者认为，过错责任原则主要适用于以下领域：一是行政公务人员的行政追偿责任；二是行政合同行为的侵权责任；三是滥用职权的行政责任；四是公有公共设施致损引起的国家赔偿。[①] 对于该观点，笔者持肯定的态度。然而鉴于我国行政诉讼受案范围有限，涉及国家行为、规范创制行为、内部行政行为、终局行政行为的案件，即使行政主体或代表执行职权的公务人员存在过错，也无法将该原则贯彻到这些领域内。因此，扩大行政诉讼受案范围已经成为理论界和实务界的共识，以图实现过错责任原则在法理学和行政司法实践中的统一。

（二）违法责任原则

违法责任原则以职务行为是否违法为归责的实质条件，而不管行为人是否有过错，也不考虑其主观意图。采取违法归责原则的国家当首推瑞士，瑞士于1958年3月14日制定的《关于联邦及其机构成员和公务员的责任的瑞士联邦法(责任法)》中第3条规定："对于公务员在执行公职的活动中对第三人因违法所造成的损害，不论该公务员是否有过错，均由联邦承担责任。"对于"违法"的理解，各国理论界都有不同的解释，但总体上可以概括为广义解释和狭义解释。广义上的违法除了违反严格意义上的法律规范外，还包括违反法律的一些基本原则，如诚实守信原则、公序良俗原则、尊重人权原则等；狭义上的违法则指损害行为违反了法律、法规的明文规定。

从我国的行政法律规范看，违法责任原则也是确认行政主体承担行政责任的归责原则。如《行政诉讼法》中的合法性审查原则就是违法责任原则的体现。

---

① 胡肖华著：《走向责任政府——行政责任问题研究》，法律出版社 2006 年版，第 149~150 页。

我国的《国家赔偿法》第 2 条规定，国家机关和国家机关工作人员行使职权，有本法规定的侵犯公民、法人和其他组织合法权益的情形，造成损害的，受害人有依照本法取得国家赔偿的权利。这表明确立国家赔偿责任的也是违法责任原则。① 但在司法实践中，违法责任原则普遍存在着操作性不强的弊端，以致追究行政主体违法责任效果不明显。根据我国《行政诉讼法》第 5 条的规定，法院主要对具体行政行为的合法性进行审查，而不同于行政复议中所包含的合理性审查。因此，对于行政主体及其工作人员所实施的与职权相关但并不产生法律规定效果的行政事实行为，就不能用违法责任原则去评价，由此导致在法律规定的空间内形成了一个"效力真空"。法院既然不能依照合法性进行判断，那么该行为也就成为受理不能的借口。例如警察在当场收缴罚款时，相对人驾车逃离，在追逐过程中警察将路过行人撞伤，对于该情形，违法责任原则就难以作为归责依据。②

（三）危险责任原则

危险责任原则又被称为"高度危险活动责任"和"异常危险活动责任"，其属于无过错责任中的一种。该原则起源于英美法系国家，之后被大陆法系国家所采纳。19 世纪下半叶，随着行政权力的膨胀，公务活动造成异常危险状态的可能性加剧，此时即使行政行为没有过错和违法，也可能会对公民的合法权益造成损害。而过错责任原则在救济方面的不力，奠定了危险原则诞生的现实基础。

危险原则最初产生于私法领域，首先由法国行政法院通过判例确立行政危险责任原则，后逐渐扩展到公共行政领域。在法国行政法中，无过错责任

---

① 虽然 2010 年新修订的《国家赔偿法》第 2 条删去了"违法"二字且有些学者据此认为我国国家赔偿责任的违法归责原则亦随之发生转变。但笔者认为，无论是从该条修改的技术性考量来看，抑或从其指向的具体赔偿情形而言，我国国家赔偿的违法归责原则并未改变。

② 肖登辉：《论行政法上的过错责任原则与违法责任原则》，载《理论月刊·探索与争鸣》2009 年第 2 期。

又称为"风险责任",只有在以下五种情形才可以适用:一是具有高度危险作业引致了侵权;二是有一定危险性的行政活动对自愿协助公务的人造成了侵权损害;三是行政机关拒绝司法判决而对第三者造成了损害侵权;四是由于行政机关的立法而给公民或法人、公共安全利益等不相关的利益造成了损失;五是行政机关发动战争的行为或批准游行示威的行为给公民、法人的合法权益造成了损害。① 美国的严格责任制度最初来源于英国,在具体案件中援引以解决危险活动致损案件,后来结合本国情势,发展了自己的严格责任制度。②

由上观之,危险原则提高了行政主体及其工作人员在行使职权时所应负义务的标准,使得行政相对人"对待给付"行为的可归责程度得以降低。行政危险原则的理论基础是客观的社会连带关系与公共负担的平等原则,其旨在将行政危险造成的风险损失由个人承担转嫁为由社会全体成员共同承担,以实现责任的社会化,体现了追求分配正义的精神。在公权力日渐扩大的现代社会,危险归责原则给私人权利提供了保障的空间,一定程度上减少了危险责任。

在我国,危险责任原则主要适用于公有公共设施致人损害引起的行政责任。在此种情况下,行政主体因物件致损而承担责任,而非因违法行政行为承担责任。此处表明,作为现代社会"服务型政府",其所追求的不仅仅是自身行为合法合理、均衡正当,更需关注行政行为作出之后所产生的社会效果。而在公共服务行政中,产生潜在危险的排除义务义不容辞地落到了公共行政主体上,危险存在即表明"违法"。对先前行为进行的"预判"使得行政主体在公共行政中更为审慎,考虑更为周全。

四、行政责任的承担形式

从我国立法、执法实践来看,政府承担行政责任的形式主要有以下几种。

---

① 参见 J. F. Garner, L. N. Brown. *French Administrative Law*. Oxford University Press, 1983, pp. 120-125.

② 麻昌华:《21 世纪侵权行为法的革命》,载《法商研究》2002 年第 6 期。

其一，精神性的。包括：（1）承认错误、赔礼道歉。这是行政主体所承担的最为轻微的一种补救性行政责任。当相对人的合法权益由于行政主体的违法行为受到损害时，应当向相对人承认错误、赔礼道歉。在现实执法实践中，一般该行政主体的负责人或者直接责任人员出面，采取口头形式或书面形式的方式。（2）恢复名誉、消除影响。这是一种精神上的补救责任。当行政主体实施的行政行为违法或不当而给相对方造成名誉上的损害、产生不良影响时，一般采取这种精神上的补救性承担形式。

其二，职务性的。包括：（1）通报批评。这是行政主体承担的一种惩戒性质的行政责任。其主要是通过名誉、精神上的惩罚，对作出违法或不当行政行为的行政主体予以警戒，施以精神压力，使之今后不再犯。这种责任方式主要是通过新闻媒体或组织文件公开发布予以实现。（2）行政处分。行政处分是由行政公务人员承担的最主要的行政责任形式，是国家行政主体依照行政隶属关系对违法失职的人员实施的惩戒措施。行政处分是我国行政法律规范所规定的一种内部责任形式，一般由行政公务人员所在的行政机关、上级主管部门或行政监察机关作出。根据《中华人民共和国公务员法》第56条之规定，行政处分主要有警告、记过、记大过、降级、撤职、开除六种。

其三，行为性的，包括：（1）撤销违法行政行为。行政主体对其违法行政行为具有主动撤销的义务，相对人也有权请求上级行政机关将其撤销，上级行政机关或人民法院亦可直接依据法定程序将其撤销，使其自始不发生法律效力。（2）停止违法行政行为。对于持续性违法行政行为而言，如果行政相对方提出控诉时侵害仍在继续，行政责任的追究机关有权责令相关行政主体停止相应的违法行政行为。（3）履行行政职责。这种责任形式主要是针对行政主体不履行或拖延履行行政职务而确立的一种行政责任方式。相对人可以提出申请。例如，行政相对人不服行政处理时申请行政复议，复议机关置之不理，当事人有权要求该复议机关依法受理并作出相应处理；民政部门没有按规定发放抚恤金，相对人有权要求依法发放。（4）纠正不当行政行为。纠正不当主要是针对不当行政行为的一种行政责任形式。不当行政行为虽然不一定被撤销，但行为主体有纠正的义务，相对人有权要求行政主体纠正不当行为。例如，《行政诉讼法》第 77 条规定："行政处罚明显不当，或者其他行政行为涉及对款额的确定、认定确有错误的，人民法院可以判决变更。"

其四，财产性的。包括：（1）返还权益。如果行政主体剥夺相对人的合法权益属于违法行政或不当行政，那么在撤销或变更行政行为的同时，还必须返还相对人所受到损害的权益。例如，公安机关对公民实施治安管理处罚错误，应当向受处罚人退回罚款及返还所没收的财物。这里的"权益"，不仅是指财产性权益，还包括政治性权益，如恢复原职。履行返还权益责任并不能普遍适用于所有的违法行政或不当行政行为，而只适用于行政主体的违法或不当行为造成了相对人合法权益实际损害的情形；如果没有造成实际权益损害，则不构成返还权益的责任，如撤销警告处分即不产生返还权益效果。（2）恢复原状。恢复原状既是一种民事责任形式，又是一种行政责任形式。是指当行政主体的违法行政行为给相对方的财产造成改变其原有状况的损害时，一般由行政机关承担恢复原状的补救性行政责任。例如，公安机关非法检查公民的放映机时造成机器受损，即负有将之恢复原状的责任。（3）行政赔偿。这是一种纯粹的财产责任形式且只能在相对人的权益无法恢复原状的情况下才能适用。行政侵权赔偿责任承担的过程中，行政公务人员一般不会直接向受损的相对一方赔偿，而是先由其所在的行政主体承担，行政主体赔偿之后再向有故意或过失的行政公务人员行使追偿权，以追回全部或者部分已赔偿款项。（4）行政补偿。行政补偿是指行政主体基于公共利益的需要，在进行行政管理的过程中合法行使行政权力而导致公民、法人或者其他组织的合法权益遭受特别损害，依照公平原则，对遭受损害的行政相对人予以合理补偿的行为。例如，现行《宪法》第 10 条第 3 款规定："国家为了公共利益的需要，可以依照法律规定对土地实行征收或征用并给予补偿。"现行《宪法》第 13 条第 3 款规定："国家为了公共利益的需要，可以依照法律规定对公民的私有财产实行征收或者征用并给予补偿。"《行政许可法》第 8 条规定："……为了公共利益的需要，行政机关可以依法变更或者撤回已经生效的行政许可。由此给公民、法人或者其他组织造成财产损失的，行政机关应该依法予以补偿。"

从行政责任形式的内容角度看，行政赔偿、行政补偿、返还权益中的返还财产为财产性行政责任形式，其余均为非财产性行政责任形式；从行政责任形式性质角度看，行政赔偿、行政处分、责令纠正违法等为行政制裁方式，行政补偿、返还权益、恢复名誉、消除影响等为非行政制裁方式。①

① 胡肖华著：《走向责任政府——行政责任问题研究》，法律出版社 2006 年版，第 36~39 页。

第七章　授权·委托·职能转移

　　行政法是围绕行政权而形成的法律规范，涉及行政权力行使方式之规制。传统上，行政权一直由政府组织所有，其他社会主体决不能有所染指。但是在现代社会，伴随着经济和社会的飞速发展，行政事务日益增多且日趋专业化，而政府组织由于编制、经费等因素的限制，依靠自身的力量有时难以完成既定的行政任务，实现预定的行政目标，并且，行政不同于立法和司法，它具有预期性弱、变动性强的特性，实践中随时都有可能出现一些不可预料的情况。正基于此，行政授权、行政委托这种行政职权之转移成为一种必要。① 这也产生了关于授权、委托与职能转移之问题。

　　授权，即授予权力，行政授权体现了一种体系内的权力分配关系。在行政管理的实践中，为了更好地进行公共事务管理，政府组织往往倾向于将本来应当由自己行使的行政职权授出，由其他机关或组织行使。这种将行政职权授出的行为能够极大地降低行政成本并提高行政效率。为规范法治政府建设中的行政授权现象，需对行政授权的概念进行明晰，区分行政授权与行政委托、行政授权与立法授权等相关概念，在此基础上，根据行政法的基本原则和原理以及相关法律条文进行解读被授权组织的条件和对象。

　　委托，即委任、托付，行政委托体现了一种体系内的权力移转关系。

---

① 姜明安编：《行政法与行政诉讼法》(第五版)，高等教育出版社 2011 年版，第 121页。

在行政管理内容越来越向全面化发展的趋势下，我们对政府也提出了精细化、精简化的管理和组织要求，这就产生了行政委托现象，将政府的部分职责委托给更专业或更高效的组织完成。规范法治政府的行政委托，需要从行政委托的概念和法律基础出发，明确行政委托的条件和对象，并对行政委托实施有效监督。

政府职能转移是政府最优规模的找寻过程，即政府对外让渡部分职能。一般而言，政府规模与职能呈正相关，于是通过控制职能来控制规模就成为一些国家的政策选择。法治政府的行政职能转移必须坚持四个基本路径原则：政府主导原则、法治原则、目的性原则、渐进性原则。只有在这四个原则的指引下，政府职能的转移才能在法治的轨道上稳步前行，法治国家要求政府权力运行必须遵守宪法和法律，以实现对政府权力的有效监督和制约。

规范的行政授权、行政委托和政府职能转移能够充分提升政府效能，促进法治政府高效规范行使职权。

第一节　行 政 授 权

授权，意即授予权力之意。[①] 在行政管理的实践中，为了更好地进行公共事务管理，政府组织往往倾向于将本来应当由自己行使的行政职权授出，由其他机关或组织行使。这种将行政职权授出的行为能够极大地降低行政成本并提高行政效率。行政授权在西方国家的行政管理生活当中其实更为普遍，只是在不同的国家有不同的表现形式，比如，在英国，行政授权被称为"公法人"；在法国，被称为"公务法人"[②]；在德国，被称为"公法法人"；而在美国，行

[①]　梁凤云：《关于行政主体理论的几个问题》，载《公法研究》2005年第1期。

[②]　参见王名扬著：《英国行政法》，中国政法大学出版社1987年版，第86页；参见王名扬著：《法国行政法》，中国政法大学1989年版，第120页；参见金伟锋：《授权行政主体探讨》，载《行政法学研究》1995年第3期。

政授权被称为"无头的第四部门"①，等等。在我国，行政授权制度起步较晚，在 1989 年《中华人民共和国行政诉讼法》（以下简称《行政诉讼法》）颁布之后，行政授权才正式作为一个法律制度引起我国行政法学界学者们的注意，并对其加以研究，而在现实的行政实践中，行政授权却早已存在。但遗憾的是，我国的行政法律体系中并没有真正意义上的行政授权制度，学界对行政授权的其他诸多理论问题仍然缺乏基本的共识。② 本书尝试对这一问题进行系统化的研究与梳理。

一、行政授权的概念

由于"授权"本身的多义性，我国行政法学界对行政授权的理解也存在诸多不同的讨论。不同的学者站在不同的领域中讨论行政授权的问题，有学者选择从行政组织的角度出发，有学者则是从行政行为方面入手，而更多的学者选择在行政救济制度中讨论行政授权问题。③ 目前国内关于行政授权的主要观点有以下几种。

第一种观点认为，行政授权，即法律法规直接将某些行政职能及行政权授予政府组织以外的组织行使的法律制度。第二种观点主张行政授权是指政府组织在法律、法规许可的条件下，通过法定的程序和形式将自己行政职权的全部或部分转让给有关组织（被授权方），后者据此以自己名义行使该职权，并承受该职权行为效果的法律制度。④ 第三种观点提出，行政授权强调非政府组织被赋予行政权力，被授权组织必须以政府组织的名义而不是以自己的名义进行行为。因而，它既包括法律、法规对非政府组织的授权，又包括政府组织对它们的委托。⑤ 第四种观点则认为，行政授权是指政府组织依法把行政职权的一

---

① 参见宋华琳：《美国行政法上的独立规制机构》，载《清华法学》2010 年第 6 期。

② 李海平：《行政授权的若干问题探析》，载《深圳大学学报（人文社会科学版）》2007年第 2 期。

③ 关保英：《社会变迁中行政授权的法理基础》，载《中国社会科学》2013 年第 10 期。

④ 胡建淼著：《行政法学》，法律出版社 1998 年版，第 242 页。

⑤ 杨小君著：《行政法》，中国经济出版社 1989 年版，第 158 页。

部分或全部授予有关组织的行政行为。一种很有代表性的解释是"行政授权是政府组织通过一定的行为将行政职能一部分或全部授予不具有该项职权的组织行使的法律行为,是行政行为的一种"。①

通过分析上述观点,可以发现它们混淆了法定授权、行政授权以及行政委托三者之间的界限。② 另外,非政府组织获得其以前所没有的独立的行政权力,并不是行政授权的全部内涵。行政授权还应当内在地包括使得非政府组织,即被授权组织取得政府组织的资格这样一层含义。这就意味着获得了行政权力的非政府组织并不必然都是被授权组织,只在获得行政权力的同时也取得了政府组织资格的非政府组织才是被授权组织。在这个意义上说,"行政授权"的授予仅仅是行政授权的表层含义,而"政府组织资格"的赋予才是"行政授权"的深层本质。③ 据此,我们可将行政授权定义为立法机关通过立法程序直接为非政府织组设定行政职权或者政府组织通过制定法规、规章将行政职权授予给非政府组织的一种法律行为或制度。④

二、行政授权与其他相关概念

(一)行政授权与行政委托

作为应对行政事务日益增多且日趋专业化的两种行政职权转移方式,行政授权与行政委托在学术研究和具体实践中很容易混淆。然而,行政授权与行政委托之间存在着很大的区别,根据我国《行政诉讼法》的规定,行政授权应当有法律、法规的依据,而关于行政委托的条件却并无法律明文规定。⑤ 具体而

---

① 程志明:《行政授权之探究》,载《行政法学研究》1996 年第 2 期。
② 张晓光:《刍议行政授权几个周边问题》,载《河北法学》2002 年第 4 期。
③ 江国华、谭观秀:《行政授权与行政委托之论纲》,载《常德师范学院学报(社会科学版)》2000 年第 2 期。
④ 参见《行政诉讼法》(2017 年修订)第 2 条第 2 款规定:"前款所称的行政行为,包括法律、法规、规章授权组织作出的行政行为。"
⑤ 孔繁华:《授权抑或委托:行政处罚"委托"条款之重新解读》,载《政治与法律》2018 年第 4 期。

言，行政授权与行政委托的区别表现在如下几个方面。

其一，行为性质不同。行政授权本质上是一种行政职权所有权的设定或转移，其职权所有权的主体发生了变更。相反，行政委托并不导致行政职权所有权的设定和转移，其仅仅是行政职权具体履行权的转移①，该行政职权的所有权仍掌握在原政府组织手中。

其二，实施主体不同。行政授权的实施主体既可以是立法机关，又可以是政府组织，换言之，其可以在两种情形下发生，一是立法机关通过制定法律、地方性法规直接为非政府组织创设某项职权，二是政府组织通过制定行政法规、政府规章的方式将某项行政职权的所有权转移给非政府组织。② 相反，行政委托的实施主体只有一个，也就是政府组织，其只能在法律许可的前提下，通过委托协议的方式将某项行政职权具体履行权转移给社会组织。

其三，行使方式不同。由于行政授权往往涉及国家行政职权所有权的设定或者转移，因此，其实施必须通过制定法律、法规以及规章的方式行使，如此，方可符合权力法定之原则。③ 相反，行政委托仅仅是一种行政职权具体履行权的转移，其并不关涉新的职权主体或者职权类型的创设，因此，其实施要求并不是太严格，通过委托协议的方式行使即可。

其四，运行模式不同。在行政授权中，被授权的非政府组织享有行政职权的所有权，具有独立的行政主体资格，能够以自己名义对外行使该项行政职权。而在行政委托中，受委托组织往往并不具有行政职权的所有权，不具有独立的政府组织资格，因此，其往往并不能以自己的名义对外行使该项行政职权，相反只能以委托机关的名义行使。④

其五，法律效果不同。行政授权的法律后果是授权主体（授权方）的法律

---

① 参见梁凤云：《关于行政主体理论的几个问题》，载《公法研究》2005 年第 1 期。

② 参见杨登峰：《行政改革试验授权制度的法理分析》，载《中国社会科学》2018 年第 9 期。

③ 参见关保英：《社会变迁中行政授权的法理基础》，载《中国社会科学》2013 年第 10 期。

④ 参见胡建淼：《有关中国行政法理上的行政授权问题》，载《中国法学》1994 年第 2 期。

责任归属和承担问题①，行政授权的直接后果是使被授权的非政府组织获得了独立的行政职权和政府组织资格。因此，被授权非政府组织的行为效果完全可以也应当由其自身来承担，而授权主体无需承担任何责任。但行政委托则完全不同，在我国，行政委托一般被视作民事上的代理行为，即受委托组织在施行行政管理时，对外仍然是以委托行政机关的名义②，其直接后果是创设出了一个新的行为主体，不具有独立的行政主体资格，也不能以自己的名义对外行使职权。因此，受委托组织的行为效果应当由委托机关承担，但在委托机关对外承担责任后，可以按照委托协议的规定向受委托组织进行追责。

（二）行政授权与立法授权

尽管行政授权与立法授权均属于授权行为，但两者在本质上存在较大差异。前文中已经提及，行政授权本质上属于行政权的转移。立法授权，又称授权立法，本质上仍属于代议机关行使立法权的行为，是一种立法职权的转移，其特征有三：（1）立法授权是立法权力的暂时性转移。（2）转让的立法权限除了创制新法，还包括部分终止、废止或者修改现行法。（3）立法授权旨在于在立法条件尚不成熟的情形下，通过开展局部的、暂时性的立法试验，为后续的正式立法积累经验，这可从《立法法》第11条与第82条第5款的规定看出来。行政授权则属于行政权的配置，它与立法授权的根本差异在于，这种授权具有长期性和稳定性，不具有实验性。③ 基于职权法定和法律保留原则，立法授权的主体、形式和内容等都应当受到"合宪性"的制约，因此，即便立法授权决定并不具备法律的一般形式，但也必须符合立法权行使的一般原则和属性。以下将着重介绍立法授权与行政授权的不同之处。

其一，立法授权的性质。立法授权决定虽不是直接的规范性法律文件，但也是对立法权力行使的一种情形。对宪法文本中职权立法条款的实施以及后续

---

① 张晓光：《刍议行政授权几个周边问题》，载《河北法学》2002年第4期。
② 薛刚凌：《行政授权与行政委托之探讨》，载《法学杂志》2002年第3期。
③ 参见杨登峰：《行政改革试验授权制度的法理分析》，载《中国社会科学》2018年第9期。

法律的制定有着至关重要的影响。2015年《立法法》被修订，新增的第13条规定："全国人民代表大会及其常务委员会可以根据改革发展的需要，决定就行政管理等领域的特定事项授权在一定期限内在部分地方暂时调整或者暂时停止适用法律的部分规定。"这一修订通过合法化全国人大常委会先后通过的各项改革决定，使其成为改革与立法相衔接的一个途径。但有些学者认为，这并不是立法授权的应有之意，其理由在于立法活动涵盖了制定法、修改法以及补充法和废止法等，因此"暂时调整"和"暂时停止适用"也应当包括在立法权的范畴内。"暂停法律实施，当属广义的立法权。由于《立法法》的管辖范围明确涉及法律、行政法规、地方性法规、自治条例和单行条例的制定、修改和废止，因此暂停法律实施符合《立法法》调整范围。"①

其二，立法授权的主体基准。职权立法主体系立法授权决定之唯一适格主体。《宪法》第89条第1项规定国务院可以制定行政法规，很多学者据此认为国务院作为唯一的职权立法主体，其立法权是固有的、原生的。但从内容上看，国务院必须根据法律制定行政法规，而法律又是由全国人大及其常委会制定的。也就是说国务院制定行政法规的权力源于全国人大及其常委会制定的法律，而主张地方人大及其常委会不是职权立法主体的观点认为我国是单一制国家，国家的立法权应当由全国人大及其常委会独享，而地方权力则均来自于中央的授予。② 需要指出的是，有关国务院规定的"根据宪法、法律"是从权力来源的角度安排的，而此处的"不同宪法、法律、行政法规相抵触"则是从权力效力的角度安排的。前者探讨的是一种原生性和派生性的关系，而后者探讨的则是一种自主性和附属性的关系，两者根本没有可比较的空间，也即"人大没有上下，但法律却有等级"。③《立法法》在第二章第一节"全国人大及其常委

---

① 傅蔚冈、蒋红珍：《上海自贸区设立与变法模式思考——以"暂停法律实施"的授权合法性为焦点》，载《东方法学》2014年第1期。

② 崔卓兰、赵静波：《中央与地方立法权力关系的变迁》，载《吉林大学社会科学学报》2007年第2期。

③ 李克杰：《"人大主导立法"原则下的立法体制机制重塑》，载《北方法学》2017年第1期。

会立法权限"中明确了全国人大及其常委会的授权机关地位。除此之外，修订后的《立法法》在第四章第二节"规章"中新增了一个规定，即第82条第5款。[①]从内容看，其实际上是对地方人大及其常委会授权机关地位的确定。只不过由于其没有位于整个立法授权规范体系中，再加上自身结构设置的问题，而并没有引起学者的注意。[②] 在实践中，我国还有一种立法授权形式，即授权机关在其制定的法律、法规以及规章中以某一个或几个条款进行立法授权，也称法条授权，它在实践中占绝大多数。[③] 在现行《立法法》出台后，作为地方民意机关，地方人大及其常委会也应当积极地参与到立法授权的实践当中。因为与中央层面事务相比较，地方层面事务可能更加复杂，更加直面各个地方的实际情况[④]，因此更需要通过立法授权这一途径来减轻地方人大及其常委会的压力。

其三，立法授权的形式基准。关于开展立法授权的价值，目前已形成共识，未来真正的任务是如何让此种立法职权转移的过程与民主协商精神保持协调一致，以一种"授权法"的规范形式审慎进行。对此，立法机关在进行立法授权时，其作出方式必须具备两个基本要求：一是必须以相对民主的方式作出；二是必须对转移的内容作出相对全面的规定，以使立法职权转移计划能够得到正确实施。立法授权决定不仅要通过民主程序作出，而且要明确立法职权转移的内容和要求，这样才会构成真正意义的"授权法"，成为立法职权转移的良好载体。正如德国立法要求的那样，"立法授权时必须保证授权法最低度的'法律'品质，否则就有被宣告违宪的危险"。[⑤] 我国《立法法》第10条确认

[①] 参见《立法法》第82条第5款规定："应当制定地方性法规但条件尚不成熟的，因行政管理迫切需要，可以先制定地方政府规章。"

[②] 赵一单：《央地两级授权立法的体系性思考》，载《政治与法律》2017年第1期。

[③] 这其中既有全国人大及其常委会在其制定的法律中进行的法条授权，如《律师法》（2008年）第59条规定，"律师收费办法，由国务院价格主管部门会同国务院司法行政部门制定"，也有国务院及其部门在其制定的行政法规和部门规章中进行的法条授权，如《拖拉机驾驶培训管理办法》（2004年）第26条规定，"拖拉机驾驶培训机构教员考核办法由省级人民政府农机主管部门制定"。

[④] 梅扬：《政府职权"下沉"的现实表现：鄂省例证》，载《重庆社会科学》2015年第8期。

[⑤] 邓毅：《德国法律保留原则论析》，载《行政法学研究》2006年第1期。

了这一要求，即授权决定应当明确授权目的、事项、范围、期限以及被授权机关实施授权决定遵循的原则等。

其四，立法授权的内容基准。从理论上讲，具有某一权限的权力机关可以将自己法定范围内的所有职权都转移给其他机关，但由于立法权非常重要和特殊，它的行使会影响人们切实的权利义务以及国家的宪法体制架构。"授予立法不是无限的，无限制的授权无异于取消分权，取消宪法关于权力的分配。"①法律绝对保留原则是法律保留原则的一种，是指某些事项只能由立法机关通过立法的方式规定，禁止立法机关转让给其他机关。以司法制度为例，《宪法》第3条第3款规定，"国家行政机关、审判机关、检察机关都由人民代表大会产生，对它负责，受它监督"。如此，由司法组织和司法程序等为基本内核的司法制度由法律绝对保留，是司法机关由人大产生、受人大监督、对人大负责的制度保障，是人民代表大会体制的内在要求和当然延伸。② 总而言之，现行宪法事实上体现了法律绝对保留原则的精神，划定了立法机关转移立法职权的边界。

三、被授权组织的条件与对象

被授权组织只有满足了一定的条件才具备行政主体资格，行使相应的行政职权，承担相应的行政责任。不能满足相应条件的被授权组织不能作为行政主体，也就不能成为被授权组织的对象。对于被授权组织的条件和对象，要通过行政法的基本原则和原理以及相关法律条文进行解读。

(一)被授权组织的条件

目前，在我国，相关法律、法规并没有明确规定被授权组织应具备的条件。但是，根据行政法的基本原则和一般法理，可以推断出其必须具备如下几

---

① 张千帆：《主权与分权——中央与地方关系的基本理论》，载《国家检察官学院学报》2011年第2期。

② 江国华：《司法立宪主义与中国司法改革》，载《法制与社会发展》2016年第1期。

个条件：第一，被授权组织不能是具有独立政府组织资格的政府组织；第二，被授权组织与所授行政职权无利害关系；第三，被授权组织应具有了解和掌握与所授职权有关的法律、法规的工作人员；第四，被授权组织应具有履行所授职权所必需的设备和条件；第五，对于某些特别的行政职能，被授权组织还应具备某些特别的条件，如保密、经验等。[1]

(二)被授权组织的对象

我国《行政诉讼法》只规定行政授权的对象是"组织"，但没有对该"组织"的性质、范围等作出具体规定，有权机关也未对其作进一步解释。[2] 概言之，被授权组织有以下几种可能的对象。

其一，行政机构。行政机构是指国家政府组织因行政管理的需要而设置的，具体处理和承担各项行政事务的内部组织、派出组织以及临时组织。行政机构不具有独立的行政编制和财政经费，一般不具有行政主体资格，只能以所在政府组织的名义对外行使行政职权。但是，经法律、法规以及规章的授权，行政机构也可以成为授权政府组织。根据相关规定，其目前主要有三类：（1）内部机构。比如，《商标法》授予国家工商行政管理局内设的商标局以政府组织资格，主管全国商标注册和管理工作；县级以上公安机关内设的交通警察大队和消防监督机构也都被相关法律、法规以及规章授予政府组织资格，行使特定的行政职权。（2）派出机构。派出机构是指政府组织根据工作的需要而在一定区域内设置的，代表该机关管理某项行政事务的工作机构。[3] 比如，《行政处罚法》授予公安派出所以政府组织资格，对警告、50元以下的罚款作出裁决。另外，审计署派驻各地的办事处、税务所、工商管理所、财政所也都属于此种类型。（3）临时机构。临时机构是指国家政府组织设立的、协助其处理某

---

① 姜明安编：《行政法与行政诉讼法》(第五版)，高等教育出版社2011年版，第115页。

② 沈开举：《也谈行政授权——兼谈与行政委托的区别》，载《行政法学研究》1995年第3期。

③ 袁明圣：《派出机构的若干问题》，载《行政法学研究》2001年第3期。

项临时性行政事务的组织。我国的临时机构很多，如国务院设立的或曾经设立的国家防汛抗旱总指挥部、全国绿化委员会、地方政府设立的或曾经设立的市容整顿办公室，等等。这些临时机构一般并不具有政府组织资格，但经法律、法规以及规章授权也可以成为政府组织。①

其二，其他组织。具体包括：（1）企事业单位。企业是从事生产经营活动，以营利为目的的单位。一般而言，企业在行政法律关系中都以行政相对人的身份出现，同某些行政职权具有利害关系，因此，法律、法规以及规章通常较少授予企业某项行政职能。但是，在特定的情况下，通过授权，企业也能够获得政府组织资格，从事某些行政活动。最典型的莫过于在体制转轨期间，一些由过去的专业主管政府组织转制而建立的大型全国性专业公司和国有企业。法律、法规以及规章授权事业单位②行使特定行政职权的情况比较多，比如，《教育法》授权公立院校及其他公立教育机构对受教育者进行处分，对受教育者颁发学业证书，《计量法》授权其他事业单位的计量检定机构执行强行核定和其他核定、测试任务，等等。（2）社会团体。社会团体是指社会成员遵循自愿的原则，依照团体章程而依法组成的集合体。③ 它主要包括各种行业组织（法学会、消费者协会等）和工青妇（工会、青年团、妇联）团体两大类。这些社会团体多是公益性的，具有很强的专业技能，因此，经常会成为法律、法规以及规章的授权对象。比如，《消费者权益保护法》授予消费者协会对商品和服务的监督、检查和受理消费者投诉并对投诉事项进行调查、调解等行政职权；《妇女权益保障法》授权全国妇联和各地方妇联负责国家和本区域的妇女权益具体保障以及协调工作，在妇女权益受到侵害时，还可以接受被侵害人的投诉，并有权要求有关部门或单位查处。（3）基层群众性自治组织。基层群众

---

①　周佑勇著：《行政法基本原则研究》，武汉大学出版社 2005 年版，第 120~122 页。

②　参见《事业单位登记管理暂行条例》（2004 年修订）第 2 条规定："本条例所称事业单位，是指国家为了社会公益目的，由国家机关举办或者其他组织利用国有资产举办的，从事教育、科技、文化、卫生等活动的社会服务组织。"

③　参见《社会团体登记管理条例》（2016 年修订）第 2 条规定："本条例所称社会团体，是指中国公民自愿组成，为实现会员共同意愿，按照其章程开展活动的非营利性社会组织。国家机关以外的组织可以作为单位会员加入社会团体。"

性自治组织是指城市和农村按居民居住的地区设立的居民委员会和村民委员会。这些组织并不是国家的政府组织，而是自治性组织①，但这并不意味着其不能具有政府组织资格，行使某些行政职能。例如，《村民委员会组织法》授权村民委员会办理本村的公共事务和公用事业，调解民间纠纷，协助维护社会治安等；《土地管理法》规定，集体所有的土地依法属集体所有，由所在的村民委员会经营管理；《婚姻登记管理条例》规定，申请婚姻登记的农村居民应当由所在的村民委员会出具婚姻状况证，等等。这表明，管理公共事务、管理集体土地、出具相关证明是村委会的法定职责。据此，可在某些情况下将基层群众性自治组织视为法律、法规以及规章授权组织。

第二节 行 政 委 托

市场失灵要求扩大行政权加以更多的干预，但是政府也会出现失灵的情形，并且由于各种主客观条件的限制，政府也无法完全满足市场的需要，如行政管理内容专业化程度不高，无法提供专业化的人士及相应的设备。除此之外，管理市场还需要小而精的政府，这就要求不断精简政府机构且在行政管理内容越来越向全面化发展的趋势下，我们需要面对的问题还很多。因而，在现实生活中，行政委托成为一种常见的法律现象②，对其展开研究具有重要的理论意义和实践价值。

一、行政委托的概念

关于行政委托的法律规定主要体现在我国 1989 年《行政诉讼法》第 25

---

① 参见《中华人民共和国村民委员会组织法》(2018 年修订) 第 2 条规定："村民委员会是村民自我管理、自我教育、自我服务的基层群众性自治组织，实行民主选举、民主决策、民主管理、民主监督。"《中华人民共和国城市居民委员会组织法》(2018 年修订) 第 2 条规定："居民委员会是居民自我管理、自我教育、自我服务的基层群众性自治组织。"

② 参见黄娟：《我国行政委托规范体系之重塑》，载《法商研究》2017 年第 5 期。

条第 4 款①，我国 2017 年《行政处罚法》的第 18 条和第 19 条②，我国 2019 年《行政许可法》第 24 条③和我国 2012 年《行政强制法》第 17 条第 1 款。④

　　行政委托的概念和其作为一项法律制度或一种行政行为的性质在学术界已经毫无争议。学者们大多认为，所谓"行政委托"，主要是指在法律许可的前提下，政府组织通过书面协议委托行政系统以外的特定社会组织行使某种行政职能，办理某种行政事务的行为或制度。⑤ 权力转移而责任归属不变是行政委托的制度内核。⑥ 在我国的行政法学上，行政委托被定义为"行政主体将其职权的一部分，依法委托给其他社会公共组织的法律行为"。行政委托广泛地存在于我国的行政执法中，行政性业务以法律的执行为主要内容，涉及行政权行使，如行政处罚业务委托、机动车驾驶证核发前委托专业医院对申请人进行体检，等等。

---

　　① 该条款规定："由法律、法规授权的组织所作的具体行政行为，该组织是被告。由行政机关委托的组织所作的具体行政行为，委托的行政机关是被告。"

　　② 该条款规定："行政机关依照法律、法规或者规章的规定，可以在其法定权限内委托符合本法第十九条规定条件的组织实施行政处罚。行政机关不得委托其他组织或者个人实施行政处罚。委托行政机关对受委托的组织实施行政处罚的行为应当负责监督，并对该行为的后果承担法律责任。受委托组织在委托范围内，以委托行政机关名义实施行政处罚；不得再委托其他任何组织或者个人实施行政处罚。"第 19 条规定："受委托组织必须符合以下条件：（一）依法成立的管理公共事务的事业组织；（二）具有熟悉有关法律、法规、规章和业务的工作人员；（三）对违法行为需要进行技术检查或者技术鉴定的，应当有条件组织进行相应的技术检查或者技术鉴定。"

　　③ 该条款规定："行政机关在其法定职权范围内，依照法律、法规、规章的规定，可以委托其他行政机关实施行政许可。委托机关应当将受委托行政机关和受委托实施行政许可的内容予以公告。委托行政机关对受委托行政机关实施行政许可的行为应当负责监督，并对该行为的后果承担法律责任。受委托行政机关在委托范围内，以委托行政机关名义实施行政许可；不得再委托其他组织或者个人实施行政许可。"

　　④ 该条款规定："行政强制措施由法律、法规规定的行政机关在法定职权范围内实施。行政强制措施权不得委托。"

　　⑤ 参见张献勇：《刍议行政委托的概念和特征》，载《当代法学》2003 年第 4 期；参见胡建淼编：《行政法学》（第四版），法律出版社 2015 年版，第 553 页；参见姜明安编：《行政法与行政诉讼法》（第五版），北京大学出版社、高等教育出版社 2011 年版，第 121 页。

　　⑥ 黄娟：《行政委托内涵之重述》，载《政治与法律》2016 年第 10 期。

二、行政委托的法理基础

现如今，我国还没有明确的法律、法规对行政委托进行全面规定，些许的法律规范也大多散落在《行政处罚法》等单行行政法律法规中，甚至有学者认为，行政委托是"无法律、法规、规章授权"的权宜之计。① 因此，在实践中，行政委托的运行必须要有一定的理论支撑，如此方可证成其在我国的正当性。简而言之，其理论支撑包括公共选择理论和治理理论两种。

（一）公共选择理论

公共选择理论是 12 世纪 50 年代由公共选择学派建立和发展起来的西方经济学理论之一。所谓"公共选择"，即通过集体行动和政治过程来决定公共产品的需求、供给以及产量，它是对资源配置的一种非市场选择，实从根本上来说就是政府的选择。② 其将理性经济人的范围拓展至政府及其官员，指出政府官员与一般人一样具有利己动机，他们会为了实现个人利益而利用手中的权力寻租，最终将导致政府失灵。摆脱此种困境的最好出路就是将竞争机制引入政府公共服务领域，将政府的一些行政职能释放给市场和社会，以建立起公私之间的竞争与合作关系。③ 在公共选择理论的视角下，政府组织可以将一些不必由自己亲自履行或者自己不能履行的行政任务委托给一些社会组织去行使。这样不仅可以缓解政府组织的压力，极大地提高行政效率，而且可以弥补政府垄断公共物品供应所带来的供给不足、效能低下等弊端，继而改善行政服务质量。④

---

① 黄娟：《行政委托内涵之重述》，载《政治与法律》2016 年第 10 期。

② 张恒：《公共选择理论的政府失灵说及其对我国政府改革的启示》，载《广西社会科学》2001 年第 4 期。

③ 参见李敏：《行政法视野中的行政委托制度重构》，载《南京理工大学学报（社会科学版）》2018 年第 2 期。

④ 参见江玉桥、梅扬：《行政任务外包的正当性及相关纠纷解决》，载《中州学刊》2014 年第 4 期。

(二)治理理论

治理(governance)一词自 1989 年世界银行讨论非洲的发展问题时首次提出以来，就被广泛地运用到政治学研究中，成为西方社会科学的流行术语。治理是与统治相对应的，与统治强调"自上而下的命令与服从"不同，治理更具有普适性，其追求不同组织之间的合作，始终是一个协调各方利益，最终达成共识的协商过程。① 公共治理的核心内容是在社会治理的过程中，政府并非"单打独斗"，各种企业、组织以及普通大众等社会公众力量都可以参与当中②，私人力量不再是纯粹机械地服从权力的客体，而是以辅助者、缔约者、供给者、交易者、受托者等多重灵活角色与行政机关一起分享公共治理任务。③ 从治理理论的角度来看，其可以为我国行政委托提供理论支撑。

三、行政委托与其他相关概念

(一)行政委托与行政协助

行政委托与行政协助虽然是完全不同性质的两种行政行为，但在实际操作中却很难分辨。加上我国目前尚未制定有关于行政程序的统一法典且学术界对行政协助的探讨又极少，这给司法实践造成了很大的障碍。因此，有必要了解行政协助的概念及其与行政委托的区别。

行政协助是指政府组织在对某一事务无管辖权时，可以依法请求有管辖权的政府组织运用职权予以协助的制度。④ 根据有关法律、法规和行政法理，行政协助的情形大致有以下几种：(1)由于法律上的原因，政府组织无法自行执

① 俞可平：《中国治理变迁 30 年(1978—2008)》，载《吉林大学社会科学学报》2008 年第 3 期。

② 参见胡炜：《公司合作环境治理的法理透析》，载《江西社会科学》2017 年第 2 期。

③ 章志远：《迈向公私合作型行政法》，载《法学研究》2019 年第 2 期。

④ 参见黄学贤、周春华：《行政协助概念评析与重塑》，载《法治论丛》2007 年第 3 期。

行职务。(2)由于事实上的原因,政府组织无法自行执行职务。(3)政府组织执行其公务还需要有一定的事实材料,而该事实材料又不得由其自行调查和索取。(4)政府组织执行其公务所必要的文件或其他证据,为被请求政府组织所占有。(5)政府组织执行公务,显然比被请求行政协助办理需付出更多费用。

行政协助与行政委托的区别主要以下几点①:(1)发生的主体不同。行政协助发生在政府组织之间,而行政委托发生在政府组织和社会组织之间②。(2)行为的名义不同。在行政协助中,协助者是以自己的名义行使,而在行政委托中,受托者是以委托者的名义行使③。(3)效果不同。行政协助不发生行政权转移,而行政委托发生行政权转移。(4)法律责任不同,行政协助的请求机关与协助机关共同或分别承担法律责任,行政委托中作出委托行为的行政主体承担法律责任。④

(二)行政委托与行政指定管辖

行政指定管辖是指,对于有管辖权的行政主体因特殊原因不能行使管辖权,或者行政主体对管辖权发生争议时,它们的上级行政主体根据法律法规或者上级领导权,以决定书的形式,对管辖权作出指定的具体的内部行政行为。⑤ 在实践中,指定管辖与行政委托极易相混淆,需要对此加以识别。具体而言,两者具有如下几个区别⑥:(1)以两个政府组织之间是否有合意为标准。行政指定管辖依据的是一种层级指挥权,被指定主体必须接受,而行政委托是一种双方合意行为,必须经双方同意才能成立。(2)以上级政府组织是否转让了"职权的行使权"为标准。在行政指定管辖中,下级政府组织本身就对该项

---

① 参见叶必丰著:《行政法学》,武汉大学出版社 2003 年版,第 152~160 页。

② 周春华:《行政协助制度的学理评析》,载《公法研究》2008 年第 00 期。

③ 高涛:《论行政委托的法律界定——兼论行政委托与行政协助之区别》,载《山西财经大学学报》2000 年增刊。

④ 莫于川:《行政职权的行政法解析与建构》,载《重庆社会科学》2004 年第 1 期。

⑤ 何渊:《浅析行政指定管辖》,载《甘肃行政学院学报》2001 年第 1 期。

⑥ 参见王青斌,游浩寰:《浅析行政委托》,载《广西大学学报(哲学社会科学版)》2003 年第 1 期。

事务具有管辖权，只是与其他政府组织发生争议，才需要上级政府组织指定，而在行政委托中，受委托组织本身并不具有该项行政职权的行使权，只是由于法律规定的特殊情况，职权享有者才把该项职权的行使权转让给该受托组织。(3)以上级政府组织实施行为的方式为标准。行政指定管辖实质上是一种单方行为，在形式上大多采用的是"决定""命令"等方式，而行政委托本质上是一种合意行为，在形式上大多采用的是"委托函""合同"等方式。①

(三) 行政委托与行政职务代理

行政职务代理是指担任一定行政职务的公职人员由于某种原因，造成职务无人履行或无法直接履行时，将职务的全部或一部分，依法定程序授予担任其他职务的公务员行使。② 通常发生在国家公务员之间，代理者以自己的名义行为，并由其本身对其代理行为负责。③ 行政职务代理又可以分为三种类型，即法定职务代理、指定职务代理以及委托职务代理。行政职务代理与行政委托的区别主要有如下几点：(1)发生的主体不同。行政职务代理基本发生在国家公务员之间，而行政委托大多发生在政府组织和社会组织之间，个人不能参与其中。(2)发生的依据不同。行政职务代理发生的依据有多种，既可以是法律事先规定的，也可以是相关主体的指定，或者国家公务员的委托，而行政委托的发生依据只有一种，亦即政府组织依据法律规定所进行的委托。

四、行政委托的条件与对象

作为一种行政职权行使权的转移，行政委托的行使并不是依政府组织的意思而随意进行的，其必须符合一定的条件。具体而言，主要包括如下三个方面。

---

① 参见周佑勇著：《行政法原论》(第二版)，中国方正出版社 2005 年版，第 132~133 页。

② 单晓华：《论行政委托》，载《沈阳师范学院学报(社会科学版)》2000 年第 1 期。

③ 刘莘、陈悦：《行政委托中被委托主体范围的反思与重构——基于国家与公务员间法律关系的思考》，载《行政法学研究》2018 年第 2 期。

其一，行政委托必须有明确的法律依据。因为"政府组织是法律的产儿，正如公司是它的章程的产儿一样""政府组织的职权来源于法律的特别规定"。[①] 我国现行法律规范中已有的有关行政委托的规定也大多作出了这样的安排，比如，《行政处罚法》第 18 条明确规定："行政机关依照法律、法规和规章的规定，可以在其法定的权限范围内委托符合本法第十九条规定条件的组织实施行政处罚。"

其二，委托的职权必须符合法律规定。行政权力可以委托，但并不意味着政府组织的所有权力都可以进行委托。政府组织所委托的行政职权必须符合法律的规定。具体而言，应当包括两个方面：(1)政府组织必须在其职权范围内进行委托。政府组织委托社会组织行使的权力必须为该政府组织实际拥有，政府组织不能把本机关没有的行政权力委托给社会公共组织行使。(2)政府组织委托行使的行政职权必须是自己职权范围之内属于相对次要的、从属性的职权。政府组织不能将自身本质的、主要的行政职权委托给社会组织代为行使，因为每一个政府组织都是国家根据实际需要而依据法定程序设置的，其依法拥有行政职权，承担相应的职责，如果把自身主要的行政职权委托给社会组织行使，那么该政府组织的存在就毫无意义可言了。[②]

其三，受委托组织必须符合特定的条件。受委托组织尽管不具有政府组织资格，但它毕竟是代表政府组织行使行政权力，实现行政职能，如果受委托的组织不具备相应的完成行政任务的条件，则不能委托，因为在此情况下难以保证管理的质量。[③] 因此，接受委托的组织必须具备相应的条件，并遵循一定规则。这些条件大致包括：(1)受委托组织必须是依法成立的管理公共事务的事业组织。(2)受委托组织必须具有熟悉有关法律、法规、规章以及业务的工作人员。(3)受委托组织必须具备委托职权所要求的技术检查或者技术鉴定的能

---

① 周佑勇著：《行政法基本原则研究》，武汉大学出版社 2005 年版，第 42 页。
② 江国华著：《中国行政法总论》，武汉大学出版社 2012 年版，第 62 页。
③ 参见王青斌、游浩寰：《浅析行政委托》，载《广西大学学报(哲学社会科学版)》2003 年第 1 期。

力和设备。① 这些规则主要包括：受委托组织必须以委托机关的名义行使行政职权；受委托组织必须在委托范围内行使行政职权；受委托组织不得进行再委托。②

五、行政委托的监督

依据我国行政委托的立法现状，虽然已经有个别法律对行政委托的相关问题作出了规定，但从总体上来说，我国关于行政委托的立法还存在较大的问题，例如强行委托、违法委托和形式不规范等。③ 在现实生活中委托执法的现象实则较为普遍，因此加强对行政委托的监督就显得尤为重要。④

(一)行政监督

行政监督的主体是政府组织，其主要有两类：第一类是委托机关自身的监督。委托机关将行政职权委托给社会组织，并不意味着其从该项行政事务中完全退却，相反，其仍要承担相应的监督和担保责任，一方面确保被委托者不至逾越委托的边界，另一方面确保行政管理和服务水平不会因为加入了社会组织而下降。⑤ 换言之，其仅仅是从之前的"划桨者"变为现今的"掌舵者"。行政委托法律关系仅包括行政委托方和受托方双方主体⑥，可以说，委托机关对受托方行使委托行政职权的所实施监督是最直接的监督，在行政委托的监督制度中占有重要地位。其监督内容大致如下：(1)委托机关应当建立受托方行使委托行政职权行为的备案制度。(2)委托机关既要审查受托方行为的合法性，又

---

① 薛刚凌：《行政授权与行政委托之探讨》，载《法学杂志》2002 年第 3 期；参见《行政处罚法》第 19 条。

② 周佑勇著：《行政法基本原则研究》，武汉大学出版社 2005 年版，第 126 页。

③ 朱最新：《行政委托监督机制创新的几点思考》，载《武汉大学学报(哲学社会科学版)》，2006 年第 3 期。

④ 参见王天华：《行政委托与公权力行使》，载《行政法学研究》2008 年第 4 期。

⑤ 刘国乾：《基于行政任务属性判断的行政委托界限》，载《人大法律评论》2015 年第 2 期。

⑥ 黄娟：《我国行政委托规范体系之重塑》，载《法商研究》2017 年第 5 期。

要审查其合理性。(3)委托机关应当不定期地对受托方进行实地考察监督。另一类是行政复议机关的监督。行政复议制度是行政相对人的申诉权和复议机关监督权的一种结合。在我国，行政委托在本质上也是政府组织行使行政职权的一种方式，也属于行政复议的范围。复议机关在复议的过程中对行政委托行为的合法性与合理性进行审查，对于违法或者不合理的行政委托，行政复议机关应当予以撤销或者责令纠正。

(二)司法监督

到目前为止，我国还没有将行政委托行为明确列入司法审查的范围。但是，我国的行政诉讼法并不排斥对行政委托进行一定范围的监督。比如，法院可以对受托方行使委托行政职权的行为进行合法性监督。虽然，此时行政诉讼的被告为委托的行政组织，但行政诉讼本身也是对受托方行使委托权行为的过程和结果进行监督。由于受托方是相应职权的具体行使者，其作为被告的代理人在行政诉讼过程中承担着举证的任务，为此受托方必须在行使委托行政职权的过程中严格遵循相应的法律规范，否则就可能因为诉讼中无力举证而陷入尴尬境地。[1] 而且如果是因为受托方违反法律规定而导致败诉，作为被告的委托政府组织将承担相应责任，受托方也必然会被追究责任。因此，行政诉讼制度在监督受托方依法行使行政职权方面起着不容忽视的作用，也能促使委托政府组织合理地选择受托方，加强对受托方的管理和监督，使行政委托更为规范。

第三节　行政职能的转移

政府职能转移是政府最优规模的找寻过程。一般而言，政府规模与职能呈正相关，于是通过控制职能来控制规模就成为一些国家的政策选择。尽管理论上至今没有找到一个有关政府最优规模的答案，但政府规模最优化的努力却一

---

① 周公法：《论行政委托》，载《行政法学研究》1998 年第 3 期。

直没有间断过。从历史上看，在罗斯福"新政"之前，受到古典和新古典经济学家"市场万能论"思想的影响，西方国家政府大多信奉"守夜人"理念，坚持"最小的政府就是最好的政府"①，这一理念贯彻到现实中就是这些国家的政府职能非常有限。"新政"之后，凯恩斯主义开始成为西方国家发展经济的主导思想，但"凯恩斯政府干预主义长期盛行引起的政府规模不断膨胀"②，政府的经济和社会管理职能增多，逐渐出现了"全能型政府"。到了 20 世纪 70 年代，"全能型政府"的弊端开始显现出来，"政府过度干预不仅会影响个人创造性和能动性以及经济效率"③，并导致"滞涨"现象的出现，而且也使得西方国家背上了沉重的财政包袱，因而这些国家就有了摆脱凯恩斯主义的客观需要，于是主张限制政府功能发挥市场功能的新自由主义经济理论趁机攻城略地，迅速取代凯恩斯主义成为西方国家的主导经济思想。从政府规模的变动轨迹可以看出，无论小政府还是大政府，都存在缺陷和不足，但政府规模在大与小之间的波动，并不是政府"精简——膨胀"的简单循环，实质上是政府职能在边际上作出调整来寻找一个"最优规模"。

一、职能转移的概念

政府职能转移，其实"就是政府把原先自身承担的职能转交给政府以外的主体承担的行为或过程，就是向社会、向市场转移的过程"。④ 从实现模式视角来论，政府职能转移具有狭义和广义两层含义，即在狭义上，政府职能转移仅指职能由政府机构向社会主体的转移；而在广义上，除了包括职能由政府机构向社会主体转移之外，也包括由于职能主体性质转变（政府部门或准政府部

---

① ［英］亚当·斯密著：《国民财富的性质和原因的研究》，郭大力、王亚南译，商务印书馆 1974 年版，第 27 页。

② 陈国权、曾军荣：《经济理性与新公共管理》，载《浙江大学学报（社会科学版）》2005 年第 2 期。

③ 徐振伟：《两次世界大战之间美国对欧的经济外交——以政府中心型现实主义为中心的分析》，载《南开学报（哲学社会科学版）》2009 年第 3 期。

④ 杨欣：《政府·社会·市场——论中国政府职能转移的框架》，载《经济体制改革》2008 年第 1 期。

门转变为社会主体)而导致的职能存在领域的转移——在这种情形中，尽管承担职能的是同一主体，但由于主体性质发生了变化，政府职能由政治领域随之转换到非政治领域，政府职能也实现了转移。① 所谓"政府职能的转变就是指政府的职责和功能的变化、转换与发展"②，显然，职能转变有可能是仅仅限于政府内部的职能调整，而不必然会造成政府职能向社会主体的让渡，但很显然，中国现代语境中的政府职能转变是在中国政府机构规模庞大、人员臃肿、效率低下、行政成本高居不下、公共服务供给不足的情况下进行的，仅仅局限于政府内部的调整已不足以从根本上解决这些问题，为此，政府职能转变必须在一部分职能让渡出去的前提下才能继续有效地进行，因此政府职能转移就成为政府职能转变必要工作的一部分。

其一，政府职能转移是政府与市场、社会关系的重塑过程，"政府与市民社会之间是一种此消彼长的关系"③，也即政府与社会之间存在一定张力。其实，这样的张力在政府与市场之间也同样存在，这意味着政府承担的职能越多，解决的社会问题就越多，留给市场和社会解决的社会问题则就越少，市场功能发挥空间和社会自治空间就越小，反之，则市场功能发挥空间和社会自治空间就越大。政府职能转移的过程是政府与市场、社会关系的调整过程，在这个过程中，不仅政府需要重新定位，市场和社会也需要重新定位，以确保公共管理职能的顺利交接，防止出现因公共职能丧失承担机构而出现职能真空的问题，但政府与市场、社会之间关系的调整究竟应该达到什么样的状态，"理论上难有统一标准，具体的职能划分要因地因时而变化。"④

其二，政府职能转移是经济和社会自治能力的培育过程，政府职能转移须以完善的市场机制和较强的社会自治能力为前提，否则，政府让渡出来的职能

① 宋宇文、刘旺洪：《国家治理现代化进程中政府职能转移的本质、方式与路径》，载《学术研究》2016年第2期。

② 谢庆奎：《论政府职能的转变》，载《政治与法律》1993年第1期。

③ 余金刚：《对公共治理理论的政治学解读》，载《人民论坛》2011年第11期。

④ 徐宇珊：《政府与社会的职能边界及其在实践中的困惑》，载《中国行政管理》2010年第4期。

将没有社会主体能够承接，势必会造成这一职能得不到履行，出现职能真空，影响社会正常运行。自人类社会产生以来，自治作为一种社会治理方式就始终存在，但在不同时期，社会自治程度是不同的。原始社会几乎完全依靠自治维持运行。奴隶社会、封建社会以及资本主义社会初期，尽管政府治理达到了一定水平，但经济主要通过自由市场来调节，社会基层治理还是主要依靠家族、宗族、宗教等自治体来实现。只是在"罗斯福新政之后，国家开始全面干预社会生活，社会自我管理的空间受到较大限制"①。但西方新公共管理运动兴起后经济和社会自治力量再度崛起，这次崛起并非传统自治因素的卷土重来，而是现代自治主体——非政府组织和现代企业开始作为一股重要自治力量登上历史舞台。相对于传统自治力量，现代自治主体具有结构更正式、目标更明确、组织性更强等优点，为了更好地发挥它们的功能，西方国家开始向现代自治主体让渡部分职能，从而实现了政府职能的转移。对于中国而言，自古以来传统自治力量在社会治理中就发挥着巨大作用。但在中华人民共和国完成社会主义改造后，国家计划开始全面干预社会和经济生活，政府几乎垄断了所有社会和经济事务，经济和社会自治空间遭到严重压缩，自治力量几乎消失殆尽。改革开放后，政府开始从经济和社会领域撤退，市场机制逐步完善，社会自治力量开始增长，但由于制度等方面的缺失，经济和社会自治力量发展非常缓慢，相对于西方发达国家，中国当前的现代自治主体数量还是偏少的。

二、职能转移的法理基础

有限政府理论是行政职能转移的理论基础。"宪政有着亘古不变的核心本质：它是对政府的法律限制。"②因此，宪政的要义就是"限政"，即控制国家，限制政府，约束官员。正如洛克所主张的：政府权力应该是有限的，它除了保护人民的生命、自由和财产外别无其他目的。为了更好地保护人民的生命、自

---

① 卓越：《政府职能社会化比较》，载《国家行政学院学报》2001年第3期。

② ［美］C. H. 麦基文著：《宪政古今》，翟小波译，贵州人民出版社2004年版，第16页。

由和财产，政府就需要理性地弱化直至放弃不该由政府行使或者说政府管不好也管不了的职能，集中精力加强宏观调控，搞好服务、协调、监督等职能。传统的"大而全"的政府往往更容易出现政府职能"缺位""越位""错位"等问题。基于这样的考虑，人们阐发了以"有限政府"为核心理念的包括人民主权、权力制衡、依法行政、司法独立在内的宪政制度的基本原则。迄今为止，"以权力制约权力"和"以权利约束权力"是现代法治国家所普遍遵循的基本理念。

按照杰弗逊的思想，"最好的政府只能是最遵从民意的政府"或"最好的政府只能是权力受到最严格限制的政府"。① 在法治社会，政府权力的分立与制衡主要表现在两方面：一方面，政府内部的权力均衡，对政府权力进行分立以实现均衡，分权体制是实现内部权力制约的制度安排；另一方面，政府与市民社会的权力制衡，通过民主政治制度来实现，选举制度和代议制度是实现外部权力制衡的制度设计。当权力不受限制时，就可能具有无限扩张的倾向，政府亦然。对政府进行制约反映了社会对民主政治的诉求，而最终只有通过法治，方能实现这个目标。

三、职能转移的原则

政府职能转移的四个基本路径原则主要包括政府主导原则、法治原则、目的性原则、渐进性原则。只有在这四个原则的指引下，政府职能的转移才能在法治的轨道上稳步前行，法治国家要求政府权力运行必须遵守宪法和法律，以实现对政府权力的有效监督和制约。

(一)政府主导原则

政府主导原则是指在社会中介组织承接政府职能转移的路径中，政府及其部门处于主导地位，并实际有效地发挥着承接前的导向作用、承接中的指导作用、承接后的督导作用。政府主导原则有其必要性和合理性。尽管公共选择理

---

① 参见秦晖：《权力、责任与宪政——兼论转型期政府的大小问题》，载《二十一世纪(网络版)》2003 年第 21 期。

论的代表人物如詹姆斯·布坎南等认为政府及其职能部门有这样或那样的缺陷，譬如工作低效率、缺乏成本意识以及其内部性与自我的扩张等因素，并由此提出"政府失败"理论①，但绝大多数的公共权力仍然是由政府及其职能部门掌控。因此在很大程度上还是由政府来决定社会中介组织能否承接政府转移的职能，如政府是否愿意让渡某些职能。

（二）合法性原则

合法性原则主要指在社会中介组织承接政府职能转移路径中，各参与主体要在法治理念的前提下，遵守法律，服从法律对各自利益以及相互间冲突的调整。合法性原则是法治理念在社会中介组织承接政府职能转移实践中的具体体现。合法性原则的内容主要包括社会中介组织自身的合法性、职能转移形式的合法性。合法性原则在社会中介组织承接政府职能转移中成为基本路径原则，有着深刻的社会背景和现实意义。法治进程起步晚直接表现为各项社会管理体制混乱，法律规范建设严重滞后，在重大的经济社会决策方面还保留有浓厚的"人治"传统。要突破人治传统就必须在经济社会领域推行"法治"。

（三）合目的性原则

社会中介组织承接政府职能转移的合目的性原则，主要是指社会中介组织承接政府职能转移必须有明确目的，而且这种目的必须与经济社会发展的需要相吻合。合目的性原则坚决反对没有明确、合理的目的的职能转移和承接。通常情况下，政府及其职能部门是不会轻易对自身职能进行转移的，除非有足够理由让政府及其职能部门意识到自己行使这一职能已没有必要或者自己行使成本更高，而将其转移给社会中介组织则会更经济、更高效、更符合社会公共利益。因此，社会中介组织承接政府职能转移，明确、合理的目的是必不可少的前提，而且这个目的一旦确立将会贯彻这个承接过程的始终。

---

① 参见［美］詹姆斯·M. 布坎南著：《自由、市场和国家》，吴良健、桑伍、曾获译，北京经济学院出版社 1988 年版，第 18 页。

（四）渐进性原则

渐进性原则是指社会中介组织承接政府职能转移必须循序渐进，切忌"跟风"或"撂担子"等不负责任的做法。这就要求社会中介组织承接政府职能转移，必须在深入调研的基础上，统一部署，科学规划，有序推进，做到"成熟一个，转移一个，承接一个"。从行政体制改革的角度来看，社会中介组织承接政府职能转移是个系统工程，牵涉到方方面面，稍有不慎就会给经济社会的发展带来不可挽回的损失，因此不可能指望这个工程一蹴而就，"毕其功于一役"，而是要结合具体实际，在经过严密论证的基础上，按照先易后难的方法，推动承接工作在部分领域、部分地区进行试点工作。

四、职能转移的条件与对象

在行政法上，行政授权必须具有严格的法律依据，但对于行政委托是否必须有法律依据则认识不一。有学者认为，行政机关进行委托应当有明确的法律、法规或者规章的规定。其依据是《行政处罚法》第18条[①]的规定。也有学者认为，最高人民法院在2000年发布的《关于执行〈中华人民共和国行政诉讼法〉若干问题的解释》第21条规定[②]来看，一般的行政委托并不需要有明确的法律、法规或者规章的依据。还有些学者的观点更加辩证，如罗豪才所说："行政委托也必须依法进行，不过，这里的依法不如行政授权那样严格，即在某些行政事项范围内，应当有法律关于委托的明确规定，如税收、行政许可等，在另外一些行政事项范围内，只要不违背法律精神和法律目的，即可以实施委托，如物价、卫生、治安方面的监督、检查行为。"[③]行政权力的委托应受

---

① 《行政处罚法》第18条规定："行政机关依照法律、法规或者规章的规定可以在其法定权限内委托符合本法第十九条规定条件的组织实施行政处罚。"
② 《最高人民法院关于执行〈中华人民共和国行政诉讼法〉若干问题的解释》第21条规定："行政机关在没有法律、法规或者规章规定的情况下，授权其内设机构、派出机构或者其他组织行使行政职权的，应当视为委托。"
③ 参见罗豪才、湛中乐编：《行政法学》，北京大学出版社2012年版，第77页。

到法治的约束，原则上应具有明确的法律依据，但正因为委托行为往往是为了应对社会不断发展的需求而产生，为保障行政委托具有的灵活性，应允许委托在法律依据上存在一定例外，这种例外除了非直接处分相对人权利义务的事项以外，还应包括非重大干涉人民基本权利之事项及非重大影响国家社会之安全的事项。

政府职能转移的对象必须具有一定的资质，这决定着政府职能的效果和转移目标的实现。本书中涉及接受委托的个人，因此讨论的是私人接受委托的资质问题。相较于接受委托的组织，私人应具有更严格的准入制度。一般包括：受托方与所委托行使的行政职能没有利害关系；受托方掌握行使行政职权必须了解的法律法规知识和相关的技术知识；受托方具备良好的身体素质和政治素质。法律应对受托方的条件作明确规定，在法律没有规定的状况下，行政机关应根据行政事项的性质加以规范。政府职能转移对象的规制除了对转移对象的资质作相应的要求，还表现在对选择对象的程序上有严格要求。该程序应包括确定选择对象的方法、步骤、顺序和时限，同时程序应具备现代程序法意义上的制度，如回避制度、合议制度、调查制度、听证制度等，以保障选择职能转移对象的公开性和公平性。现行的城市社区网格员招聘明确了笔试、面试、体检、考核、公示的工作步骤，但体现对相对人权利保障的现代程序法意义上的制度还未得以确认。[1]

五、职能转移的路径

早在 20 世纪 90 年代，国务院和各部委相继颁布文件，在强调发展社会中介组织，发挥其服务、沟通、公证、监督作用的同时，提出转变政府职能，发展经济类行业协会，把相当一部分经济活动、社会服务和监督职能转交给社会中介组织。[2] 当时，主要以财务会计相关专业知识为基础的社会中介组织（如

---

[1] 邓海娟：《论社会管理创新中政府职能转移的法律规制——以社区网格员参与社会管理为例》，载《探索与争鸣（公民与法板块）》2013 年第 10 期。

[2] 周耀虹著：《中国社会中介组织》，上海交通大学出版社 2008 年版，第 99 页。

会计师事务所、税务师事务所、审计师事务所等)、以房地产、工程技术相关专业知识为基础的社会中介组织(如资产投资与评估师事务所、资信评估机构、房地产评估机构等)、以法律相关知识为基础的社会中介组织(如律师事务所、鉴定公证中心、法律援助咨询中心、专利代理机构等)承接了大量政府转移的职能,有效地促进了国民经济从计划经济时代向市场经济时代的过渡。此后,部分地区(如上海、江西①)的社会中介组织通过承接政府职能转移壮大了自身的发展,既有数量上的增加,同时也有了质的突破。

可以预见,随着经济社会的发展、社会中介组织进一步成熟壮大,社会中介组织一定会成长为承接政府职能转移的重要主体。《中共中央关于制定国民经济和社会发展第十二个五年规划的建议》(以下简称《建议》)明确提出,"十二五"期间,我国要加快改革攻坚步伐,推进行政体制改革,以保证进一步转变政府职能,减少政府对微观经济活动的干预,注重"培育扶持和依法管理社会组织,支持、引导其参与社会管理和服务"。《建议》预示着在"十二五"期间,我国各级政府将有相当一批的行政职能要么消失,要么以一定形式向体制外进行转移。因此,作为社会组织的重要分支——以社会中介组织为代表的社会组织将更深入参与社会管理和服务体系中,成为承接政府职能转移的重要主体。社会中介组织承接政府职能转移可以根据实际情况,采取相应的路径方式。不同的路径方式会有不同的承接效果,并决定着后续承接工作的广度和深度。主要有概括性承接、合同性承接、试点性承接和"休克"性承接四种转移路径。②

(一)概括性承接

概括性承接是借用民法学上的一个专业术语,来说明社会中介组织承接政府职能转移时,既承接政府转移的职能所赋予的权力,也承接这种职能所包含

---

① 参见江西省科技社团承接政府职能转移调研组:《江西省科技社团承接政府职能转移的调研报告》,载《学会》2008年第9期。

② 徐顽强、张红方:《社会中介组织承接政府职能转移的路径》,载《湖北大学学报(哲学社会科学版)》2012年第1期。

的责任，即对权力和责任的一并承接，并且这种承接最终以法律形式予以明确。概括性承接对社会中介组织的专业化程度和独立性要求都比较高。20世纪90年代起，为了把相当一部分经济活动、社会服务和监督职能一并转交给相关社会中介组织，同时配套实施了"四脱钩"和"五放开"。经过"四脱钩""五放开"后，相关挂靠机构不论是采取合伙制还是有限责任制，都脱胎成为自主经营、自担风险、自我约束、自我发展、平等竞争的，具有现代意义的社会中介组织。如原来挂靠在司法、财政、审计等政府机关部门的律师事务所、会计师（审计师）事务所、资产评估、税务、专利代理、房地产评估等行业中介机构实现"新生"。同时，与之相适应的相关法律法规，如《行政许可法》《合伙企业法》《律师法》相继制定，有效地保障了社会中介组织概括承接政府转移职能的效果及稳定性。

（二）合同性承接

合同性承接相对于概括性承接是不完全的承接，即社会中介组织承接政府职能转移中，只承接职能的权力部分，而职能所包含的责任仍由"母体"政府承担，并且这种承接以订立契约的方式来实现，其承接的效果也是有条件或有期限限制的。合同性承接常见于契约、购买、委托、指定等情形。合同性承接在一定程度上推动了社会中介组织承接政府职能转移的进程，创新了许多值得可取的方式。在这些方式中，政府将原先垄断的公共物品的生产许可权向私营公司、社会中介组织等机构以合同的形式进行转让，社会中介组织、私营企业等组织则以竞争性投标方式，争取获得政府提供的公共项目经营权，并以合同形式与政府主管部门建立契约关系，或者由政府选择服务项目进行出租。合同性承接在相当程度上将公共领域引入市场机制，通过投标者的竞争和履行合约行为，完成公共服务产品的"准市场化"，在不扩大政府规模、有效控制公共财政支出的情况下，改善公共服务的提供，提高行政效率，增强政府能力。此外，合同性承接在实际操作中，也符合渐进性原则的基本要求，在我国仍然有着广泛的现实意义。

(三)试验性承接

试验性承接是指社会中介组织承接政府职能转移中，选取一些相对较成熟的领域或各方面基础较好的地区进行试点承接，若取得成功并积累相当的经验之后，再进行全面推广。通过试点开展工作，是我党和政府开展经济社会建设工作的一个重要工作方式。新公共管理理论①对此也是极为提倡的，如通过试点收集反馈信息，然后有针对性地对决策进行修正。在我国，社会中介组织承接政府职能转移最早是从经济领域开始的。我国社会中介组织的兴起与发展肇端于资源控制权由政府部门高度集中向社会和市场分散转变，同时它又促成多元化、社会化的资源控制体系和配置体系的形成。② 当前，社会中介组织承接政府职能转移的试点工作在领域与区域方面，都得到了前所未有的拓展，如领域方面已逐步由传统的经济领域拓展至与行政审批改革以及与社会服务与管理创新等相关领域。海南和深圳作为地方行政审批制度改革的先行者，为试验性承接作出了重要贡献。

(四)"休克"性承接

"休克"性承接是指在社会中介组织承接政府职能转移中，对一些难以把握的政府职能在转移前，突然使其进行一段合理时期的"死亡"后，再决定是否对其转移，并决定由哪类社会中介组织进行承接。我国政府机构庞大臃肿，政府职能数量众多并盘根错节，以致在具体实践中，常常会出现一些奇怪现象：没有利益的时候，有关职能会束之高阁，无人问津；当出现利益或利益之争的时候，相关职能部门就纷纷登场，并拿出各自政策、法律依据进行辩护。当启动城市管理综合体制改革时，因为涉及资金、人员编制、收费、设备更新

---

① 张云德著：《社会中介组织的理论与运作》，上海人民出版社 2003 年版，第 68 页。
② 李文良：《我国政府职能转变的历史追溯》，载《北京电子科技学院学报》2007 年 9 月版。

等，许多职能部门纷纷主张某职能是其部门所属职能，并罗列相关法律、政策依据。[①] 这种现状充分证实了，当前仍有相当一部分行政职能要么过时，要么长期处于"休眠"状态，并没有真正发挥作用，对于它们的处理，"休克"是最好的举措。

[①] 参见江西省科技社团承接政府职能转移调研组：《江西省科技社团承接政府职能转移的调研报告》，载《学会》2008 年第 9 期。

第八章　协助·协商·联合行政

在依法行政这一行政法基本原则的要求下，地方各级政府应当在各自的法定职权范围内行使行政权力，既不能越权也不能不作为。然而，"职责分工不能排除地方政府在执行职务时彼此之间的合作，因为这种合作同分工一样也有必要"。[1] 在以往关于行政组织法的研究中，学界往往更加重视地方各级政府彼此之间的职能分工，而对其相互间的协作配合关注较少。[2] 作为对地方各级政府彼此协作互助起到重要作用的行政协助行为，亟待深入探究。

政府间协作，又称政府合作或府际合作，是指互不隶属的地方各级政府及其职能部门为实现共同的行政目的而在行使行政权力的过程中以各种形式开展的协作配合。[3] "协作"强调主体之间的平等性、协调性，而前者更强调主体之间的层级性、服从性。政府间协作被广泛运用于地方政府开展行政活动的实践之中，根据合作主体相互联系的紧密程度，可以将政府间协作划分为三种类型：其一，政府间协助，又称行政协助，是指行政主体请求与其无隶属关系的另一行政主体协助其行使行政职权，以实现其行政目的的一种行政行为。这种政府间协作方式最为灵活，被协助主体和协助主体都有较大的自主性且两者地位不同，前者处于主要

---

① 王名扬著：《王名扬全集：英国行政法、比较行政法》，北京大学出版社 2016 年版，第 74 页。

② 参见金国坤：《行政协作法律机制研究》，载《河北法学》2008 年第 1 期。

③ 参见杨宏山著：《府际关系论》，中国社会科学出版社 2005 年版，第 2 页。

地位，后者只是起到辅助作用，因而合作主体间的联系也最为松散。其二，政府间协商，是指不同的行政主体就某些共同的公共事务进行磋商，而磋商的结果一般是签订政府协议。由于存在着约束协作各方行为的政府协议，故各合作主体的联系较为紧密。其三，政府联合行政，它是一种合作各方联系最为紧密的政府间协作形式，其中有行政行为意义上的联合与行政机构意义上的联合两种类型。由于合作各方需要以共同的名义作出行政行为，甚至是共同组建新的联合行政机构，因而联系最为紧密。本章将详细阐释上述三种政府间协作类型的具体内容。

第一节　政府间协助

一、行政协助的规范解释

就其规范意义而言，行政协助意指行政主体基于法律或者是事实层面的原因而无法自行行使职权或者是难以自行行使职权，转而向与其不存在隶属关系的行政主体请求提供协助，被请求主体按照其自身的职权范围对其提供相应的帮助，并承担相应法律责任的行政行为。

（一）行政协助的解释视角

由于我国行政法学界对行政组织法的研究相对较为滞后，并且既有的关于行政组织法的研究并不重视探讨政府间协作，故目前对行政协助的专门性、系统性研究较为少见。从既有的研究成果来看，我国行政法学界对行政协助的定义主要从以下四个视角切入：（1）行政管理的视角。在此视角下，行政协助被称之为"行政协调"，指的是行政主体之间通过相互配合，从而共同履行行政职责的方式，这种方式强调的是行政主体之间的相互协调和配合。[①]（2）行政

[①]　参见张尚鷟编：《走出低谷的中国行政法学——中国行政法学综述与评价》，中国政法大学出版社 1991 年版，第 117 页；朱新力：《行政协助探析》，载《政府法制》1997 年第 5 期。

组织的视角。以此视角展开的研究，一般使用"公务协助"的概念，将之定义为在无隶属关系的行政主体之间所发生的公务协助关系，强调行政主体间无隶属关系。① （3）行政职权的视角。在此视角下，行政协助又被称之为"职务协助"，指的是"对某一事务无管辖权的行政主体，基于有管辖权的行政主体的请求，依法运用职权予以协助的行为"②，强调提供协助的行政主体无相应管辖权。（4）行政程序的视角。行政程序视角的研究一般采用"行政协助"的概念，将其定义为在行政职权行使的过程中，行政主体由于无法或难以自行执行职务，而向无隶属关系的行政主体提出协助请求，由后者在自身职权范围内帮助前者行使职权的行为，强调协助的具体过程。③

（二）行政协助的法律属性

属性是对概念进行进一步解释的工具，倘若要对行政协助的基本意义进行更加全面和深入的了解，则需要将行政协助的特征进行总结和归纳，就如前文所说的那样，行政协助属于行政行为的范畴，因而其具备行政行为所具有的一般共性，除此之外，政府间协作也具有自身的特性。具体而言，其特征表现在四个方面。

其一，法定性。依法行政是行政法的一项基本原则，行政协助作为一种行政行为，自然应受其约束而具有法定性。行政协助的法定性包含以下三个方面的内容：一是协助情形的法定性，只有当符合法律规定的情况下，行政主体才能够向其他行政主体申请提供相应的行政协助；二是协助行为的法定性，即被请求主体所实施的协助行为必须在其自身的法定职权范围之内；三是协助程序的法定性，无论是请求提供帮助的行政主体抑或是实施协助行为的行政主体都

---

① 参见周佑勇著：《行政法原论》，中国方正出版社 2002 年版，第 132 页；杨解君著：《行政法学》，中国方正出版社 2002 年版，第 145 页。

② 叶必丰著：《行政法学》，武汉大学出版社 1996 年版，第 96 页；参见胡建淼著：《行政法学》，法律出版社 1999 年版，第 257 页。

③ 参见王麟：《行政协助论纲——兼评〈中华人民共和国行政程序法（试拟稿）〉的相关规定》，载《法商研究》2006 年第 1 期；参见黄学贤，周春华：《行政协助概念评析与重塑》，载《法治论丛》2007 年第 3 期。

需要在法定的程序之下作出相应的行为。

其二，公务性。行政协助发生在行政主体之间，是行政主体出于公务目的，在公务活动中遇到特定情形时方可进行的行为，并且行政协助行为必须与被请求主体的职务相关。与之相对的，不享有行政职权的公民、法人和其他组织实施的帮助行为，尽管也可能是为了公共利益、出于公务目的，但并不具有公务性。①

其三，临时性。行政协助作为依其他机关的申请而作出的行为，具备临时性的特征，其存在期限与请求主体行使行政职权的期限相同，当请求主体完成其相应的行政管理职责后，行政协助行为随之消失。在行政主体行使行政职权的过程当中，行政协助的出现具备不确定性，并非所有行政主体履行行政职责而作出相应的行政行为时都需要启动行政协助，也并非在履行行政职责的过程当中一直需要其他行政主体提供行政协助，只要行政协助赖以发生的情形消失时，此两个行政主体之间请求与被请求的关系即消灭，二者之间的关系复原到行政协助发生之前。

其四，辅助性。行政协助的辅助性体现在协助行为的被动性与补充性上。一方面，即使行政协助的行为是被请求的行政主体用自身的名义所为，然而其为相应行为乃以请求主体的协助申请为基础，故行政协助行为的启动具有被动性②；另一方面，行政协助行为对原行政行为起到了补充作用，辅助请求主体顺利完成公共事务的管理活动。③

（三）行政协助的基本类型

由于学界对行政协助理论研究相对比较滞后，加之行政协助本身在行政管理的过程当中非常普遍，其所涉及的主体多、事务杂、方式和手段多样，目前

---

① 参见张琨、沈刚伟：《论行政协助的程序》，载《安徽警官职业学院学报》2003 年第 5 期。

② 参见周春华：《行政协助基本问题研略》，载《法治研究》2007 年第 7 期。

③ 参见章剑生：《两大法系行政程序法观念之比较研究——兼论中国行政程序法观念》，载《比较法研究》2007 年第 1 期。

尚无全面而系统的类型化研究。本书尝试在以往理论研究的基础上，结合传统行政行为的分类标准与分类方式，并按照行政协助本身的特征对其进行划分，主要分为以下几种类别。

其一，法定协助与意定协助。根据行政协助发生的依据不同，可以将其分为法定行政协助与意定行政协助。其中：（1）法定行政协助指的是按照法律、法规和规章等的明确规定，应当或可以进行的行政协助，其对行政协助的条件、范围、程序、主体等都作出了明确的规定。法定行政协助包括两种类型：一是由统一的行政程序法规定行政协助需满足的一般条件，例 1976 年的《联邦德国行政程序法》[1]；二是单行法律、行政法规及政府规章明确规定了具体的协助主体、程序及义务等，例如我国《税收征收管理法》（2015 年修正）第 5 条。[2]（2）意定行政协助指的是当不存在相关规定的情况之下，行政主体根据自身履行行政职责的需求而申请其他行政主体对其提供协助。我国目前虽有一定数量的关于行政协助的规定，但既有规定比较分散、笼统，难以指导实践，从而导致实践中意定行政协助大量存在。由于缺乏明确的法律规定，意定行政协助往往成本高、效率低、争议多，因而通过完善相关规范使意定行政协助向法定行政协助转化是我国行政协助制度发展的必然方向。

其二，要式协助与非要式行政协助。根据行政主体作出行政协助行为（包括请求主体请求协助的行为与被请求主体提供协助的行为）是否需要满足相应的程序、具备一定的形式，可以将行政协助划分为要式行政协助和非要式行政协助。其中，（1）要式行政协助是指对于行政协助行为的发生，法律、法规、规章等明确规定必须满足一定的程序和形式要件，行政协助行为才能产生法律效力，例如德国、韩国、我国台湾地区等的行政程序法都规定了行政主体作出行政协助行为时，除非有紧急情况发生，必须采用书面的形式，否则被请求主体可以拒绝提供协助。（2）非要式行政协助则是指法律、法规、规章等没有明

---

[1]　参见应松年编：《外国行政程序法汇编》，中国法制出版社 2004 年版，第 81 页。

[2]　该条第 3 款规定："……各有关部门和单位应当支持、协助税务机关依法执行职务。"

确规定行政协助行为需要具备的程序和形式，请求主体可以自行决定采取何种方式请求协助，被请求主体也可以自行决定是否以及以何种方式提供协助。与意定行政协助一样，非要式行政协助也由于我国缺乏关于行政协助的明确具体的法律规范而广泛存在，这增加了行政主体在作出行政协助行为过程中的随意性，可能导致行政权的滥用，不利于行政协助的法制化、规范化。

其三，内部协助与外部协助。从行政系统内部关系来划分，可以将行政协助分为内部行政协助和外部行政协助。其中：（1）内部行政协助是指发生在同一系统内部的互无隶属关系的行政主体之间的行政协助，即有管辖权的行政机关直接向本系统的外地行政机关提出协助请求，例如甲地工商部门协助乙地工商部门进行执法检查就属于内部行政协助。（2）与内部行政协助相对应的是外部行政协助，是指甲行政主体请求不属于同一系统的乙行政主体来实施行政协助行为，例如我国《文物保护法》（2017年修正）第32条所规定的文物行政部门请求公安机关协助保护现场就属于外部行政协助。[1]

其四，横向协助与斜向协助。根据行政协助双方主体之间关系的不同，可以将行政协助分为横向行政协助与斜向行政协助。有学者认为，可以将行政法律关系划分为行政权力配置关系、行政职权行使关系、公产管理关系及监督行政关系四个子系统，其中行政职权行使关系分为行政系统内部法律关系及外部法律关系，而内部行政法律关系又可分为纵向、横向以及斜向行政机关之间关系。[2] 行政协助行为不发生在存在隶属关系的行政机关之间，而只存在于横向和斜向行政主体之间。横向行政协助是指同在一个行政系统内部的属于平行关系的行政主体之间的协助，而斜向行政协助则是指除纵向及横向关系之外的行政主体之间的协助，它一般包括层级较低的行政主体对斜向上级行政主体的协助和层级相对较高的行政主体对其斜向下级行政主体之间的协助[3]两种。

---

[1] 该条第1款规定："……文物行政部门可以报请当地人民政府通知公安机关协助保护现场……"

[2] 参见王成栋：《行政法律关系基本理论问题研究》，载《政法论丛》2001年第6期。

[3] 参见我国《公路法》（2017年修正）第14条第4款规定的"乡道规划由县级人民政府交通主管部门协助乡、民族乡、镇人民政府编制，报县级人民政府批准"。

二、行政协助的实践考察

尽管在立法方面存在着诸多问题，但当前的立法也为行政实践当中行政协助的开展提供了法律依据，指明了行政主体之间进行行政协助的方向。伴随着我国社会经济的迅速发展，在以建立有限政府、法治政府、信用政府、责任政府的政府职能转变的需要下，行政协助的需求在行政实践当中越来越大，特别是在目前还欠缺相关立法的领域。这种趋势更是要求各行政主体间务必要通力合作、相互协，这不仅向我国的行政管理工作提出了新的挑战，同时也为行政协助制度的建立和发展提供了实践的平台。不仅如此，由于我国行政协助目前尚存许多问题，行政协助活动无法在制度的框架下正常运行，阻碍了行政法治目标的实现，因此，我国行政协助亟待改进。

(一)行政协助的法律依据

我国尚未制定统一的行政程序法，既有的地方政府组织法也并未对行政协助进行统一的规定，仅有的少数有关行政协助的规定零星分布在一些单行法律、法规、规章之中。具体而言，在法律层面，有《矿产资源法》(2009 年修正)第 11 条①、《税收征收管理法》(2015 年修正)第 5 条、《体育法》(2016 年修正)第 49 条②、《海关法》(2017 年修正)第 7 条③、《文物保护法》(2017 年修正)第 32 条、《行政许可法》(2019 年修正)第 64 条④、《消防法》(2019 年修

---

①　该条规定："……省、自治区、直辖市人民政府地质矿产主管部门主管本行政区域内矿产资源勘查、开采的监督管理工作。省、自治区、直辖市人民政府有关主管部门协助同级地质矿产主管部门进行矿产资源勘查、开采的监督管理工作。"

②　该条第 1 款规定："利用竞技体育从事赌博活动的，由体育行政部门协助公安机关责令停止违法活动，并由公安机关依照治安管理处罚法的有关规定给予处罚。"

③　该条规定："各地方、各部门应当支持海关依法行使职权，不得非法干预海关的执法活动。"

④　该条规定："被许可人在作出行政许可决定的行政机关管辖区域外违法从事行政许可事项活动的，违法行为发生地的行政机关应当依法将被许可人的违法事实、处理结果抄告作出行政许可决定的行政机关。"

正)第 45 条①等规定。在行政法规层面，有《国内交通卫生检疫条例》(1999 年实施)第 10 条②、《突发公共卫生事件应急条例》(2011 年修正)第 44 条③等规定。在地方性法规层面，有《山西省盐业管理条例》(2010 年修正)第 5 条④等规定。在地方政府规章层面，湖南省 2008 年出台的《湖南省行政程序规定》第 17 条⑤对行政协助进行了比较全面的规定，并概括列举了几种适用行政协助的情形，规定了被请求主体的协助义务以及不能提供协助时说明理由的义务，还规定了协助争议的解决以及协助相应的法律责任等。

通过梳理前述规范，可以发现我国现有的行政协助相关立法在内容上覆盖了自然资源、文物保护、税收、体育、海关、消防、卫生等行政管理领域，在位阶上也见诸法律、法规、规章等层级，这使得我国行政协助立法具备了涉及领域广泛、立法形式多样的特点，为我国行政协助制度的发展和完善打下良好的基础。

(二)行政协助立法中的问题

尽管我国现行法已经具备了一定数量的关于行政协助的规定，但在现有的

---

① 该条规定："消防救援机构统一组织和指挥火灾现场扑救，应当优先保障遇险人员的生命安全。火灾现场总指挥根据扑救火灾的需要，有权决定下列事项：……(六)调动供水、供电、供气、通信、医疗救护、交通运输、环境保护等有关单位协助灭火救援。"

② 该条规定："……必要时，由当地县级以上人民政府组织公安部门予以协助。"

③ 该条规定："在突发事件中需要接受隔离治疗、医学观察措施的病人、疑似病人和传染病病人密切接触者在卫生行政主管部门或者有关机构采取医学措施时应当予以配合；拒绝配合的，由公安机关依法协助强制执行。"

④ 该条第 2 款规定："国土资源、卫生、工商行政管理、质量技术监督、公安、交通、物价、铁路等部门，应当按照各自的职责，协助、配合同级盐业行政主管部门做好盐业管理工作。"

⑤ 该条规定："有下列情形之一的，行政机关应当请求相关行政机关协助：(一)独自行使职权不能实现行政目的的；(二)不能自行调查执行公务需要的事实资料的；(三)执行公务所必需的文书、资料、信息为其他行政机关所掌握，自行收集难以获得的；(四)其他必须请求行政协助的情形。被请求协助的行政机关应当及时履行协助义务，不得推诿或者拒绝协助。不能提供行政协助的，应当以书面形式及时告知请求机关并说明理由。因行政协助发生争议的，由请求机关与协助机关的共同上一级行政机关决定。实施行政协助的，由协助机关承担责任；根据行政协助做出的行政行为，由请求机关承担责任。"

与行政协助相关的立法当中依旧存在各种问题，这些问题的存在使得我国行政协助制度的发展与完善无法顺利进行，干扰了其功能的发挥，对行政目的的实现产生了不利影响。

其一，未明确行政协助义务。行政协助义务指的是作为行政主体，在行政协助法律关系当中被请求提供相应的行政协助时，不得怠于提供帮助的义务。行政协助制度存在的前提是行政主体负有提供行政协助的义务，也就是面对请求主体所提出的符合法律规定的协助请求时，被请求的一方行政主体倘若没有不能提供协助的正当化事由则应当为其提供相应的协助。然而，由于我国行政协助立法的欠缺，导致法律并未对行政主体应当承担的行政协助义务进行明确规定。在此种情形之下，被请求行政协助的主体便会出现为了逃避责任而拒不协助或拒不正确协助的情况，使相关立法沦为一纸空文。

其二，未形成行政协助制度体系。现有的行政协助立法散见于某些法律、法规和规章当中，对于行政协助发生的条件、行政协助的审查以及行政协助争议的处理和法律责任等都未进行系统的规定，相对比较分散，未形成完备的行政协助法律体系。由于缺乏全面的、成体系的规范，各行政主体便容易各自为政，基于自身需要制定有利于保护自身利益的行政协助相关规定。同时在行政协助规定的管理领域的协助行为也会因为缺乏系统的制度规范而变得混乱无序。

其三，现有立法效力层级偏低。根据前文可知，我国现行行政协助法律规定体现在单行法律、法规和规章当中，因而层级比较低，对行政主体的约束力不强，无法满足行政实践活动的需要，存在多方面的问题，主要表现在以下两个方面：(1)在当前社会，由于行政协助立法主体呈现多元化发展趋势，不仅如此，各级政府部门在行政立法主体当中占据了很大的比例，这种情况导致行政协助立法主体所制定的有关于行政协助的规定通常情况下容易受到自身立场以及视角的约束，从而使得部门保护主义频发。(2)现有的行政协助立法效力等级比较低，对行政协助的双方无法产生强有力的现实约束力，导致行政协助立法成为一纸空文，行政协助在实际操作当中仍然处于混乱之中。比较而言，域外行政协助制度和我国行政协助制度不同，其大多采用制定统一的行政程序法以及附加单行法律的方式，行政程序法在其制度建立中起着基础和主导的作用。

其四，立法可操作性不强。现行有关行政协助之法律规定基本上都是概括性的，没有指明协助的程序和方式，也没有规定协助争议的解决与救济，可操作性不强，不利于指导实践。这导致行政协助的实际运行得不到法律的保障，更多的是依靠请示上级、动用关系、争取政策来实现，导致行政效率低下，甚至出现权力寻租、滥用的情形，容易滋生腐败。

(三) 行政协助实践中的问题

由于我国行政组织法的理论和立法比较滞后，在实践中行政主体的权力配置比较混乱，时常发生行政执法的管辖权争议甚至产生冲突。"管辖权模糊不清的不确定状态势必会影响行政管理事项的完成进度，难以提高行政主体间共同处理公共事务的协作能力。"[①] 对于行政协助缺乏统一的规定，单行立法又比较零散与笼统，导致行政协助在实际运行过程中暴露了许多问题，具体表现为以下方面。

其一，协助无法落实。虽然对于行政主体以及其相关职权和职责在我国行政组织法当中已经明确规定，然而，基于行政主体的复杂性以及相关立法措施没有落实到位，使得行政主体的管辖出现交叉或者覆盖不到位的现象，最终导致行政职权的运行过程受到阻碍。在此之下，出于行政一体化原理的考量，应当增进行政主体之间的支持与配合，在坚持各自分工的基础之上完成行政协助工作。然而，在实际上，由于行政主体众多且缺乏对法定协助义务的规定，各行政主体往往各自为政，仅从本部门、本行业、本地区的狭隘利益出发，对其他行政主体采取不合作、不协助的消极对策，更有甚者不仅不提供行政协助，还在行政执法中袒护自己主管的行业、部门、企业或组织。这种利益驱动下的保护主义，有利益时互相争夺、无利益时相互推诿，将本部门的行政权力从国家整体行政权中割裂开来，导致行政执法难度增加，行政协助制度空有其名却

---

① 周佑勇著：《行政法基本原则研究》，武汉大学出版社 2005 年版，第 166 页。

难以实施。

其二，有效监督缺位。权力的行使必须具备相应的监督机制对其进行监督与制约，行政权力亦是如此。对行政权进行监督的方式包括：立法监督、司法监督、社会监督等方式。其中，立法监督在一般情况下只对产生重大社会影响的宏观行政行为进行监督。司法监督是指司法机关通过司法权的行使对行政权进行的监督。社会监督是指社会各主体对行政权行使进行的监督，包括公众监督、新闻监督等。然而，具体到行政协助制度的监督层面，由于目前我们国家相关立法的欠缺，社会大众以及执法工作人员的行政协助意识不强，导致上述几种监督方式都无法有效地开展监督工作。因此，有关立法权、司法权以及公民权对于行政协助制度的监督立法都亟待完善，尤其是行政相对人对于行政协助行为所拥有的监督权以及救济权需要进行完善。

其三，被替代率较高。在实践中，由于立法的缺位和制度规定的不规范，行政协助常常被政府协议、联合执法取代。政府协议多以召开联合会议的形式，在会议上对具体事项作出决策指导和具体分工，最终以会议纪要的方式呈现，从而弥补行政协助所存在的法律依据缺失、程序不规范、监督不到位等缺陷。除此之外，联合执法也经常在执法实践中代替行政协助。联合执法依赖上级部门的主动性，但与有相关经验的特定部门相比，上级部门解决问题的经验不足，因而并不利于高效解决问题，会导致效率低下、资源浪费的问题。

其四，缺乏软硬件条件。除欠缺法律制度的保障之外，行政协助实施所依赖的软硬件条件缺失是阻碍我国行政协助制度发展的一大明显制约因素。硬件条件的缺乏主要是指行政协助的实施欠缺切实可行的方式方法，如：无专门的行政协助协调机构，缺乏信息共享的设施和手段，缺乏对于协助效果的考核机制和责罚手段等。而软件条件的欠缺则主要体现为协助人员素质不高。在行政协助过程中，往往需要行政协助人员熟悉其他领域的法律、法规以及相关的专业知识，这就给协助人员的素质提出了较高的要求，但在当前的行政协助当中，有些协助人员素质不高、不能认真对待协助职责，阻碍了行政协助工作的顺利开展。

三、域外行政协助制度

行政协助制度在大陆法系国家已确立多年，发展较为成熟并且取得了较好的社会效果。基于制定法的传统，所以大陆法系国家的行政协助制度是以一系列的法律制定以及实施来确立的，法律当中直接对于行政协助的事项进行了比较具体的规定。例如德国、西班牙、韩国等都在法律规范层面对行政协助作出了专门的、严密的规定。大陆法系国家或地区所建构的行政协助制度的最大特点在于，其在制度建设方面采用行政程序法与单行法相结合的立法方式，以行政程序法为核心，辅之以大量的单行法律、法规规章等规范性文件的相关协助规定作为配套补充，由行政程序法对协助义务、请求条件、请求审查、纠纷解决、法律责任等作出明确规定，再结合特殊行政领域的特点由单行法对行政协助作出更加细致的规定。

在英美法系国家和地区，虽然不存在类似于大陆法系国家与地区的专门、统一的立法规定，但行政协助制度作为规范行政机关之间权力关系的一种基本的行政法制度同样存在。① 英美行政法同大陆法系国家相区别，更加注重程序权利的维护，重点由程序来实现对实体权利的保证。然而，尽管行政协助制度是程序法当中的一项重要内容，在英美法系国家的法律规范当中却很罕见。由于法律文化和立法传统的影响，完整统一的成文的行政协助制度在英美法系国家并不存在。即便是格外重视正当程序且制定了《联邦行政程序法》的美国，其行政程序法中对行政协助也没有明确的规定。然而这并不代表在英美法系国家中不存在行政协助制度，相反，在英美法系国家的行政实践当中，行政主体之间的相互协作与合作是非常普遍的，行政主体之间的行政协助机制也发展得比较成熟。英美法系国家之所以在立法和学术研究中对行政协助较少有规定和介绍，是因为英美法系国家主要通过判例对行政程序来进行完善，从而实现将行政协助贯通到程序理念之中，并非与大陆法系国家一样将行政协助制度通过

---

① 参见王麟：《比较行政协助制度研究》，载《法律科学（西北政法大学学报）》2005年第 5 期。

成文法的形式进行确立。

行政协助制度在大陆法系国家当中确立的时间较早，因而发展得比较成熟，不仅如此，基于大陆法系之制定法传统，一系列法律的颁布与实施使得行政协助制度能够付诸实践，在这些法律当中对行政协助的规定也比较明确具体，具有可操作性，值得我国借鉴。而相比之下，英美法系将行政协助融入正当程序理念之中，较少见关于行政协助的成文法规定。故而本书主要介绍德国、韩国、西班牙等大陆法系国家和地区的行政协助相关规定。

（一）行政协助的法定义务

行政协助的法定义务，是指法律规定的无隶属关系的行政主体之间应当相互协助的义务。在域外的行政协助制度当中：《联邦德国行政程序法》（1976年）第4条第1项明确规定："所有行政机关于被请求时，须相互协助"。①《西班牙公共行政机关法律制度及共同的行政程序法》（1992年）第4条也规定："行政机关在开展活动和处理相互之间关系时必须做到：第一，尊重其他行政机关合法行使其职能；第二，在行使自身职能时，权衡相关的总体利益和委托机关的利益；第三，向其他行政机关提供在行使其自身职能时所开展活动的信息；第四，在自身范围内，向其他行政机关提供为有效行使其自身职能时，所需要的积极合作与帮助。"②域外行政协助制度主要通过其行政程序法和基本法来对此进行规定。

（二）行政协助的请求条件

行政协助的请求条件，是指在行政活动中，请求主体在何种情形下可以请求行政协助。行政协助制度的确立，首先必须将行政协助的情形进行明确具体的规定，也就是说在何种情况之下能够适用行政协助。关于行政协助的适用情

---

① 应松年编：《外国行政程序法汇编》，中国法制出版社2004年版，第120页。本章所引该法条文均引自该书。

② 应松年编：《外国行政程序法汇编》，中国法制出版社2004年版，第246页。本章所引该法条文均引自该书。

形，德国、韩国在行政程序法当中进行了具体规定。

其一，《联邦德国行政程序法》（1976 年）第 5 条第 1 款对行政协助的条件作出明确的规定："在下列情况下，行政机关尤可寻求职务协助：（1）因法定原因不能亲自完成公务的。（2）因事实原因，尤其缺少所必需的人力和设备而不能完成公务的。（3）不具备且不能调查获得为完成某一任务所需的对一事实的知识。（4）完成公务所需的书证或其他证据，由被请求机关拥有。（5）仅在支出较被请求机关所需者更多的费用的情况下，方能完成公务。"

其二，韩国《行政程序法》（1996 年）第 8 条第 1 项规定："行政机关，有下列各款所列情形之一时，得请求其他行政机关予以行政协助。（1）以法律上之理由，单独执行职务有困难时。（2）因人员、设备不足等事实上之理由，单独执行职务有困难时。（3）需要得到其他行政机关所属专门机关之协助时。（4）其他行政机关所管理之文书、统计资料等行政资料为执行职务所必要时。（5）其他行政机关予以协助处理，将显著地有效率且经济时。"①

（三）行政协助请求的审查

行政协助请求的审查指的是行政主体在收到请求主体所提出的行政协助请求之后对该协助请求进行审查，从而判断其是否符合法律规定的提供行政协助的条件。行政协助的被请求主体在进行审查后，若符合条件则提供协助，否则可拒绝提供协助。被请求主体同意提供协助其实也就意味着行政协助的请求符合法定条件，而拒绝提供协助则有更加复杂的情形。具体而言，拒绝协助请求的情形可以分为两类。

其一，被请求主体必须拒绝的情形。② 例如，《联邦德国行政程序法》（1976 年）第 5 条第 2 款的规定："（1）因法定原因，不能提供协助的。（2）如提供协助，会严重损害联邦或州的利益时。"由此可知，行政协助的提供必须

---

① 应松年编：《外国行政程序法汇编》，中国法制出版社 2004 年版，第 574 页。本章所引该法条文均引自该书。

② 应松年著：《比较行政程序法》，中国法制出版社 1999 年版，第 91 页。

符合法律的规定并且不会给请求主体带来较大不利。

其二，被请求主体可以拒绝的情形，被请求方可以根据实际情况，作出同意或拒绝协助的决定。① 例如，《联邦德国行政程序法》(1976 年)第 5 条第 3 款规定："(1)其他机关较为方便或较小花费，即可提供协助；(2)被请求机关须支出极不相称的巨大开支方可提供协助；(3)考虑到请求协助机关的职能，被请求机关的职能，被请求机关如提供协助即会严重损及自身职能。"《西班牙公共行政机关及共同的行政程序法》(1992 年)第 4 条规定："所需帮助只有在被请求单位不具备或提供此服务会严重损害其本身职能的行使情况下方可予以拒绝。如拒绝提供帮助，应通知提出请求的行政机关并说明原因。"韩国《行政程序法》(1996 年)第 8 条第 2 项规定可以拒绝的情形为："(1)有明显理由认为受请求机关以外之行政机关能为较有效率且经济之协助时。(2)有明显理由认为行政协助将显然阻碍受请求之行政机关执行固有职务时。"对于被请求主体得以拒绝的具体情形之规定，虽然各个国家和地区之间并不一致，但都遵循着不影响被请求行政主体自身职能行使的原则。

(四)行政协助纠纷的解决

行政协助争议，即当行政主体向被请求主体请求提供相应的行政协助之时，被请求的一方认为不能提供或者是无义务提供相应的协助，从而拒绝请求方的行政主体之请求，而请求方则认为其拒绝的理由不充分，坚持请求协助所产生的争议。关于行政协助争议的解决，《联邦德国行政程序法》(1976 年)第 5 条第 5 款规定："被请求机关认为其本身无协助义务时，应告知请求协助机关其观点。请求机关坚持要求协助时，由其共同的业务监督机关决定之；无此监督机关，则由被请求协助机关的业务监督机关决定。"由此可见，在解决行政协助争议的问题上，各国的处理模式大致相同，一般由协助主体的共同上级机关就协助义务的有无进行裁决，若没有共同的上级机关，则由被请求机关的上级机关作出决定。

---

① 应松年著：《比较行政程序法》，中国法制出版社 1999 年版，第 92 页。

(五)行政协助的法律责任

行政协助的法律责任，是指在行政协助整个过程中，请求主体与被请求主体对由其自身行为应负的法律责任。按照《联邦德国行政程序法》(1976 年)第7 条的规定："(1)是否允许职务协助所拟实现的措施，应依照适用于请求协助机关的法律判断，是否允许职务本身的实施，应依据适用于被请求机关的法律判断。(2)请求协助机关对所涉及措施的合法性负责，被请求机关对职务协助的实施负责。"韩国《行政程序法》(1996 年)第 8 条第 5 项规定："为行政协助而被派遣之职员接受请求协助之行政机关之指挥监督。但对该职员之服务，如其他法令等有特殊规定时，依其他法令。"也就是说，德国法律规定由请求机关对请求事项的合法与否负责，而被请求机关仅对协助行为是否依法进行负责，而与之相对比，韩国法律原则上认为应当由请求机关负责，有其他法律规定的除外。

第二节　政府间协商

经济与社会的发展推动了区域经济一体化，在这种发展趋势要求区域内各行政区划根据各自的优势进行分工协作，从而提高整个经济区域的综合实力，并逐渐发展为密不可分的一体化经济，例如我国长江三角洲经济区域、环渤海经济圈、泛珠三角洲经济区域等。随着区域经济一体化的发展，区域政府之间的相互协作不断加深，一方面，区域经济一体化是市场经济发展到一定阶段的产物，而市场经济作为自由经济，不受人为设置的行政区划的束缚，因而它要求突破行政区域的局限，加强区域政府间的合作；另一方面，在区域经济一体化的过程中，往往会出现一系列跨区域性公共事务，例如资源利用、生态环境、基础建设、产业结构等，这类事务无法仅靠某一个地方政府解决，而是需要多个地方政府的通力合作，协同处理。区域经济一体化要求不同地方政府之间进行长期的合作，而行政协助作为一种具有临时性、辅助性的政府间协作方式，并不能适应区域经济一体化这一要求，因而地方各级政府必须采取一种联系更为紧密，更加常态化的协作方式，也即政府间协商。在政府间协商的过程中，参与协商的各方能够就如何处理共同的公共事务达成合意，从而协同合作，推动区域经济一体化的发展。

在实践中，区域间政府为达到促进经济发展的共同目标，对政府之间协商合作的各种方式进行了积极探索和实验，例如召开联席会议、制定共同宣言、备忘录等。但由于未能明确合作内容、合作缺乏可操作性、缺乏责任约束机制等原因，前述各种方式往往流于形式，未能发挥应有功效。相比之下，政府协议是当前地方政府探索出来的一种比较有效的政府间协商方式，参与协商的地方政府在平等的基础上相互沟通，并将协商的结果以协议的形式固定下来。这种协商途径的产生对地方政府之间的关系起到了很好的协调作用，对政府的管理行为与经济发展之间的关系进行了调适，从而在很大程度上推动了区域协调以及平衡发展。

一、政府协议的基本意涵

(一)政府协议的界定

政府协议这一概念尚未见诸立法规范，是一个学术概念而非法律概念，学界的类似表述还有行政协定、合作协议、行政协议等，并且在阐述具体含义时也存在一定的差别。有学者将之称为"行政协定"，是"行政主体之间为有效地行使国家行政权力，实现国家行政管理职能，明确各自的职责权限而相互意思表示一致达成的双方行政行为"。[①] 有学者采用"合作协议"这一概念，认为其"是指在经济区域的形成和发展过程中，为促进本地经济的繁荣与发展，各地方政府在其职权范围内，就其在特定领域履行行政管理职能时进行合作所形成

---

① 杨临宏：《行政协定刍议》，载《行政法学研究》1998 年第 1 期。

的各种协议"。① 有的学者则用"行政协议"一词，将其界定为"两个或两个以上的行政主体或行政机关为了提高行使国家行政权力的效率，也为了实现行政管理的效果，而互相意思表示一致而达成协议的双方行政行为"。② 也有学者指出，"行政协议"的称呼容易与行政主体和行政相对人之间签订的行政合同相混淆，故认为应采用"政府协议"一词。

综合来看，前述最后一种观点最为妥当，原因有二：(1)在《行政诉讼法》及其司法解释中，"行政协议"一般特定地指向政府特许经营协议、土地房屋征收补偿协议等行政合同，为避免语义重叠与混乱，宜采取"政府协议"的称谓。(2)"政府协议"一词也比较能够反映地方政府间协商合作的属性。故此，本书采用"政府协议"一词，并将其定义为：互不具有隶属关系的地方政府为实现共同的行政管理目标或为促进区域经济的共同发展而在平等协商的基础上就某些共同事项达成的具有对等性的协议。

(二)政府协议的特点

分析政府协议的特征，能够更明确地对其概念进行认识和界定。政府协议的特征主要有以下几个方面：一是主体特定性。政府协议的主体相互之间并不存在隶属关系，这既是政府协议的形式特征，也是政府协议与行政主体和行政相对人之间签订的行政合同的重要区别之一。二是过程合意性。政府协议的本质是进行协议的双方意思表示达成一致的合同行为，因此，政府协议是在协议双方协商一致的前提之下形成的合意。过程的合意性是契约精神的重要体现，政府协议作为一种特殊的合同行为，应当具备契约精神。三是目的行政性。政府协议的实质特征是实现相应的行政目的，这也是政府协议区别于行政主体之间订立的民事合同的重要特征。目前行政法学界一般将政府协议的实质标准表

---

① 朱颖俐：《珠三角区域政府间经济合作协议性质的法理分析》，载《韶关学院学报(社会科学版)》2007年第2期。

② 何渊：《论行政协议》，载《行政法学研究》2006年第3期；叶必丰教授亦采取此种定义，参见叶必丰：《我国区域经济一体化背景下的行政协议》，载《法学研究》2006年第2期。

述为"为实现行政管理目标"或"为实现公共利益目的"。因此，政府协议应当具有目的行政性的特征。四是载体要式性。政府协议应当通过书面等要式形式表现出来。这也是政府协议与民事合同的重要区别，后者可以通过口头等非要式形式表现，但行政行为必须以要式形式出现，故政府协议具有载体要式性。

（三）政府协议的类型

基于协商主体的不同，政府协议可划分为行政事务性协议和政府间的协议两大基本类型。

其一，行政事务协议。行政事务协议是指相互之间不存在隶属关系的行政主体就某项具体行政事务所达成的协议。行政事务协议既能够存在于同一地区的行政主体之间，其中既包括同级行政主体也包括不同级别的行政主体，也能够存在于不同地区的行政主体之间。行政事务协议又可以进一步细分为行政事务管辖协议和区域合作协议。

（1）行政事务管辖协议。行政事务管辖协议是指行政主体之间为了明确行政事务的管辖权而订立的协议。当前，我国法制不统一的问题仍然存在，各行政主体之间的法定权限不明确，职权交叉、重叠的情形比较常见，常常导致"多龙治水"的现象。因此，为了更有效率地实现行政目的、落实行政责任，行政主体往往会通过签订行政协议来明确行政事务方方面面的管辖权内容。另外，值得注意的是，行政委托也可以通过订立行政协议来实现，目前关于行政委托已有法律的明文规定，如《行政许可法》（2019 年修正）第 24 条。① 行政主体可以通过签订行政委托协议来转移行政事务的管辖权，关于行政委托的事项范围、委托权限内容、委托时间等相关内容都可以通过行政委托协议来明确。

（2）行政执法协作协议。行政执法协作协议是行政主体之间为了完成某种共同的或者不可分割的行政事务而达成的协议。行政事务具有复杂性以及灵活性的特征，倘若在行政执法的过程当中，单纯依赖单个的行政主体对行政事务

---

① 该条第 1 款规定："行政机关在其法定职权范围内，依照法律、法规、规章的规定，可以委托其他行政机关实施行政许可。"

进行处理的话可能会加重成本或者达不到理想的处理效果。此时，通过行政主体之间的共同协作，能够更有效地实现行政目的。如青岛海关与青岛港务局出于加快青岛港外贸进出口货物的疏运速度等目的，在相互信任、相互谅解的基础上经过双方共同协商，订立了行政执法协作协议。

其二，区域合作协议。区域合作协议是指不同区域的行政主体之间为了实现共同的行政目的或者区域经济发展的需要，通过共同协商达成的协议。地方政府之间为了处理区际公共事务和加强横向联系、协调区域范围内利益关系而订立行政协议，建立各种区域联合组织或协调机构解决区域之间的矛盾，以达到共同发展的目的。区域合作协议具体有以下几种类型。

（1）优势互补型合作协议。优势互补型合作协议是指缔约各方在某一方面各自具有优势，为了实现行政权之均衡行使目的而建立合作关系，以合作的方式对劣势进行补足。此种合作类型在长三角区域合作中大量存在。如江阴市与靖江市共同签署的《关于建立江阴经济开发区靖江园区的协议》。

（2）物质援助型合作协议。此种类型通常出现在发达地区与欠发达地区的政府之间，尤其是在东部地区和西部欠发达地区之间大量存在，其中，发达地区通过提供物质和财政帮助的方式助力欠发达地区的社会、经济发展，例如：江苏省苏南地区对苏北地区的援助和支持也是通过此类行政协议来实施的。

（3）协调统一型合作协议。基于地理条件以及发展水平等存在较大的区别，区域合作地区的地方各级人民政府对于本地区行政事务的处理方式也并不相同，执法依据、标准等均存在差异，因此，基于有效开展区域合作之目的，必须在相应的领域建立统一的标准和依据。如长三角合作地区各地政府签署的《长三角地区道路交通运输一体化发展议定书》《关于长三角食用农产品标准化（合作）的协议》等。

二、中国政府协议制度

（一）政府协议的规范依据

其一，宪法的有关规定。我国《宪法》并未对地方政府缔结政府协议的相关事项进行明确的规定。《宪法》第 107 条规定："县级以上地方各级人民政府依照法律规定的权限，管理本行政区域内的经济、教育、科学、文化、卫生、体育事业、城乡建设事业和财政、民政、公安、民族事务、司法行政、监察、计划生育等行政工作，发布决定和命令，任免、培训、考核和奖惩行政工作人员。"该条规定了地方各级人民政府的权限涵盖了经济、教育等领域的行政工作，其中包括了发布决定命令和内部行政管理等职能，但并没有涉及政府协议的缔约权。同时，《宪法》采取了"本行政区域内"的表述，而政府协议往往具有跨域性，其所约定的权利义务不仅及于本区域内，还及于本区域之外，因而与《宪法》当中所规定的地方各级政府只能在本行政区域内行使相关职能相冲突。这就意味着，政府协议在宪法当中并没有得到体现。

其二，组织法和程序法的有关规定。（1）在行政组织法层面，均不存在有关政府协议的规范。《国务院组织法》只涉及国务院的相关规定，并未提及地方政府的相关权限。《地方各级人民代表大会和地方各级人民政府组织法》第 55 条规定："地方各级人民政府必须依法行使行政职权。"该法第 59 条详细列举了县级以上的地方各级人民政府的职权范围，在其列举的十项权限中，并未提到有关缔结条约的职权。① 因此，作为规范行政主体权限的行政组织法并没有设定政府协议的缔结权。（2）在行政程序法层面，不少国家和地区将政府之

---

① 该条规定："县级以上的地方各级人民政府行使下列职权：（一）执行本级人民代表大会及其常务委员会的决议，以及上级国家行政机关的决定和命令，规定行政措施，发布决定和命令；（二）领导所属各工作部门和下级人民政府的工作；（三）改变或者撤销所属各工作部门的不适当的命令、指示和下级人民政府的不适当的决定、命令；（四）依照法律的规定任免、培训、考核和奖惩国家行政机关工作人员；（五）执行国民经济和社会发展计划、预算，管理本行政区域内的经济、教育、科学、文化、卫生、体育事业、环境和资源保护、城乡建设事业和财政、民政、公安、民族事务、司法行政、监察、计划生育等行政工作；（六）保护社会主义的全民所有的财产和劳动群众集体所有的财产，保护公民私人所有的合法财产，维护社会秩序，保障公民的人身权利、民主权利和其他权利；（七）保护各种经济组织的合法权益；（八）保障少数民族的权利和尊重少数民族的风俗习惯，帮助本行政区域内各少数民族聚居的地方依照宪法和法律实行区域自治，帮助各少数民族发展政治、经济和文化的建设事业；（九）保障宪法和法律赋予妇女的男女平等、同工同酬和婚姻自由等各项权利；（十）办理上级国家行政机关交办的其他事项。"

间签订的政府协议规定在行政程序法中，由于我国现在还没有制定统一的行政程序法，因而无法对政府进行统一的程序规范。

其三，其他法律及行政法规的有关规定。如前所述，目前我国也尚未制定统一的《行政程序法》，我国《国务院组织法》和《地方各级人民代表大会和地方各级人民政府组织法》当中也并不存在对于政府协议的实体规范，因而缺少政府协议的相应程序规范。所以，从统一的行政组织法和行政程序法层面看，我国对政府协议的立法呈现一片空白。不过，现行法对政府协议仍存在一些规定，散见于其他法律、行政法规和地方政府规章之中。例如，在法律层面有《水法》（2016 年修正）第 56 条①、《海洋环境保护法》（2017 年修正）第 9 条②等规定，在行政法规层面有《行政区域边界争议处理条例》（1989 年修正）第 3条③、第 12 条④、第 13 条⑤等规定。前述法律法规所规定的主要是地方政府可以通过协商的方式来解决跨区域的争议，至于协商之后是否需要订立协议，能否采取其他形式则并没有加以规定。此外，这些规定主要是针对出现纠纷之后的争议处理方式且范围局限于水事、环境、边界，并未涉及促进各方为实现共同的行政管理目标或为促进区域经济的共同发展而进行协商合作的内容。

其四，地方性法规、地方政府规章的有关规定。从地方性法规、地方政府

---

① 该条规定："不同行政区域之间发生水事纠纷的，应当协商处理；协商不成的，由上一级人民政府裁决，有关各方必须遵照执行。在水事纠纷解决前，未经各方达成协议或者共同的上一级人民政府批准，在行政区域交界线两侧一定范围内，任何一方不得修建排水、阻水、取水和截（蓄）水工程，不得单方面改变水的现状。"

② 该条规定："跨区域的海洋环境保护工作，由有关沿海地方人民政府协商解决，或者由上级人民政府协调解决。"

③ 该条规定："处理因行政区域界线不明确而发生的边界争议，应当按照有利于各族人民的团结，有利于国家的统一管理，有利于保护、开发和利用自然资源的原则，由争议双方人民政府从实际情况出发，兼顾当地双方群众的生产和生活，实事求是，互谅互让地协商解决，经争议双方协商未达成协议的，由争议双方的上级人民政府决定。必要时，可以按照行政区划管理的权限，通过变更行政区域的方法解决。"

④ 该条规定："省、自治区、直辖市境内的边界争议，由争议双方人民政府协商解决。"

⑤ 该条规定："经双方人民政府协商解决的边界争议，由双方人民政府的代表在边界协议和所附边界线地形图上签字。"

规章方面来看，《湖南省行政程序规定》(2018年修正)第15条规定："各级人民政府之间为促进经济社会发展，有效实施行政管理，可以按照合法、平等、互利的原则开展跨行政区域的合作。区域合作可以采取签订合作协议、建立行政首长联席会议制度、成立专项工作小组、推进区域经济一体化等方式进行。上级人民政府应当加强对下级人民政府之间区域合作的组织、指导、协调和监督。"《江苏省行政程序规定》(2015年实施)第14条作出了和《湖南省行政程序规定》内容相同的规定。上述条款并未对政府协议的权利义务以及纠纷解决机制进行具体规定，只是概括性地规定了在该省，地方各级人民政府具备缔结政府协议的权力。由于《湖南省行政程序规定》和《江苏省行政程序规定》都属于地方政府规章，其效力层级比较低，无法对当前广泛存在于各级人民政府之间的合作协议起到规范之作用，推动政府协议法治化的作用非常有限。

(二)政府协议的构成要件

尽管如前所述，政府协议并没有明确的规范依据，但其作为一种比较有效的政府间协商方式仍然广泛存在于实践之中，尤其是在区域合作方面存在着大量的区域合作政府协议。不过，由于政府协议的性质还存在较大的争议，在没有相关立法明确规定的情况下，作为缔约主体的行政机关往往倾向于把政府协议当作内部文件来对待，因而只有少数政府协议得到了公开。通过分析既有的公开的政府协议，可以从以下三个方面对政府协议的构成要件进行分析。

其一，政府协议的缔结主体。目前，在实践中有省级政府之间签订的政府协议[①]；市级政府之间签订的政府协议[②]；省级政府职能部门与直辖市政府职能部门签订的政府协议[③]；还有省级政府职能部门与较大市政府职能部门之间

[①] 参见福建、广东、江西等九个省和香港、澳门两个特别行政区签订的《泛珠三角区域合作框架协议》。

[②] 参见茂名市、阳江市、北海市等九市签订的《两广九市区域旅游合作框架协议》。

[③] 参见湖北省旅游局与重庆市旅游局签订的《湖北省旅游局、重庆市旅游局关于加强长江三峡区域旅游合作协议》。

签订的政府协议①。总体而言，政府协议的缔结主体具有广泛性和多样性。

其二，政府协议的缔结程序。我国区域合作以联席会议为主要合作机制和程序平台，实践中大量的政府协议是通过联席会议的方式沟通、协商所达成的结果。例如，《环渤海地区经济联合市长联席会协议书》中就规定建立市长联席会议，作为推动和加强环渤海地区经济联合与协作的区域性合作组织，并规定了它的主要任务以及具体的运行机制。② 现实当中，政府协议的缔结往往先由省级政府对总体的政府协议进行签订、予以认可，再由相关职能部门或市级政府根据具体的合作的领域对总体的区域合作行政协议进行细化实施。

其三，政府协议的主要内容。政府协议的内容涉及的领域相当广泛，有针对某个特定领域的，如《关于加强长江三峡区域旅游合作协议》《泛珠三角区域民航航线无线电通信导航频率保护协议》《加强长三角区域市场管理合作的协议》等，这些协议涉及基础设施、农业、旅游、科技、环保、卫生、人才等各个领域；也有宏观上对区域合作的总体规划和意向，如《泛珠三角区域合作发展规划纲要》《共建信用长三角》等。就其具体条款而言，主要有以下几种：一是目的条款，规定了合作主体签订政府协议的目的；二是合作原则条款，例如规定平等原则、市场原则、互惠互利原则等；三是权利义务条款，规定缔约各方的权利义务，但大多比较笼统；四是履行方式条款，规定政府协议具体如何履行。

(三)中国政府协议制度存在的问题

由于缺乏统一的行政组织法、行政程序法的规定，既有的单行立法又规定得比较笼统，再加上政府协议缺乏完善的理论指导，同时又不存在先例能够起到示范作用，故而政府协议在现实当中尚存诸多问题，其中最明显的就是缔结主体混乱、协议内容抽象以及法律效力不明，具体分述如下。

其一，缔结主体混乱。在实践中，签订政府协议的主体主要是地方各级政

---

① 参见《环渤海信息产业合作框架协议》。

② 参见于立深：《区域协调发展的契约治理模式》，载《浙江学刊》2006年第5期。

府及其职能部门，其中又以省（直辖市）政府及其职能部门为主，例如广东、湖南、福建等九个省劳动和社会保障厅签署的《泛珠三角九省区域劳务合作协议》。在政府协议实践发展当中，越来越多的地级市人民政府以及相关职能部门也加入其中。例如广东茂名和广西北海等九市旅游局签署的《两广九市区域旅游合作框架协议》。除此之外，也出现了其他众多政府协议的缔结主体，例如党组织、行政机关内部机构、行业协会、群众性自治组织等，其中《关于加强沪浙两地教育交流合作的意见》的缔约主体就包括中共浙江省委教育工作委员会、浙江省教育厅、中共上海市教育工作委员会、上海市教育委员会等。①不难看出，政府协议的缔约主体开始出现较为混乱的发展趋势，这种情况的出现使得政府协议的性质朝着错杂的方向发展，对政府协议的履行产生不利影响。

其二，协议内容抽象。由于现行法未对政府协议的具体内容进行明确规定，实践中的政府协议的内容往往过于抽象，缺乏可操作性，具体表现在三个方面：第一，原则性条款过多。以《长三角人才开发一体化共同宣言》为例，该协议整体包括五部分的内容，其中前三部分"长江三角洲人才开发一体化的机遇和挑战""长江三角洲人才开发一体化的基础和条件""长江三角洲人才开发一体化的目标和原则"占据了该协议的大部分内容，但这些原则性规定对于如何实现合作开发人才资源指导意义非常有限。第二，权利义务规定模糊。政府协议的本质是合同，合同的核心要素就是关于缔约各方的权利义务的约定，它事关政府协议的切实履行。但从实践中的各种政府协议来看，缔约各方的权利义务约定得都不够明确具体，这不利于政府协议的履行，甚至不利于区域合作的持续。第三，具体履行规则缺失。在实践中，大部分政府协议的内容主要表现出缔约方的合作意向，而对详细的合作细节不作规定。

其三，法律效力不明。政府协议的法律效力本应由法律法规明文规定，同时在协议内容中也应有所明确，以确保政府协议的顺利实施，保障缔约各方的合法权益。但现实情况是，一方面，如前所述，现行立法并未对政府协议的法

---

① 参见何渊著：《区域行政协议研究》，法律出版社 2009 年版，第 40 页。

律效力作明确规定；另一方面，实践中的政府协议对协议本身的效力问题也基本未有涉及。例如，《沪苏浙共同推进长三角创新体系建设协议书》虽然规定了"本协议先由两省一市科技行政管理部门草签，报两省一市政府批准后正式签约"，但对协议效力的约定非常不明确。更有甚者还有在协议文本明确规定政府协议不具有法律效力，例如《滇港体育教育与合作协议》的第5条明确规定："本备忘录只作确认上述单位的合作共识，并非具有法律效力的合同。"政府协议对法律效力规定不明确、不作规定甚至规定无法律效力，意味着缔约政府可以不履行该协议，该政府协议也就失去了存在的意义。

其四，忽视纠纷解决。实践中的政府协议几乎没有明确约定纠纷解决机制的条款。尽管有些政府协议设置了协调机构，例如《长三角标准化服务合作宣言》第3条规定："长三角标准化服务合作全体会议秘书处是区域内标准化服务合作的日常办事机构与协调机构负责执行全体会议的有关决定，协调执行过程中的有关事宜。"按照该合作宣言的规定，协调执行过程中的有关事宜当然包括协议纠纷的处理事项，然而，该合作宣言并未明确说明赋予秘书处对协议纠纷进行处理的职能，除此之外，关于秘书处应当以怎样的方式、途径和程序达到解决纠纷的目的也并未进行相关规定。

三、域外政府协议制度

政府协议在域外有较长的历史，其相应制度也比较完善。当前我国对于政府协议缺乏统一的组织法或程序法规范，单行立法也较为笼统，实践中政府协议又存在诸多问题，在如此情况下，为了推进我国政府协议制度的法治化进程，有必要吸收和借鉴域外经验，结合本土实际情况对政府协议制度进行完善。域外政府协议制度较为完善的国家主要有美国、西班牙和日本等。

(一)美国州际协定制度

美国政府的政府协议最初起源于北美殖民时代，其功能是化解北美各州之间出现的边界争端，基于这一历史原因，美国的政府协议主要体现在州际协定制度中，20 世纪 20 年代以来其作用逐渐扩展到其他领域。① 美国州际协定的法律基础是《联邦宪法》第 1 条第 10 款第（3）项，该条规定："任何一州，未经国会同意……不得与他州或外国缔结协定或盟约……"意味着允许各州在国会同意的前提下缔结协定，以协调州际关系。就其法律效力而言，州际协定高于与其条文相冲突的州法，一旦加入了州际协定，缔约的任何一方都不能单方面放弃契约或拒不履行相关义务，不得单方面对州际协定的内容进行更改或者是撤销。此外，美国州际协定的主要条款，缔结、修改和终止的程序，争端解决机制等具体问题都有明确规定，使得州际协定在当代美国的新联邦主义背景下，成为实现州际合作和解决州际争端的最为重要的机制。② 州际协定制度的发展对美国各州的融合与发展产生了深远的影响。

（二）西班牙协作协议制度

西班牙的政府协议制度被称为"协作协议制度"，主要体现在《西班牙公共行政机关法律制度及共同的行政程序法》（1999 年）中。该法第 3 条"总则"第 2 项规定："行政机关根据合作和协作原则处理相互间的关系，并按照效率及服务于公民的原则进行活动。"为协作协议的签订奠定了基础。该法第 6 条"协作协议"专门对协作协议进行了规定，其中第 1 款规定："最高行政机关或隶属于之或与之相关的公共行政机构可以与自治区行政机关的相应机构在各自的职能范围内签署协作协议。"随后第 2 款规定了协议文本的格式化内容，具体包括："（1）签署协议的机构及各方的法律能力；（2）各行政机关所行使的职能；（3）资金来源；（4）为履行协议所需进行的工作；（5）是否有必要成立一个工作机构；（6）有效期限：如缔约各方同意，所确立的有效期限不妨碍协议的延长；（7）前项所述原因之外的终止以及因终止而结束有关行为的方式。"该法第 8 条"协议的效力"还规定了协作协议的法律效力及争议解决机制。

---

① 参见何渊：《州际协定——美国的政府间协调机制》，载《国家行政学院学报》2006 年第 2 期。

② 参见王春业：《论政府协议法制化——经济区立法协作的新尝试》，载《公法研究》2011 年第 1 期。

（三）日本跨区域行政协调制度

日本的政府协议制度表现为跨区域行政协调制度。关于跨区域行政协调制度，日本《地方自治法》①第 252 条第 14 款规定，地方政府可以与另一地方政府签订协议，将一部分事务委托给另一个地方政府处理；该法第 284 条第 2 款规定，地方政府之间可通过协议，共同设立一个被称为"部分事务组合"的组织来专门处理地方政府部分事务；该法第 252 条第 2 款规定，地方政府间通过协议设立协议会来处理地方跨区事务、联络和协调和制定跨区域的计划；该法第 252 条第 7 款至第 13 款规定，地方政府之间可通过协议共同设立委员会并安排专职委员。除《地方自治法》之外，在日本其他法律如《防水法》《消防法》中也规定地方政府间可以通过签订协议来管理跨区域事务。

第三节　政府联合行政

随着经济与社会的持续发展、城市化进程的逐步推进，各级政府及其职能部门在城市管理过程中所面临的问题也日益变得错综复杂，这些问题往往涉及跨领域、跨专业的因素，因而要求多个政府及其职能部门联合协作，共同应对。在此背景下，政府联合行政这种政府间协作形式便日益发挥着重要作用。与政府间协助、政府间协商等协作形式相比，在政府联合行政的过程中，各协作主体联系最为紧密，各主体以共同的名义作出行政行为，并共同承担相应法律责任，甚至可能将原本分散的相关行政职能部门整合起来，组成新的联合行政机构以应对综合性的行政事务。

一、政府联合行政的意涵

联合行政是指互不隶属的政府及其职能部门为了实现共同的行政目标而进

---

① 该法相关条文均可参见傅钧文：《日本跨区域行政协调制度安排及其启示》，载《日本学刊》2005 年第 3 期。

行行政行为上或行政机构上的联合以协同合作的一种政府间协作形式。它与"共同行政行为"既有不同，又有交叉。

联合行政作为一种在实践中普遍存在的协作形式，并未受到行政实体法或行政程序法研究的重视，但是在行政救济法领域却以"共同行政行为"的形式占据了一席之地。需要说明的是，早期学者将联合行政等同于共同行政行为①，但两者意涵并不完全相同，区别有二：（1）"联合行政"更多的是一个行政实体法或行政程序法上的概念，而"共同行政行为"则更多见于行政救济法领域。（2）早期的"联合行政"表现为多个行政主体作出"共同行政行为"，例如联合发文、联合执法等，但随着实践的发展，"联合行政"已经不再局限于行政行为的联合，而是出现了行政机构的联合，例如相对集中行政处罚权改革、综合行政执法体制改革等。不过，尽管"共同行政行为"不完全等同于"联合行政"，但理解前者的概念对于把握后者的概念亦有所帮助。

《行政诉讼法》（2015年实施）第26条第4款规定："两个以上行政机关作出同一行政行为的，共同作出行政行为的行政机关是共同被告。"基于此，在行政法学理论的研究当中对于行政行为的分类产生了一种新的分类方式——"共同行政行为"与"单一行政行为"。而对于应当如何理解共同行政行为所应具备的"共同性"，学界仍然存在争议，主要存在"形式说"与"实质说"两种不同的观点。

"形式说"倾向于将外在形式当作对行政行为是否具备"共同性"的标准，其主张"判断一个具体行政行为是否是共同行政行为，关键看作出具体行政行为的行政机关是不是两个或两个以上，是不是以共同名义并共同签署的"②，根据这种理解，"关于共同行政行为的认定，实践中一般以共同名义为标准"③。显然，这种观点认为共同行政行为只要求具备主体上的复数性、对象上的同一性和载体上的共同性等形式意义上的要件，而至于管理事项、行为内

---

① 参见陈小毛：《联合行政及其诉讼》，载《人民法院报（理论专版）》2000年12月18日。

② 马怀德编：《中国行政诉讼法》，中国政法大学出版社1999年版，第75页。

③ 方世荣编：《行政法与行政诉讼法》，中国政法大学出版社1999年版，第370页。

容、适用依据等实质意义上的要件则可以是独立的、互异的。即使行政行为是由性质不同的两个部门作出的，但只要二者在形式上符合牵连性的要求，就能够将其认定为"共同行政行为"。

"实质说"则偏向于以内在实质要素作为判断行政行为"共同性"的标准，其强调共同行政行为必须是"两个以上行政主体针对同一事件作出的同一行为"①，这里的"同一事件"与"同一行为"便是实质意义上的构成要件。由此，"实质说"在"共同性"这一点上提出了更高的要求，使得共同行政行为的成立不仅要求具备对象上和形式上的连接点，同时在实质内容和行为事项上也应当具有同一性。② 只有同时具备这两个方面的要求，才能将其认定为共同行政行为。

比较而言，"形式说"更为妥当，理由有以下两点：（1）从现行法规定来看，立法者采取的是"形式说"的立场。尽管《行政诉讼法》（2017 年修正）第 26 条第 4 款并没有明确共同行政行为的判断标准，相关司法解释也没有予以具体说明，但《行政复议法》（2017 年修正）第 15 条第 4 项规定："对两个或者两个以上行政机关以共同的名义作出的具体行政行为不服的，向其共同上一级行政机关申请行政复议"，此处"共同的名义"便说明了立法者认可了"形式说"的观点，从体系解释的角度而言，"形式说"应当成为共同行政行为的判断标准；（2）相较"实质说"而言，在"形式说"的判断标准下，共同行政行为的范围更宽，这意味着《行政诉讼法》（2017 年修正）第 26 条第 4 款的适用空间更大，从而也就更加能够规范行政主体的共同行政行为，保障相对人的合法权益。

如前所述，共同行政行为相当于联合行政中的行政行为的联合，因此，"形式说"的判断标准也适用于行政行为意义上的联合行政。换言之，只要具备行政主体上的复数性、行为对象上的同一性和行为载体上的共同性等形式意义上的要件，就可以认定为是行政行为意义上的联合行政。不过，除了行政行

---

① 胡建淼编：《行政法学》，法律出版社 1998 年版，第 281 页。
② 华燕：《共同行政行为的质疑》，载《华中科技大学学报（人文社会科学版）》2002 年第 4 期。

为意义上的联合行政，实践中还存在行政机构意义上的联合行政，对此，下文将进行详细阐述。

二、联合行政的形式

行政行为意义上的联合行政是从行政实体法角度对前述行政救济法领域的"共同行政行为"所作的阐释，是指不同的行政主体为了实现共同的行政目标，而以共同的名义实施行政行为，并共同承担法律责任的一种联合行政模式。行政行为有抽象行政行为与具体行政行为之分，相应的，行政行为意义上的联合行政也有抽象行政行为意义上的联合行政与具体行政行为意义上的联合行政的区别。前者是指不同行政主体共同作出抽象行政行为，在实践中主要表现为行政主体联合发文，而后者则是指不同行政主体共同作出具体行政行为，在实践中以行政主体联合执法为表现形式。

(一) 行政机关联合发文

广义的联合发文，是指由多个具备立法权抑或是具备相当于立法权之权力的主体，如规章制定权、司法解释发布权等的主体，基于解决跨领域相同或类似的事项之目的而共同发布规范性文件的做法。联合发文的现象具有普遍性与多样性，在实践中存在着行政机关与行政机关联合发文、党的机关与行政机关联合发文、司法机关与行政机关联合发文、立法机关与行政机关联合发文、群众组织与行政机关发文等形式。其中最为普遍的行政机关联合发文，也即政府及其部门间联合发文，就属于抽象行政行为意义上的联合行政。

其一，联合发文的形式与内容。有学者通过对 200 篇政府及部门间联合发文进行实证分析，从形式层面和内容层面揭示了我国行政机关联合发文的现状[①]，可从形式和内容方面加以考察：(1)在形式层面上，从联合发文的主体分布来看，联合发文主体分布集中于政府部门之间，尤其是综合性部门，如发

---

① 参见杨杰、杨龙：《中国政府及部门间联合发文的初步分析——基于 200 篇联合发文》，载《天津行政学院学报》2015 年第 5 期。

展和改革委员会与其他政府部门联合发文数量最多；在联合发文的部门数量方面，两个部门联合发文数量最多，随着联合发文部门数量的增加，联合发文数量呈现减少的趋势，而目前最多的部门数量是 12 个部门联合发文；从联合发文的层级分布上看，以中央层级的联合发文数为最多，随着政府层级降低，联合发文数减少。（2）在内容层面上，根据名称的不同，政府部门进行联合发文的类型主要可以分为：以《通知》命名的"告知性联合发文"、以《意见》为名的"建议性联合发文"和以《办法》《规定》《实施细则》《方案》等命名的"规范性联合发文"；按照联合发文的发文对象不同，可以将政府部门联合发文划分为面向对应的下级部门的"体制内联合发文"与面向部门职责范围内所管辖的对象的"职责性联合发文"；按照联合发文的发文部门数量及其联系紧密程度，可以将政府部门联合发文划分为"高度联合""中度联合""低度联合"。

其二，联合发文的功能。行政机关联合发文之所以能够普遍存在，是因为其在实践中迎合了诸多现实需要，具有独特的价值与功能。行政机关联合发文的功能主要体现在可以跨域统一适用、降低成本提高效率、应急与提高积极性三个方面。[①]

（1）可以跨域统一适用。行政机关联合发文可以确保同一个规范性文件在不同的领域或地域内统一适用。我国行政机关拥有不同层级的规范性文件制定权，能够依据法律法规的相关规定，在其职权范围之内制定规范性文件，其中，行政法规能够进行普遍适用，而其余规范性文件则只能在各自的管辖范围内进行适用，如：部门规章只能在纵向的专业领域内得到执行，地方政府规章只能在横向的地域范围内得以贯彻。然而，若不同领域或不同地域的政府部门联合发文，则该联合制发的规范性文件便能够在联合的领域或地域内得以具备执行的正当性，从而减少各自制定规范性文件所带来的混乱和矛盾，达到共同治理的目的。

（2）降低成本提高效率。在实践中，不同的行政机关对于相同或类似事项

---

① 参见王春业、任佳佳：《论多主体联合发文现象》，载《广西社会科学》2012 年第 1 期。

制定规范性文件有两种方式：一是由各行政机关分别制定规范性文件；二是由各行政机关联合制定规范性文件并同时在相关领域内共同适用。相比之下，后者更加能够充分利用行政资源，能以更小的成本获取更大的效益，有利于提高行政效率。规范性文件彼此之间协调与否会影响行政效率，在对相同或类似事项制定规范性文件时，如果采取前述第一种方式，各行政机关往往趋向于从本部门或本地利益出发，而不考虑其他部门和地域的有关规定，由此便会导致不同的规范性文件对相同或类似事项规定上的相互矛盾，从而造成规范性文件的冲突和不协调，降低规范性文件的执行效率。相比之下，联合发文可以协调不同部门、不同地域的行政机关，能够有效防止各自为政，遏止部门保护主义和地方保护主义。此外，联合发文能够将行政资源进行有益整合和合理配置，通过将相同或近似的事项、内容制定成一部规范性文件并将之运用于多个领域，实现行政资源的共享，从而避免重复劳动，节约立法成本。

（3）应急与提高积极性。在实践中，为了处理跨领域、跨地域的共同的行政事务，目前主要有两种方案：一是由更高级别的行政机关居中协调，制定更高位阶的规范性文件；二是由各行政机关联合制定相关规范性文件。从实践中联合发文的事项来看，目前方案二更为妥当，具体理由如下：一则目前联合发文所涉事项原本就在各主体的权限范围之内，只不过也涉及其他部门或地域，因而联合发文只能对行政机关行使权力的方式进行改变，但是并不对行政机关原本的行政职权范围产生影响。二则当前进行联合发文处理的行政事务通常具备紧迫性的特征，然而，对于这种紧迫形势，更高级别的行政机关未必具有足够的精力和能力去掌握足够的信息，在短时期内制定能够加以应对的规范性文件。相比之下，各领域、各地域的行政机关原本就需要处理这些事项，因而富有经验并且能够及时适应新形势，联合作出积极应变。三则在法制统一的前提下，对各领域、各地域的行政机关通过联合发文解决跨领域、跨地域共同事项的方式予以提倡和鼓励，能够很好地发挥各行政机关解决问题的积极性、主动性。

其三，联合发文的问题。从功能主义的视角来看，行政机关联合发文因其能够满足现实需要而有其存在的社会土壤，但从规范主义的视角进行分析，则会发现其存在不少法律问题，主要表现在联合发文法律依据缺失、联合文件效力等级不明、联合发文监督审查缺位三个方面。①

（1）联合发文的法律依据。在法律依据方面，我国现行法中关于联合制定规范性文件的规定目前只有《立法法》（2015年修正）第81条，该条规定："涉及两个以上国务院部门职权范围的事项，应当提请国务院制定行政法规或者由国务院有关部门联合制定规章。"换句话来说，现行法仅规定了部门规章可以联合制定，而地方政府规章、行政规定等行政规范性文件能否联合制定，现行立法并未予以明确。

（2）联合文件的效力等级。不同的法律渊源有不同的效力等级，由于我国各行政规范性文件一般都是由有制定权的主体单独制定的，因此便形成了行政法规、行政规章、行政规定等的效力等级规范体系。而现行法并未对由多个行政机关联合制定的规范性文件的效力等级进行规定。其中最主要的问题是联合制定的规范性文件与各机关单独制定的规范性文件相比效力如何，换言之，在法律适用的过程中，倘若规范之间发生冲突时，究竟应当优先适用单独制定的规范性文件还是联合制定的规范性文件？对此不无疑问。

（3）联合发文的监督审查。为确保各类行政规范性文件不违宪违法，维护国家法制的统一，我国建立了较为健全的监督审查体制，但目前的监督审查体制并不能很好地对联合发文进行监督审查。部门规章层面的联合发文已被现行法认可，由国务院负责备案审查，故并无疑问。地方政府规章层面的联合发文尚未见诸实践，因而也无需讨论。值得探讨的是联合制发行政规定的情况。目前对行政规定的监督有立法、行政、司法三种审查方式。其司法审查是指行政诉讼中的附带审查，而对于不合法的联合行政规定，只要不将其作为认定行政行为合法的依据即可，因此疑义不大。其立法审查是指《地方人民代表大会和地方人民政府组织法》（2015年修正）第8、第9、第44条所规定的地方各级人大及县级以上地方各级人大常委会有权撤销本级政府不适当的决定和命令，这

---

① 参见王春业、任佳佳：《论多主体联合发文现象》，载《广西社会科学》2012年第1期。

里的决定和命令就包括行政规定。问题在于，若不同地域的政府及其部门联合制发行政规定，而其中一地的人大及其常委会发现其有违宪违法之嫌，能否单独撤销或改变？对此不无疑问。其行政审查是指《行政复议法》（2017年修正）第7条规定的复议机关对行政规定的附带审查，问题在于，不同地域或领域的政府部门联合制发的规范性文件，能否仅由其中一方的复议机关进行审查？对此同样存在疑问。

（二）行政机关联合执法

行政机关联合执法指的是："行政机关之间或行政机关与其他主体采取联合行动，对某些行政事务进行综合性整治的执法活动。"[1]所谓"联合"指的就是由将职能不同的行政机关之间统一针对某一事项开展联合整治活动，其与行政机关通常进行的行政执法活动存在的最主要的不同就是并非某一行政机关针对其职权范围内的事项进行执法。从总体上而言，行政机关联合执法只是在统一性、时间性以及机关的数量等方面与行政执法活动相区别，本质上属于行政执法活动当中的一种特殊的执法形式。

其一，联合执法的特征。从行政机关联合执法的构成要素及相关属性来看，其主要具有执法主体众多、执法主体地位平等、适用领域特殊等特征。[2]

（1）执法主体众多。行政机关联合执法是有两个或者两个以上具备不同行政职能的行政机关进行的共同执法活动。伴随着法治社会的不断发展，行政权能的行使开始渗透到社会的方方面面，其中某些问题的解决通常牵涉多个行政机关职能的行使。除此之外，伴随着"服务行政"理念的出现以及人们生活领域的不断扩张，为了规范相对人的行为，需要执法的领域越来越多，而执法人员的数量相对不足，此时由职责相互关联的多个行政机关进行联合执法，集中、协调行使行政职权能够有效解决现实当中某些领域产生的执法工作人员以

---

[1] 吴鹏：《行政联合执法应纳入法治的轨道》，载《云南大学学报法学版》2008年第6期。

[2] 参见韩珂友：《我国行政联合执法困境及改进研究》，载《贵州社会科学》2010年第8期。

及执法不力等问题。

（2）执法主体地位平等。行政机关联合执法与行政协助之间存在的最大区别就是：行政机关联合执法在通常情况下是由具备不同行政职能的同级行政部门所组成的执法组织对某一问题进行集中、综合治理。各组成部门之间的主体地位相互平等，无隶属或者领导关系，仅在执法组织的协调之下在职权范围内进行执法。

（3）适用领域特殊。行政联合执法这种执法方式其产生的目的主要是解决社会当中出现的某些相对紧迫的现实问题以及对某一方面的社会事务进行有效管理。在这些领域，由于相对人的违法行为积聚到一定的程度，执法难度大，需要通过相对较为严峻的执法手段方可解决，因此，行政联合执法多存在于行政强制、行政处罚领域。

（4）执法有临时性。行政机关通常在执法活动中严格按照各自的法定职权在不同的执法领域进行执法活动，当出现法律规定不明确或者执行者执法活动涉及多个行政部门的职权，导致执法难度较大时，由多个行政职能相互关联的行政机关进行联合执法，进而弥补一般行政执法当中存在的不足之处。行政联合执法呈现临时性的特点，在某种意义上，行政联合执法是解决社会问题的权宜之计，具有临时性、非常态性、补充一般执法等特征。

其二，联合执法的困境。行政联合执法在我国法律体系尚不完善，行政机关之间权责不明的环境下，对实现当前的行政目标、维护行政管理秩序以及保障行政相对人的利益是起着正向作用的。但行政机关联合执法作为一种特殊的行政执法方式，在规范层面上存在着诸多法律问题，甚至在实践中已然陷入困境。具体而言，行政机关联合执法所面临的困境主要有执法主体不合法、执法权限无依据、执法过程易越权、内部权责不明确等方面。[①]

（1）执法主体合法性不充分。根据现行法规定，只有依法产生并具备行政法上的权利能力和行为能力的组织才能成为合法的行政主体，一个组织要获得

---

① 　参见韩珂友：《我国行政联合执法困境及改进研究》，载《贵州社会科学》2010 年第8 期。

行政主体资格必须具备法律要件和组织要件。① 然而，目前的行政联合执法队伍或机构往往并不具备必要的法律要件和组织要件，其一般只在一些具备临时性或突击性的行政活动当中，如：大检查、大整顿抑或是跨部门、跨辖区的纠纷当中，当其所承担的相应任务完成之后即宣告解散或者被撤销，这些队伍或者机构的建立或解散和撤销都是按照地方政府及其部门的行政规定，甚至是领导指示，因而这些行政联合执法主体的组成本身的合法性存疑。

（2）执法权限依据不充分。行政主体的行政权力来源于法律明文规定，作为公权力的行政职权是不能任意设定和处分的。例如，《行政处罚法》（2017 年修正）第 15 条就明确规定："行政处罚由具有行政处罚权的行政机关在法定职权范围内实施。"而反观行政联合执法队伍或机构，它们并没有相关法律、法规、规章的明确授权，但却行使着广泛的行政处罚、行政强制等行政管理权。

（3）执法过程易越权。行政主体的职权及其范围由法律、法规所提前确定，行政机关行使职权应当依照法律、法规的规定，但凡法律法规未规定的或者是规定不得享有的职权，行政机关都不得行使，否则就构成行政越权。然而，职能不同的行政机关在一起行政联合执法往往会因职责混杂而产生越权行政行为。例如，某市公安局、文化局、工商局联合署名对某违法的娱乐城作出"停业整顿"的处理决定，尽管三部门都有处罚权，但根据法律的相关规定，"停业整顿"这一行政处罚决定只能由工商局作出，公安局以及文化局对于作出该行政处罚决定不存在法律上的依据。

（4）内部权责不明确。行政机关联合执法对外是以共同的名义进行活动，但对内仍然应当存在各机关不同职能的区分。但由于联合执法参与的主体成分复杂且其不稳定、暂时性的特点，将大大增加在行政联合执法主体内部划分权责、追究责任的难度和可行性。可能出现各机关职能混淆、各机关相互推诿、难以追究相应责任等问题。

---

① 参见方世荣著：《行政法与行政诉讼法学》，人民法院出版社 2003 年版，第 63 页。

三、从联合执法到综合执法

针对联合执法所带来的问题，中央提出了相对集中行政处罚权的方案。1996年的《行政处罚法》第 16 条①最早对相对集中行政处罚权进行了规定，其后国务院发布了《关于贯彻实施〈中华人民共和国行政处罚法〉的通知》（国发〔1996〕13号），在全国开展了相对集中行政处罚权的试点工作。2002 年，国务院下发了《关于进一步推进相对集中行政处罚权工作的决定》（国发〔2002〕17 号），正式对各省、自治区、直辖市政府开展相对集中行政处罚权的工作进行了授权。

在相对集中行政处罚权的经验基础上，我国行政执法体制迈向了综合行政执法这种更为完善的联合行政模式。2002 年 9 月，国务院办公厅转发中央编办《关于清理整顿行政执法队伍，实行综合行政执法试点工作的意见》（国办发〔2002〕56 号），其中第一次明确提出了"综合行政执法"的概念，并要求做好综合行政执法试点与相对集中行政处罚权有关工作的衔接。2003 年，中央编办、国务院法制办发布《关于推进相对集中行政处罚权和综合行政执法试点工作有关问题的通知》（中央编办发〔2003〕4 号），明确提出"综合行政执法则是在相对集中行政处罚权基础上对执法工作的改革"。2014 年，中共十八届四中全会通过的《中共中央关于全面推进依法治国若干重大问题的决定》以党的决议的形式对综合行政执法提出了具体要求。2015 年，中央编办发布了《关于开展综合行政执法体制改革试点工作的意见》（中央编办发〔2015〕15 号），对全国范围内的综合执法试点作出了安排。自此，我国综合行政执法体制改革稳步开展。

从联合行政执法体制发展到综合行政执法体制的过程，实际上也是行政行为意义上的联合行政发展到行政机构意义上的联合行政的过程。综合行政执法已经不再局限于各联合的行政机关以共同的名义作出具体行政行为，而是将各联合的行政机关的职能适当分离出来，组建新的综合行政执法机构来处理各机

---

①　该条规定："国务院或者经国务院授权的省、自治区、直辖市人民政府可以决定一个行政机关行使有关行政机关的行政处罚权，但限制人身自由的行政处罚权只能由公安机关行使。"

关共同的行政管理事务。因此，综合行政执法可以理解为行政机构意义上的联合行政。

(一)综合执法的基本意涵

如前所述，中央关于综合行政执法已经出台了一系列文件，但这些文件只是提出了"综合行政执法"的概念，并未对其进行详细的阐释。对此，学界进行了广泛解读。有学者认为，"综合执法机构是由相关的职能部门派出一定人员组成的，它综合行使几个相关部门的各项或一定的行政处罚权，在处罚决定当中所采用的是共同机关的名义"。[①] 也有学者提出，"行政综合执法是指在行政执法的过程中，当行政事态所归属的行政主体不明或需要调整的管理关系具有职能交叉的状况时，由相关机关转让一定职权，并形成一个新的有机的执法主体，对事态进行处理或对社会关系进行调整的执法活动"。[②] 还有学者指出，"行政综合执法是指某一行政机关按照法律规定或者是经过法律授权，行使两个或者两个以上与之相关的行政机关的行政职权，并能以一个整体执法主体的名义承担法律责任的一种行政执法制度"。[③] 就其性质而言，前述第一种观点其实是指"联合执法"，而第二种观点更多地指向"委托执法"，只有第三种观点比较能够反映行政综合执法的性质。故此，综合行政执法就是依据相关法律法规，由一个行政主体以自己的名义综合行使两个或两个以上行政主体拥有的行政职权，并由该行政主体自身承担相应法律责任的一种行政执法模式。

(二)综合执法的规范依据

如前所述，在中央层面，我国综合行政执法体制改革最初源于1996年《行政处罚法》第16条的规定，其后只有《关于推进相对集中行政处罚权和综合行政执法试点工作有关问题的通知》等规范性文件对其进行规定。在相当长的一段时间

---

① 杨解君：《关于行政处罚主体条件的探讨》，载《河北法学》1996年第1期。
② 关保英著：《执法与处罚的行政权重构》，法律出版社2004年版，第4页。
③ 王春业：《对"行政综合执法"概念的再辨析》，载《盐城师范学院学报(人文社会科学版)》2007年第3期。

里，除《行政处罚法》外再无其他法律、法规、规章对综合行政执法进行规定，直到 2017 年住房和城乡建设部第 32 次部常务会议审议通过并实施了《城市管理执法办法》，城市管理综合执法缺乏全国性规范依据的局面才宣告终结。

基于完善中央层面立法之目的，全国各地方都各自结合了当地的实际情况制定了相应的地方性法规、地方政府规章或规范性文件，例如广东省政府 1998 年出台了《关于设立广州市城市管理综合行政执法队伍的公告》，北京市政府 2008 年出台了《北京市实施城市管理相对集中处罚权的办法》，长沙市政府 2000 年颁布了《长沙市城市管理综合行政执法试行办法》，昆明市 2012 年通过了《昆明市城市管理综合行政执法条例》，等等。上述这些规定的制定和实施，从一定意义上对各地综合执法行政依据欠缺的现状进行了弥补。

(三)综合执法的职能范围

根据《国务院关于贯彻实施〈中华人民共和国行政处罚法〉的通知》《国务院办公厅关于继续做好相对集中行政处罚权试点工作的通知》《国务院关于进一步推进相对集中行政处罚权工作的决定》等一系列文件的规定，在城市管理领域综合行政执法所综合的职能范围包括：(1)市容环境卫生管理方面法律、法规、规章规定的行政处罚权，强制拆除不符合城市容貌标准、环境卫生标准的建筑物或者设施。(2)城市规划管理方面法律、法规、规章规定的全部或者部分行政处罚权。(3)城市绿化管理方面法律、法规、规章规定的行政处罚权。(4)市政管理方面法律、法规、规章规定的行政处罚权。(5)环境保护管理方面法律、法规、规章规定的部分行政处罚权。(6)工商行政管理方面法律、法规、规章规定的对无照商贩的行政处罚权。(7)公安交通管理方面法律、法规、规章规定的对侵占城市道路行为的行政处罚权。(8)省、自治区、直辖市人民政府决定调整的城市管理领域的其他行政处罚权。[①] 然而，关于综合的职

---

① 参见熊文钊：《综合行政执法体制的若干问题研究》，载《服务型政府与行政法：中国法学会行政法学研究会 2008 年年会论文集》(下册)，浙江工商大学出版社 2009 年版，第 48 页。

能范围，我国各地在实际运行当中并不是完全一致的，而是通过各省、市人民政府对范围的大小进行详细的规定。

（四）综合执法的组织结构

由于在中央层面缺失统一的、具体的综合行政执法相关立法规范，各地方政府只能结合地区实际，以实施相对集中行政处罚权为中心建立各自的综合行政执法体制，因而各地方综合行政执法部门的机构设置呈现出多元化的特点。在实践中，目前全国的城市管理综合行政执法机构设置可以分为三种类型。

其一，垂直领导型。在这种类型之下进行城市管理机关的设置所采用的方法是将行政处罚权交由地市级的城管单位集中统一行使，其中，区、街道等下属区域并不行使行政执法权，只是负责完成相应的管理任务。但是并不意味着其完全不能作出行政处罚，其可以根据市级城市管理机关的委托行使行政处罚权，例如大连市的城市管理体制，行政处罚权集中于市级城市管理局下属的各执法大队。

其二，市区双重领导型。例如广州市的城市管理体制，设立市、区两级城市管理局，两级城市管理单位都可以行使相对集中的行政处罚权，但是区城市管理单位要同时接受市城市管理机关和区政府的双重领导，这种类型的设置类似于教育局、环保局等大部分政府组成部门的管理体制，都是采用的市、区两级的设置。

其三，区街双重领导型。在这种类型的城市管理体制之下，执法权限被进一步下放，将相对集中行政处罚权的行使机关设置在区级，并由区级城市管理部门向下属各街道派驻执法队伍，例如北京市设置"某某区城市管理监察大队"，该种类型的设置是由其具备的特定条件所决定的，采取该类型的地区须为直辖市，在直辖市当中，市政府与其他省的省政府属于同一级别，因而其区级城管局的级别实际上与市区双重领导型城市管理体制当中的市级平级。

（五）综合执法存在的问题

其一，相关立法不健全。我国综合行政执法体制改革采取的是政策推进的模式，由国务院以《行政处罚法》为基础，以规范性文件的形式在全国范围内启动综合行政执法体制改革的工作。目前全国尚未制定有关综合行政执法的法律法规，仅有《城市管理执法办法》这一部门规章，而关于综合行政执法权的具体内容、运作方式等却没有全国性的法律法规对其进行规定。这主要取决于综合行政执法自身的性质，综合行政执法部门的设立目的乃是将现有行政部门之职能进行整合并集中行使，并非简单地行使某一部门或者是领域的行政职能，故而，综合行政执法机关是具备行政执法依据的，在实质上是"有法可依"，只是这些依据零散地分布在各个行政部门。然而，我国立法模式奉行的是"一部行政法律规范对应一个行政机关"，由此便造成了"借法执法""主体违法"的局面，即法律、法规中明确规定由某主管部门负责的执法事项，实际由综合行政执法机关实施。立法未形成全国范围内的体系，导致执法机关对其执法依据不能准确定位或其执法依据不被认可。

其二，各地体制差异大。如前所述，目前全国的城市管理综合行政执法机构设置存在垂直领导、市区双重领导、区街双重领导三种类型。大多数的城市所采取的都是市区双重领导或者区街双重领导模式。多样化的机构体系设置模式使得实践当中存在各种弊端：(1)各区、县对行政管理执法进行分割，最终导致城市管理综合行政执法工作缺乏统一的规划和领导。(2)区、县级人民政府对城管执法组织的人、财、物进行全面掌控，但是由于其在人事管理方面缺乏专业的执法人员、在财政上得不到充分的资金支持，在业务领导方面也缺乏专业的执法素养，从而致使城管执法组织的执法能力受到制约，达不到专业性的要求。(3)无法保证城管执法组织的执法独立性不受干涉，一些城管执法组织除了需要完成组织内部的本职工作以外，还需要处理区、县人民政府以及街道办事处交办的与其行政执法职能完全无关的诸多事项，使得其应接不暇。[①]在多样化的机构体系设置模式当中城管执法组织的独立性以及专业性不能够得到充分的保障，对其执法能力造成限制。

[①]　参见张步峰、熊文钊：《城市管理综合行政执法的现状、问题及对策》，载《中国行政管理》2014 年第 7 期。

其三，权限配置不合理。即城市管理综合执法机关和其他机关之间的执法权限配置不合理，这种不合理主要体现在以下三个方面：（1）执法职责划转不规范。有些地方人民政府未经严格程序进行相关论证就随意地对城管综合执法机关以及其他职能部门的职责进行了划分，导致某些部门通常将一些工作量大但是收益比较小的管理事项划分至城管综合执法机关。（2）综合行政执法机关执法事项过多。城管综合执法范围涵盖十四类城市管理领域，在部分城市当中甚至涉及几百项具体事由，不仅如此，伴随着社会的发展，城管的职能也在日益增加，其所管理内容也越来越复杂。（3）管理职能与执法职能划分发生错位。实行综合执法要求将有关部门的监督处罚职能剥离出来交给综合执法机构，然而有些部门却有意无意地混淆管理和执法的性质，将管理职能卸载转移到执法层，以执法解决管理问题，造成管理弱化，既增加了工作层次和过程，也肢解了管理职能，降低了效率。① 这种不合理的存在，严重地影响了执法机关职能的发挥。

（六）综合执法的完善路径

其一，完善相关立法。目前，我国已经具备进行城市管理综合行政执法全国统一立法的条件。以下从必要性以及可行性两个角度进行分析：首先，城市管理是转型社会综合治理的重要一环，十余年来，城管执法一直面临法律缺位的局面，其法律地位和职能定位始终被质疑，因此，一部统一的立法亟待出台。其次，城管综合执法试点改革在我国已经推行了十余年，北京、上海、长沙、深圳、武汉、昆明等地在城管地方立法方面积累了一定的立法经验，国外同样也有许多经验可借鉴，制定全国统一的行政法规或法律具备可行性。因此，制定统一规范的城市管理综合行政执法的专门法律或行政法规是必要的且可行的。

其二，理顺执法体制。目前的城市管理综合行政执法体制强调重心下移，

---

① 参见张步峰、熊文钊：《城市管理综合行政执法的现状、问题及对策》，载《中国行政管理》2014 年第 7 期。

即将由基层人民政府掌握执法权限，这样做有利于提高行政执法的效率，方便执法为民。然而，此种做法却忽视了城市管理的整体性特征，不仅如此，这样做也导致综合执法机关缺乏独立性。一座城市的发展和秩序维护，在规划上具有整体性，综合性行政执法作为城市发展之保障也同样应当具备宏观上的协调一致性。因此，基于便利整座城市的统一管理、顺应城乡一体化趋势，需要在全国范围理顺城市管理综合行政执法体制。

其三，合理界定职责。实行综合执法，关键是如何科学合理地划定综合执法的职责范围。有学者认为，应当做到综合执法是原则、单独执法是例外，其中例外的情形主要有三种：(1)属于中央垂直管理的行政部门的执法权，如金融、海关、税务等，不宜划归综合执法的职责范围。(2)专属执法权，即法律明确规定只能由特定行政机关行使、其他行政机关不得行使的执法权，比如：涉及国家安全或需要限制人身自由的处罚权和强制权等，不宜划入综合执法的职责范围。(3)专业化程度较高的领域和事项的执法权，如知识产权领域的行政执法权，同样不宜纳入综合执法的职责范围。①

---

① 参见张利兆：《综合行政执法论纲》，载《法治研究》2016 年第 1 期。

第九章 委外·合作·协同治理

在社会发展和进步的过程中，先后经历了"市场失灵"和"政府失灵"时期，混乱的社会管理秩序逐渐让人们意识到政府不可能面面俱到地管理好所有的社会事务，市场的自发性和盲目性也不可能演化出一个公平公正的社会。行政事务日益多元化和专业化，政府的职能和角色定位也发生了变化，社会力量越来越多地参与到政府治理社会的过程中，因而产生了行政任务的委外，政府与社会的合作，政府与社会的协同治理。政府与社会的协作才能使行政力量管理好繁杂的社会事务，实现更加高效透明的治理体系，这一理念也逐渐成为学界的共识。

行政任务的委外，即政府业务的委托和外包，也可以称作民间政府业务的委托办理。在行政任务的委托和外包过程中，政府作为公共机构具有服务监督和绩效评估的功能，包括商业组织或各种非营利组织在内的私权利主体主要负责提供服务。本章在对行政任务委托和外包的基本意涵进行研究的基础上，借鉴域外研究经验，以我国的分类习惯以及委外的政府业务的性质为标准，将委外的政府业务划分为行政性业务、事业性业务和经营性业务，以规范该行为。

政府与社会的合作亦称"公私合作"。在这种合作模式下，两个或两个以上的行为者(公私之间)在相互信任的基础上事先确认正式的或非正式的协议形式，相互分享资源包括信息、技术管理经验和技术，共同解决问题和共同分担责任，将私人部门的创业精神和成本效益分析等引入政府服务功能之中，基于私人部门的参与和共同责任，政府与社会共同承担公共服务职能和公共建设职能。通过对政府与社会合作之理论基础和运作方式进行分析，提出法治政府与社会合作的行政法规制路径。

政府与社会协同治理与我国社会力量的崛起和社会治理理论的发展密不可分。党的十九届四中全会《中共中央关于坚持和完善中国特色社会主义制度、推进国家治理体系和治理能力现代化若干重大问题的决定》提出，必须加强和创新社会治理，完善社会治理共同体。政府与社会的协同治理可以弥补政府机制和市场机制的缺陷，合理分配社会资源，取得良好的社会效果。完善法治政府与社会的协同治理，就要充分发挥协同治理的比较优势，进行合理责任分配，规范运作机制，坚持协同治理的法治化路径。

由此，通过政府行政业务的委托和外包、政府与社会的合作以及政府与社会的协同治理，保障行政机关依法行使职权和充分发挥社会力量的专业高效优势，共同推进法治政府建设。

第一节　行政任务的委外

行政任务的委外这一概念在我国台湾学者的研究中较为常见，大陆学者对此的研究和表述较少。通过研究和比较域内外的行政任务的委外，可以发现不同类型的委外功能。行政业务委托外包主要应由行政法规范和调整。与行政业务委外的丰富实践及对行政法的制度需求相比，我国行政法的制度供给仍然存在问题，还不足以有效回应行政业务委外带来的挑战：现行的行政立法仍未摆脱传统思想的影响，突出的表现就是行政立法大多仍以行政行为作为主要的规范对象，而在行政业务委外领域，多数委外的行政业务恰好为非权力的公共产品或公共服务的供给行为，针对这些供给行为，私法不足以有效规范，而以公权力为规范对象的公法又无法适用，从而造成了行政业务委外的法律真空。[1]

---

[1]　王克稳：《政府业务委托外包的行政法认识》，载《中国法学》2011 年第 4 期。

因此，将行政任务委托给民间办理是政府社会发展的必然趋势与重点问题。

一、委外的基本意涵

行政任务的委外，即政府业务的委托和外包，也可以称作民间政府业务的委托办理，"其意指透过政府部门与民间部门签订契约关系，由政府提供经费或相关的协助，由民间部门履行契约中的规定项目或对'标的团体'提供服务，并在契约中载明双方的职责、义务、期限及标的团体人数。"①在行政任务外包过程中，政府作为公共机构具有服务监督和绩效评估的功能，包括商业组织或各种非营利组织在内的私权利主体主要负责提供服务。

长期以来，我国一直奉行大政府的模式，政府不仅包揽了所有的公共事务，而且采取政府直接生产的模式，从政策研究到技术开发，从居家养老到教育医疗，从基础设施的建设、运营与维护到水、电、气等公用事业的供给，都由政府或政府创设的各式各样的国有企业、事业单位承担供给职能。但事实证明，这种高度行政化的供给机制不仅运营成本很高，而且在服务质量、服务效益等方面亦难尽人意，至于服务的针对性、丰富性、多样性、创新性、人性化等更是相距甚远。随着服务型政府建设的推进，政府公共服务的领域不断拓展，原有体制所造成的供给不足与公众需求之间的矛盾越来越突出。自 20 世纪 90 年代起，有的地方政府开始尝试引入政府业务委托外包的模式，将部分政府业务转由企业或非营利性组织等民间组织供给，政府则提供资金或政策支持，政府由直接生产经营转向民间生产、政府购买。2010 年 5 月 7 日国务院发布《关于鼓励和引导民间投资健康发展的若干意见》，意在进一步推动政府业务领域的民间投资。政府业务委托外包理念的确立与运用，对于推动政府机构的改革和政府职能的转变，创新公共行政与公共服务的体制和机制，拓展政府公共服务的空间，提高公共财政的使用效率，培育非政府组织等中介服务组织都具有极大的意义。

---

① 范祥伟：《政府业务委托民间办理之理论与政策》，载台湾《人事月刊》2002 年第 5 期。

二、委外的域外研究

在行政业务的划分方面，英美法系的国家对此的划分较为模糊。在英国，外包的政府业务有基础设施、城市管理、专门服务等；在美国，立法规定除了"本质上政府职能"限制外包外，其他的政府业务都可以外包，但由于"本质上政府职能"是一个"不断变化、演进的标准，在各种事项都愈来愈依赖市场与私人执行的今日，实际上没有任何限制外包的作用"。① 因此美国的行政业务委外范围较之英国更为宽泛。

在大陆法系国家尤其是欧洲各国，行政业务的委外涵盖的范围同样广泛。在法国，行政业务被划分为限制自由的警察活动和提供公共服务的公务活动。行政业务的委外主要适用于公务活动。公务委外的方式有公务特许、公务租赁以及特许和租赁以外的委托私人管理公务方式，"法国行政法上的公务特许是指行政主体和其他法律主体签订合同，由后者以自己的费用和责任管理某种公务，管理活动的费用和报酬来自使用人的收费，盈亏都由受特许人承担。"②公务特许早期主要适用于工商业公务，典型形式是公共工程特许，但现在一些不需要进行工程建设的公务以及行政公务也可以适用特许。公务租赁"是指行政主体和私人签订管理公务的合同，后者向前者缴纳一定金额，同时在行政主体的监督下，向公务的使用者收取费用作为管理的报酬"。③ 特许和租赁以外委托私人管理公务是指由行政机关根据法律或法规的规定，和有关的私人机构签订合同，授权后者进行管理。④ 在德国，行政业务依适用法规性质的不同通常

---

① 转引自廖元豪：《政府业务外包后的公共责任问题研究》，载台湾《月旦法学杂志》2010 年第 3 期。

② 王名扬著：《法国行政法》，北京大学出版社 2007 年版，第 406 页。

③ 王名扬著：《法国行政法》，北京大学出版社 2007 年版，第 413 页。

④ 在法国，特许和租赁以外私人管理公务的方式除合同外，还有法律授权和行政机关单方面指定两种形式：法律授权是指法律或行政法规直接授予私人管理某种公务，主要适用于社会公务(如防治癌症中心)领域；行政机关单方面指定是指行政机关授权私人机构进行某项活动的同时规定后者必须提供某种(公共)服务(参见王名扬著：《法国行政法》，北京大学出版社 2007 年版，第 414 页)。但从合同委外的角度看，法律授权和行政机关单方面指定虽属于民营化的范围，但不属于委托外包。

被区分为公权力行政与私经济行政，无论是公权力行政业务抑或私经济行政业务均可以委外，在委外的手段上有行政委托、行政助手和基于私法契约而从事的公务活动，行政委托系指国家将公权力委托私人行使，获得授权的私人对外独立行使国家公权力，行政助手指非独立以自己名义行使公权力，而是直接受行政机关的指挥命令从事活动，基于私法契约而独立从事的公务活动指行政机关通过私法契约的形式委托私人提供公共服务活动。① 大陆法系对于政府委外的行为是有所区分的，但并不是简单的一刀切式，行政委托是可以存在于公权力与私经济之中。

在法国，公务特许合同、公务租赁合同以及特许、租赁之外的委外合同性质上均属行政合同，受公法支配，不适用民法规定②；在德国及深受德国影响的我国台湾地区，通常将委外一词等同于委托，又由于委托的事项中有些涉及公权力行使，因此，理论及实务上依据委托事项是否涉及公权行使对委托进行不同的归类：其中涉及公权力行使者如行政检查事务，学理上认为应属于行政委托，若是非涉及公权力行使事项如内部事务或服务及辅助行政，学者们称之为业务委托。③ 总体来说各国对于行政业务的委外是普遍但有所差异的。

三、行政业务委外的基本类型

将委外区分为行政委托与业务委托的必要性在于：行政委托因涉及公权力行使，应受到法律保留原则的约束，行政主体必须有明确的法律依据才能办理行政委托，这不仅是法理上的要求，更是一项法律原则；④ 反之，若委托事项不涉及公权力的行使，行政主体执行该项事务，即可不受法律保留原则的约束，因此将其委托私人办理时，无须强求必须具有法律上的依据。至于委托合

---

① 范祥伟：《政府业务委托民间办理之理论与政策》，载台湾《人事月刊》2002年第5期。

② 王名扬著：《法国行政法》，北京大学出版社2007年版，第333、408、413页。

③ 参见周志宏《教育事务民营化之法律问题》，载台湾《月旦法学杂志》2003年第102期。

④ 如台湾地区"行政程序法"第16条第1项规定，"行政机关得依法规将其权限之一部分，委托民间团体或个人办理"。这一规定明确表明行政委托必须要有法规依据。

同的性质，应视不同情形而定，"若委托事项涉及公权力之行使，并且直接影响人民之权利义务者，委托之契约始属行政协议；若委托办理纯粹事务性或低层次之技术工作，则仍应以一般私法契约视之。"①我国的行政业务委外虽然起步较晚，但发展很快。如果以我国的分类习惯以及委外的政府业务的性质进行分类的话，可以将委外的政府业务划分为行政性业务、事业性业务和经营性业务。

（一）行政性业务的委外：行政委托

政府行政性业务委外广泛存在于我国的行政执法中。政府行政性业务以法律的执行为主要内容。在我国，行政委托通常在行政主体或行政职权中讨论，很少与民营化挂钩，但在域外，行政委托同时被作为民营化的一种措施对待。在台湾地区，行政机关将权限的一部分交由所属下级机关执行的，称之为机关委任，将行政权限一部分委托互不隶属的行政机关执行的，称为机关委托，只有将权限的一部分委托民间团体或个人办理的，才属行政委托。② 在大陆，理论上对行政委托的方式有不同认识：有的认为，行政委托的法定方式，是以较具体的委托决定来进行的；有的认为，行政委托原则上必须形成书面的委托文件，行政委托文件可以是委托方行政主体与被委托方组织之间签订的委托协议，也可以是委托方行政主体所形成的委托文件。③ 从民营化的角度审视，行政性业务委外作为公权力的委外行使，应以合意为基础，以合同方式明确委托的事项、权限、期限、双方的权利义务、法律责任等内容。④ 本书第五章已经就行政委托进行了详细的表述，在此不作过多的表述。

---

① 王克稳：《政府业务委托外包的行政法认识》，载《中国法学》2011年第4期。

② 台湾地区"行政程序法"第15条规定，"行政机关得依法规将其权限之一部分，委任所属下级机关执行之。行政机关因业务上之需要，得依法规将其权限之一部分，委托不相隶属之行政机关执行之"。第16条规定，"行政机关得依法规将其权限之一部分，委托民间团体或个人办理"。

③ 参见胡建淼编：《行政法学》（第三版），法律出版社2010年版，第135页。

④ 从这一意义上说，包括行政性业务委外在内的行政委托制度又构成行政合同制度的一部分。

(二)事业性业务的委外:特殊的政府采购

政府事业性服务是政府免费或仅仅收取工本费用而提供的公共服务业务,业务范围主要有:以满足人的基本需求为目标的基本公共服务业务,包括以满足人的基本生存需求为目标的就业、劳动技能培训、居家养老、基本生活保障等服务;以满足社会公益需求为目标的公益性的服务,如防疫、环境、卫生等;以满足机关服务为目标的机关业务,如政府咨询研究、电子政务与政府信息化平台建设与维护等。传统上这类业务由政府或政府设立的各种类型的事业单位供给,业务范围不涉及公权力行使,以提供公共服务为内容且提供服务的费用主要由政府承担,在我国实践中,这类业务的外包通常称为公共服务委外。在中国,除特殊规定外,大多数政府业务委外目前被归类为政府采购行为。适用政府采购法,将政府业务委外合同视为政府采购合同。从《政府采购法》第2条对政府采购的定义看,政府采购是指政府使用财政性资金采购货物、工程和服务的行为,采购是指以合同方式有偿取得货物、工程和服务的行为,包括购买、租赁、委托、雇用等。从《政府采购法》第43条的规定看,政府采购合同适用合同法。从政府采购法设计的监督制度看,对服务供应商进行监督的主体主要是各级人民政府的财政部门,监督对象主要是作为采购人的各级国家机关、事业单位和团体组织和采购代理机构,监督的内容主要是财政性资金的使用情况,监督范围主要集中在采购范围、采购方式和采购程序的执行情况特别是招投标程序及合同的签订过程,对服务供应商履行合同的监督基本上未作规定。"即使在某些外观上被定位为'私'性质的事项,也应该在决定过程坚持注入'公'的观点。"[①]在如今社会经济发展模式之下,公私之间界限变得模糊,作为私合同也可以注入公的要素。

(三)经营性业务的委外:政府特许经营

政府经营性业务是指那些涉及公共利益、其产品或者服务具有公共性、传

---

① 转引自廖元豪:《政府业务外包后的公共责任问题研究》,载台湾《月旦法学杂志》年第178期。

统上认为应由国家垄断经营的业务，由于这类业务的委外经营以政府授予特许经营权为前提，经营者通过向使用者收费收回投资或成本，在域外及我国，这类业务的委外通常称为政府特许经营，其实质是政府将某些行业的公共物品或公共服务的供给职能转移给私人主体。在政府特许经营制度中，由于政府特许经营大多以政府特许经营协议的方式为之，因而理论上引发了政府特许经营协议是合同还是许可的争议。① 对此的认识应当是，由于特许经营协议以特许权的授予为核心，本质上是行政许可，但授予特许权的形式是合同，完整的理解是政府以合同的形式实施特许许可。② 由于政府特许经营协议总体上应作为合同对待，因而，在理论上又引发了关于这类合同的法律性质之争，对此主要有：行政合同说，这种观点认为政府特许经营协议是借助契约手段实现行政目标的行政合同③；民事合同说，这种观点认为根据民法原理及合同法的基本理论，特许经营合同符合民事合同的本质特征，是一种民事合同④；公私法性质兼具说，这种观点认为"特许经营中的法律关系既不是单纯的行政管理法律关系，也不是单纯的平等民事法律关系，而是两个法律关系的交叉融合，从而构成复杂的特许经营法律关系"。⑤ 政府特许经营协议具有明显的公法属性，而且构成了与普通的民事合同之间的显著区别，是因为政府特许经营的内容直接关涉公共利益。因此，民事合同说与公私法兼具说有违我国的制度实践，在我国的制度实践中，政府特许经营协议是一种特殊形态的行政合同。

---

① 参见冉洁：《试析市政公用事业特许经营合同的法律性质》，载《城乡建设》2008 年第 4 期。

② 虽然行政许可法对准予行政许可的形式只规定了许可决定一种形式（《行政许可法》第 37 条），但从关于特许的单行立法看，在特许领域授予特许权的形式几乎都是合同形式。因此，我国立法上准予行政许可的形式实际上有许可决定和合同两种形式，许可决定一般适用于普通的行政许可，而合同主要适用于特许权的授予，包括自然资源开发利用、公共资源的特许使用以及涉及公共利益的特定行业的特许经营。

③ 参见邢鸿飞：《政府特许经营协议的行政性》，载《中国法学》2004 年第 6 期。

④ 参见唐启光：《浅论公用事业特许经营合同的法律性质》，载《城乡建设》2008 年第 4 期。

⑤ 李显冬：《市政特许经营中的双重法律关系》，载《国家行政学院学报》2004 年第 4 期。

第二节　政府与社会的合作

公私合作中的"公"可以从狭义和广义两个层面来理解。狭义上看"公"仅指政府及其工作部门，即具有政府合法性及主权要素范围内的部门。广义的"公"还包括一些非正式的公共实体，如自我管理的社区和消费者团体。本书中所指的"公"是狭义上的公，主要是指以行政机关为代表的政府公部门。"私"主要指不具有政府合法性及主权要素范围内的部门，包括公部门以外的私人团体、私人企业、各领域的民间专家及专业技术人员等公民个人，本节统称为私人部门。"合作"是指两个或两个以上的行为者（公私之间）在相互信任的基础上事先确认正式的或非正式的协议形式，相互分享资源包括信息、技术管理经验和技术，共同解决问题和共同分担责任，将私人部门的创业精神和成本效益分析等引入政府服务功能之中，基于私人部门的参与和共同责任，政府与社会共同承担公共服务职能和公共建设职能。公私合作是概括描述行政机关为代表的公部门与社会上的私人部门为实现公共任务而采取的一种合作关系，它可以涵盖公部门单纯运用公权力实现公共任务和公共任务完全民营化之间的所有公部门和私部门的合作形式。[①] 国内虽然对于政府与社会的公私合作研究逐渐开展，但对于公私合作的内涵，学术界目前还众说纷纭，也无明确定义。

一、政府与社会合作的理论基础

公私合作过程中行政机关利用私人部门的资金、技术和管理经验等优势来实现行政任务，对提高管理效率和减轻财政负担，改变行政机构不断扩充导致人员增加、财政不堪重负、行政效率低下的现状具有重要意义。公私合作完成行政任务制度的出现备受各国政府青睐，正日益成为各国政府实现其经济目标及提升公共服务水平的核心理念和措施。但任何制度的产生和发展都不是凭空

---

① 陈军：《公私合作背景下行政法发展动向分析》，载《河北法学》2013 年第 3 期。

的，在其制度背后都有一定的理论支撑，公私合作也不例外，公私合作是以治理理论、公共选择理论、合作国家理论等理论为基础理论体系作支撑的。

（一）治理理论

现代意义的"治理"是世界银行在 1989 年发表的报告中面对非洲国家公共治理的危机而提出的，后成为指导公共行政改革的一种理论基础。① 1995 年，全球治理委员会发表的题为《我们的全球伙伴关系》的研究报告中，对治理作出了如下界定："治理是各种公共的或私人的个人和机构管理其共同事务的诸多方式的总和。"②星野昭吉认为，"治理是个人与权力机关、社会与私人之间管理共同事务多种方式的总和。它是一个不断持续的过程，在这个过程中，冲突与对立的利益得到协调，人们之间相互合作"。③ 治理理论就是在对政府与市场、政府与社会、政府与公民这三对基本关系的反思过程中产生的。传统政府统治的权力运行方向总是自上而下的，它运用政府的政治权威，通过发号施令、制定政策和实施政策，对社会公共事务实行单一向度的管理。治理强调政府与公民之间在管理过程中的交流与合作，政府不再是这一活动的唯一主体，社会公共事务的管理还应包括政府体制外的社会公共机构和行为者。它们在特定领域与政府合作，分担政府的行政管理责任。④ 只要它们行使的权力得到公众的认可，各种公共或私人机构就可以成为各级权力的中心，它寻求和实现的目标是"善政"，即最大化公众利益，其实质是"政府与公民之间的公共生活合作管理，政治国家与公民社会之间的新型关系"。

从治理的角度看，治理的主体可以是公共机构，也可以是私人机构，还可

① 张康之著：《公共行政学》，经济科学出版社 2002 年版，第 345 页。
② 《我们的全球伙伴关系》，牛津大学出版社 1995 年版，第 23 页；转引自俞可平编：《治理与善治》，社会科学文献出版社 2000 年版，第 4 页。
③ ［日］星野昭吉：《全球政治学——全球化过程中的变动、冲突、治理与和平》，刘小林、张胜军译，新华出版社 2000 年版，第 279 页。
④ 徐勇：《论治理转型与竞争—合作主义》，载《乡村治理与中国政治》，中国社会科学出版社 2003 年版，第 362 页。

以是公共机构和私人机构的合作。① 在公共行政的很多方面，就不再单纯由政府来完成，而可以通过政府与市场合作的"治理"方式来进行管理。"治理是政治国家与公民社会的合作，政府与非政府的合作，公共机构和私人机构的合作，强制与自愿的合作。"②治理理论强调，各种非政府机构包括私人部门和自愿团体在社会和政府治理中应该积极参与并承担相应的责任，国家与社会组织间是相互依赖关系而且要实现合作与互动，从而突破了国家与社会二元对立的传统思维。政府和社会、政府与市场的责任界限相当模糊，政府正在把原先由它独立承担的责任移交给私营部门和第三部门，而且在多元化的治理主体之间存在着权力依赖关系与合作伙伴关系，私人部门和公民自愿性团体正在承担越来越多的原先由国家承担的责任。

(二)公共选择理论

公共选择理论是对传统市场理论和凯恩斯政府干预主义批判的过程中逐渐发展起来的。所谓公共选择，就是指非市场的集体选择，实际上就是政府选择，即通过集体行动和政治过程来决定公共物品的需求、供给和产量，是对资源配置的非市场选择。③ 用布坎南的话说："公共选择是政治上的观点，它从经济学家的工具和方法大量应用于集体或市场决策而产生""它是观察政治制度的不同方法"。④ 公共选择理论是一个著名的假设，即以经济人假设为出发点。"经济人"假设认为："人是关心个人利益的，是理性的，并且是效用最大化的追逐者，在市场领域中如此，在公共领域更是如此。"⑤公共选择理论认为，政府不是神的创造物，它并没有无所不在和正确无误的天赋，它本身是经济人。在他们看来，官

---

① 蔡全胜：《治理：公共管理的新图式》，载《东南学术》2002 年第 5 期。

② 马建川、翟校义著：《公共行政原理》，河南人民出版社 2002 年版，第 83 页。

③ 张恒：《公共选择理论的政府失灵说及其对我国政府改革的启示》，载《广西社会科学》2001 年第 4 期。

④ ［美］布坎南著：《自由、市场和国家》，北京经济学院出版社 1988 年版，第 18 页。

⑤ ［美］丹尼斯·缪勒著：《公共选择理论》，杨春学译，中国社会科学出版社 1999 年版，第 3 页。

僚和其他的人一样，不是受到公共利益的激励，而被认为是受到其利己利益的激励。他们呼吁政府退出某些活动领域，尽可能地使许多活动返回到私营部门，"最好的"结果是市场作用的最大化，政府的作用则相应减少。

公共选择理论认为政府存在普遍的失败，并提出了自己独特的解决问题的方式，即更多地关注政府与社会的关系，主张用市场力量改造政府的功能，提高政府效率，以克服政府失败。它认为没有任何逻辑理由证明公共服务必须由政府官僚机构来提供。公共选择理论主张将竞争机制引入政府公共服务领域，打破政府独家提供公共服务的垄断地位，将政府的一些职能释放给市场和社会，建立公私之间的竞争，通过外部的政府与市场关系的重组来改革政府。

(三)合作国家理论

合作国家理念是国家与社会从二元对抗走向合作国家任务演变与国家角色变迁的必然结果。20世纪70年代以来，各国政府针对"政府失灵"现象，开始"解除管制"和推行"民营化"策略。"解除管制"和"民营化"，对行政法而言，其实仍具有持续一贯的政治任务，国家虽然可以从自己的给付责任中解放出来，但取而代之承担的可能是监督责任同时也有可能是保证责任或是组织化责任。[1] 德国学者 Ernst-Hasso Ritter 最早提出了"合作国家"[2]的概念，国家理念也从昔日的给付国家变迁到合作国家。"合作国家"理念支配下，国家诚挚地要求社会"参与"，通过合作可以激发出社会中私人部门的潜能，利用私人部门的资金、技术、管理经验等优势。合作国家中国家在给付的同时，对部分国家的任务的履行经由私人接手，国家仅监督和担保责任。国家的任务不再仅由国家单独完成，而是由国家的公部门和私部门合作履行。

总之，治理理论、公共选择理论、合作国家理论之间并非孤立存在，而是相互影响、相互作用。这三种理论都是在20世纪90年代经历了"市场失灵"和

---

① 程明修著：《行政法之行为与法律关系理论》，新学林出版股份有限公司2005年版，第245页。

② 张桐锐：《合作国家》，载翁岳生教授祝寿论文编辑委员会编：《当代功法新论(中)——翁岳生教授七秩诞辰祝寿文集》，台湾元照出版有限公司2002年版，第566页。

"政府失灵"之后的社会背景下，学者们对国家、社会、公民之间关系反思的基础之上提出的如何以全新的治理理论模式克服公共行政弊端的理论学说。尽管治理理论、公共选择理论、合作国家理论的研究方法、模式和切入点不同，但三者都是在充分认识到政府公部门和社会私部门的优劣势的基础上，要求打破国家和社会二元化、政府公部门垄断行政任务的格局，寻求政府公部门和社会私部门之间合作，充分利用私部门的力量，弥补公部门的缺陷，实现公私部门优势互补，建立公私合作机制。

二、政府与社会合作的运作方式

政府与社会合作的运作机制是保障公私合作在法治化的轨道上运行的保障。在公私合作背景下，行政机关与私人共同承担责任、面对风险，行政机关由决定者转变为合作者，这种合作由于未有经验支持，尚处于摸索阶段，现在与未来之间可能存在相当大的落差，这种复杂性与不确定性，使行政机关不得不采取更具弹性的手段，如契约、协商等。公私合作的法律形式主要通过行政契约和私法契约的形式体现出来的，行政机关对公私合作行为适用行政契约和私法契约在法律范围内具有一定的选择权。其中公私合作过程中，行政机关运用私法契约，法律规范适用上应受私法调整，但公私合作私法契约的目的是为完成行政任务实现公共利益而运用的私法手段，所以公私合作私法契约的规范调整不同于民商法上的私法契约，其在某种程度上亦受行政法规范。

(一)政府与社会合作的类型

政府和社会合作是公共和私营部门合作以完成行政任务的集体概念。它可以应用于几乎所有国家的公共权力领域。其形式在实践中是多样化的，在不同的行政区域有不同的合作模式。① 现行法制和行政实务上主要的公私合作类型及合作模式主要以下几种。

其一，公私合营。公私合营，即政府与人民共同参与并经营特定业务。公

---

① 参见詹镇荣著：《民营化法与管制革新》，台湾元照出版有限公司 2005 版，第 10 页。

私合营中公私参与的情形又可分下列三种：(1)政府与人民共同设立一新的合资事业。(2)政府参与民营事业投资，也包括政府直接投资或由公营事业转投资两种情形。(3)政府将现有的公营事业资金一部分移转民间，构成政府与人民共同投资经营状态，即公营事业民营化。

其二，公共建设参与。公共建设参与是私人部门和公共部门合作参与公共基础设施建设。公共建设参与是现行行政实务中日益广泛采用的公私合作类型。从广义理解，此种类型的公私合作也属于行政委托的概念范围内，然而一方面公共建设参与会涉及复杂的法律关系，另一方面会通常牵涉多种民营化类型，尤其是功能民营化与财政民营化的结合，故将公共建设参与作为公私合作的单独类型。

其三，公私合作规制。规制(Regulation)又译作管制，是指政府为了达到或维持所希望的社会状态而对国民行动予以一定的制约，它是对"市场失败"而采取的对策，是政府对经济的介入，必要时可以强制国民遵守。规制的类型，分为经济性规制(Economic Regulation)与社会性规制(Social Regulation)两大类。经济性规制是指在自然垄断和存在信息偏好的领域，主要为了防止发生资源配置低效和确保利用者的公平利用，政府机关用法律权限，通过许可和认可等手段，对企业的进入和退出、价格、服务的数量和投资、质量、财务、会计等有关方面加以限制。现代行政的迅速发展导致公私合作已不再局限于提供产品或服务的给付行政领域，已延伸到规制私经济主体行为合法性与正当性的经济规制与监督行政。现代社会国家不堪重负纷纷进行瘦身运动，对除政府核心任务必须保留的管制领域外，其他管制任务政府亦与私人部门进行合作。国家将部分社会管制任务分配与私人或委托第三人履行，以缓解政府管制任务的负担，节省管制所需投入的人力、资金等资源。

当然，对于公私合作的类型学者亦存在着诸多不同的见解，如高家伟教授认为公私合作的类型包括：公务委托、公务授权、公务特许、公务外包、联合开发。[1] 余晖等人认为公私合作的模式通常是指公共部门与私人部门为提

_____

[1]　高家伟：《论中国大陆煤炭能源监管中的公私伙伴关系》，载台湾《月旦法学杂志》2009年第174期。

供公共服务而通过正式的协议建立起来的一种长期的合作伙伴关系，其中公共部门与私人部门互相取长补短，共担风险、共享收益。① 由此可看出，公私合作是对任何一种公共部门和私人部门之间达成的特许经营协议的统称，也可视其为是公共部门把服务外包给私人部门的一种形式，具体包括公用事业特许经营、设立合资企业、合同承包、管理者收购、管理合同等。

(二)公私合作主要法律形式：行政协议

随着给付行政的兴起，公权力的行使方式发生了变化，行政机关在不违背法律的前提下，可与相对人达成合意，以契约方式完成公益目的。在此种趋势下，传统的单方、强制性的行政行为模式已经越来越难以适应现代行政的需要，因此，强调沟通、协商与合作等具备双方性的行政行为来尝试解决问题就成为现代行政的主流模式。尤其是随着现代国家行政职能的扩张，国家财政的日益拮据以及国家行政的效能低于私人，使得国家传统任务的市场化成为近十几年来各国行政改革的潮流，私法的治理因素渗透到公法理念中，传统公法手段与私法治理模式出现了融合的趋势。"对作为一种政府治理行为的合同的研究，证明了私法制度对于新公共管理运动以及保守党的政府革命的重要性。因此，在一个混合式行政的时代，在一个对公权力和私权力的创造性相互作用极其依赖的时代，合同乃行政法之核心。"②由此可见，行政活动的多样性为契约思想渗入行政法理论提供了可能，促使行政法概念发生变化，并及时调整行政法理论。

随着行政职能的转变，尤其是现代行政执法理念发生了深刻变化，由过去"命令与服从"转变为"服务与合作"。行政管理手段亦发生了变化，行政协议这种管理方式、手段便应运而生。行政协议作为一种不同于传统高权行政的新的行政活动方式，以其所独有的强调合意、注重平等、遵循诚信的特点，极大

---

① 余晖、秦虹编：《公私合作制的中国试验》，上海人民出版社 2005 年版，第 36～37 页。

② ［英］卡罗尔·哈洛、理查德·罗林斯著：《法律与行政》(下卷)，杨伟东译，商务印书馆 2004 年版，第 554 页。

地弥补了传统行政手段的不足，提高了行政效能，显示了极大的优越性和无穷的魅力，因此在各国得到了广泛应用。行政部门就其采取的任何措施之正当性，必须在其自己的行政责任与程序责任之范围内，应尽量与当事人协调、沟通并达成合作共识；早先居核心地位之行政处分，已经丧失其作为对个案加以决定之行政行为形式之功能，取而代之的则是行政协议。① 权力与责任的对等关系在行政协议的框架下显得更加明了。

由于行政协议比以支配与服从为特征的传统的强制性行政行为更为柔和、富有弹性，更加体现民主、注重行政相对人的合意，更能发挥行政相对人的主动性和积极性，减少行政摩擦，节约行政成本，从而在世界范围内获得广泛发展，并逐渐发展成为行政法上一种重要的行政手段。行政法上的合作包括所有行政机关与相对人的协议与协定，不论其最终是以正式或非正式的行政行为形式出现。而"合作"原则系以双方对等为出发点，在行政法的领域中，典型对等式行政行为形式为"契约"。② 行政协议在行政法领域的广泛使用，为公私合作的行政手段提供了工具。行政协议因合意的特性，而作为公私合作关系的表彰，已成为自明、无可割舍且广泛使用的行政手段。③ 行政协议作为公私合作的手段，符合了公私合作路径的需求，为政府与民间之间公共任务的分担提供了媒介。

（三）公私合作法律形式之补充：私法契约

行政部门在公私合作的法阵驱使之下运用私法手段与私人主体合作共同完成行政任务的是"公法私法化"或"通过私法完成行政任务"在公私合作领域的"投影"，私法契约是公私合作的法律表现形式。公私合作的这种私法契约属

① Rainer Pitsehas：《论德国行政法总论之改革》，黄钲堤译，载《宪政时代》1998年第1期。

② 陈爱娥：《公私合作对行政契约法制影响——以德国法的引介为中心》，载《政治与法律之对话：合作国家与新治理研讨会论文集》，第4~5页。

③ 黄锦堂：《行政契约法主要适用问题之研究》，载台湾行政法学会编：《行政契约与新行政法》，台湾元照出版有限公司2002年版，第15页。

于行政私法行为，和民法中的私法契约存在一定区别。行政私法行为，是指行政机关或法律、法规授权的组织利用私法形式以直接实现行政法目的或者任务、兼具公私法双重性质的新型行为，因它们符合给付行政私法化的期待，所以成为给付行政领域的适合方式甚至是主要方式。① 行政私法行为既不绝对的是一种公法行为，也不绝对的是一种私法行为，而是新形势下出现的一种兼具公法、私法双重属性的行为。② 尽管公私合营的私法合同的法律表达属于私法范畴，但适用私法合同的目的是为了实现行政任务，这是在一定程度上行政法向私法发展的体现。

公私合作的私法契约一方主体是行政机关公部门，另一方是私人部门，是以完成行政任务为目的，应受到一定程度上的行政法规制。行政私法行为是行政机关利用私法的形式，而又限制私法的自治自由，不能完全地适用私法的意思自治，在某些方面应受公法约束的行为。行政私法行为的目的是为了满足社会公共利益的需要，为了更好地实现行政目的。如果完全适用私法自治，则可能破坏这一目的的实现，损及公共利益的实现。因此，行政机关采用私法手段实现行政目的时，不仅要受私法的约束，遵循私法的原则，而且要在一定程度上受公法行政法的制约。公私合作的这种私法契约不仅具有民事行为的性质，而且具有行政行为的性质，因此它应当遵循依法行政原理。③ 公私合作的私法契约作为行政私法行为，虽然以私法方式实施，但要受到宪法基本人权的约束，还要受到管辖权的约束，以及受到法律优先和法律保留原则的拘束，除此之外，还应受行政法其他一般原理原则的限制，比如信赖保护原则、比例原则等的约束。

---

① 王太高、邹焕聪：《论给付行政中行政私法行为的法律约束》，载《南京大学法律评论》2008 年春秋合卷。

② 刘志刚：《论服务行政条件下的行政私法行为》，载《行政法学研究》2007 年第 1 期。

③ 王太高、邹焕聪：《论给付行政中行政私法行为的法律约束》，载《南京大学法律评论》2008 年春秋合卷。

三、政府与社会合作的行政法规制

随着公私合作的深入开展，这些以多种方式参与公共治理的多元治理主体，势必展现出公私合作实现公法任务的各种面貌。如果进一步分析公私合作的主体构成，人们会发现参与公共治理的主体不再局限于政府等公共部门这样的一元主体，而是扩展到包括公共部门、私人部门、广大公众等在内的多元公私混合主体，其不仅包括公共部门、私人部门、公法上的消费者等原生型主体，而且涵盖公权力受托人、特许经营者、公共服务承接主体、社会合作管制主体以及公私合作公司等次生型主体。正如德国学者所言："对行政组织法的最大挑战是来自于因私人受委托或私人基于管制下的自我管制而负担公共任务而生的中间组织形式。在此范畴会形成行政组织与社会自发性组织间的临界及过渡区域，而产生新的责任结构。"[1]多元主体参与社会治理不仅仅是对负责社会治理能力需求的回应，也是促进政府现代治理能力的必然需求。

（一）合作行政对行政组织法的挑战

公私合作的兴起不仅对行政组织法的调整和调控，行政机关的组织形式和程序，行政组织法的基本原则以及实质性组织规范提出了巨大挑战，同时也促进了新的行政组织法的产生和发展。公私合作下的行政组织法的新发展需要扩大行政组织法的调整范围，并根据不同的类型以不同的密度进行调整，建立和完善以行政程序为导向的组织程序；建构组织法治，行政分权与合作，行政民主和组织效能的基本原则，改革行政组织法的实质性组织措施。[2] 实现行政主体从"单一的公共服务提供者"向"多元公共服务承担者"组织形式的转变。

1. 行政法调整范围

由于公私合作主体不仅有传统的公共部门，而且还有私法组织、社会合作

---

① ［德］施密特·阿尔曼著：《行政法总论作为秩序理念——行政法体系建构的基础与任务》，林明锵等译，台湾元照出版有限公司 2009 年版，第 267 页。

② 邹焕聪：《公私合作主体的兴起与行政组织法的新发展》，载《政治与法律》2017 年第 11 期。

管制主体等，这种公私合作主体的复杂多样性、多中心特征对传统行政组织法只调整公共部门等国家行政构成了巨大的挑战；公私合作主体中私法组织占据重要位置、偏爱间接国家行政这一事实也对传统的行政组织法调整重心构成了严重的冲击。

对传统行政组织法调整界限的挑战。尽管各国有关行政组织法的调整范围不尽一致，但是传统的行政组织法基本上是围绕行政机关、公务员以及公物等这几个领域进行界定的。比如在德国，行政组织法的基本结构是行政主体、行政主体的内部结构、管辖权以及机构设置权；行政组织包括了直接国家行政与间接国家行政。① 在日本，从广义上说，行政组织法包括以行政主体的组织的存在方式为考察对象的狭义行政组织法、以人的手段为考察对象的公务员法和以物的手段为考察对象的公物法；狭义的行政组织法则仅为规范行政机关的法。② 在我国，行政组织法也有广狭义之分，广义的行政组织法包括行政机关组织法、行政编制法和公务员法，狭义的行政组织法仅指行政机关组织法且国家行政机关的性质、法律地位、组成及结构、职权等是狭义行政组织法的必备内容。③ 采取何种范围的界定是我国现阶段需要通过实践来解决的问题。

对传统行政组织法调整重心的挑战。国内外传统的行政组织法学，一般只讨论直接的国家行政，关注的是规范行政组织的组织过程和控制行政组织。譬如日本学者田中二郎认为，所谓的行政组织法是指有关国家、地方公共团体及其他公共团体等行政主体的组织及构成行政主体的一切人的要素和物的要素的法的总称。④ 我国台湾学者认为，行政组织法为行政法之主要组成部门，不仅涉及政府机关的组织、职权、体制与互相关系，而且涉及行政作用与行政救济之功能，更与人民有关。我国大陆学者认为，行政组织法就是关于行政机关和

---

① 参见［德］哈特穆特·毛雷尔著：《行政法总论》，高家伟译，法律出版社 2000 年版，第 498~591 页。

② 参见［日］盐野宏著：《行政组织法》，杨建顺译，北京大学出版社 2008 年版，第 2~3 页。

③ 参见姜明安编：《行政法与行政诉讼法》，北京大学出版社、高等教育出版社 2015 年版，第 87~89 页。

④ 杨建顺著：《日本行政法通论》，中国法制出版社 1998 年版，第 213 页。

行政机关工作人员的法律规范的总称，是管理者的法。① 可以说，传统行政组织法的关注重心是各级行政机关、公务员以及公物等问题，关注对哪些类型的行政机关进行管理，设立什么样的公务员制度和公物制度；关注如何控制行政组织的规模、结构以及职能等问题。公私合作主体除了部分主体必须严格按照传统的行政组织法进行规范和控制之外，其他主体似乎都游离于行政组织法之外。

2. 对行政主体理论的挑战

由于行政主体被视为行政机关和法律法规授权的组织的总和这一新的表述，克服了以往行政机关概念在解释行政权力实际行使者上的不足，使得一些非行政机关的社会组织也被纳入了行政法学的研究范围，将法律法规授权的组织视为行政主体的一部分，更为符合公共权力社会化的趋势。此外，我国认为只有成为行政主体的行政组织才有可能成为被告，这种行政主体理论也被有关学者称为"诉讼主体模式"。② 尽管行政主体理论曾对我国行政法学研究的规范化和行政诉讼制度的实际运作起到了重要的作用，但是行政主体理论"因其形式化而更多地具有学术价值，难以有效地回应和指导实践"③，特别是随着公私合作的日益兴起，行政主体理论面临着更为严峻的挑战。

行政主体的内涵和外延难以容纳公私合作主体。从内涵上说，行政主体应具备四方面的要素：组织要素、职权要素、名义要素和责任要素，但是如果把这些要素套用到公私合作主体上，那么公私合作主体中个人及私法组织显而易见就不符合行政主体的组织要素。公私合作主体的出现将进一步加剧这种内涵与外延的不确定性，尽管如今有学者将"行政权"解释为不仅仅包括国家行政权力，还包括社会公权力，"行政管理活动"不仅包括国家行政管理活动，还包括社会管理活动。如此一来，行政主体的范围既包括作为国家行政主体的行

---

① 参见应松年、朱维究著：《行政法总论》，工人出版社 1985 年版，第 115~257 页。

② 参见章剑生著：《现代行政法基本理论》(上卷)，法律出版社 2014 年版，第 184 页。

③ 李允著：《PPP 的法律规制——以基础设施特许经营为中心》，法律出版社 2017 年版，第 74 页。

政机关和法律、法规授权的组织，又包括作为社会公行政主体的非政府公共组织。① 实际上，公私合作完成公共任务这一新型的方式已经向我们表明了一个新的时代来临——现代行政的分散性与合作性并存。

行政主体的概念虽然暂时破除了国家行政机关是行政权力的唯一行使者的概念，初步适应了权力社会化的基本趋势，但是我国的公共行政改革可谓是日新月异，其中以政府简政放权、大量非政府的社会公共组织日益取代政府而在众多的行政管理领域"崭露头角"等最为引人注目，这种现象与西方各国的"公务分权"颇为相似。② 随着公务范围的扩张以及公务管理方式的日趋复杂，公务的实施主体已经不再局限于行政主体或公法人，现代政府通过特许、公权力委托、成立公私合作公司等公私合作方式将大量公务交给私法组织和私人实施。组织机构上的行政仍然在公法范围之内，但任务或功能性的行政已经突破了传统行政组织法的范畴。分离的结果体现为行政法律制度的非统一性，即公私有重组与融合的问题，行政主体理论已经远远不能适应时代需求了。③ 可见行政主体理论难以回应公私合作实践的挑战。

对诉讼主体的影响。在当下的行政法学理论中，行政主体通用的表述是指依法拥有独立的行政职权，能以自己的名义行使行政职权以及独立参加诉讼，并能承受法律责任的组织。这种"被告即行政主体"的思维模式对行政诉讼的实践产生了大量的负面影响：类似于村民状告村委会、足球俱乐部状告足协的案件，往往都因为村委会和足协不是"法律、法规授权的组织"、不具有行政主体资格进而不能成为行政诉讼的被告而被拒之法院的司法审查之外。④ 其实，将行政诉讼主体之一的被告与行政实体法上的行政主体混为一谈，即使在

---

① 参见石佑启著：《论公共行政与行政法学范式转换》，北京大学出版社 2003 年版，第 164 页。

② 杨海坤、章志远著：《中国行政法基本理论研究》，北京大学出版社 2004 年版，第 184 页。

③ 敖双红著：《公共行政民营化法律问题研究》，法律出版社 2007 年版，第 176~177 页。

④ 杨海坤、章志远著：《中国行政法基本理论研究》，北京大学出版社 2004 年版，第 185 页。

传统意义的公共行政范畴内讨论也是不科学的，因为两者遵循不同的逻辑：前者考虑的是方便当事人行使诉权，只要作出了有关公共行为，就可以成为被告；后者关注的是实体权力的行使与实体责任承担的一致性，强调的是某一组织在行政法上的法律地位。因此，诉讼主体与行政主体完全可以而且必须加以分离，这样不仅可以更好地厘清行为与责任的问题，而且也可以区分两个不同的范畴。具体到公私合作主体之中，某一公私合作主体是否是行政主体与它是否为行政诉讼主体也应加以区分。

3. 对行政组织法原则的挑战

公私合作中公共部门具有多元角色和地位，具有不同于一般行政主体的职权职责，需要更有针对性和实效性的法治化。国家除了采取传统行政高权之管制模式，还以"合作管制"模式，将部分之国家管制责任分配予私人与社会，以提升管制目的之有效达成，并减轻国家执行管制法律时之负担。[①] 此时，国家可能将管制任务下放予社会或私人，亦可能采取私法方式履行国家任务。公私合作主体的两大主要主体——公共部门与私人部门之间存在着共享行政权力的局面，虽然这种权力与传统意义上的权力有很大的差距，但是无疑在行使着某些公共权力，体现了分权的趋势，也具有合作的意义与内涵。公私合作主体之间的关系普遍呈现出一种对等协商的民主关系，各方是基于对等的身份来共同实现公共任务的主体，即使是国家或者政府部门也不能把自己作为管制的主体，向对方进行命令、禁止。由于传统上认为行政组织法规范的是行政组织，与公民没有直接关联，因而现行行政组织法缺乏民主的意涵，民主精神欠缺主要表现为行政组织权由行政机关行使，行政组织过程缺乏民众的参与。[②] 传统行政组织法追求行政效率，但是从机构臃肿、人浮于事、办事拖沓等现实情况看，精简、统一、效能的目标并非一蹴而就。在公私合作完成行政任务过程中，私人主体本身就是企业、非企业组织或者私人，其基于自身利益最大化的

---

① 詹镇荣：《论民营化类型中之"公私协力"》，载台湾《月旦法学杂志》2003年第102期。

② 参见应松年、薛刚凌著：《行政组织法研究》，法律出版社2002年版，第84~85页。

考虑，也会以协商换取信任，以合作取得共识。

(二) 合作行政的规范再造

公私合作主体关系已将私法组织和社会合作监管机构纳入其主体当中，从而促进了等级制政府机构从高度正规化和高度集中化向广泛、非正式、分散迁移。

其一，扩展行政组织法调整范围。对于典型的公私合作主体而言，行政组织法大体上可以而且应该进行密度不同的调控和规范。相对于纯粹的私法人，公部门对于公私合营事业的控制力，势必随私人的参与而相对减弱；然而较于功能民营化中其他以契约为基础的公私合作关系，虽难以避免契约协商机制所导致的法律不确定性，公私合营事业则可替公部门另开启私法组织及法律上可资利用之影响可能性，以便将公益政策贯彻于任务执行之中。① 此时，对于基于不同原因成立的不同类型的公私合营事业，行政组织法要进行密度较强的调控，因为不管公私合营事业的参与者有多么的不同与复杂，成立方式是直接由公私部门共同出资还是私人部门参与既存的公营企业或者公共部门参与既存的私营企业，但总归可以找到两个基本的主体因素——公、私部门，既然有公共部门的参与，要进行相应的公法约束，其中包括行政组织法的约束，尽管其法律规范的程度和密度与传统意义上对行政机关的规范程度和密度不同。虽然我国行政组织法力求拓展调整重心，但基本上还仅以行政机关、公务员、公物等为调整对象，因此，国家行政及其有关组织一直是传统行政法的调整重心，行政管理组织、行政管理也是我国宪法及现有行政组织法所调整的主要内容；社会合作管制主体等基于社会自治和合作治理而管制公共事务或国家事务，却被忽视。② 如今，公私合作主体却一反传统，将社会合作管制主体也纳入公共部门与私人部门合作实现公共任务的关键一环。它要求行政组织法不能自我设限

---

① 刘淑范：《行政任务之变迁与"公私合资事业"之发展脉络》，载《中研院法学期刊》2008 年第 2 期。

② 参见邹焕聪：《社会合作管制：模式界定、兴起缘由与正当性基础》，载《江苏大学学报(社会科学版)》2013 年第 1 期。

于国家行政，自治行政组织亦应该一并顾及，而且应同等重视，因为自治行政组织乃行政组织的第二种标准型。① 从单元治理扩展到多元治理，在扩展行政组织法调整范围的同时，也应因主体而异设定不同的实体与程序性权利与义务。

其二，以行政过程为导向。在合作国家视野下，承担公共任务的主体，不再强调国家之中心地位，而毋宁是分散的、多中心的任务实现结构；对主体的反思，不限于国家方面，也包括私人方面。② 从自由法治国时代的"干涉行政"，即干预相对人的权利，限制其自由或财产，或课予相对人义务或负担的行政③，到社会法治国时代的"给付行政""行政法使行政与个人或团体之间产生了一种'指导与服务性的'法律关系，来保障个人的福祉"④，由此行政任务发生了巨大变迁，并且还在不断变化之中。随着福利国家及给付行政的发展，行政任务日益多元化，这使得已有的行政组织无力承担更多的行政任务。⑤ 公私合作主体的兴起将发展以行政过程为导向的组织形态的内外组织程序。虽然传统的"诉讼主体模式"较好地解决了转型期确认行政诉讼被告资格的重大理论与实践问题，缓和了行政法学理论的滞后性与司法实践之间的矛盾，及时回应了当时行政诉讼法的实践需要，但是，目前行政法学界在否定"诉讼主体模式"、重构行政主体理论的看法上是基本一致的，尽管目前尚未达成一致同意的解决方案。⑥ 在日本，随着公法私法二元论的相对化，行政主体的概念也逐

---

① 参见[德]施密特·阿斯曼著：《秩序理念下的行政法体系建构》，林明锵等译，北京大学出版社 2012 年版，第 237～238 页。

② 翁岳生教授祝寿论文编辑委员会编：《当代公法新论（中）——翁岳生教授七秩诞辰祝寿论文集》，台湾元照出版有限公司 2002 年版，第 578 页。

③ 参见翁岳生编：《行政法 2000（上）》，中国法制出版社 2002 年版，第 29 页。

④ 陈新民著：《公法学札记》，中国政法大学出版社 2001 年版，第 93 页。

⑤ 参见胡敏洁：《给付行政与行政组织法的变革——立足于行政任务多元化的观察》，载《浙江学刊》2007 年第 2 期。

⑥ 参见薛刚凌编：《行政主体的理论与实践——以公共行政改革为视角》，中国方正出版社 2009 年版，第 8～11 页；杨解君：《行政主体及其类型的理论界定与探索》，载《法学评论》1999 年第 5 期；沈岿：《重构行政主体范式的尝试》，载《法律科学》2000 年第 6 期。

渐扩大，并不局限于传统的国家与地方公共团体的范畴，还包括"功能性行政组织"。在公私合作中，除了公共部门之外，其他主体大多可归类到类似日本的"功能性行政组织"。这种将概念扩展到"功能性行政组织"的研究视角，实际上体现了针对行政过程研究行政主体以及行政组织法的新思路。从20世纪50年代后半期以来，日本公法学者远藤博也、盐野宏等提出了"行政过程论"，试图重构长期以来的行政法"三段论"，将行政过程置于行政法学体系的核心地位。在盐野宏的著作中，提出了以行政行为形式论、行政法上的一般制度和行政过程中的私人来重构行政过程论。一般而言，"行政过程，系指在宪法下，行政权为达成其行政目的，所得利用之法令上、惯例上一切手段所构成之一连串手续上之连锁"。① 简言之，行政过程是行政主体为达成行政法目的所采取的一系列法定与非法定行为所形成的全过程。在内部组织程序上，公私合作主体的兴起能够革新传统行政组织程序。当然，它们也要接受行政组织法的规制，尽管对于不同种类的公私合作主体，法律介入的程度也不一样。另一方面，与多方主体被忽视不同②，公私合作主体的确是多元关系的代表。总之，对于功能性行政组织的组织程序，需要以行政过程为导向，不再局限于关注单一的、静止的公共任务承担体的组织结构，而应全面地、连续地、动态地考察各类主体之间的关系及其程序规制，将各行政过程作为复数组织程序的链条，从而实现功能意义行政组织程序的合作化、民主化和私法化。

其三，构建基本原则。前文已经提到，公私合作对行政组织法带来的挑战和冲击，那就有必要构建起新的行政组织法的原则，革新行政组织法的实体性组织。一是完善组织法治原则。公私合作主体的多元化要求非政府公共组织具有独立的主体地位，享有一定程度的权限，这需要通过行政组织法进行确认和保障。"依法组织的直接宗旨是规范行政组织及其形成过程，但最根本的目的

---

① 参见［日］盐野宏著：《行政法》，杨建顺译，法律出版社1999年版，第63页。
② 这也是国内学者试图突破的地方，如将行政过程的主体要素归纳为行政主体、行政相对人、监督主体三方主体；参见湛中乐著：《现代行政过程论——法治理念、原则与制度》，北京大学出版社2005年版，第72~108页。

则是保障公民的自由和权利。"①二是建立行政分权与合作原则。随着全球经济一体化，各国特别是欧盟成员国的地方政府组织表现出某种共同的发展趋势，如强化地方自治，实行从属性原则，鼓励多样性、非官僚化、服务提供的变化、对民众的负责性、公民参与，强调中央与地方的合作等，行政组织的分权化或将逐渐成为一种新的现象。② 有人认为，横向分权改革还可进一步细化为向市场分权和向社会分权。③ 三是构建行政民主正当性原则。以传统的隶属关系建构起来的行政组织，必须对国家权力机关——诸如对人大负责；政府首长指挥监督的层级制组织，是行政行为正当性的担保，但是无法应对当今时代多元、复杂的组织机构。

第三节　政府与社会协同治理

良法的发展要求以善治为基础，而政府与社会的协同治理则是对追求公共利益最大化的途径。政府与社会的协同治理可以弥补政府机制和市场机制的缺陷，合理分配社会资源，取得良好的社会效果。俞可平先生在早期将"治理"和"善治"概念引入国内，并对善治的基本范畴进行了总结与概括，善治是一个社会管理过程，可最大限度地提高公众利益。它的基本特征是政府与公民之间的公共生活合作管理。它是政治国家与公民社会之间的一种新颖的关系，是两者之间的最佳状态。④ "协同治理"在学术界尚未获得准确的概念定位。许多研究者专注于探索"治理"和"协同政府"的含义，关注其多重价值而忽略了"协同"的本义。"协同"的目的是追求合作主义的意识共识。在现代化与多元治理主体并存的情况下，政府的垄断权威无法应对日益复杂的社会治理问题，从而

---

① 马怀德编：《行政法学》，中国政法大学出版社 2009 年版，第 87 页。

② 参见任进：《行政组织法基本范畴与新课题》，载《北方法学》2012 年第 3 期。

③ 参见刘尚希、王朝才等著：《以共治理念推进 PPP 立法》，中国财政经济出版社 2016 年版，第 5 页。

④ 参见俞可平：《全球治理引论》，载《马克思主义与现实》2002 年第 1 期。

无法应对政府与社会之间协同治理的意识。就协同治理问题而言，当代中国社会显示出国家行政权力在公共事务中的强烈渗透，社会分裂和瓦解的趋势日益明显。① 对国家权力与社会权利之间的紧张关系进行审查，以及加强政府与社会之间的合作是协作治理的核心问题。

一、协同治理的比较优势

协同治理理论是一种新兴的理论，它是自然科学中的协同论和社会科学中的治理理论的交叉理论。可以说，作为一种新兴的交叉理论，协同治理理论对于解释社会系统协同发展有着较强的解释力。然而，协同治理理论在社会科学中的应用才刚刚起步。② 作为社会治理创新体系中的一种大胆尝试，尽管社会协同治理理论在应用领域具有行政吸收和地方限制的潜在风险，但在公共事务治理领域比在政府主导和社会自治方面更加两极化，呈现出明显的积极的优势，主要表现是参与者体系的开放性，行动策略组合的多样性，文化制度结构的适应性，网络组织的创新以及协作机制的有效性。

其一，参与者体系的开放性。无论自然、人类社会和思维领域的系统如何，它都有输入与输出能量和信息的能力。这种开放既具有客观的普遍性，又具有固有的必然性，并且是事物和系统固有的规律性。③ 参与者组成系统的开放性是指治理系统与行政生态之间交换关系的属性，即从行政系统中输入物质、能量和信息并输出物质的治理系统的属性以实现行政生态。与其他治理策略相比，这种开放性是协同治理的基石，也是协作治理的最关键优势。（1）它可以抑制权力系统的封闭和集中化趋势，然后避免在政府主导的治理模式下出现行政化状态的现象。在政府主导的社会治理机制中，其核心重点是权力和责任的运作，考虑国家治理因素和制度环境因素可以在一定程度上缓解公共治理的困境。但是，其内部运行机制不能逃避集中集权和封闭集权的趋势，在行政

---

① 杨华锋著：《协同治理——社会治理现代化的历史进路》，经济科学出版社 2017 年版，第 74 页。

② 李汉卿：《协同治理理论探析》，载《理论月刊》2014 年第 1 期。

③ 曾广容：《系统开放性原理》，载《系统辩证学学报》2005 年第 3 期。

国家的背景下，很容易在治理体系内造成混乱和低效。(2)它可以打破公共治理领域的权力与资本勾连的问题。通过最大化参与者的博弈，避免权力和资本的单方面的、任意和盲目的扩张行为。在分析影响社会治理有效性的因素时，我们发现在工业文明体系的主导下自由资本主义的可扩展性很容易实现并与权力合并，这反映在资本绑架和权力追逐资本的趋势中。(3)它可为探索社区的价值所利用，尤其为传统社区中当地知识的发展提供宽松的空间。在传统社区和边缘地区，当地知识的含义已被很好地继承。但是，越来越疯狂的发展和城市化扩张概念使它面临越来越严重的生存危机。人与自然和谐相处的观点不应忽视这种文化的消失，行动者的开放性可以为他们的生存和发展提供必要的空间，避免强大的发展思想和官僚主义渗透到地方。(4)它可以促进多元主体的参与，线上组织的发展以及公民精神的积极培养。民主参与协商与协同治理正逐渐成为实际治理的主要趋势。如何在体制框架中确保民主治理发展的趋势，以及如何在政府权力和社会权力之间找到平衡的条件，需要完全开放的环境基础。最后，可改善治理结构的有机性质和治理系统的专业性。当然，这种专业化不是技术专业化的指南，而是从多样性的角度来看的专业化。

其二，行动策略组合的多样性。社会行为者策略的差异与"内部政治意识，运营障碍以及政府间系统外部固有的环境"有关。[①] 因此，基于开放性形成的主体组成的多样性将不可避免地导致行动策略组合的多样性。极端的复杂性和多样性是当今世界的特征，在这个世界中，权力分散而不是集中。任务是收敛的，而不是细分或划分的；社会通常要求更多的自由和个性化，而不是融合一体的。[②] 这种多样性的存在必将是有效的，其提高了政府反应的速度，并促使不同的社会参与者提议参与提供公共物品。提供公共服务时，必须在最短的时间内完成，并且其资源的使用是最经济的。同时，行动战略组合的多样性可以为改善体制环境提供必要的策略。

---

① 参见[美]罗伯特·阿格拉诺夫，迈克尔·麦圭尔著：《协作性公共管理地方政府新战略》，李玲玲等译，北京大学出版社2007年版，第28页。

② 参见[美]罗伯特·阿格拉诺夫，迈克尔·麦圭尔著：《协作性公共管理地方政府新战略》，李玲玲等译，北京大学出版社2007年版，第22页。

其三，文化制度结构的适应性。在开放性和多样性的前提下就制度结构而言，可以分为两个层次：一方面，制度内部结构的适应性，也就是正式和非正式制度之间的相互作用，可以解释为在此基础上，如何形成具体有效的制度规范体系。就环境领域而言，非正式机构的存在具有更为普适的意义，尤其是对传统社区的价值，对当地知识的理解和挖掘的关注，对地方自治和地方知识职能的忽视构成了地方治理危机的文化因素。另一方面，制度系统外部效用的适应性。在农业社会和工业社会的时代，治理模式被认为是对人治和法治的追求。在工业化的过程中，对权力和法律制度的追求常常陷入无效和低效的治理之中。在合作主义的发展下，协作治理逻辑中各个系统与要素之间的相互作用通常可以建立一个基于开放性和多样性的道德制度体系。

其四，网络组织的创新性。创新是一项创造性活动，是一种学习，一种系统性行为，但也是一种具有风险的行为。[①] 协同治理框架计划的网络组织具有良好的创新能力。该网络还可以借鉴非营利组织的创新精神和创造力，帮助政府在解决重大社会问题时扩大影响力。如果网络运行机制正确建立，它也会产生另一个创新机会。民主治理应不断提供高质量的公民服务，而创新的主要来源来自对公民需求的回应。等级制组织（例如政府官僚机构）中创新遇到的阻力通常大于网络内部遇到的阻力，因为大量的内部并行约束可能会限制产生好的想法所必需的交互环境，垂直障碍将阻止思想从初具雏形到决策的整个过程。[②] 在协同实践的过程中，官僚组织和政府行为将面临越来越多的挑战。倾向于合作和信任结构的网络组织具有典型的适应性，并且这种适应性可能会面临越来越严峻的挑战。在治理危机时，它显示出足够的创新来提高协作治理的有效性。

其五，社会协同机制的有效性。在很大程度上，治理的有效性实际上取决于政府在跨越组织之间的运作。正是由于复杂性的增加，非政府参与者已成为

---

① 参见俞可平：《创新：社会进步的动力源》，载李惠斌编：《全球化与公民社会》，广西师范大学出版社 2003 年版，第 257~258 页。

② 参见［美］斯蒂芬·戈德史密斯、威廉·D. 埃格斯著：《网络化治理公共部门的新形态》，孙迎春译，北京大学出版社 2008 年版，第 27 页。

当地公共产品和服务提供系统的重要组成部分，多个参与者在政府行动的许多领域进行合作，建立长期联盟，并致力于培养机构去做政府无法独自完成的事情，与其他形式的合作一样，机构是非正式和无等级制度的，没有单一的权力来指导其运作。有效的治理并不禁止这些特征。相反，这些特征有助于提高治理能力。各国政府必须将其能力与不同的非政府组织进行整合，以发挥作用，并且通过将合作伙伴与非政府和政府的适当资源联系起来，可以建立并维持政府的能力。

二、协同治理的责任分配：担保理论

在公私协同关系模型中，政府和社会力量的作用和义务不仅局限于合作关系，而且它们之间存在着深远的责任分配关系。责任的分配表明，国家和私人对公共利益（包括私人）负有共同责任，其强调国家和私人各自的职责分配后的作用和责任，这进一步区分了国家在履行其职责时应承担的不同的职责、功能、行为和标准。另外，与政府专有的公共利益不同，责任的分配是公共利益责任的分配，是政府和社会对实现公益的责任。但是，在国家和私人之间分配责任后，国家应整合他们共有的公共利益部分，尤其是在保证私人执行公共任务时，特别是担保私人执行公共任务时的公益取向。同时，尽管国家可以从其给付责任的运作中解放出来，但国家通常承担监督的责任，也可能是担保或组织化的责任。[①] 实际上，所谓责任分配，狭义上是指公私主体之间的角色和义务分配，或者权力和职责的分配。它不仅对政府的作用具有积极意义，而且对社会力量也具有深远的影响能力。担保责任的关键从公私协同的角度出发，担保国家理论是政府对购买公共服务的理论基础，也即以责任分配为前提、以国家负担保责任的理论为基础。就责任分配而言，政府在购买公共服务中负担提供公共服务的担保责任，而社会力量则承担公共服务生产的履行责任；而对于责任阶层，根据德国学者的说法，除了以责任分配作为担保国家之运作基础之

---

① 参见程明修：《经济行政法中"公私协力"行为形式的发展》，载台湾《月旦法学杂志》2000 年第 60 期。

外，还根据国家之角色、任务与功能来承担不同的责任。某种程度上，国家不再局限于因履行责任而有各种责任形态，比如，建议责任、组织责任以及担保责任。① 不同的责任阶层通过的国家职责则对应着不同国家任务的密度和方法，并且将任务分配给国家与私人之间的不同领域，因此责任阶层在限制公共权力外包和构建网络方面具有特殊作用。

尽管政府是公共服务的提供者，但这并不意味着政府必须自己生产这些公共产品。从历史实践上来看，提供公共服务的方式主要有两种：其一，政府直接生产公共产品，并向公众提供公共服务。其二，政府不生产公共服务，而是使用公共力量生产公共产品，也即政府通过市场从企业购买公共服务，后者通过市场向公众提供服务。从行政法治理论分析，政府采购公共产品的本质是公私协同作用。传统的行政法发展了以行政行为为中心的理论框架，强调了公共权力的不平等，强调了行为方式的统一，原则上行政任务职能是由行政主体来执行。但在这种公私协同关系的背景下，政府继续将行政任务下放给私营部门，私营部门通过政府购买服务、特许经营和许多其他方式参与公共治理活动。服务打破了行政主体对公法任务的传统垄断，并实现了公私部门之间关系的质变。

三、协同治理的运作机制

随着参与式治理和社会自治走向协同式的治理模式，原始的监管模式面临着进行空前的改革。正如一些学者所说的那样，为了实现公共服务的目标，协同治理是政府与非政府，非营利性社会组织甚至私人组织和公众之间的更全面的协作。② 需要从民间组织的角度切入，从协作治理的角度分析中国的监管模式，并促进社会协作监管的产生和发展。可以说，具有多元化主体、权力扁平

---

① 参见张桐锐：《合作国家》，载翁岳生教授祝寿论文编辑委员会编：《当代公法新论(中)——翁岳生教授七秩诞辰祝寿论文集》，台湾元照出版有限公司 2002 年版，第 579 页。

② 陈华著：《吸纳与合作——非政府组织与中国社会管理》，社会科学文献出版社 2011 年版，第 6 页。

化、行为合作化、机制整合化等特征的协同治理对于社会合作规制的产生具有直接的指导意义。因此，协同治理理论在中国的兴起为民间私营部门参与社会管理以及与政府合作协调公共事务奠定了理论基础。

其一，多中心监管主体。社会协同监管的主体可以是社会组织，甚至是公民个人，也可以是传统的行政机构，例如政府机构，或者是传统的行政机构和社会机构的协调员，表现出多元化和多中心的局面。然而，在传统的行政主体和社会主体之间，社会主体，特别是社会组织，在其中占据着首要和基本的位置，是社会协同调节的最重要主体。这不仅是因为在社会合作监督中，社会组织已经按照组织逻辑和运作机制变成了"自组织"①，而且还因为非政府组织等社会组织是任何组织的重要组成部分。社会和社会组织的成熟度程度决定着国家社会的成熟度，但是，"自组织"并不完美，一旦发生信任与协调机制的危机，就有必要让"其他组织"，即国家或政府成为监管主体。但是，国家或政府作为合作伙伴的角色可能起到倡导作用。总之，与传统的政府机构"单中心"主体模型不同，社会合作监管主体充分体现了"多中心"的精神实质。

其二，协调的监管行为。社会协同监管行为主要是社会主体之间的"内部""自律行为"和社会主体与国家之间的平等和共识行为。对于某些公共事务，由于社会主体能力的限制或监管失灵等，需要与国家或政府协调监管行动。协同行为虽然是社会合作规制的主要行为模式，但其具体实施机制却是多样而复杂的。（1）大多数协同行为的实施主要基于监管机构之间的共识和信任。"信任的存在可以使关系变成相互理解和相互尊重的关系，并可以产生共同行动的协同行为。"②可以说，社会协同监管主体之间的信任关系及其深度决定着社会协同监管行为的实施是否成功及其效果如何。（2）一些协同行动的实施主要取决于社会压力，例如社会舆论、道德自律、内部监督和同伴监督。（3）一些协同行为需要社会自治甚至公共权力来实施。前者包括对社会组织成

---

① 参见吴彤著：《自组织方法论研究》，清华大学出版社2000年版，第7~8页。
② 参见张康之著：《行政伦理的观念与视野》，中国人民大学出版社2008年版，第234页。

员因成员身份享有的各种权益的惩罚，包括各种形式的惩罚，财产惩罚、行为惩罚等，最严重的惩罚如除名以剥夺其任职资格。基于协同治理理论的社会协同监管责任因为协同治理是共同承担责任的治理结构而变得复杂。一方面，社会协同控制的责任不仅包括滥用社会权力的社会组织或个人，还包括负责非法行使权力的国家机构或授权组织，应依法负责。除此之外，国家或政府机构最终是负责任的担保人。另一方面，社会协同监管的责任是多种多样的，这意味着责任形式、责任机制和责任来源的多样性：责任形式不仅包括国家赔偿、补偿和行政处分等，而且包括社会自治组织在协同行为中对会员资格的惩罚和道德责任；问责机制的多样性，包括国家一级的制度化问责机制，还包括复杂的社会问责方法；责任来源的多样性，包括法定责任，但更多是可预见的责任，甚至是道德责任。

其三，协同高效的监管。社会协同监管的救济是一种协同性的救济，它在主体、途径和方法等许多方面进行。从解决的角度来看，它不仅包括传统国家或政府机构实施的救济，而且还包括社会组织依法提供的救济。从救济渠道的角度来看，它不仅包括行政复议、行政诉讼和行政补偿，还包括自我调解，包括例如民事仲裁和民事仲裁。在救济方面，它不仅包括正式机制，例如合同履行义务，赔偿和法律法规要求的赔偿，还包括非正式机制，例如自我谈判、协商、谴责和公开等。同时，及时的社会协同监管救济也是有效和低成本的。在发生社会协调法规纠纷后，通常首先通过自我协商调解和内部解决来解决冲突，因为自救过程很简单并且各方自愿接受，所以即使自协调失败并且涉及行政救济或司法程序，这也是各方都愿意采用的解决方案，而且结果会更轻松及时地实现。

四、协同治理法治化路径

这种新的政府与社会协同治理模式，既对传统的行政法理论和具体制度提出了巨大的挑战，也为传统的行政法改革和应对带来了机遇。为此，我们需要从行政法背后的国家和社会理论的发展，行政法的制度基础的重建，行政法的原则以及行政法的创新中积极回应社会协同规则，以保障社会协同的顺利发展，为法治提供了保证。

其一，发展行政法的协同国家与社会理论。美国学者阿曼曾经说过："行政法在任何时候都与流行的主流国家理论直接相关。"[①]这说明行政法与国家的发展有着极为密切的关系。自 20 世纪七八十年代以来，各国的"政府失灵"和监管的僵化促使人们反思国家垄断社会中公共管理事务的合法性和有效性。结果，命令与控制型规划，放松管制和私有化已成为新措施和时代的主流。

其二，放松管制并不能完全放弃管制，其最终发展趋势是国家与社会的协同管制。在这种协同的法规及其法律体系的背后，关于协同国家的理论应然而生。协同国家从国家的管制手段、国家任务的实现两个角度观察现代国家面临的课题、国家活动以及国家与社会关系的转变。其基本思想和特点是：任务的主体不仅限于国家，还包括私人；监管模式是基于国家与其他主体平等的多中心结构；法律理性为实质理性，重视政治系统对其他社会次级系统的运作逻辑的尊重；典型的行政行为是合意的行政行为；状态任务有多种形式的责任等。[②] 当然，这里提到的协同状态模型只是从协同作用的角度得出的结论，并不意味着否认其他国家模型的存在和意义。

其三，重构行政法的制度基础。从政府监管或社会自我监管的单方面规制到协同监管，特别是社会协同监管，将不可避免地重塑行政法的利益基础：我们必须充分理解公共和私人利益的相互依存关系，并认识到面向公共利益和公益的私人利益的基础是面向私人利益；为了消除将政府监管与公共利益等同起来的利益观点，应将私人利益纳入协同利益中，以符合公共和私人利益整合和多样化的现实；各方利益必须得到公平的保护。要通过特定的行政法制度来限制违法行为。可以看出，要重塑行政法的利益基础，就必须通过行政法制度来平衡公共利益和私人利益，以最大限度地发挥协同作用。在行政法的权力结构中，有必要实现从线性结构向网络结构的发展。社会协同监管促进了各种权力

---

① ［美］阿尔弗雷德・C. 阿曼：《新世纪的行政法》，载迈克尔・塔格特著：《行政法的范围》，金自宁译，中国人民大学出版社 2006 年版，第 113 页。

② 张桐锐：《行政法与合作国家》，载台湾《月旦法学杂志》2005 年第 121 期。

协同关系的产生，不仅包括纵向权力关系，也包括个人与社会组织之间的横向权力关系，更重要的是包括网络形状权力关系。因为社会监管实现了国家权力向社会的回归，所以它充分体现了多中心治理尤其是社会中心治理的特征，并促进了线性结构向网络权力关系结构的产生。

其四，创新行政法的原则和制度。首先，需要更新行政法的基本原则。当前，我国学术界对行政法原则的归纳有所不同，范围从一种合法性原则到数十种原则。其中，辅助性原则与社会的协调调节息息相关。① 社会协同监管是一种在自治治理和自组织基础上实现与国家协同增效的监管模式。它不仅要求将辅助性原则的个人优先于状态的概念扩展到社会优先于状态的概念，而且推动国家辅助的手段不再局限于传统行政的干预、控制，而扩展到柔性的、协商协同的手段。因此，如果行政法原则要满足社会合作社规制的发展需要，就必须扩大和重新解释辅助原则等现有原则的内涵。在此基础上，必须建立和采用"合作原则"，其不仅摒弃单一的社会自我调节手段，而且避免了国家直接下令禁止的单方面大国调节手段，努力实现两种手段的融合与协同。

其五，政府与社会的协同治理，这不仅是在中国正在兴起的社会现象，也是监管模式的理论创新。如果说 21 世纪之前人们的主要精力是倡导高权控制和社会自我调节的理论和机制，那么 21 世纪之后，人们将把社会协同监管提升为重要的议题，而社会合作监管将越来越成为未来的发展趋势，成为监管体系中最重要的部分。尽管社会协同监管与传统的高权监管与社会自我监管不是彼此融合的，但它们将长期和谐共处，这预示着监管发展的方向。面对这种发展情况，规范公共权力的行政法只应日复一日地为之奋斗，并应及时对法治作出回应。

整体而言，协同治理理论对于开放系统下的社会多元化的协同发展具有较强的指导意义。中国市场化改革所带来的是各个主体间的竞争关系的增强，虽然带来了经济社会发展的活力，但是也带来了一系列诸如环境破坏、贫富差距

---

① 参见刘莘著：《政府管制的行政法解读》，北京大学出版社 2009 年版，第 140~141页。

加大等社会问题。协同治理理论尊重竞争，更强调不同子系统或者行为体的协同，以发挥整体大于部分之和的功效。这对于因片面强调竞争所带来的社会问题的解决更具有现实意义。所以，协同治理理论有助于治理效果的改善，从而促进社会协同发展。①

---

① 李汉卿：《协同治理理论探析》，载《理论月刊》2014 年第 1 期。

结　语
法治政府建设十大关系

　　新的历史时期，我们有必要在法治国家建设的大背景下思考法治政府的构建及其原理。充分考虑到物质世界的客观现实，任何的概念或事物都不可能孤立地存在，如法治政府建设等也必然会在推进过程中出现在相对关系的范畴之中，所以宜将法治政府置于与其他治理目标建设任务的关系中加以充分考量。若单纯从政府管理者的角度出发，面对社会发展应当不断思考的一个基本问题是如何有效地治理国家，实现社会和谐①，即政府建设与运行的效率价值导向。中华人民共和国成立至今已逾70载，法治政府是社会长治久安的基础与保障已经为社会所认同。1978年党的十一届三中全会提出"有法可依，有法必依，执法必严，违法必究"开启了我国法治政府建设的进程。

　　但随着法治政府建设的推进，尤其是通过新时期习近平法治思想等一系列重要理论的论述，我们清楚地认识到，法治政府建设不是一项单一孤立的任务与目标，它与法治体系建设，法治国家建设，法治社会建设，法治政党建设，民主、责任、服务、廉洁、效能政府建设，以及政府治理现代化都存在着密切的联系，它们之间息息相关，互相推进与影响。研究与理解它们之间的关系能够更好地促进法治政府建设。

一、法治政府建设与法治体系建设

党的十八届四中全会以来，"法律体系"向"法治体系"的转变趋势，标志

---

　　① 王宝明著：《法治政府：中国政府法治化建设的战略选择》，研究出版社2009年版，第1页。

着我国治国理政理念和方式的转变①，因而法治体系建设的最终目标在于法治国家、法治政府，实现国家的有效治理。法治政府建设是全面推进依法治国的重大任务，法治政府的建设依赖法治体系的构建，同时又反作用于法治体系建设。因而，这种关系可以理解为法治政府以法治体系建设为基础并引领法治体系的建设，而法治体系则以法治政府的建设为目标。

（一）法治政府建设以法治体系建设为基础

中国特色社会主义法治体系的主要内容是形成完备的法律规范体系，高效的法治实施体系，严密的法治监督体系，有力的法治保障体系以及完善的党内法规体系。② 只有在完善的法治体系基础上，法治政府的建设才能确定法治原则、具备规范条件、有法可依，才能真正完成并发挥保障实现全面依法治国的作用。

其一，有"良法"才能有"善治"，构建法治政府必须首先形成完备的法律规范体系与党内法规体系。政府作为执行国家法律的主体，政府的法治程度取决于政府在自身活动中受法律的制约程度以及政府执行法律以达到维护人民权益与国家长治久安的效果。这首先要求有完备而良好的法律规范体系。我国也正在朝着完备而良好的法律规范体系一步步前进。至2010年，我国已经形成了以宪法为统帅的中国特色社会主义法律体系，我们国家和社会生活各方面总体上实现了有法可依，这是我们取得的巨大成就。③ 但法律体系的形成并不意味着法律体系已经完备或者能够自动产生失效，更不意味着法律必然符合社会需求，实践中我国法律不协调、体系不强的问题依然突出。④ 党的十八大以来，我国进入以习近平同志为核心的新时代。习近平在党的十九大报告中指

---

① 中共十八届四中全会《中共中央关于全面推进依法治国若干重大问题的决定》指出，建设中国特色社会主义法治体系是全面推进依法治国的总目标之一。

② 《〈中共中央关于全面推进依法治国若干重大问题的决定〉辅导读本》，人民出版社2014年版，第2页。

③ 《习近平谈治国理政》，外文出版社2014年版，第144页。

④ 冯玉军：《中国法律规范体系与立法效果评估》，载《中国社会科》2017年第12期。

出，全面依法治国是国家治的一场深刻的革命，必须坚持厉行法治，推进科学立法、严格执法、公正司法、全民守法。从党的十八届三中全会的"有法可依"至今天的"科学立法"的转变，表明我党的治国理政不再只要求有法律可以依循，而是更加注重立法的质量，通过立法将权力关进笼子，更加注重人民权利的真正实现；不再仅仅强调法律体系的形成，而是一步步向完备的法律规范体系靠近。法律是治国之重器，良法是善治之前提，完备良好的法律规范体系不仅是法治体系建设的第一要义，而且是法治政府建设的基本前提。其次，要求完善党内法规体系。新时代完善党内法规体系是中国共产党治国理政的理论创新，习近平在十八届中央纪律检查委员会第六次全体会议上的讲话指出，"坚持全面从严治党、依规治党"。在"治国必先治党，治党务必从严，从严必有法度，法度必求完备"的逻辑理路下，党中央将"体系化"思维引入党内法规建设进程，提出了"形成完善的党内法规体系"的重大命题。① 在我国特殊的党政制度下，治国必须先要治理好党，建设法治政府必先厘清政府与政党的关系。因而，只有依靠完善的党内法规体系对政党进行制约，法治政府的建设才能顺利进行。

其二，有"法治的高效实施"才有真正的法治政府。法律的生命在于实施，法律的权威也在于实施，如果法律被束之高阁，那制定再多再好的法律也无法真正实现法治政府的建设。法治政府的建成以严格执法、全民守法等为基础，法治政府的建设要求政府机关依法执政、严格行政；要求司法机关公正适用法律，无论是政府机关自身活动或是对外活动，不偏袒任何一方，及时将违法分子打入法网；要求公民懂法守法，依照法律办事而不是事事想着"托关系"。对于"高效的法律实施"，理论与实践中有着许多不同的理解。如有人认为高效的法治实施体系应当具备十个方面的基本要素：宪法权威的神圣性、法律体系的严谨性、执行程序的法定性、违法后果的必定性、执法过程的透明性、救济渠道的畅通性、监督机制的有效性、法治队伍的可靠性、普法教育的全面

---

① 周叶中：《关于中国共产党党内法规体系化的思考》，载《武汉大学学报（哲学社会科学版）》2017 年第 5 期。

性、考核评价的激励性。① 又有人认为，高效的法治实施体系要求严格执法、公正司法、全民守法。② 还有人认为高效的法治实施体系至少应当包括两层意思：执法机关贯彻法律，广大群众守法依规。③ 对于高效的法治实施体系的认识虽各有个不同，这些理解基本上围绕着执法、司法、守法进行。《中共中央关于全面推进依法治国若干重大问题的决定》亦立足于法律的生命在于实施，法律的权威也在于实施这一科学认识，从宪法实施、执法、司法、守法各个领域来构建高效的法治实施体系。④ 可以说高效的法治实施体系至少要做到严格执法、公正司法、全民守法。法律如果无法得到严格的执行、公正的适用，公民如果无视法律的规定，那么法治将成为无稽之谈，法治政府的建设也将遥遥无期。因而，法治政府的建设内涵形成高效的法治实施体系的要求，法治政府的建成以形成高效的法治实施体系为基础。

其三，在法治体系内，权力受监督、法治运行受保障，由此法治政府建设才能顺利进行。在现代社会，法治政府早已经逐渐成为一国政府发展的趋势。一方面，监督制度早已成为国家民主政治的重要内容，其实质是对权力的制约、督导，防止权力的滥用和腐败。⑤ 为构建法治政府，政府权力必须受监督，权力不受监督，必然导致腐败，一个国家如果没有完善的权力制约和监督体系就不会是真正的法治国家，也无法完成法治政府的建设。另一方面，为建设法治政府而设置的规划与具体措施必须有足够有力的保障机制。法治政府的建设除了依赖立法、执法、司法等因素外，还依赖于外部条件。2010 年，我

---

① 卢乐云：《高效法治实施体系的基本要素》，载《学习时报》2014 年 11 月 10 日，第 3 版。

② 陈惊天：《全面推进依法治国的五个体系——习近平新时代法治思想体会之五》，载《人民法治》2018 年第 4 期。

③ 吴杨：《如何理解形成高效的法治实施体系》，载《乌鲁木齐晚报》2014 年 11 月 6 日，第 A2 版。

④ 殷啸虎、何家华：《中国特色社会主义法治体系再探讨》，载《上海政法学院学报（法治论丛）》2018 年第 2 期，第 73~88 页。

⑤ 殷祎哲：《试论法治监督体系对法治中国建设的作用》，载《法制与经济》2017 年第 1 期。

国社会主义法律体系已经形成，但由于法治运行过程中保障机制不完善，依然存在许多有法不依、执法不严、违法不究的现象。① 这严重阻碍了我国法治国家、法治政府的建设。法治政府的建设需要政治条件、人力资源、法治意识等的保障。因而严密的法治监督体系与有力的法治保障体系是法治政府建设的基础。

（二）法治体系建设以法治政府建设为目标

法治体系作为静态的法律规范与动态的法治运作的结合，它的最终目标在于推进依法治国，推进法治国家、法治政府、法治社会的一体化建设。2011年，我国社会主义法律体系基本形成，党的十八届四中全会首次提出建设中国特色社会主义法治体系。从"法律体系"到"法治体系"是一个质的飞跃，是一个从静态到动态的过程，是一个从平面到立体的过程。② 而法治体系的建构与运行是以价值为导向的，即其的运行和发挥作用，实现法治目标，关键在于通过法治政府的建设。

其一，法治体系是法治政府建设的顶层设计。习近平同志高度重视新时代中国特色社会主义法治建设，并在顶层设计方面进行了大量的创新，主要涉及中国特色社会主义道路、中国特色社会主义法治体系等内容。③ 明确中国特色社会主义法治体系是全面推进依法治国的总目标，并解释全面推进依法治国涉及很多方面，在实际工作中必须有一个总揽全局、牵引各方的总抓手，这个总抓手就是建设中国特色社会主义法治体系。由此可见，中国特色社会主义法治体系实质就是法治国家、法治政府、法治社会建设的顶层设计、总体规划，其目标在于为我国法治建设指明方向，并最终实现法治国家、法治政府、法治社会的建设。

---

① 蒋超：《形成有力的法治保障体系》，载《广西日报》2015 年 2 月 3 日，第 11 版。

② 金国坤：《从法律体系到法治体系：法治中国建设再出发》，载《当代江西》2014 年第 11 期。

③ 李雅云：《坚定不移走中国特色社会主义法治道路——创新法治建设领域的顶层设计》，载《紫光阁》2017 年第 11 期。

其二，法治体系亦是法治政府建设的具体措施。张文显教授认为，法治体系是描述一国法治运行与操作规范化、有序化的程度，表征法治运行与操作各个环节彼此衔接、结构严整、运转协调状态的概念，也是一个规范法治运行与操作，使之充分体现和有效实现法治核心价值的概念。① 法治体系是一个动态的过程，是包括法律的制定、实施、监督、实现、发挥作用、反馈等阶段性过程的接续。② 它实质上回应了社会所普遍关注的法律实施问题，它规定了较为具体的实现法治国家、法治政府、法治社会的措施。法治体系是一个立体的、动态的、有机的完整体系，包括立法、执法、司法、守法等各个环节，体现了法治政府建设的整体要求，指明了法治政府建设的具体措施，更是通过"五大体系"，即完备的法律规范体系、高效的法治实施体系、严密的法治监督体系、有力的法治保障体系、完善的党内法规体系建设，来有效地实现我国法治政府的建设。法治体系为法治政府建设绘制出路线图，指明具体路径，法治政府的建设是法治体系建设的最终目标。

其三，法治体系的构成要素等无不影响着法治政府建设。江必新认为，法治体系是立足中国国情和实际，适应全面深化改革和推进国家治理现代化的需要，集中体现中国人民意志和社会主义属性的法治诸要素、结构、功能、过程内在协调统一的有机综合体。③ 因而，除五大体系外，法治体系的建设还取决于许多因素。有学者认为中国特色社会主义法治道路、法治理论、法治制度、法治目标、法治原则和法治文化是法治体系的六大构成要素，影响着法治体系的构建。④ 也有学者认为科学立法、严格执法、公正司法、全民守法满足法治

① 张文显：《建设中国特色社会主义法治体系》，载《法学研究》2014年第6期。

② 陈柳裕：《法治中国、法治体系与法治国家的关系——一项关于依法治国"总目标"的文案整理》，载《浙江学刊》2015年第4期。

③ 江必新：《怎样建设中国特色社会主义法治体系——认真学习党的十八届四中全会决定》，载《光明日报》2014年11月1日，第1版。

④ 周小华、储著源：《中国特色社会主义法治体系的要素分析及启示》，载《辽宁公安司法管理干部学院学报》2017年第2期。

体系建设基本要素的条件，其构成法治体系的构成要素与科学内涵。① 虽然各学者的具体表述不尽相同，但无论影响法治体系的要素包括哪些方面，其不仅影响着法治体系的构建，也同样影响着法治政府的建设进行，也同时促进着法治政府的建设。因而，可以说法治体系的建设以法治政府的建设为目标，法治体系构成要素影响着法治政府的建设。

（三）法治政府建设引领法治体系建设

法治政府建设是法治体系建设的目标。因而，在法治政府建成之前，法治政府建设将成为推动法治体系进一步探索和完善的动力，建设法治政府的这一目标是法治体系的重要推力，并引领着法治体系建设。

其一，法治政府的提出与建设在整体上引领着法治体系的建设。中国特色社会主义法治体系是法学中一个统领性概念，是依法治国的总目标，是中国特色社会主义理论体系的法律表现形式，它生动地反映了中国法治各环节操作规范化、有序化的程度，表明了中国法治结构严谨运转协调的和谐状态。② 法治政府一方面是法治体系建设的目标，另一方面也是中国法治各环节中的重要一环，因而更是法治体系建设过程中所反映出来的不可缺少的一环。为建设法治体系，要求政府在法治轨道上开展工作，加快建设职能科学、权责法定、执法严明、公开公正、廉洁高效、守法诚信的法治政府。因而，法治政府的提出与建设，就是法治体系建设的一个具体体现与情况反映，它引领着法治体系整体上的建设。

其二，法治政府建设过程中实施的措施具体引领着法治体系的建设。为建设法治政府，十八届四中全会提出，政府应当全面履行政府职能，推行政府权力清单制度；健全依法决策机制，确立重大行政决策法定程序，建立重大决策终身责任追究制度及责任倒查制度；深化行政执法体制改革；严格规范公正文

---

① 曹戈、齐晓明：《论中国特色社会主义法治体系科学内涵》，载《经济研究导刊》2015 年第 20 期。

② 李龙：《中国特色社会主义法治体系的理论基础、指导思想和基本构成》，载《中国法学》2015 年第 5 期。

明执法，落实行政执法责任制；强化对行政权力的制约和监督，完善纠错问责机制；全面推进政务公开，坚持以公开为常态，不公开为例外原则等。这些措施无不为建设法治政府并最终建设法治体系指明了具体路径，不仅是建设法治政府的具体措施，也同样引领着法治体系的具体建设。

其三，法治政府依照党法正确处理党政关系，落实了法治体系的创新内容，创造性地引领着法治体系的建设。改革开放四十多年来，为了适应改革开放的发展需求，我国大力推进法治国家建设，投入大量财力物力人力推进法治理论研究，形成了比较完善的中国特色社会主义法治理论研究体系。[①] 但对于党内法规的研究与认识却始终不够深入。中国共产党作为我国的执政党，党内法规作为规范和制约中国共产党执政行为的重要规范之一，其在我国法治政府建设过程中亦发挥着很大的作用。党的十八大以来，以习近平同志为中心的领导集体高度重视党的建设，强调党要管党，从严治党，对于党内法规的研究也逐渐受到重视。十八届四中全会通过的《中共中央关于全面推进依法治国若干重大问题的决定》将完善的党内法规体系作为建设法治体系的重要内容一致，是我国法治理论的重大创新。李林教授认为，将党内法规体系纳入法治体系，使其成为治国理政法治体系的重要组成部分，既是全面从严治党内涵的丰富发展，也是全面依法治国理论与制度的创新。[②] 另有学者亦是如此认为："《决定》提出法治体系建设，把党内法规纳入法治体系，使我国进入国家法体系和党内法规体系的双轨建设阶段，才是真正的法治理论创新。"[③]而在我国行政人员队伍中，90%以上的公务员及领导干部是中共党员。[④] 法治政府建设作为依法治国的核心，法治政府的建设不仅要依照法律行使行政权，更需要依照党内法规治理党组织，进一步全面规范政府的行为，促进法治政府的建设，并引领着新理论要求下的法治体系建设。

---

① 强晓捷：《十八大以来党内法规建设探析》，载《福州党校学报》第 2018 年第 3 期。

② 李林：《论习近平全面依法治国的新思想新战略》，载《法学杂志》2016 年第 5 期。

③ 殷啸虎、何家华：《中国特色社会主义法治体系再探讨》，载《上海政法学院学报（法治论丛）》2018 年第 2 期。

④ 李忠著：《党内法规建设研究》，中国社会科学出版社 2015 年版，第 67 页。

二、法治政府建设与法治国家建设

狭义概念上的"国家"，往往可以等同于"政府"，然而法治国家(广义)建设的目标很明显地包含法治政府、法治社会等内涵。江必新教授认为，"法治国家、法治政府、法治社会三个概念并提时，法治国家是一个种概念，法治政府、法治社会是法治国家的两个下属概念，法治国家中的'国家'不只是国家机器、国家政权意义上的国家，而是一个过渡性的概念"。① 法治国家是法治政府建设的前提，法治政府建设是法治国家的关键，两者相互促进、相辅相成。

(一) 法治政府建设是法治国家建设的关键

政府是国家日常运行的执行机关，它作为国家权力的运作层面而掌握公权力。相对于社会及其成员，政府具有强制力与支配力的明显优势，因而法治政府的建设对法治国家建设起着决定作用，是法治国家建设的关键。

其一，政府是国家事务管理机关，政府行政的依法运行决定着国家的法治化程度。国家是社会发展到一定阶段的产物，国家是在一个社会陷入不可解决的自我矛盾，分立为不可调和的对立面而又无力摆脱这些对立面时出现的。② 19世纪马克思、恩格斯提出国家与政府是同时出现的③，而根据社会契约论，政府的出现正是为了解决社会所存在的无法调和的矛盾。现在一般认为政府是行使国家公权力之行政权的主体，是执行法律、组织和管理国家与社会事务的主体。而政府法治国家的法治化则主要体现在国家的日常运行过程中，体现在国家与社会事务的管理方式方法上。因而可以说法治政府建设是法治国家建设的关键。

其二，法治政府是法治国家的重要评价指标。法治是人类文明的产物，是

---

① 江必新著：《法治社会的制度逻辑与理性构建》，中国法制出版社2014年版，第54页。

② 《马克思恩格斯选集》(第4卷)，人民出版社1995年版，第189页。

③ 乔耀章著：《政府理论》，苏州大学出版社2003年版，第10~12页。

现代国家所普遍推行的治国理政的方式。学者李步云认为，我国法治建设有十项标准：法制完备、主权在民、人权保障、权力制约、法律平等、法律至上、依法行政、司法独立、程序正当、党要守法。① 很明显，法治国家建设的评价标准或直接与法治政府的建设挂钩，如依法行政、党要守法、权力制约、人权保障等，或间接与法治政府建设相关联，如司法独立的重要要求之一就是独立于政府，政府必须做到不干涉司法，也同样是法治政府的要求。因而，法治国家建设的具体措施、任务等均需落在法治政府建设之上，法治政府建设成功与否是衡量法治国家建设成功与否的最重要的指标，也是法治国家建设的关键。

其三，政府是国家机关中规模最大，公职人员最多，职权最广泛，公民与之接触最经常、最直接的机关。因此，法治政府建设的目标、任务实现了，法治国家建设的目标、任务也就绝大部分实现了。②

（二）法治国家建设是法治政府建设的前提

法治国家是指国家的法治化状态，包括政府、议会、法院、国防及军事力量等在内。③ 它要求立法法治化、司法活动法治化、行政活动法治化等，它要求建设法治政府，但又反作用于法治政府的建设。

其一，法治政府建设要求依法行政。法律是治国之重器，良法是善治之前提。实现法治政府的建设，取决于我们是否有法可依，法律是否公平、公正。法治政府必然要按照法律规定进行对内或对外的活动，因而有法可依、有"良法"可依是依法行政的前提，也是法治政府建设的前提。这要求有健全的立法机关，保障立法的质量，完善法律体系，而健全的立法机关、保障立法质量、完善的法律体系无一不是法治国家建设的必要要求。因而，法治政府的建设以法治国家的建设为前提，以法治国家建设为基础条件。

其二，法治政府建设要求权力受制约与监督，要求执法为民。法治政府是

---

① 李步云著：《论法治》，社会科学文献出版社 2008 年版，第 266~272 页。
② 姜明安：《论法治中国的全方位建设》，载《行政法学研究》2013 年第 4 期。
③ 卓泽渊：《略论法治国家与法治社会》，载《法治社会》2017 年第 3 期。

依法治理的政府，其组织设置、行政活动都必须由法律加以规范，其本质应当是有限政府、统一政府、服务政府、透明政府、诚信政府以及责任政府。究其根本，法治政府应当是权力受制约和监督的政府，是以保障人民权利为首要责任的政府。法治国家建设的重要内容，即在于完善这种外部监督机制，如人大的预决算审查制度、特定问题调查制度、质询制度、行政诉讼制度、法院独立审判制度等。① 同时，人民是国家的主人，一切权力属于人民。保障人民权益，维护人民的主体地位是法治国家建设的初衷也是最终目的。而推行科学立法、公正司法、严格执法等无不是为了人民权利的最终实现与保障而努力。

其三，法治政府建设要求政党依法执政，执政为民。执政为民是依法治国的本质要求，是依法治国、建设社会主义法治国家的出发点和根本目的，而依法治国则是实现执政为民的重要途径。完善党内法规，大力实施改进工作作风、密切联系群众的八项规定，坚决惩处损害党和群众利益的贪腐行为，积极开展党的群众路线教育实践活动，这都是法治国家建设的基本措施与要求。

(三)法治政府建设与法治国家建设相辅相成

法治国家建设与法治政府建设从来都是相辅相成、相互促进的，都属于我国的政治建设、政治文明，对于我国法治建设而言两者不可偏废，缺一不可。

其一，法治国家建设需要政府依法全面履行职责。由前述可知，法治国家建设的很大一部分任务、措施都将落在法治政府的建设之上。为适应经济、社会的发展，改革开放四十多年来，政府职能在不断作出相应的调整。② 但无论如何调整，政府均是作为管理社会、国家事务的主要机关，依法全面履行其职责是法治国家建设的关键。因而，法治国家的建设必须要政府依法全面履行职责，政府依法全面履行职责促进法治国家的建设。

其二，法治政府建设需要国家依法支持。法治政府建设虽然是法治国家建

---

① 姜明安：《论法治中国的全方位建设》，载《行政法学研究》2013 年第 4 期。

② 李伟娟：《党的十八大以来加快转变政府职能的新进展》，载《现代交际》2019 年第 6 期。

设的关键，但政府始终只是国家治理中的一部分，它是国家治理的工具。因而，在法治政府建设过程中必须借助国家的支持，依靠国家设立制度与机制来推进法治政府的建设。

其三，法治国家建设与法治政府建设都是我国法治建设的重要内容。法治是现代国家治国理政的重要方式，我国亦是如此。2012 年，我国首次提出"法治国家、法治政府、法治社会一体化建设"，将法治政府建设提升到了与法治国家相同的高度，其中三者的一体化建设更是我国法治建设认识的升级，将三者统一到我国法治建设的伟大事业中去，缺一不可。

三、法治政府建设与法治社会建设

从关系之二的相同理解范畴出发，在法治国家建设的概念内，法治政府之建设还应与法治社会建设形成良性互动。2012 年习近平同志提出的"法治国家、法治政府、法治社会一体化建设"基本界定了法治社会的外延。[①] 法治政府与法治社会一体化建设的提出，将法治政府与法治社会看作一个整体，法治政府的建设很多时候就是法治社会的建设，法治社会的建设同时是在建设法治政府。法治政府建设为法治社会建设提供保障，法治社会建设为法治政府建设提供条件，两者相互促进。

(一)法治政府建设是法治社会建设的保障

在法治社会全面建成的过程中，需要明确法治政府的职能属性，为社会的运作提供协调功能、保障功能、服务功能和推动功能。[②] 法治政府的建设就是法治社会建设的重要保障，法治社会的建设需要依靠法治政府的全面支持。

其一，法治社会自治能力的培养有赖于法治政府建设。法治社会是指政府组织之外的其他社会主体的行为都应该依照宪法和法律规定作出，实行依法自

---

① 习近平：《在首都各界纪念现行宪法公布实施 30 周年大会上的讲话》，载《人民日报》2012 年 12 月 5 日，第 2 版。

② 杨柳：《法治政府与法治社会的内在关联》，载《人民论坛》2018 年第 35 期。

我管理、依法自治、依法活动并承担相应的法律责任。① 政府不可能是万能的，也无法做到事无巨细、样样精通。因而当遇到某些社会问题时，社会组织通常可以将自己放在"民间社会"角色上，对于这些关乎自身利益的问题将会更加了解，考虑问题也会更加细致，这种情况下得出的处理结果将会更加符合民意。因而有学者表示，"凡是社会和群众可以做的就尽量放手，做不了的，就由政府按照行政程序来承担。"②法治政府建设的核心问题之一是划定政府和社会各自的治理范围，政府的归政府，社会的归社会。社会依法自治是法治社会最主要的特征，法治社会自治能力的培养依赖于政府对于政府与社会关系的明确认知以及对双方治理范围的明确划分。政府必须主动放权，进一步明确政府与社会之间的关系，将社会可以管理的事务交给社会，充分调动社会力量的积极性，充分使来自民间社会的智慧在政府治理中创造出其应有的价值。③ 因而，法治政府建设保障法治社会的自治权力与自治能力。

其二，法治社会中社会权力的正确行使必须依靠法治政府的建设。人民作为我国的主人，是国家权力的享有者，因而社会民众享有广泛的权力，如社会自治权、社会公权力、社会监督权等。但绝对的权力无论是在国家机关中，还是在社会民众中，都是不可行的，它们将或滋生腐败，或权力寻租。因而权力的行使在我国法治建设中都必须加以严格规范，即使权力主体是人民也不例外。随着社会经济的发展，社会自治权必然相应增长、发展，社会组织承担行政职能、行使社会公权力的情况也会逐渐增多，对于这些权力的行使必须严格加以规范，或通过社会自治机制加以监督，或通过国家权力加以监督。因而在这一过程中，政府作为管理社会事务的主体，它与社会接触最为密切，社会权力的正确、有效行使很大程度上依赖于政府的监督机制，依赖于法治政府的建设。

---

① 常健、饶常林：《论法治国家、法治政府、法治社会一体建设的基本路径》，载《南通大学学报(社会科学版)》2016年第4期。

② 唐钧：《社会治理与政社分开》，载《党政研究》2015年第1期。

③ 石亮国、梁莹、李延伟著：《国外政府管理创新要略与前瞻》，中国言实出版社2012年版，第167页。

其三，实现法治社会的有序、公平、和谐需要法治政府的保障。法治社会建设立足于解决社会与法律的关系，其目的在于通过个体权利（社会组织和公民的权利）的法治化，实现全民守法的良性状态，实现社会生活的有序、公平与和谐。① 但法治社会是无法自发实现的，法治社会的有序、公平、和谐也是无法自发实现的，那么由国家（政府）主导建设法治社会成为了必然。法治社会之"建设"，是一个由国家主导的，涉及立法、司法多维度的社会法治化的整体过程。② 法治政府的建设主要立足于约束公权、规范行政权力的行使，其主要目的即在于保护公民权益，为公民提供服务，建设为人民满意的服务型政府，同时又为社会民众创造良好的法治环境，培养民众的法治意识。不可置疑，政府在法治社会建设过程中发挥着重要作用，无论是全民守法的良好状态、社会生活的有序还是人民权益得到实现与保障，都是离不开政府依法行政、依法行使权力以及政府强制力的支持。

（二）法治社会建设是法治政府建设的条件

法律来源于社会，并最终要回缚于社会。在这个意义上说，是社会塑造了法律，有什么样的社会，就会有什么样的法律，而不是相反。"国家的法治化，不能没有社会的参与，不能搞脱离社会的法治化。否则，法治国家就是空中楼阁，只是一种难以兑现的承诺。"③法治政府亦是如此。正是社会的法治程度，决定了政府的法治水平，法治政府建设无法超越它所处的社会发展阶段和社会文明程度。

其一，法治政府存在、运行于社会之中，法治社会建设为法治政府建设提供环境。法治政府不可能在虚无缥缈的空间存在，而是必须在现实社会中运行。现实社会是法治政府建设无可选择的环境。社会环境对于法治制度的有效运行有着极大的促进作用，只有不断打造整个社会尊法、信法、守法、用法的

---

① 胡晓利：《法治政府与法治社会一体建设研究》，载《理论月刊》2017年第4期。
② 江必新、王红霞：《法治社会建设论纲》，载《中国社会科学》2014年第1期。
③ 郭道晖：《法治国家与法治社会、公民社会》，载《政法丛论》2007年第5期。

法治社会环境，建设法治政府的具体措施才能得到有效、完全的落实，才可能不断推进法治政府的建设。在一个信访不信法的社会，法治政府无异于对牛弹琴。即使有再好的法治政府建设规划也无法真正运行。

其二，法治政府建设及其制度构建有赖于法治社会的建设。现代政府是一种有限而非全能的、公开透明的、诚信责任的、服务型的政府，其产生的很大一个原因在于社会的法治程度比较高，人们的法治意识、维护自我权利的意识比较强，从而促使政府权力不得不被关进笼子进而产生相关监督、制约权力行使的制度，以满足社会需求，并最终成为法治化的政府。而逻辑上，西方国家无所谓法治政府的概念，因为在西方语境中，现代政府本身是法治的产物，因而国际上狭义的法治与法治政府具有相同的含义，核心在于规范和约束政府权力，以尊重和保障人权。[1] 这与当时社会具有较高的法治氛围与意识是分不开的。因而只有加强法治社会建设，提高公民当家作主的意识，使公民焕发出无穷的创造力和追求美好幸福生活的热情，让政府权力在高法治意识、高法治热情的环境中运行，才能推进法治政府建设制度创新，法治政府建设才能加速完成。

其三，法治政府建设要求完善社会监督制度。法治政府的基本要素之一是建立对政府权力的监督制约机制。法治政府建设的成色在相当程度上取决于社会在多大程度上能够监督和约束政府，在一个对政府没有约束或者监督能力的社会，断不可能建成法治政府。社会监督具有强政治性，它主要针对行政机关和行政人员展开监督活动，本身是行政监督体系的一部分。[2] 社会监督包括对于宪法和法律法规的实施情况进行监督，对党和政府的方针策略进行监督，对执政党的党风和国家机关的工作作风进行监督等，中国共产党也很早就认识到只有让人民监督政府，政府才不敢松懈。而社会监督机制的完善则有赖于法治社会的建设。

---

① 郑方辉、邱佛梅：《和谐共建视角下的法治政府与法治社会关系》，载《法治社会》2017 年第 3 期。

② 李树军著：《社会监督》，当代世界出版社 1999 年版，第 1 页。

（三）法治政府建设与法治社会建设相互促进

1997 年党的十五大首次提出"依法治国，发展社会主义民主政治……健全法制，建设社会主义法治国家。实现社会安定，政府廉洁高效……"，确立了"依法治国，建设社会主义法治国家"的基本方略。为建设法治国家，十七大确定法治政府建设的目标，十八大后"法治国家、法治政府、法治社会一体建设"开始被提出。政府与社会正是国家这一概念两个核心的方面，两者相互促进，相辅相成。

其一，法治社会建设减轻了法治政府建设在我国法治建设中的任务，促进政府更加专注地进行法治政府建设。从学理上说，在法治国家、法治政府和法治社会三个维度上把握国家法治实践的宏观样态，是对我国四十年来政府推进型法治模式深刻反思的结果。① 1997 年党的十五大首次提出"依法治国，建设社会主义法治国家"的基本方略后，我国学界迅速进入依法治国的理论研究阶段，在这一阶段对于推进依法治国的方式进行了大量的理论研究，或认为社会推进型道路，或认为政府推进型道路，或认为两者相互推进型道路。② 但政府推进型的法治建设道路最终成为我国法治建设的首要选择，这是由我国社会发展进程中特定的客观历史条件决定的。但这种政府推进型的法治模式过分依赖国家（政府）单方面的努力。存在推进动力单一的缺陷，同时也容易导致"法治共识不足、法律工具主义、制度认同乏力，司法公信缺失等困境"。③ 而 2012 年法治社会内涵外延的确定使得法治国家的建设不再是政府的单打独斗，而是将政府与社会共同作为法治国家建设的主体，两者互相努力，互相促进，以共同建设法治国家。因而，法治社会概念的提出使得法治政府建设更能专注于政

---

① 庞正：《法治社会建设的理论基础和应有理念》，载《法治现代化研究》2019 年第 4 期。

② 张金才：《中共十五大以来依法治国研究评述》，载《湖南城市学院学报》2005 年第 2 期。

③ 马长山：《法治社会研究的现在与前景——基于国家与社会关系视角的考察》，载《法治现代化研究》2017 年第 1 期。

府法治的建设，将国家权力及其运行的法治化与社会权力及其运行的法治化区分开来，使政府有更多的精力专注于法治政府建设。

其二，法治社会建设与法治政府建设需要相互考量，共同推进。在国家治理中，事实上，治理是一个多元权威主体，国家与社会是能够有效开展合作，共同参与社会治理的。[1] 而国家(政府)与社会合作共同参与社会治理的关键即在于社会与政府建设过程中的相互考量。而法治社会建设与法治政府建设亦是如此。在建设法治政府和法治社会的过程中，如果不能正确理解法治政府与法治社会之间的对立统一关系，其建设就有可能失于片面，或者两方发力，各自为政。[2] 如在政府进行法治改革的过程中，如果仅从自身考量出发，从内部视角进行制度、机构等的改革，如不考虑吸纳社会力量以参与、监督，不考虑是否能够促进社会发展促进法治社会建设，那么法治政府建设很难真正实现。又如，如果法治社会建设过程中仅仅一味地追求社会自治的建设，而忽略政府在社会管理过程中所发挥的能动作用，那么法治社会建设很难贯彻到位，而对于法治政府建设也是一种阻碍。因而，法治政府建设与法治社会建设在建设过程中必须相互考量，如此就能共同推进、相互促进对方的建设，并最终共同实现法治国家的建设。

其三，法治政府建设与法治社会建设相互融合。法治政府建设的很多任务与目标实际上都在促进法治社会的建设，而法治社会建设很大程度上又同时在建设法治政府。如在 2015 年 12 月印发的《法治政府建设实施纲要》所规定的具体任务与措施中，要求政府完善市场决定价格机制、全面开放竞争性领域商品和服务价格，加强社会治理法律、体制机制、能力、人才队伍和信息化建设，提高社会治理科学化和法治化水平，将适合由社会组织提供的公共服务和解决的事项交由社会组织承担，提高社会立法公众参与度，广泛凝聚社会共识，增加公众参与实效等。这些措施无不保障公民权利的实现，推进社会自治权力的运用，促进着法治社会的建设。而法治社会建设过程中社会通过社会自治使原

---

[1]　吴金鸽：《法治社会治理的多维透视》，载《开封教育学院学报》2019 年 7 期。
[2]　姜明安：《论法治中国的全方位建设》，载《行政法学研究》2013 年第 4 期。

本应由政府管理的事务得到自律，这实际上就是社会参与政府法治建设的过程，是推进法治政府建设的重要体现。因而两者之间必然是相互融合、相互促进的。

四、法治政府建设与执政党的建设

无论是从中华人民共和国成立、建设的历史逻辑、还是当前执政的现实情况出发，中国共产党作为中国政府的执政党，其自身建设都与法治政府建设息息相关。执政党的法律地位本质上就是执掌国家行政权，故而法治政府建设与法治政党建设是一体两面的关系。从严治党保障法治政府的建设，有法治的政党，方有法治的政府，因而从严治党是法治政府建设的保障，同时从严治党的最终目标也在于建设法治政府。

(一)从严治党是法治政府建设的保障

在中国，研究法治政府必须研究从严治党。中国共产党是我国的执政党，它是领导整个国家，决定国家和社会的治理方式和目标，制定治国理政总规划的主体。执政党自身能否依法执政，能否得到从严治理影响着我国依法治国方略的实施，影响着法治国家、法治政府、法治社会的建设。因而，从严治党是法治政府建设的保障。

其一，法治政府建设要求执政党不能以"党治"代替"法治"。中国共产党必须依法行执政、从严治理，认清自己的定位，充分行使总指挥、总规划、统筹四方的功能，但不得以"党治"代替"法治"。"党治"是指在不发达国家的现代化过程中为克服社会的组织化状态，政党不得不在国家政治生活当中扮演决策、推动、规范、管理的角色，或政党借助党义、党章、党规、党组、党员治理国家社会的过程，是中国现代国家建设的一种历史选择。[1] "党的领导是中国特色社会主义法治的本质特征和根本要求""社会主义法治必须坚持党的领导，党的领导必须依靠社会主义法治"。法治政府建设应当坚持党的领导，这

---

[1]　陈明明：《双重逻辑交互作用中的党治和法治》，载《学术月刊》2019年第1期。

是原则。但相应的，党的领导也应当尊重宪法和法律，而宪法和法律是由党领导人大制定的，所以，不尊重宪法和法律就是不尊重党本身。如果执政党都不尊重法律，中国法治建设将是一句空话，法治政府的建设则更将遥遥无期。归根结底，党的领导不能代替法的统治，"党治"不能取代"法治"。党和各级组织和广大党员干部在立法、执法、司法、守法各个环节发挥着重要作用，只有模范遵守法律，依法治国才有保障。① 也只有如此，法治政府建设才有保障。

其二，法治政府要求执政党正确认识党政关系，不能"以党代政""以党干政"。党可以领导政府在宪法和法律的轨道上运行，但不可以"以党代政"；党可以监督政府是否遵守宪法与法律，教育政府如何尊重宪法和法律，以确保其在宪法和法律的框架内活动，但不可以"以党干政"。如果政府行政受到执政党的强力监督，而执政党本身不依法活动，对于执政党的治理松垮无章，那么这与法治国家的发展是不相符合的，是与法治国家的建设的道路相逆而生的。因此，执政党领导人民制定宪法与法律，保障其自身与政府等主体在宪法与法律的范围内运行，从严、依法治理党自身，监督各个主体的行为是否超越宪法法律的规定，这是法治政府建设的前提与保障。党的十五大以来，依法治国成为我国执政党治国理政的基本方针；党的十八大以来，建设社会主义法治国家、法治政府、法治社会，构建法治体系，成为我国全面深化改革的总目标。因而，新形势下，中国共产党要提高自己的领导水平和执政能力，必须改进党的执政方式，不断强化执政意识，提高执政本领，切实做到在宪法和法律的轨道上依法执政、依法治国，从严全面管理自身，而不是以党代政、以党干政，这样才能完成法治政府的建设。

其三，执政党是政府与社会之间的桥梁。在现代民主政治中，政党的存在是一个国家政治生活必不可少的部分。我国政党制度由于历史原因与别国具有明显区别，中国共产党是长期的执政党。国家或者政府通过执政党和社会相连接，实现与社会的互动，社会则通过执政党参与到国家权力控制当中去，因而

---

① 王振民：《以法治思维扎紧管党治党的制度笼子》，载《中国纪检监察》2015 年第 20 期。

现代政党是架在国家与社会之间的桥梁，其功能包括两个方面——与政府相关的制度性功能和与社会相关的代表性功能。[①] 而政府作为管理社会事务的主体，法治政府的建设就是为了更好地管理社会，处理好政府与社会的关系、公权力与私权利的关系。因而，执政党作为连接政府与社会的主体，其保障着法治政府朝着正确的方向发展与建设。

（二）法治政府建设是从严治党的目标

在百年奋斗历程中，党之所以能够成为领导人民、成为中华民族的主心骨，其最重要的原因在于党的自我革新。党的十八届六中全会强调："办好中国的事情，关键在党，关键在党要管党、从严治党。"从严治党对于我们学习领会和贯彻落实我国进入新时代以来历次大会精神，其主要目标在于推进全面依法治国，建设法治国家、法治政府和法治社会。

其一，坚持从严治党，有效推进高素质的政法队伍的建设。政法工作是党和国家工作的重要组成部分，政法队伍担负着中国特色社会主义事业建设者、捍卫者的重要职责使命。[②] 推进全面从严管党治警、坚持党对政法工作的绝对领导，必须首先从严管理党本身，只有党本身做到依法执政，遵守宪法和法律至上原则，接受人民和其他国家机关的监督，才能治理好政法队伍，建设出政治过硬的高素质政法队伍。从严治党是建设高素质政法队伍的前提条件，而建设高素质政府队伍则是从严治党的目标。

其二，坚持从严治党，有效制约政府权力。当前，建设法治政府，政府机关权责不清、职责不明，权大于法、滥用职权，有法不依、权力不受制约等问题突出。[③] 而只有坚持党的领导、从严治党，才是解决上述困难，促进法治政

---

① 席富群：《从党史解读范式的变迁看中国共产党社会功能的自觉——以中共中央纪念建党的若干文本为考察对象》，载《扬州大学学报》2016 年第 9 期。

② 赵学忠：《深入推进全面从严治党　努力建设政治过硬的高素质政法队伍》，载《张掖日报》2019 年 10 月 15 日，第 003 版。

③ 郭少华：《坚持从严治党　建设法治政府》，载《潮州日报》2014 年 11 月 28 日，第 11 版。

府建设的根本途径。近年来,部分单位"四风"问题突出,党内潜规则越来越盛行,政治环境受到污染,这都是没有从严治党的结果。党作为领导政府的主体,自身都无法做到权责分明、依法执政,那么如何领导建设一个依法行政、权责分明的政府。因而必须要坚持从严治党,促进政府权责明确与权力制约机制,促进法治政府的建设。

其三,从严治党的最终目的定位于正确有效地治理国家。中国共产党作为我国的执政党,从严治党的最终目标在于正确有效地治国理政,在于形成完善的治理权。而根据我国党与政府的权力配置,党行使领导权,政府行使治理权。① 党领导政府是中国政府体制的特色。政府作为实施法律、遵循党的领导的主体,它是执政党治国理政的主要工具与手段。执政党从严治党不仅是为了规范党自身的活动,更是为了有效地治理国家,加快建设法治政府、完善国家治理权。因而,建设法治政府是执政党从严治党的主要目标。

（三）法治政府建设与从严治党统一于法治国家建设

中国共产党是我国的执政党,政府是我国国家与社会事务的管理者,两者在国家治理中都起着十分重要的作用。因而无论是法治政府建设还是从严治党,其最终目的都在于有效地治理国家,有效地建设一个法治国家。因而法治政府建设和从严治党两者必然统一于法治国家建设之中。

其一,法治政府建设与从严治党都必须遵守宪法法律至上原则,这也是法治国家建设的要求。依法治国是执政党治国的基本方略,党章党规是党进行自我管理的基本准则。在我国,法律是党和国家的方针,党领导人民制定了宪法法律,那么党也必须在宪法和法律规定的范围内活动,善于通过法治的轨道解决问题。② 同时,党和各级组织和广大党员干部在立法、执法、司法、守法各

---

① 竺乾威:《政府结构与党政关系》,载《暨南学报（哲学社会科学版）》2019 年第 7 期。

② 焦雄、易水寒:《执政党实施对国家的领导　为什么需要把党的意志上升为国家意志》,载《公民与法》2014 年第 3 期。

个环节发挥着重要作用，只有模范遵守法律，依法治国才有保障。① 法治政府建设亦需要遵守宪法至上原则，以法律法规为基本准绳，以制度规范为主体的方式来管理国家和社会事务，并最终建设法治政府。还权于法是党和政府建设的共同要求，执政党的地位是由宪法和法律所赋予的，政府的权力也是宪法和法律赋予的，宪法和法律是党执政、政府行政的抓手，只有还权于法，树立宪法和法律的权威，才有执政党的权威，也才会有可信赖的、真正的法治政府，才能实现法治国家建设。

其二，从严治党和法治政府建设都以建设良好的党政关系为目的，这也是法治国建设的要求。党政是实现国家有序治理的两大支柱。和谐的党政关系是应和着中国特色政治发展道路逐渐成长的，是近代以来中国人民长期奋斗的历史逻辑、理论逻辑、实践逻辑的必然结果。② 十八大报告提出的"要更加注重改进党的领导方式和执政方式，保证党领导人民有效治理国家"再次强调改进党的领导方式和执政方式，并上升到治理国家的角度处理党政关系。中国共产党是我国的执政党，政府是我国的行政机关，政府中存在着大量的党员、党组织，致使政府与党之间有着千丝万缕无法完全分割开来的联系，政府与党在人员组成方面都存在很大的重合。政党分开成为我国政治体制改革的重要目标，也是当前法治政府建设的基本议题。因而，无论是规范党的行为，还是规范政府的行为，处理好党政关系，实现合理分工、各司其职以治理国家、实现法治国家建设是两者共同的目的。

其三，从严治党和法治政府建设最终都是为了建设法治国家。新时代要求加强党对一切工作的领导贯穿改革各方面和全过程，以国家治理体系和治理能力为导向，以推进党和国家职能优化协同高效为着力点，积极构建系统完备、科学规范、运行高效的党和国家机构职能体系。③ 法治政府则是国家治理现代

---

① 王振民：《以法治思维扎紧管党治党的制度笼子》，载《中国纪检监察》2015年第20期。

② 《党的十九大报告辅导读本》，人民出版社2017年版，第35页。

③ 金国坤：《党政机关统筹改革与行政法理论的发展》，载《行政法学研究》2018年第5期。

化的标志，深入推进依法行政，加快建设法治政府的目标和任务都是为了最终建设法治国家，为法治国家建设注入了新的动力。因而，对党和政府的建设最终都将落在法治国家建设的总目标之中。

五、法治政府建设与民主政府建设

有关法治内涵的讨论历久源长，而含义同样丰富的"民主"往往都是其必不可少的组成要素。亚里士多德在《政治学》中关于法治的诠释，"法治应该包含两重意义：已成立的法律获得普遍的服从，而大家所服从的法律又应该是制定得良好的法律"。① 可以看出法律至上和法律正当构成了法治的基本内涵，法治离不开民主。民主乃法治的应有之义，没有民主的法治，本质上与专制无异。但民主建设依赖政府制度、机制构建的保障，依赖法治政府的保障。

（一）民主政府建设蕴含于法治政府建设之中

法治的重要价值在于实现民主、保障公民权利。因此，法治政府必须是民主政府，其权力的行使要充分、真实地代表民意，成为人民意志的执行者②，即民主政府蕴含于法治政府建设之中。

其一，法治政府建设的实质是为了建设民主政府。自十五大依法治国成为治国理政的重要方针以来，法治政府建设问题便开始萌芽，并成为我国党、政府与人民的一项奋斗目标。既然我们如此高调地强调法治政府建设，那么至少意味着我们的政府还不是"法治政府"。如此，可以推定：（1）我们的政府职权不完全受法律控制，法外行政比较突出；或者我们的政府没有完全依法行使职权，滥用职权或者玩忽职守比较突出；或者我们的政府没有完全依法承担责任，推诿或逃逸责任比较突出。但是，在其规范意义上，这些问题在我国宪法和法律中都有明文规定——我们的政府是依照宪法和组织法构成的，政府职权

---

① 亚里士多德著：《政治学》，商务印书馆 1981 年版，第 199 页。
② 王晓烁：《法治政府必须是守法政府民主政府透明政府》，载《海南人大》2012 年第 2 期。

由宪法明确授予，法律同时规定了政府行使职权的程序和责任。因而，在这个意义上说，我们的政府具备了形式法治政府的一般要件，缺的是"实质法治政府"的品质。

实质法治，简言之就是在依法而治的基础上，更加注重保护个人权利和增进社会福利。① 所以，法治政府建设源于对人民的保护，其实质是因为人民而建，是为保护人民权利、尊重人格而建。因而，法治政府建设的实质是使得宪法规定的公民权利、利益及有关制度得到真正实现，是民主政府的建设。

其二，法治政府建设以民意为基础，以民主政府建设为基础。政府部门并不能事无巨细地精通社会中可能存在的一切事务，涉及社会公众利益的情况下只有社会民众才知道他自己想要的是什么。政府部门的决策人员并不是所有领域的专家，对一些专业性要求较高、涉及社会民生具体利益的问题，他们显得力不从心，因此必须引入外部资源，以弥补自身的缺陷。② 如果法治政府建设的出发点是为了让人民过上比现在更好的更有尊严的生活，那么只有人民本身才知道什么样的生活对他才是最好的、最有尊严的。同时，法治政府建设的具体措施应该与民众进行商量，听取公民意见，以保障决策的科学性、民主性。公共决策的过程应当是政府、非政府组织和公民等决策主体相互协作、达成共识的过程，只有多方真诚合作，才能保障公共决策的科学性与民主性，才能避免公共决策的失误。③ 任何改革的成本最终都由人民来分担，因此，任何形式的政府改革都应该与人民商量着来，而非官员们的一厢情愿。因此，法治政府改革必须坚持与民众的良性互动，法治政府建设应当以民意为基础，而人民民主的实现为法治政府的建设提供了正当性，因而民主政府建设则是法治政府建设的应有之义，其蕴含于法治政府建设之中。

---

① 夏圣平：《形式法治与实质法治的比较初探》，载《太原城市职业技术学院学报》2016年第3期。

② 肖生福、孙苏飞：《当代中国媒体、民意与公共决策互动关系发展策略探析》，载《江西理工大学学报》2018年第2期。

③ 柯华：《善治视野下我国公共决策中民意参与障碍及其化解路径探析》，载《四川大学学报（哲学社会科学版）》2015年第4期。

其三，人民是法治政府建设的主体，建设法治政府必然要求建设民主政府。中国是一个人民民主制的国家，这是由宪法所明文规定的。首先，法治政府建设是人民与政府共同的事业，政府官员们可以成为改革的主导者，但不应成为改革的包办者。马克思主义认为，人民是历史的创造者，是推动人类社会发展最主要的力量。[①] 中国共产党自建党以来就始终坚持着以人民为主体的思想。人民是法治发展的历史主体，人民是社会历史的创造者，也是推进中国法治发展的决定力量；法治是人民的事业，离不开人民的广泛参与和自觉行动。[②] 其次，法治政府建设的核心问题是让人民（通过法律）来强化对政府的控制，而不是让政府（借助法律）来加强对人民的统治。党的十八大以来，习近平总书记紧紧围绕执政为了谁、执政依靠谁等重大课题发表了一系列的讲话，其赋予了人民主体新的意蕴。党的一切工作必须以最广大人民根本利益为最高标准，人民对法治建设成效情感认同、价值认同和行为认同的程度，乃是我们评价中国法治建设成效的最高标准。因此，法治建设的核心是将政府置于法律之下，让人民通过法律强化对政府的控制，强化对公权力的监管，从而维护公民自身的权利与利益。最后，法治政府是一种开放性政府，"开放性"在任何意义上都意味着人民的在场和参与。因此，法治政府建设要求尊重人民的主体性问题，而法治政府的建成也将意味着民主政府的建设。

(二)法治政府建设是民主政府建设之保障

民主政府是无法自发实现的，在人民努力奋斗的基础上，还需要国家、政府等公权力行使机关运用相关思想理论、制度以及机构体制予以保障。

其一，民主政府建设需要法治政府的思想理念保障。政府应当坚持人民本位，社会本位。我国的历史经历决定了我国官本位思想的根深蒂固，虽然中华人民共和国成立后我国执政党全力在改变这一本位思想，打造人本位和社会本位，但是"官本位思想"却依然影响着人们。在我国部分地区，政府将自己置

---

① 曾令欢：《浅谈习近平的人民主体地位思想》，载《科教导刊》2018 年第 11 期。
② 龚延泰：《坚持人民主体地位的法理意蕴》，载《理论导报》2018 年第 12 期。

于国家权力拥有者的位置，在决策的过程中，忽视群众的呼声和利益，忘了为人民服务的宗旨，他们往往认为广大公众只需被动地接受政府的管理，服从政府的意愿，无须过多地提前了解尚未制定出来的政府决策或者参与到政府决策中来。这是政府官员社会责任感的缺失，是人民缺失了解政府决策的机会、缺乏参与政府决策的渠道的主要原因。因此，民主政府建设必须要求政府首先摒弃官本位思想，如此才能保障民主政府建设的顺利完成。

其二，民主政府建设需要法治政府的制度保障。人民权利的保障，民主建设都需要政府这一享有公权力与国家强制力的主体的制度保障。如民主建设需要保障公民的知情权等，这必须依靠政府依法保障实现。法治政府建设必须遵守政府信息公开原则，公开相关改革制度。政府是人民的政府，而不是官员的政府，官员们要将人们的政府改成什么样子，改到哪里去，人民有权利知道，政府有义务让人们知道。随着法治政府的建设日益推进，社会公众对政府运作的关注达到了新高度，"知情权"成为民众最为关心的问题，政府信息公开制度也应运而生。自2008年《中华人民共和国政府信息公开条例》发布以来，我国政府信息公开取得了令人较为满意的成果，但不可否认的是，信息公开仍存在许多问题。如公开实效不彰，公民申请公开的事由被说成是保密信息。① 公开豁免事由成为挡箭牌。因此，在法治政府建设过程中，存在着许多的改革措施，必须通过完善政府信息公开制度将其一一公布于众，一方面使改革进程暴露在民众的眼皮底下，有利于社会公众进行监督，推进改革进程；另一方面，能够让公众随时根据改革实践中存在的具体问题提出意见，推进改革的科学、民主性。因而，民主政府建设需要法治政府的制度保障。

其三，民主政府建设需要法治政府保障人民的治理能力。民主政府建设很大程度上取决于人民的治理能力，而人民的治理能力缺乏或是因为政府权力过大，缺乏保障人民行使民主权利的空间，或是因为人民自身缺乏治理意识以及缺乏管理社会事务的能力。因而人民治理能力依赖于法治政府机构改革以加强

---

① 张骏：《"依申请公开"为何屡屡碰壁》，载《解放日报》2014年08月11日，第W19版。

权力分工与权力监督，以及法治政府民主治理意识宣传以及培养人民管理事务能力的保障。首先，除了前述政府制度的设置外，如设置监督制度，政府还必须完善其内部机构、人员的设置，明确权责，防止治理能力被非法官员所利用以谋取自身利益，严重危害人民群众的利益，加强对于权力的监督，促进人民治理权力的行使。其次，民主政府建设需要法治政府对于人民治理主体意识的培养，需要法治政府大力宣扬民主政府的建设。最后，法治政府应当推行法治教育、民主教育，增强人民管理社会事务的能力。因而，民主政府建设需要有法治政府建设的保障。

（三）法治政府建设与民主政府建设统一于法治国家建设

建设法治政府是贯彻依法治国方略，建设法治国家的关键；同时我国的依法治国又突出以人民为中心，强调人民的参与民意的表达，更强调保障人民的政治经济社会权利等。因而，法治政府建设与民主政府建设都内含于法治国家建设，两者统一于法治国家建设之中。

其一，法治政府与民主政府都是法治国家建设的重要内容。如前所述，法治政府建设是法治国家建设的关键，是法治国家建设的重要内容。政府作为人员最庞大，与人民接触最多的国家机关，法治国家建设取决于政府行为的法治化程度，同时政府法治建设是国家法治建设的重要评价指标。同时，民主是国家出现以来就开始存在的概念。法治是国家治理现代化的基本标志，但当代国家的法治必须以民主为前提。[①] 在我国，没有民主就没有社会主义，就没有社会主义的现代化，更没有真正的法治国家。因此，法治政府建设与民主政府建设都是法治国家建设的重要内容。

其二，法治政府建设与民主政府建设都是为法治国家建设服务的。对于国家治理现代化而言，法治与民主缺一不可。法治国家建设可以说是国家治理现代化的必备要素，但民主建设同样不可偏废。细化到法治国家的建设中来，可以说法治国家建设不仅要求政府进行法治化建设，并且要求政府进行民主化建

---

① 陈光中：《法治与民主的关系》，载《民主与法制》2016 年第 11 期。

设。因此我国政府的法治建设与民主建设都是为了建设真正的法治国家而存在的，两者都是为法治国家建设服务的。

其三，法治政府与民主政府在法治国家建设过程中缺一不可，不可偏废。公权力受制约、受监督与公民权利受保障是法治国家建设的原因所在。而法治政府与民主政府都具有要求制约和控制公权力、政务公开透明和保护公民权利的共性。法治政府建设最本质的要求是政府依法行政，依照法律行使职权、履行义务。其中，推进行政决策民主化是法治政府建设的首要任务。① 对于民主政府建设而言，制约和控制公权力、政务公开透明则是保障民主政府顺利建设的保障。同时，人民是国家的主人，人民的权利保障无疑是任何模式政府构建的根本要求。法治政府与民主政府都要求公权力得到控制，政府公权力在阳光下行使。无论是对控制公权力、政务公开透明的要求，还是保护公民权利得以实现的要求，其都有助于法治国家的建设，两者在法治国建设的过程中缺一不可，不可偏废。

六、法治政府建设与责任政府建设

从关系之六继续延伸，法治与法治政府的内涵仍需继续探讨。法治天然地应包含公平正义的原则，公平正义之下，任何权力运行行为，皆应以责任作为规范。而法治政府建设的所有举措，都要归结到"政府责任"这个环节中来。所以，责任政府原本就是法治政府的应有之义。因历史、国情等因素，责任政府构建的理论指导与实践过程各不相同，但其始终沿着"对谁负责""对何事负责""如何负责"的构建逻辑进行。因此，法治政府必须是负责任的政府，负责任的政府则必须以法治政府为前提与条件。

(一)责任政府建设蕴含于法治政府建设之中

责任政府是民主政治时代的产物，是民主政治条件下对政府模式的一种行

---

① 姜明安：《推进决策民主化是法治政府建设的首要任务》，载《中国党政干部论坛》2016 年第 2 期。

政理念上和制度上的定位，它是指能够对社会公众的要求作出积极有效的回应、认真履行政府的义务、能够承担法律责任的政府组织形式和行政模式。① 只要一个政府能够成为真正的责任政府，那么它也就必将是一个有限的、服务的、法治的政府。② 因而，法治政府建设蕴含责任政府建设的要求。

其一，法治政府应当对人民负责，法治政府应当是责任政府。责任政府是民主政治时代的产物，是民主政治条件下对政府模式的一种行政理念上和制度上的定位，它是指能够对社会公众的要求作出积极有效的回应、认真履行政府的义务、能够承担法律责任的政府组织形式和行政模式。③ 根据人民主权论，"国家的一切权力属于人民，政府必须向人民负责，保证忠于人民的意志和利益"。④ 根据社会契约论，政府的形成是人们让渡权利的结果。人们让渡权利的目的是希望政府可以保障自己的生命财产安全和获得更多的自由。⑤ 因而政府不是权力的本来拥有者，政府只是接受人民的授权、委托，为维护人民的权益而存在。法治政府应当让人民能够充分了解政府决策的动机、过程、内容和目标；让人民能够充分有效地监督政府的运行过程；确保人民免受政府滥用权力或者懈怠行使职权的侵害。因此，对人民负责是政府存在的意义也是其存在的合法性，法治政府必须是责任政府。

其二，建设法治政府要求政府依法行政，依法履行职责，这是责任政府对外的基本内涵。责任政府建设则要求政府做到心中有担当，要强化担当意识，面对大是大非敢于亮剑，面对矛盾困难敢于迎难而上，攻坚克难；要落实相关政策与规定，不实干、不落实，是最大的不负责任；要切实做到抓执行，不打

---

① 杨淑萍：《论构建责任政府的逻辑》，载《理论探索》2007 年第 2 期。

② 王晋苗：《政府责任与责任政府研究》，载《财讯》2016 年第 12 期。

③ 杨淑萍：《论构建责任政府的逻辑》，载《理论探索》2007 年第 2 期。

④ 李立周：《行政问责制在中国的运行困境及改进思路》，载《中共云南省委党校学报》2010 年第 1 期。

⑤ 王远才：《共享发展理念视域下的责任政府建设》，载《中共云南省委党校学报》2019 年第 3 期。

折扣、不搞变通；抓落实，不敷衍塞责、不推诿拖沓。① 这正是法治政府建设过程中所必须要做到的。因而，责任政府建设内含与法治政府建设之中，不是责任政府的政府也无法真正实现法治政府。

其三，法治政府必须为自己的行为负责，违法行政必须承担责任，这是责任政府对内的基本内涵。责任政府最广义的解释是指政府能够积极地对社会民众的需求作出回应，并采取积极的措施，公正、有效率地实现公众的需求和利益；广义的解释是指政府组织及其公职人员履行法律和社会所要求的义务；狭义上是指政府机关及其工作人员违反法律规定的义务和违法行使职权时所承担的否定性法律后果。② 因此，政府机关违反法律时应当承担相应的责任是责任政府的本质，法治政府建设必须有一套包含法律责任、政治责任和道义责任在内的完整的责任分担和追究制度。不受责任追究的政府，不是真正的法治政府。

（二）法治政府建设是责任政府建设的条件

随着社会经济的发展，现代国家的民主建设不断进步与完善，责任政府随之而生。当前责任政府建设作为我国法治政府建设的重要要求，法治政府建设也为责任政府建设创建了条件。

其一，责任政府建设以法治政府依法推行和实施相关权力制约制度为基础。责任政府要求政府权力受到制约。正如孟德斯鸠认为："一切有权力的人都容易滥用权力，这是万古不易的一条经验。有权力的人适用权力意志到遇到有界限的地方才休止。"③而法治政府建设的主要目的即在于规范、制约政府的权力，使权力在法律规范的范围内行使。规范国家权力，防止其被腐蚀、被滥用，一个重要的关键途径既不是通过教育解决其"不愿为"，也不是通过惩罚解决其"不敢为"，而是要通过制度解决其"不能为"的问题。因而责任政府建

---

① 李希：《建设法治政府 服务政府 诚信政府 廉洁政府 责任政府》，载《民心》2015 年第 1 期。

② 张成福：《责任政府论》，载《中国人民大学学报》2000 年第 2 期。

③ 孟德斯鸠著：《论法的精神》，当代世界出版社 2008 年版，第 76 页。

设以法治政府建设为前提，它建立在法治政府权力制约制度推行与实施的基础之上。

其二，责任政府建设以法治政府依法推行和实施相关权利保障制度为基础。责任政府作为一种新的行政法理念，它要求政府积极主动地就自己的行为向人民负责，以实现和保障公民的权利不受侵害。为实现这一基本要求，责任政府的建设有赖于政府对于保障公民权利的制度的实行，也即有赖于法治政府的建设。典型如政府信息公开制度。政府信息公开是法治政府建设的基本要求与必然职责，因而推行与实施政府信息公开制度是法治政府建设的应有之义。而政府信息公开也是建设责任政府的重要途径。① 建设责任政府必然要求政府履行政府公开的职责，保护公民的知情权得到实现。因而，责任政府的建设以法治政府建设为条件，只有实现法治政府，责任政府才能完全实现。

其三，责任政府建设以法治政府依法推行和实施相关责任追究制度为基础。责任政府建设有赖于法治政府行政问责制的完善。我国行政管理体制改革的重要任务是推进政府职能转变，建设责任政府。② 法治政府建设要求完善行政问责制，要求政府机关按照权责统一、依法有序、民主公开、有错必究的原则进行。而这也正是责任政府建设的重要要求。由上可知，责任政府建设需要政府为自己的行为负责，因此必须完善问责制。没有责任追究的政府不是真正的法治政府，更无法达到责任政府的要求。因此完善行政问责制是责任政府建设的前提条件。

(三)法治政府建设与责任政府建设统一于法治国家建设

法治政府建设与责任政府建设都要求政府机关依法行政，依法履行职责，对自己、对内对外的活动承担责任，有错必究。但法治政府建设与责任政府建设的最终目标都是为了建设法治国家，两者都是为法治国家建设服务的，并统

---

① 张浩：《我国政府信息公开与责任政府建设的思考》，载《科教导刊》2016 年第 5 期。

② 贺文涛：《我国责任政府建设存在的问题及对策分析》，载《行政科学论》2016 年第 8 期。

一于法治国家建设之中。

其一，法治政府建设与责任政府建设具有依法行政的共性，也是法治国家建设的基本要求。依法行政是中国法治建设的重要路径，是走向法治政府的必经之路。同时，建设法治政府必须要建设一个负责任的政府，而建设责任政府也同样要求依法行政。因此无论是建设法治政府、责任政府还是法治国家、法治中国，依法行政都是必然要求。

其二，法治政府建设与责任政府建设具有违法必究的共性。没有救济就没有权利，没有责任的承担，法治是无法真正实现的。任何一部法律，如果只有禁止性的规范而没有制裁与追责，势必会削减法律应有的严肃性和强制性，因而违宪责任明确化是完善宪法监督机制的重要任务。① 对于法治政府建设、责任政府建设亦是如此，任何一项法治政府建设措施、责任政府建设措施，如果没有制裁与追责，这些措施将无法得到完全的落实，那么法治政府、责任政府的建设也将无法落实。因而，法治政府、责任政府建设必须要违法必究，这不仅是对外，对行政相对人而言的，更是对政府内部行政机关的行政行为而言的，严格规范政府机关的行为。

其三，法治政府建设与责任政府建设都是为法治国家建设服务的。深入推进依法行政，加快法治政府建设，是全面建成小康社会的目标要求，是全面深化改革的迫切需要，是全面推进依法治国的重大任务。② 同时，法治国家建设亦要求贯彻"有权必有责，用权受监督，违法受追究"的追责理念。因而，依法行政、依法履行职权，违法必究等不仅是依法治国的重要组成部分，也是依法治国的核心内涵。可以说，法治政府建设与责任政府建设是为法治国家建设服务的，为法治国家建设铺平了道路。

---

① 董秀云：《健全宪法监督机制》，载《黑龙江省政法管理干部学院学报》2014 年第 2 期。

② 杨青玖：《坚持依法行政　建设法治政府》，载《濮阳日报》2019 年 9 月 24 日，第 006 版。

七、法治政府建设与服务政府建设

在新的历史时期，尤其是政府执政观念转型的阶段，服务型政府建设都是法治政府建设与运行的重要组成部分。党的十七大正式提出"加快行政管理体制改革，建设服务型政府"。构建服务型政府是当今中国政府体制改革的主要目标。① 政府存在的基础就是为公众服务，服务政府建设需要法治政府的保障。但反过来，在当前法治大环境下，缺乏法治的政府是无法真正做到以民为本，执政为民的。因而，法治政府建设是服务政府建设的保障，而服务政府则蕴含于法治政府建设之中。

(一)服务政府建设蕴含于法治政府建设之中

政府评估标准多种多样，但政府绩效评估价值取向基本上：第一，在宏观层次必须注重公平正义、以人为本；第二，在中观层次则必须凸显公民至上、服务为本。② 现代政府理论也多种多样，但无论采取何种理论模式，政府的存在都是为了服务人民。因而，以人为本、为民复位已经成为现代政府建设的主要推力。法治政府更是如此。法治政府建设最终是为了人民，是为了服务人民，保障人民利益。因而，服务政府建设是法治政府建设的应有之义，其蕴含于法治政府建设之中。

其一，服务政府最本质的内涵与法治政府"以人为本"的最终目标是一致的。"新公共服务政府应该是为公民服务，而不是为顾客服务；政府职能是服务而不是掌舵；重视公民权胜过重视企业家精神；重视人，而不只是重视生产率；追求公共利益。"③可以看出，服务型政府并不是单纯地强调"为人民服务"

---

① 曾慧华：《依法行政——服务型政府法治构建的路径选择》，载《四川行政学院学报》2016年第6期。

② 廖晓明、陈洋庚：《当代政府绩效评估价值取向定位的理论分析》，载《理论与改革》2014年第1期。

③ ［美］罗伯特·B.登哈特、珍妮特·V.登哈特：《新公共服务：服务而不是掌舵》，中国人民大学出版社2014年版，第3页。

这一口号，而是要更加注重"为民服务"的实际行动，要"以人为本"，保障公民的权利。而法治政府正是基于"为民服务""以人为本"的理念而建设的，同时这也是法治政府存在的正当性来源。在法治政府的建设过程中要求公务员清楚认识到"公务员的首要作用是帮助公民明确阐述并实现他们的公共利益，而不是试图去控制或驾驭社会"①；要求政府在履行自己的职责，必须将公民放在首要位置，而将自己定位为仆役。因而，法治政府建设很大程度上就是服务政府建设，服务政府建设蕴含于法治政府建设之中。

其二，服务性是现代法治政府建设的根本要求，建设法治政府必须要求服务政府的建设。无论是提高政府服务质量还是实现政府治理进一步的法治化、现代化，政府的服务性质都是必须具备的。现代法治政府要求政府在社会本位和公民本位的理念指导下，将法律作为政府行使权力的准则和政府行为优劣的衡量标准。② 政府的服务性质必须得到重视，以实现社会公共利益的最大化。因而，建设法治政府必然要求建设服务政府。

其三，法治政府建设过程就是建设服务政府的过程。服务型政府要求政府按照法定程序行使法定职权，履行法定职责；服务型政府要求转变政府职能，深化简政放权，创新监管方式，增强政府公信力和执行力；服务型政府要求政府坚持"服务至上"的原则，为公众提供公平公正、优质高效、符合法律规定、切实保护公民法律权利的服务。服务型政府要求进一步深化体制改革，精简政府机构及人员，规范行政执法机构，提高执法人员素养，提高政府的服务效率和水平。无疑这也是法治政府建设的要求，是法治政府建设必经的过程。因而法治政府建设的过程就是建设服务政府的过程。

（二）法治政府建设是服务政府建设之保障

服务型政府建设的目的在于为民服务，以人为本。但缺乏法治的政府是无

---

① ［美］罗伯特·B. 登哈特、珍妮特·V. 登哈特：《新公共服务：服务而不是掌舵》，中国人民大学出版社 2014 年版，第 3 页。

② 王昊：《试论法治型服务政府建设》，载《现代经济信息》2015 年第 1 期。

法真正实现为民服务的，因而也无法真正建成服务型政府。

其一，法治政府使政府权力受制约，这是服务政府建设的保障。由法律对政府行为进行规范，是建设服务政府的关键，也是实现为民服务的基本保障。权力导致腐败，绝对的权力导致绝对的腐败。政府权力不受法律控制，将无法保证公民权利的实现，更无法不动摇公民作为国家主人的地位。如若不建设法治政府，那么服务型政府将永远无法完成。

其二，法治政府能够纠正行政主体对于权力的定位，这是服务政府建设的保障。在一个人治的国家，权力主体无疑会将自己放在首位，而人民永远处于社会的最底层，在这一社会里是无所谓政府服务人民的。而在一个法治政府中，行政主体将会自觉遵守法律法规，通过法定程序行使法定职权，履行其法定职责，切实解决公民的问题，保障公民权利与利益。这一过程，无疑是一个为民服务，保障人民权利的过程，而这也正是服务政府本应该达到的样子。

其三，法治政府的建设能够促进公民权利意识的增长，这是服务政府建设的保障。社会文化、背景会对人们产生潜移默化的影响，这是不可否认的，因而政府的法治程度自然会对公民的法治意识产生影响。在一个缺乏法治的国家是不可能培养出公民良好的法治意识的。而缺乏法治意识的公民对于权利的要求与保障意识会显得较为薄弱，因而在其权利受到侵害时将会面临听之任之的状况，继而服务型政府也将不复存在。

(三)法治政府建设与服务政府统一于法治国家建设

自20世纪80年代以来，建设服务型政府已经成为一种世界性的潮流，世界各国无论其内在本质如何，却都竞相以"服务民众"为追求目标。[①] "法治"则出现得更早。我国自20世纪90年代末开始就致力于法治政府的建设。但无论是服务政府还是法治政府，它们的构建都是为了法治国家的建设。两者统一于法治国家建设之中。

---

① 沈开举：《服务政府建设、公民评议政府与民主的发展》，载《公法研究》2011年第2期。

其一，法治政府建设与服务政府建设都要求"以人为本"，制约政府权力，这也是法治国家建设的基本要求。建设法治政府与服务政府需要加快"官本位"向"民本位"的转化。如上所述，服务型政府应当是"以人为本"的民主政府，政府应当摆正自己的位置，"公务员的首要作用是帮助公民明确阐述并实现他们的公共利益，而不是试图去控制或驾驭社会。"①只有将公民放在首要位置，而将自己定位为仆役，政府在履行自己的职责，完成自己的使命时才会切身将公民的利益进行全面考量，并依法、正确行使自己的权力，将自己置于人民的制约之下，以真正实现为民服务，实现真正的法治国家。

其二，法治政府与服务政府都以实现公民权利为最终目标，这也是法治国家建设的终极目标。公民权利是其作为国家主人所必须享有的，以保护自己，促进国家发展、建设。公民权利必须受到重视，法治国家建设的终极目标也在于此。而在服务型政府、法治政府建设过程中更是不可忽视。一方面，必须重视涉及公民切身利益的权利，如劳动权、受教育权、生命权、健康权等。这些公民权利的实现与保障是服务型政府建设的目的所在，是其应有之义。另一方面，必须重视公民政治权利的保护，如知情权、罢免权、检举权等。在当代中国，随着经济的发展，对外开放的进一步深入，传统的、集权的、大包大揽的政府已经不再适合中国的发展。公民作为国家主人所应有的权利无法实现，国家的发展与建设也将受到阻碍，法治国家建设也将遭受挫折。

其三，法治政府建设与服务政府建设都是为法治国家建设服务的。服务型政府是法治政府建设的应有之义，法治政府保障服务政府的建设，两者具有共性——为人民服务、保障公民权利。而这些共性同时也是法治国家建设的要求与目标，因而法治政府建设与服务政府建设的每一次前进同时也是法治国家建设前进的见证。法治政府的建设与服务型政府的建设为法治国家建设铺平了道路。

八、法治政府建设与廉洁政府建设

法治政府建设既需要明确和坚持法治原则，也需要着眼于公权力在效率等

---

① ［美］罗伯特·B. 登哈特、珍妮特·V. 登哈特：《新公共服务：服务而不是掌舵》，中国人民大学出版社 2014 年版，第 4 页。

实效层面，而无论是从法治正义的精神考量，还是在追求权力良性运行的过程中，政府自身的廉政建设都是一项重要内容。十八届四中全会提出，要"加快建设职能科学、权责法定、执法严明、公开公正、廉洁高效、守法诚信的法治政府"。建设廉洁政府，要做到心中有戒尺，而法律就是衡量政府是否廉洁，党风是否廉政的戒尺。近年来我国在构建廉洁政府上取得了一定的成绩，但新时代下廉洁政府的建设需要进一步严格执行法律，坚决对任何腐败分子依法严惩。因而，构建廉洁政府是法治政府的必然要求，蕴含于法治政府建设之中，法治政府建设是廉洁政府建设的保障。

(一) 廉洁政府建设蕴含于法治政府建设之中

党的十八大强调要坚持中国特色反腐倡廉道路，坚持标本兼治、综合治理、惩防并举、注重防御方针，全面推进惩治和预防腐败体系建设，做到干部清正、政府清廉、政治清明。这是法治政府建设的根本要求。但同时，这三者又正是构建廉洁政府的重要要素。干部清正、政府清廉、政治清明三者是一个有机的整体，在政府作风建设和廉洁建设中缺一不可。因而，建设法治政府必然要求建设廉洁政府。

其一，法治政府建设需要守法清廉的法治队伍，以实现干部清正，这也是建设廉洁政府的重要要素。十八届四中全会提出："全面推进依法治国，必须大力提高法制工作队伍思想政治素质、终于国家、忠于人民、忠于法律的社会主义法治工作队伍，为加快建设社会主义法治国家提供强有力的组织和人才保障。"而其中加强领导班子建设和干部管理工作显得尤为重要。在建设法治队伍过程中，应当配备素质过硬、德才兼备的领导班子，提升领导干部的执政能力和领导水平，不断增强领导干部的办事能力，提高广大领导干部廉洁自律的意识与素养。① 因而，建设法治政府，培养守法廉洁的领导干部、建设廉洁政府是其最根本的要求。

---

① 阴晗：《推动法治队伍建设 弘扬依法治国精神》，载《世界家苑(学术版)》2018年第4期。

其二，法治政府建设需要清廉的工作作风，以实现政府清廉，这也是建设廉洁政府的重要要素。政府权力来自人民。勤政廉政的工作作风是对公职人员的基本要求。要出于公心，摆正位置，把人民利益高高举起，全心全意为人民谋福祉，办好人民的事。而政府作为管理国家事务、社会事务的主体，其掌握着大量的公共资源，更要培养廉洁的工作作风，不仅是对政府主要负责人或其他负责人等个体要求清廉守法，更要培养整个政府机关清廉的工作作风，使政府的每个成员在清廉的大环境下行使自己的职权，履行自己的义务，促进整个政府机关清廉作风的形成。这是法治政府建设的必要要求。因而，建设法治政府必然要求建设廉洁政府。

其三，法治政府建设需要完善监督制度，加强权力之间的制约与监督以及民主监督，以实现政治清明，这也是建设廉洁政府的重要要素。中共第十八届中央委员会第四次全体会议指出：“依法全面履行政府职能，推进机构、职能、权限、程序、责任法定化，推行政府权力清单制度。强化对行政权力的制约与监督，完善纠错问责机制。”依法治国、依法行政、法治政府建设的提出要求大量行政违法、违纪行为的存在迫切需要对行政监督体系进行改革完善，拒腐防变、反腐倡廉、约束和监督行政权力行使已经成为党和国家今后工作中的重要内容①，更是法治政府建设过程中的重要任务。监督机制是权力配置的重要组成部分，是实现依法治国、依法行政的重要保障，是提高政府工作绩效、杜绝贪污腐败现行的重要措施。因而法治政府建设要完善监督机制，就必然要建设廉洁政府。

（二）法治政府建设是廉洁政府建设之保障

廉洁是政府正当性和合法性的根基，而政府廉洁建设提供理念、制度上的保障。廉洁政府建设是无法自发生成的，廉洁政府建设首先需要法治政府所具备的法治、廉洁理念的保障，其次需要法治政府的监督制度的保障。

其一，廉洁政府建设需要法治政府的民主监督制度作保障。在中国特有的

---

①　袁梦：《行政法治监督的理论概述》，载《科教导刊（电子版）》2018 年第 4 期。

政党制度框架内，法治政府建设首先是执政党的责任。但如果据此就将其仅仅当作执政党一党之事，那就是谬论。多党合作与政治协商则是我国的一项基本政治制度。中国的法治政府应当建立在各党各派充分协商、通力合作以及受民主监督的基础之上。经验表明，执政党执政的优良表现并非必然地取决于执政党的自觉，毋宁更多地取决于非执政党的强力监督。政治协商会议的民主监督作为中国监督体系的一部分，从其成立之日起就产生了民主监督机制，在具体实践中有效地弥补了权力机关内部监督的不足。① 酿成当今中国政府腐败的原因固然有多元，但党外监督的乏力或虚置，当是其中的重要因素。因此，法治政府建设当重视政治协商与民主党派的监督，而廉洁政府建设则需要民主监督制度保障。

其二，廉洁政府建设需要法治政府的内部权力制约监督制度保障。2019年政府工作报告明确提出，加强廉洁政府建设，一体推进不敢腐、不能腐、不想腐。② 绝对的权力造成绝对的腐败，因此必须对权力进行监督。而自己对自己进行监督是最为有效的监督方式，是完善政府内部监督机制、法治政府建设、廉洁政府建设的重要途径。如建设法治政府必须要对财政进行严格监管，聚焦重点领域和关键环节监管，着力遏制公共资金资源资产的低效和浪费现象；管好财政资金，管好政府单位资源资产，推进公共资源交易公示；必须创新管理体制和运行机制，加强相关审计制度的运用，努力消除政府系统滋生腐败土壤和空间等。而这也正是廉洁政府建设的关键所在。因而建设法治政府必须要求政府机关内部权力之间加强相互之间的监督，此类监督与制约又构成廉洁政府建设的重要保障。

其三，法治政府建设加强了廉洁政府建设过程中干部法治、清廉观念。对政府工作人员、特别是领导干部来说，怎样认识权力、地位、利益等，往往决

---

① 何奇：《完善人民政协民主监督制度》，载《贵州社会主义学院学报》2018年第4期。

② 米博华：《一体推进"三不"建设廉洁政府》，载《中共纪检监察报》2019年3月11日，第002版。

定了从政路向，也演绎了各种福祸相依的故事。① 清廉理念是人们对于清廉本质的理性认识和全面把握，这种对于廉洁的思想认识与培养需要法治政府通过法治建设和法治宣传教育加以全面培养，以促进政府机关内部人员对于其职位、其权力的准确认知，从而保障、促进廉洁政府的建设。

(三)法治政府建设与廉洁政府建设统一于法治国家建设

法治早已不是一个新鲜的话题，无论是在理论还是实践中，法治已经成为现代国家管理国家与社会事务的基本方式，它对于国家建设起着极其重要的作用。而廉洁作为一个国家国风、党风建设的重要抓手，廉洁政府的建设是法治国家建设的必要前提，只有在清廉的政治环境下，国家才能真正地实现依法而治。因而，法治政府与廉洁政府都是建设法治国家的重要要素，两者统一于法治国家建设之中。

其一，法治政府建设与法治国家建设都要求建设清廉的工作作风，这也是法治国家建设的要求。党的十七大首次提出推进反腐倡廉建设，把反腐倡廉工作提升为反腐倡廉建设；十八大将"严格执行党风廉政建设责任制"列入党的建设的重要内容。② 党风廉政建设是中华人民共和国人民最宝贵的精神财富，是党的优良传统，中央八项规定和党风廉政建设报告中即对廉政建设提出了具体要求。对于政府行政亦是如此，由于党和政府人员的高度融合，党的廉政对于政府的廉洁行政起着十分重要的引导作用，廉洁的工作作风建设是法治政府建设和廉洁政府建设的基本要求，更是建设法治国家的根本路径。

其二，法治政府建设与廉洁政府建设都要求完善监督制度，这也是法治国家建设的重要保障。中华人民共和国是以《共同纲领》为建国基础的，《共同纲领》是各党各派充分协商所达成的政治契约。它是匡约宪法之法，是宪法之法律，它构成我国现行宪法体系的有机组成部分。法治政府建设应当建立在执政

---

① 米博华：《一体推进"三不"建设廉洁政府》，载《中共纪检监察报》2019 年 3 月 11 日，第 002 版。

② 李智慧：《推动党风廉政建设》，载《时代报告》2017 年第 24 期。

党与其他各党之间的良性运转基础之上。多党合作与政治协商自中华人民共和国成立起就是我国的一项基本政治制度，在参政议政中扮演了举足轻重的作用，培育民主党派的参政议政能力不仅是发展多党合作与政治协商制度的内在需要，也是执政党自身健康发展的需要，更是法治政府、廉洁政府建设的基础。此外，来自外部的监督或来自政府本身内部的监督亦是如此。无论是民主监督还是政府内部监督以及外部权力监督，不仅是建设法治政府、廉洁政府的要求，更是法治国家建设的重要保障。

其三，法治政府建设与廉洁政府建设统一于法治国家建设中。法治政府早已不是作为一种新的政府模式而存在，政府依法履行职责，严格依法行政，在法治轨道上运行已经成为现代国家治国理政的重要途径。党的十九大更是站在新的历史起点上对深化依法治国实践作出新的战略部署，明确提出建设法治政府。① 廉洁政府建设则是人类历史上出现国家后延续至今的一项历史性课题，党的十八大以来，党风廉政建设与反腐败斗争取得显著成效。但无论是法治政府建设还是廉洁政府建设，最终都无法超越法治国家建设这一总目标，两者统一于法治国家建设之中。

九、法治政府建设与效能政府建设

任何的制度设计与理论研究都要着眼其实际效用。无法运行并发挥实效的政府不可能是法治政府，若在此基础上讨论法治、民主等概念则毫无意义，任何良性政府(法治政府)都应当是效能政府。行政效能是指行政管理活动达成预期结果或者影响的程度。② 效能政府不仅仅重视效率，还强调为人民提供服务的质量，以及对于社会公众、其他国家机关工作人员的影响程度。效能政府与法治政府是一种价值从属关系。法治政府是效能政府的保障，效能政府蕴含于法治政府建设之中。

---

① 吴传毅：《法治政府建设的多维审视》，载《行政论坛》2019 年第 3 期。
② 金光闪：《建设为人民满意的效能政府》，载《社会主义论坛》2014 年第 2 期。

（一）效能政府建设蕴含于法治政府建设之中

法治政府建设作为实现社会主义法治国家，构建社会主义法治体系的主要路径和要求，其主要衡量标准为：行政机构的设置是否符合法律要求，是否按照岗位设置要求进行，人员编制是否符合规范，行政职权的获得、使用是否合法，行政行为违法是否进行追责。[1] 而当其内部设置合法，行政权力运行适当时，行政行为的效能也随之展现。因而，效能政府建设蕴含于法治政府建设之中。

其一，法治政府要求加快转变政府职能，这同样是建设效能政府的要求。为构建法治政府，党的十八大以来，以习近平同志为核心的党中央继续全面深化改革，将"简政放权、放管结合、优化服务"为主线的行政审批制度改革作为全面深化改革的"先棋手"，近年来共取消和调整了上千项的行政审批项目，规范了行政许可行为，清理了人们申请行政许可的繁琐程序，不仅提高了政府的工作效率而且方便了当事人，增加了当事人行政许可权益获得的可能性。此外，我国近年来积极建立社会保障机制、利益协调机制、矛盾疏导机制和突发事件应急机制等，政府应对突发公共事件的能力明显提高，履行社会管理和公共服务职能的能力明显增强。[2] 因而，建设法治政府要求我国政府积极推进政府职能转变，社会管理职能得到强化，公共服务职能不断加强，并取得新进展。压减政府自由裁量权，逐步完善经济调解、市场监管职能，这是政府职能转变，激发市场活力与社会活力。这些举措的实施过程同时也是建设效能政府的过程。

其二，法治政府要求政府机构组织结构逐步优化，这同样是建设效能政府的要求。随着社会民主政治的深入建设，我国政府的职能正在积极转变，行政

---

[1]　司俊霄、朱坚真：《法治政府建设：内涵、困境、路径选择》，载《行政语法》2016年第7期。

[2]　姜异康、袁曙宏主编：《行政管理体制改革与提高政府效能：第四届中欧政府管理高层论坛文集》，国家行政学院出版社2008年版，第20页。

体制也在不断改革。① 从改革开放以来，我国已经进行了多次行政机构改革。政府作为我国行政主体，是管理国家事务、社会事务和公共服务的主体，在我国国计民生发展过程中起着极其重要的作用。近年来，法治政府建设在我国的大力推行，决定了行政机构改革的必要性。2018 年，根据国务院总理李克强提请第十三届全国人民代表大会审议的国务院机构改革方案的议案，不再保留国土资源部、国家海洋局、国家测绘地理信息局，而代之以自然资源部；组建文化和旅游部，不再保留文化部、国家旅游局；组建国家卫生健康委员会，不再保留国家卫生和计划生育委员会，不再设立国务院深化医药卫生体制改革领导小组办公室；组建退役军人事务部等。历次行政机构的改革，无不体现了国家对于行政机关效能的关注，无不是效能政府的建设过程。如 2003 年改革，目标明确，即为了形成行为规范、运转协调、公正透明、廉洁高效的政府。2008 年改革则更是将提高效率，为百姓和民生服务作为改革总指导。行政机构体制的改革不仅促进了国家治理的规范化，完善了政府的管理职能，同时也提高了政府行政的效率与机能，并且体现了对政府社会管理与公共服务职能的足够关注。因而，法治政府建设要求我国行政机构改革，这同时是效能政府建设的应有之义。

其三，法治政府建设要求实现服务效能，提高政府办事效率，这是效能政府建设的过程。法治政府建设存在的本质就在于为人民服务，保障人民利益的实现。行政效能对于人民利益的保护发挥着不可忽视的作用。效能是办事的效率和工作的能力，效率、效果、效益是效能的衡量标准。行政效能则是政府管理国家与社会事务的效率、效果、效益。行政效能的高低决定发展环境的优劣，影响到党和政府执政意图是否贯彻，影响到群众的利益是否能够得到维护和实现。因而，法治政府建设必须实现效能的提升，实现效能政府的建设。

---

① 孙晓玲：《关于我国行政机构改革之政府职能转变的思考》，载《决策与信息》2016年第 12 期。

（二）法治政府建设是效能政府建设之保障

以敬民之心，行简政之道。处理好政府与市场、与公民社会的关系，持续深入简政放权，提高行政效能，是推进行政体制改革、转变政府职能的长期任务。[①] 这不仅是法治政府建设的要求，更是效能政府建设的必要路径。但无论进行何种改革以建设效能政府，都必须在法治的基础之上进行，不是依法而治的政府无法实现真正的效能政府。

其一，效能政府建设需要于法有据。近年来，中央政府推行简政放权、放管结合、优化服务改革向纵深发展，这是推动政府职能深刻转变，极大激发市场活力的战略举措。[②] 但实行这些举措必须要在有法可依的前提下进行。在中央政府或者国家权力机关提出总体目标之后，各个执行部门必须首先寻找改革的依据，或是法律法规，或是政府、部门规章。没有法律的支撑与规范，任何改革与发展都是难以深入和持久的。因此，政府职能转变，政府机构简化、改革，是建设效能政府的必要路径，但如若不建立在法治的基础之上，是无法真正实现的，甚至可能异化。

其二，效能政府建设需要依法进行。政府行政有法必依是我国改革开放以来所长期坚持的，这也是建设法治政府、效能政府的必要前提。政府之所以要变得高效率、高效能，其所针对的对象是社会公众，是为了方便公众，服务人民，效能政府的建设才日益迫切。因而在建设效能政府的过程中，自然是不可舍本逐末的。我们不能为了建设效能政府而建设，而必须始终坚守着为了人民而建设的初衷。因而在这一过程中，绝不可以为了效能政府而忽视法治政府的建设。没有法治的政府即便办事高效也不是真正的效能政府。

其三，效能政府建设需要法治政府制度保障。公共事务、社会生活日益复杂，行政效能的提高是无法自发实现的，而必须依靠政府制度加以规范和指

[①]　梁正华、刘东超：《行政效能再提速》，载《瞭望》2017 年第 16 期。

[②]　孙鸣遥：《"放管服"并重，提升税收行政效能》，载《中国经济周刊》2019 年第 11期。

引。因而效能政府建设必须要有法治政府制度的保障。

(三)法治政府建设与效能政府建设统一于法治国家建设

行政效能的优化是现代公共管理追求的重要目标，是公共管理活动的出发点和归宿，是对公共管理活动进行社会评价的重要指标。① 法治同样作为政府管理社会公共活动的重要手段，法治政府建设与效能政府建设的根本诉求都在于有序有效地治理国家、保障公民利益。同时，这一根本诉求更是实现法治国家的建设的要求。因而法治政府与效能政府都以法治国家建设为目标，两者统一于法治国家建设之中。

其一，法治政府建设与效能政府建设都要求实现行政效能，这也是法治国家建设的要求。如何提升行政效能是当今时代的重要议题，也是机关建设的永恒主题。② 各级政府机关作为服务人民的重要部门，需要高质量地完成各级机关的事务管理、行政管理、社会管理等，它的行政效能高低直接关系着自己行政职能是否依法完成，关系着公民权益是否得到实现与保障。因而行政效能是政府治理追求的根本目标之一，是法治政府建设和效能政府建设的基本要求，更是法治国家建设的要求。

其二，法治政府建设与效能政府建设都要求实现依法而治，这也是法治国家建设的要求。无论是法治政府建设还是效能政府建设，都无法忽视依法而治的要求，而法治国家的核心亦在于依法而治。

其三，法治政府建设与效能政府建设最终目标都在于法治国家建设。政府作为国家治理的主体，是管理国家事务和社会事务的主要机关，其所发展的方向无不是为了更好地履行职责，更好地管理国家与社会事务以及保障公民权利。因而，无论是法治政府建设还是效能政府建设，无不是为了法治国家的建设。

---

① 金艳荣：《提升行政执行力，塑造效能政府》，载《行政与法》2006年第10期。
② 韦振宇：《以制度建设为依托提升机关事务行政效能》，载《中国机关后勤》2016年第8期。

十、法治政府建设与政府治理现代化

法治政府建设与国家治理现代化是新时期政治文明建设的两项重要内容，二者密切相关，联系紧密。政府治理现代化是指政府秉承现代化治理理念，建立现代化的治理体系，改革内部结构，转变行政职能，促进经济持续稳定增长和社会工作、自由和平等发展。① 也有学者认为政府治理现代化的内涵具体应概括为四个方面②：第一，政府治理的分权化；第二，政府治理的民主化；第三，政府治理的科学化；第四，政府治理的法治化。但总的来说，政府治理现代化的根本要求是政府依法行政，优化行政，保护公民切身利益。因而，法治政府建设与政府治理现代化具有密切的内在联系。具体来说，法治政府是政府治理现代化之条件，政府治理现代化是法治政府之鹄的。

(一)政府治理现代化乃法治政府建设之鹄的

政府在推进国家治理体系和治理能力现代化的进程中发挥着重要的主导性作用。③ 法治政府建设作为法治国家建设的关键，政府治理现代化可以说是法治政府建设的目标。

其一，法治政府依法行政，目的在于实现政府治理现代化。政府治理现代化首先要求政府重新定位政府的地位和职能，转变传统的社会管理模式，依照法律行使职权，履行职责。而法治政府建设的目的就在于此。法治政府建设已经成为现代国家治国理政的重要路径。习近平主持召开中央全面依法治国委员会第二次会议并发表重要讲话，指出"改革开放40年的经验告诉我们，做好改革发展、稳定各项工作离不开法治，改革开放越深入，越强调法治"。法治政府建设的完成最根本的要求即在于实现依法行政，依法行政的最终目的就在于促进政府治理现代化目标的实现。因而法治政府依法行政可以说最终是为了实

---

① 章力丹、王菁彤：《当代政府治理现代化研究》，载《商业经济》2017年第8期。

② 薄贵利：《准确理解政府治理现代化的科学内涵》，载《行政管理改革》2014年第9期。

③ 张晨：《政府治理现代化的热点、难点问题》，载《中国领导科学》2017年第8期。

现政府治理现代化，法治政府建设的最终目的也即实现政府治理现代化。

其二，法治政府优化行政，目的在于实现政府治理现代化。仅仅依法行政是无法完全实现政府治理现代化的。除了依法之外，政府必须提高行政效能，做到科学高效行政，切实做到便民、为民。近几十年来，国际兴起的公共部门改革的焦点是绩效改革。① 优化行政则是政府绩效改革的重要途径。传统政府的治理是一种"消极的""全面性"的治理，它旨在管理一切国家事务与社会事务，对国家与社会的全面管控是其治理目标。但这种全面管控的治理理念是不符合现代化治理的要求的，是难以实现国家的长治久安的。近年来我国大力加快行政审批进度，提高审批服务质量，保证项目的正常推进，围绕"提高效率，群众满意，降低成本"等方面进行优化行政行为，其最终目的即在于实现政府治理现代化。

其三，法治政府切实保护公民利益，目的在于实现政府治理现代化。现代法治政府建设同时蕴含服务政府、责任政府、廉洁政府的建设，这些不同模式的政府建设无不是为了保护公民权益而存在的。政府治理现代化的实现有赖于法治政府、责任政府、服务政府、廉洁政府以及效能政府的建成，要求将治理目标定位为"积极"地治理国家与社会事务，旨在增进人们的福祉，促进人本理念的发展，实现人们的自由与权利，而不是全面管控一切人与事，将人们置于权力之下。在服务中管理，在管理中服务，管理寓于服务中，这才是政府治理现代化实现过程中应有的定位；在治理行为中为人民负责，违法行政依法承担责任，这是实现政府治理现代化过程中政府应当有的担当；清廉为政、高效行政则是政府治理现代化进程中的重要保障。因而，法治、服务、廉洁、高效的政府才是现代政府治理的本质。也只有公民利益得到真正的保护与实现，政府治理现代化才能真正完成。同时，只有实现政府治理现代化，公民权利才能得到长久的保障。因而，法治政府建设的最终目的在于实现政府治理现代化，以实现公民权利的长久保障。

----

① 张晨：《政府治理现代化的热点、难点问题》，载《中国领导科学》2017 年第 8 期。

（二）法治政府建设是政府治理现代化之条件

法治政府的成功建设能使政府优化立法，依法行使职权、履行法定职责，推进公正执法，完善行政救济程序，并且能够最大限度地保障社会公众的利益。而这些都是政府治理现代化的前提条件。因而法治政府建设是政府治理现代化的条件，法治政府建设能够促进政府治理能力与治理体系现代化，加速政府治理现代化。

其一，政府治理现代化要求优化治理理念，这有赖于法治政府建设。习近平新时代中国特色社会主义思想明确提出，"进一步全面深化改革的总目标是继续完善和发展中国特色社会主义制度、推进国家治理体系和治理能力现代化"。① 国家治理体系与治理能力现代化必然要求政府治理现代化。在政府治理现代化的建设过程中，法治政府理念、政府服务理念、政府治理现代化理念等是不可缺少的、重要的组成部分。转变落后的治理理念，倡导法治政府、服务政府、责任政府、廉洁政府、效能政府，植入公民法治意识，这是政府治理现代化的首要要求。理念是行动的先导。在实现政府治理现代化的过程中，政府发挥出主导性作用。因而，必须建设法治政府，大力宣传法治建设，加强服务型理念，推行多元化的治理理念。进步的理念会指导人们向进步的方向发展，法治、服务、责任政府理念，政府治理现代化理念等的深入推广将促进政府治理现代化的实现。

其二，政府治理现代化要求健全治理机构与明确政府职责，这有赖于法治政府建设。党的十九届三中全会把建设"职责明确、依法行政的政府治理体系"作为深化党和国家机构改革的目标之一，进行全面部署、提出具体要求，成为新时代推进国家治理体系与治理能力现代化的重要内容。② 随着社会及其经济的发展，政府职责划分逐渐暴露出弊端，当然这与原有机构与体制设置是

---

① 《决胜全面建成小康社会，夺取新时代中国特色社会主义伟大胜利》，人民出版社2017年版，第19页。

② 王维国：《新时代政府治理现代化的伦理路径论析》，载《齐鲁学刊》2019年第3期。

不无关系的，如若不加以完善以适应目前治理需要，政府治理现代化的要求也难以实现。而实现机构健全、职能明确正是法治政府建设过程中的重中之重：首先，简化行政机构，将权力重合、交叉的机构予以合并。其次，必须规范各职能部门职权，明确各部门的分工，避免交错，出现相互推诿或者争权夺利的情况。再次，简政放权，政府应当将公民可以自我解决、自我管理的事务交由社会公众进行管理，一方面提高政府工作效能，避免行政资源浪费，另一方面则更有利于公民权益的保护。最后，行政权力行使必须依照法律规定进行，政府必须依照法定程序和法定权限行使权利。

其三，政府治理现代化要求提高行政人员的素养，这有赖于法治政府建设。政府治理能力强调人的因素，行政人员是行使行政权力的具体执行者，其素养决定着行政行为的最终行使状态。因而，政府治理现代化首先有赖于治理主体自身能力的提升与增强。这不仅要求行政工作人员的专业性、技术性增强，更要求他们在思想道德上具有高度的社会责任感与职业操守，明白行政工作的根本目的是增进社会福祉，促进国家发展，如此才能促进实现政府治理现代化。而增强行政人员职业操守与工作素养是法治政府建设的首要要求：首先，必须提高进入行政人员行列的门槛。报考国家行政人员必须符合法定学历要求，对于不符合的人员一律不得纳入。这是衡量一个人能否成为行政工作人员的最基本的标准。其次，加强政府行政人员职位的专业对口性。对行政职位进行具体的专业划分，根据职位专业要求对每位行政人员进行审查，严格做到专业与职位相符合、相匹配，从而提高行政工作的专业性，增进行政工作的公信力。最后，不断提高行政工作人员的公共精神与奉献素养，使其正确行使手中的权力，真正做到为人民服务，以人为本，将实现中华民族的伟大复兴印刻在心中，使其真正认为自己是实现这一伟大复兴的重要力量。

(三)法治政府建设与政府治理现代化统一于法治国家建设之中

法治政府建设是法治国家建设的关键，而政府治理现代化是政府治理过程中对于现代化的深入了解后实现的治理方式的创新。因而，无论是法治政府建设还是政府治理现代化都是为建设法治国家，两者统一于法治国家建设之中。

其一，法治政府建设与政府治理现代化都要求建设服务、效能、服务政府，这也是法治国家建设的要求。政府治理现代化的开始就要求政府真正把责任落实，办事效率更加提高，真正做到为人民服务。而根据现代政治理论，现代政府是完成政治民主和现代化任务的主要力量，这是符合现代国家理性精神的；现代官僚管理型政府正是在现代国家理性的要求下设计和组建的，它是有限、开放、分权的政府，追求公共利益与效率；现代国家理性正逐步转换为公共理性，公共理性要求政府的社会政策体现公共精神、国家的平衡理性，政府的目标更多关注未来取向的社会公益。[①] 因而，法治政府建设与政府治理现代化都要求实现政府的服务功能，效能效率的提高以及责任感的培养，法治国家建设则更是如此。

其二，法治政府建设与政府治理现代化都要求具有良好的法治队伍。政府治理一个很重要的目的是减少政府官员的腐败问题，即通过有效的薪酬激励措施和管控监督机制来提高政府工作人员的工作素养和责任意识。[②] 因而，政府治理现代化要求各级官员都应该具有相应的品格和优良作风，政府治理现代化的实现要求一支精干、良好的法治队伍。法治政府建设亦是如此，一支良好的知法懂法守法的队伍是法治队伍建设的首要要求。同时，这更是一个法治国家建设的必备条件。

其三，法治政府建设与政府治理现代化最终都是为了建设法治国家。法治国家是我国近年来主要推行和发展的一种国家治理方式。国家治理是相对于国家统治、国家管理而言的，从国家统治走向国家治理，是人类政治发展的共同规律，不仅适用于西方国家，也同样适用于东方国家，"少一些统治，多一些治理"，已经成为 21 世纪世界上主要国家政治变革的重要特征。[③] 在我国，政

[①] 何志武、崔宇声：《论政治理性的现代转换及其对政治治理理念的影响》，载《湖北社会科学》2008 年第 3 期。

[②] 肖静：《政府治理现代化视域下的我国政府治理改革》，载《领导科学内涵》2019 年第 13 页。

[③] 俞可平著：《论国家治理现代化（修订版）》，社会科学文献出版社 2015 年版，第 2 页。

府是进行国家治理的主要主体，而法治政府建设与政府治理现代化都是政府协助党进行国家治理的主要方式与路径。无论是法治政府建设还是政府治理现代化的建设，其最终目的仍在于实现法治国家的建设，两者都无法脱离法治国家这一根本目标进行运作与发展。

　　任何的政治文明建设若脱离其他相关概念的关系则无异于空中楼阁，法治政府建设与不同层次、不同种类的相关国家目标都存在着紧密的联系，体现了我国集中统一，协同配合的制度优势。认识和把握法治政府建设与法治体系、法治国家、法治社会、民主政府、效能政府、服务政府、责任政府等概念的关系，是法治政府建设的关键原理之一，也是新时期推进依法治国的有效路径。

参 考 文 献

一、外国著作

［1］［古希腊］柏拉图著：《政治家篇》，剑桥政治思想史原系列（影印本），中国政法大学出版社 2003 年版。

［2］［古希腊］亚里士多德著：《政治学》，商务印书馆 1996 年版。

［3］［荷］克拉勃著：《近代国家观念》，王检译，商务印书馆 1936 年版。

［4］［印］M. P. 赛夫著：《德国行政法》，周伟译，山东人民出版社 2006 年版。

［5］［日］田中二郎著：《行政法总论》，有斐阁 1979 年版。

［6］［日］盐野宏著：《行政法总论》，杨建顺译，北京大学出版社 2008 年版。

［7］［日］铃木义男等著：《行政法学方法论之变迁》，陈汝德等译，中国政法大学出版社 2004 年版。

［8］［日］清水澄著：《行政法泛论与行政法各论》，金泯澜等译，中国政法大学出版社 2007 年版。

［9］［日］大桥洋一著：《行政法学的结构性变革》，吕艳滨译，中国人民大学出版社 2008 年版。

［10］［日］和田莫夫著：《现代行政法》，倪建民等译，中国广播电视出版社 1993 年版。

［11］［日］南博方著：《日本行政法》，杨建顺译，中国人民大学出版社 1988 年版。

［12］［日］桥本公直著：《宪法上的补偿和政策上的补偿》，载成田赖明编：

《行政法的争点》，有斐阁 1980 年版。

[13][日]田中二郎著：《新版行政法》(上卷)，弘文堂 1976 年版。

[14][英]威廉·韦德著：《行政法》，徐炳等译，中国大百科全书出版社 1997
年版。

[15][英]戴雪著：《英宪精义》，雷宾南译，中国法制出版社 2001 年版。

[16][英]卡罗尔·哈洛、理查德·罗林斯著：《法律与行政》，杨伟东等译，
商务印书馆 2004 年版。

[17][美]戴维·H. 罗森布鲁姆、罗伯特·S. 克拉夫丘克著：《公共行政学：
管理、政治和法律的途径》，张成福译，中国人民大学出版社 2002 年版。

[18][美]伯纳德·施瓦茨著：《行政法》，徐炳译，群众出版社 1986 年版。

[19][美]文森特·奥斯特洛姆著：《美国公共行政的思想危机》，毛寿龙译，
上海三联出版社 1999 年版。

[20][美]F. 卡斯特、J. 罗森茨韦克著：《组织与管理系统方法与权变方法》，
中国社会科学出版社 1985 年版。

[21][美]戴维·奥斯本、特德·盖布勒著：《改革政府》，周敦仁译，上海译
文出版社 1996 年版。

[22][美]罗伯特·B. 丹哈特、珍妮特·V. 丹哈特著：《新公共服务：服务而
非掌舵》，丁煌译，中国人民大学出版社 2004 年版。

[23][美]汉密尔顿等著：《联邦党人文集》，程逢如等译，商务印书馆 1995
年版。

[24][德]哈特穆特·毛雷尔著：《行政法学总论》，高家伟译，法律出版社
2007 年版。

[25][德]平特纳著：《德国普通行政法》，朱林译，中国政法大学出版社 1999
年版。

[26][德]汉斯·J. 沃尔夫、奥托·巴霍夫、罗尔夫·施托贝尔著：《行政法》
(第一卷)，商务印书馆 2002 年版。

[27][德]巴杜拉著：《在自由法治国与社会法治国中的行政法》，陈新民译，
载陈新民：《公法学札记》，三民书局 1993 年版。

[28][德]马克斯·韦伯著:《经济与社会》(下卷),林荣远译,商务印书馆 1998 年版。

[29][法]摩莱里著:《自然法典》,黄建华等译,商务印书馆 1982 年版。

[30][法]孟德斯鸠著:《论法的精神》,孙立坚等译,陕西人民出版社 2001 年版。

[31][法]莱昂·狄骥著:《公法的变迁》,郑戈译,辽海出版社、春风文艺出版社 1999 年版。

[32][法]让·里韦罗、让·瓦利纳著:《法国行政法》,鲁仁译,商务印书馆 2008 年版。

[33]迈克尔·塔格特著:《行政法的范围》,金自宁译,中国人民大学出版社 2006 年版。

[34][美]斯蒂芬、戈德史密斯、威廉.D.埃格斯著:《网络化治理公共部门的新形态》,孙迎春译,北京大学出版社 2008 年版。

[35][美]罗伯特·阿格拉诺夫、迈克尔·麦圭尔:《协作性公共管理地方政府新战略》,李玲玲等译,北京大学出版社 2007 年版。

[36][日]盐野宏著:《行政法》,杨建顺译,法律出版社 1999 年版。

[37][德]施密特·阿斯曼著:《秩序理念下的行政法体系建构》,林明锵等译,北京大学出版社 2012 年版。

[38][美]博登海默著:《法理学:法律哲学与方法》,张智仁译,上海人民出版社 1992 年版。

[39][英]伯里著:《希腊史 I》,陈思伟译,吉林出版集团有限责任公司 2016 年版。

[40][古希腊]亚里士多德著:《雅典政制》,日知、力野译,商务印书馆 1959 年版。

[41][美]乔治·萨拜因著:《政治学说史》(第四版),[美]托马斯·索尔森修订,邓正来译,上海人民出版社 2015 年版。

[42][意]托马斯·阿奎那著:《阿奎那政治著作选》,马清槐译,商务印书馆 1963 年版。

［43］［美］米歇尔·罗森菲尔德著:《法治与法治国》,莫纪宏译,载张庆福主
　　　编:《宪法论丛》(第3卷),法律出版社2003年版。

［44］［德］奥托·迈耶著:《德国行政法》,刘飞译,何意志校,商务印书馆
　　　2013年版。

［45］［美］富勒著:《法律的道德性》,郑戈译,商务印书馆2005年版。

［46］［英］约瑟夫·拉兹著:《法律的权威——关于法律与道德论文集》,朱峰
　　　译,法律出版社2005年版。

［47］［古希腊］色诺芬著:《回忆苏格拉底》,吴永泉译,商务印书馆2001
　　　年版。

［48］［古希腊］《亚里士多德全集》(第八卷),中国人民大学出版社1992年版。

［49］［美］罗尔斯著:《作为公平的正义》,姚大志译,上海三联书店2002
　　　年版。

［50］［古希腊］亚里士多德著:《尼各马可伦理学》,廖申白译,商务印书馆
　　　2003年版。

［51］［澳］欧文·E.休斯著:《公共管理导论》,彭和平、周明德等译,中国人
　　　民大学出版社2001年版。

［52］［美］庞德著:《通过法律的社会控制——法律的任务》,沈宗灵、董世忠
　　　译,商务印书馆1984年版。

［53］［英］休谟著:《人性论》,关文运译,商务印书馆2005年版。

［54］［英］米勒等编:《布莱克维尔政治学百科全书》,邓正来等译,中国政法
　　　大学出版社2002年版。

［55］［英］宾汉姆著:《法治》,毛国权译,中国政法大学出版社2012年版。

［56］［美］列奥·斯特劳斯、约瑟夫·克罗波西主编:《政治哲学史》,李天然
　　　等译,河北人民出版社1993年版。

［57］［英］塞缪尔·亨廷顿著:《变化社会中的政治秩序》,王冠华等译,三联
　　　书店1989年版。

［58］［德］卡尔·拉伦茨著:《法学方法论》,陈爱娥译,商务印书馆2003
　　　年版。

[59][英]潘恩著：《潘恩选集》，马清槐等译，商务印书馆 2009 年版。

[60][美]乔治·霍兰·萨拜因著：《政治学说史》，商务印书馆 1986 年版。

[61][美]施瓦茨著：《行政法》，徐炳译，群众出版社 1986 年版。

[62]威廉·韦德著：《行政法》，徐炳等译，中国大百科全书出版社 1997 年版。

[63][美]路易斯·亨金著：《权利的时代》，信春鹰、吴玉章、李林译，知识出版社 1997 年版。

[64][美]路易斯·亨金著：《宪政·民主·对外事务》，邓正来译，生活·读书·新知三联书店 1996 年版。

[65][美]道格拉斯·诺斯著：《制度、制度变迁与经济绩效》，刘守英译，上海三联书店 1994 年版。

[66][英]L·赖维乐·布朗、约翰·S. 贝尔著：《法国行政法》（第五版），高秦伟、王锴译，中国人民大学出版社 2006 年版。

[67][德]黑格尔著：《法哲学原理》，范扬，张企泰译，商务印书馆 1961 年版。

[68][美]丹尼斯·朗著：《权力论》，陆震纶、郑明哲译，中国社会科学出版社 2001 年版。

[69][英]洛克著：《政府论》（下），叶启芳、瞿菊农译，商务印书馆 1964 年版。

[70][英]詹宁斯著：《法与宪法》，龚祥瑞等译，生活·读书·新知三联书店 1997 年版。

[71][德]哈贝马斯著：《在事实与规范之间——关于法律和民主法治国的商谈理论》，三联书店出版社 2003 年版。

[72]《马克思恩格斯选集》（第 1 卷），人民出版社 1972 年版。

[73]《马克思恩格斯选集》（第 4 卷），人民出版社 2012 年版。

[74][美]乔治·H. 萨拜因著：《政治学说史》，刘山等译，商务印书馆 1986 年版。

[75][英]爱德蒙·柏克著：《法国革命论》，商务印书馆 1998 年版。

[76][美]约翰·肯尼斯·加尔布雷思著:《权力的分析》,陶远华、苏世军译,河北人民出版社1988年版。

[77][法]卢梭著:《社会契约论》,何兆武译,商务印书馆1980年版。

[78][法]邦雅曼·贡斯当著:《古代人与现代人的自由》,闫克文、刘满贵译,商务印书馆1999年版。

[79][美]托马斯·潘恩著:《常识》,何实译,华夏出版社2004年版。

[80][英]阿克顿著:《自由与权力》,侯建、范亚峰译,商务印书馆2001年版。

[81][美]路易斯·亨金、阿尔伯特·J.罗森塔尔编:《宪政与权利》,郑戈等译,生活·读书·新知三联书店1996年版。

[82][美]肯尼斯·卡尔普·戴维斯著:《裁量正义》,毕洪海译,商务印书馆2009年版。

[83][美]约翰·罗尔斯著:《正义论》,何怀宏译,中国社会科学出版社2014年版。

[84][美]格伦顿、戈登、奥萨魁著:《比较法律传统》,米兼等译,中国政法大学出版社1993年版。

[85][美]斯基德摩、特里普著:《美国政府简介》,张帆、林琳译,中国经济出版社1998年版。

[86][德]阿图尔·考夫曼,温弗里德·哈斯默尔编:《当代法哲学和法律理论导论》,郑永流译,法律出版社2002年版。

[87][德]哈贝马斯著:《交往与社会进化》,张博树译,重庆出版社1989年版。

[88][英]彼得·斯坦、约翰·香德:《西方社会的法律价值》,王献平译,中国人民公安大学出版社1990年版。

[89][德]罗伯特·阿列克西著:《法律论证理论》,舒国滢译,中国法制出版社2002年版。

[90][英]亚当·斯密著:《国民财富的性质和原因的研究》,郭大力、王亚南译,商务印书馆1974年版。

[91][美]C. H. 麦基文著：《宪政古今》，翟小波译，贵州人民出版社 2004 年版。

[92][美]詹姆斯·M. 布坎南著：《自由、市场和国家》，吴良健，桑伍，曾获译，北京经济学院出版社 1988 年版。

[93][日]星野昭吉：《全球政治学——全球化过程中的变动、冲突、治理与和平》，刘小林、张胜军译，新华出版社 2000 年版。

[94][美]丹尼斯·缪勒著：《公共选择理论》，杨春学译，中国社会科学出版社 1999 年版。

[95][英]卡罗尔·哈洛、理查德·罗林斯著：《法律与行政》（下卷），杨伟东译，商务印书馆 2004 年版。

[96][德]施密特·阿斯曼著：《行政法总论作为秩序理念——行政法体系建构的基础与任务》，林明锵等译，台湾元照出版有限公司 2009 年版。

[97][日]盐野宏著：《行政组织法》，杨建顺译，北京大学出版社 2008 年版。

二、中文著作

[1]唐兴霖著：《公共行政学：历史与思想》，中山大学出版社 2000 年版。

[2]周世逑主编：《行政管理》，人民出版社 1984 年版。

[3]石佑启著：《论公共行政与行政法学范式转换》，北京大学出版社 2003 年版。

[4]范扬著：《行政法总论》，中国方正出版社 2005 年版。

[5]胡建淼主编：《行政法教程》，法律出版社 2007 年版。

[6]胡建淼著：《行政法学》，法律出版社 2007 年版。

[7]马怀德编：《行政法学》，中国政法大学出版社 2009 年版。

[8]罗豪才主编：《行政法学》，北京大学出版社 1996 年版。

[9]罗豪才主编：《现代行政法的平衡理论》，北京大学出版社 1997 年版。

[10]李震山著：《行政法导论》，三民书局有限公司 2007 年版。

[11]翁岳生著：《行政法》，中国法制出版社 2000 年版。

[12]杨海坤主编：《跨入 21 世纪的中国行政法学》，中国人事出版社 2000

年版。

[13]陈振明主编：《公共管理学》，中国人民大学出版社1999年版。

[14]周佑勇主编：《行政法专论》，中国人民大学出版社2010年版。

[15]朱维究、王成栋主编：《一般行政法原理》，高等教育出版社2005年版。

[16]杨海坤、章志远著：《行政法学基本论》，中国政法大学出版社2004年版。

[17]朱新力、金伟峰、唐明良著：《行政法学》，清华大学出版社2005年版。

[18]朱维究、王成栋著：《一般行政法原理》，高等教育出版社2005年版。

[19]吴庚著：《行政法之理论与实用》，中国人民大学出版社2005年版。

[20]熊文钊著：《现代行政法原理》，法律出版社2000年版。

[21]赵秀玲著：《中国乡里制度》，社会科学文献出版社2002年版。

[22]张树义著：《中国社会结构变迁的法学透析》，中国政法大学出版社2002年版。

[23]颜厥安著：《规范、论证与行动》，台湾元照出版有限公司2004年版。

[24]罗文燕主编：《行政法与行政诉讼法》，浙江大学出版社2008年版。

[25]罗明通、林慧瑜著：《英国行政法上合理原则之应有与裁量之控制》，台湾台英国际商务法律事务所1995年版。

[26]张金鑑著：《行政学典范》，三民书局1980年版。

[27]应松年主编：《当代中国行政法》，中国方正出版社2005年版。

[28]陈小文著：《行政法的哲学基础》，北京大学出版社2009年版。

[29]刘俊三著：《行政法要义》，台湾帕米尔书店印行1982年版。

[30]于安编：《德国行政法》，清华大学出版社1999年版。

[31]郑传坤主编：《行政法学》，法律出版社2007年版。

[32]张晋藩、李铁著：《中国行政法史》，中国政法大学出版社1991年版。

[33]罗文燕主编：《行政法与行政诉讼法》，浙江大学出版社2008年版。

[34]田成刚著：《中国当代行政法史通论》，山东人民出版社2008年版。

[35]徐学东著：《中国行政法论纲》，法律出版社2008年版。

[36]孙国华主编：《法理学教程》，中国人民大学出版社1994年版。

[37] 关保英著：《行政法教科书之总论行政法》，中国政法大学出版社 2009 年版。

[38] 关保英著：《行政法时代精神研究》，中国政法大学出版社 2008 年版。

[39] 关保英著：《比较行政法学》，法律出版社 2007 年版。

[40] 张载宇著：《行政法要论》，翰林出版社 1978 年版。

[41] 沈岿著：《平衡论——一种行政法认知模式》，北京大学出版社 1999 年版。

[42] 何勤华著：《西方法学史》，中国政法大学出版社 1996 年版。

[43] 袁曙宏、方世荣、黎军著：《行政法律关系研究》，中国法制出版社 1999 年版。

[44] 陈新民著：《公法学札记》，三民书局 1993 年版。

[45] 李震山著：《行政法导论》，三民书局 1997 年版。

[46] 梁慧星等著：《经济法的理论问题》，中国政法大学出版社 1986 年版。

[47] 江必新著：《行政法制的基本类型》，北京大学出版社 2005 年版。

[48] 陈新民著：《德国公法学基础理论(上册)》，山东人民出版社 2001 年版。

[49] 何勤华著：《中国法学史(第 3 卷)》，法律出版社 2006 年版。

[50] 王珉灿著：《行政法学概要》，法律出版社 1983 年版。

[51] 姜明安主编：《公法理论研究与公法教学》，北京大学出版社 2009 年版。

[52] 杨解君著：《WTO 下的中国行政法制变革》，北京大学出版社 2005 年版。

[53] 江山著：《中国法理念》，山东人民出版社 2000 年版。

[54] 刁荣华主编：《中西法律思想论集》，台湾汉林出版社 1984 年版。

[55] 张国庆主编：《行政管理学概论》，北京大学出版社 2000 年版。

[56] 胡宁生主编：《中国政府形象战略》，中共中央党校出版社 1998 年版。

[57] 郭隽著：《行政学》，台湾志光出版社 2004 年版。

[58] 秦前红主编：《新宪法学》，武汉大学出版社 2005 年版。

[59] 周叶中主编：《宪法》，高等教育出版社、北京大学出版社 2005 年版。

[60] 皮纯协、张福成主编：《行政法学》，中国人民大学出版社 2002 年版。

[61] 刘莘著：《政府管制的行政法解读》，北京大学出版社 2009 年版。

［62］张康之著：《行政伦理的观念与视野》，中国人民大学出版社 2008 年版。

［63］吴彤著：《自组织方法论研究》，清华大学出版社 2000 年版。

［64］陈华著：《吸纳与合作——非政府组织与中国社会管理》，社会科学文献出版社 2011 年版。

［65］翁岳生教授祝寿论文编辑委员会编：《当代公法新论》，元照出版公司 2002 年版。

［66］李惠斌编：《全球化与公民社会》，广西师范大学出版社 2003 年版。

［67］杨华锋著：《协同治理——社会治理现代化的历史进路》，经济科学出版社 2017 年版。

［68］刘尚希、王朝才等著：《以共治理念推进 PPP 立法》，中国财政经济出版社 2016 年版。

［69］薛刚凌编：《行政主体的理论与实践——以公共行政改革为视角》，中国方正出版社 2009 年版。

［70］湛中乐著：《现代行政过程论——法治理念、原则与制度》，北京大学出版社 2005 年版。

［71］翁岳生编：《行政法 2000（上）》，中国法制出版社 2002 年版。

［72］应松年、薛刚凌著：《行政组织法研究》，法律出版社 2002 年版。

［73］石佑启著：《论公共行政与行政法学范式转换》，北京大学出版社 2003 年版。

［74］《习近平总书记系列重要讲话读本》，学习出版社 2016 年版。

［75］梁启超著：《先秦政治思想史》，天津古籍出版社 2003 年版。

［76］北京师范大学历史系世界古代史教研室编：《世界古代及中古史资料选集》（第 2 版），北京师范大学出版社 1999 年版。

［77］高鸿钧等著：《法治：理念与制度》，中国政法大学出版社 2002 年版。

［78］李龙主编：《西方宪法思想史》，高等教育出版社 2004 年版。

［79］吴玉章著：《法治的层次》，清华大学出版社 2002 年版。

［80］上官丕亮、陆永胜、朱中一著：《宪法原理》，苏州大学出版社 2013 年版。

[81]马长山著：《国家、市民社会与法治》，商务印书馆 2002 年版。

[82]李其瑞编：《法学概论》，中国民主法制出版社 2015 年版。

[83]张中秋、杨春福、陈金钊编著：《法理学——法的历史、理论与运行》，南京大学出版社 2001 年版。

[84]邱飞著：《权力制衡与权利保障：侦查程序中的司法审查机制研究》，光明日报出版社 2013 年版。

[85]王利明：《法治应该成为一种生活方式》，载《人民的福祉是最高的法律》，北京大学出版社 2013 年版。

[86]公丕祥编：《社会主义核心价值观研究丛书——法治篇》，江苏人民出版社 2015 年版。

[87]江必新著：《国家治理现代化与法治中国建设》，中国法制出版社 2016 年版。

[88]王启富、刘金国编：《法律之治与道德之治——形式法治观的局限及其克服》，中国政法大学出版社 2008 年版。

[89]高鸿钧：《法治的两种类型》，载刘海年等编：《依法治国建设社会主义法治国家》，中国法制出版社 1996 年版。

[90]张成福、吴鹏编：《法治政府新理念》，国家行政学院出版社 2015 年版。

[91]谷春德著：《中国特色社会主义法治理论与实践研究》，中国人民大学出版社 2017 年版。

[92]孙笑侠编：《法理学》，浙江大学出版社 2011 年版。

[93]史瑞杰等著：《当代中国政府正义问题研究》，天津人民出版社 2013 年版。

[94]王启富、刘金国编：《法律之治与道德之治——形式法治观的局限及其克服》，中国政法大学出版社 2008 年版。

[95]张乃根著：《西方法哲学史纲》，中国政法大学出版社 2004 年版。

[96]何勤华著：《西方法学史纲(第三版)》，商务印书馆 2016 年版。

[97]姜作利著：《中国决胜 WTO 官司的理论及诉讼技巧研究》，中国法制出版社 2015 年版。

[98]施雪华著:《政府权能理论》,浙江人民出版社1998年版。

[88]徐大同编:《西方政治思想史(第四卷)》,天津人民出版社2006年版。

[100]范进学著:《权利政治论———一种宪政民主理论的阐释》,山东人民出版社2003年版。

[101]史瑞杰等著:《当代中国政府正义问题研究》,天津人民出版社2013年版。

[102]彭和平、竹立家等编译:《国外公共行政理论精选》,中共中央党校出版社1997年版。

[103]罗予超著:《政治哲学——对政治世界的反思》,湖南人民出版社2003年版。

[104]应松年、袁曙宏编:《走向法治之路》,法律出版社2001年版。

[105]韩春晖著:《行政法治与国家形象》,中国法制出版社2011年版。

[106]杨俊一编:《依法治国的理论与实践创新研究》,上海社会科学院出版社2015年版。

[107]沈宗灵著:《现代西方法理学》,北京大学出版社1992年版。

[108]江必新著:《法治政府的制度逻辑与理性建构》,中国法制出版社2014年版。

[109]冯友兰著:《中国哲学简史》,赵复三译,生活·读书·新知三联书店2009年版。

[110]孙国华编:《中华法学大辞典》,中国检察出版社1997年版。

[111]刘靖华、姜宪利等著:《中国法治政府》,中国社会科学出版社2006年版。

[112]刘丹等著:《法治政府:基本理念与框架》,中国法制出版社2008年版。

[113]江国华著:《中国行政法总论》,武汉大学出版社2017年版。

[114]唐士其著:《西方政治思想史》,北京大学出版社2008年版。

[115]张中秋、杨春福、陈金钊编著:《法理学——法的历史、理论与运行》,南京大学出版社2001年版。

[116]高全喜著:《法律与自由》,中国社会科学院法学研究所出版社2006

年版。

[117] 傅殷才、颜鹏飞著:《自由经营还是国家干预》,经济科学出版社 1995
年版。

[118] 刘靖华、姜宪利等著:《中国法治政府》,中国社会科学出版社 2006
年版。

[119] 秦前红著:《宪法原则论》,武汉大学出版社 2012 年版。

[120]《邓小平文选》(第 2 卷),人民出版社 1994 年版。

[121]《构建社会主义和谐社会若干重大问题学习导读》,中共中央党校出版社
2006 年版。

[122] 李传军著:《管理主义的中介——服务型政府兴起的历史与逻辑》,中国
人民大学出版社 2007 年版。

[123] 朱泽山:《服务型政府的涵义和职责》,载黄奇帆等编:《服务型政府建
设》,重庆出版社 2004 年版。

[124] 宋增伟等著:《服务型政府建设的理论与实践》,中国经济出版社 2012
年版。

[125] 应松年主编:《法治政府》,社会科学文献出版社 2016 年版。

[126] 刘祖云著:《十大政府范式——现实逻辑与理论解读》,江苏人民出版社
2014 年版。

[127] 范进学著:《法律与道德 社会秩序的规制》,上海交通大学出版社 2011
年版。

[128]《社会主义法治理念读本》,中国长安出版社 2009 年版。

[129] 罗文燕编:《行政法与行政诉讼法》,浙江大学出版社 2008 年版。

[130] 吕世伦、周世中编:《以人为本与社会主义法治》,中国大百科全书出版
社 2006 年版。

[131] 邓正来、[英]J. C. 亚历山大编:《国家与市民社会——一种社会理论的
研究路径》,中央编译出版社 2002 年版。

[132] 闫健著:《民主是个好东西——俞可平访谈录》,社会科学文献出版社
2006 年版。

［133］李兰芬著：《当代中国德治研究》，人民出版社 2006 年版。

［134］程冠军著：《走向善治的中国——十八大以来治国理政观察》，中共中央党校出版社 2015 年版。

［135］《中共中央关于全面深化改革若干重大问题的决定》，人民出版社 2013 年版。

［136］《习近平总书记系列重要讲话读本》，学习出版社、人民出版社 2014 年版。

［137］《习近平关于党风廉政建设和反腐败斗争论述摘编》，中央文献出版社、中国方正出版社 2015 年版。

［138］高志宏著：《公共利益界定、实现及规制》，东南大学出版社 2015 年版。

［139］赵连章著：《新世纪中国政治发展的理论与实践探索》，东北师范大学出版社 2015 年版。

［140］张志京、袁静著：《实用法学》，复旦大学出版社 2015 年版。

［141］王耀海著：《制度演进中的法治生成》，中国法制出版社 2013 年版。

［142］赵春霞、谭瑞和、朱国君著：《宪法学理论研究与案例分析》，中国水利水电出版社 2015 年版。

［143］叶战备、惠娟著：《舆论监督与地方政府网络舆情应对》，广东人民出版社 2014 年版。

［144］李涛、温晓燕著：《法治政府研究》，光明日报出版社 2014 年版。

［145］刘平著：《行政执法原理与技巧》，上海人民出版社 2015 年版。

［146］黄硕著：《最高人民检察院司法解释研究》，中国检察出版社 2015 年版。

［147］何士青著：《以人为本与法治政府建设》，中国社会科学出版社 2006 年版。

［148］贺电著：《法治政府论》，吉林人民出版社 2007 年版。

［149］赵元信著：《中国法的思想历程》，中国政法大学出版社 2017 年版。

［150］王玉国、钱凯著：《法理学》，吉林大学出版社 2014 年版。

［151］苏祖勤、徐军华著：《行政法治》，中国国际广播出版社 2002 年版。

［152］门中敬著：《宪政宽容论》，商务印书馆 2011 年版。

[153]李秋高著:《弹劾制度比较研究》,中国检察出版社 2011 年版。

[154]赵克仁编:《行政法学教程》,中山大学出版社 1990 年版。

[155]张丽清著:《法治的是与非——当代西方关于法治基础理论的论争》,中国政法大学出版社 2015 年版。

[156]葛洪义编:《法理学》,中国法制出版社 2007 年版。

[157]王哲编:《西方政治法律学说史》,北京大学出版社 1988 年版。

[158]中国政法大学宗教与法律研究中心编:《法治文化视域中的宗教研究第一届"宗教法律社会"学术研讨会论文集》,宗教文化出版社 2013 年版。

[159]杨仁寿著:《法学方法论》,中国政法大学出版社 2013 年版。

[160]任中杰编:《行政法与行政诉讼法学》,中国政法大学出版社 1999 年版。

[161]石佑启、陈咏梅著:《行政体制改革及其法治化研究:以科学发展观为指引》,广东教育出版社 2013 年版。

[162]刘莘著:《中国行政法》,中国法制出版社 2016 年版。

[163]吴江、陆新文著:《行政管理学》,河北人民出版社 2014 年版。

[164]张宇钟著:《行政诚信研究》,上海人民出版社 2012 年版。

[165]童本立、王美涵等著:《积极财政政策风险与对策研究》,中国财政经济出版社 2002 年版。

[166]姜明安、张恋华著:《政府法制案例分析/依法行政　建设法治政府高级教材(之二)》,中共中央党校出版社 2005 年版。

[167]陈晓玲、罗海燕编:《行政法与行政诉讼法》,中国工商出版社 2013 年版。

[168]刘旺洪编:《行政法学》,中国人民公安大学出版社 2005 年版。

[169]伊强编:《行政法学》,知识产权出版社 2013 年版。

[170]杨临宏编:《行政法与行政诉讼法》,云南大学出版社 2012 年版。

[171]冯玉军著:《新〈立法法〉条文精释与适用指引》,法律出版社 2015 年版。

[172]彭良平、刘凌云编:《人力资源管理》,清华大学出版社 2016 年版。

[173]徐银华、石佑启、杨勇萍编:《公务员法新论》(第二版),北京大学出版社 2014 年版。

[174] 王周户著：《行政法学》，中国政法大学出版社 2015 年版。

[175] 张淑芬编：《公务员法教程》(第二版)，中国政法大学出版社 2011 年版。

[176] 关保英著：《公务员法学》，法律出版社 2007 年版。

[177] 孙笑侠编：《全国司法院校法学教材法理学》(第三版)，中国政法大学出版社 2008 年版。

[178] 魏全木、罗时贵著：《法律基础》，知识产权出版社 2005 年版。

[179] 沈开举编：《行政法学》(第 2 版)，郑州大学出版社 2009 年版。

[180] 郭道晖著：《法理学精义》，湖南人民出版社 2005 年版。

[181] 方世荣编：《行政法与行政诉讼法学》，中国政法大学出版社 2015 年版。

[182] 方世荣、戚建刚著：《权力制约机制及其法制化研究》，中国财政经济出版社 2001 年版。

[183] 胡建淼著：《政府法治建设》，国家行政学院出版社 2014 年版。

[184] 钱锦宇编：《行政法与行政诉讼法》，华中科技大学出版社 2015 年版。

[185] 刘明波著：《国外行政监察理论与实践》，山东人民出版社 1990 年版。

[186] 姜明安编：《行政法与行政诉讼法》(第二版)，北京大学出版社、高等教育出版社 2005 年版。

[187] 应松年编：《行政法与行政诉讼法》(第二版)，法律出版社 2009 年版。

[188] 米健著：《比较法学导论》，商务印书馆 2013 年版。

[189] 张树义著：《行政法与行政诉讼法学》(第二版)，高等教育出版社 2007 年版。

[190] 杨海坤、章志远著：《行政法学基本论》，中国政法大学出版社 2004 年版。

[191] 季卫东著：《法治秩序的构建(增补版)》，商务印书馆 2014 年版。

[192] 李建华著：《国家治理与道德精神》，湖南师范大学出版社 2016 年版。

[193] 江国华著：《宪法哲学导论》，商务印书馆 2007 年版。

[194] 张英俊著：《现代行政法治理念》，山东大学出版社 2005 年版。

[195] 熊万鹏著：《人权的哲学基础》，商务印书馆 2013 年版。

[196] 汪进元著：《〈国家人权行动计划〉的实施保障》，中国政法大学出版社

2014 年版。

［197］韩德培著：《人权的理论与实践》，武汉大学出版社 1995 年版。

［198］颜廷锐著：《中国行政体制改革问题报告问题·现状·挑战·对策》，中国发展出版社 2004 年版。

［199］张越著：《英国行政法》，中国政法大学出版社 2004 年版。

［200］应松年著：《英美法德日五国行政法》，中国政法大学出版社 2015 年版。

［201］姬亚平著：《外国行政法新论》，中国政法大学出版社 2003 年版。

［202］何海波著：《实质法治——寻求行政判决的合法性》，法律出版社 2009 年版。

［203］陈福今、唐铁汉著：《转变政府职能，促进改革发展国家行政学院国家课题研究成果选编》，国家行政学院出版社 2004 年版。

［204］张树义著：《法治政府的基本原理》，北京大学出版社 2006 年版。

［205］王名扬著：《美国行政法》（上），中国法制出版社 2005 年版。

［206］王名杨著：《法国行政法》，中国政法大学出版社 1998 年版。

［207］胡建淼著：《世界行政法院制度研究》，中国法制出版社 2013 年版。

［208］朱维究、王成栋著：《一般行政法原理》，高等教育出版社 2005 年版。

［209］王明、李国栋：《论地方性法规中消防行政处罚和行政许可的设定》，载《科技信息》2012 年第 36 期。

［210］熊文钊著：《现代行政法原理》，法律出版社 2000 年版。

［211］林国彬著：《论行政自我拘束原则》，三民书局 1994 年版。

［212］陈瑞华著：《刑事审判原理论》，北京大学出版社 1997 年版。

［213］王周户著：《行政法学》，中国政法大学出版社 2015 年版。

［214］张文显著：《法理学》，高等教育出版社、北京大学出版社 2007 年版。

［215］沈开举著：《行政法学》，郑州大学出版社 2009 年版。

［216］牛余凤、韦宝平编：《行政法学》，中国政法大学出版社 2011 年版。

［217］罗豪才、湛中乐著：《行政法学》，北京大学出版社 2006 年版。

［218］陈新民著：《德国公法学基础理论》（下册），山东人民出版社 2001 年版。

［219］李鑫著：《法律原则适用的方法模式研究》，中国政法大学出版社 2014

年版。

[220]江利红著：《行政法学》，中国人民大学出版社2004年版。

[221]孟鸿志等著：《中国行政组织法通论》，中国政法大学出版社2001年版。

[222]徐银华、石佑启、杨勇萍著：《公务员法新论》，北京大学出版社2005年版。

[223]胡智强、颜运秋著：《经济法》，清华大学出版社2016年版。

[224]熊文钊著：《民族法制体系的建构》，中央民族大学出版社2012年版。

[225]应松年、朱维究著：《行政法与行政诉讼法教程》，中国政法大学出版社1989年版。

[226]刘萍著：《行政管理学》，经济科学出版社2008年版。

[227]辞海编辑委员会编：《辞海》，上海辞书出版社1989年版。

[228]徐家良、范笑仙著：《公共行政伦理学基础》，中共中央党校出版社2004年版。

[229]高兆明著：《制度伦理研究——一种宪政正义的理解》，商务印书馆2011年版。

[230]李国正著：《公共管理学》，广西师范大学出版社2016年版。

[231]沈亚平、吴春华著：《公共行政学》，天津大学出版社2011年版。

[232]冯锋、李庆均著：《公共政策分析：理论与方法》，中国科学技术大学出版社2008年版。

[233]姜秀敏著：《行政管理学》，东北财经大学出版社2015年版。

[234]苏祖勤、徐军华著：《行政法治》，中国国际广播出版社2002年版。

[235]武力、陈坚著：《小康之路·政治篇》，北京时代华文书局有限公司2013年版。

[236]《邓小平文选（第2卷）》，人民出版社1994年版。

[237]许崇德著：《新中国行政法学研究综述（1949—1990）》，法律出版社1991年版

[238]马远之著：《中等收入陷阱的挑战与镜鉴：经济问题与主义》，广东人民出版社2015年版。

［239］吴江、陆新文著：《行政管理学》，中国农业出版社2014年版。

［240］应松年、朱维究著：《行政法学总论》，工人出版社1985年版。

［241］谢斌著：《行政管理学》，中国政法大学出版社2014年版。

［242］魏永忠著：《现代行政管理》，中国人民公安大学出版社2005年版

［243］夏云峰著：《行政执法重点事务业务工作》，中国法制出版社2015年版。

［244］曾维涛、许才明著：《行政管理学》，清华大学出版社2014年版。

［245］徐晓雯、丛建阁著：《行政管理学》，经济科学出版社2004年版。

［246］严强著：《公共行政学》，高等教育出版社2009年版。

［247］《聚焦中国公共服务体制》，中国经济出版社2006年版。

［248］宋光周著：《行政管理学》，东华大学出版社2011年版。

［249］李军鹏著：《公共服务体系国际比较与建设》，国家行政学院出版社2015年版。

［250］丁煌著：《行政管理学》，北京首都经济贸易大学出版社2016年版。

［251］何精华著：《现代行政管理：原理与方法》，上海社会科学院出版社2009年版。

［252］何颖著：《行政学》，黑龙江人民出版社2007年版。

［253］柳斌杰、袁曙宏著：《中华人民共和国公共文化服务保障法学习问答》，中国法制出版社2017年版。

［254］李乐军著：《行政管理》，电子科技大学出版社2012年版。

［255］魏建一著：《天津市机构编制大事记》，海洋出版社2013年版。

［256］张渝田著：《建设法治政府机制研究》，法律出版社2011年版。

［257］施雪华著：《政府权能理论》，浙江人民出版社1998年版。

［258］康良辉著：《相对集中行使行政权制度研究》，中国政法大学出版社2014年版。

［259］王连昌编：《行政法学》，中国政法大学出版社1994年版。

［260］于安著：《德国行政法》，清华大学出版社1999年版。

［261］许崇德、皮纯协编：《新中国行政法学研究综述》，法律出版社1991年版。

[262]张正钊编：《行政法与行政诉讼法》，中国人民大学出版社2004年版。

[263]朱新力编：《行政法学》，高等教育出版社2006年版。

[264]杨海坤、章志远著：《中国行政法基本理论研究》，北京大学出版社2004年版。

[265]王学辉、宋玉波等著：《行政权研究》，中国检察出版社2002年版。

[266]陈新民著：《中国行政法学原理》，中国政法大学出版社2002年版。

[267]吴大英编：《比较法学》，中国文化书院1987年印行。

[268]郭定平著：《政党与政府》，浙江人民出版社1998年版。

[269]桑玉成、刘百鸣著：《公共政策导论》，复旦大学出版社1991年出版。

[270]施雪华著：《政府权能理论》，浙江人民出版社1998年版。

[271]郑传坤著：《现代行政学》，重庆大学出版社1997年版。

[272]崔浩著：《政府权能场域论》，浙江大学出版社2008年版。

[273]王沪宁编：《政治的逻辑——马克思主义政治学原理》，上海人民出版社2004年版。

[274]张静编：《国家与社会》，浙江人民出版社1998年版。

[275]张国庆著：《行政管理学概论》，北京大学出版社2000年版。

[276]董克用编：《公共治理与制度创新》，中国人民大学出版社2004年版。

[277]金太军等著：《政府职能梳理与重构》，广东人民出版社2002年版。

[278]石佑启、陈咏梅著：《法治视野下行政权力合理配置研究》，人民出版社2016年版。

[279]刘承礼著：《以政府间分权看待政府间关系：理论阐释与中国实践》，中央编译出版社2016年版。

[280]何华辉著：《比较宪法学》，武汉大学出版社2013年版。

[281]张正钊、胡锦光编：《行政法与行政诉讼法》，中国人民大学出版社2015年版。

[282]曾明德、罗德刚等著：《公共行政学》，中共中央党校出版社1999年版。

[283]林来梵著：《从宪法规范到规范宪法》，法律出版社2001年版。

[284]马长山著：《国家、市民社会与法治》，商务印书馆2002年版。

［285］林卉著：《行政权限的结构性变革：行政越权理论的一种前言》，中国社会科学出版社 2013 年版。

［286］林卉著：《行政权限的结构性变革：行政越权理论的一种前言》，中国社会科学出版社 2013 年版。

［287］章剑生著：《现代行政法基本理论》，法律出版社 2008 年版。

［288］金国坤著：《行政权限冲突解决机制研究——部门协调的法制化路径探寻》，北京大学出版社 2010 年版。

［289］张立荣著：《中外行政制度比较》，商务印书馆 2002 年版。

［290］周叶中编：《宪法》，高等教育出版社、北京大学出版社 2000 年版。

［291］皮纯协编：《行政程序法比较研究》，中国人民公安大学出版社 2000 年版。

［292］张载宇著：《行政法要论》，台湾汉林出版社 1997 年版。

［293］于氏著：《宪法基本权利之基本理论（上）》，台湾元照出版有限公司 2002 年版。

［294］余凌云著：《行政自由裁量论》，中国人民公安大学出版社 2005 年版。

［295］孙笑侠著：《程序的法理》，商务印书馆 2005 年版。

［296］周佑勇著：《行政法基本原则研究》，武汉大学出版社 2005 年版。

［297］宋功德著：《行政法的均衡之约》，北京大学出版社 2004 年版。

［298］应松年编：《行政程序法》，法律出版社 2009 年版。

［299］曾娜著：《行政程序的正当性判断标准研究》，知识产权出版社 2014 年版。

［300］杨建顺著：《日本行政法通论》，中国法制出版社 1998 年版。

［301］张步峰著：《正当行政程序研究》，清华大学出版社 2014 年版。

［302］李猛：《除魔的世界与禁欲者的守护神：韦伯社会理论中的"英国法"问题》，载《韦伯：法律与价值（第一辑）》（思想与社会），上海人民出版社 2001 年版。

［303］曾娜著：《行政程序的正当性判断标准研究》，知识产权出版社 2014 年版。

[304] 胡肖华著：《走向责任政府——行政责任问题研究》，法律出版社 2006 年版。

[305] 马克昌著：《刑法学》，高等教育出版社 2003 年版。

[306] 杨解君编：《行政责任问题研究》，北京大学出版社 2005 年版。

[307] 王利明著：《侵权行为法归责原则研究》，中国政法大学出版社 1997 年版。

[308] 杨小君著：《行政法》，中国经济出版社 1989 年版。

[309] 叶必丰著：《行政法学》，武汉大学出版社 2003 年版。

[310] 周佑勇著：《行政法原论》（第二版），中国方正出版社 2005 年版。

[311] 周耀虹著：《中国社会中介组织》，上海交通大学出版社 2008 年版

[312] 张云德著：《社会中介组织的理论与运作》，上海人民出版社 2003 年版。

[313] 王名扬著：《王名扬全集：英国行政法、比较行政法》，北京大学出版社 2016 年版。

[314] 杨宏山著：《府际关系论》，中国社会科学出版社 2005 年版。

[315] 张尚鷟编：《走出低谷的中国行政法学——中国行政法学综述与评价》，中国政法大学出版社 1991 年版。

[316] 杨解君著：《行政法学》，中国方正出版社 2002 年版。

[317] 应松年编：《外国行政程序法汇编》，中国法制出版社 2004 年版。

[318] 何渊著：《区域行政协议研究》，法律出版社 2009 年版。

[319] 马怀德编：《中国行政诉讼法》，中国政法大学出版社 1999 年版。

[320] 方世荣著：《行政法与行政诉讼法学》，人民法院出版社 2003 年版。

[321] 关保英著：《执法与处罚的行政权重构》，法律出版社 2004 年版。

[322] 胡建淼编：《行政法学》（第三版），法律出版社 2010 年版。

[323] 张康之著：《公共行政学》，经济科学出版社 2002 年版。

[324] 俞可平编：《治理与善治》，社会科学文献出版社 2000 年版。

[325] 徐勇：《论治理转型与竞争——合作主义》，载《乡村治理与中国政治》，中国社会科学出版社 2003 年版。

[326] 马建川、翟校义著：《公共行政原理》，河南人民出版社 2002 年版。

［327］程明修著：《行政法之行为与法律关系理论》，台湾新学林出版股份有限公司 2005 年版。

［328］《当代功法新论（中）翁岳生教授七秩诞辰祝寿文集》，台湾元照出版有限公司 2002 年版。

［329］詹镇荣著：《民营化法与管制革新》，台湾元照出版有限公司 2005 年版。

［330］余晖、秦虹编：《公私合作制的中国试验》，上海人民出版社 2005 年版。

［331］台湾行政法学会编：《行政契约与新行政法》，台湾元照出版有限公司 2002 年版。

［332］杨建顺著：《日本行政法通论》，中国法制出版社 1998 年版。

［333］章剑生著：《现代行政法基本理论》（上卷），法律出版社 2014 年版。

［334］李亢著：《PPP 的法律规制——以基础设施特许经营为中心》，法律出版社 2017 年版。

［335］石佑启著：《论公共行政与行政法学范式转换》，北京大学出版社 2003 年版。

［336］杨海坤、章志远著：《中国行政法基本理论研究》，北京大学出版社 2004 年版。

［337］敖双红著：《公共行政民营化法律问题研究》，法律出版社 2007 年版。

［338］翁岳生编：《行政法 2000》（上），中国法制出版社 2002 年版。

［339］薛刚凌编：《行政主体的理论与实践——以公共行政改革为视角》，中国方正出版社 2009 年版。

［340］湛中乐著：《现代行政过程论——法治理念、原则与制度》，北京大学出版社 2005 年版。

［341］刘尚希、王朝才等著：《以共治理念推进 PPP 立法》，中国财政经济出版社 2016 年版。

［342］王茂庆著：《人权制度化与法制转型问题研究》，中国政法大学出版社 2012 年版。

三、中文期刊

[1]张康之、程倩：《民主行政理论的产生及其实践价值》，载《行政论坛》2010
年第 4 期。

[2]颜昌武：《沃尔多行政思想述评》，载《公共管理研究》2008 年第 1 期。

[3]袁曙宏：《服务型政府呼唤公法转型》，载《中国法学》2006 年第 3 期。

[4]黄源致：《瓦尔多(Dwight. Waldo)与新公共行政运动》，载《雄中学报》1994
年第 8 期。

[5]杨海坤：《现代行政的公共性理论初探》，载《法学论坛》2001 年第 2 期。

[6]蔡乐渭：《论公共行政变迁背景下行政法发展的新趋势》，载《国家行政学
院学报》2009 年第 1 期。

[7]叶必丰、刘轶：《西方行政法治理论演进的经济学基础》，载《法商研究》
2000 年第 5 期。

[8]叶必丰：《二十世纪中国法学的回顾与定位》，载《法学评论》1998 年第
4 期。

[9]周佑勇：《西方两大法系行政法基本原则之比较》，载《环球法律评论》2002
年冬季号。

[10]李文安：《西方行政学的产生与发展》，载《南都学坛》1992 年第 3 期。

[11]刘奕淇、赵清林：《行政法基础探究——决定行政法产生演变及消亡原因
分析》，载《广西政法管理干部学院学报》2003 年第 3 期。

[12]陈斯喜：《行政法发展的五大趋势》，载《政府法制》2009 年第 11 期。

[13]徐显明、齐延平：《论中国人权建设的五大主题》，载《法制现代化研究》
2002 年第 00 期。

[14]罗豪才、甘雯：《行政法的平衡及平衡论范畴》，载《中国法学》1996 年第
4 期。

[15]古力、余军：《行政法律责任的规范分析——兼论行政法学研究方法》，
载《中国法学》2004 年第 5 期。

[16]徐中起等：《论经济法与行政法之区别》，载《云南学术探索》1997 年第

5 期。

[17] 李中圣：《关于经济法调整的研究》，载《法学研究》1994 年第 2 期。

[18] 王克稳：《行政法学视野中的"经济法"——经济行政法之论》，载《中国法学》1999 年第 4 期。

[19] 王克稳：《经济行政法论》，载《法律科学》1994 年第 1 期。

[20] 阮防、吴顺勇：《论行政机关处理民事纠纷》，载《政法学刊》1998 年第 2 期。

[21] 王景斌、陈伟杰：《近年来我国行政法学体系研究述要》，载《行政与法》2001 年第 3 期。

[22] 思源：《外国行政法研究的几个问题》，载《太平洋学报》2007 年第 9 期。

[23] 应松年：《中国行政法学 60 年》，载《行政法学研究》2009 年第 4 期。

[24] 彭贵才：《行政法学二十年来的反思与前瞻》，载《行政与法》2006 年第 5 期。

[25] 杨建顺：《中国行政法和中国行政法学 20 年的回顾与展望》，载《法学家》1999 年第 2 期。

[26] 朱新力、宋华琳：《现代行政法学的建构与政府规制研究的兴起》，载《法律科学》2005 年第 5 期。

[27] 于力深：《概念法学和政府管制背景下的新行政法》，载《法学家》2009 年第 3 期。

[28] 朱新力、唐明良：《行政法总论与各论的"分"与"合"》，载《当代法学》2011 年第 1 期。

[29] 宋华琳：《部门行政法语行政法总论的改革——以药品行政领域为例证》，载《当代法学》2010 年第 2 期。

[30] 丁含春：《中国行政法学发展前景之我见》，载《政治与法律》2004 年第 4 期。

[31] 刘作翔：《法治社会中权力和权利定位》，载《法学研究》1996 年第 4 期。

[32] 上拂耕生：《行政立法与法治行政原理——中日规范和控制行政立法的比较研究》，载《行政法学研究》2001 年第 3 期。

［33］何克强：《建设法治政党是建设法治国家的中心环节》，载《人大研究》
2005 年第 5 期。

［34］杨宝国：《依法行政理念的升华——从"依法行政"到"法治行政"》，载
《长白学刊》2010 年第 5 期。

［35］高松元：《论法治行政与行政契约的亲和性》，载《当代法学》2002 年第
3 期。

［36］李春成：《从官僚行政到民主行政——文森特·奥斯特洛姆的民主行政理
论》，载《甘肃行政学院学报》2008 年第 5 期。

［37］孔凡宏：《西方民主行政理论产生的原因探索》，载《上海海洋大学学报》
2009 年第 6 期。

［38］张艺、廖晓明：《论民主行政对我国行政改革的启示意义》，载《行政与
法》2006 年第 3 期。

［39］俞可平：《公民参与的几个理论问题》，载《学习时报》2007 年 3 月 18 日。

［40］江国华：《我国公民非典型参与及其文化隐喻——以个案为研究视角》，
载《法商研究》2010 年第 2 期。

［41］赵蕾：《官僚体制与民主行政：改良而非替代》，载《四川大学学报》2007
年第 4 期。

［42］王雅琴：《政府如何对待公民参与》，载《学习时报》2010 年 5 月 27 日。

［43］白贵一：《论民主行政与社会伦理》，载《理论导刊》2010 年第 1 期。

［44］孙肖远：《服务型政府政务公开机制的建构》，载《理论导刊》2011 年第
1 期。

［45］蔡乐渭：《服务行政基本问题研究》，载《江淮论坛》2009 年第 3 期。

［46］沈荣华：《论服务行政的法治架构》，载《中国行政管理》2004 年第 1 期。

［47］张康之：《公共行政：朝着追求公正的方向》，载《中州学刊》2000 年
3 期。

［48］黎学基：《中国语境下服务行政的现代解读》，载《中共杭州市委党校学
报》2010 年第 1 期。

［49］张桐锐：《行政法与合作国家》，载《月旦法学杂志》2005 年第 121 期。

[50]程明修：《经济行政法中"公私协力"行为形式的发展》，载《月旦法学杂志》2000 年第 60 期。

[51]俞可平：《全球治理引论》，载《马克思主义与现实》2002 年第 1 期。

[52]曾广容：《系统开放性原理》，载《系统辩证学学报》2005 年第 3 期。

[53]任进：《行政组织法基本范畴与新课题》，载《北方法学》2012 年第 3 期。

[54]杨解君：《行政主体及其类型的理论界定与探索》，载《法学评论》1999 年第 5 期。

[55]沈岿：《重构行政主体范式的尝试》，载《法律科学》2000 年第 6 期。

[56]刘淑范：《行政任务之变迁与"公私合资事业"之发展脉络》，载《中研院法学期刊》2008 年第 2 期。

[57]邹焕聪：《社会合作管制：模式界定、兴起缘由与正当性基础》，载《江苏大学学报(社会科学版)》2013 年第 1 期。

[58]胡敏洁：《给付行政与行政组织法的变革——立足于行政任务多元化的观察》，载《浙江学刊》2007 年第 2 期。

[59]詹镇荣：《论民营化类型中之"公私协力"》，载《月旦法学杂志》2003 年第 102 期。

[60]马怀德：《行政审批制度改革的成效、问题与建议》，载《国家行政学院学报》2016 年第 3 期。

[61]吕普生：《立足人民主体地位推进服务型法治政府建设》，载《观察与思考》2017 年第 7 期。

[62]丁元竹：《坚持人民主体地位打造法治政府》，载《中国青年报》2014 年 12 月 1 日。

[63]吕普生：《立足人民主体地位推进服务型法治政府建设》，载《观察与思考》2017 年第 7 期。

[64]马作武：《中国古代"法治"质论——兼驳法治的本土资源说》，载《法学评论》1999 年第 1 期。

[65]程燎原：《先秦"法治"概念再释》，载《政法论坛》2011 年第 2 期。

[66]牛顿·P. 斯特克尼克特、罗波特·S. 布鲁姆鲍格著：《欧洲哲学起

源——前苏格拉底思辨》，刘晓英译，载《理论探讨》1995 年第 1 期。

[67] 周叶中：《中国国家治理形态的全新发展阶段——全面推进依法治国的深远战略意义》，载《学术前沿》2014 年第 11 期。

[68] 周永平：《法治何以成就善治？——法治与治道选择问题探论》，载《理论导刊》2017 年第 8 期。

[69] 秦强、王文娟：《形式法治与实质法治——兼论法治主义与宪政主义的区别》，载《甘肃理论学刊》2005 年第 1 期。

[70] 史瑞杰、于杰：《论政府正义的提出及其现实意义》，载《中国行政管理》2010 年第 9 期。

[71] 易小明：《从柏拉图到亚里士多德：西方早期正义思想的差异协同结构特征》，载《江海学刊》2004 年第 6 期。

[72] 王淑芹、曹义孙：《柏拉图与亚里士多德正义观之辨析》，载《哲学动态》2008 年第 10 期。

[73] 史瑞杰、于杰：《论政府正义的提出及其现实意义》，载《中国行政管理》2010 年第 9 期。

[74] 黄爱宝：《法治政府构建与政府生态法治建设》，载《探索》2008 年第 1 期。

[75] 杨小军：《论法治政府新要求》，载《行政法学研究》2014 年第 1 期。

[76] 任进：《论职权法定与法治政府建设》，载《人民论坛》2012 年第 14 期。

[77] 任进：《职权法定：法治政府的最基本特征》，载《学习时报》2012 年 5 月 14 日。

[78] 马怀德：《法治政府特征及建设途径》，载《国家行政学院学报》2008 年第 2 期。

[79] 江必新：《全面推进依法治国的使命、原则与路径》，载《求是》2016 年第 20 期。

[80] 陈翠玉：《政府诚信立法论纲》，载《法学评论》2018 年第 5 期。

[81] 韩兆柱：《责任政府与政府问责制》，载《中国行政管理》2007 年第 2 期。

[82] 习近平：《在庆祝全国人民代表大会成立六十周年大会上的讲话》，载《求

是》2019 年第 10 期。

[83]黄学贤:《法治政府的内在特征及其实现》,载《江苏社会科学》2015 年第
1 期。

[84]章剑生:《论行政程序法的行政公开原则》,载《浙江大学学报》(人文社
会科学版)2000 年第 6 期。

[85]秦前红:《民主与法治》,载《学习时报》2012 年第 6 期。

[86]应松年:《依法行政论纲》,载《中国法学》1997 年第 1 期。

[87]赵泉:《政府诚信与行政程序法》,中共山东省党委校政法教研部,载《东
方行政论坛》2012 年第 2 辑。

[88]张成福:《面向 21 世纪的中国政府再造基本战略的选择》,载《教学与研
究》1999 年第 7 期。

[89]迟福林:《全面理解"公共服务型政府"的基本涵义》,载《人民论坛》2006
年第 3 期。

[90]姜明安:《推进依法行政建设法治政府》,载《人民检察》2014 年第 22 期。

[91]叶必丰:《行政组织法功能的行为法机制》,载《中国社会科学》2017 年第
7 期。

[92]江国华、张彬:《国务院部门组织法体系的历史必然与实践逻辑》,载《社
会科学动态》2017 年第 5 期。

[93]《深入推进依法行政,加快建设法治政府》,载《中国机关后勤》2014 年第
12 期。

[94]杨彦辉:《中国政治改革的走向——由善政到善治之路分析》,载《开封大
学学报》2014 年第 3 期。

[95]高明雪:《刍议善政及其实现之路》,载《中共济南市委党校学报》2012 年
第 2 期。

[96]俞可平:《公正与善政》,载《南昌大学学报(人文社会科学版)》2007 年第
4 期。

[97]艾文礼:《领导干部应多讲善政》,载《半月谈》2015 年第 2 期。

[98]孙肖远:《胡锦涛"善政"思想的人本意蕴》,载《浙江学刊》2009 年第

6 期。

[99]王长江著:《关于廉政勤政善政的理性思考》,载《理论观察》2005 年第 1 期。

[100]艾烨:《国家治理体系和治理能力现代化的核心要义》,载《学习时报》2018 年 10 月 31 日。

[101]胡锦光:《论国家监察体制改革的宪法问题》,载《汉江大学学报(社会科学版)》2017 年第 5 期。

[102]陈一新:《推进新时代市域社会治理现代化》,载《人民日报》2018 年 7 月 17 日。

[103]高全喜:《国家治理现代化要立足于"道统"》,载《民主与科学》2014 年第 2 期。

[104]陈晓春、李胜:《提高绩效管理方法,推动政府效能建设》,载《福建行政学院福建经济管理干部学院学报》2007 年第 5 期。

[105]田湘波:《政治理论视野下的廉洁政府研究》,载《湖南大学学报(社会科学版)》2014 年第 1 期。

[106]唐贤秋、杨宁:《"中国梦"语境下的"廉政梦"价值内涵与实现理路》,载《齐鲁学刊》2015 年第 5 期。

[107]刘蓉昆:《加强反腐倡廉制度建设的对策思考》,载《高等建筑教育》2012 年第 6 期。

[108]赵才勇:《十八大以来我国廉政生态建设的新特征》,载《学校党建与思想教育》2017 年第 8 期。

[109]王希鹏:《十八大以来党风廉政建设和反腐败斗争工作的创新》,载《中国特色社会主义研究》2014 年第 4 期。

[110]李斌雄、江小燕:《实现"不想腐"的目标要求与路径初探》,载《广州大学学报(社会科学版)》2017 年第 1 期。

[111]孟雷、黄佳琦:《互联网时代政府信息公开和公众参与探析》,载《中国管理信息化》2018 年第 10 期。

[112]马亮:《国家治理、行政负担与公民幸福感》,载《华南理工大学学报(社

会科学版)》2019 年第 1 期。

[113]沈杨:《新时代治国理政方略是对孟子"仁政"思想的继承与发展》,载《发展改革理论与实践》2018 年第 6 期。

[114]王华华:《从行政后果维度探讨政府"决策"与"执行"关系的划分——奖励"政疾"与奖励"政绩"》,载《行政论坛》2007 年第 6 期。

[115]李昆明:《习近平治国理政思想的理论特色和方法论特征》,载《中国井冈山干部学院学报》2016 年第 3 期。

[116]刘旺洪:《法治政府的基本理念》,载《南京师大学报(社会科学版)》2006 年第 4 期。

[117]夏勇:《法治是什么?》,载《中国社会科学》1999 年第 4 期。

[118]叶敏、陶振:《论我国法治政府模式的内涵、特征与缺陷》,载《求实》2009 年第 5 期。

[119]许崇德、王振民:《由"议会主导"到"行政主导"——评当代宪法发展的一个趋势》,载《清华大学学报(哲学社会科学版)》1997 年第 3 期。

[120]叶敏、陶振:《论我国法治政府模式的内涵、特征与缺陷》,载《求实》2009 年第 5 期。

[121]袁曙宏、韩春晖:《社会转型时期的法治发展规律研究》,载《中国检察官》2006 年第 8 期。

[122]李萱:《法律主体资格的开放性》,载《政法论坛》2008 年第 5 期。

[123]郑钟炎、程竹松:《论公务员的角色定位和职业属性》,载《上海大学学报(社会科学版)》2004 年第 2 期。

[124]黄学贤:《论现代公法中的程序》,载《徐州师范大学学报》2006 年第 2 期。

[125]徐显明:《法治的真谛是人权——一种人权史的解释》,载《学习与探索》2001 年第 4 期。

[126]周佑勇、尚海龙著:《论法国行政法的基本原则》,载《法国研究》2004 年第 1 期。

[127]王广斌:《美国法治型政府建设的做法与对我国的启示》,载《理论参考》

2014 年第 5 期。

[128]王桂源：《论法国行政法中的均衡原则》，载《法学研究》1994 年第 4 期。

[129]李春燕：《行政信赖保护原则研究》，载《行政法学研究》2001 年第 3 期。

[130]窦玉前：《论我国行政法治的基本原则》，载《黑龙江社会科学》2004 年第 5 期。

[131]申华林：《新时代法治政府建设研究》，载《桂海论丛》2018 年第 3 期。

[132]张桂芝：《法律保留原则对地方行政立法权的规制——以兰州市路桥费开征为例》，载《兰州大学学报(社会科学版)》2010 年第 2 期。

[133]谢永霞、周佑勇：《论行政法的效益原则》，载《湖南社会科学》2014 年第 1 期。

[134]余凌云：《论行政法上的比例原则》，载《法学家》1998 年第 1 期。

[135]刁鹏：《论当代行政法上的信赖保护原则》，载《法学论坛》2014 年 2 月(中)。

[136]周乐：《谈信赖保护原则的适用》，载《中国劳动》2013 年第 12 期。

[137]李博：《论行政法的信赖保护原则———起案件引发的法律思考》，载《法学研究》2013 年第 3 期。

[138]陈波：《试论行政许可法中之信赖保护原则》，载《华商》2008 年第 16 期。

[139]舒国滢：《法律原则适用中的难题何在》，载《苏州大学学报(哲学社会科学版)》2004 年第 6 期。

[140]江国华：《从行政行为到行政方式：中国行政法学立论中心的挪移》，载《当代法学》2015 年第 4 期。

[141]湛中乐：《简论行政立法过程》，载《行政法学研究》1993 年第 2 期。

[142]郭玺：《关于制定我国行政调解法的构想》，载《甘肃科技纵横》2009 年第 1 期。

[143]J. S. 朱恩、孟凡民：《什么是行政哲学》，载《北京行政学院学报》2004 年第 4 期。

[144]张鲁萍：《行政裁决司法审查刍议》，载《南都学坛：南阳师范学院人文

社会科学学报》2011 年第 5 期。

[145] 赵理文：《制度、体制、机制的区分及其对改革开放的方法论意义》，载《中共中央党校学报》2009 年第 5 期。

[146] 王颖：《建设民主政府是构建和谐社会的保障》，载《西南师范大学学报（人文社会科学版）》2005 年第 5 期。

[147] 景云祥：《责任政府及其公务员职责》，载《学习与探索》2004 年第 1 期。

[148] 肖文涛、林辉：《绩效评估：当代政府管理创新的实践工具》，载《东南学术》2009 年第 6 期。

[149] 唐权、陶建兵：《"一站式政府"服务范式的创新试验》，载《重庆社会科学》2013 年第 12 期。

[150] 莫于川：《经由阳光政府走向法治政府——〈政府信息公开条例〉的理念、制度与课题》，载《昆明理工大学学报（社会科学版）》2007 年第 7 期。

[151] 王亚范、阎如恩：《行政公开概念辨析》，载《东北师范大学报（哲学社会科学版）》2004 年第 1 期。

[152] 樊振佳、赖茂生、云梦妍：《"阳光政府"理念与政府信息资源管理创新》，载《图书情报工作》2014 年第 58 卷第 6 期。

[153] 刘淑妍、朱德米：《当前中国公共决策中公民参与的制度建设与评价研究》，载《中国行政管理》2015 年第 6 期。

[154] 季建林：《行政成本控制的制度与体制研究》，载《理论建设》2009 年第 2 期。

[155] 颜如春：《地方政府行政成本控制的制度安排研究》，载《探索》2008 年第 3 期。

[156] 侯孟君：《重大执法决定法制审核制度的推行进路》，载《行政与法》2017 年第 10 期。

[157] 张成福、李丹婷、李昊城：《政府架构与运行机制研究：经验与启示》，载《中国行政管理》2010 年第 2 期。

[158] 杨海蛟：《服务型政府和公共服务体系建设研究的创新性力作》，载《中国行政管理》2013 年第 4 期。

[159] 吴海青、杨文萍：《创新依法行政工作　推进法治政府建设》，载《政府法制》2013 年第 26 期。

[160]《关于加强法治政府建设的意见》，载《重庆市人民政府公报》2010 年第 21 期。

[161] 周永坤：《权力结构模式与宪政》，载《中国法学》2005 年第 6 期。

[162] 张树义、梁凤云：《现代行政权的概念及属性分析》，载《国家行政学院学报》2000 年第 2 期。

[163] ［德］哈贝马斯：《在全球化压力下的欧洲的民族国家》，载《复旦学报》2001 年第 3 期。

[164] 江美塘：《政府权能的"体制内"调整——对信息化社会行政权能的一项政治考察》，载《地方政府管理》1999 年第 2 期。

[165] 施雪华：《所有制形式、权力结构与政府能力的发展》，载《上海社会科学院学术季刊》1998 年第 3 期。

[166] 崔浩：《论政府权能在政府理论研究中的基础地位》，载《中共浙江省委党校学报》2006 年第 2 期。

[167] 王彦智：《论中央与地方关系的法制化和民主化》，载《天水师范学院学报》2003 年第 6 期。

[168] 应松年、薛刚凌：《论行政权》，载《政法论坛》2001 年第 4 期。

[169] 唐德龙：《有限政府的基本要义及现实诉求》，载《北京科技大学学报（社会科学版）》2007 年第 2 期。

[170] 王锡锌：《英美传统行政法"合法性解释模式"的困境与出路——兼论对中国行政法的启示》，载《法商研究》2008 年第 3 期。

[171] 莫于川：《行政职权的行政法解析与建构》，载《重庆社会科学》创刊号。

[172] 金伟峰：《论行政超越职权及其确认和处理》，载《行政法学研究》1996 年第 4 期。

[173] 曾超：《烟草专卖执法协同机制探讨》，载《中国烟草学报》2015 年第 3 期。

[174] 金国坤：《行政协作法律机制研究》，载《河北法学》2008 年第 1 期。

［175］靳澜涛：《行政行为的概念纷争与重新界定》，载《福建法学》2017 年第 2 期。

［176］章志远：《行政行为概念重构之尝试》，载《行政法学研究》2001 年第 4 期。

［177］杨建顺：《关于行政行为理论与问题的研究》，载《行政法学研究》1995 年第 3 期。

［178］江必新、李春燕：《论统一行政行为概念的必要性及其路径选择》，载《法律适用》2006 年第 1 期。

［179］罗豪才：《行政法的"平衡"及"平衡论"范畴》，载《中国法学》1996 年第 4 期。

［180］宋功德：《控权-平衡论——兼论现代行政法的历史使命》，载《中国法学》1997 年第 6 期。

［181］应松年、王锡锌：《中国的行政程序立法：语境、问题与方案》，载《中国法学》2003 年第 6 期。

［182］季卫东：《程序比较论》，载《比较法研究》1993 年第 1 期。

［183］杨建顺、刘连泰：《试论程序法与实体法的辩证关系——评"法与程序"之谬》，载《行政法学研究》1998 年第 1 期。

［184］杨建顺：《市场经济与行政程序法》，载《行政法学研究》1994 年第 1 期。

［185］章剑生：《行政程序的法律价值分析》，载《法律科学》1994 年第 5 期。

［186］王锡锌：《行政程序法价值的定位——兼论行政过程效率与公正的平衡》，载《政法论坛》1995 年第 3 期。

［187］肖登辉：《论行政法上的过错责任原则与违法责任原则》，载《理论月刊·探索与争鸣》2009 年第 2 期。

［188］梁凤云：《关于行政主体理论的几个问题》，载《公法研究》2005 年第 1 期。

［189］金伟锋：《授权行政主体探讨》，载《行政法学研究》1995 年第 3 期。

［190］宋华琳：《美国行政法上的独立规制机构》，载《清华法学》2010 年第 6 期。

［191］李海平：《行政授权的若干问题探析》，载《深圳大学学报（人文社会科学版）》2007 年第 2 期。

［192］关保英：《社会变迁中行政授权的法理基础》，载《中国社会科学》2013 年第 10 期。

［193］程志明：《行政授权之探究》，载《行政法学研究》1996 年第 2 期。

［194］张晓光：《刍议行政授权几个周边问题》，载《河北法学》2002 年第 4 期。

［195］江国华、谭观秀：《行政授权与行政委托之论纲》，载《常德师范学院学报（社会科学版）》2000 年第 2 期。

［196］孔繁华：《授权抑或委托：行政处罚"委托"条款之重新解读》，载《政治与法律》2018 年第 4 期。

［197］梁凤云：《关于行政主体理论的几个问题》，载《公法研究》2005 年第 1 期。

［198］杨登峰：《行政改革试验授权制度的法理分析》，载《中国社会科学》2018 年第 9 期。

［199］胡建淼：《有关中国行政法理上的行政授权问题》，载《中国法学》1994 年第 2 期。

［200］薛刚凌：《行政授权与行政委托之探讨》，载《法学杂志》2002 年第 3 期。

［201］傅蔚冈、蒋红珍：《上海自贸区设立与变法模式思考——以"暂停法律实施"的授权合法性为焦点》，载《东方法学》2014 年第 1 期。

［202］崔卓兰、赵静波：《中央与地方立法权力关系的变迁》，载《吉林大学社会科学学报》2007 年第 2 期。

［203］李克杰：《"人大主导立法"原则下的立法体制机制重塑》，载《北方法学》2017 年第 1 期。

［204］梅扬：《政府职权"下沉"的现实表现：鄂省例证》，载《重庆社会科学》2015 年第 8 期。

［205］邓毅：《德国法律保留原则论析》，载《行政法学研究》2006 年第 1 期。

［206］张千帆：《主权与分权——中央与地方关系的基本理论》，载《国家检察官学院学报》2011 年第 2 期。

［207］江国华：《司法立宪主义与中国司法改革》，载《法制与社会发展》2016
年第 1 期。

［208］沈开举：《也谈行政授权——兼谈与行政委托的区别》，载《行政法学研
究》1995 年第 3 期。

［209］袁明圣：《派出机构的若干问题》，载《行政法学研究》2001 年第 3 期。

［210］黄娟：《我国行政委托规范体系之重塑》，载《法商研究》2017 年第 5 期。

［211］黄娟：《行政委托内涵之重述》，载《政治与法律》2016 年第 10 期。

［212］张献勇：《刍议行政委托的概念和特征》，载《当代法学》2003 年第 4 期。

［213］张恒：《公共选择理论的政府失灵说及其对我国政府改革的启示》，载
《广西社会科学》2001 年第 4 期。

［214］李敏：《行政法视野中的行政委托制度重构》，载《南京理工大学学报（社
会科学版）》2018 年第 2 期。

［215］江玉桥、梅扬：《行政任务外包的正当性及相关纠纷解决》，载《中州学
刊》2014 年第 4 期。

［216］俞可平：《中国治理变迁 30 年（1978—2008）》，载《吉林大学社会科学学
报》2008 年第 3 期。

［217］胡炜：《公司合作环境治理的法理透析》，载《江西社会科学》2017 年第
2 期。

［218］章志远：《迈向公私合作型行政法》，载《法学研究》2019 年第 2 期。

［219］黄学贤、周春华：《行政协助概念评析与重塑》，载《法治论丛》2007 年
第 3 期。

［220］周春华：《行政协助制度的学理评析》，载《公法研究》2008 年第 00 期。

［221］高涛：《论行政委托的法律界定——兼论行政委托与行政协助之区别》，
载《山西财经大学学报》2000 年增刊。

［222］莫于川：《行政职权的行政法解析与建构》，载《重庆社会科学》2004 年
第 1 期。

［223］何渊：《浅析行政指定管辖》，载《甘肃行政学院学报》2001 年第 1 期。

［224］王青斌、游浩寰：《浅析行政委托》，载《广西大学学报（哲学社会科学

版)》2003 年第 1 期。

[225]单晓华:《论行政委托》,载《沈阳师范学院学报(社会科学版)》2000 年
第 1 期。

[226]刘莘、陈悦:《行政委托中被委托主体范围的反思与重构——基于国家
与公务员间法律关系的思考》,载《行政法学研究》2018 年第 2 期。

[227]王青斌、游浩寰:《浅析行政委托》,载《广西大学学报》(哲学社会科学
版)2003 年第 1 期。

[228]朱最新:《行政委托监督机制创新的几点思考》,载《武汉大学学报(哲学
社会科学版)》,2006 年第 3 期。

[229]王天华:《行政委托与公权力行使》,载《行政法学研究》2008 年第 4 期。

[230]刘国乾:《基于行政任务属性判断的行政委托界限》,载《人大法律评论》
2015 年第 2 期。

[231]周公法:《论行政委托》,载《行政法学研究》1998 年第 3 期。

[232]陈国权,曾军荣:《经济理性与新公共管理》,载《浙江大学学报(社会科
学版)》2005 年第 2 期。

[233]徐振伟:《两次世界大战之间美国对欧的经济外交——以政府中心型现
实主义为中心的分析》,载《南开学报(哲学社会科学版)》2009 年第
3 期。

[234]杨欣:《政府・社会・市场——论中国政府职能转移的框架》,载《经济
体制改革》2008 年第 1 期。

[235]宋宇文、刘旺洪:《国家治理现代化进程中政府职能转移的本质、方式
与路径》,载《学术研究》2016 年第 2 期。

[236]谢庆奎:《论政府职能的转变》,载《政治与法律》1993 年第 1 期。

[237]余金刚:《对公共治理理论的政治学解读》,载《人民论坛》2011 年第
11 期。

[238]徐宇珊:《政府与社会的职能边界及其在实践中的困惑》,载《中国行政
管理》2010 年第 4 期。

[239]卓越:《政府职能社会化比较》,载《国家行政学院学报》2001 年第 3 期。

［240］秦晖：《权力、责任与宪政——兼论转型期政府的大小问题》，载《二十一世纪（网络版）》2003 年第 21 期。

［241］邓海娟：《论社会管理创新中政府职能转移的法律规制——以社区网格员参与社会管理为例》，载《探索与争鸣（公民与法板块）》2013 年第 10 期。

［242］江西省科技社团承接政府职能转移调研组：《江西省科技社团承接政府职能转移的调研报告》，载《学会》2008 年第 9 期。

［243］徐顽强、张红方：《社会中介组织承接政府职能转移的路径》，载《湖北大学学报（哲学社会科学版）》2012 年第 1 期。

［244］李文良：《我国政府职能转变的历史追溯》，载《北京电子科技学院学报》2007 年第 15 卷第 3 期。

［245］朱新力：《行政协助探析》，载《政府法制》1997 年第 5 期。

［246］王麟：《行政协助论纲——兼评〈中华人民共和国行政程序法（试拟稿）〉的相关规定》，载《法商研究》2006 年第 1 期。

［247］黄学贤、周春华：《行政协助概念评析与重塑》，载《法治论丛》2007 年第 3 期。

［248］张琨、沈刚伟：《论行政协助的程序》，载《安徽警官职业学院学报》2003 年第 5 期。

［249］周春华：《行政协助基本问题研略》，载《法治研究》2007 年第 7 期。

［250］章剑生：《两大法系行政程序法观念之比较研究——兼论中国行政程序法观念》，载《比较法研究》2007 年第 1 期。

［251］王成栋：《行政法律关系基本理论问题研究》，载《政法论丛》2001 年第 6 期。

［252］王麟：《比较行政协助制度研究》，载《法律科学（西北政法大学学报）》2005 年第 5 期。

［253］杨临宏：《行政协定刍议》，载《行政法学研究》1998 年第 1 期。

［254］朱颖俐：《珠三角区域政府间经济合作协议性质的法理分析》，载《韶关学院学报（社会科学版）》2007 年第 2 期。

［255］何渊：《论行政协议》，载《行政法学研究》2006 年第 3 期。

［256］叶必丰：《我国区域经济一体化背景下的行政协议》，载《法学研究》2006 年第 2 期。

［257］于立深：《区域协调发展的契约治理模式》，载《浙江学刊》2006 年第 5 期。

［258］何渊：《州际协定——美国的政府间协调机制》，载《国家行政学院学报》2006 年第 2 期。

［259］王春业：《论政府协议法制化——经济区立法协作的新尝试》，载《公法研究》2011 年第 1 期。

［260］傅钧文：《日本跨区域行政协调制度安排及其启示》，载《日本学刊》2005 年第 3 期。

［261］陈小毛：《联合行政及其诉讼》，载《人民法院报（理论专版）》2000 年 12 月 18 日。

［262］华燕：《共同行政行为的质疑》，载《华中科技大学学报（人文社会科学版）》2002 年第 4 期。

［263］杨杰、杨龙：《中国政府及部门间联合发文的初步分析——基于 200 篇联合发文》，载《天津行政学院学报》2015 年第 5 期。

［264］王春业、任佳佳：《论多主体联合发文现象》，载《广西社会科学》2012 年第 1 期。

［265］吴鹏：《行政联合执法应纳入法治的轨道》，载《云南大学学报（法学版）》2008 年第 6 期。

［266］韩珂友：《我国行政联合执法困境及改进研究》，载《贵州社会科学》2010 年第 8 期。

［267］杨解君：《关于行政处罚主体条件的探讨》，载《河北法学》1996 年第 1 期。

［268］王春业：《对"行政综合执法"概念的再辨析》，载《盐城师范学院学报（人文社会科学版）》2007 年第 3 期。

［269］熊文钊：《综合执法体制的若干问题研究》，载《中国法学会行政法学研

究会 2008 年年会论文集(下册)》。

[270]张步峰，熊文钊：《城市管理综合行政执法的现状、问题及对策》，载《中国行政管理》2014 年第 7 期。

[271]张利兆：《综合行政执法论纲》，载《法治研究》2016 年第 1 期。

[272]王克稳：《政府业务委托外包的行政法认识》，载《中国法学》2011 年第 4 期。

[273]范祥伟：《政府业务委托民间办理之理论与政策》，载《人事月刊》2002 年第 5 期。

[274]廖元豪：《政府业务外包后的公共责任问题研究》，载《月旦法学杂志》2010 年第 178 期。

[275]莫永荣：《政府服务委托外包的理论与实务：台湾经验》，载《行政暨政策学报》1993 年第 39 期。

[276]周志宏《教育事务民营化之法律问题》，载《月旦法学杂志》1993 年第 102 期。

[277]林惠英：《全民保健总额支付制度下专业自主事务委托契约之研究》，台湾成功大学法律学系硕士班硕士论文。

[278]冉洁：《试析市政公用事业特许经营合同的法律性质》，载《城乡建设》2008 年第 4 期。

[279]邢鸿飞：《政府特许经营协议的行政性》，载《中国法学》2004 年第 6 期。

[280]唐启光：《浅论公用事业特许经营合同的法律性质》，载《城乡建设》2008 年第 4 期。

[281]李显冬：《市政特许经营中的双重法律关系》，载《国家行政学院学报》2004 年第 4 期。

[282]陈军：《公私合作背景下行政法发展动向分析》，载《河北法学》2013 年第 3 期。

[283]蔡全胜：《治理：公共管理的新图式》，载《东南学术》2002 年第 5 期。

[284]张恒：《公共选择理论的政府失灵说及其对我国政府改革的启示》，载《广西社会科学》2001 年第 4 期。

[285]高家伟:《论中国大陆煤炭能源监管中的公私伙伴关系》,载《月旦法学》2009 年第 174 期。

[286]黄钲堤:《论德国行政法总论之改革》,载《宪政时代》1998 年第 1 期。

[287]陈爱娥:《公私合作对行政契约法制影响——以德国法的引介为中心》,高雄大学 2007 年 6 月 9 日《合作国家与新治理》学术研讨会。

[288]王太高,邹焕聪:《论给付行政中行政私法行为的法律约束》,载《南京大学法律评论》2008 年春秋合卷。

[289]刘志刚:《论服务行政条件下的行政私法行为》,载《行政法学研究》2007年第 1 期。

[290]邹焕聪:《公私合作主体的兴起与行政组织法的新发展》,载《政治与法律》2017 年第 11 期。

[291]李汉卿:《协同治理理论探析》,载《理论月刊》2014 年第 1 期。

四、外文文献

[1]T. H. Marshall. "Citizenship and Social Class". in T. H. Marshall. *Social at the Cross and Other Essays*. London:Heinemann,2008,p. 76.

[2]Michael J Phillips. *The Lochner Court*,*Myth and Reality*:*Substantive Due Process from the* 1890*s to the* 1930*s*,Praeger,2000,pp. 35-66.

[3]Kathleen M. Sullivan,Gerald Gunther. *Constitutional Law*. Foundation Press,2001,p. 599.

[4]J. F. Garner,L. N. Brown. *French Administrative Law*. Oxford University Press,1983,pp. 120-125.

后 记

本丛书中的《法治政府要论——基本原理》《法治政府要论——组织法治》《法治政府要论——程序法治》《法治政府要论——行为法治》《法治政府要论——救济法治》是在武汉大学人文社会科学首批次"70后"学者科研项目资助计划"服务型政府研究团队"(2009)系列研究成果的基础上,修改补充而成。在这近10年的漫长过程中,我所指导的研究生参与了书稿的修改、补充、校对等工作,在此,特别感谢他们所作的贡献;感谢武汉大学人文社会科学院的课题资助,感谢时任院长肖永平教授对课题的支持;感谢团队成员的精诚合作。

其中,《法治政府要论——责任法治》是在中国法学会2010年度部级课题《行政责任法研究》(CLS-B1007)最终成果基础上,经反复修改补充所形成的。在此,感谢中国法学会的课题资助,感谢课题组成员的精诚合作,感谢丁安然、童丽两位博士生的参与。

另外,特别感谢钱静博士在出版基金申报中所提供的宝贵支持;感谢美丽的胡荣编辑细致的编辑工作和武汉大学出版社对本丛书的支持;感谢国家出版基金的资助。

尽管成书历时漫长,但书中缺漏和不足仍让我心怀忐忑。恳切希望得到学界同仁批评指正。

江国华

2020 年 5 月 1 日